集装箱港口运作管理优化问题研究

镇　璐　著

科学出版社

北　京

内 容 简 介

集装箱港口是全球贸易的枢纽，对全球经济的运转和发展起着非常重要的支撑作用。自20世纪60年代以来全球集装箱运输一直保持着较高的发展势头。目前，世界排名前十的特大型集装箱港口年吞吐量基本都在1000万标准箱以上。如此大的吞吐量，使得传统港口设施、运营方式正经受严峻的考验。我国是一个港口大国，世界十大港口中有七个在我国。在应对当前日益激烈的国际港口竞争中，如何提高这些大型集装箱港口的运作效率，是我国港口管理者迫切关心和亟须解决的核心问题。

本书针对集装箱港口运作管理中的各类资源分配与调度优化问题，从岸线侧、堆场侧、集成优化、港口新技术、港口集疏运系统等角度，介绍了上述领域中一些系统化的研究成果。具体研究了泊位、岸桥、堆存区域、港口新型设备、港区拖船等港口核心资源的分配与调度优化问题，建立了相关决策模型，并设计了相应的高效求解算法。同时，本书还展示了大量实验分析结果，验证了所提模型的优化效果和算法的求解效率。最后，本书对集装箱港口运营管理优化决策领域中未来可能的研究方向进行了展望和分析。

本书可供从事集装箱港口运营的生产和管理人员参考，也可供高校和科研院所中从事管理科学与工程、物流管理、港口与航运等相关专业研究的学者、研究生参考。

图书在版编目（CIP）数据

集装箱港口运作管理优化问题研究/镇璐著. —北京：科学出版社，2017.12

ISBN 978-7-03-056003-2

Ⅰ. ①集… Ⅱ. ①镇… Ⅲ. ①集装箱码头-港口管理-运营管理 Ⅳ. ①U656.106

中国版本图书馆CIP数据核字（2017）第309673号

责任编辑：陶 璇/责任校对：王 瑞 孙婷婷
责任印制：霍 兵/封面设计：无极书装

科学出版社 出版
北京东黄城根北街16号
邮政编码：100717
http://www.sciencep.com

北京通州皇家印刷厂印刷

科学出版社发行 各地新华书店经销

*

2017年12月第 一 版 开本：720×1000 1/16
2017年12月第一次印刷 印张：28
字数：550 000

定价：226.00元

（如有印装质量问题，我社负责调换）

作者简介

镇璐，上海大学管理学院教授、博士生导师、副院长。教育部青年长江学者、国家优秀青年科学基金获得者、上海市青年拔尖人才、上海市东方学者特聘教授、上海市曙光学者。1981 年出生于湖北省宜都市，1999 年考入上海交通大学机械与动力工程学院试点班，2003 年 7 月本科毕业，获工学学士学位；之后本校直升，五年硕博连读，2008 年 9 月博士毕业于上海交通大学工业工程与管理系。2008 年 11 月至 2010 年 12 月在新加坡国立大学从事博士后研究；2011 年 3 月起在上海大学管理学院担任讲师，分别于 2011 年 10 月、2012 年 11 月破格晋升为副教授、教授，2015 年 1 月担任管理学院副院长。主要研究领域集中于：港口与航运物流运作管理优化、智能物流与供应链管理等。近年来发表 SCI 或 SSCI 国际期刊论文 56 篇（第一作者或通讯作者），涵盖 *Transportation Science*、*Transportation Research Part B*、*Naval Research Logistics*、*IISE Transactions* 等国际著名期刊；先后主持包括三项国家级课题在内的 13 项各类研究项目。先后受邀担任四本 SCI/SSCI 国际期刊和两本 EI 国际期刊的副主编和编委。另外受邀担任上海市学位委员会第五届学科评议组成员（管理科学与工程）、上海市管理科学学会“物流与供应链”专业委员会秘书长、中国管理科学与工程学会理事、中国物流学会常务理事等。

序

全球航运网络犹如支撑世界经贸活动运转的“主动脉”，在世界经济的发展历程中发挥着不可替代的基础性作用。20 世纪 50 年代，集装箱运输模式的出现与兴起，极大地促进了航运物流效率的提升与成本的降低。越来越多的货物采用集装箱运输模式，集装箱海运也逐渐成为全球供应链运营活动的重要载体，进而形成“全球集装箱供应链”。集装箱港口作为全球航运网络中的重要节点，在全球集装箱供应链中承担着枢纽作用。集装箱港口运作效率极大地影响着全球航运网络乃至全球物流活动的整体运营效率，对世界经济发展也存在着不可忽视的作用。

伴随着中国经济的腾飞，我国港口业近年来也取得举世瞩目的成就。从集装箱吞吐量排名的角度看，我国已有七个港口跻身世界前十，上海港已经连续七年居世界第一。从港口技术水平的角度看，上海振华重工股份有限公司（简称振华重工）参与设计实施的洋山港四期工程，可实现码头装卸、水平运输、堆场装卸环节的全过程智能化、无人化操作，这将是世界最大的自动化集装箱码头。振华重工 1992 年从零开始，成功走向世界，多年来占 80%世界市场份额的业绩，实现了创业时提出的目标：“世界上凡有集装箱作业的码头，就有上海振华重工生产的集装箱机械”，上海振华重工的成功是“天人合一”的成果，顺应世界贸易全球化、中国经济腾飞的趋势。无论是从码头建设还是港口设备技术来看，我国已经逐步发展为世界港口大国。然而，如何真正成为世界港口强国，如何进一步提升集装箱港口的运作管理水平与效率，是我国所面临的非常重要、亟须重视的研究问题，具有非常重大的现实意义。

镇璐教授长期从事港口与航运物流管理问题研究，对港口与航运物流中一些运作管理优化决策问题开展了深入而系统的研究工作。该书针对集装箱港口中涉及的泊位分配、堆存区域分配、岸桥调度、自动化码头系统等决策优化问题，借助运筹学领域中一些数学建模理论和计算机领域中算法设计与实现工具，提出了一系列决策优化模型和算法，并基于一些实际港口数据开展了数值实验，验证了这些模型和算法的有效性。书中阐述的这些研究成果，对于集装箱港口运作管理效率提升具有较强的理论价值和现实意义。这些先进的数学模型和求解算法将来可以嵌入港口运作管理领域中的一些决策支持软件中，进一步提升当前港口运作管理软件的“智能化”程度，这对当前所开展的“智慧港口”建设也具有较强的支撑作用。

随着“智慧港口”“绿色港口”等建设规划的深入推进，港口运作管理水平提升的迫切性日趋增强。中国是世界港口大国、上海港是世界第一大集装箱港口，我期待上海大学镇璐教授，以及越来越多的中国学者，继续关注和研究港口运作管理问题，与港口企业合作，运用世界最先进的管理优化理论、人工智能理论，结合我国港口的实际问题背景，不断探索管理新模式、效率提升新途径，为进一步提升我国港口的运营水平和现代化程度做出新的贡献。

2017 年 12 月 10 日

目　　录

第一篇　绪　　论

第二篇　岸线侧运作管理优化问题研究

第三篇　堆场侧运作管理优化问题研究

第六篇　面向内河航线的枢纽港拖船调度问题研究

第七篇　总结与展望

第一篇　绪　论

第1章 集装箱港口运作管理概论

随着社会经济的发展及全球一体化进程的推进，各国之间的商贸往来日趋频繁，海运以其超大的载货能力和相对低廉的单位运输价格成为了当代国际贸易的主要运输方式。为了满足日益增长的海洋运输总量，港口从只具备装卸搬运功能，逐步发展演化成兼具工业、信息、服务等功能的重要经济活动节点。同时，依托腹地实体经济的发展，以港口为核心的港口工业、服务业逐渐成为一个地区甚至一个国家的支柱型产业。一些大型港口已成为整合资金流、信息流、物流、人流的关键节点枢纽，在全球贸易中占据重要一环[1]。联合国贸易和发展会议报告数据显示，全球海运物流系统承担了约 90%的国际贸易运输量，由此看出海运已成为全球供应链的生命线。面对与日俱增的全球贸易量和货物运输需求，如何提高港口的运作效率，已成为港口运营商亟须解决的核心问题之一。本章首先简要回顾了世界港口发展历程、世界集装箱港口发展历程及中国国内集装箱港口发展历程；然后分析了影响集装箱港口发展的重要因素；最后论述了集装箱港口运作管理的现状及未来发展趋势。

1.1 世界集装箱港口发展历史概况

1.1.1 世界港口的发展历程

世界港口的演化与发展相伴于世界经济文明的发展历程。世界港口的发展主要分为四阶段。第一阶段：19 世纪 60 年代以前。当时港口功能较为单一，主要用于货物的装卸搬运、仓储与集散，并利用这一枢纽实现海运、路运和空运等各类运输方式间的转换。第二阶段：19 世纪 60 年代至 20 世纪 80 年代。传统港口已无法满足日益增长的业务需求，一些传统港口开始凭借自身优势发展临港产业，对到港货物进行再加工，使其增加产品附加价值。第三阶段：20 世纪 80 年代至 20 世纪末。港口技术、航运技术和信息技术得以发展，港口成为国际贸易增长的关键节点。并且依托临港产业的发展，港口逐渐成为集国际贸易、物流、金融、服务、工业等功能的多位一体的综合性区域。数据显示，在这一阶段，世界港口的吞吐量由 3635 万标准箱（twenty-foot equivalent unit，TEU）增长到了 22 040 万

TEU，其增幅高达近6倍。随后，为了适应全球贸易的需要，在港口逐渐建立各类出口加工区、保税园区和物流园区等，从而带动了港口的进一步发展。第四阶段：20世纪末至今。依托国际贸易的发展，以港口所处城市或地区为主体，具备国际调度、综合服务和信息化等功能并融入全球供应链理念的国际航运中心应运而生。而目前考虑枢纽港与经济腹地之间存在着客观距离，资源不可能完全集中在枢纽港附近，利用喂给港可以将经济腹地的货物通过小型或中型海轮运输至枢纽港进行中转，使得货物可以通过枢纽港上船出海[2]。由此在空间布局上，形成了以国际航运中心为核心，地区性枢纽港、支线港和喂给港为辅的港口群结构。

1.1.2 集装箱港口的发展历程

“集装箱”是海运发展历史上最重要的发明之一。早在19世纪初，欧洲就曾提出了集装箱的概念。而后，第一次工业革命期间，为了解决机器运输与人工搬运之间的矛盾，1830年出现了一种用于装载煤及杂货的容器，可以说是集装箱的雏形。20世纪初，集装箱运输方式首先应用于英国铁路的运输当中，此时其发展速度还处于一个较慢的阶段。到了20世纪50年代，美国在北美与欧洲的北大西洋航线上，第一次运行220TEU的集装箱船。自此，在美洲、欧洲及其他沿海地区，集装箱运输开始逐渐兴起。随后，集装箱技术日益成熟，推动了世界范围内港口的基础设施建设，也对全球航运网络及港口体系格局产生了深远影响。70年代中期以后，集装箱船舶数量在全球范围内迅速增加，集装箱港口初具规模，形成欧洲、东亚和北美洲三大集装箱港口群“三足鼎立”的局面。20世纪90年代，受经济全球化、信息技术革命、环境变化等诸多因素的影响，西方经济增速下降，全球经济格局发生变化，全球集装箱港口格局也随之改变。北美洲、欧洲及大洋洲的集装箱港口数量及规模发展速度减慢甚至停滞，发展中国家和地区更多地参与到全球生产制造的过程中。以中国香港和新加坡为首，亚太地区逐渐成为国际贸易运输的核心地区。此时，中转型港口也在世界集装箱运输行业中占据了非常重要的地位[3]。进入21世纪以后，亚洲地区集装箱港口核心地位更加凸显，经航运界网统计，2016年全球集装箱港口排名，前10名之中亚洲地区集装箱港口占据9席，共完成前30大港口总箱量的58.54%，而在这9席之中，中国占据了7席。近年来，尽管欧洲、日本经济有所复苏，局部范围内集装箱港口的规模有所调整，但全球集装箱港口的总格局并未改变。

1.1.3 中国大陆集装箱港口的发展历程

鉴于中国与发达国家的经济发展差距，我国集装箱港口呈现起步较晚、发展

周期较短、发展速度快的特点。中国集装箱运输兴起于 20 世纪 70 年代。1972 年，在天津港完成了我国第一次集装箱的运输。但由于当时造船技术有限，港口装卸搬运机械等设备也不完善，集装箱运输事业并没有取得突破性发展。改革开放以后，才正式拉开我国现代化集装箱运输的序幕。1978～1988 年被认为是我国集装箱港口发展的起步阶段。1978 年，我国第一次拥有通往国际的集装箱运输航线。同年，半集装箱“平乡城”号完成了国际航运的任务，开辟了中国国际集装箱班轮运输的新纪元。1981 年之后，天津港、上海港、青岛港、广州港等国内首批集装箱专用码头相继投入使用。这一时期，我国从事集装箱运输的港口，由原来的 4 个增加到近 20 个，港口年吞吐量由 1979 年的 3.29 万 TEU，增长到 1988 年的 97.24 万 TEU，涨幅近 30 倍。20 世纪末至 21 世纪初，是我国集装箱港口的快速发展阶段。1992 年，上海、天津、青岛及大连等港口进入全球集装箱港口百强行列。进入 21 世纪以来，我国集装箱港口不断向专业化、大型化方向发展，港口运作效率明显提高。2013 年，货物吞吐量 3 亿 t 以上的中国大陆港口数量达到 10 个，集装箱吞吐量 500 万 TEU 以上的港口数量达到 11 个。“一带一路”倡议提出之后，进一步加强了我国对外贸易，为航运业发展创造了有利条件。根据交通运输部公布的各港口数据，2016 年，全国规模以上港口完成货物吞吐量 118.3 亿 t。

1.2　集装箱港口发展的影响因素

世界集装箱港口的形成和发展具有内在机理，影响其发展的驱动要素相互促进和制约，并且不断充实和丰富。

1.2.1　自然因素

一般来说，航道水深、结冰期长短、岸线类型、港湾特征及区位条件等自然因素会对集装箱港口的发展产生影响[4]。①航道水深会直接影响其可航运船只的吨位。大型集装箱船舶的数量持续增加，航道过浅的港口易被航运市场边缘化，最终被淘汰。②纬度较高，冬季结冰期较长的港口，全年可营运时间较短，有时还要依赖破冰船开辟航道，增加了运营成本。③岸线类型方面，海岸线曲折、水位较深、地表承重能力强的区域适宜港口的建设。而海岸线相对平坦、浅滩面积大或是存在淤泥海滩的区域，建港难度较大，甚至要依靠人工填挖形成人工港。④风浪一直以来都是影响港口作业的重要因素之一，港湾内风浪较少，口小内宽常被称为优良的港湾。⑤港口发展的过程中，难免遇到如腹地资源、转运量的竞争，因此港口的区位条件也会对港口的进一步发展产生影响。⑥随着能源的稀缺，燃油成本的价格已经显著增长，现在已经超过了船舶总成本的35%。能源的消耗会影响大型集装箱船舶的速度，很显然能源价格的进一步上涨也将会影响船舶规模大小的选择。而速度和规模的下降不仅会增加运输的交货时间，还会增加相应的库存时间。

1.2.2 经济因素

从世界各国经济发展的角度来看，18 世纪 60 年代，工业革命之后，欧洲经济迅速发展，首先提出并采用了集装箱运输方式。第二次世界大战之后，世界经济格局发生变化，美国成为经济霸主，从而形成了围绕北大西洋航区的两大集装箱港口群。20 世纪 70 年代之后，第三次工业革命期间，亚洲国家加快学习西方先进技术，其经济呈现快速发展趋势，以中国香港、中国台湾、新加坡、韩国及日本为代表，出现了香港港、基隆港、釜山港等大型港口，两大集装箱港群逐渐演变为美国、欧洲、东亚等世界三大港口群。但受经济全球化、人口老龄化、环境变化等多种因素的影响，西方国家经济增速放缓，东南亚国家经济增速明显，全球集装箱航运中心逐步向亚洲转移。尤其是 21 世纪之后，中国改革开放成果显著，逐渐成为全球制造业的中心，以中国为核心的全球集装箱航运中心的格局正式形成。另外，从港口腹地经济发展的角度来看，通过与周围经济区域的贸易联系，产生了更多的港口货运需求。

根据以往研究结果显示，集装箱吞吐量和地区生产总值（gross domestic product，GDP）的增长呈现类似的趋势和轨迹。以部分年份数据为例，1980 年，世界生产总值为 11 万亿美元，全球前十大集装箱港口的吞吐总量为 1100 万 TEU。2000 年，世界生产总值为 33 万亿美元，全球前十大集装箱港口的吞吐总量为 7983 万 TEU。到了 2013 年，世界生产总值为 76 万亿美元，全球前十大的集装箱港口吞吐总量也达到 2.9 亿万 TEU，其中有 8 个港口的集装箱吞吐量在 1500 万 TEU 以上。航运业的发展、集装箱港口的发展与世界经济的发展趋势保持一致。

1.2.3 科技因素

科学技术的进步、全球经济的发展及港口的发展，三者之间相互影响、相互促进。以现代经济的快速发展为基础，集装箱技术不断取得突破，随之促进集装箱港口在全球范围内的发展。先进的集装箱装卸系统，专业化、标准化的大型机

械设备，现代化的港口管理模式，极大提升了港口的综合服务水平。另外，利用现代化工程技术，可以对自然条件不足的港口，如天津港的淤泥海滩，进行人工填挖，使其具备集装箱港口运作的条件；增加港口的水深，改善港口客观条件，以适应集装箱船舶逐渐大型化的趋势。此外，信息技术的进步也影响到了港口的发展。在整个运输过程中借助信息技术对货物的数量、目的地等进行识别和监控，将此类相关信息反馈给顾客，极大提高了港口的日常监管水平及对客户的服务水平。同时，信息技术的应用还有效减少了通关检查的时间，进而提升了整个集装箱运输中转的效率。

1.2.4　现代物流因素

在全球一体化的大背景下，现代物流打破了空间和时间上的间隔，将分散在世界各地的资源有效地整合、协调。其概念已经不局限于将货物从生产地送至消费地这一运输服务，而包含货物从生产地到消费地所涉及的仓储、运输、装卸搬运、加工、包装等全过程的服务，此过程融入了供应链理念，使得供应链整体达到成本最优。港口作为多式联运中海陆运输的连接枢纽，是现代物流体系中最关键的节点之一。为了满足现代化物流在全球范围内的要求，必须加快完善港口功能，提高港口设施设备的标准化程度，提升其综合服务能力等，并适应现代物流的发展要求，使集装箱港口的职能丰富并得以发展。

1.2.5　管理因素

在船舶航行的时候，有两种可靠性：时间表可靠性和运输可靠性。时间表是已发布的特定船舶往返航行的时间。班轮公司可能调整时间表以增加其可靠性。到目前为止，在航运线之间导致进度不可靠的最重要因素是港口码头的拥塞。其中包括了泊位、岸桥、场桥等联合优化的管理问题。所以，科学有效地管理港口的运行，成为了提高港口效率的重要途径。

1.3　港口运营现状及趋势分析

1.3.1　世界港口运营现状及特点

为了了解世界港口的发展现状及特点，在全球范围内，选取了各个地区具有代表性的港口，如鹿特丹港、洛杉矶港、神户港、釜山港，从而分析世界港口的运营现状及特点。

鹿特丹港是欧洲的第一大港口，也是欧洲石油、矿石等物资的重要集散地，鹿特丹港作为连接欧洲、美洲、亚洲、非洲、大洋洲五大洲的重要港口，素有“欧洲门户”之称。20 世纪 60 年代，鹿特丹港凭借其区位优势成为最大的集装箱港口，70 年代成为欧洲的主枢纽港和门户港。90 年代之后，由于欧洲经济的下滑，鹿特丹港在全球运输中的核心地位开始动摇，而后随着大型集装箱船舶的发展及欧洲经济的复苏，2014 年鹿特丹港重新崛起，全年货物吞吐量已达到 4.45 亿吨，集装箱吞吐量达到 1220 万 TEU。

洛杉矶港位于美国西南部加利福尼亚州西南沿海圣佩德罗湾的顶端，濒临太平洋的东侧，是美国第一大集装箱港，也是横贯美国东西向的主要干线圣菲铁路的西部桥头堡。洛杉矶港口货运量占美国海运货运量的 43%。2016 年洛杉矶港集装箱吞吐量为 886 万 TEU，比 2015 年增长 8.53%。港口主要出口货物为石油、水泥、机械、化学品、棉花、钾碱、新鲜水果、鱼制品等，进口货物主要有钢材、天然橡胶、纤维制品、糖浆、木材、车辆、咖啡、玻璃等。

神户港是日本最大的集装箱港口，在 20 世纪 90 年代中期以前，一直是世界十大集装箱港口之一。20 世纪 70 年代，东亚地区集装箱港口逐渐兴起，神户港占据主导地位，处于东北亚集装箱港口的核心位置。但 20 世纪 90 年代中期以后，受日本经济发展影响，日本集装箱港口发展速度缓慢，其核心地位开始动摇。进入 21 世纪，神户港增长幅度一直保持相对平稳的状态。

釜山港作为韩国第一大港口，是韩国海陆空交通的枢纽及金融与服务中心。2003 年以前，其吞吐量一直居于东北亚集装箱港口之首。但随着中国经济的发展，上海港、深圳港发展势头强劲，以中国为核心的东北亚集装箱港口格局逐渐形成。2003～2006 年，上海港集装箱港口吞吐量分别为 1137 万 TEU、1145 万 TEU、1808 万 TEU、2171 万 TEU，2016 年则增长到 3713.3 万 TEU。截至 2016 年年底，上海港已连续 7 年位居世界第一。

近 10 年，全球前 10 集装箱港口吞吐量变化如表 1-1 所示。结合世界港口发展历程，以及近 10 年内各国主要港口的发展现状，可以对世界港口的发展特点进行总结。①集装箱港口的发展与国家经济发展保持一致。集装箱技术不断进步，从而使得港口功能逐渐丰富，港口规模日益扩大。而各港口通过满足增长的航运需求量，又为临港经济、地区经济做出贡献。②集装箱港口格局不断变化，以亚洲为主体，以中国为核心的全球集装箱港口格局逐渐形成。近 10 年的数据显示，全球前十大集装箱港口中，亚洲港口占据 8 成。③全球集装箱港口发展整体呈现稳定上升的趋势。

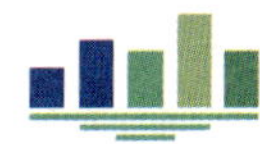

表 1-1　全球前 10 集装箱港口吞吐量变化表（2006～2016 年）　（单位：千 TEU）

排名	2006 年	2007 年	2008 年	2009 年	2010 年	2011 年	2012 年	2013 年	2014 年	2015 年	2016 年
1	新加坡 24 792	新加坡 27 936	新加坡 29 918	新加坡 25 867	上海 29 069	上海 31 739	上海 32 529	上海 33 617	上海 35 285	上海 36 537	上海 37 133
2	香港 23 539	上海 26 152	上海 28 006	上海 25 002	新加坡 28 431	新加坡 29 938	新加坡 31 649	新加坡 32 579	新加坡 33 869	新加坡 30 922	新加坡 30 904
3	上海 21 719	香港 23 998	香港 24 494	香港 21 040	香港 23 699	香港 24 384	香港 23 117	深圳 23 278	深圳 24 037	深圳 24 205	深圳 23 979
4	深圳 18 470	深圳 21 099	深圳 21 417	深圳 18 250	深圳 22 510	深圳 22 571	深圳 22 941	香港 22 352	香港 22 226	宁波-舟山 20 627	宁波-舟山 21 561
5	釜山 12 039	釜山 13 261	釜山 13 453	釜山 11 980	釜山 14 194	釜山 16 185	釜山 17 046	釜山 17 686	宁波-舟山 19 450	香港 20 073	香港 19 813
6	高雄 9 775	鹿特丹 10 791	迪拜 11 827	广州 11 200	宁波-舟山 13 147	宁波-舟山 14 719	宁波-舟山 16 175	宁波-舟山 17 351	釜山 18 683	釜山 19 469	釜山 19 456
7	鹿特丹 9 653	迪拜 10 653	广州 11 001	迪拜 11 124	广州 12 546	广州 14 250	广州 14 547	青岛 15 522	青岛 16 580	广州 17 625	广州 18 850
8	迪拜 8 923	高雄 10 257	宁波-舟山 10 934	宁波-舟山 10 503	青岛 12 012	迪拜 13 031	青岛 14 503	广州 15 311	广州 16 389	青岛 17 436	青岛 18 050
9	汉堡 8 862	汉堡 9 890	鹿特丹 10 784	青岛 10 276	迪拜 11 600	青岛 13 020	迪拜 13 280	迪拜 13 641	迪拜 15 249	迪拜 15 592	迪拜 14 772
10	洛杉矶 8 470	青岛 9 466	青岛 10 377	鹿特丹 9 743	鹿特丹 11 148	鹿特丹 11 877	天津 12 303	天津 13 012	天津 14 061	天津 14 111	天津 14 519

资料来源：中国香港特别行政区海事处［Marine Department（Hong Kong China）］。

1.3.2　中国港口运营现状及特点

依据地区经济及资源的差异，中国集装箱港口发展大体形成了六大区域：一是以大连、天津等港口为主的环渤海湾港口群；二是以上海为首的长三角港口群；三是以深圳为代表的珠三角港口群；四是增速较快的长江内河港口群；五是海峡西岸港口群；六是北部湾港口群。①以大连、天津等港口为群体的环渤海湾港口群主要包括天津、大连、秦皇岛、营口、青岛等 11 个港口，该地区 2016 年全年集装箱吞吐量为 4437.55 万 TEU，占全国港口集装箱吞吐量的 22%，2016 年，在我国大陆地区集装箱吞吐量前 10 位港口中占有四席，分别是天津、营口、青岛、大连。②以上海为首的长三角港口群主要包括上海、连云港、宁波-舟山等 6 个港口，该地区港口集装箱运输增长量一直处于较高的水平，其中我国大陆有 3 个港口集装箱吞吐量达到 2000 万 TEU，该地区占有两席，分别是上海港及宁波-舟山港。上海港以 3713.3 万 TEU 继续领跑全国。③以深圳为代表的珠三角港口群主要包括广州、深圳、珠海港等 7 个港口，该地区 2016 年全年集装箱吞吐量为 4172.09 万 TEU，占全国港口集装箱吞吐总量的 20.8%。④长江内河港口群主要包括南京、重庆、武汉港等 34 个港口。另外，重庆港拥有港口、船舶、铁路、公路、仓储等资源的综合物流要素，设施完善，该地区未来发展势头强劲。⑤海峡西岸港口群包括漳州、厦门、福州、泉州港 4 个港口。⑥北部湾港口群包括湛江、北海、防城、钦州、北部湾 5 个港口。

在过去的 10 年里，全球集装箱贸易量飞速增长，主要是因为制造业务在亚洲的离岸外包，特别是在中国。根据 2010 年的数据，货物从中国运往目的库存地，其中出口供应链至少有 650 亿美元。从整体趋势来看，中国港口吞吐量现以年均 16.5%的速度增长，增速明显。此外，港口发展呈现出三个特点。

（1）沿海港口占主导地位，内陆港口发展呈上升趋势。我国十大港口均为沿海港口。2016 年全年沿海港口货物吞吐量为 742 601 万吨，同比增长 3.1%；集装箱吞吐量为 17 821.23 万 TEU，同比增长 3.6%。未来，随着“一带一路”倡议的深度实施，以内陆港口为节点的运输线路将会得到进一步的发展。以天津港为例，近几年以天津港为核心，在其周边 9 个省份先后建立了 25 个无水港，从而加强了沿海集装箱港口与内陆间的联系[5]。

（2）集装箱港口国际化、规模化趋势明显。增强我国集装箱港口的国际竞争力，是当下港口发展的一项重要内容。近年来，港口基础设施和服务有了明显改善，运作效率逐渐提高，服务体系更加完善，国际化进程明显加快。我国相关部门正在不断完善港口集装箱运输市场规范，规划建设配套的基础设施，完善港口职能，以充分发挥我国港口的优势与作用。“十二五”规划，对我国交通运输项目的发展也提出了要求，同时为中国港口行业提供了良好的政策和发展前景。

（3）部分港口多式联运业务发展较好。我国港口开展多式联运的主要方式是集装箱海铁联运，这也是未来我国港口发展现代物流的重要途径[6]。2015 年，大连港全年累计完成集装箱海铁联运量 40.6 万 TEU，同比增长 17%；青岛港全年累计完成集装箱海铁联运量 48.3 万 TEU，同比增长 60%，位居全国沿海港口首位。目前，港口多式联运也得到我国政府部门的大力支持，未来也将从多个层面推动港口多式联运的发展。

1.3.3 港口间的竞争关系

集装箱供应链中的港口、运营商和码头之间的竞争十分激烈，其竞争体现在供应链运作的各个方面。如今在华南的珠江三角洲，深圳港、香港港、广州港，都在争夺广东腹地集装箱资源；在长江三角洲，上海港和宁波港争夺扬子江腹地集装箱资源；在欧洲西北部，勒阿弗尔港、安特卫普港、鹿特丹港和汉堡港为莱

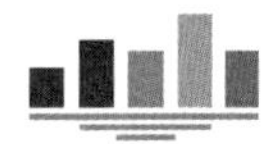

茵河、斯海尔德河和易北河沿岸的大部分欧洲工业中心提供服务。港口通过投资新码头，确保海上通道，或者通过在靠近海边的位置新建码头来增强其竞争力。此外，港口当局（主要是公共机构或上市公司）和政府试图通过改善腹地基础设施来提高港口的战略优势，确保货物能够及时到达港口和腹地。港口之间的竞争一般被视为公共政策领域的竞争。

港口如果从供应链整体发展的角度出发，很有可能影响港口自身战略的实施。许多港口都在考虑是应该保持传统的地主角色和基础设施提供者的角色，允许码头经营者尽可能地开展业务；还是从供应链视角，主动分析货物流动的情况，并与内地和其他港口的合作伙伴一起调整基础设施，以便更好地服务整个集装箱供应链。由于影响港口战略和经营决策的因素很多，定量研究港口竞争是很难的。未来，需要对供应链中的港口资源进行系统整合，将集装箱港口视为供应链的一环。为了使整个系统的效益最大化，除了纯粹的竞争外，还可以考虑区域港口之间的相互合作，集装箱供应链各环节之间的协调，将港口作为供应链发展中的一个重要元素。

一定程度上，当涉及更长期的战略选择时，终端运营商之间的竞争与港口之间的竞争相似。但是，在短期内，终端运营商之间的竞争具有不同的特点。码头不断争夺海运承运人的业务。他们希望海运承运人的货物在其码头卸货。码头的可用性十分重要，因为如果码头不可用并且等待时间太长，海运船可能决定将船舶重新航行到或者选择其他码头（在相同的港口或附近的其他港口）。码头需要预测未来船舶的到港情况，预测出需要装卸的集装箱数量，并提出船舶操作人员装卸集装箱的实际要求。因此，他们面临在线接受订单和航班排程的问题。总之，竞争领域中存在的问题涉及港口之间的竞争、集装箱码头之间的竞争，以及海运承运人和码头运营商之间的竞争。

1.3.4　港口发展趋势

随着全球贸易量的增加，世界经济一体化的不断发展，未来世界港口发展将呈现六大趋势。

（1）集装箱船舶向大型化发展。21 世纪以来，不少班轮公司开始订购载箱量为 7000TEU 以上的超大型船舶，超巴拿马型船的订单也已在全球市场订单中占据绝对多数，集装箱船舶大型化已是趋势所向。未来，国际化运输过程中对大型化集装箱船舶的要求也会越来越高，小型船舶会被大型船舶逐渐取代，大型化集装箱船舶的增加会进一步提升港口服务质量，提高港口的装卸效率，促使全球运输网络及作业方式的更新和完善。

（2）港口建设呈现标准化、大型化，功能更加完善。为了适应集装箱船舶大型化发展这一趋势，各港口将加快建设专业化深水码头、国际集装箱主干线枢纽港，优化其集疏运体系；并且利用相关的生产技术及工程技术，扩大港口区域，完善装卸设备，如桥吊、起重机等设备的性能和适用性，以适应不断增长的集装箱运输需求。同时，面对国际港口间激烈的竞争，港口功能及服务也将日趋标准和完善，各港口也将采取相应措施，积极开展与国际航运公司的合作，以降低成本，增加其经济收益。

（3）信息化水平不断提高。当代社会，信息化技术的应用对港口发展具有重要影响。全球运输流程长，中间环节多，而集装箱货物本身也具有批量大、信息量大的特点，因此必须借助信息化技术对集装箱运输过程进行管理和控制。随着现代科技的发展，如无线射频技术、国际互联网等已经在港口管理的过程中得到了应用和推广，以保证货物从出发到送达过程中，实时监控货物信息。港口信息化水平的提高，会进一步保证信息在运输过程中的有效传递，增强物流各环节的配合和协调，从而提高港口的运作效率。

（4）集装箱港口向智能化、自动化方向发展。在港口技术层面上，港口自动化、智能化趋势明显。面对系统繁杂、规模庞大的现代化港口，采用现代智能化技术已然成为港口发展的必然趋势。目前，国内许多大型港口都开始建设自动化集装箱港口，并试点进行岸桥的远程控制。另外，要充分结合“互联网+”发展的时代背景，加快发展港口物联网应用，以推动港口物流供应链的全程信息化管理。

（5）顺应现代物流的发展，参与的物流链渐长。临港产业带动了港口周边经济、物流、金融等服务业的发展，港口作为产业链中的重要枢纽，也从提供单一的物流服务转为寻求提供增加附加价值的业务，如保税区和配送园区的出现，以期通过利用港口的综合服务来满足客户对物流的需求。另外，第四代港口的出现，使港口的服务领域拓展到生产、销售、运输等各个层面，赋予港口新的时代内涵。

（6）更加注重绿色港口发展。当下社会提倡发展绿色经济和循环经济，港口在追求发展的同时也开始注重环境的保护。很多港口都开始推进“绿色港口”的模式，鼓励减少废气及噪声的排放。例如，不少国家设置了排放控制区（emission control area，ECA）等，以强制性的要求，对进入港口的船只排放进行控制和管理。另外，港口岸电技术的推广，也为港口与船舶的升级提出了新的挑战和机遇。“绿色港口”概念所衍生出的港口运营管理中“低碳环保目标”不仅成为衡量集装箱港口发展的一个重要的指标，同时也是未来港口建设亟须考虑的重要问题[7]。

1.4 本书研究内容框架

本书总体框架如图 1-1 所示。

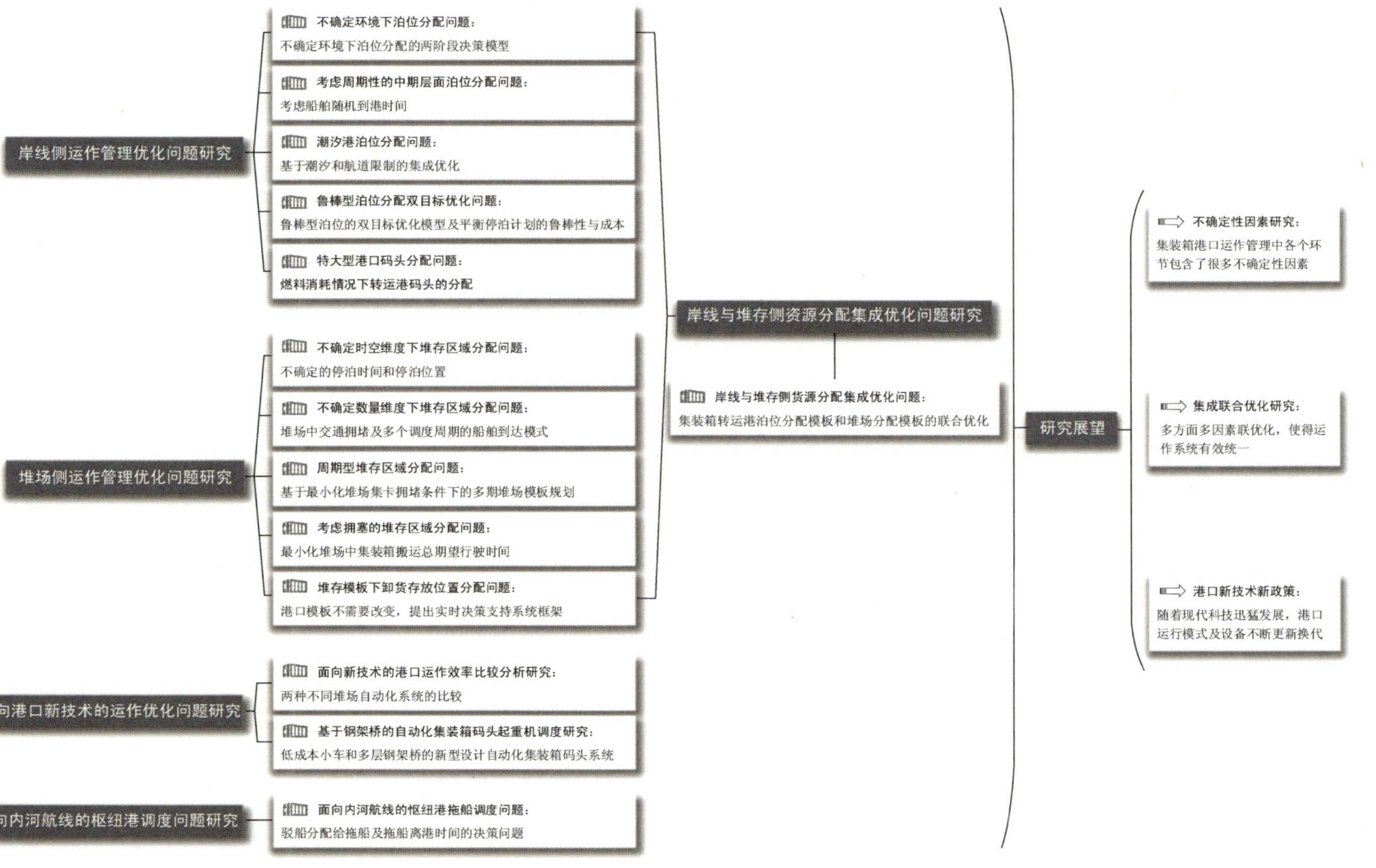
岸线侧运作管理优化问题研究
不确定环境下泊位分配问题：
不确定环境下泊位分配的两阶段决策模型
考虑周期性的中期层面泊位分配问题：
考虑船舶随机到港时间
潮汐港泊位分配问题：
基于潮汐和航道限制的集成优化
鲁棒型泊位分配双目标优化问题：
鲁棒型泊位的双目标优化模型及平衡停泊计划的鲁棒性与成本
特大型港口码头分配问题：
燃料消耗情况下转运港码头的分配
堆场侧运作管理优化问题研究
不确定时空维度下堆存区域分配问题：
不确定的停泊时间和停泊位置
不确定数量维度下堆存区域分配问题：
堆场中交通拥堵及多个调度周期的船舶到达模式
周期型堆存区域分配问题：
基于最小化堆场集卡拥堵条件下的多期堆场模板规划
考虑拥塞的堆存区域分配问题：
最小化堆场中集装箱搬运总期望行驶时间
堆存模板下卸货存放位置分配问题：
港口模板不需要改变，提出实时决策支持系统框架
面向港口新技术的运作优化问题研究
面向新技术的港口运作效率比较分析研究：
两种不同堆场自动化系统的比较
基于钢架桥的自动化集装箱码头起重机调度研究：
低成本小车和多层钢架桥的新型设计自动化集装箱码头系统
面向内河航线的枢纽港调度问题研究
面向内河航线的枢纽港拖船调度问题：
驳船分配给拖船及拖船离港时间的决策问题
岸线与堆存侧资源分配集成优化问题研究
岸线与堆存侧货源分配集成优化问题：
集装箱转运港泊位分配模板和堆场分配模板的联合优化
研究展望
不确定性因素研究：
集装箱港口运作管理中各个环节包含了很多不确定性因素
集成联合优化研究：
多方面多因素联优化，使得运作系统有效统一
港口新技术新政策：
随着现代科技迅猛发展，港口运行模式及设备不断更新换代

图 1-1　本书总体框架

本书根据集装箱港口管理的运营模式、体系构成、操作流程及对近些年来港口物流的相关文献的统计，总结了港口物流研究领域的现状与发展。

本书的主要部分，包括港口岸线侧、堆场侧和岸线堆存侧资源分配集成等优化研究问题。同时，介绍了面向港口新技术及面向内河航线方面的研究，提出了包括数学模型和相应的启发式算法在内的综合解决方案。本书的研究成果，极大地提升了集装箱港口运营企业的工作效率和货物流通速度。

岸线侧运作管理优化问题研究。岸桥和泊位分配问题是港口很多调度问题的基础。该类问题主要涉及到港船舶的位置、停泊时间和岸桥资源的分配。另外在实际情况中，潮汐港的特殊性和船舶的到港、作业时间的不确定性及大型港口码头的分配等问题都是需要考虑的。在众多因素下，本书提出了双目标优化模型和双阶段模型，并开发了相应的启发式算法，来解决大规模的实际问题。

堆场侧运作管理优化问题研究。堆存位置的分配、场桥和集卡的调度，以及堆场的布局问题，都影响着港口内货物的运输存储效率。本书从不确定性方面考虑，研究了其时空和数量维度下的堆存区域分配问题。同时，从堆场拥塞的角度研究了集卡干扰情况下的堆存区域分配问题，并在堆存模板下，对卸货的存放问题也进行了研究，并相应地建立了各自的数学优化模型和算法，以便为堆场的合理调度管理提供高效的解决方案。

岸线与堆存侧资源分配集成优化问题研究。港口码头的主要工作区域为岸线区域和堆场区域。从整个港口系统考虑，岸线和堆场区域的配合十分重要，考虑泊位岸桥和堆存区域的集成优化，以为整个港口的全面有效调度提供可行方案。本书通过对两者的集成研究，设计了相应的模型和求解算法，并用实验验证和分析了其有效性。

面向港口新技术的运作优化问题研究。随着钢架桥等港口技术的发展，在港口新运作模式的情况下，解决港口资源的调度问题成为了重中之重。本书还对新模式下的存储效率和运作效率进行了分析，提出了新模式下的资源调度解决方案，设计了相应的算法并用实验进行了验证。

面向内河航线的枢纽拖船调度问题研究。内河航线的拖船调度也属于港口物流的重要研究领域。本书基于此问题建立了模型和分支定价的精确求解算法，同时用上海港与长江航线的实际案例进行了实验分析，来验证调度模型的有效性。

最后，总结了本书的所有研究成果，并提出未来研究的热点和方向。

第 2 章

港口运作管理优化问题研究现状

2.1 基于文献统计的相关研究概况分析

港口是海洋运输的重要环节，更是当今国民经济发展和国际贸易的重要基础设施。而集装箱运输作为一种新的运输方式，实现了货物的标准化运输，缩短了装卸时间，提高了运输效率，因此这种运输方式迅速得到了推广和运用。目前，集装箱运输已经发展成为各个国家之间货物贸易的最主要也是最重要的运输方式，集装箱港口作为物流集散地也随之成为一国发展对外经济贸易的新窗口。

集装箱港口管理与运营的理论与方法近年来一直受到国内外学者的关注，集装箱港口的物流系统涉及活动比较多：船舶到港、进入泊位、岸桥装卸、集卡运输、场桥装卸、堆场堆存、集箱提箱等，它是一个复杂的随机动态系统[5]。港口运作管理中涉及问题种类较多且比较复杂，但这些问题的定义与问题的边界还是比较明晰的。因此近 10 多年以来，各类港口运作问题吸引了系统优化调度等相关领域学者的关注。

本节运用文献计量的方法，从时间序列、国家/地区文献分布、学科和期刊分布、高产作者和研究机构分布、研究主题等几个方面，对近 18 年集装箱港口运作管理领域的整体研究状况进行了文献计量和可视化分析，以了解该领域的发展动态。

2.1.1 文献计量学与数据来源

为了便于文献的检索，本节对集装箱港口运作管理作如下定义：集装箱港口的运营管理是对泊位、岸桥、堆场、集卡、人力资源等各类港口相关资源整合、分配的过程[6]。在研究样本的选择上，本节选取了国外知名数据库 Web of Science（WOS）数据库中的 Science Citation Index Expanded（即 SCI）数据库。文献的检索时间跨度为 2000 年 1 月到 2017 年 8 月。检索方法如下。

（1）选择检索范围为“主题”，检索词如图 2-1 所示。

（port operation）OR（berth allocation）OR（quay crane）OR（yard crane）OR（container port）OR（bulk port）OR（container terminal）OR（automated container terminal）OR（yard truck）OR（yard template）OR（yard management）OR（yard storage allocation）OR（“ALV”）AND（container port）OR（“ALV”）AND（container terminal）OR（“AGV”）AND（container terminal）OR（“AGV”）AND（container port）

图 2-1　检索词录入

（2）剔除不相干的研究类别：earth and planetary sciences、agricultural and biological sciences、medicine、biochemistry、genetics and molecular biology、physics and astronomy、pharmacology、toxicology and pharmaceutics、immunology and microbiology、veterinary、health professions、nursing、psychology 和 neuroscience 等。

（3）选择文献类型定为“article”。这样可以排除不相干文献的干扰，保证领域研究论文的查准率。

最后得到相关文献 2456 篇。

2.1.2 时间序列上的分析

1. 文献总体时间序列分析

图 2-2 统计了 2000 年到 2017 年 8 月有关集装箱港口运作管理领域的论文数量及其变化趋势。从最初（2000 年）的 27 篇，到 2016 年的 333 篇，2016 年是 2000 年 12 多倍。根据期刊论文数量，可以将集装箱港口运作管理领域的发展划分为两个时期。第一阶段是平稳上升时期，这一时期的论文发表数量是 389 篇；第二阶段是快速发展阶段，这一阶段共搜索得到 2067 篇文献。

从图 2-2 可以发现，有关集装箱港口运作管理领域的论文一直呈增长趋势，关于集装箱港口的研究在国际上继而处于稳定发展态势，其关注度可能由于最近几年航运业的大力发展而有所增加，继而成为各个领域所关注的焦点。2015 年较之以往的几年，论文发表数量更是有了阶梯状的增长。同年联合国贸易和发展会议（United Nations Conference on Trade and Development，UNCTAD）《2015 年海运评述》显示，全球范围内近 80%的物资贸易通过港口和连接港口的海洋运输线路完成，可以说航运业在世界经济中占据着举足轻重的地位。

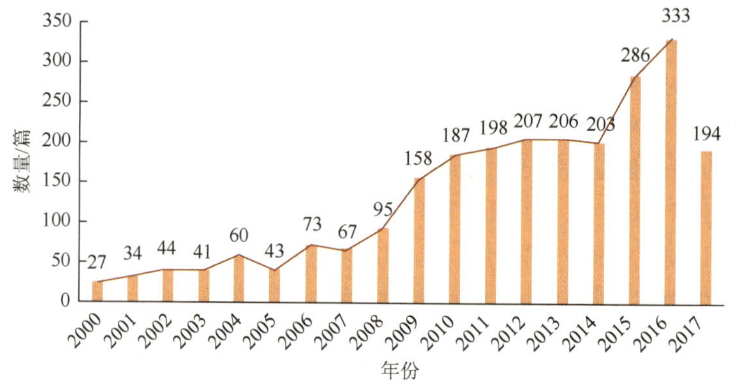

图 2-2 截至 2017 年 8 月发布的集装箱港口运作管理领域的期刊论文数量及其变化趋势

2. 国家/地区分类文献统计

表2-1是关于WOS数据库中集装箱港口运作管理领域文献发表数量的地区分布结果。不难发现，国家所处地理位置的确影响着该国对港口领域的研究关注程度，特别以非洲、南美洲为例，在集装箱港口运作管理领域有所建树的国家基本都为沿海国家。同时可以发现，美国在该领域占有绝对的优势，发表论文数量最多，达到743篇，占所有发文量的16.47%，占据世界的前列；中国仅次于美国位居第二位，但明显高于其他国家（或地区），占所有发文量的15.03%。从这一数据能够发现，作为发展中国家，中国在集装箱港口运作管理领域的研究成果依然处于领先地位，与美国等发达国家相比，差距也不大，且有赶超趋势。韩国与英国分别位居第三位和第四位，为4.81%与4.41%，但与第一、第二差距明显。

表 2-1　WOS 数据库中集装箱港口运作管理领域文献发表数量地区分布

国家/地区	数量	国家/地区	数量
美国	743	巴西	64
中国	678	土耳其	63
韩国	217	希腊	61
英国	199	丹麦	56
新加坡	182	葡萄牙	50
荷兰	181	瑞典	46
意大利	177	伊朗	43
德国	167	挪威	42
西班牙	157	克罗地亚	39
澳大利亚	140	波兰	38
加拿大	125	苏格兰	34
法国	87	智利	31
比利时	83	瑞士	31
印度	74	马来西亚	30
日本	74	斯洛文尼亚	27

对论文发文量排名前10位的国家/地区进行统计分析，发达国家占9个，发展中国家仅占1个，排名前10名的国家所发表论文占整体论文发文量的5/8，如表2-2所示。同时，鉴于2017年的数据不完整，本节仅绘制了2000～2016年排名前10的国家发表论文的趋势，如图2-3所示，全部国家的发文量基本呈现逐年递增趋势，且在2008～2009年增速明显，其中以中国的增长速度最明显。中国在2013年后赶超美国，而除美国与中国以外的其他国家中，西班牙在2016年时已

赶超其他国家，位列第三。而 2017 年截至数据收集时间，位居第一位的国家已变成中国，发表论文 91 篇，排名第二位的美国，发表论文 45 篇，不足中国的 1/2，排名第三的德国发表论文 23 篇。

表 2-2　集装箱港口运作管理领域文献按发达国家/地区和发展中国家/地区分布（排名前 10 位）

国家类型	地区或国家	年份																		合计
		2000	2001	2002	2003	2004	2005	2006	2007	2008	2009	2010	2011	2012	2013	2014	2015	2016	2017	
发达国家	美国	11	11	15	14	13	13	11	13	44	63	87	51	87	45	69	59	92	45	743
	韩国	1	0	3	5	7	1	9	4	7	10	14	20	29	26	17	23	33	8	217
	英国	1	3	2	0	1	2	1	2	3	13	15	21	19	23	17	33	26	17	199
	新加坡	0	3	0	2	2	1	6	4	4	14	12	15	28	21	18	27	19	6	182
	荷兰	0	2	1	1	4	0	5	0	3	16	15	13	19	15	15	29	28	15	181
	意大利	0	1	0	1	3	3	3	4	3	16	9	22	7	25	17	36	22	5	177
	德国	1	0	2	1	5	0	2	2	3	7	14	15	20	19	12	8	33	23	167
	西班牙	0	0	2	0	2	2	2	3	7	3	7	11	15	10	23	30	35	5	157
	澳大利亚	3	2	2	2	1	0	3	4	3	2	5	4	8	18	24	24	19	16	140
	小计	17	22	27	26	38	22	42	36	77	144	178	172	232	202	212	269	307	140	2 163
发展中国家	中国	2	1	3	2	6	3	9	6	9	23	29	48	53	50	88	108	147	91	678
	小计	2	1	3	2	6	3	9	6	9	23	29	48	53	50	88	108	147	91	678

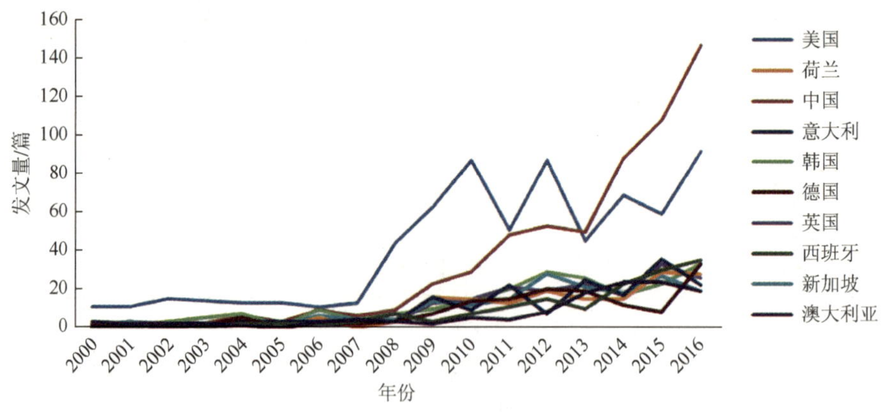

图 2-3　2000～2016 年集装箱港口领域发文量排名前 10 的国家发文量变化趋势图

3. 期刊分类文献统计

文献计量学中另一定律，布拉德福定律主要反映的是同一学科分类的专业论

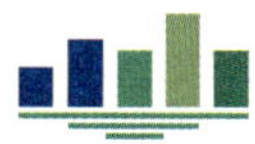

文在相关的期刊信息源中的不平衡分布规律，将相关主题的大量文献按照作者创作数量降序排列，三个区域可以被标记出来，使得每个区域包括全部相关文献的三分之一。第一区域即为核心区域，含有少量的高生产力期刊[7]。从期刊角度来分析，2456 篇文章发表在 484 本期刊上，排名前 20 的期刊如表 2-3 所示，排名前 20 的期刊刊载的论文占 43.20%。而排名前 10 的期刊共刊载论文 780 篇，占所统计论文总体比例的 31.76%。因此依据布拉德福定律，核心区域包括的相关文献已接近总量的三分之一，可以认为关于集装箱港口运作管理领域的文章已形成相对成熟核心的国际期刊群。这为刚进入该研究领域的科研工作者选择适合的核心期刊，确立收藏重点等带来了极大的便利。

表 2-3　刊载论文数量排名前 20 的期刊统计表（2000～2017 年）

期刊名称	简称	数量
Transportation Research Part E-Logistics and Transportation Review	*Transport Res E-Log*	129
Maritime Policy & Management	*Marit Policy Manag*	125
European Journal of Operational Research	*Eur J Oper Res*	90
Maritime Economics & Logistics	*Marit Econ Logist*	90
Transportation Research Record	*Transport Res Rec*	86
International Journal of Shipping and Transport Logistics	*Int J Ship Trans Log*	70
OR Spectrum	*OR Spectrum*	58
Computers & Industrial Engineering	*Comput Ind Eng*	53
Transportation Research Part A-Policy and Practice	*Transport Res A-Pol*	40
Transportation Research Part B-Methodological	*Transport Res B-Meth*	39
Transportation Science	*Transport Sci*	33
Computers & Operations Research	*Comput Oper Res*	33
International Journal of Production Economics	*Int J Prod Econ*	32
Flexible Services and Manufacturing Journal	*Flex Serv Manuf J*	30
Transport	*Transport-Vilnius*	28
Promet-Traffic & Transportation	*Promet-Zagreb*	27
Transport Reviews	*Transport Rev*	27
Annals of Operations Research	*Ann Oper Res*	25
International Journal of Production Research	*Int J Prod Res*	23
Mathematical Problems in Engineering	*Math Probl Eng*	23

对论文发表量在前 20 的期刊，又进行了时间序列上的统计，如图 2-4 所示。在本节所收集的文献数据集中，排名前 20 的期刊 2000 年即刊载有关集装箱港口运作管理领域文章的仅有 3 本，而大部分期刊在 2005～2008 年开始陆

续刊载该领域的文章，且文章数目在2008年后大幅上升，也从一定程度上反映了该领域在此之后得到的关注逐渐增多，研究范围和内容也开始变广。因此给出建议，致力于该领域研究的科研工作者们选择2008年后的文章作为参考更为适宜。

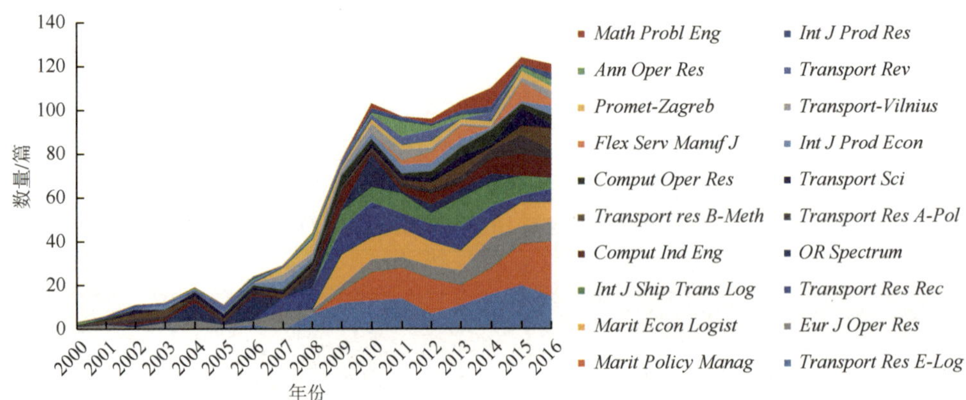

图 2-4　2000～2016 年排名前 20 的期刊刊载论文数量变化趋势图

4. 小结

在对文献进行时间序列的分析过程中，发现有关集装箱港口运作管理领域的发文量呈现逐年增长趋势，同时值得注意的是，2008 年和 2015 年是两个较为特殊的年份，这两年论文的发表量有比较明显的变化。航运业历来被看作是经济波动晴雨表，世界经济的波动状况决定着航运业的发展，2008 年 9 月以美国投资银行雷曼兄弟的倒闭为标志，金融危机及其引发的实体经济严重衰退并迅速蔓延整个世界，航运业同样深受影响，但是关于港口的研究却没有受此影响，反而进入快速发展阶段。通过查阅资料发现，2009 年中国政府为促使包括航运业在内的物流行业的复苏出台了《物流业调整和振兴规划》，2008 年后的论文数量不降反升与此有着密切的联系。正如《2014—2015 学科发展报告》指出，协同科技政策与经济政策才能促进学科的创新发展，而航运业要恢复，就必须有新的战略与规划，这也促进了学界在集装箱港口运作管理领域研究的深度（论文数量的增加）和广度（涉及港口领域的期刊增多）上的提升。同样在 2015 年，论文发表量较上年增长了将近一倍，同年“一带一路”倡议也渐渐成为重点关注对象，因此，推断 2015 年的论文数量增长之快很可能与此有关，而文献地区分布统计也证明了这一点，中国在 2015 年发表的论文数量已占到该年的近三分之一。相信在国家的大力推动和全球经济复苏的大环境下，中国学者在集装箱港口运作管理领域必将有所作为。

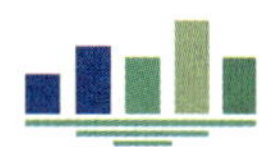

2.1.3　核心作者和研究机构分析

1. 核心作者分析

核心作者是指对某一学科研究的发展具有较大学术贡献的科研人员，同时也是期刊学术影响力、竞争力的重要贡献者[8]。文献计量学中的普莱斯（Priced）定律可用来确定一个研究领域内的核心作者[9]。2000～2017 年，有关集装箱港口运作管理领域研究的文献中，排名第一的作者发表文章数量多达 45 篇，由普莱斯所提出的核心作者计算公式计算可知：

$$M = 0.749\sqrt{N_{\max}} \tag{2.1}$$

其中，$N_{\max}$ 为所有作者中发表论文最多的论文数量；M 为确定核心作者的最低发表论文篇数，发表论文 M 篇以上的作者即为核心作者。本节搜索的文献样本中，同一作者发表论文最多的篇数为 45 篇，因此 $N_{\max} = 45$，根据普莱斯定律可求得 $M = 5$，因此发表论文 5 篇以上的作者即为集装箱港口运作管理领域的核心作者。按照发表论文数量排序，发文量大于（含）5 篇的多达 190 位，总计发文篇已超过全部文献的二分之一，可以认为是该领域的核心作者群，其中排名前 20 的作者及其发文量和排名如表 2-4 所示。

表 2-4　发文数量前 20 位作者统计表

作者	发文量	排名	作者	发文量	排名
Kim Kap Hwan	45	1	Yang Zhongzhen	16	9
Wang Shuaian	40	2	Zhen Lu	16	9
Meng Qiang	34	3	Song Dongping	15	10
Lee Der-Horng	24	4	Huynh Nathan	15	10
Chew Ek Peng	22	5	Cullinane Kevin	15	10
Lee Loo Hay	22	5	Ryu Kwang Ryel	15	10
Lam Jasmine Siu Lee	19	6	Voss Stefan	14	11
Boysen Nils	18	7	Chou Chien-Chang	14	11
Notteboom Theo	17	8	Papadimitriou Stratos	14	11
Imai Akio	17	8	Chen Jianghang	14	11

衡量一位科研人员学术表现的重要指标除了发表论文的数量外，还有其论文所带来的影响力。一般来说，那些发表在权威期刊上的论文有更大的影响力，因此借用期刊的影响力来衡量一篇论文的影响力。学术界评价期刊影响使用率最高的是影响因子。影响因子的统计方式是按照过去两年的引用总数除以期刊

上同期发表的论文总数计算的。本节采用从汤普森路透社发布的“Journal Citation Reports”来获取影响因子数据。对于一些期刊有个别年份没有影响因子的情况，如 *Maritime Policy & Management* 2001 年才被 SCI 收录，用 2011 年的影响因子来替代其未被收录时（即 2000～2010 年）的影响因子。2017 年的影响因子用 2016 年的数据代替。本节所用计算作者影响因子的公式如下：

$$\text{Score}_j = \sum_{y=2000}^{2017} \sum_{i}^{N} \frac{1}{I_j^i} \times \text{IM}_y^i \tag{2.2}$$

其中，Score_j 为作者 j 的影响因子得分；N 为作者 j 发表的论文数量；I_j^i 为作者 j 的论文 i 的合作者个数；IM_y^i 为第 y 年论文 i 所在的期刊的影响因子。最终计算结果如表 2-5 所示。

表 2-5　作者影响因子得分及其排名

作者	得分	排名	作者	得分	排名
Wang Shuaian	33.19	1	Cullinane Kevin	8.57	11
Meng Qiang	25.00	2	Lee Chung-Yee	8.45	12
Kim Kap Hwan	21.67	3	Negenborn Rudy R	8.26	13
Zhen Lu	17.31	4	Bell Michael G H	7.99	14
Petering Matthew E H	12.11	5	Meisel Frank	7.93	15
Lee Der-Horng	11.82	6	Lee Loo Hay	7.71	16
Lam Jasmine Siu Lee	10.53	7	Chew Ek Peng	7.54	17
Song Dong ping	10.42	8	Dong Jingxin	7.47	18
Boysen Nils	10.30	9	Notteboom Theo	7.43	19
Chou Chien-Chang	9.73	10	Chen Jianghang	7.04	20

对比表 2-4 与表 2-5 可以发现，经过影响因子的影响，前 20 位作者的排名发生了较大的变化。论文发表数量最多的 Kim Kap Hwan 由第一位降到了第三位，排名第一位和第二位的作者是 Wang Shuaian 和 Meng Qiang，查阅他们的文章，可以发现两位作者有着极为密切的合作关系，他们的论文主要刊登在 *Transport Res B-Meth* 和 *Transport Res E-Log* 等受高度重视和影响力高的运输期刊上。排名第四位的是 Zhen Lu，从表 2-4 的第 11 位上升了 7 位，第五位是 Petering Matthew E H，从第 12 位上升了 7 位。不难推测，在集装箱港口运作管理领域，除了有大量发文的作者，也有专而精的作者（Zhen Lu、Petering Matthew E H 等），尽管发文量少，但影响力依然巨大，更值得刚进入该领域的广大青年科研人员学习。

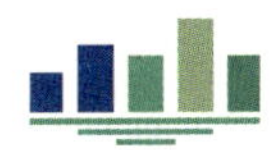

作者间的合作关系同样是文献计量学中的重要研究对象，CiteSpace Ⅲ①绘制了作者网络关系图。通过作者网络图可以发现，集装箱港口运作管理领域的作者合作网络分布比较离散，但核心作者间的合作比较紧密，如图 2-5 所示，主要的核心作者群中，第一个较大的核心作者群以 Wang Shuaian、Meng Qiang、Lee Loo Hay、Chew Ek Peng、Zhen Lu 等学者为代表，他们的研究重点在港口运营资源配置、港口群协作等方面[6]。左上角的核心作者群以 Kim Kap Hwan 为代表，他是目前集装箱港口领域发文最多的学者，这两个核心作者群通过 Lee Byung Kwon 产生联系。另外以 Notteboom Theo、Lee Paul Tae-Woo 等学者为代表，Song Dong ping、Yang Zhongzhen 等学者为代表，各自形成了另外两个核心作者群。

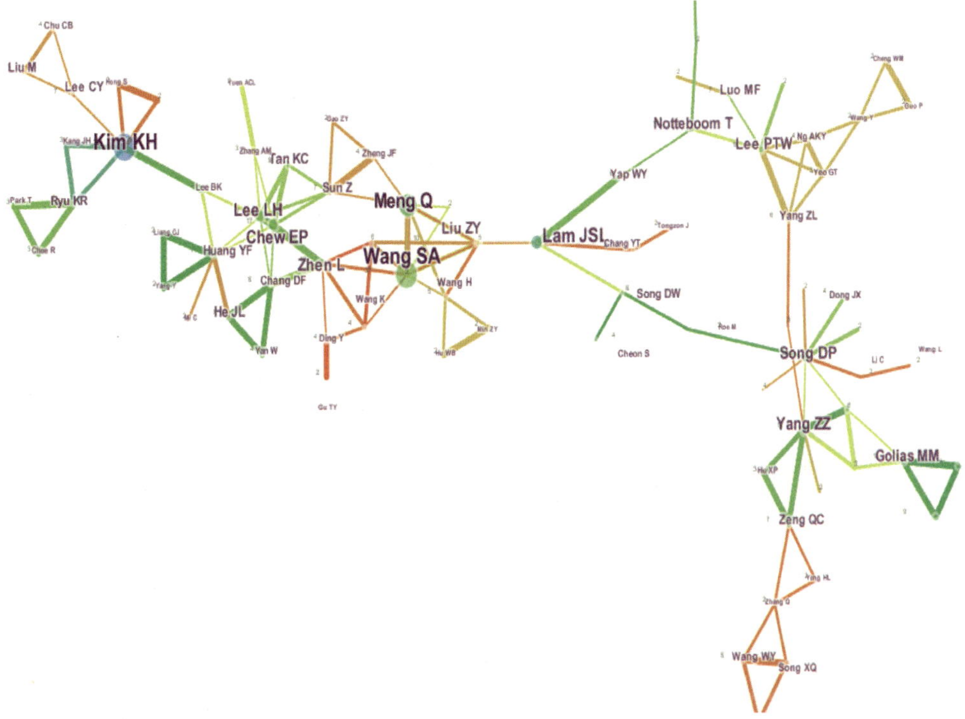

图 2-5　部分核心作者合作网络图

2. 研究机构

本节对集装箱港口运作管理领域的研究高产出的科研机构合作关系进行统计，有助于把握集装箱港口运作管理领域研究的前沿进展。表 2-6 的结果表明，

① 美国德雷塞尔大学（Drexel University）信息科学与技术学院陈超美博士与大连理工大学 WISE 实验室联合开发的科学文献分析工具。

所有文献样本中发表论文最多的为新加坡国立大学，共发表 133 篇论文；其次是香港理工大学，发表 85 篇论文；第三是釜山国立大学，共发表论文 71 篇。前 20 名的研究机构中，欧洲的机构有 6 所，美国的机构有 2 所，而亚洲的研究机构有 12 所，占了前 20 位机构的 60%，中国大陆的上海海洋大学排名第 4。结果表明，集装箱港口运作管理领域的高水平科研机构集中于亚欧国家，而美国作为历来的科研强国，在该领域稍显弱势。

表 2-6　排在前 20 位的研究机构及其合作机构统计表

机构	发文量/篇	合作机构（合作超过 4 篇）	机构	发文量/篇	合作机构（合作超过 4 篇）
新加坡国立大学	133	伍伦贡大学 上海海洋大学 上海交通大学 莫纳什大学 上海大学 内蒙古大学 墨尔本皇家理工大学 清华大学	上海交通大学	38	上海海洋大学
香港理工大学	85	上海大学 香港中文大学 马尼托巴大学 悉尼科技大学	南洋理工大学	36	安特卫普大学（3）
釜山国立大学	71	东北大学（美国）	台湾高雄海洋科技大学	34	长荣大学 树德科技大学
上海海洋大学	70	新加坡国立大学 上海交通大学 香港理工大学	普利茅斯大学	33	圣地亚哥德孔波斯特拉大学 赫尔大学
代尔夫特理工大学	57	伊拉斯谟大学	安特卫普大学	30	根特大学 安特卫普海事学院
罗特格斯州立大学	48	孟菲斯大学 ARS	卡拉布里亚大学	28	意大利国家研究委员会 蒙特利尔高等商学院
大连海事大学	42	新加坡国立大学 大连理工大学	香港科技大学	26	同济大学（2） 中山大学（2）
热内亚大学	42	那不勒斯帕斯诺普大学 伦敦大学学院	卡利亚里大学	26	巴里理工大学（2）
伊拉斯谟大学/伊拉斯姆斯大学	41	代尔夫特理工大学埃因霍温科技大学	上海大学	24	香港理工大学 上海海洋大学 新加坡国立大学
台湾海洋大学	38	长荣大学（3）	同济大学	22	上海交通大学 新加坡国立大学

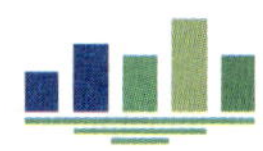

表 2-6 的最后一列统计了（除机构本身外）曾与此机构合作发表过论文的其他科研机构。因为篇幅有限，表 2-6 中只列举了合作超过 4 篇的机构的名称。从机构之间的合作关系可以看出，合作研究较为广泛的是香港理工大学，多达 66 家其他科研机构，而发文量最多的新加坡国立大学则更热衷于同校学者间的合作。而在排名前 20 位的科研机构中，有 4 家机构（台湾海洋大学/南洋理工大学/香港科技大学/卡利亚里大学）更热衷于同校学者间的合作，与其他机构的合作均在 4 篇以下。

其次，在 12 所亚洲研究机构中，中国研究机构有 9 家，可见，中国作为发展中国家，在推动集装箱港口运作管理领域的研究上已成为国际主要的研究群体，对推动集装箱港口的运作管理创新及其应用起到了一定的积极作用并产生重要的国际影响。但中国科研机构的合作规模和合作程度与国外一流机构之间尚有一定差距，它们更热衷于与国内，如上海、香港的科研机构合作，因此跨地域的合作有待加强。

同时，统计结果也出现了像三星集团、IBM 中国研究院等企业研究机构，这说明集装箱港口运作管理领域已逐步在向业界渗透和输送研究成果。图 2-6 展示了高水平研究机构的合作关系图。

综合来看，在作者层面上，集装箱港口运作管理领域的研究成果大部分仍集中于较少范围的学者之间，大部分研究者仅发表了少数几篇文献。集装箱港口运作管理作为一门新兴领域，从事其研究的核心著者群已初具规模，随着港口运作管理研究受到更多学者的关注，未来该领域的核心作者群发表数量和范围将进一步扩大，对港口运作管理的研究发挥导向作用，并不断地将该领域的研究推向新水平。

在研究机构层面上，高水平机构之间存在着密切的合作关系，不同研究背景的学者相互合作有利于产生高质量的科研成果，促进该领域的创新。同时，企业的实践能带来其独特的经验，我国拥有全球排名前 10 的航运公司——中国远洋运输集团和中国海运总公司，我国集装箱港口运作管理领域的学者应积极与国际一流科研机构开展合作，加强科研资源共享和成果交流，以利于我国集装箱港口运营管理的理论创新水平的提高。

2.1.4 文献内容分析

1. 研究主题的提取

对论文关键词进行分析能够反映出研究者对某一领域的研究兴趣，也能够表现研究的热度。本节利用 TF-IDF 技术从摘要中提取关键词来取代传统的关键词

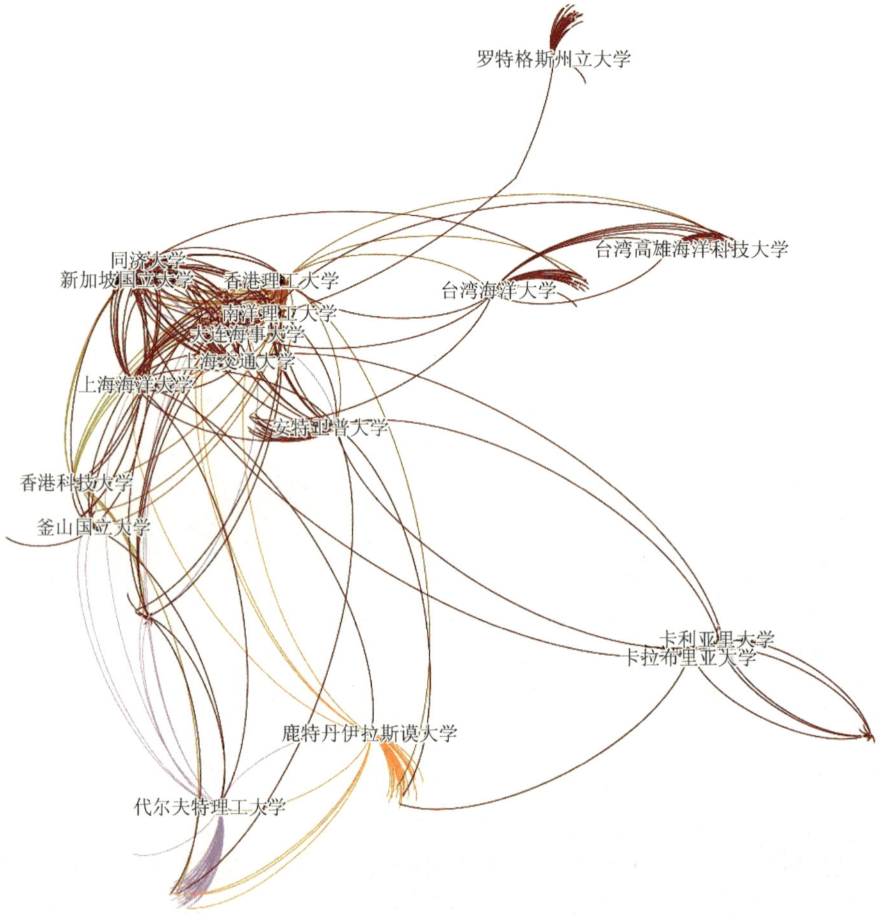

图 2-6　高水平领域研究机构的合作关系图

词频统计。TF-IDF 是一种用于资讯检索与资讯探勘的常用加权技术。它是一种统计方法，用以评估一字词对于一个文件集或一个语料库中的其中一份文件的重要程度。字词的重要性随着它在文件中的出现次数呈正比增加，但同时会随着它在语料库中出现的文档频率呈反比下降。TF 其实就是某个关键词出现的频率，DF 就是某个关键词在 N 篇文档中出现的次数。得到 DF 便可以通过公式计算 IDF。本节所采用的计算 IDF 的公式如下：

$$\mathrm{IDF}=\lg\left(\frac{M+1}{\mathrm{DF}}\right) \tag{2.3}$$

其中，M 为语料库中的文档总数；DF 为关键词的文档频率。它的主要思想是：如果包含词条 t 的文档越少，也就是 DF 越小，则 IDF 越大，则说明词条 t 具有很好的类别区分能力。主题词的特征包括词频、文档频数和反文档频率（IDF）。

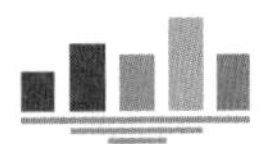

为了对论文摘要进行数据清洗，去除摘要中高频但无意义的词，为此建立了关于这个语料库的停词表。首先利用 natural language toolkits 对所有文章进行分词，得到一个数量巨大的词项的集合，之后进行统计词频，最后建立了两条规则来筛选关键词：①词频超过 6000 次、没有意义的词，这类词有 problem、time、elsevier、reserved 等；②词频略低于 6000 次，但没有特殊意义的词，这类词有 example 等。最后将英文常见停词加入新构建的停词表。利用停词表，对数据进行最后的清洗，得到 13 548 个词项。之后，根据 TF-IDF 关键词提取的原理，对语料库进行了处理，提取出这批语料中的关键词，并且根据 TF×IDF 的值按照降序排列出来，因为文章篇幅有限，选取了前 60 个主题词，结果如表 2-7 所示。

表 2-7　关键词提取前 60 个词统计表

序号	词	sum（TF×IDF）	序号	词	sum（TF×IDF）
1	terminal	64.73	26	storage	28.06
2	crane	55.95	27	planning	27.59
3	ship	52.71	28	capacity	27.18
4	algorithm	48.75	29	allocation	27.15
5	yard	46.77	30	optimal	27.10
6	cost	43.59	31	management	26.85
7	vessel	41.46	32	handling	26.80
8	efficiency	41.10	33	optimization	26.71
9	shipping	39.15	34	policy	26.50
10	scheduling	38.50	35	factor	26.24
11	operation	37.64	36	development	25.51
12	service	37.13	37	traffic	25.21
13	transport	37.03	38	waste	24.87
14	network	36.71	39	computational	24.61
15	truck	35.88	40	empty	24.59
16	berth	35.30	41	seaport	24.55
17	emission	35.13	42	operator	24.30
18	approach	35.13	43	chain	24.27
19	heuristic	34.98	44	vehicle	24.24
20	simulation	32.70	45	logistics	23.92
21	quay	32.19	46	maritime	23.61
22	data	31.25	47	experiment	23.51
23	strategy	30.91	48	flow	23.47
24	transportation	29.62	49	freight	23.35
25	cargo	29.49	50	schedule	23.07

续表

序号	词	sum（TF×IDF）	序号	词	sum（TF×IDF）
51	impact	22.72	56	dynamic	21.02
52	trade	21.59	57	route	20.95
53	operational	21.49	58	supply	20.32
54	company	21.41	59	risk	20.13
55	intermodal	21.36	60	market	19.65

表 2-7 显示，由 TF-IDF 提取的主题词包含许多类，像 terminal、berth、yard、cargo、quay、crane 等代表着集装箱港口资源的词，相对的也有 scheduling、allocation 等关于资源配置利用的对应词；cost、waste、empty、optimization 可能是关于港口运作优化研究的代表词；同时也有代表着当下热门研究——绿色港口研究的词，如 emission 等；而解决这类问题的方式有启发式（heuristic）算法（algorithm）求近似解，或者仿真（simulation）等，因此可认为由 TF-IDF 算法提取出来的主题词已经足够代表集装箱港口运作管理领域的研究主题。下面将从多个维度对研究主题进行分析。

2. 共现矩阵分析和主题聚类分析

统计已经提取出的 60 个关键词的词串在文档中两两出现的频数，这样 60 个关键词在共词分析中，便构成了 60×60 的一个共词矩阵，如表 2-8 所示。

表 2-8 共词矩阵

	terminal	crane	ship	algorithm	yard	cost	…
terminal	897	261	147	252	202	186	…
crane	261	374	72	181	154	54	…
ship	147	72	450	121	58	122	…
algorithm	252	181	121	501	131	98	…
yard	202	154	58	131	427	86	…
cost	186	54	122	98	86	554	…
⋮	⋮	⋮	⋮	⋮	⋮	⋮	⋮

由于主题词的共现仅仅计算频次，差距太大，所以在计算前，又对数据进行标准化操作。数据标准化是统计学上常用的方法，是为了消除不同属性或样方间的不齐性，使同一样方内的不同属性间或同一属性在不同样方内的方差减小。对共词矩阵进行进一步的处理，将共词矩阵中两两出现的主题词的共现次数加 1，

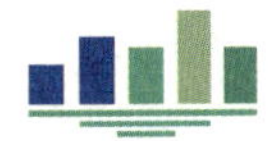

然后取其倒数，将这个值作为两个主题词之间的距离。而自身对自身的距离最远，设值为 1。

$$L=\frac{1}{S+1} \tag{2.4}$$

其中，L 为两个主题词之间的距离；S 为共词矩阵中两两出现的主题词的共现次数[8]。表 2-9 为处理后的共词矩阵，取处理后的 $L \geqslant 1.0075$ 为阈值，作词共现图，见图 2-7。

表 2-9　处理后的共词矩阵

	terminal	crane	ship	algorithm	yard	cost	…
terminal	1.000 0	1.003 8	1.006 8	1.004 0	1.005 0	1.005 4	…
crane	1.003 8	1.000 0	1.013 9	1.005 5	1.006 5	1.018 5	…
ship	1.006 8	1.013 9	1.000 0	1.008 3	1.017 2	1.008 2	…
algorithm	1.004 0	1.005 5	1.008 3	1.000 0	1.007 6	1.010 2	…
yard	1.005 0	1.006 5	1.017 2	1.007 6	1.000 0	1.011 6	…
cost	1.005 4	1.018 5	1.008 2	1.010 2	1.011 6	1.000 0	…
⋮	⋮	⋮	⋮	⋮	⋮	⋮	1.000 0

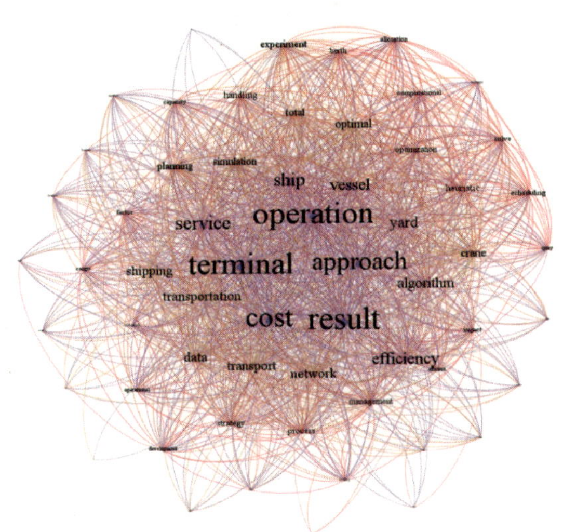

图 2-7　词共现图

聚类分析（cluster analysis）以“物以类聚”为基本思想，用谱系图的方式将研究对象之间的相似、相异程度和亲疏远近关系表示出来。聚类分析是共词分析中常用的一种多元统计分析方法，通过利用聚类统计方法对矩阵进行计算，把共

同出现频率在一起形成一个类团，越在中间的对象越核心。多维尺度分析对数据信息的要求较低，对数据的分布假设也没有严格要求[9]。

采用 Euclidean 距离模型对集装箱港口运作管理领域高频关键词的相异矩阵进行聚类分析，得到如图 2-8 所示的可视化知识图谱。从图中也可以看出，在集装箱港口运作管理领域，高频关键词的主脉络较为清晰，研究内容较为集中，以 container terminal 为研究对象，下面展开有 berth allocation、quay crane scheduling 等子问题，而在解决泊位分配问题（berth allocation problem，BAP）中，多以启发式算法为主，具体有遗传算法等，在场车调度问题中，有禁忌搜索算法（tabu search algorithm）等。而单纯算法类问题，多与 TSP（travelling salesman problem）等问题相结合（见图 2-8 最下方）。除主要脉络外，还有相对分散且规模较小的研究热点，如图 2-8 左下角，有运输网络设计问题，同时以 DEA 方法来衡量港口效率也是其中的一个小范围的研究热点。

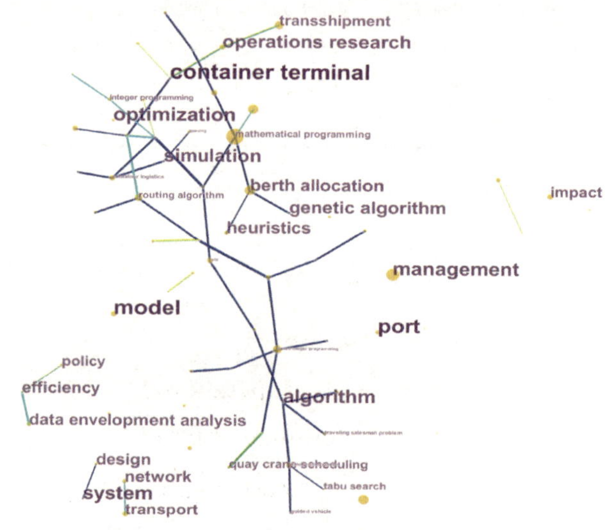

图 2-8　集装箱港口运作管理领域知识图谱

3. 研究主题期刊维度上的分析

研究主题的分析引入“期刊”维度。本节主要讨论排名在前 20 位的核心期刊的研究主题。将上节中计算得到的各关键词的 TF-IDF 值［通过式（2.3）计算得到每个词在各个期刊上的 TF-IDF 值］，最终以词云的形式展现，见图 2-9。

$$\delta_k^j = \sum_{d=1}^{N} \overline{\delta}_k^d \tag{2.5}$$

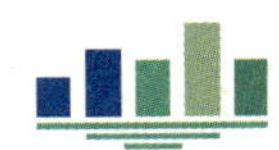

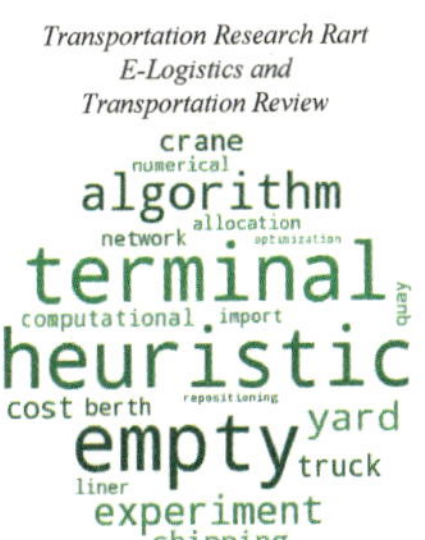
Transportation Research Rart
E-Logistics and
Transportation Review

Maritime Policy &
Management

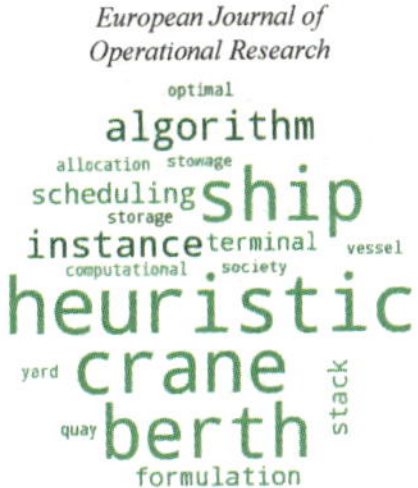
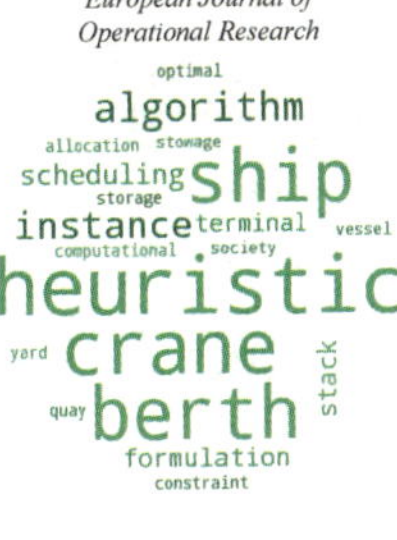
European Journal of
Operational Research

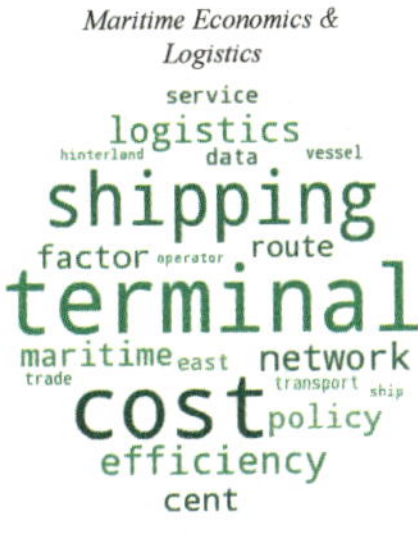
Maritime Economics &
Logistics

Transportation Research
Record
International Journal of
Shipping and Transport
Logistics
OR Spectrum

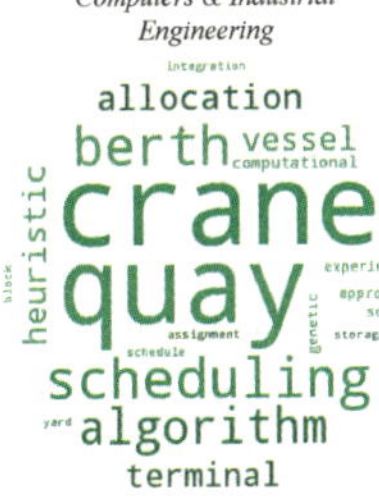
Computers & Industrial
Engineering

Transportation Research Part
A-Policy and Practice
Transportation Research Part
B-Methodological

(a)

Transportation Science
Computers & Operations
Research
International Journal of
Production Economics
Flexible Services and
Manufacturing Journal
Transport
Promet-Traffic &
Transportation
Transport Reviews
Annals of Operations
Research

图 2-9　20 本期刊研究主题词的词云

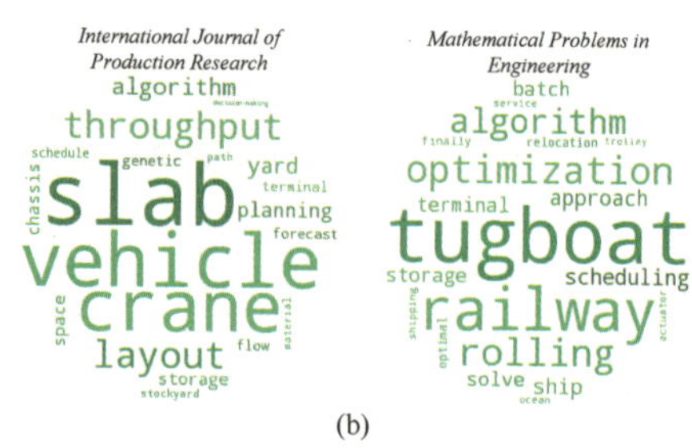

(b)

图 2-9　20 本期刊研究主题词的词云（续）

其中，δ_k^j 为期刊 j 内主题词 k 的 TF-IDF 值；N 为期刊 j 收录的文献数目；$\bar{\delta}_k^d$ 为某篇文章 d 中主题词 k 的 TF-IDF 值。

每个期刊上主题词有相似之处也有不同之处，因此，可以计算期刊间的相似度，从而发现期刊之间的关系。关于相似性的度量方法较多，最常使用余弦距离：

$$D(p,q)=\sum_{k=1}^{50} p_k \lg\frac{p_k}{q_k} \tag{2.6}$$

其中，p 和 q 分别为两本期刊上的主题词；$D(p,q)$ 衡量的是 p 和 q 之间的差异；p_k 为期刊 p 中出现主题词 k 的 TF-IDF 值；q_k 为期刊 q 中出现主题词 k 的 TF-IDF 值。

在期刊相似度的结果基础上，再对期刊进行层次聚类，连接采用 average-link：

$$d_{\mathrm{avg}(a,b)}=\frac{1}{|A||B|}\sum_{a\in A}\sum_{b\in B}d(a,b) \tag{2.7}$$

其中，$d_{\mathrm{avg}(a,b)}$ 为 a、b 两个簇之间的平均距离；$|A|$ 为簇 A 中对象的数目；$|B|$ 为簇 B 中对象的数目。

根据式（2.5）和式（2.6），可以计算得到期刊间相似度，并进行层次聚类，同时也对主题进行了层次聚类，结果如图 2-10 所示。发现 *Eur J Oper Res/Transport Sci/Comput Ind Eng/Comput Oper Res* 的研究主题比较相似，主要包括启发式算法（heuristic algorithm），面向的港口资源一般是码头（quay）、堆场（yard）、场车（crane）等，也涉及泊位分配（berth allocation）、调度（scheduling）等优化问题；而 *Transportation Research Part A-Policy and Practice/Maritime Economics & Logistics/Maritime Policy & Management/International Journal of Shipping and Transport Logistics* 等期刊更为相似，它们更关注宏观的问题，包括航运市场（maritime market）、航运供应链（supply chain）、经济效益（economic efficiency）、航运安全（security）、成本（cost）、政策（policy）等问题。

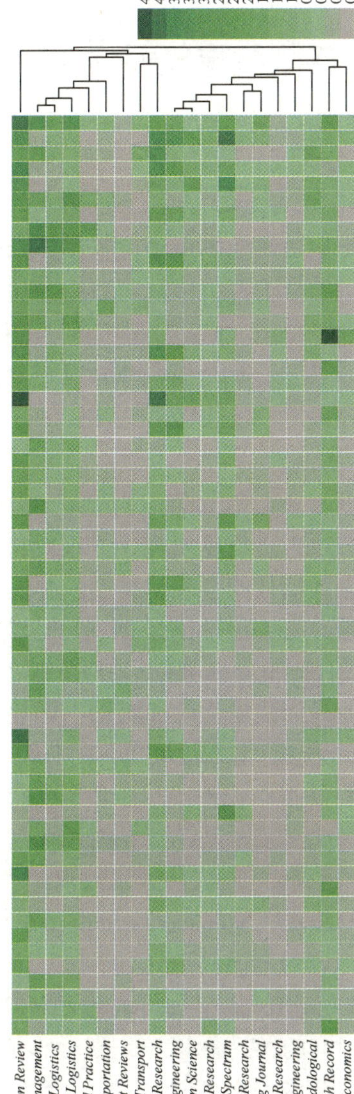

图 2-10　基于期刊-主题词热图的期刊相似度

2.2　岸线侧资源分配问题研究现状

2.2.1　泊位分配与岸桥分配

泊位分配问题主要确定到访船舶的停泊位置和开始作业时间，是港口大多数调度问题的基础。该问题可细分为两类：离散型问题和连续性问题。岸桥分配问题（quay crane assignment problem，QCAP）指如何为到港船舶分配岸桥，由于在BAP决策时船舶停泊时间依赖于靠泊位置及岸桥分配数量，所以该问题通常不单独研究而是与泊位分配联合探讨，以期给出总体优化方案。

1. 离散型问题

Imai 等[10]对静态离散 BAP 进行了研究，在该问题中，他们搜索船舶的最小等待和作业时间、对船舶进行泊位的分配和排序，并提出了一种基于拉格朗日松弛的启发式方法来解决问题。Hansen 和 Oğuz[11]为同样的问题构建了更简洁的混合整数规划模型（mixed integer programming，MIP）。Imai 等[12]在离散静态 BAP 中不仅将船舶的等待和作业时间最小化，而且缩小了船舶的实际到港顺序与计划顺序之间的偏差；他们将该问题简化为一个经典的分配问题，由匈牙利算法解决。Imai 等[13]进一步使用遗传算法最小化拒绝船舶数量的权重。在其研究中，计划到港日由船舶的最大可等待时间表示，若码头在船舶计划到港日内不能服务，则拒绝船舶靠港。

Imai 等[10]、Hansen 和 Oğuz[11]、Monaco 和 Sammarra[14]、Imai 等[15]及 Theofanis 等[16]就船舶停泊时间相关内容对动态离散BAP进行了研究。在Hansen和Oğuzb[17]所研究的问题中，船舶的作业时间与服务成本均取决于其泊位的分配；目的是最小化延迟目标，其中包括离港时间的相关成本（延迟罚款及提前离港的效益）。Nishimura 等[18]使用可变领域搜索算法求解动态离散 BAP，并证明该方法优于遗传算法。离散动态 BAP 就船舶离港时间的相关内容由 Golias 等[19]和 Imai 等[20]做了进一步研究。在 Golias 等[21]的模型中，船舶的到港时间和作业时间被认为是随机变量。Cordeau 等[22]研究了计划到港时间相关的离散动态 BAP 问题，并开发了一种禁忌搜索方法，该方法优于先到先得的规则和 CPLEX 求解结果；随后，Mauri 等[23]为 Cordeau 等[22]的问题设计了一种列生成方法，可比禁忌搜索方法在短时间内提供更优的解。在 Han 等[24]和 Zhou 等[25]的模型中船舶选派限制了泊位作业的决策；两篇论文均提出了遗传算法来求解问题，但 Zhou 等[25]考虑了船舶的随机到港时间、作业时间及等待时间，根据此来限制计划到港日。

Lee 等[26]、Imai 等[27]、Liang 等[28]和 Giallombardo 等[29]的离散 BAP 中考虑了起重机资源。其中，Lee 等[26]开发了遗传算法来制定泊位计划，为每个泊位产生给定数量的起重机，并对其可行工作计划进行评价；评价基于对 Kim 和 Park[30]的岸桥调度问题模型的修改，该模型在文章中没有被求解而是提供了一个小型实例作为示例。Imai 等[27]的研究认为必须为每艘船舶分配一定数量的岸桥（quay crane，QC）。Liang 等[28]的模型决定了起重机到泊位的分配及船舶的停泊时间和停泊位置。在 Giallombardo 等[29]的研究中，起重机、停泊时间和停泊位置均分配给船舶，使起重机利用率最大化的同时，最小化船舶与船舶之间与停泊位置相关的集装箱流入和流出数量。

2. 连续型问题

具有固定船舶作业时间的连续静态 BAP 由 Li 等[31]提出，该问题被制定为“多作业-单处理”调度问题；采用众所周知的因装箱问题而闻名的首次拟合降序启发式算法，以最小化船舶之间的最大完工时间。Guan 等[32]研究了如何将该类型问题的船舶总加权完工时间最小化，并提出了基于优先级规则的启发式算法。

在现有一些研究中已存在具有固定作业时间的连续动态 BAP。Guan 和 Cheung[33]使用搜索树法，以最大限度地减少船舶在港口总停留加权时间。Wang 和 Lim[34]的问题中，目标是减少被拒船舶和分离泊位的惩罚成本；其所提出的随机定向搜索算法，能够解决多达 400 艘船舶的情况。Moon[35]、Park 和 Kim[36]、Kim 等[37]、Briano 等[38]将尽可能减少船舶的延迟作为进一步的目标；针对该问题提出了若干求解方法，如次梯度法（Park 和 Kim[36]）和模拟退火算法（Kim 等[37]）。在 Lim[39]提出的问题中，船舶的停泊时间已由到港时间确定；需要确定的是合适的停泊位置，目标是尽量减少计划安排船舶的最大码头长度。该研究后续被 Lim[40]、Tong 等[41]、Goh 和 Lim[42]拓展。Imai 等[43]和 Chang 等[44]研究了作业时间取决于停泊位置的连续 BAP；Imai 等[43]提出了一种启发式解决方法，首先解决了离散 BAP，然后通过连续 BAP 中允许沿着码头移动的船舶数量来改进所获得的解；Chang 等[44]通过将船舶派遣纳入泊位分配决策来扩展该模型；范志强[45]研究了船舶动态到港情况下的连续泊位分配问题，基于 Imai 等[43]的模型，通过设置新的变量、重新规划时间序列与空间序列等约束条件，构建了新的混合整数非线性规划模型，有效地减少了非线性约束数量，提高了分支定界算法的求解效率。

Park 和 Kim[46]将连续 BAP 与 QCAP 开创性地结合；在该模型中，停泊时间、停泊位置及首先向船舶分配的 QC 同时被决定；他们的想法是将单一 QC-时间分配给船舶，以便可以实时进行 QC 到船舶的分配；随后对为船舶提供服务的专用起重机进行决策，第一个决策层使用拉格朗日松弛启发式，第二层应用动态规划；

Rashidi[47]进一步提出了将上述两个决策层面联合优化的模型。Oguz 等[48]还研究了包含起重机分配问题的连续静态 BAP，以尽量减少船舶之间的最大完工时间为目标。与 Park 和 Kim[46]不同，Oğuz 等[48]仅考虑时间不变的 QC 到船舶的分配。遗憾的是以上两种方法的效用在文献中并未被比较。

Meisel 和 Bierwirth[49]对可变时间 QC、泊位分配和起重机生产率的干扰损失进行了建模，在该研究中，起重机的生产率取决于船舶的停泊位置，其目标是尽量减少船舶加速造成的服务质量成本、延迟离港的惩罚成本及使用的 QC-时间的操作成本。为了解决这一复杂的模型，提出了“吱呀轮”优化（squeaky wheel optimization，SWO）和禁忌搜索算法；以上两种算法都针对 Park 和 Kim[46]所研究的一系列基准问题的求解方法进行了改进。与之前的模型相比，加速船舶只能在某些范围内活动；为此，每艘船舶都需有一个最早的到港时间且为已知的。Meisel 和 Bierwirth[50]提出了提高起重机利用率的另一种方法，在其研究中，首先为每艘船舶生成一系列 QC 到船舶的分配模式，然后使用优先权规则来确定每艘船舶的停泊时间、停泊位置和特定起重机分配模式；以 QCs 人员配备成本的最小化为目标。在此基础上，一些实际的泊位计划得到了相当大的改善，且服务质量没有大幅度下降。Theofanis 等[51]旨在通过惩罚不符合目标生产率的起重机作业，提出了一种针对该问题的通用求解方法——遗传算法，但没有得到令人满意的求解结果。

3. 面向港口新技术

近年来，影响泊位分配和岸桥分配问题的新技术发展包括大型船舶和深海港口的建设、全自动化码头的改造，以及缩减泊位和移动港口的出现。此外，相关研究也面临着越来越多的安全问题和环境问题等方面的挑战。

为控制船舶航行过程中的燃油消耗量，Golias 等[52]和 Du 等[53]将到港时间考虑为泊位分配规划中的决策变量；更确切地说，他们认为到港时间会随船舶的航行速度和燃料消耗的变化而变化。Du 等[53]进一步提出了将燃油消耗转化为温室气体排放的排放估算模型；测试实例的结果表明，通过该方式，燃油消耗可以大量节省。为实现燃油消耗、排放和服务时间的更优权衡，Hu 等[54]将泊位分配与岸桥分配相结合，将到港时间作为确定最佳航行速度的决策变量，并将岸桥分配到船舶用于调整其作业时间。

Xu 等[55]的研究内容为对 BAP 模型的潮汐限制，当潮汐提供有效的水深时，船舶只能在特定时间窗内进入泊位；离散 BAP 在该研究中被建模为静态和动态情况下的并行调度问题，通过启发式优先级规则解决。

Ursavas[56]对泊位分配和岸桥分配的集成研究进行了更为详细的分析。他们考

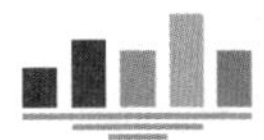

虑了不同类型的起重机——轨道式龙门起重机（rail-mounted gantry crane，RMGC）和橡胶轮式龙门起重机（rubber-tyred gantry crane，RTGC），其部署被集成到离散的 BAP 中。在将起重机分配到船舶时需要考虑 RMGC 所受到的非交叉限制，而且该类型起重机仅可部署在码头泊位的部分操作范围内。相比之下，RTGC 由于可移动到任何泊位，所以更加灵活，但处理效率较低。

Hendriks 等[57-59]和 Zhen 等[60]考虑了船舶到港的周期性，通过寻找固定长度（如一周）的泊位计划模板，然后由码头反复长时间使用，以作为每周 BAP 操作的蓝图。Hendriks 等[57-59]将泊位模板问题进一步扩大到多码头港口，并结合堆存分配。Zhen 等[60]将模板设计与堆存位置分配相结合，并开发了强大的元启发式算法进行模型求解。Imai 等[61]研究了接受或拒绝船舶调度服务的战略决策的单码头泊位模板问题，提出了一种基于拉格朗日松弛的启发式方法，用于最大限度地减少船舶的等待时间、停泊时间及由于泊位不足而被拒绝的船舶惩罚。在允许拒绝船舶的前提下，用启发式产生可行的模板，并将其用于高度拥挤的码头上（容纳多达 100 艘船舶）。

Emde 等[62]对如何在单一泊位使用移动码头墙（mobile terminal wall，MQW）进行了研究。MQW 是一种浮动平台，一旦船舶停泊在码头岸墙上，它便可以连接船舶；该平台可提供额外的起重机，用于从两侧服务封闭的船舶；并可提供在 MQW 岸边停泊另一艘船舶的机会，有助于减少空间狭窄的码头上船舶的服务时间。此外，他们开发了一种分支方法，用于对泊位上的船舶进行排序，可以在不到 15 分钟内最优地解决多达 18 艘船舶的情况。

2.2.2　岸桥调度

岸桥调度问题（quay crane scheduling problem，QCSP）指如何为到港船舶的一系列装卸任务进行岸桥的调度。根据装卸任务的不同，岸桥调度可分为对贝位的调度、集装箱组的调度、集装箱堆的调度、单个集装箱的调度。该领域的研究大多数是基于完整贝位的调度或基于集装箱组的调度。

1. 基于完整贝位

在基于完整贝位的 QCSP 中，学者们正在探索每个贝位仅通过一个 QC 专门服务（通常不具有抢占）的岸桥调度方案。为了更现实地考虑该问题，起重机交叉情况或多或少地引入是不可避免的。但基本上，非交叉起重机可以确保提前生成的起重机调度方案，因为所有的 QCs 沿着与船舶相同的方向移动，在服务期间不进行改变。根据 Bierwirth 和 Meisel[63]的定义，这类方案被称为单向调度方案。

单向调度方案方面，Lim 等[64]针对 QCSP 提出了近似算法。Lim 等[65]进一步将所考虑的 QCSP 重新定义为约束规划模型，并表明每个单向调度方案都可以从某项任务分配到 QC；因此，该问题可以通过用约束传播算法和模拟退火算法探索任务到 QC 分配的空间来解决。此外，Lim 等[66]进一步为具有完整贝位的 QCSP 验证了单向调度方案总是存在最优情况。

Liu[67]制定了用于 QCSP 的混合整数规划（MIP）模型，包含起重机的初始位置、移动速度和干扰条件。单向调度的结构被锚定在该模型中，从而使起重机的非交叉状态和安全边缘在一种直接的方式中进行。此外，由于焦点放在单向调度上，所以搜索空间会显著减少，从而可以通过求解器来解决比较复杂的实例。

下面几篇文章中的模型和算法中均未考虑调度单向性。Zhu 和 Lim[68]为具有完整贝位的 QCSP 提出了比模拟退火算法具有更好性能的分支定界算法。Lee 等[69, 70]开发了遗传算法和贪婪算法求解相同问题；同年，Lee 等[71]又将该方法改进，以通过任务的总加权完成时间代替最大完成时间为目标。Ak 和 Erera[72]将 QCSP 用于码头同时运送的一组船舶，起重机到船舶贝位的分配问题被建模为使船舶之间的 QC 行驶时间最小化问题。

Daganzo[73]最早提出了允许抢占的 QCs 调度，该想法是将起重机分配到某些时段的贝位，以便起重机的整体工作负载平衡；如此一来，贝位就可能由不同的 QCs 连续服务；研究中早期工作不考虑起重机的干扰，其目标是最大限度地减少船舶总加权完成时间；该调度问题由经验法则和后来 Peterkofsky 和 Daganzo[74]提出的分支定界算法来求解。上述 Liu[67]的模型的另一形式也允许抢先计划；实验证明起重机之间的贝位共享可以显著改善 QCSP 各实例的最大完成时间。

2. 基于集装箱组

使起重机能共享贝位的工作负载是基于集装箱组的 QCSP 最典型的特征；因此，在该问题上，避免起重机交叉比在具有完整贝位 QCSP 中更为重要。Kim 和 Park[30]引入基于集装箱组定义任务的 QCSP，他们通过考虑任务、起重机属性和起重机干扰之间的优先关系来详细地规划 QC 操作。在该模型中，QC 之间的安全边缘由位于相邻贝位中的任务之间的非同时性约束强制限制；其目标是最小化最大完工时间和 QCs 完成时间。作者提出了分支定界方法和贪婪随机自适应搜索过程（greedy random adaptive search process，GRASP）来求解模型，并证明分支定界方法在求解质量方面优于 GRASP，但是无法求解较大的问题实例。

Moccia 等[75]将 Kim 和 Park[30]的模型完善，进行了更加严格的制定；他们开发了一种分支切割算法，显著改善了 Kim 和 Park[30]提出的基准评测套件的解决方法。Sammarra 等[76]提出禁忌搜索算法用于同样的问题，其中通过对起重机的任务进行重新排序及在起重机之间交换任务来定义邻域；与 Moccia 等[75]的分支切割算法相比，禁忌搜索以较差的求解质量为代价，大大降低了基准评测套件方法在

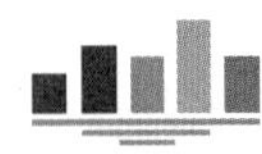

大型实例上的计算时间。Tavakkoli-Moghaddam 等[77]将 Kim 和 Park[30]的模型扩展到为一组船舶并行调度起重机的问题上，并提出了遗传算法，用于最大限度地减少 QC 的总加权完成时间和船舶的总加权延迟时间（根据泊位计划得知），但没有将遗传算法的性能与同类问题中提出的其他算法进行比较。

Bierwirth 和 Meisel[63]提出了分支定界算法用于搜索更小的解空间，该想法完全依靠单向调度方案；与具有完整贝位的 QCSP 不同，作者表明，问题实例的最优调度方案并不一定是单向的调度方案。该算法在求解结果质量和计算时间方面明显优于 Kim 和 Park[30]、Moccia 等[75]和 Sammarra 等[76]的启发式算法。

Ng 和 Mak[78]研究的 QCSP 中，将贝位上的进口集装箱和出口集装箱分为两组，并在同一贝位的两个任务之间插入一个优先关系。解决该问题的方法是将一组贝位划分成若干区域，以便在两个区域的边界上实现起重机的工作负载共享。

Jung 等[79]讨论了起重机对服务时间窗，但未详细列出。Meisel[80]则提出了一个包含时间窗的集装箱组 QCSP 的数学问题，在该模型中，QCs 可以在多个时间窗内服务一艘船舶，尤其在时间可变的 QC 到船舶分配过程中可以观测到。而 Bierwirth 和 Meisel[63]的分支定界算法适用于解决岸桥调度与泊位分配和岸桥分配相结合的问题。

3. 其他

现有文献中较少涉及在贝位区域、集装箱堆或单个集装箱的基础上定义任务。Winter[81]和 Steenken 等[82]将贝位区域分配给 QC，使得对于任何两台起重机的利用率的最大差异最小化；作者表明，基于贝位区域的岸桥调度引导出一个分区问题，可以很容易地解决实际尺寸实例下的最优化问题。Lim 等[83, 84]假定每个起重机在具有其吞吐率的情况下分配贝位给 QCs，他们的目标是最大限度地提高总吞吐量，并提出几种启发式方法，其中与局部搜索相结合的“吱呀轮”优化法（SWO）效果最佳。但上述所有方法均未考虑详细的岸桥调度计划。

Goodchild 和 Daganzo[85]介绍了一个基于集装箱堆的 QCSP 模型，并在 Goodchild 和 Daganzo[86-89]、Goodchild[90]的许多文献中阐述了进一步研究的成果。基本思想是考虑一台起重机处理一个贝位上的集装箱堆，为每个集装箱堆定义两个优先级相关的任务，一个用于卸载、另一个用于装载；不同集装箱堆的卸载和装载可以在起重机调度中并行化，该形式称为双循环。他们所研究的问题是找出一个用于处理集装箱堆的顺序，进而最大限度地减少最大完工时间。作者将这一问题重新规划为双机流车间调度问题（two-machine flow shop scheduling problem），利用 Johnson[91]的规则进行求解。Zhang 和 Kim[92]对 Johnson 的规则进一步修改，以处理覆盖相邻集装箱堆的舱口。针对双循环问题，Meisel 和 Wichmann[93]在单个集装箱的基础上处理起重机调度；对比 Goodchild 和 Daganzo 的方法，翻

箱集装箱可以在贝位上重新定位，而不是暂时卸货，从而加速了服务进程。利用 GRASP 启发式求解调度问题，可参见 Gambardella 等[94]、Bish[95]、Kim 和 Park[30]、Lee 等[96]、Imai 等[97]、Chen 等[98]和 Canonaco 等[99]；上述文献将 QC 调度考虑到其他操作中，如装卸计划、水平运输作业和场桥调度。

4. 面向港口新技术

新技术发展对岸桥调度产生了直接的影响，如新吊具技术可以允许同时处理两个或三个集装箱、为使起重机与水平运输同步而进行的双循环操作，缩进式泊位和浮动式起重机平台的兴起也要求创新的 QC 调度方法。下面回顾近年来 QCSP 领域较为创新的研究。

Boysen 等[100]、Chen 等[101]和 Lee 等[102]提出了一个缩进泊位的 QCSP 模型，可以使大型船舶由两个相对泊位上的 QCs 同时服务；虽然位于同一侧的起重机受到非交叉限制，但是当吊臂抬起时，位于相对泊位的起重机可以相互交叉；尽管提升起重机吊臂会消耗一定时间，但可以增加起重机的灵活度。Chen 等[101]所研究的是基于集装箱组的 QCSP 模型，Lee 等[102]和 Boysen 等[100]则探讨了基于贝位的 QCSP 模型。Chen 等[101]和 Lee 等[102]提出了禁忌搜索算法，可在几分钟内对具有 4～5 个起重机和 40～50 个任务的算例求解，并得到与最优解差值为百分之几的可行解。Boysen 等[100]提出了一个精确的伪多项式时间动态规划方法和基于定向搜索的启发式算法，虽然动态规划可以解决一些具有多达 100 个任务和 5 台起重机的实例，但是定向搜索可以为基准套件的所有实例产生接近最优的解，差值低于 1%。Vis 和 van Anholt[103]进行了一项仿真研究，比较传统泊位和缩进泊位的 QC 调度，实验表明缩进泊位可以将船舶的作业时间缩短 30%。

Nam 和 Lee[104]研究了将 QC 安装在浮动平台上的 QCSP，这样便允许在锚船的两侧定位起重机；且平台可以互相通过，为船舶服务的一侧甚至可以转换。作者提出了一种基于规则的算法和遗传算法的优化，后者在 10 分钟内解决了多达 18 个集装箱组和 3 个浮动平台的实例，与最优解的平均差距为 11%。Shin 和 Lee[105]专注于研究单个起重机平台，并解决相应单个集装箱的水平上的 QCSP，作者开发了遗传算法并将其应用于具有多达 120 个集装箱的实例。

吴凌霄和马卫民[106]综合考虑岸桥调度问题中所涉及的各类约束和装卸任务所需时间与成本之间的关系，首次提出了岸桥调度的时间-成本均衡混合整数优化模型，并设计了改进的遗传算法用以求解该模型。

Agra 和 Oliveira[107]由实际情况中存在不同类型起重机调度而受到启发，考虑了综合泊位分配、岸桥分配和调度的问题。首先提出了基于泊位分配方面的相对位置公式（RPF）的数学模型；然后引入由时间和空间变量的离散化的新模型。针对新的离散模型，提出了水平滚动启发式（rolling horizon heuristic，RHH）。

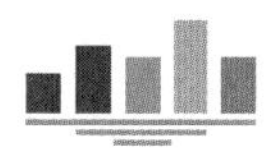

梁承姬等[108]为解决近年来集装箱港口岸桥和集卡资源紧张的现状，将集卡调度与 QCSP 集成优化，综合考虑集装箱顺序及岸桥干涉、集卡作业面调度等约束，建立了一个以最小化最大完工时间为目标的混合整数规划模型。针对不同规模算例进行实验，比较了所提出的遗传算法与粒子群算法，结果表明，遗传算法更适合该问题。梁承姬等[108]为应对集装箱码头突发事件，采用滚动窗策略进一步对岸桥集卡的联合调度问题进行了研究，在每个时间窗内建立以最小化最大完工时间为目标的数学模型，同样使用遗传算法进行求解。此外，讨论了以固定任务数量及固定时间长度为滚动时间窗的情况，对比发现后者更为适用；他们也对系统发生岸桥故障时滚动时间窗策略的性能进行了分析，结果表明该策略能良好地应对突发事件。

2.2.3 集成规划

下面回顾关于 BAP、QCAP 和 QCSP 的集成模型的文献。Lee 等[26]、Lokuge 和 Alahakoon[109]提出专门使用功能集成的方法。Lee 等[26]考虑了离散 BAP 和 QCSP 之间的反馈循环集成，因为泊位拥有专用起重机，所以没有涉及 QCAP。BAP 的求解内容为在每个泊位服务船舶的顺序；QCSP 的求解内容将获得的船舶作业时间返回到泊位规划级别以修改船舶序列，该循环执行预设的迭代次数。在 Lokuge 和 Alahakoon[109]的研究中，多智能体系统（multi-agent system，MAS）用于整合混合 BAP 和 QCAP，起重机专用于同时被服务的船舶共享的泊位；该问题由负责泊位计划的软智能体解决，并与负责起重机分配的其他智能体进行沟通，所使用的 MAS 的架构构成了 BAP 和 QCAP 的反馈回路集成。

一些学者研究涉及了岸线侧的三个规划问题的整合模型。Meier 和 Schumann[110]描述了 BAP 和 QCSP 的反馈循环集成，其中循环将泊位计划反馈到起重机调度层，以获得详细的船舶作业时间，再返回顶层以调整泊位计划；由于起重机调度与被服务船舶同时计划，所以该方法是 QCAP 和 QCSP 的深度整合。Ak 和 Erera[72]提出了对泊位分配、岸桥分配和岸桥调度共同决策的综合模型。而 Park 和 Kim[36]提出的仅仅是确定后处理的特定起重机分配。Liu 等[67]的整合模型的目标是修正暂行的泊位计划：首先，预处理起重机调度方案，为每艘船舶和每一个可分配数量的起重机生成可能的作业时间；然后，将特定起重机分配给船舶，其中暂时作业时间由预处理阶段提供的选择值代替。为了尽量减少船舶的最大延迟，该模型修正了临时停泊时间；停泊位置仍取自暂行的泊位计划。Meisel[80]开发的三相整合模型类似于 Liu 等[67]，QCSP 实例在每艘船舶和每个可分配数量的起重机的预处理中得到解决；相比之下，Meisel[80]推断的是起重机生产率而不是作业时间数据；在中心优化阶段，通过使用 Meisel 和 Bierwirth[49]的算法，对可能的起重机生产率进行泊位规划和起重机分配。最后，需要一个反馈循环来调整泊位计划、岸桥分配和岸调度；计算测试表明，该方法明显控制着传统的顺序规划过程。郑红星等[111]针对大型船需乘潮进出港的离散型泊位，首先考虑了潮汐的影响及岸桥作业中可动态调度的现实，以计划期内所有抵港船舶的岸桥作业成本和滞期成本之和最少为目标，建立了一个混合整数规划模型；然后设计了一个嵌入启发式规则的遗传算法对其进行求解；最后，算例结果中给出了每艘船舶在确切时刻对应的具体岸桥和每个岸桥的动态作业时间窗，并通过与单独优化的方案对比，验证了泊位分配、岸桥分配和调度集成方案的有效性。

Vacca 等[112]、Meisel 和 Bierwirth[113]进行计算实验来评估综合规划方法是否具有优势，将按顺序求解一系列规划问题与综合求解相同问题进行比较。Vacca 等[112]考虑了 Giallombardo 等[114]介绍的策略泊位分配问题，并按顺序最优化了子问题 BAP 和 QCAP，他们考虑两种方法来估计 BAP 中的船舶作业时间；一个为悲观，即高估作业时间，而另一个则是乐观，低估大型船舶的作业时间。将上述两种顺序方法获得的结果与从分支定价算法（branch-and-price algorithm）获得的整合模型的结果进行比较；对于 10 艘船舶和 3 个泊位的问题，从整合到悲观顺序规划中所获得的改进略高于乐观顺序规划的改进。

在海运部门集装箱码头堆存和面临各类问题的背景下，学者们将 BAP 与堆场问题集成优化，即将泊位分配决策与集装箱堆存位置分配决策相结合，从而避免集装箱在码头间运输距离对运营成本产生的影响。例如，Hendriks[59]、Lee 和 Jin[115]提出了整合模型和启发式方法，以最大限度地减少船舶位置与码头中指定的堆存位置之间的跨运车或集卡行驶的总距离。Robenek 等[116]的研究中设计的是一个多类商品的散货港口，该港口装卸和存储设备均安装在码头固定的位置，限制了泊位分配决策；他们提出精确的分支与价格算法来解决 BAP 和堆存分配的整合模型。Safaei 等[117]提出了两阶段方法集成优化 BAP 和进口集装箱的堆存分配问题，该集成问题的反馈循环方法由 Zhen 等[118]提出。预处理和反馈循环方法也用于关联堆场中各个集装箱堆与泊位分配决策，可参见 Salido 等[119, 120]的研究。大型海港通常拥有多个码头，每个码头拥有多个泊位，针对这类情况，Hendriks 等[57]将所有码头的泊位规划与码头间集装箱运输活动的管理相结合，其目标是平衡码头的装修工作量并最大限度地减少在码头之间集装箱的运输。Lee 等[121]针对多码头港口进行研究，其在考虑船舶路径问题的情况下，将堆存分配、码头间运输与泊位分配相结合，以尽量减少集装箱运输总成本。Li 和 Pang[122]研究了在码头有限泊位情况下，不定期货船在不同码头、港口之间的航线选择问题；给定集装箱运输要求集合、离散泊位码头和不同容量的船舶，最小化船舶的航线使总航行时间和等待时间的总和。

现如今，岸桥调度问题越来越多地与码头管理相结合。Wang 和 Kim[123]将基

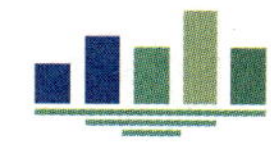

于集装箱组 QCSP 模型与卸载集装箱堆存空间分配决策集成优化；该问题的目的不仅在于尽可能快地处理船舶，而且要求码头间均匀地分配工作量，并避免集装箱组散布在堆场内太多的区域上；提出的整合模型由 GRASP 元启发式解决。Cao 等[124]与 Tang 等[125]包含在码头和堆场之间运输集装箱的集卡调度决策模型，通过紧密耦合的起重机和集卡操作来避免 QCs 在装载和卸载集装箱时空闲。Cao 等[124]构建了用于对单个 QC 的集装箱作业进行排序的模型，并提出用于在集卡之间分配相应运输任务的遗传算法，旨在最小化 QC 操作的最大完工时间。该方法可以在不到一秒钟的时间内解决多达 15 个集装箱和最多 4 个集卡的实例，与最优解的平均最小偏差为 6%。Tang 等[125]提出用于同时规划多个 QCs 操作和集卡的整合模型，并使用粒子群优化求解该问题，为具有 500 个集装箱、4 架 QCs 和 14 辆集卡的大型实例提供了偏差为 4%的优化解决方案。

2.3　堆场侧资源分配问题研究现状

2.3.1　堆存分配

堆存位置分配问题（storage allocation problem，SAP）指为到港船舶装卸的集装箱指派具体的存放位置。下面从堆存策略规划、堆存空间分配及堆存位置分配三个方面进行详细阐述。

1. 堆存策略规划

堆存策略取决于集装箱的类型。进口集装箱通常以大批量出货，但不乏少量归由散户，且集装箱到港时间未知。因此，分隔策略是该方面研究的热点。Castillo 和 Daganzo[126]通过仿真研究了分隔与非分隔策略，前者将新入港集装箱与在港集装箱分开以方便查询，而后者则是将集装箱混合在一起。使用理想化的实例来确定上述策略的适用条件；研究发现，当查询顺序受到港时间的影响时，分隔策略可以减少进口集装箱的倒箱。Sauri 和 Martin[127]沿着 Castillo 和 Daganzo[126]的研究路线，进一步分析了分隔与非分隔的概念；对于进口集装箱提出了三种堆存策略，针对如何混合不同批次到港集装箱的问题展开研究，并开发了基于概率分布函数的数学模型来评估集装箱的倒箱问题；研究表明，选择适当的策略取决于堆场高度、船舶到港间隔时间和集装箱在港时间。对于出口集装箱，其到港时间通常是未知的，其装载顺序通常取决于其他信息，如重量等。因此，集群策略也是研究热点之一。通常，将同一目的地船舶的集装箱堆存在一起，以方便装载过程的策略，这称为“集群策略”。Dekker 等[128]使用详细的仿真实验测试了自动化集装箱码头中的不同堆放策略，发现按照类别堆放出口集装箱可以减少翻箱的次数。Taleb-Ibrahimi 等[129]指出，如果堆存空间只被分配一次，那么将近 50%等待将要到港集装箱的预留空间是空的；因此，他们建议在分配固定区域之前，应将先前入港的集装箱堆放在临时区域，根据出口集装箱的到港模式分配固定区域；但是，他们的策略是以双重处理为代价来改进空间利用率的。

以上策略均是针对门户港进行的研究，并没有充分满足转运港的特殊需求。在门户港，可以通过分隔进出口集装箱来独立考虑装卸活动，而像新加坡港这样的转运枢纽，约有 74%的集装箱为转运货物，需从一艘船舶卸载并装载到另一艘船舶上；为了避免双重处理，集装箱需保持在相同的位置。“托运策略”一般适用于转运港口，可视为更为先进的“集群策略”。根据托运策略，整个堆存区域将作为存放目的船舶的小型仓储地点被管理，其中每个目的地船舶的堆存位置预订过程被称为“堆场模板”。Han 等[130]为了避免潜在的码头拥挤并方便场桥部署，首先对堆场模板规划问题进行了研究，开发了一种迭代改进算法来解决该问题，使用基于禁忌搜索的启发式算法来生成初始堆场模板，然后通过不断迭代来改进堆场模板，直到获得最优解或满意解。Zhen 等[60]将堆场模板规划与泊位分配相结合，最大限度地减少了由船舶预期周转时间间隔偏差导致的服务成本，以及与码头集装箱流转航线长度相关的运营成本。Zhen[131]将停泊时间与停泊位置考虑在内，进一步研究了堆场模板规划问题，提出相应元启发式算法来求解模型，并获得了不确定性下的大规模堆场模板。进而，Zhen 等[132]考虑码头拥堵问题，针对船舶到港周期不均匀（可能为一周、十天或两周）的情况，以减少围绕码头移动集装箱的运输成本为目标，研究了更为复杂的堆场模板决策问题。尽管托运策略有助于加快装载过程，但它在空间利用方面效率较低；为此，学者们提出了新的堆存策略，即“部分空间共享策略”和“灵活空间共享策略”。在 Jiang 等[133]提出的“部分空间共享战略”中，每个堆存位置被分为共享和不共享部分，允许在两个相邻的堆存位置之间共享部分堆存空间。Jiang 等[134]后期提出了更为先进的“灵活的空间分享战略”，允许相同的堆存位置停泊两艘船舶，当相应集装箱到港时，才将堆存空间分配给特定船舶；通过控制堆存区域中集装箱的堆放位置，使每艘船舶对应的集装箱不混合，并且可以预留托运。

2. 堆存空间分配

根据进口集装箱的分隔策略，K. H. Kim 和 H. B. Kim[135]基于进口集装箱的到港模式研究了场桥需求和长期空间分配问题；该问题被制定为具有空间容量约束的分配问题，并使用拉格朗日松弛方法进行求解。K. H. Kim 和 H. B. Kim[136]进一步探讨了同样的策略，研究了在给定集装箱体积的情况下如何优化所需的空间。在出口集装箱集群策略的研究中，Lim 和 Xu[137]将长期空间分配视为二维装箱问题，每类集装箱的空间根据不同时段入港集装箱的需求分配，而不是一次性分配

完所有空间。在转运集装箱托运策略方面，Lee 等[138]研究了堆场空间分配问题，以确定长期的场桥部署计划；他们将托运策略用于存放同一目的地船舶的集装箱，并提出高低工作负载均衡方案来控制托运中的拥堵问题，其主要思想是避免高工作负载出现在两个相邻的堆存位置；该长期空间分配共享战略研究结合了 Jiang 等[133]研究中的堆场模板规划方法。而范厚明[139]为合理分配箱位、促进场桥作业均衡、提高场桥作业效率，采用了分区域平衡策划方法进行堆场空间规划；根据箱区配备的场桥数量将箱区分为相应数量大致相等的机械作业区域，同一作业区域可堆放不同类别的集装箱，并保证每个作业区域中作业箱量基本持平，从而实现场桥作业任务量均衡。

尽管堆存策略有所不同，但上述研究都解决了在整体规划思想下为每个时间段内入港集装箱进行空间分配这一长期性问题。但在短期运营中，入港集装箱的到港信息只能在提前很短时间内得知。Kim 和 Park[140]、Zhang 等[141]对堆存空间分配问题的研究中，使用了同一种有效解决方案——滚动时域法；该方法的机制是根据当前时期的实际信息和近期的估计进行规划。Kim 和 Park[140]提出了解决有限空间内出口集装箱堆存空间分配的方法，其中堆存空间按舱位分配、模型实施使用滚动时域法。Zhang 等[141]考虑岸桥、场桥、集卡等各种资源将每个时间段的问题分为两个决策层，第一层平衡分配给每个箱区的工作负载，第二层最小化集装箱的运输距离。Bazzazi 等[142]基于 Zhang 等[141]对空间分配问题的一级决策进行了进一步研究，提出集装箱的类型影响集装箱的分配空间的观点。

3. 堆存位置分配

多层堆垛的集装箱码头堆场，发箱装船时存在下层出口箱需先取箱的情况；将所需集装箱移动到顶层的操作称为“翻箱”，通过合理的堆放方法减少对集装箱翻箱操作十分重要。Sculli 和 Hui[143]首先在考虑堆存结构的条件下研究了翻箱与空间利用率之间的关系。随后，Watanabe[144]和 Kim[145]提出了不同的方法来研究集装箱翻箱问题。Chen[146]讨论了翻箱的主要原因及减少翻箱操作的不同方法。Kim 等[147]通过考虑“重量”这一因素来解决出口集装箱的堆存位置问题；其方法为先装载较重的集装箱，后装载较轻的集装箱以保持船舶的稳定性；通过建立动态规划模型以寻找最优解，通过决策树方法帮助实时决策。Kang 等[148]研究了相似情况下的堆存位置，提出了模拟退火算法，得出在不确定重量信息情况下的合理堆放策略。Park 等[149]提出了一种在线搜索算法，可以进行动态调整并优化堆放策略；与进行操作之前计算出最优解的离线方法不同，在线算法可在运行期间不断地生成和改变堆放计划。Chen 和 Lu[150]通过联合空间分配阶段和位置分配阶段解决相似的问题，考虑运输距离和工作负载的不平衡，第一阶段用混合整数规划模型解求解，第二阶段使用混合序列堆存算法解决具体的位置问题；该问题没有考虑不确定性的情况，上述两阶段均属静态过程。

2.3.2 场桥调度

场桥调度问题（yard crane scheduling problem）：该问题主要是解决在一定工作量条件下确定场桥数量、场桥作业路线和时间。

单场桥调度中，需决定每个贝位的集装箱数量及场桥访问的贝位顺序。K. H. Kim 和 K. Y. Kim[151]通过考虑单场桥调度制定了负荷计划和出口集装箱贝位计划；装载的集装箱的过程被制定为运输问题，访问路线则由动态规划决定。Narasimhan 和 Palekar[152]分析了场桥调度的一般形式，对问题的结构性质进行了理论性研究，得出该问题是 NP 完全（NP-complete，NPC）问题，且为整数规划问题；为了求解该问题，开发了精确算法和启发式算法。K. Y. Kim 和 K. H. Kim[153]对上述问题的启发式算法进行了研究，提出了遗传算法和定向搜索算法，用于单场桥装载作业的调度；通过进行数值试验验证两种算法的效率，得出两种算法都能为十个贝位的小规模问题找到近似最优解，但邻域定向搜索算法在大规模问题求解方面优于遗传算法。Kim 等[154]研究了单场桥的收发作业，以减少外部集卡的总延误时间；将不同的排序规则与动态规划方法进行比较。Kim 等[155]通过构建两个子问题来求解上述问题，第一个子问题决定了场桥的行驶路线及在每个贝位接收的集装箱数量，第二个子问题决定了集装箱的装载顺序；并开发了一种定向搜索算法来组合两个子问题。Ng 和 Mark[156, 157]研究了不同准备时间下单场桥调度装载和卸载集装箱的问题，提出了有效的启发式算法找到了问题的下限和上限，同时使用分支定界算法求解；数值实验表明，在大多数情况下，可找到集装箱的最优处理顺序。邵乾虔等[158]针对外部集卡抵港提箱呈现分批到达的特点，基于翻箱作业不能跨贝进行的现实约束，将场桥作业调度解构为场桥作业路径优化问题和贝内翻箱作业优化问题两部分并分别建立动态优化模型；针对场桥作业路径优化问题，提出一种多项式时间的精确算法并给以证明；针对贝内翻箱作业优化问题，设计了一种基于记忆模拟退火（memory simulated annealing）的双层启发式算法进行求解；一系列数值实验的结果显示了所提出优化模型及算法的有效性和鲁棒性。

研究多场桥调度时，应考虑场桥与岸桥之间的协作和场桥之间的干扰。Zyngiridis[159]使用整数线性规划来研究单个箱区中一个或两个相同大小的轨道式龙门起重机（RMG）的调度，在数值实验中使用来自鹿特丹港口不同特征的数据评估 RMG 的性能，发现单个 RMG 的性能受到箱区大小和每个箱区的满载水平的显著影响，而两个 RMG 的性能只受到箱区长度的影响。Lee 等[160]讨论了具有装载顺序要求的场桥调度，在其问题中，配置两个场桥将集装箱运输到同一岸桥上，

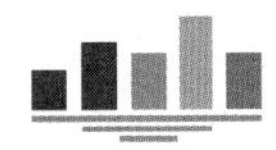

因为在不同箱区装载集装箱，所以场桥之间没有相互干扰。此外，他们还提出了一种改进的遗传算法求解该问题。进而，Lee 等[161]对上述问题的变形进行了相关研究，提出了基于模拟退火算法和贪婪启发式算法的方法来寻找场桥调度的顺序，目标是减少总装卸时间，并使用随机生成的算例对算法的性能进行了测试；结果表明，在有限的计算时间内，与模拟退火算法相比，贪婪启发式算法能找到更优的解。Jung 和 Kim[162]研究了多台场桥服务多台岸桥的调度问题，相邻场桥在同一箱区作业会产生相互干扰，提出了基于遗传算法和模拟退火算法的方法来规划场桥路线和每个贝位装载集装箱数量。Jung 等[79]扩展上述问题为考虑多台场桥干扰的岸桥装载顺序调度问题，提出了一种贪婪随机自适应搜索算法，以建立一个最小化岸桥完工时间的调度计划；数值实验表明，启发式搜索算法的改进阶段过于耗时。Lee 等[163]使用模拟退火算法研究了两台场桥的调度问题，两台场桥分别在不同箱区对同一岸桥进行装载作业，其主要目标为最小化堆场区域的总装载时间。Chang 等[164]研究了在滚动时域算法下的场桥调度问题，场桥被配置在单独的区域以避免操作过程中的干扰；针对该问题的计算规模，提出了一种与仿真模型相结合的启发式算法来生成初始解，并用遗传算法对初始解进行进一步优化。Saini 等[165]认为双场桥可能会互相干扰，从而降低起重机的能力；开发了双场桥随机模型和一个近似模型来估计平衡和不平衡堆垛的预期吞吐量时间，构建了一个详细的离散事件模拟来验证分析模型；结果表明，起重机之间的干扰影响可以使起重机吞吐量平均降低 35%，随着堆垛中的贝位数量增加，干扰也会增加。徐飞庆[166]考虑传统对场桥调度的研究强调运行效率而忽略节能减排的问题，对场桥调度研究提出了以能耗成本和延误成本为最低的目标，首先将该问题转化为一个基于软时间窗的车辆路径优化问题，然后用遗传算法对模型进行了求解。

2.3.3　集卡调度

集卡调度问题（vehicle dispatching problem）主要涉及对堆场内运输车辆的派遣优化。

1. 传统集卡调度

Bish 等[95, 167, 168]是堆场集卡调度问题的开拓者。Bish 等[167]首先研究了将卸载集装箱分配到堆场位置的问题，并分派集卡到该过程以便减少从船舶上卸载所有集装箱所需的时间；并证明了该问题是 NP-难（NP-hard）问题，基于该问题开发了一种启发式算法。随后，Bish[95]通过考虑每艘船舶由多个岸桥提供服务的情况，同样使用集卡运输集装箱，对场桥装卸作业进行调度，目的是尽量减少最大完工时间；该问题被描述成转运问题，且被证明为 NP-难问题。进而，Bish 等[168]扩展了上述问题，并为该问题开发了启发式算法，确定了所提启发式算法的绝对和渐近最坏情况的性能比；数值实验表明，所提出的启发式可以为简单或一般设置场景产生近似最优或最优解。

集卡调度问题的核心决策通常为进行作业的顺序。Ng 和 Mak[169]研究了如何对进入作业通道的卡车进行排序，以避免通道的交通拥堵，目的是尽量减少所有空车服务的总时间。Ng 等[170]研究了一个集卡车队执行一组运输任务的问题，该组任务处理时间为顺序依赖的且具有不同准备作业时间。此外，作业顺序决策可以通过作业时间决策来优化，例如，Zhang 等[171]所研究的集卡调度问题中，需要确定车辆执行作业的启动时间和顺序，提出了三种混合整数规划模型，并通过实验进行了比较。Nishimura 等[172]研究了在港口处理拖车路线的问题，其中堆场拖车被分配到特定的岸桥；设计了一种“动态路由”方法进行拖车分配，该方法可减少行驶距离并将拖车车队的总成本节省 15%。He 等[173]研究了在多个集装箱码头之间调度集卡的问题，基于滚动时域算法开发了一个整数规划模型；由于计算复杂性，继而开发了基于遗传算法的仿真优化方法。一些学者则是将集卡调度问题的目标定位减少运输时间。Narasimhan 和 Palekar[152]所研究内容是尽可能减少集卡将集装箱从堆场运输到船舶的时间，证明该问题是 NPC 难题，并提出了一种基于穷举的分支定界法来获得问题的精确解。Li 和 Vairaktarakis[174]对优化卡车在船舶与堆场之间运输集装箱的时间问题，开发了一种优化算法和一些有效的启发式算法，并进行实验分析了启发式算法的有效性。

集卡调度决策问题与其他决策问题结合方面。Cao 等[124]研究了集装箱码头装载作业中集卡和场桥调度问题的联合问题，该问题被构建成一个混合整数规划模型，开发了基于 Benders 分解算法的两种方法进行求解。Lee 等[175]研究了堆场集卡调度和堆存分配的综合优化问题，目标是最小化堆场集卡的总行驶时间和请求总延迟的加权总和；由于提出的问题较难求解，所以提出了一种混合插入算法，并进行了数值实验以验证算法性能。Wu 等[176]对集装箱码头堆存管理和集卡调度的集成问题进行了研究，提出了一种线性混合整数规划模型；为减少约束的数量和模型计算时间，研究了非线性混合整数规划模型，提出了一种遗传算法以说明如何解决大规模问题。Chen 等[98]提出了集成模型用于安排各种集装箱处理设备——集卡、场桥和岸桥，该集成调度模型被构造为具有优先级和箱区约束的混合流车间调度问题；开发了基于禁忌搜索的算法来求解该问题。Chen 等[177]进而设计了一个三阶段算法来解决中等规模和大规模问题，并证明该方法优于先前提出的禁忌搜索方法。He 等[178]解决了综合岸桥调度、内部集卡调度和场桥调度问题，首先将该问题制定为一个混合整数规划模型，其目的是最小化所有船舶的总延迟离港时间和所有任务的总运输能耗；他们开发了一种基于仿真的集成优化方法来解决问题，其中仿真用于评估、优化算法用于搜索解空间；优化算法将遗传

算法（genetic algorithm，GA）和粒子群优化（particle swarm optimization，PSO）算法相结合，GA 用于全局搜索，PSO 用于局部搜索；最后，进行数值实验来验证所提方法的有效性，结果表明，该方法可以协调三种处理设备的调度，实现节能之间的最优权衡。Xue 等[179]考虑了岸桥运营中集装箱之间的装卸优先关系，提出了优化集卡调度、堆场位置分配和岸桥调度的问题框架；第一阶段，采用蚁群优化算法，生成堆场位置分配，用于卸载集装箱；第二阶段，将集卡调度与岸桥调度相结合，形成了柔性车间调度问题；此外，提出了较为有效的贪婪算法和局部搜索算法。

2. 自动化运输设备调度

除了传统的堆场集卡，一些自动运输工具在集装箱港口和码头也越来越受欢迎。Kim 和 Bae[180]研究了如何利用自动导向车（automated guided vehicle，AGV）的位置和运输任务的时间信息来分派 AGV，开发了一种混合整数规划模型用于将运输任务分配给 AGV，建议采用启发式算法求解该模型；此外，通过考虑各种运输时间的不确定性和未来运输任务的数量进行了仿真研究。Grunow 等[181]研究了携带多个集装箱的多负载 AGV 的调度问题，构建了混合整数线性规划模型并开发了一种基于优先级规则的算法；针对 AGV 总延迟的不同情况验证了优先级规则的效率和模型的性能。Grunow 等[182]针对自动化集装箱码头提出了 AGV 调度策略的仿真研究，研究中使用双负载模式，所提出调度策略的性能由仿真模型进行评估。

自动升降车（automated lift vehicle，ALV）能够自行从地面起吊集装箱。Nguyen 和 Kim[183]研究了如何通过利用有关收集和运输位置信息，以及运输任务时间来分派 ALV，制定了混合整数规划模型，并进行数值实验分析 ALV 数量等因素对 ALV 性能的影响。Bae 等[184]采用仿真方法对 AGV 和 ALV 的作业效率进行了比较，其仿真模型考虑了交通控制方案，并假设了一个灵活的路径布局，其中车辆可以在任何垂直和水平方向上自由移动；研究结果表明，若拥有足够车辆，那么其可在大多数情况下赶上 ALV 的作业水平，但当使用双 QC 进行装载时，无论增加多少数量的车辆，AGV 都无法赶上 ALV。

Gelareh 等[185]研究了一类新的堆场车——智能自动车（intelligent and autonomous vehicles，IAV），该车在技术上许多方面优于现有 AGV；为研究该类车辆，其扩展了一个 AGV 调度的现有混合整数规划模型，以最大限度地减少在岸桥和堆场之间运输不同大小的集装箱的完工时间；开发了一种基于拉格朗日松弛的求解方法求解该模型。

跨运车（straddle carrier，SC）是集装箱运输、查询和堆存的替代车辆。在 Steenken[186]研究中，跨运车的路径问题被构造为线性分配问题，目的是通过组合装卸作业来最小化行驶距离。K. H. Kim 和 K. Y. Kim[151]研究了单一跨运车路径问题，使用跨运车将出口集装箱装载到船舶上；并开发了一个整数规划模型，目的是最小化跨运车的总行驶时间。进而，K. H. Kim 和 K. Y. Kim[187]开发了一种定向搜索算法来解决跨运车路径问题，并进行数值实验以评估所提出算法的效率。

2.3.4 堆场布局

堆场布局问题（yard layout design problem）主要涉及堆场内堆存区域（block）布局、大小等参数的优化。该类文献基本分为两个部分：其一是堆场总体布局设计；其二是箱区布局设计。

在堆场整体布局设计问题中，需进行两个重要决策，即堆场内箱区相对位置和所需箱区数。Wiese 等[188]提出了一个混合整数规划模型，以最小化堆场区域、堆存箱区和场门之间的总直线行驶距离；仿真实验表明，该模型在平均每小时岸桥移动方面略优于人工布局。随后，Wiese 等[189]为减少总集卡运输成本和龙门起重机翻箱成本，提出了整数规划得到一种最优矩形堆场；假设随机堆存和查询请求、单循环处理，以及堆存区域统一使用，在上述条件下，决策内容为确定通道的数量和位置；就矩形堆场而言，提出的启发式在与最优解差距为 1.5%以内，并且可在 38%的实际实验中得到最优解。

下面几篇论文对所需箱区数量方面进行了研究。Kim 等[190]研究了平行和垂直布局，集卡和固定数量的轨道式龙门起重机（RMGC）可以在箱区间运输，目标为尽量减少集卡（从泊位和场门）的加权成本及预期的翻箱成本。在与 Wiese 等[189]的研究中相似假设下，要求场门在堆场侧面的中心位置，使用韩国某集装箱码头的数据，得出平行布局在该设置中优于垂直布局。Chu 和 Huang[191]推导出一个公式用来估算使用跨运车（SCs）、橡胶轮式龙门起重机（RTGCs）和 RMGCs 的集装箱码头的贝位数量，介绍了台湾港口集装箱码头的案例研究，以考虑每种类型装卸运输设备（MHE）来确定最优码头布局；研究结果表明，对该特定港口，SC 适用于单泊位码头，龙门式起重机适用于较大码头。

Lee 和 Kim[192]研究了箱区布局设计问题，提出了几种模型专用于优化亚洲和欧洲布局的进口或出口集装箱箱区的尺寸。四个优化模型目标如下：在最小堆存容量的前提下，最小化加权预期场桥循环时间（Lee 和 Kim[193]）；在最小堆存容量的前提下，尽可能减少装载集卡的预期等待时间；在最大化堆存容量的前提下，最大化岸桥循环时间；在最大化堆存容量的前提下，最大限度地提高集卡的等待时间。研究结果表明，亚洲布局的最优箱区贝位数量大于欧洲布局，而箱区列数量少于欧洲布局。

仿真和分析技术同样用于探究堆场和箱区布局决策对码头的影响。Chen 等[194]着重研究如何在满足要求的同时尽量减少可利用堆场空间，并用多个元启发式算

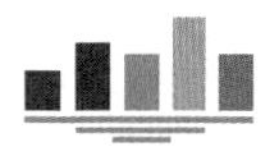

法进行求解；证明基于遗传算法的启发式优于其他启发式，大多数情况下，可在简单下界的 8%内找到结果。Lim 和 Xu[137]提出了一种临界振动邻域搜索（critical-shaking neighborhood search）方法，以克服较长的运行时间，验证了该算法优于 Chen 等[194]所提出的遗传算法。Petering[195]通过仿真来研究转运集装箱码头堆场箱区宽度对场桥平均工作率的影响；每个仿真过程中，堆存总容量、部署龙门起重机和集卡的数量，以及龙门起重机的处理速度均被认为是定值，仿真使用 Petering 和 Murty[196]的控制策略；研究结果显示，平均场桥工作率相对于箱区宽度呈凹函数，最优箱区数随着更多的龙门起重机部署而减少。Kemme[197]通过分析四种不同类型的 RMGC 和 385 种不同布局方案对设备选择和布局问题进行了全面的数值实验，将仿真结果进行回归分析以对设备排序，并研究了堆垛高度和宽度对所用 RMGC 类型的影响；结果表明，堆场配置、使用设备的类型和负责运输作业的转运集卡的等待时间相互关联，相互影响。

2.3.5　集成规划

堆场侧涉及的作业资源众多，学者们对不同资源的综合调度展开了研究。Chen 等[98]以完成集装箱装卸时间或一组船舶装卸耗费总时间最小化作为目标提出了岸桥、集卡及龙门起重机的联合调度模型；作者将港口集装箱的装卸工作视为一个混合流水车间调度问题，并给出了三种设备的协同调度方案。Lau 和 Zhao[198]对自动化集装箱港口中的岸桥、自动导向车及龙门起重机的联合调度问题进行了研究，建立了混合整数规划模型，并开发了多层遗传算法和遗传最大匹配算法对所建模型进行求解。乐美龙等[199]为减少集装箱船的在港时间，研究了龙门吊与集卡的协同调度问题；考虑了实际作业中存在的一些约束，如多台龙门吊在同一个箱区作业时由于共享一个双向轨道而存在的不能相互跨越的约束，另外还有龙门吊间的安全距离约束、工作优先约束等；构建了数学模型来描述该问题，目标是使得所有作业总完工时间最短；由于问题计算的复杂性，引进了一种多层遗传算法来求解模型，最后算例验证了算法的有效性。李坤等[200]研究了卸载集装箱堆场空间分配与集卡调度的联合作业问题；在该问题中，卸载集装箱动态到达，集卡循环使用，需要同时决策集装箱堆放位置及集卡的分配和路线；对该问题建立整数规划数学模型，目标函数为最小化最大完工时间；根据问题的特点设计了两阶段禁忌搜索算法来求解，并通过数值实验证明了算法的有效性。钱继锋等[201]对集装箱码头的作业计划与调度方面的协同问题进行了探讨，应用滚动计划法实施作业计划的调整，应用信息技术实现对装卸设备实施协同调度，达到装卸设备作业效率的最优，从而提高集装箱港口的服务水平和竞争能力。钱继锋等[202]为了提高集装箱码头作业效率及客户的满意度，在计划周期范围内，通过考虑客户的集港、提箱业务需求，结合岸桥、堆场起重机的装卸序列，建立了“岸桥-集卡-堆场”双向作业计划协同优化模型；在该问题中，场内集卡在所有的船舶间共享，以减少内部集卡在码头区域的空驶率、降低客户集港、提箱的等待时间，从而实现系统整体优化；鉴于模型的复杂性，设计了混合智能算法对其求解；数值试验结果表明，模型和算法可行有效，岸桥作业效率提高了 28.2%，集卡作业效率提高了 34.6%，龙门起重机作业效率提高了 15.9%，为集装箱码头实际作业计划提供了依据。

2.4 小　　结

本章运用文献计量的方法，从时间序列、国家/地区文献分布、学科和期刊分布、高产作者和研究机构分布、研究主题等几个方面，对近 18 年集装箱港口运作管理领域的整体研究状况进行了文献计量和可视化分析，以了解该领域的发展动态。

泊位分配问题方面，学者的关注点慢慢从离散泊位问题向连续泊位问题进行转变，而且逐步侧重泊位分配、岸桥分配的集成调度。岸桥调度问题方面，优化内容往往和其他码头设备设施相结合，如泊位、集卡和场桥等。每个单元都不是孤立的，而是联合成为有机整体。尤其是近年来，国内外诸多专家学者在泊位调度、岸桥分配、岸桥调度、集成优化等研究上取得了很大进步和突破，相关模型规模不断扩大并考虑越来越多的实际因素。

然而，仍存在不足和盲区：其一，船舶到港时间具有较强的不确定性，针对该情形下的联合调度问题有待于展开深入探讨。其二，在泊位和岸桥的联合调度优化中，大部分已有研究构建的模型局限于为单艘船舶配备数量有限的岸桥，并没有详细阐述具体的岸桥配备，在实际应用中难免会出现岸桥作业偏差，从而使得方案不具有可行性。其三，在实际作业中，每艘船舶的在港装卸时间取决于岸桥调度计划，而岸桥调度计划设计又是以岸桥分配为基础的，三者相辅相成、紧密耦合，而现有研究较少涉及泊位分配、岸桥配置、岸桥调度三维集成优化；部分学者虽均涉及，但通过考虑涉及子问题的三维简化模型，虽可以填补海域运营规划整合问题的盲区，但如果仅针对每个涉及的决策应用粗略的模型或简单的求解方法，则集成规划提供的实际作用可能降低。因此，集成概念的研究工作应该加入丰富的 BAP、QCAP 和 QCSP 子模型，使得不同问题的不同特征涵盖在不同综合规划概念中。

现有的领域相关研究还对集装箱码头堆场侧各环节及其间的联系进行了探索和挖掘。除以往对集卡、堆场等单一调度以外，部分研究提出了岸桥与集卡、堆场与集卡等协调调度问题，以及同贝同步装卸和混合交叉等高效作业方法，并开发各类算法对问题进行求解，这对集装箱码头多环节协调调度和同步优化未来研究奠定了基础。

第二篇　岸线侧运作管理优化问题研究

第 3 章

不确定环境下泊位分配问题

3.1 引　　言

大部分关于泊位分配问题（berth allocation problem，BAP）的研究成果主要考虑如何在信息完整、静态确定性环境下获得初始计划（基准计划或泊位分配模板）。然而，现实情况下，这些假设很难被满足。现实中，有很多的不确定因素和突发事件，如到达时间、作业时间的偏差，在已安排停泊的船舶前插入另一艘船等。这些突发事件将导致计划最后时刻的变更。因此，港口运营商在制定初始计划时，必须考虑可能的干扰带来的不利影响。

本章主要研究的问题是，在船舶到达时间或装卸作业时间不确定的环境下，如何获得泊位分配初始计划（基准计划）。涉及的不确定性因素由一组有限的离散场景表示。通常情况下，有主动调度和被动调度等两种策略应对不确定性。本章的研究包括了以上两种泊位分配的调度策略。研究中，考虑了制定初始计划的主动策略。这种策略结合了停泊计划执行期间对不确定性因素和变化性的一定程度的预判。同时，也考虑了被动恢复策略。这一策略以最小化偏离初始计划的惩罚成本为手段，调整初始计划来应对现实场景的不确定性因素。本章构建了一种两阶段决策模型，以平衡初始计划成本和偏离初始计划的预期成本。此外，还提出了一种元启发式算法，用以求解大规模现实环境下的上述问题。最后，进行了数值实验，验证所提方法的有效性和效率。

3.2 集装箱港口泊位分配问题背景

对于传统的确定型 BAP 问题，港口运营商面临着两个相互关联的决策：决定船舶的停泊时间、决定船舶的停泊位置。连续型 BAP 问题在二维空间中的表示如图 3-1 所示。目标函数通常是：在关于时间的横轴方向，最小化等待（或延期）的成本；在关于泊位的纵轴方向，最小化位置成本。其中，位置成本是最小化已选停泊位置和期望停泊位置的差异。这样考虑的目的是减小运输车辆在装卸活动中的行驶距离。

在 BAP 问题的研究中，有很多不同的数学模型。本章的研究参考了 Kim 和 Moon 于 2003 年提出的模型[37]。在他们的模型中，目标函数是最小化延期成本及

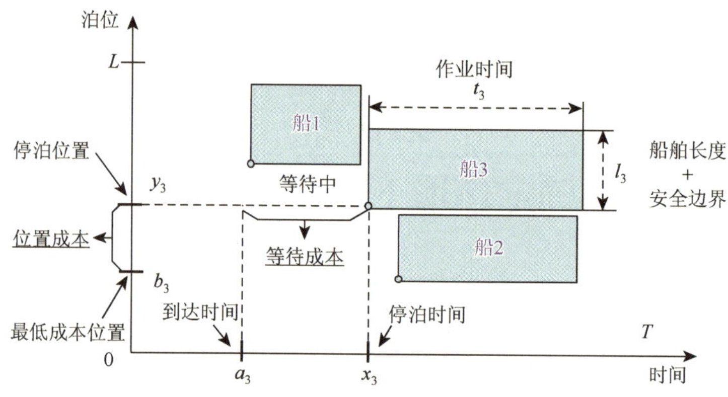

图 3-1 BAP 问题的时间-泊位图

位置成本 $c_{1i}(x_i+t_i-d_i)^+ + c_{2i}|y_i-b_i|$。其中，$c_{1i}$、$c_{2i}$ 为成本系数；x_i、y_i 为船 i 停泊时间、停泊位置；t_i 为船 i 装卸作业所需时间；d_i 为船 i 请求离港时间；b_i 为船 i 成本最小的停泊位置。本章的研究，最小化等待成本而不是延期成本。因此，将船 i 的成本函数表示为 $c_{1i}(x_i-a_i)+c_{2i}|y_i-b_i|$。

在 BAP 问题中，也存在很多不确定因素。本章主要考虑两种不确定因素：船舶到达时间偏差和船舶装卸作业时间偏差。第一个不确定因素是指船舶的实际到达时间偏离其预计到达时间。抵达前港口方面时间的延迟或航行路线上存在的不可预见事件都有可能造成船舶迟于预计到达时间抵港。第二个不确定因素是指船舶的实际作业时间偏离其预计作业时间。作业时间通常由装卸集装箱的数量估算得出。有时，由于一些不可预见的变化，船舶停港时实际的集装箱装卸数量会与原先告知港口的数量存在偏差。此外，船上集装箱的堆存位置可能会导致卸载作业的非生产性翻箱。所以，船舶的实际作业时间可能会偏离其预计作业时间。

3.3 基于场景的两阶段随机规划模型

V——所有船舶的集合，$V=\{V_1,V_2,\cdots,V_N\}$，N 是船舶数量。

L——码头的长度。

a_i——船舶 i 的预计到达时间。

t_i——船舶 i 的预计作业时间。

b_i——船舶 i 成本最小的停泊位置。

l_i——船舶 i 的长度。

c_i^1——船舶 i 晚于其预期到达时间停泊而延迟的成本率。

c_i^2——船舶 i 偏离其成本最小停泊位置的成本率。

c_i^{1+}、c_i^{1-}——船舶 i 在恢复阶段延期（或提前停靠）的成本率（或回报率），

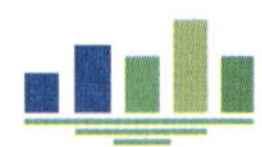

$c_i^{1-}<0$，$c_i^{1+}\geqslant c_i^1\geqslant -c_i^{1-}$（将在稍后加以解释）。

c_i^{2+}、c_i^{2-}——船舶i在恢复期偏离其成本最小泊位的成本率（或回报率），$c_i^{2-}<0$，$c_i^{2+}\geqslant c_i^2\geqslant -c_i^{2-}$。

Ω——$\{\omega_1,\cdots,\omega_s,\cdots,\omega_S\}$，各类离散场景的集合。

$p(\omega_s)$——场景ω_s发生的概率。

S——场景的数量。

$a_i(\omega_s)$——船舶i在场景ω_s下的实际到达时间。

$t_i(\omega_s)$——船舶i在场景ω_s下的实际作业时间。

$\Phi(\omega_s)$——场景ω_s中，抵港时间或作业时间改变的船舶的集合，如果$a_i(\omega_s)\neq a_i$或$t_i(\omega_s)\neq t_i$，则$i\in\Phi(\omega_s)$，对于船舶$i\in\overline{\Phi(\omega_s)}$，$a_i(\omega_s)=a_i$，且$t_i(\omega_s)=t_i$。

$\tau(\omega_s)$——场景ω_s中的冻结时间点，$\tau(\omega_s)=\min\limits_{j\in\Phi(\omega_s)}a_j$，如果一艘船在这一时间点前抵港，则它的泊位安排将被冻结，否则它的泊位安排可能被调整。

图 3-2 举例说明了上述$\Phi(\omega_s)$和$\tau(\omega_s)$的定义。对于场景ω_s，若$a_3(\omega_s)\neq a_3$、$a_4(\omega_s)\neq a_4$，则$\Phi(\omega_s)=\{船3,船4\}$。所以，$\tau(\omega_s)=\min\limits_{j\in\Phi(\omega_s)}a_j=a_3$。这意味着：对于早于冻结时间点到达的船舶，如船 1 和船 2，它们的泊位安排将被冻结。然而，在场景ω_s下的恢复期中，船 3、船 4、船 5 的计划可能被调整。设置冻结期的原因在于，初始计划将一直执行直至冻结时间点前首个意外事件发生。例如，在图 3-2 的示例中，船 3 是晚到的。因此，从那个时间点开始计划将被重排。

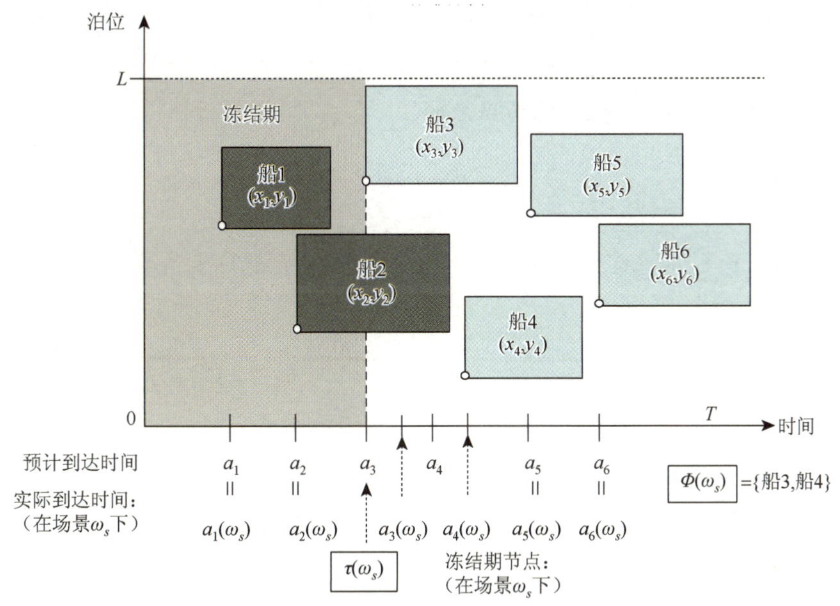

图 3-2　在场景ω_s中冻结期的一个说明例子

港口计划者可以根据历史数据和船舶过往停泊记录，总结出各类场景及对应的概率分布。其中，包括了船舶停泊该港时的实际和预计到达时间（或实际和预计作业时间）。实际情况中，$p(\omega_s)$ 可以由过往记录中未按时到达的概率导出。$a_i(\omega_s)$［或 $t_i(\omega_s)$］也可以在以往的记录中，通过将实际到达（或作业）时间的平均偏差与预计时间相加得到。

决策变量：

x_i——在基准计划中，船舶 i 的开始停泊时间。

y_i——在基准计划中，船 i 的停泊位置。

$x_i^+(\omega_s)$，$x_i^-(\omega_s)$——在场景 ω_s 中关于 x_i 的增量（或减量）。

$y_i^+(\omega_s)$，$y_i^-(\omega_s)$——在场景 ω_s 中关于 y_i 的增量（或减量）。

$x_i^{\Delta+}(\omega_s)$，$x_i^{\Delta-}(\omega_s)$——在场景 ω_s 中关于‘x_i-a_i’的增量（或减量）。

$y_i^{\Delta+}(\omega_s)$，$y_i^{\Delta-}(\omega_s)$——在场景 ω_s 中关于 $|y_i-b_i|$ 的增量（或减量）。

δ_{ij}^x——在基准计划的时间-泊位二维图（图 3-1）中，如果船舶 i 位于船舶 j 的左侧，则 $\delta_{ij}^x=1$，否则 $\delta_{ij}^x=0$。

δ_{ij}^y——在基准计划的时间-泊位二维图（图 3-1）中，如果船舶 i 位于船舶 j 的下方，则 $\delta_{ij}^y=1$，否则 $\delta_{ij}^y=0$。

$\delta_{ij}^x(\omega_s)$——在场景 ω_s 的时间-泊位二维图（图 3-2）中，如果船舶 i 位于船舶 j 的左侧，则 $\delta_{ij}^x(\omega_s)=1$，否则 $\delta_{ij}^x(\omega_s)=0$。

$\delta_{ij}^y(\omega_s)$——在场景 ω_s 的时间-泊位二维图（图 3-2）中，如果船舶 i 位于船舶 j 的下方，则 $\delta_{ij}^y(\omega_s)=1$，否则 $\delta_{ij}^y(\omega_s)=0$。

不确定性条件下的 BAP 的数学模型：

$$(\mathcal{M}\mathbf{0})\text{Minimize} \quad \sum_{i=1}^{N}\{c_i^1\cdot(x_i-a_i)+c_i^2\cdot|y_i-b_i|\} + \sum_{s=1}^{S}\left\{p(\omega_s)\cdot\sum_{i=1}^{N}\{c_i^{1+}\cdot x_i^{\Delta+}(\omega_s)+c_i^{1-}\cdot x_i^{\Delta-}(\omega_s)+c_i^{2+}\cdot y_i^{\Delta+}(\omega_s)+c_i^{2-}\cdot y_i^{\Delta-}(\omega_s)\}\right\} \tag{3.1}$$

s.t.

$$x_i+t_i\leqslant x_j+M(1-\delta_{ij}^x) \qquad \forall i,j\in V,i\neq j \tag{3.2}$$

$$y_i+l_i\leqslant y_j+M(1-\delta_{ij}^y) \qquad \forall i,j\in V,i\neq j \tag{3.3}$$

$$\delta_{ij}^x+\delta_{ij}^y+\delta_{ji}^x+\delta_{ji}^y\geqslant 1 \qquad \forall i,j\in V,i\neq j \tag{3.4}$$

$$y_i+l_i\leqslant L \qquad \forall i\in V \tag{3.5}$$

$$x_i\geqslant a_i \qquad \forall i\in V \tag{3.6}$$

$$x_i+x_i^+(\omega_s)-x_i^-(\omega_s)+t_i(\omega_s)\leqslant x_j+x_j^+(\omega_s)-x_j^-(\omega_s)+M(1-\delta_{ij}^x(\omega_s))$$

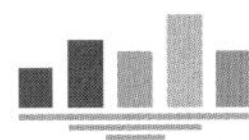

$$\forall i,j \in V, i \neq j, \forall \omega_s \in \Omega \quad (3.7)$$

$$y_i + y_i^+(\omega_s) - y_i^-(\omega_s) + l_i \leqslant y_j + y_j^+(\omega_s) - y_j^-(\omega_s) + M(1-\delta_{ij}^y(\omega_s))$$
$$\forall i,j \in V, i \neq j, \forall \omega_s \in \Omega \quad (3.8)$$

$$\delta_{ij}^x(\omega_s) + \delta_{ij}^y(\omega_s) + \delta_{ji}^x(\omega_s) + \delta_{ji}^y(\omega_s) \geqslant 1 \qquad \forall i,j \in V, i \neq j, \forall \omega_s \in \Omega \quad (3.9)$$

$$l_i \leqslant y_i + y_i^+(\omega_s) - y_i^-(\omega_s) + l_i \leqslant L \qquad \forall i \in V, \forall \omega_s \in \Omega \quad (3.10)$$

$$x_i + x_i^+(\omega_s) - x_i^-(\omega_s) \geqslant a_i(\omega_s) \qquad \forall i \in V, \forall \omega_s \in \Omega \quad (3.11)$$

$$x_i - a_i + x_i^{\Delta+}(\omega_s) - x_i^{\Delta-}(\omega_s) = x_i + x_i^+(\omega_s) - x_i^-(\omega_s) - a_i(\omega_s)$$
$$\forall i \in V, \forall \omega_s \in \Omega \quad (3.12)$$

$$|y_i - b| + y_i^{\Delta+}(\omega_s) - y_i^{\Delta-}(\omega_s) = |y_i + y_i^+(\omega_s) - y_i^-(\omega_s) - b_i|$$
$$\forall i \in V, \forall \omega_s \in \Omega \quad (3.13)$$

$$x_i^+(\omega_s), x_i^-(\omega_s), y_i^+(\omega_s), y_i^-(\omega_s) \leqslant M(a_i(\omega_s) - \tau(\omega_s))^+$$
$$\forall i \in V, \forall \omega_s \in \Omega \quad (3.14)$$

决策变量：

$$x_i, y_i, x_i^+(\omega_s), x_i^-(\omega_s), y_i^+(\omega_s), y_i^-(\omega_s), x_i^{\Delta+}(\omega_s), x_i^{\Delta-}(\omega_s), y_i^{\Delta+}(\omega_s), y_i^{\Delta-}(\omega_s) \geqslant 0$$
$$\forall i \in V, \forall \omega_s \in \Omega \quad (3.15)$$

$$\delta_{ij}^x, \delta_{ij}^y, \delta_{ij}^x(\omega_s), \delta_{ij}^y(\omega_s) \in \{0,1\} \qquad \forall i,j \in V, i \neq j \quad (3.16)$$

由于式（3.1）和式（3.13）包含绝对值形式，将其线性化并重写 $\mathcal{M}0$ 如下：

$$\text{Minimize} \quad \sum_{i=1}^{N}\{c_i^1 \cdot (x_i - a_i) + c_i^2 \cdot (\theta_i^+ + \theta_i^-)\}$$
$$+\sum_{s=1}^{S}\left\{p(\omega_s)\cdot \sum_{i=1}^{N}\{c_i^{1+} \cdot x_i^{\Delta+}(\omega_s) + c_i^{1-} \cdot x_i^{\Delta-}(\omega_s) + c_i^{2+} \cdot y_i^{\Delta+}(\omega_s) + c_i^{2-} \cdot y_i^{\Delta-}(\omega_s)\}\right\} \quad (3.17)$$

s.t. 式（3.2）～式（3.12）和式（3.14）～式（3.16）

$$\theta_i^+ + \theta_i^- + y_i^{\Delta+}(\omega_s) - y_i^{\Delta-}(\omega_s) = \xi_i^+ + \xi_i^- \quad (3.18)$$

$$y_i - b_i = \theta_i^+ - \theta_i^- \quad (3.19)$$

$$y_i + y_i^+(\omega_s) - y_i^-(\omega_s) - b_i = \xi_i^+ - \xi_i^- \quad (3.20)$$

$$\theta_i^+, \theta_i^-, \xi_i^+, \xi_i^- \geqslant 0 \quad (3.21)$$

目标函数是最小化基准计划的成本和恢复成本的期望值。基准计划，也称为战术层面的泊位分配或母港泊位模板，是港口运营中对堆场模板、堆存分配计划、操作层面资源分配计划等其他战术或运营计划进行决策的基础。一旦实际的计划偏离基准计划，相应地由计划调整而导致的额外成本就被定义为“恢复成本”。所以，本章研究的目标需要同时最小化基准计划成本和恢复成本。

如上文提到的注释，$c_i^{1+} \geqslant c_i^1 \geqslant -c_i^{1-}$ 且 $c_i^{2+} \geqslant c_i^2 \geqslant -c_i^{2-}$。这意味着：在恢复过程中，“惩罚”成本（$c_i^{1+} \cdot x_i^{\Delta+}$（$\omega_s$））的系数 c_i^{1+} 和“奖励”（$-c_i^{1-} \cdot x_i^{\Delta-}$（$\omega_s$））

的系数 $-c_i^{1-}$，是和与之类似的基准计划成本（$c_i^1 \cdot (x_i - a_i)$）的系数 c_i^1 不一样的。调整港口其他策略或运营计划而产生的额外成本造成了系数之间这样的差异。假设，有两个不同的计划。计划 a 中，船 i 在基准计划中的等候时间是 2 小时。然而，由于现实场景中的调整（如 $x_i - a_i = 2, x_i^{\Delta+}(\omega_s) = 3, x_i^{\Delta-}(\omega_s) = 0$），等候时间转到 5 个小时。计划 b 中，船 i 在基准计划的等候时间是 5 小时，在现实场景中（如 $x_i - a_i = 5, x_i^{\Delta+}(\omega_s) = 0, x_i^{\Delta-}(\omega_s) = 0$）没有进行调整。如果基准调整计划的成本系数和恢复调整的成本系数是相同的，即 $c_i^{1+} = c_i^1 = -c_i^{1-}$，则计划 a 和计划 b 的成本没有差异。但这样的结论有悖常识（或实际情况）。通常认为，计划 b 应该比计划 a 更好。因为，计划 a 在调整恢复过程中，会造成其他资源计划（如拖车、岸桥、人力资源）的大量变化。因此，在真实环境中，计划 a 应比计划 b 承担更高的成本。所以，在基准计划中，上述的“惩罚”成本和“奖励”系数应不同于基准计划中类似成本的系数。更具体地说，系数 c_i^{1+} 应大于 c_i^1，系数 c_i^{1-} 的绝对值应小于 c_i^1。对于“惩罚”成本（$c_i^2 \cdot y_i^{\Delta+}(\omega_s)$）和“奖励”（$-c_i^2 \cdot y_i^{\Delta-}(\omega_s)$）的分析也是类似。

约束［式（3.2）～式（3.4）］确保在二维的时间-泊位平面图中，没有重叠的“矩形”。这些矩形代表了对船舶的调度安排，如图 3-1 所示。约束［式（3.5）］是指船舶位置受限于码头的长度。约束［式（3.6）］强制船舶停泊时间不能早于其到达时间。约束［式（3.7）～式（3.9）］确保在调整了船舶的调度安排之后，在二维的时间-泊位平面图中没有矩形重叠。约束［式（3.10）］意味着，在调整计划后，船舶新的计划停泊位置受限于码头长度。约束［式（3.11）］确保了船舶新的计划停泊时间不应早于其实际到达时间。约束［式（3.12）］构造了靠泊时间的调整［$x_i^+(\omega_s), x_i^-(\omega_s)$］与等待时间的变化［$x_i^+(\omega_s), x_i^-(\omega_s)$］之间的关系。约束［式（3.13）］构造了停泊位置的调整［$y_i^+(\omega_s), y_i^-(\omega_s)$］与偏离最低成本停泊位置的改变［$y_i^{\Delta+}(\omega_s), y_i^{\Delta-}(\omega_s)$］之间的关系。约束［式（3.14）］可以确保：如果船舶的到达时间 $a_i(\omega_s) \leqslant \tau(\omega_s)$，它们的调度安排无变化，并将按照初始基准计划来执行。其中，$\tau(\omega_s)$ 是场景 ω_s 中的冻结时间点。如果一艘船的到达时间在这点之前，则冻结其调度安排，否则可能调整其调度安排。

3.4 考虑船舶序列的改进型模拟退火算法

大规模的确定型 BAP 问题很难用商业软件求解，更不用提 $\mathcal{M}0$ 问题。尤其是含有大量场景的 $\mathcal{M}0$ 模型，更难用商业软件求解。因此，对于大规模 $\mathcal{M}0$ 模型，本章使用元启发式算法解决。

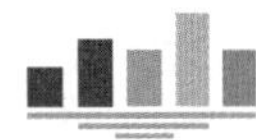

3.4.1　一般框架

$\mathcal{M}0$模型的解，是一个基准计划（x_i，y_i）和恢复计划（$x_i^+(\omega_s)$，$x_i^-(\omega_s)$，$y_i^+(\omega_s), y_i^-(\omega_s)$），解决这一问题并非易事。因此，本章将会分阶段求解。首先，尝试找到基准计划。然后，基于此基准计划，找出不同场景下的恢复计划，用以评价计划的性能。

为了在大规模问题中获得基准计划，需要求解一个以$\sum_{i=1}^{N}\{c_i^1\cdot(x_i-a_i)+c_i^2\cdot|y_i-b_i|\}$作为目标函数、以式（3.2）～式（3.6）作为约束条件的确定型 BAP 模型，此项工作十分耗时。在本章的研究中，使用一种基于序列的方法，来获取基准计划。当给定船舶序列（或优先序列）时，依次将序列中的这些船舶插入二维的时间-泊位平面图中，并确定一个基准计划（记作 BS）。然后基于 BS，对所有$\omega_s\in\Omega$的场景，确定一系列的恢复计划 RS_s。由于 BS 和 RS_s 分两个阶段获得，所以在同时优化 BS 和 RS_s 时，可能会造成原问题$\mathcal{M}0$最优性的一些损失。因此，对于给定的 BS 和 RS_s，通过在求解$\mathcal{M}0$问题中固定一些整数变量来强化问题的解，得到 BS^* 和 RS_s^*。然后，根据目标函数［式（3.1)]，计算解（BS^*,RS_s^*）的目标值。

综上所述，当给定一艘船舶序列，可以获得一个解（包括基准计划和一系列恢复计划）和其目标值，并可以通过考虑其他船舶序列来改进解。在本章的研究中，所提的元启发式算法是建立在模拟退火（simulated annealing，SA）算法框架上的。模拟退火算法是一种用于求解全局优化问题的通用的概率型元启发式算法。典型的模拟退火算法中包含一对嵌套循环和一些额外的参数（如冷却速率、$0<r<1$、温度区间、表示解邻域大小的 R 等）。以下描述模拟了退火算法的基本过程。

第 1 步：获得初始解，令 $T=T_0$（SA 的初始温度）。

（1）生成初始序列 seq。

（2）基于 seq，获得基准计划 BS。

（3）基于 BS，获得所有$\omega_s\in\Omega$场景下的一系列恢复计划 RS_s。

（4）强化解（BS,RS_s），并获得一个新的解（BS^*,RS_s^*）。

（5）计算解（BS^*,RS_s^*）的目标值，用 $F(\text{seq})$ 来表示。

第 2 步：重复以下步骤，直到一个停止条件为真。

（1）生成序列 seq 的邻域 R，如 seq_n，$n\in\{1,2,\cdots,R\}$。

（2）$N=1\sim R$，重复以下步骤：

①基于 seq_n 获得基准计划 BS；

②基于 BS，获得所有$\omega_s\in\Omega$场景下的一系列 RS_s；

③强化解（$\mathrm{BS}, \mathrm{RS}_s$），并获得一个新的解（$\mathrm{BS}^*, \mathrm{RS}_s^*$）；

④计算解（$\mathrm{BS}^*, \mathrm{RS}_s^*$）的目标值，用 $F(\mathrm{seq}_n)$ 来表示；

⑤令 $\delta = F(\mathrm{seq}_n) - F(\mathrm{seq})$；

⑥如果 $\delta < 0$，设 $\mathrm{seq} = \mathrm{seq}_n$；

⑦如果 $\delta \geqslant 0$，生成一个随机数 $x \in (0,1)$；如果 $x < \mathrm{e}^{-\delta/T}$，$\mathrm{seq} = \mathrm{seq}_n$。

（3）设置 $T = r \times T$。

停止准则：①解的适合度值为 0；②温度低于给定的阈值；③在给定次数的外层循环中，最佳适合度值并未得到改进。

实施上述 SA 程序，存在着一些关键问题：①如何获取一个给定的船舶序列的基准计划；②如何获取一个基准计划给定的场景的恢复计划；③如何强化包括基准计划和恢复计划在内的解；④如何定义一个序列的邻域集。

3.4.2 节～3.4.5 节将详细解答上述的四个问题。

3.4.2 给定船舶序列情况下基准计划的获取

本节介绍在插入一批序列给定的船舶的情况下，如何获得满意的基准计划的过程。这一过程尝试向二维的时间-泊位平面图中按顺序插入所有 N 艘船。船舶初始序列可以根据不断递增的船舶预计到港时间来设置。基于此序列，该过程可以获得一个初始基准计划。

这一过程包括了插入 N 艘船的 N 次迭代。令插入的船舶序列为$\{V_1, \cdots, V_n, \cdots, V_N\}$。每次迭代包含三个步骤：①插入一艘船；②贪婪选择；③前瞻选择。

在第一次迭代中，船 V_1 被插入二维平面的搜索空间中。船 V_1 的搜索空间被定义为$\{(x,y) \mid a_1 \leqslant x \leqslant a_1 + \tau \cdot t_1; 0 \leqslant y \leqslant L - l_1\}$。其中，$\tau$ 是一个预定义的数字。图 3-3 举例说明了船 V_3 的搜索空间。第一艘船 V_1 的搜索空间与之类似。搜索空间是一个离散化的区域。搜索空间的格子大小根据计算机的运行能力和问题的规模大小预先定义。插入 V_1 时，在其搜索空间穷举所有的可行点（x_1, y_1），并根据基准计划的成本 $c_1^1 \cdot (x_1 - a_1) + c_1^2 \cdot |y_1 - b_1|$ 选择位于顶端的 NG 个最佳点（x_1, y_1）。其中，NG 是一个预定义的参数。在本章的研究中，令 NG = 100。

在“前瞻选择”这一步骤中，通过将更多船舶插入平面图的方法，在这些 NG 个点中选择位于顶端的 NS 个最佳点（x_1, y_1）。其中，NS 也是一个预定义的参数。在本章的研究中，令 NS = 30。评价从上述 NG 个点中选择的 NS 个最佳点的满意度，稍后将在[式(3.22)～式(3.29)且 $n = 1$]中解释。这些获取的 NS 个点（x_1, y_1）的集合用 S^1 来表示，也将是第二次迭代的基础。

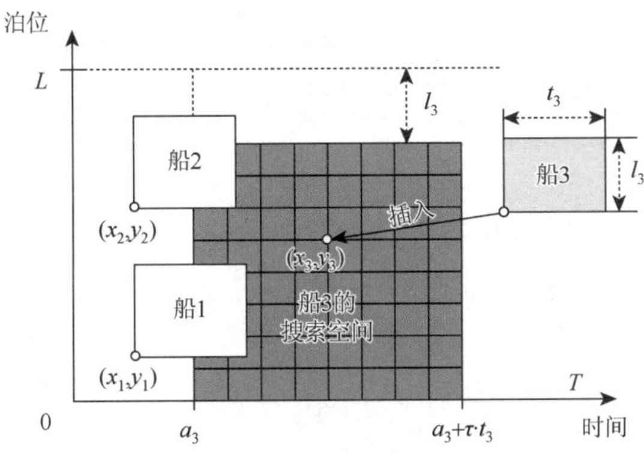

图 3-3　在船舶搜索空间插入一艘船

第 n 次迭代与第 1 次迭代类似。只是在第 n 次迭代中，需要重复 NS 次。从第 $n-1$ 次迭代起，集合 S^{n-1} 中就有 NS 个解。图 3-4 详细描述了第 n 次迭代的过程。

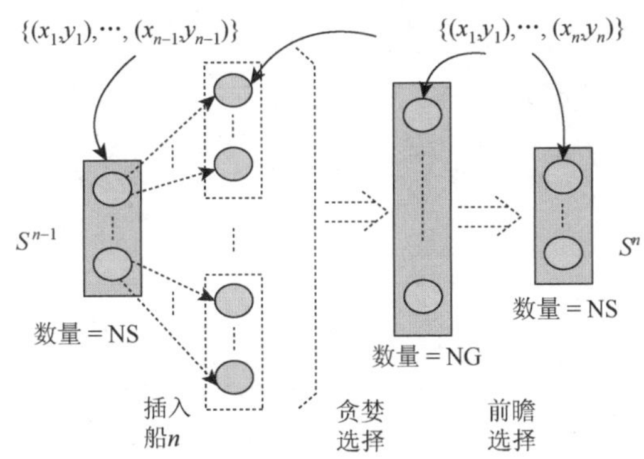

图 3-4　第 n 次迭代过程

1. 插入船 V_n

当插入船 V_n 时，船 V_1 到 V_{n-1} 都已经在平面图上。这些 $n-1$ 艘船在平面图上的位置由 $n-1$ 个点构成的数组$\{(x_1, y_1), \cdots, (x_{n-1}, y_{n-1})\}$表示。在每次迭代中，有 NS 个数组得以预留。这意味着对于 V 到 V_{n-1} 有 NS 个可能的位置集合。在图 3-4 中，S^{n-1} 是上一次迭代中预留下来的 NS 个数组（或解）的集合。如图 3-4 所示，在 S^{n-1} 中的每个解是一个由 $n-1$ 艘船位置$\{(x_1, y_1), \cdots, (x_{n-1}, y_{n-1})\}$所构成的数组。基于 S^{n-1} 中的每个不同的解，船 V_n 在其搜索空间内被插入二维平面图中。过程中，对集合 S^{n-1} 中所有 NS 个数组（或解）重复此过程。

更为详细的过程：给定每个数组，即 $n-1$ 艘船的位置$\{(x_1, y_1), \cdots, (x_{n-1}, y_{n-1})\}$，插入 V_n，且在其离散搜索空间穷举所有可行点（x_n, y_n）。其中，一个可行点意味

着船 V_n 被放置的位置与船 V_1 到 V_{n-1} 被放置的位置没有重叠。然后，对集合 S^{n-1} 中所有 NS 个数组（或解）重复此插入过程。

2. 贪婪选择

如图 3-4 所示，上述穷举的 NS 个数组（或解）导致一个解的方案池，该方案池包含了一系列由 n 艘船舶位置 $\{(x_1, y_1), \cdots, (x_n, y_n)\}$ 组成的数组。方案池穷举了由 $n-1$ 艘船位置组成的所有 NS 个数组中的所有可行搜索空间。在方案池中，根据基准计划的成本，即 $\sum_{i=1}^{n}\{c_i^1\cdot(x_i-a_i)+c_i^2\cdot|y_i-b_i|\}$，选择位于顶端的 NG 个最佳点。

3. 前瞻选择

基于由 n 艘船位置 $\{(x_1, y_1), \cdots, (x_n, y_n)\}$ 所组成的 NG 个数组，船 $V_{n+1}, V_{n+2}, \cdots, V_{n+\mathrm{DS}}$ 被插入平面图中。其中，参数 DS 代表“搜索深度”。设定 DS = 3。定义 θ_k^n，$k\in\{1,2,\cdots,\mathrm{NG}\}$，作为由 n 艘船位置 $\{(x_1, y_1), \cdots, (x_n, y_n)\}$ 所组成的 NG 个数组的其中一个。θ_k^n 的满意度 $G(\theta_k^n)$，由以下模型评价：

$$G(\theta_k^n)=\mathrm{Min}\sum_{i=1}^{n+\mathrm{DS}}\{c_i^1\cdot(x_i-a_i)+c_i^2\cdot|y_i-b_i|\} \tag{3.22}$$

s.t.

$$x_i+t_i\leqslant x_j+M(1-\delta_{ij}^x) \qquad \forall i,j\in\{V_1,\cdots,V_{n+\mathrm{DS}}\},i\neq j \tag{3.23}$$

$$y_i+l_i\leqslant y_j+M(1-\delta_{ij}^y) \qquad \forall i,j\in\{V_1,\cdots,V_{n+\mathrm{DS}}\},i\neq j \tag{3.24}$$

$$\delta_{ij}^x+\delta_{ij}^y+\delta_{ji}^x+\delta_{ji}^y\geqslant 1 \qquad \forall i,j\in\{V_1,\cdots,V_{n+\mathrm{DS}}\},i\neq j \tag{3.25}$$

$$y_i+l_i\leqslant L \qquad \forall i\in\{V_{n+1},\cdots,V_{n+\mathrm{DS}}\} \tag{3.26}$$

$$x_i\geqslant a_i \qquad \forall i\in\{V_{n+1},\cdots,V_{n+\mathrm{DS}}\} \tag{3.27}$$

决策变量：

$$x_i,y_i\geqslant 0 \qquad \forall i\in\{V_{n+1},\cdots,V_{n+\mathrm{DS}}\} \tag{3.28}$$

$$\delta_{ij}^x,\delta_{ij}^y\in\{0,1\} \qquad \forall i,j\in\{V_1,\cdots,V_{n+\mathrm{DS}}\},i\neq j \tag{3.29}$$

因为式（3.22）包含绝对值，对其线性化，重写该模型：

$$G(\theta_k^n)=\mathrm{Min}\sum_{i=1}^{n+\mathrm{DS}}\{c_i^1\cdot(x_i-a_i)+c_i^2\cdot(\theta_i^+ +\theta_i^-)\} \tag{3.30}$$

s.t.

约束［式（3.23）～式（3.29）］：

$$y_i-b_i=\theta_i^+-\theta_i^- \tag{3.31}$$

$$\theta_i^+,\theta_i^-\geqslant 0 \tag{3.32}$$

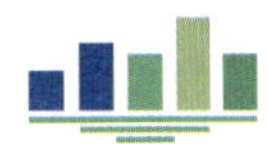

由于$(x_1, y_1), \cdots, (x_n, y_n)$是上述模型中已知的数据，如果 DS 设定合理，决策变量的数量不会太多。因此，求解过程是快速的。

根据$G(\theta_k^n)$，从 NG 个θ_k^n，$k \in \{1, 2, \cdots, \mathrm{NG}\}$的集合中选择位于顶端的 NS 个最佳点$\theta_k^n$。其中，$\theta_k^n$是由$n$艘船位置构成的数组。这些求得的由$n$艘船位置$\{(x_1, y_1), \cdots, (x_n, y_n)\}$组成的 NS 个数组，用图 3-4 中的$S^n$表示，这也是下一次迭代的基础。

前瞻选择的核心思想为：当插入一艘船时，需要考虑此插入动作对后续 DS 艘船的影响，而不是简单地在其搜索空间内选择船舶的最佳地点。

这一过程将所有 N 艘船舶都按照给定的顺序逐个插入时间−泊位平面图中。当完成所有N艘船的插入过程后，再从S^N中选择最佳的解作为基准计划。

在此次研究中，设置 NG = 100、NS = 30、DS = 3，这些参数可以手动调整。这些参数数值的增加可能扩大找到更好的近优解的可能性，但它会使求解过程变得更加费时。参数设置的适当与否取决于计算机的能力。如果设置 NG = 1，NS = 1 和 DS = 0，这一过程会退化到一般的贪婪搜索，即在剩余的空间内，按照各自的最佳停泊位置依次插入船舶。这种方式快速，但在优化方面会导致很多的损失。

3.4.3 基于场景恢复计划的生成

本节介绍在给定基准计划（x_i, y_i）的情况下，如何获取场景ω_s所对应的恢复计划（$x_i^+(\omega_s)$，$x_i^-(\omega_s)$，$y_i^+(\omega_s)$，$y_i^-(\omega_s)$）。该模型如下所示：

Minimize

$$\sum_{i=1}^{N}\{c_i^{1+}\cdot x_i^{\Delta+}(\omega_s)+c_i^{1-}\cdot x_i^{\Delta-}(\omega_s)+c_i^{2+}\cdot y_i^{\Delta+}(\omega_s)+c_i^{2-}\cdot y_i^{\Delta-}(\omega_s)\} \tag{3.33}$$

s.t.

$$x_i + x_i^+(\omega_s) - x_i^-(\omega_s) + t_i(\omega_s) \leqslant x_j + x_j^+(\omega_s) - x_j^-(\omega_s) + M(1-\delta_{ij}^x(\omega_s)) \quad \forall i, j \in V, i \neq j \tag{3.34}$$

$$y_i + y_i^+(\omega_s) - y_i^-(\omega_s) + l_i \leqslant y_j + y_j^+(\omega_s) - y_j^-(\omega_s) + M(1-\delta_{ij}^y(\omega_s)) \quad \forall i, j \in V, i \neq j \tag{3.35}$$

$$\delta_{ij}^x(\omega_s) + \delta_{ij}^y(\omega_s) + \delta_{ji}^x(\omega_s) + \delta_{ji}^y(\omega_s) \geqslant 1 \quad \forall i, j \in V, i \neq j \tag{3.36}$$

$$l_i \leqslant y_i + y_i^+(\omega_s) - y_i^-(\omega_s) + l_i \leqslant L \quad \forall i \in V \tag{3.37}$$

$$x_i + x_i^+(\omega_s) - x_i^-(\omega_s) \geqslant a_i(\omega_s) \quad \forall i \in V \tag{3.38}$$

$$x_i - a_i + x_i^{\Delta+}(\omega_s) - x_i^{\Delta-}(\omega_s) = x_i + x_i^+(\omega_s) - x_i^-(\omega_s) - a_i(\omega_s) \quad \forall i \in V \tag{3.39}$$

$$|\, y_i - b_i(\omega_s)\,| + y_i^{\Delta+}(\omega_s) - y_i^{\Delta-}(\omega_s) = |\, y_i + y_i^+(\omega_s) - y_i^-(\omega_s) - b_i(\omega_s)\,| \quad \forall i \in V \tag{3.40}$$

$$x_i^+(\omega_s), x_i^-(\omega_s), y_i^+(\omega_s), y_i^-(\omega_s) \leqslant M(a_i(\omega_s) - \tau(\omega_s))^+ \qquad \forall i \in V \tag{3.41}$$

$$x_i^+(\omega_s), x_i^-(\omega_s), y_i^+(\omega_s), y_i^-(\omega_s), x_i^{\Delta+}(\omega_s), x_i^{\Delta-}(\omega_s), y_i^{\Delta+}(\omega_s), y_i^{\Delta-}(\omega_s) \geqslant 0 \qquad \forall i \in V \tag{3.42}$$

以上模型抽取自$\mathcal{M}0$的第二阶段。变量的符号注释、约束解释和第 3.3 节一样。本章的研究中，这一模型借助 CPLEX 求解。然而，求解大规模的问题可能会耗费时间。因此，通过减少决策变量的数量等策略来加速求解过程。

对于 3.4 节提到的任一船$V_i \in \Phi(\omega_s)$，定义其邻域$\mathbb{A}(V_i) = \{(x,y) \mid x \in [a_i(\omega_s), a_i(\omega_s) + \alpha \cdot t_i]; y \in [y_i - \beta \cdot l_i, y_i + \beta \cdot l_i]$。其中，$\alpha$和$\beta$分别是在时间和位置坐标轴上决定影响范围的参数。对船$V_k \in \left\{V_n \mid (x_n, y_n) \in \bigcup_{V_i \in \Phi(\omega_s)} \mathbb{A}(V_i)\right\}$，$x_k^+(\omega_s)$，$x_k^-(\omega_s)$，$y_k^+(\omega_s)$，$y_k^-(\omega_s)$是模型的决策变量。对其他的船舶，这些变量固定为 0。

3.4.4 解的改进

根据上述两小节中提到的方法，可以获得一个在$\omega_s \in \Omega$场景下的包含基准计划（x_i, y_i）和一系列的恢复计划（$x_i^+(\omega_s)$，$x_i^-(\omega_s)$，$y_i^+(\omega_s)$，$y_i^-(\omega_s)$）的解。然而，它是两阶段的求解策略，在进行原问题（$\mathcal{M}0$）的优化，即同时优化基准计划和恢复计划时，会产生一些优化的损失。因此，需要强化已求得的解。

当船舶和场景的数量很大时，借助 CPLEX 直接求解将使原问题（$\mathcal{M}0$）的求解过程变得十分复杂。此时，可以在参数δ固定的情况下，即δ_{ij}^x、δ_{ij}^y、$\delta_{ij}^x(\omega_s)$、$\delta_{ij}^y(\omega_s)$，求解一个大规模的原问题（$\mathcal{M}0$）。原问题（$\mathcal{M}0$）的计算复杂性主要取决于和δ相关的约束。如果这些δ相关参数固定，和δ相关的约束将简化成没有极大数 M 的普通约束，约束的数量也能够显著减少。固定δ相关参数，实际上是固定船舶之间在时间-泊位平面图中的位置关系。在场景$\omega_s \in \Omega$中，对已求得的基准计划BS和恢复计划RS_s，计算其参数δ，即所有 BS 中的δ_{ij}^x、δ_{ij}^y，所有RS_s中的$\delta_{ij}^x(\omega_s)$、$\delta_{ij}^y(\omega_s)$。根据这些参数，将（$\mathcal{M}0$）中δ相关的约束简化如下：

$$\text{如果 } \delta_{ij}^x = 1, \quad x_i + t_i \leqslant x_j \qquad \forall i, j \in V, i \neq j \tag{3.43}$$

$$\text{如果 } \delta_{ij}^y = 1, \quad y_i + l_i \leqslant y_j \qquad \forall i, j \in V, i \neq j \tag{3.44}$$

$$\text{如果 } \delta_{ij}^x(\omega_s) = 1, \quad x_i + x_i^+(\omega_s) - x_i^-(\omega_s) + t_i(\omega_s) \leqslant x_j + x_j^+(\omega_s) - x_j^-(\omega_s) \qquad \forall i, j \in V, i \neq j, \forall \omega_s \in \Omega \tag{3.45}$$

$$\text{如果 } \delta_{ij}^y(\omega_s) = 1, \quad y_i + y_i^+(\omega_s) - y_i^-(\omega_s) + l_i \leqslant y_j + y_j^+(\omega_s) - y_j^-(\omega_s) \qquad \forall i, j \in V, i \neq j, \forall \omega_s \in \Omega \tag{3.46}$$

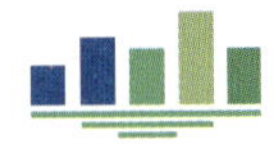

如果δ_{ij}^x，δ_{ij}^y，$\delta_{ij}^x(\omega_s)$，$\delta_{ij}^y(\omega_s)=0$，这些相关约束将被省略。

此外，约束$\delta_{ij}^x+\delta_{ij}^y+\delta_{ji}^x+\delta_{ji}^y\geqslant 1$和约束$\delta_{ij}^x(\omega_s)+\delta_{ij}^y(\omega_s)+\delta_{ji}^x(\omega_s)+\delta_{ji}^y(\omega_s)\geqslant 1$的情况也可以忽略。（$\mathcal{M}0$）经过上述的简化，就可以用 CPLEX 加以求解。

这种方式，同时改进了基准计划和恢复计划。应当指出，前面提及的固定δ的强化方法可能不会大幅度改进解的质量，因为它没能改变船舶在时间-泊位平面图中的相对位置。如需调整船舶的相对位置，则要调整船舶的排序。然而，这种方法仍然是实用的。因为恢复阶段所做的决策不应偏离初始计划太多，否则它将具有较强破坏性。

3.4.5 一个序列的邻域设置

3.4.2 节介绍了一种在给定船舶序列条件下获得近似最优基准计划的启发式算法。成对交换（如在序列中随机交换两个选定的船舶）常用于获取 BAP 问题中的邻域方案[37]。如果船舶数目是 N，则邻域大小是 N（N–1）/2。如果 N 很大，整个过程将因大量的邻域而极耗时间。与随机交换的策略不同，改进邻域的选择过程可以降低邻域的大小。

3.4.2 节所述的启发式算法中，序列中靠前的船舶比靠后的船舶有更多机会占据更优空间。其中，占领一个更优空间意味着该船舶将有更低的作业成本。为了提升整体性能，本章的研究将表现较弱元素移动至靠前的插入序列，并指派更高的优先级。这一想法借用了一些 SWO 的核心理念[49]。

对于一个基准计划 BS，即$\{(x_1, y_1), \cdots, (x_n, y_n)\}$，它是基于插入序列 seq_0 获得的。假定邻域大小是 R，并且模拟退火的温度范围也是 R。与 seq_0 的邻域为 R 的序列，如 seq_n，$n\in\{1,2,\cdots,R\}$，可以通过以下步骤获取：①计算每艘船的成本，即$\text{cost}(V_i)=c_i^1\cdot(x_i-a_i)+c_i^2\cdot|y_i-b_i|$。②在序列 seq_0 中，计算相邻船舶之间的成本差：$\text{Gap}(i)=\text{cost}(V_{i+1})-\text{cost}(V_i)$。其中，$V_i$是指序列中的第 i 艘船。③选择有着最大差异$\text{Gap}(i)$的船V_i，交换V_i和V_{i+1}，获得新的插入序列 seq_1。同样的方法，获得带有第 2 大，…，第 R 大$\text{Gap}(i)$的序列 $\text{seq}_2, \cdots, \text{seq}_R$。在这些新获得的 R 个序列中，如果已经有一个或多个在先前的迭代中生成，将会忽略这些重复项，并生成更多有着第（$R+1$）大$\text{Gap}(i)$的序列。

3.5 关于求解算法和泊位分配模型的数值实验

数值实验包括两个部分：元启发式算法的性能分析、BAP 模型$\mathcal{M}0$的数值研究。

3.5.1 求解算法性能分析

元启发式算法的性能分析包含两个部分：一部分是 CPLEX 与元启发式算法的比较；另一部分是启发式算法的性能。

1. CPLEX 与元启发式算法的比较

本章进行了一些实验，用以比较所提元启发式算法和由 CPLEX 直接求解的最优目标值的结果。数值实验是在一台 PC 机（Intel Core 2 Duo，2.67GHz，内存 4G）上进行，并由 CPLEX11.0 与 C#（VS2008）的 concert 技术加以实现。表 3-1 显示了 20 个小规模的实例，考虑了 8～20 艘船的情况。在表 3-1 中，N 和 S 是船舶和场景的数量。对于所提出的元启发式算法，设置 $T=40$℃，$r=0.6$℃/s。

表 3-1 CPLEX 及所提元启发式性能比较

问题			CPLEX		元启发式		偏差
案例编号	N	S	OBJ_C	CPU 耗时	OBJ_H	CPU 耗时	$\frac{OBJ_H-OBJ_C}{OBJ_C}$
c8_1	8	5	206	17	206	42	0
c8_2	8	5	256	46	263	80	2.7%
c8_3	8	5	452	1 703	452	45	0
c8_4	8	5	371	1 071	378	47	1.9%
c10_1	10	5	172	61	178	47	3.5%
c10_2	10	5	291	1 147	292	52	0.3%
c10_3	10	5	242	324	242	49	0
c10_4	10	5	276	601	282	51	2.2%
c12_1	12	5	264	42	264	135	0
c12_2	12	5	250	97	254	139	1.6%
c12_3	12	5	283	1 132	289	112	2.1%
c12_4	12	5	302	359	304	127	0.7%
c15_1	15	5	225	473	225	164	0
c15_2	15	5	125	114	130	146	4.0%
c15_3	15	5	124	82	124	157	0
c15_4	15	5	394	2 081	403	151	2.3%
c15_5	15	8	LB = 265	内存不足	295	185	—
c15_6	15	8	LB = 309	内存不足	318	191	—
c20_1	20	5	LB = 653	内存不足	713	248	—
c20_2	20	5	LB = 518	内存不足	552	226	—
			平均偏差				1.3%

从表 3-1 可以发现，与 CPLEX 求解问题的计算结果相比，元启发式算法可以获得最优或近似最优解。两个结果之间的偏差并不明显，平均偏差值只有 1.3%。这意味着所提的元启发式算法是求解 BAP 模型 $\mathcal{M}0$ 的有效方法。就两种方法的计算时间而言，CPLEX 方法的 CPU 耗时变化很大，甚至对相同规模问题的实例（如船舶数量、场景数量）耗时也有差异。而元启发式算法的 CPU 耗时变化并不明显，其 CPU 耗时主要取决于问题规模。从表 3-1 观察可知，当船舶数目或场景的数量超过一定的局限时，CPLEX 就无法求解一些实例。但是，元启发式算法可以在合理的计算时间内进行求解。

2. 元启发式算法的性能

1）算法的演变过程和收敛性

使用一个问题实例来说明元启发式算法的收敛性。此实例包含了 40 艘船和 10 个场景，并强制程序运行 30 次。设定解的邻域大小是 10，因此，程序每次运行后都会有 10 个解。图 3-5 展示了每次程序运行的最小值、平均值和最大值。最小目标值的收敛性是明显的。

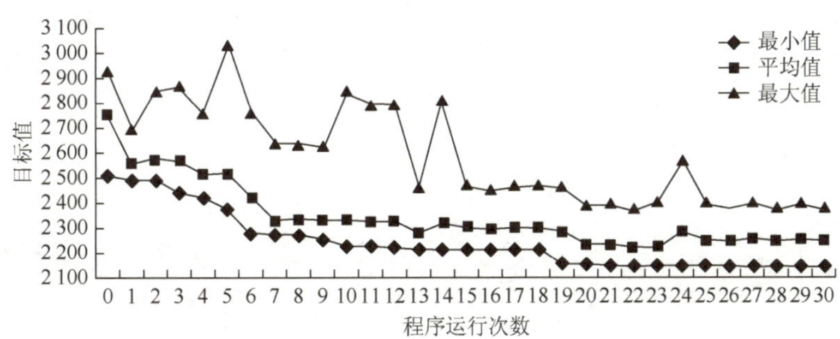

图 3-5　元启发式算法的演化过程和收敛性

2）参数对目标值的影响

初始温度 T 和冷却速率 r 是所提方法中的两个重要参数。在本章的研究中，需要找到所提方法的关于 T 和 r 的适当组合。实验对含有 40 艘船的 5 种不同问题实例进行了测试。对于每个问题的实例，分析了 5 种不同初始温度 T（20℃、30℃、40℃、50℃、60℃）和 4 个不同冷却速率 r（0.5℃/s、0.6℃/s、0.7℃/s、0.8℃/s）的情况。这 5 个实例分别被求解了 20 次，并计算了 5 个实例中的 20 个（T、r）组合的平均值。基于这 20 个平均值，图 3-6 中分别绘制了 5 种不同初始温度 T 和 4 个不同冷却速率 r 的最小、平均和最大值。观察可知，当 $T=40$，$r=0.6$ 时性能最佳。因此，接下来的实验中将使用这两个值。

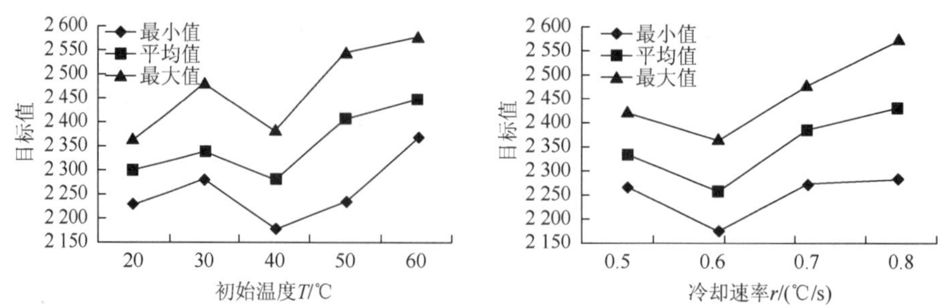

图 3-6 参数（T 和 r）对目标值的影响

3）元启发式算法的 CPU 耗时

探讨元启发式算法的计算速度（CPU 耗时）是很有必要的。CPU 耗时受很多因素影响，船舶数目和场景数量可能是主要因素。其中，4 个不同数量的船舶（N = 20、30、40、50）和 4 个不同数字的场景（S = 5、10、15、20），即有 16 个（N 和 S）组合需要进行分析。对每个组合，生成 5 个问题实例，并采用所提出的元启发式算法求解。实验中，分别计算了 16 个组合下对应五个实例的平均值。基于这 16 个平均值，在图 3-7 中分别绘制了 4 个不同数量船舶 N 和 4 个不同数量场景 S 的最小、平均和最大值。从图 3-7 观察可知，平均 CPU 耗时随着 N 和 S 的增长而递增，而递增趋势有所不同。场景数量对 CPU 耗时的影响并不像船舶数量那样明显。这个实验的结果表明，船舶数目可能是影响所提的元启发式算法计算时间的重要因素。

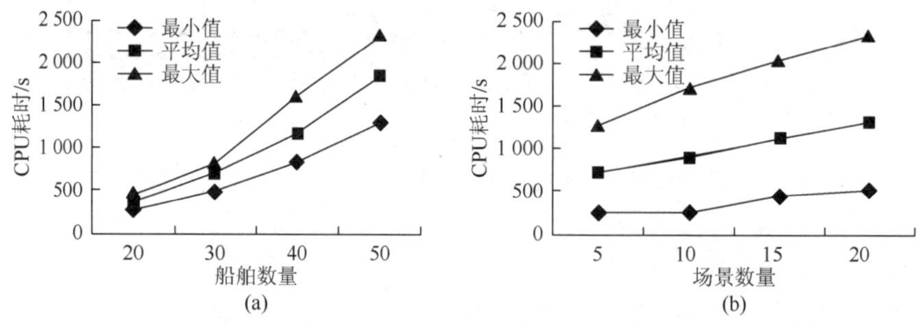

图 3-7 所提元启发式算法的 CPU 耗时

3.5.2 泊位分配模型的数值研究

实验的第二部分是对所提 BAP 模型的数值研究。它有两个部分：一部分采用 CPLEX 对小规模问题进行数值研究；另一部分采用所提出的元启发式算法对大规模问题进行数值研究。

1. 对小规模问题进行数值研究

数值实验按不同的到达时间和作业时间分开进行。在这些实验中，对 3 种不同的方法进行了比较。

方法 1：研究所提出的模型 $\mathcal{M}0$。最优目标值用 Z_1 来表示，是现实场景中基准计划成本和预期恢复成本的总和。$Z_1 = C(\text{bsl}) + \sum_{\omega \in \Omega}\{p(\omega)C_{\text{rec}}(\omega, \text{bsl})\}$。其中，$C(\text{bsl})$ 是基准计划 bsl 的成本；$p(\omega)$ 是场景 ω 的概率；$C_{\text{rec}}(\omega, \text{bsl})$ 是在场景 ω 中基于 bsl 的恢复成本。

方法 2：根据预计的到达时间 a_i 和作业时间 t_i，求解确定型 BAP，获得一个基准计划 bsl′，其成本为 $C(\text{bsl}')$。基于 bsl′，计算了在 $\omega_s \in \Omega$ 场景下恢复成本的期望值 $\sum_{\omega \in \Omega}\{p(\omega)C_{\text{rec}}(\omega, \text{bsl}')\}$。方法 2 的总成本由 $Z_2 = C(\text{bsl}') + \sum_{\omega \in \Omega}\{p(\omega)C_{\text{rec}}(\omega, \text{bsl}')\}$ 表示。方法 1 和方法 2 的主要区别在于：方法 1 同时求解了基准计划和恢复计划；而方法 2 分两个步骤求解了这两个问题。方法 2 的解也是模型 $\mathcal{M}0$ 在目标值为 Z_1 时的可行解，所以 Z_1 不大于 Z_2。两者之间的偏差评估了随机解的值，这一偏差可以测算在做决策时忽略不确定性因素的成本[203]。

$$\text{Val\_Stochas} = Z_2 - Z_1 \tag{3.47}$$

方法 3：根据实际到达时间 $a_i(\omega)$ 和作业时间 $t_i(\omega)$，求解了一系列的确定型 BAPs，每一种模型都与特定的应用场景相关联。例如，对于场景 ω，最优计划是 sch^*_ω，本章使用这些最优计划成本的期望值作为方法 3 的最终成本 $Z_3 = \sum_{\omega \in \Omega}\{p(\omega)C(\text{sch}^*_\omega)\}$。

可以发现，方法 3 在现实中不适用（或不存在）。因为它假设港口运营商可以提前预测船舶的实际到达时间和作业时间。因此，方法 3 中并没有恢复过程。然而，方法 3 可以提供一个关于方法 1 的下限。

对方法 1 而言，$Z_1 = C(\text{bsl}) + \sum_{\omega \in \Omega}\{p(\omega)C_{\text{rec}}(\omega, \text{bsl})\}$。因为 $\sum_{\omega \in \Omega} p(\omega) = 1$，有

$$Z_1 = \sum_{\omega \in \Omega}\{p(\omega) \cdot [C(\text{bsl}) + C_{\text{rec}}(\omega, \text{bsl})]\}$$

场景 ω 中，基准计划 bsl 在恢复过程后，被调整为另一个计划 sch_ω。由于 $c_i^{1+} \geqslant c_i^1 \geqslant -c_i^{1-}$、$c_i^{2+} \geqslant c_i^2 \geqslant -c_i^{2-}$，所以 bsl 的成本与恢复过程中调整成本之和，不小于计划 sch_ω 的成本，即 $C(\text{bsl}) + C_{\text{rec}}(\omega, \text{bsl}) \geqslant C(\text{sch}_\omega)$。此外，计划 sch_ω 的成本不小于通过求解与场景 ω 相关联的确定型 BAP 所得最优解 sch^*_ω 的成本。因此，

$$Z_1 = \sum_{\omega \in \Omega}\{p(\omega) \cdot [C(\text{bsl}) + C_{\text{rec}}(\omega, \text{bsl})]\} \geqslant \sum_{\omega \in \Omega}\{p(\omega) \cdot C(\text{sch}^*_\omega)\} = Z_3$$

Z_1 和 Z_3 之间的偏差测算了完全信息的价值：

$$\text{Val\_Info} = Z_3 - Z_1 \tag{3.48}$$

正如上面提到的，方法 3 的关键假设是港口运营商可以提前预测船舶实际到达时间和作业时间。偏差在于 Z_3 低于 Z_1，这也反映了完全信息的价值（在这里“完全”意味着能提前精确预测船舶的到达时间和作业时间）。它衡量了港口计划者在做决策前愿意承担的随机变量（如船舶到达时间、作业时间）知识价值的最大额度[203]。对于有随机变量的 BAP 模型，$|\text{Val\_Info}|$ 可能意味着估算这类船舶精确作业时间的成本或影响这类船舶指定估计到达时间的成本。在这种情况下，港口运营商可以在计划执行期不调整安排（或不执行恢复过程）的情况下，安排最佳计划。一个较大的 $|\text{Val\_Info}|$，意味着随机性在 BAP 中的重要作用。因而，随机因素不应该被忽视。

与方法 3 比较，方法 1 首先考虑的是基准计划，其次才考虑场景的波动。此外，方法 1 主要是假定基准计划的一个具体场景，并认为实验中其他场景发生的概率要小得多。

表 3-2 和表 3-3 分别说明了不同到达时间和作业时间的实验结果。在表 3-2 和表 3-3 中，Z_1 不大于 Z_2。这验证了所提出的模型可以生成一个相对于传统确定型 BAP 模型所得的泊位分配计划更优的不确定环境下易于处理的泊位分配计划。在表 3-2 和表 3-3 中，$C_{\text{bsl}}^{M_1}$ 表示通过所提出的 BAP 模型而得到的基准计划成本，它不低于通过确定型 BAP 模型得到的计划成本。然而，考虑恢复过程中的调整成本，所提模型的总成本 Z_1 不大于 Z_2。此结果表明：①根据预计到达时间和预计作业时间，而在确定型模型中求得的最佳计划，未必是面临不确定环境时的最佳计划；②本章提出的 BAP 模型可以在各类场景中，同时生成一个基准计划成本和恢复成本之和最小的最佳计划。方法 2 实际上分别最小化了基准计划成本和恢复成本这两个部分。

除了上述问题，从表 3-2 和表 3-3 中，还可以观察到一些现象：

（1）场景概率对船舶抵港或作业时间的影响各不相同。在这个实验中，对每个场景使用了三个不同的概率 $p(\omega_s)$，即 0.1、0.12 和 0.15。Z_1、Z_2 和 Z_3 随着概率的增加而增长。随机解和完全信息的价值也在增加。

（2）变化幅度对船舶到达时间或作业时间的影响。到达时间（或作业时间）的变化代表了船舶预计到达（或作业）时间的延迟时间长度。在这个实验中，变化幅度 M_{var} 是在所有场景下所有船舶的平均值。其中，使用了三个不同大小的变化幅度 M_{var}：案例 1（8 艘船）中变化幅度为 2、3、4；案例 2（10 艘船）中变化幅度为 1、2、3。Z_1、Z_2 和 Z_3 随着变化幅度的增长而增加。完全信息的价值也不断增长，但随机解的值与 M_{var} 没有正或负的相关性。

（3）场景数量的影响。表 3-2 和表 3-3 中，S 是一些抵达时间或作业时间有变

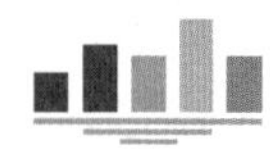

化的船舶所在场景的数量。案例 2 中设置了 5 个或 6 个场景数量。并不能从结果中看出，S 显著影响总成本值。也并没有观察到，S 与完全信息和随机解的值有直接关系。

（4）不同到达时间和作业时间的影响之间的比较。在有着不同到达时间、作业时间的实验中，问题案例和参数设置保持一致相同。所以，可以比较不同到达时间和作业时间在这两个不同因素之间的影响。从表 3-2 和表 3-3 的平均数据中可以观察到，与到达时间的不确定因素对 Z_1、Z_2、Z_3 的影响相比，作业时间的不确定因素对 Z_1、Z_2、Z_3 的影响更加明显。此外，有关随机解和完整信息，实验中不同作业时间的平均值明显大于不同到达时间的平均值。

2. 对大规模问题进行数值研究

对于大规模的问题，本章用元启发式算法进行数值研究。设定船舶数量是 40。不同到达时间或作业时间的实验结果分别显示在表 3-4 的左、右部分。下面对三种方法进行比较。

方法 1：这是本章提出的两阶段优化问题模型，是最小化基准计划的总成本和不同场景恢复成本的期望值。最优目标值 Z_1 在表 3-4 可查。

方法 2：这与本节对小规模问题的数值研究中所提到的“方法 2”相同。首先，根据预计时间得到最佳的基准计划。然后根据在场景中的实际时间得到恢复调整计划。在表 3-4 中，由 Z_2 表示两个计划的成本总和。

方法 3：恢复过程的执行需要通过手动进行调整。例如，如果船 i 到达时间较晚或作业时间延长，港口运营商将推迟船 i 之后的船舶进港或作业，为船 i 占据一些泊位空间。这种常用的作业安排称为“右移”策略。首先，根据船舶预计的到达时间和作业时间，得出最佳基准计划。然后，根据场景中的实际到达时间和作业时间，执行上述的手动调整。表 3-4 中，基准计划成本和恢复计划成本的总和由 Z_3 表示。

在表 3-4 中，本章进行了场景（S）数量变化、到达时间（或作业时间）幅度（M_{var}）变化等两个实验。从结果看，本章提出的方法 1 明显优于其他两种方法。方法 1 比方法 2，有 5%～9%的改善；方法 1 比方法 3，有 48%～51%的提升。

表 3-4 中的实验，对参数（S 和 M_{var}）使用了相同的问题实例和参数设置。所以，可以比较到达时间和作业时间这两个不同因素的影响。从结果中可以发现，表 3-4 左侧的方法 1 成本（Z_1）小于右侧部分。它验证了不同作业时间对最终性能的影响明显大于不同到达时间的影响。更具体地说，结果意味着船 i 作业时间延长 10 小时以上的事件（由 E_1 表示）比船 i 晚抵港 10 小时以上的事件（由 E_2 表示）将产生更多的额外成本。在事件案例 E_2 的“时间-泊位”平面图中因船 i 晚到而空余的区域，将被其他有更好停泊位置或提前抵港的船舶使用。这也说明

了，在同样变化幅度上不同的作业时间比不同的到达时间可能导致更坏的结果。表 3-4 中，左侧 Z_2 小于右侧部分的原因如上。

表 3-2　有不同到达时间的小规模问题的结果

问题					方法 1			方法 2		方法 3	随机解的值		完全信息的值	
N	S	V_{var}	$p(\omega_s)$	M_{var}	Z_1	$C_{bsl}^{M_1}$	T	Z_2	$C_{bsl}^{M_2}$	Z_3	Z_2-Z_1	Gap/Z_1	Z_3-Z_1	Gap/Z_1
	5	1	0.10	2	103.0	68	2	103.0	68	71.2	0	0%	−31.8	−31%
	5	1	0.12	2	110.0	68	4	110.0	68	71.8	0	0%	−38.2	−35%
	5	1	0.15	2	118.0	103	2	120.5	68	72.8	2.5	2%	−45.2	−38%
	5	1	0.10	3	110.0	71	3	110.0	68	74.9	0	0%	−35.1	−32%
	5	1	0.12	3	117.8	71	3	118.4	68	76.3	0.6	1%	−41.5	−35%
	5	1	0.15	3	129.5	71	3	131.0	68	78.4	1.5	1%	−51.1	−39%
	5	1	0.10	4	115.0	68	2	115.0	68	75.0	0	0%	−40.0	−35%
	5	1	0.12	4	123.8	71	2	124.4	68	76.4	0.6	0%	−47.4	−38%
案例 1 8 艘船	5	1	0.15	4	135.1	79	7	138.5	68	78.5	3.4	3%	−56.6	−42%
	5	2	0.10	2	116.0	68	19	116.0	68	77.9	0	0%	−38.1	−33%
	5	2	0.12	2	125.6	68	33	125.6	68	79.9	0	0%	−45.7	−36%
	5	2	0.15	2	136.5	84	56	140.0	68	82.9	3.5	3%	−53.6	−39%
	5	2	0.10	3	148.0	88	557	148.0	68	84.0	0	0%	−64.0	−43%
	5	2	0.12	3	160.0	88	884	164.0	68	87.2	4.0	3%	−72.8	−46%
	5	2	0.15	3	165.8	88	3 600	188.0	68	92.0	22.2	13%	−73.8	−45%
	5	2	0.10	4	166.2	98	243	169.0	68	83.8	2.8	2%	−82.4	−50%
	5	2	0.12	4	179.2	101	1 420	189.2	68	87.0	10.0	6%	−92.2	−51%
	5	2	0.15	4	198.8	101	1 799	219.5	68	91.7	20.7	10%	−107.1	−54%
	案例 1 的平均值				136.6			140.6		80.1		2%		−40%
	5	1	0.10	1	71.2	58	4	71.2	58	58.4	0	0%	−12.8	−18%
	5	1	0.12	1	73.8	58	3	73.8	58	58.5	0	0%	−15.3	−21%
	5	1	0.15	1	77.8	58	2	77.8	58	58.6	0	0%	−19.2	−25%
	5	1	0.10	2	89.0	72	12	97.4	58	65.4	8.4	9%	−23.6	−27%
	5	1	0.12	2	92.4	72	9	105.3	58	66.9	12.9	14%	−25.5	−28%
案例 2 10 艘船	5	1	0.15	2	97.5	72	22	117.1	58	69.1	19.6	20%	−28.4	−29%
	5	1	0.10	3	100.0	67	53	104.2	58	68.2	4.2	4%	−31.8	−32%
	5	1	0.12	3	105.6	67	9	113.4	58	70.2	7.8	7%	−35.4	−34%
	5	1	0.15	3	115.3	67	49	127.3	58	73.3	12	10%	−42.0	−36%
	6	1	0.10	1	71.2	58	6	71.2	58	57.0	0	0%	−14.2	−20%
	6	1	0.12	1	73.8	58	5	73.8	58	56.8	0	0%	−17.0	−23%

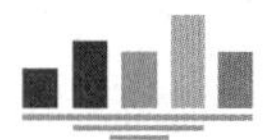

续表

问题					方法 1			方法 2		方法 3	随机解的值		完全信息的值	
N	S	V_{var}	$p(\omega_s)$	M_{var}	Z_1	$C_{\text{bsl}}^{M_1}$	T	Z_2	$C_{\text{bsl}}^{M_2}$	Z_3	Z_2-Z_1	Gap/Z_1	Z_3-Z_1	Gap/Z_1
案例 2 10 艘船	6	1	0.15	1	77.8	58	8	77.8	58	56.5	0	0%	−21.3	−27%
	6	1	0.10	2	89.0	72	6	97.4	58	63.3	8.4	9%	−25.7	−29%
	6	1	0.12	2	96.4	72	11	108.6	58	64.4	12.2	13%	−32.0	−33%
	6	1	0.15	2	94.5	72	13	115.4	58	66.0	20.9	22%	−28.5	−30%
	6	1	0.10	3	99.2	67	22	100.4	58	66.1	1.2	1%	−33.1	−33%
	6	1	0.12	3	107.8	67	7	115.7	58	67.7	7.9	7%	−40.1	−37%
	6	1	0.15	3	123.4	67	7	134.2	58	70.2	10.8	9%	−53.2	−43%
案例 2 的平均值					92.0			99.0		64.3		7%		−29%
两个案例的平均值					114.3			119.8		72.2		5%		−34%

注：①“S”表示船舶到达时间偏离其预计到达时间的场景数量，它并不包括所有船舶准时到达的场景 ω_0 的数量。②“V_{var}”表示在每个场景中不同的船舶数量。③“$p(\omega_s)$”表示每个场景下，某一艘船舶到达时间偏离其预计到达时间的的概率。在上表中，可能会注意到 $p(\omega_s)\cdot S<1$。这一偏差，即 $1-p(\omega_s)\cdot S$，其实是 $p(\omega_0)$。④“M_{var}”表示变化幅度，即在所有方案场景中，实际到达时间与预计到达时间的平均偏差。⑤“$C_{\text{bsl}}^{M_1}$”表示方法 1 的基准计划成本。⑥“T”表示 CPU 计算时间。⑦“$C_{\text{bsl}}^{M_2}$”表示方法 2 的基准计划成本。

表 3-3　不同作业时间的小规模问题的结果

问题					方法 1			方法 2		方法 3	随机解的值		完全信息的值	
N	S	V_{var}	$p(\omega_s)$	M_{var}	Z_1	$C_{\text{bsl}}^{M_1}$	T	Z_2	$C_{\text{bsl}}^{M_2}$	Z_3	Z_2-Z_1	Gap/Z_1	Z_3-Z_1	Gap/Z_1
案例 1 8 艘船	5	1	0.10	2	137.2	68	4	137.2	68	77.8	0	0%	−59.4	−43%
	5	1	0.12	2	151.0	68	11	151.0	68	79.8	0	0%	−71.2	−47%
	5	1	0.15	2	164.8	100	9	171.8	68	82.7	7.0	4%	−82.1	−50%
	5	1	0.10	3	176.2	84	14	177.2	68	79.4	1.0	1%	−96.8	−55%
	5	1	0.12	3	194.6	84	41	199.0	68	81.7	4.4	2%	−112.9	−58%
	5	1	0.15	3	215.3	116	26	231.8	68	85.1	16.5	8%	−130.2	−60%
	5	1	0.10	4	206.0	70	17	209.2	68	80.1	3.2	2%	−125.9	−61%
	5	1	0.12	4	233.2	70	46	237.4	68	82.5	4.2	2%	−150.7	−65%
	5	1	0.15	4	263.0	137	47	279.8	68	86.2	16.8	6%	−176.8	−67%
	5	2	0.10	2	198.2	138	1 578	258.2	68	84.5	60.0	30%	−113.7	−57%
	5	2	0.12	2	207.8	156	590	296.2	68	87.8	88.4	43%	−120.0	−58%
	5	2	0.15	2	215.8	190	313	353.3	68	92.8	137.5	64%	−123.0	−57%
	5	2	0.10	3	271.0	162	1 912	287.2	68	94.2	16.2	6%	−176.8	−65%
	5	2	0.12	3	279.0	237	407	331.0	68	99.4	52.0	19%	−179.6	−64%
	5	2	0.15	3	289.5	237	615	396.8	68	107.3	107.3	37%	−182.2	−63%

续表

问题					方法 1			方法 2		方法 3	随机解的值		完全信息的值	
N	S	V_{var}	$p(\omega_s)$	M_{var}	Z_1	$C_{\text{bsl}}^{M_1}$	T	Z_2	$C_{\text{bsl}}^{M_2}$	Z_3	Z_2-Z_1	Gap/Z_1	Z_3-Z_1	Gap/Z_1
案例 1 8 艘船	5	2	0.10	4	326.6	168	3 600	352.2	68	102.8	25.6	8%	−223.8	−69%
	5	2	0.12	4	342.7	300	584	409.0	68	109.8	66.3	19%	−232.9	−68%
	5	2	0.15	4	353.4	300	161	443.3	68	120.2	89.9	25%	−233.2	−66%
案例 1 的平均值					234.7			273.4		90.8		15%		−60%
案例 2 10 艘船	5	1	0.10	1	91.2	58	3	91.2	58	60.5	0	0%	−30.7	−34%
	5	1	0.12	1	97.8	58	3	97.8	58	61.0	0	0%	−36.8	−38%
	5	1	0.15	1	107.8	58	8	107.8	58	61.8	0	0%	−46.0	−43%
	5	1	0.10	2	134.0	72	23	147.4	58	66.8	13.4	10%	−67.2	−50%
	5	1	0.12	2	146.4	72	59	165.3	58	68.6	18.9	13%	−77.8	−53%
	5	1	0.15	2	165.0	72	40	192.1	58	71.2	27.1	16%	−93.8	−57%
	5	1	0.10	3	172.0	72	61	179.2	58	69.6	7.2	4%	−102.4	−60%
	5	1	0.12	3	192.0	72	168	203.4	58	71.9	11.4	6%	−120.1	−63%
	5	1	0.15	3	220.0	91	325	239.8	58	75.4	19.8	9%	−144.6	−66%
	6	1	0.10	1	95.0	63	3	96.2	58	60.5	1.2	1%	−34.5	−36%
	6	1	0.12	1	101.4	63	8	103.8	58	61.0	2.4	2%	−40.4	−40%
	6	1	0.15	1	111.0	63	5	115.3	58	61.8	4.3	4%	−49.2	−44%
	6	1	0.10	2	144.0	72	128	152.4	58	66.8	8.4	6%	−77.2	−54%
	6	1	0.12	2	158.4	72	46	171.3	58	68.6	12.9	8%	−89.8	−57%
	6	1	0.15	2	180.0	72	104	199.6	58	71.2	19.6	11%	−108.8	−60%
	6	1	0.10	3	187.0	72	210	189.2	58	69.6	2.2	1%	−117.4	−63%
	6	1	0.12	3	210.0	72	321	215.4	58	71.9	5.4	3%	−138.1	−66%
	6	1	0.15	3	241.8	93	140	254.8	58	75.4	13	5%	−166.4	−69%
案例 2 的平均值					153.0			162.3		67.4		6%		−53%
两个案例的平均值					193.9			2.179		79.1		10%		−56%

注：①问题案例的情况与表 3-1 中的是一致的；②“S”表示船舶到达时间偏离其预计到达时间的场景数量；③“M_{var}”表示变化幅度，即在所有场景中，实际到达时间与预计到达时间的平均偏差。

表 3-4　不同到达时间或作业时间的大规模问题的结果

问题			不同到达时间实验					不同作业时间的实验				
			方法的成本			改进		方法的成本			改进	
N	S	M_{var}	Z_1	Z_2	Z_3	$(Z_2-Z_1)/Z_1$	$(Z_3-Z_1)/Z_1$	Z_1	Z_2	Z_3	$(Z_2-Z_1)/Z_1$	$(Z_3-Z_1)/Z_1$
案例 1 40 艘船	10	3	684	684	827	0%	21%	748	748	998	0%	33%
	10	4	743	781	906	5%	22%	765	799	1 086	4%	42%

续表

问题			不同到达时间实验					不同作业时间的实验				
			方法的成本			改进		方法的成本			改进	
N	S	M_{var}	Z_1	Z_2	Z_3	$(Z_2-Z_1)/Z_1$	$(Z_3-Z_1)/Z_1$	Z_1	Z_2	Z_3	$(Z_2-Z_1)/Z_1$	$(Z_3-Z_1)/Z_1$
案例 1 40 艘船	10	5	773	808	1 053	5%	36%	776	852	1 106	10%	43%
	10	6	768	838	1 087	9%	42%	827	929	1 257	12%	52%
	10	7	807	832	1 065	3%	32%	909	991	1 324	9%	46%
	10	8	756	814	1 158	8%	53%	918	1 008	1 476	10%	61%
	10	9	789	816	1 154	3%	46%	936	1 021	1 431	9%	53%
	10	10	753	774	1 216	3%	61%	1 031	1 039	1 508	1%	46%
	10	11	744	752	1 235	1%	66%	1 076	1 076	1 620	0%	51%
	10	12	766	779	1 281	2%	67%	1 110	1 158	1 577	4%	42%
	6	8	776	830	1 172	7%	51%	956	956	1 469	0%	54%
	7	8	789	873	1 216	11%	54%	980	980	1 534	0%	57%
	8	8	765	830	1 194	8%	56%	960	995	1 487	4%	55%
	9	8	759	839	1 120	11%	48%	964	996	1 483	3%	54%
	10	8	756	814	1 158	8%	53%	918	1 008	1 476	10%	61%
	11	8	731	795	1 084	9%	48%	939	1 030	1 362	10%	45%
	12	8	700	714	1 119	2%	60%	786	850	1 376	8%	75%
	13	8	692	718	1 021	4%	48%	816	875	1 298	7%	59%
	14	8	692	745	997	8%	44%	905	940	1 247	4%	38%
	15	8	687	753	1 013	10%	47%	811	840	1 278	4%	58%
案例 1 的平均值			747	789	1 104	**6%**	**48%**	907	955	1 370	**5%**	**51%**
案例 2 40 艘船	10	3	1 341	1 436	1 843	7%	37%	1 479	1 503	2 065	2%	40%
	10	4	1 387	1 412	1 824	2%	32%	1 506	1 568	2 128	4%	41%
	10	5	1 407	1 567	1 969	11%	40%	1 534	1 614	2 320	5%	51%
	10	6	1 419	1 586	2 064	12%	45%	1 586	1 761	2 234	11%	41%
	10	7	1 465	1 618	2 106	10%	44%	1 638	1 841	2 271	12%	39%
	10	8	1 498	1 638	2 177	9%	45%	1 675	1 849	2 426	10%	45%
	10	9	1 447	1 591	2 162	10%	49%	1 697	1 864	2 356	10%	39%
	10	10	1 466	1 576	2 458	8%	68%	1 745	1 837	2 613	5%	50%
	10	11	1 544	1 634	2 502	6%	62%	1 736	1 896	2 646	9%	52%
	10	12	1 525	1 587	2 528	4%	66%	1 769	1 934	2 768	9%	56%
	6	8	1 487	1 642	2 418	10%	63%	1 603	1 656	2 837	3%	77%
	7	8	1 506	1 671	2 456	11%	63%	1 648	1 739	2 889	6%	75%
	8	8	1 449	1 616	2 234	12%	54%	1 683	1 766	2 754	5%	64%
	9	8	1 448	1 679	2 269	16%	57%	1 669	1 803	2 698	8%	62%
	10	8	1 498	1 638	2 177	9%	45%	1 675	1 849	2 426	10%	45%
	11	8	1 388	1 574	2 064	13%	49%	1 642	1 855	2 386	13%	45%

续表

问题			不同到达时间实验					不同作业时间的实验				
			方法的成本			改进		方法的成本			改进	
N	S	M_{var}	Z_1	Z_2	Z_3	$(Z_2-Z_1)/Z_1$	$(Z_3-Z_1)/Z_1$	Z_1	Z_2	Z_3	$(Z_2-Z_1)/Z_1$	$(Z_3-Z_1)/Z_1$
案例 2 40 艘船	12	8	1 375	1 546	2 106	12%	53%	1 599	1 774	2 351	11%	47%
	13	8	1 326	1 416	1 964	7%	48%	1 606	1 721	2 247	7%	40%
	14	8	1 304	1 438	1 978	10%	52%	1 568	1 675	2 278	7%	45%
	15	8	1 286	1 377	1 887	7%	47%	1 553	1 634	2 191	5%	41%
案例 2 的平均值			1 407	1 560	2 155	**9%**	**51%**	1 631	1 757	2 444	**8%**	**50%**
两个案例的平均值			1 087	1 175	1 630	8%	49%	1 269	1 356	1 907	7%	50%

绘制图 3-8 中两个问题案件的平均值，以探讨不同参数对最终性能结果的影响。

图 3-8（a）中，到达时间的变化（M_{var}）从 3 到 12，场景数量是 10。其中，到达时间的变化代表了一艘船比预计到达时间推迟了多少时间。因此，M_{var} 是所有场景下所有船舶的平均值。方法 1 和方法 2 的成本并没有随着到达时间的增长而显著改变。方法 3 的成本随着变化的递增而明显增长。这一结果显示了，到达时间因延迟导致的时间增加没有产生方法 1 和方法 2 的恢复成本。这种现象的原因和上述分析类似。一些迟到船舶的“停泊-时间”空间给那些有更好停泊位置或更早时间到达的船舶，这将降低恢复成本。在图 3-8（c）中，作业时间变化（M_{var}）是从 3 到 12，场景数量是 10。与图 3-8（a）不同，方法 1 和方法 2 的成本随着作业时间变化的增长而明显增加。这说明，作业时间因延迟导致的时间增加会造成方法 1 和方法 2 恢复成本的日益增长。

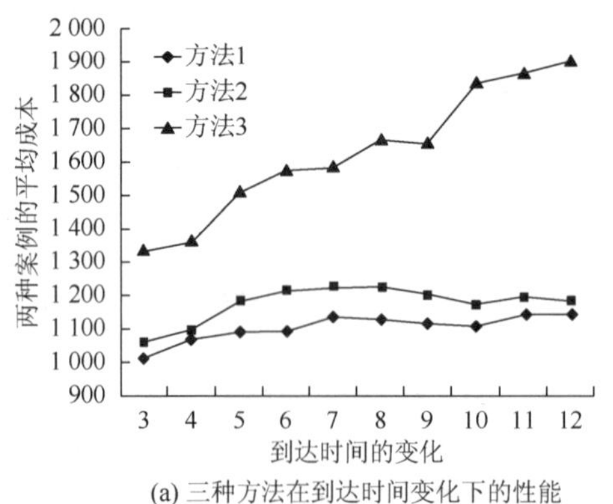

(a) 三种方法在到达时间变化下的性能

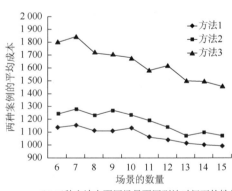

(b) 三种方法在不同场景不同到达时间下的性能

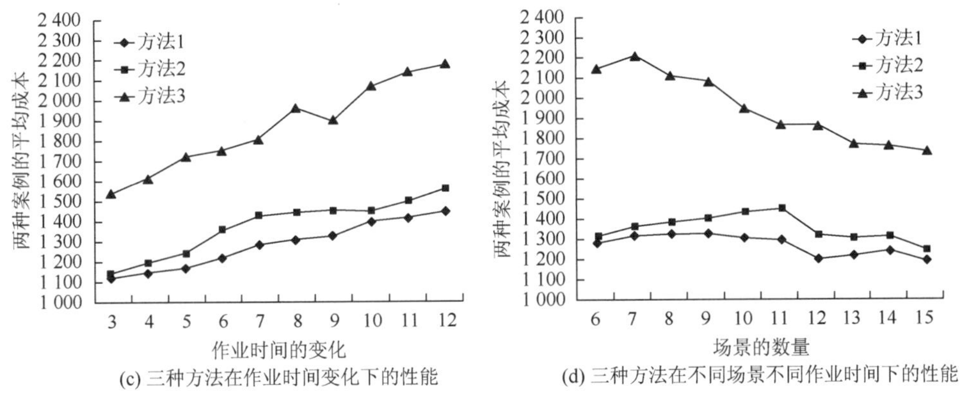

(c) 三种方法在作业时间变化下的性能　(d) 三种方法在不同场景不同作业时间下的性能

图 3-8　参数对性能的影响

图 3-8（b）和（d）是随着场景（S）数从 6 到 15 变化的数据，到达时间或作业时间的变化（M_{var}）设置为 8。从图 3-8（b）和（d）可以看到，方法 1 和方法 2 的成本并没有随着 S 的变化而明显改变。尽管 S 在增长，每个场景的概率在减小，但包含船舶不同的到达时间或作业时间的场景概率仍然维持在 0.5。因此，S 对总成本没有明显影响。

3.6　小　　结

本章为不确定条件下泊位分配问题（BAP）开发了一种两阶段的决策模型。该模型被设计用来平衡初始（基准）计划成本和初始计划偏离成本。通过比较本领域其他学者的工作，主要贡献主要包括两个方面：

（1）大多数关于 BAP 的研究，关注如何在静态和确定环境中获得最优基准计划。本章对不确定性环境下的 BAP 问题进行了探索性研究，设计了一种两阶段决策模型，还进行了一些数值实验，分析了不确定性环境下泊位分配过程的性能。

（2）确定型 BAP 问题是 NP-难问题，不确定性环境下的 BAP 更是如此。本章提出了元启发式算法求解大规模现实环境中的上述问题。开展的数值实验验证了该方法的有效性。

然而，当前方法仍然有一些局限性。本章使用重排策略来处理初始计划与现实环境之间的矛盾。确定型 BAP 已经是 NP-难。因而，重排的 BAP 问题则更为复杂。这项研究集成了这两个问题，所以提出的模型看起来有点复杂。

事实上，当这些冲突并不严重时，港口运营商可以使用压缩策略。这里的压缩策略，是指通过分配岸桥、拖车等更多的资源来缩短船舶的作业时间。以这种方式，泊位随机分配问题可能变得更容易处理。之后，还可以进一步研究到达时间随机、服从任意概率分布的 BAP 问题。这样就可以回避在本章中使用的基于场景的方法。这将是未来的研究方向。

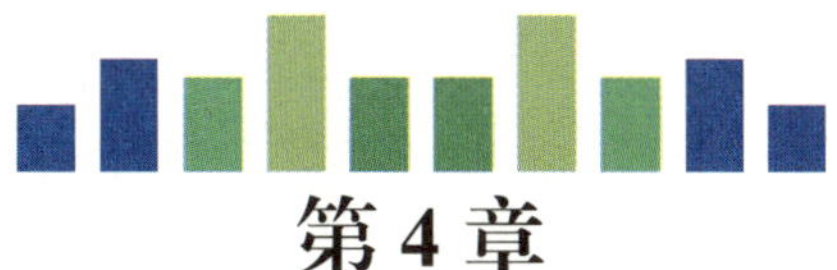

第 4 章

考虑周期性的中期层面泊位分配问题

4.1 引　　言

泊位分配问题（BAP）是集装箱码头运营管理的重要一环，其主要是给在码头上卸货和装货的船舶分配码头和服务时间。现有文献多集中研究确定性环境中具有完备信息的运营型 BAP，而本章研究的是中期层面的 BAP，探讨如何在船舶随机运作时间（靠港时间）下获得鲁棒泊位分配方案。与确定性环境中运营型 BAP 不同的是，中期层面的 BAP 的鲁棒优化支持港口运营商与航运公司谈判所做的决策。在该过程中，港口运营商应尽量满足船舶预期的停泊时间，但是该时间也要包括在调度执行期间一定程度上的预期不确定性。

4.2 不确定性环境下的周期型泊位分配问题背景

中期层面的泊位分配问题支持港口运营商与航运公司谈判所做的决策。该过程中，船舶（航运公司）告知港口运营商其在该港口的预期停泊时间（即 e_i），该时间也取决于船舶的预计到港时间，如每个星期一上午 10 点到达。港口运营商应该使得船舶 i 的预定停泊时间尽可能接近预期停泊时间 e_i。此外，船舶的运作时间取决于分配的停泊位置。如果一艘船舶停泊在最适宜的泊位，则其运作时间将是最短的，因为这个泊位可能距离船舶装货（或卸货）的集装箱堆场位置最近。通过与航运公司协商，港口运营商需要决策：船舶何时在何地停泊。泊位分配规划如图 4-1 所示。

周期型泊位分配问题的主要特点是船舶的到港时间具有周期性。实际上，大多数船舶都是每周到达模式[58, 204]。对于具有每周到达模式的船舶，港口运营商制定了中期层面的泊位分配计划。在制定中期层面的泊位分配时间表时，应尽可能减少船舶计划停泊时间与预期泊位时间的偏差，因为这些偏差会导致两个连续航程产生额外的加速成本。该决策模型的优化目标是：船舶偏差成本的总和最小。

在一组具有相同时间周期的中期层面的泊位分配中，将周期记为 H。港口运营商面临两个相关决策：泊位的选择和停泊时间确定，如图 4-2 所示。考虑周期

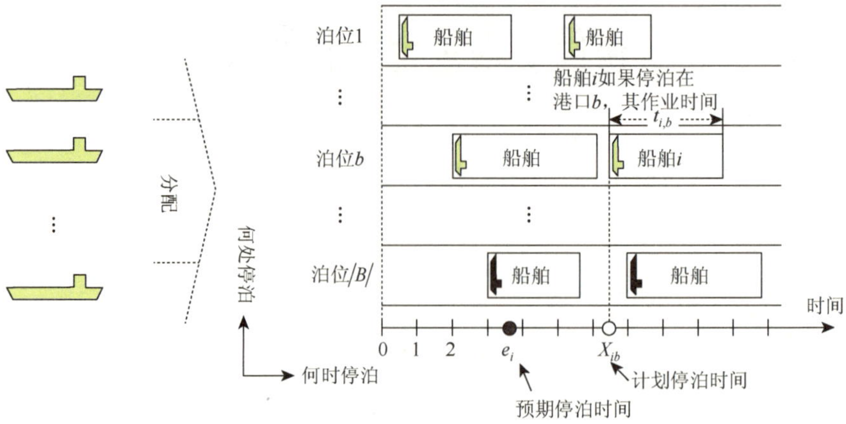

图 4-1 中期层面泊位分配问题

性，船舶分配时间间隔是几个环，而不是直线时间轴。每个环表示一个泊位，环的圆周长度等于 H。根据上述讨论，确定性环境下中期层面的 BAP 模型如下。

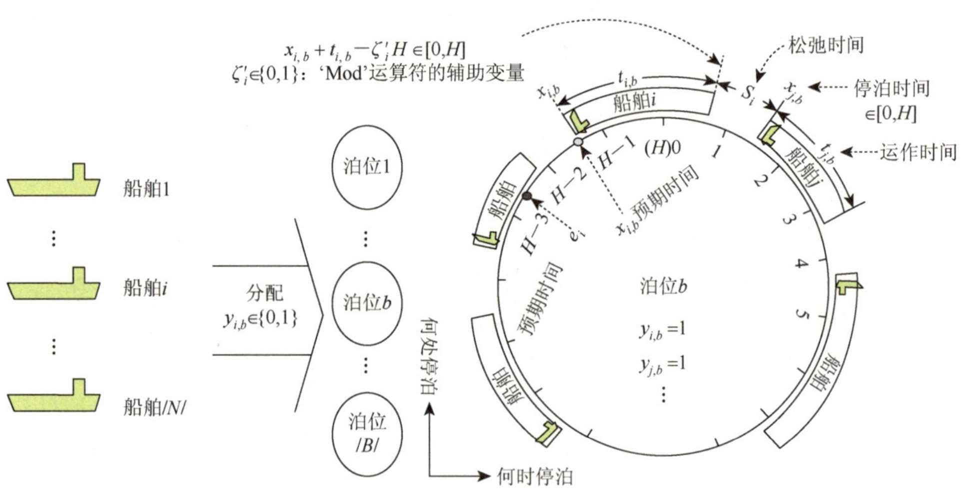

图 4-2 周期型的中期层面泊位分配问题

已知参数：

i——船舶下标。

N——船舶集合；$N=\{1,2,\cdots,i,\cdots,|N|\}$。

b——泊位下标。

B——港口所有泊位集合；$B=\{1,2,\cdots,b,\cdots,|B|\}$。

H——规划周期。

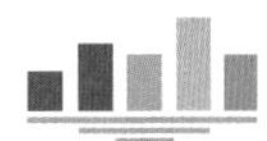

$t_{i,b}$——船舶 i 在泊位 b 的运作时间。

e_i——船舶 i 预期停泊时间；该时间由航运公司规定。

d_i——船舶 i 关于预期和分配停泊时间偏差成本比例。

M——一个足够大的正数。

决策变量：

$x_{i,b}$——连续变量，船舶 i 在泊位 b 的停泊时间。

$y_{i,b}$——如果船舶 i 停靠在泊位 b，取值 1，否则，取值 0。

$z_{i,j,b}$——如果船舶 j 在船舶 i 后立即停泊在泊位 b，取值 1，否则，取值 0。

$\zeta_{i,b},\zeta'_i$——二进制变量，考虑周期性的辅助变量。

数学模型：

$$\text{[BAP]} \quad \text{Minimize} \quad \sum_{i\in N} d_i \left| \sum_{b\in B} x_{i,b} - \zeta'_i H - e_i \right| \tag{4.1}$$

$$\text{s.t.} \quad \sum_{b\in B} y_{i,b} = 1 \qquad \forall i \in N \tag{4.2}$$

$$\sum_{i\in N} y_{i,b} t_{i,b} \leqslant H \qquad \forall b \in B \tag{4.3}$$

$$x_{i,b} + t_{i,b} - \zeta_{i,b} H \leqslant x_{j,b} + (1 - z_{i,j,b})M \qquad \forall b \in B, \forall i,j \in N, i \neq j \tag{4.4}$$

$$\sum_{i\in N} \zeta_{i,b} = 1 \qquad \forall b \in B \tag{4.5}$$

$$\sum_{j\in N, j\neq i} z_{i,j,b} = y_{i,b} \qquad \forall b \in B, \forall i \in N \tag{4.6}$$

$$\sum_{j\in N, j\neq i} z_{j,i,b} = y_{i,b} \qquad \forall b \in B, \forall i \in N \tag{4.7}$$

$$x_{i,b} \leqslant y_{i,b} H \qquad \forall b \in B, \forall i \in N \tag{4.8}$$

$$x_{i,b} \geqslant 0, y_{i,b}, z_{i,j,b}, \zeta_{i,b}, \zeta'_i \in \{0,1\} \tag{4.9}$$

目标函数［式（4.1）］为最小化船舶分配和预计停泊时间两者偏差的总成本。Bierwirth 和 Meisel[205]提到，在 BAP 研究领域，已经充分考虑了等待成本（即实际停泊时间与到港时间之间的偏差）和延迟成本（即实际离港时间与预期离港时间之间的偏差）。有关 BAP 的两项前沿研究[37, 206]分别在优化目标中考虑了两种类型的成本，而目标函数［式（4.1）］属于等待成本。应该提到的是，大多数 BAP 文献是运营层面的泊位分配问题；而本章的研究是中期层面的泊位分配问题，同时包括港口运营商和航运公司之间的谈判过程。对于航运公司来说，希望船舶分配的停泊日期接近其期望的日期。而每艘船的航程包含多个港口，因此谈判过程并不轻松。每艘船舶都有其期望的停泊日期，但港口分配的停泊日期（如星期一）有时可能远离其预计日期（如星期三）。在港口不同泊位停泊的船舶运作时间不一样，但是通过对航运公司分配的停泊时间和船舶的预期停泊时间之间的偏差进行比较，发现这种差异并不重要，尤其是在策略层面的决策过程中。因此，目标函数［式（4.1）］中不考虑船舶运作时间。

约束［式（4.2）］规定每艘船仅分配到一个泊位。约束［式（4.3）］确保分配给每个泊位的船舶的总处理时间不能超过规划周期。通过约束［式（4.4）］实现变量 $x_{i,b}$ 与泊位 b 在序列上的一致性。约束［式（4.4）］中的形式“$-\zeta_{i,b}H$”类似于“Mod”运算符。例如，10mod 7 = 3，意味着时间点“10”等于时间点“3”，因为循环周期时间是“7”。同时，这里 10mod 7 = 10−1×7；形式“$-\zeta_{i,b}H$”类似“−1×7”。另外，约束［式（4.4）］中的变量 $z_{i,j,b}$ 定义了每个泊位船舶的优先级，分配给每个泊位的船舶集合形成一个环。约束［式（4.5）］则规定了每个泊位的船舶集合形成一个环。约束［式（4.6）］和约束［式（4.7）］保证每艘船只在分配的泊位上其前后紧接着有一艘船。约束［式（4.8）］确保如果船舶 i 未分配给泊位 b，则 $x_{i,b}$ 等于零；那么船舶 i 的停泊时间可以用目标函数［式（4.1）］中使用的 $\sum_{b\in B}x_{i,b}$ 表示。所有决策变量都在约束［式（4.9）］中定义。

进一步解释二进制变量 $\zeta_{i,b}$ 和 ζ_i'。例如，一段时间的周期为 7，船 s_1、s_2、s_3 在时间 1、4、6 分别停泊在泊位 b，其靠港时间是 2。然后，船 s_1 紧随船 s_2 可表示为 1 + 2≤4；船 s_2 紧随船 s_3 可表示为 4 + 2≤6。为表明船 s_3 之后为船 s_1，船 s_3（即“6 + 2”）的离港时间应减去周期（即“7”），以使其可以小于或等于船 s_1（即“1”）的停泊时间，即 1 + 2−0×7≤4，4 + 2−0×7≤6，6 + 2−1×7≤1。$\zeta_{i,b}$ 是公式中的 0-1 变量，约束［式（4.5）］$\sum_{i\in N}\zeta_{i,b}=1$，$\forall b\in B$ 确保了如果每一艘船舶序列停泊在一个泊位，其等于 1。约束［式（4.1）］中的另一个二进制变量 ζ_i' 有相似的作用，同时“$\sum_{b\in B}x_{i,b}$”和“e_i”分别表示船 i 的计划和预期停泊时间。例如，船舶的计划停泊时间为 6，如果预期时间为 6.5，则偏差为 0.5；如果其预期时间为 2，则由于周期性而偏差为 3。具体可以解释为 0.5 = |6−0×7−6.5|，3 = |6−1×7−2|。这里，ζ_i' 是公式中的 0-1 变量，当计划时间和预期时间位于该时段的零点的两边时，它等于 1。

目标函数中的绝对值形式可以通过定义两个辅助变量 β_i^+ 和 β_i^- 来线性化，同时增加了两个限制条件。因此，上述模型可以转换为

$$\textbf{[BAP]}\quad \text{Minimize}\quad \sum_{i\in N}d_i(\beta_i^+ + \beta_i^-) \tag{4.10}$$

s.t. 式（4.2）～式（4.9）

$$\sum_{b\in B}x_{i,b} - \zeta_i' H - e_i = \beta_i^+ - \beta_i^- \qquad \forall i\in N \tag{4.11}$$

$$\beta_i^+, \beta_i^- \geqslant 0 \qquad \forall b\in B, \forall i\in N \tag{4.12}$$

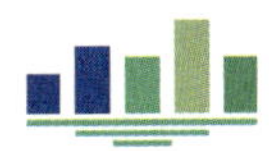

当航运公司（如船 i）接收到的计划停泊时间（x_i）时，即 $x_i = \sum_{b \in B} x_{i,b}$（或 $\sum_{b \in B} x_{i,b} y_{i,b}$），以及分配的泊位下标（$y_i$），即 $y_i = \sum_{b \in B} y_{i,b} b$，航运公司将为该船拟定航程计划，其到港时间约为 x_i，便可以根据时间表在 x_i 开始作业。那么船舶离开港口的时间等于“$x_i + t_{i,y_i}$”。而其运作时间（靠港时间）t_{i,y_i} 取决于船舶需要处理（卸载和装载）的集装箱数量。如果集装箱数量在很长一般时间内保持不变，则每艘船舶的运作时间（t_{i,y_i}）是确定的。在中期层面的 BAP 决策中，船舶 i 的离港时间不应晚于在泊位计划中船舶 i 之后的船舶。如图 4-2 所示，两个连续船舶的时间空档之间可能存在时间松弛，因为卸载和装载的集装箱数量在不同的时间段内存在差异，时间松弛（s_i）可以用于满足不可预见的额外运作时间的要求。实际上，船舶的靠港时间应该是随机的而不是确定性的。因此，从随机角度来看，针对决策性 BAP，下面章节提出了随机优化模型和鲁棒优化模型。

4.3　周期型泊位分配问题的随机优化模型

之前的章节提出了一种中期层面的 BAP 模型，该模型基于确定性环境下的船舶靠港时间，其取决于到达的船舶将处理（卸载和装载）的集装箱数量。然而，由于货运需求的波动，全球海运物流市场存在很多不确定因素。航运船舶定期（多为每周）访问港口，对于船舶来说，需要处理的集装箱数量在每个时期内存在波动。因此，中期层面的 BAP 决策中船舶的靠港时间应该是不确定的。

当港口运营商制定中期层面的泊位分配计划（即泊位模板）时，航运公司会告知港口运营商其船舶在港口停留期间预期处理集装箱的数量。需要处理的集装箱数量通常是根据航运公司长期客户的运输需求估算的。对于船舶来说，港口运营商应在策略计划中给其分配时间段，以处理估计的集装箱数量。无论在未来的时间内处理的集装箱的实际数量如何，港口运营商都承诺将上述时段分配给船舶。时间空档由 4.2 节中的确定性参数 $t_{i,b}$ 表示。

因为过程中存在不可预见的运输任务，通常实际处理的集装箱数量会大于估计数量。定义随机参数 δ_i，表示未来一段时间内为船舶 i 所需服务的随机额外时间空档。不确定的海运市场造成 δ_i 的随机性为制定鲁棒泊位模板带来了新的机遇，从而提高了港口经营的效率。

4.3.1　模型公式

如图 4-2 所示，假设 s_i 是船舶 i 的时间松弛，即船舶 i 的结束时间与船舶 i 之后的船舶的开始时间的时间间隔长度。那么，$(\delta_i - s_i)^+$ 则为船舶 i 可能影响其后续船舶的冲突时间。为了在初始计划期间最小化潜在冲突，可以为 $(\delta_i - s_i)^+$ 分配惩罚成本率（由 c_i 表示）。惩罚成本主要是为了提高生产力的冲击成本，缩短运作时间并解决冲突，即 $(\delta_i - s_i)^+$。基于上述分析，提出一种不确定性环境下的中期层面的 BAP 的随机优化模型。

$$[\mathbf{SBAP}] \quad \text{Minimize} \quad \sum_{i\in N} d_i(\beta_i^+ + \beta_i^-) + \mathbb{E}\left\{\sum_{i\in N} c_i(\delta_i - s_i)^+\right\} \tag{4.13}$$

s.t. 约束［式（4.2）和式（4.3）；式（4.5）～式（4.9）；式（4.11）和式（4.12）］

$$0 \leqslant x_{i,b} + t_{i,b} + s_i - \zeta_{i,b}H \leqslant H \qquad \forall b\in B, \forall i\in N \tag{4.14}$$

$$x_{i,b} + t_{i,b} + s_i - \zeta_{i,b}H \leqslant x_{j,b} + (1 - z_{i,j,b})M \qquad \forall b\in B, \forall i,j\in N, i\neq j \tag{4.15}$$

$$\sum_{b\in B}\sum_{i\in N} y_{i,b}t_{i,b} + \sum_{i\in N} s_i = H\,|\,B\,| \tag{4.16}$$

$$s_i \geqslant 0 \qquad \forall i\in N \tag{4.17}$$

目标函数［式（4.13）］包含基准计划的成本，即 $\sum_{i\in N} d_i(\beta_i^+ + \beta_i^-)$，以及在执行基准计划期间处理潜在冲突时间的预期成本。初始 BAP 模型中的约束［式（4.4）］由约束［式（4.14）和式（4.15）］代替，同时定义了新的决策变量（s_i），用于计算船舶 i 之后的时间松弛。约束［式（4.16）］确保船舶的所有处理时间和时间松弛的总和等于泊位的总使用时间。

由于货运需求波动，船舶运营时间（靠港时间）比到港时间更具不确定性。之前的模型解释没有将到港时间的不确定性考虑进去。然而，若定义随机参数 δ_i 来表示船舶到港时间和运作时间无法预料的偏差之和，则 SBAP 模型仍然可行。

4.3.2 样本平均值近似

在提出的 SBAP 模型中，目标函数有一种预期价值（$\mathbb{E}$）的形式，通过样本平均近似（SAA）方案[207, 208]来处理它。给定船舶运作时间偏差（δ_i）的任意概率分布，可以得到 δ 变量的一组样本，然后从历史数据中估计 δ_i 的概率分布，生成场景 Q 的随机抽样以表示 $\delta_{i,q}$，$i\in N$，$q=1$，…，Q。作为简化，对于场景 Q 假设它们的概率是相同的（即 Q^{-1}）。然后，原始模型 SBAP 可以近似为以下模型：

$$\text{Minimize} \quad \sum_{i\in N} d_i(\beta_i^+ + \beta_i^-) + Q^{-1}\cdot\sum_{q=1}^{Q}\sum_{i\in N} c_i(\delta_{i,q} - s_i)^+ \tag{4.18}$$

s.t. 约束［式（4.2）和式（4.3）；式（4.5）～式（4.9）；式（4.11）和式（4.12）；式（4.14）～式（4.17）］

定义两个非负变量 $\varphi_{i,q}^+$ 和 $\varphi_{i,q}^-$，将上述模型目标函数［式（4.18）］中的非线性形式“$c_i(\delta_{i,q} - s_i)^+$”线性化。然后模型可转换为

$$[\textbf{SBAP}_{\textbf{SAA}}] \quad \text{Minimize} \quad \sum_{i\in N} d_i(\beta_i^+ + \beta_i^-) + Q^{-1}\cdot\sum_{q=1}^{Q}\sum_{i\in N} c_i\varphi_{i,q}^+ \tag{4.19}$$

s.t. 约束［式（4.2）和式（4.3）；式（4.5）～式（4.9）；式（4.11）和式（4.12）；式（4.14）～式（4.17）］

$$\delta_{i,q} - s_i = \varphi_{i,q}^+ - \varphi_{i,q}^- \qquad \forall i\in N; q = 1,\cdots,Q \tag{4.20}$$

$$\varphi_{i,q}^+, \varphi_{i,q}^- \geqslant 0 \qquad \forall i\in N; q = 1,\cdots,Q \tag{4.21}$$

随着场景 Q 数量的增加，模型 SBAP_{SAA} 的最优解收敛于模型 SBAP 的最优解。假设模型 SBAP 的最优解是 $(\boldsymbol{x}^*, \boldsymbol{y}^*, \boldsymbol{z}^*, \boldsymbol{s}^*)$，目标值是 $Z(\boldsymbol{x}^*, \boldsymbol{y}^*, \boldsymbol{z}^*, \boldsymbol{s}^*)$；模型 SBAP_{SAA} 的最优解是 $(\boldsymbol{x}_Q^*, \boldsymbol{y}_Q^*, \boldsymbol{z}_Q^*, \boldsymbol{s}_Q^*)$，目标值是 $Z_Q(\boldsymbol{x}_Q^*, \boldsymbol{y}_Q^*, \boldsymbol{z}_Q^*, \boldsymbol{s}_Q^*)$。当 Q 趋于无穷大时，模型 SBAP_{SAA} 的最优解 $(\boldsymbol{x}_Q^*, \boldsymbol{y}_Q^*, \boldsymbol{z}_Q^*, \boldsymbol{s}_Q^*)$ 收敛到最优解 $(\boldsymbol{x}^*, \boldsymbol{y}^*, \boldsymbol{z}^*, \boldsymbol{s}^*)$，并且模型 SBAP_{SAA} 的最优目标值 $Z_Q(\boldsymbol{x}_Q^*, \boldsymbol{y}_Q^*, \boldsymbol{z}_Q^*, \boldsymbol{s}_Q^*)$ 也收敛到模型 SBAP 的最优目标值 $Z(\boldsymbol{x}^*, \boldsymbol{y}^*, \boldsymbol{z}^*, \boldsymbol{s}^*)$。

生成 M 个独立样本并求解每个样本的 SBAP_{SAA}，最优目标值由 $\boldsymbol{Z}_m^Q$，$m = 1, \cdots, M$ 表示，最优解由（$\boldsymbol{x}_m^Q, \boldsymbol{y}_m^Q, \boldsymbol{z}_m^Q, \boldsymbol{s}_m^Q$）表示。这里，$\boldsymbol{x}$，$\boldsymbol{y}$ 和 $\boldsymbol{s}$ 是$|N|$维向量，代表所有船舶的停泊时间、位置和时间松弛，并且 $\boldsymbol{z}$ 为$|N|\times|N|$矩阵。然后，对于模型 SBAP 的最优目标值，$M^{-1}\cdot\sum_{m=1}^{M} Z_m^Q$ 提供下界（LB），即 Z^* [209, 210]。

生成场景 Q（$Q' \gg Q$）的样本以评估 M 个解的目标值 $\boldsymbol{x}_m^Q,\cdots$，即 $\widetilde{f_{Q'}}(\boldsymbol{x}_m^Q,\cdots) = \sum_{i\in N} d_i(\beta_i^+ + \beta_i^-) + Q'^{-1}\cdot\sum_{q=1}^{Q'} c(\delta_q - s_m^Q)^+$。$\widetilde{f_{Q'}}(x_m^Q,\cdots)$ 是 $f(\boldsymbol{x}_m^Q,\cdots)$ 的无偏估计，因为 $(\boldsymbol{x}_m^Q,\cdots)$ 是原始问题 SBAP 的可行解，所以 $f(\boldsymbol{x}_m^Q,\cdots) \geqslant Z^*$，因此，$\widetilde{f_{Q'}}(\boldsymbol{x}_m^Q,\cdots)$ 是 Z^*的上界（UB_m）。选择具有最小偏差的解 $(\boldsymbol{x}_m^Q,\cdots)$，即 UB_m–LB。上述过程如图 4-3 所示。

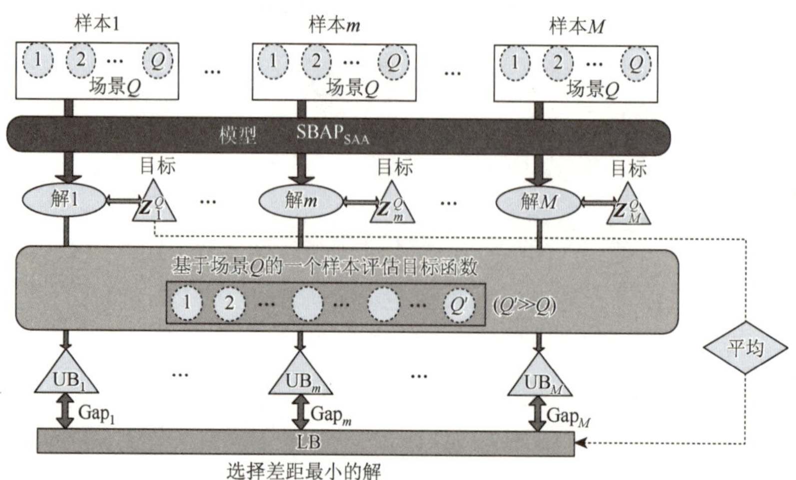

图 4-3　样本平均值近似过程

4.4　模型求解算法

某些商业软件（如 CPLEX、LINGO）在解决具有中等问题规模的确定性环境下的中期层面的 BAP 模型时也较为困难，更不用说 $\mathrm{SBAP_{SAA}}$ 模型。因此，选择启发式算法来求解大规模问题中的 $\mathrm{SBAP_{SAA}}$ 模型。

4.4.1　研究框架

本章研究的问题比常见的分配问题稍难，因为它包含三个层面的决策：泊位分配、船舶在每个泊位的优先权和船舶停泊时间。从给定的船舶序列得到可行解，将序列解码成可行解主要包含三个阶段，如图 4-4 所示。

（1）求 $y_{i,b}$：给出一系列船舶，逐个求解每艘船的模型（BAP_n），依次决策泊位分配（$y_{i,b}$）。

（2）求 $z_{i,j,b}$：给出上述所有船舶的泊位分配，求解模型（BAP）以获得关于每个泊位的船舶优先权决策（$z_{i,j,b}$）。

（3）求 $x_{i,b}$：给出所有泊位（$y_{i,b}$）中船舶泊位分配（$z_{i,j,b}$）和船优先权的决策，求解模型（$\mathrm{SBAP_{SAA}}$），以获得所有船舶停泊时间的决策（$x_{i,b}$）。

在上述三阶段解码方法的基础上，本章提出了一些求解方法，这些方法通过改变船舶序列，来提高解的质量。

4.4.2 节～4.4.5 节将阐述上述问题（三阶段解码和元启发式方法）。

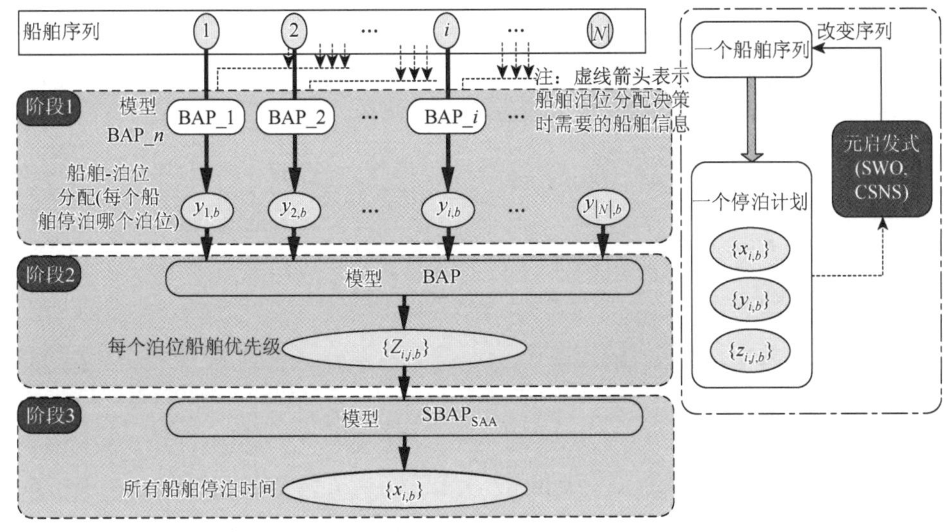

图 4-4　求解方法框架

这里提出一些生成初始序列的规则：①最直观的规则是以 d_i 的递减顺序生成序列，其中权重反映了船舶的优先级；②按照 $\min\limits_{b\in B} t_{i,b}$ 的递减顺序生成序列，这也是船舶的最短处理时间，处理时间长的船舶应放在序列的前面。上述规则①和②作为生成船舶初始序列的主要和次要标准。

4.4.2　求解船舶泊位分配

当船舶和泊位数量规模庞大时，确定性环境下的中期层面的 BAP 仍然是棘手的，CPLEX 无法有效地解决具有大规模实例的确定性 BAP 模型。

本章提出了一个顺序的方法，即给定一系列船舶，逐一解决泊位分配问题模型（BAP_n），并在合理的时间内找到一个关于泊位分配的可行计划。设定船舶的序列为 $\{v_1,\cdots,v_n,\cdots,v_{|N|}\}$，其中，$|N|$是船的数量，序列方法通过使用多次迭代其排列顺序解决$|N|$艘船舶问题。在第 n 次迭代中，求解模型（BAP_n）以获得第 n 艘船的泊位分配决策。

定义一个参数 DS，其代表搜索的深度，如 DS = 5。在第 n 次船的第 n 次迭代（即 $y_{v_n,b}$ 和 $x_{v_n,b}$ ）中，船舶序列变量 $v_1,\cdots,v_{n-1}$ 是已知数据，船舶 $v_n,\cdots,v_{n+\mathrm{DS}}$ 是决策变量。求解模型（BAP_n）后，获得的船舶决策变量 v_n 作为下一次迭代的输入数据被固定，该过程由$|N|$–DS 迭代组成，最后一次迭代是为了求解变量 $v_{|N|-\mathrm{DS}},\cdots,v_{|N|}$。对于第 n 次迭代中的（BAP_n）模型，定义了两组：$V_n^F=\{v_1,\cdots,v_{n-1}\}$

和$V_n^B=\{v_n,\cdots,v_{n+\mathrm{DS}}\}$，$n\in\{1,2,\cdots,|N|-\mathrm{DS}\}$。对于第一次迭代，$V_1^F=\varnothing$。

第 *n* 次迭代（BAP_*n*）模型如下。

已知参数：所有已知参数基于初始模型 $\mathrm{SBAP_{SAA}}$ 和 $x_{i,b},y_{i,b},\forall i\in V_n^F$。

$$[\mathbf{BAP\_}\boldsymbol{n}]\quad \text{Minimize}\quad \sum_{i\in V_n^B}d_i\left|\sum_{b\in B}x_{i,b}-\zeta_i' H-e_i\right| \tag{4.22}$$

s.t. 约束［式（4.4）～式（4.7）］

$$\sum_{b\in B}y_{i,b}=1 \qquad \forall i\in V_n^B \tag{4.23}$$

$$\sum_{i\in V_n^B\cup V_n^F}y_{i,b}t_{i,b}\leqslant H \qquad \forall b\in B \tag{4.24}$$

$$x_{i,b}\leqslant y_{i,b}H \qquad \forall b\in B,\forall i\in V_n^B \tag{4.25}$$

$$x_{i,b}\geqslant 0, y_{i,b},\zeta_{i,b},\zeta_i' \in\{0,1\} \qquad \forall b\in B,\forall i\in V_n^B \tag{4.26}$$

$$z_{i,j,b}\in\{0,1\} \qquad \forall b\in B,\forall i\in V_n^B\cup V_n^F \tag{4.27}$$

目标函数［式（4.22）］能通过约束［式（4.10）～式（4.12）］的方式线性化。

搜索深度 DS 是重要的参数，较大的 DS 会增加求解时间，同时 DS 的设置也取决于计算机的容量。如果 DS = 0，则该方法为常见的贪婪搜索，这种方法求解速度快但容易丧失解的最优性。如果 DS 太小可能会导致最后几艘船不能分配可行的时间空间。因此，设置适当的 DS 值，可以有效地避免其后船舶的不可行性。

4.4.3 基于已有泊位分配改进船舶在泊位中的序列

先前的程序根据序列求解了部分 BAP 模型（BAP_*n*），并获得了一个可行的计划，其中包括关于泊位、船舶优先权和停泊时间的决策。由于这个计划是以序列的方式获得的，所以可以通过求解整个 BAP 模型来改进所有泊位分配的船舶。在该过程中，关于船舶泊位优先权的决策可能会得到改进。

已知参数：所有已知参数基于初始模型 $\mathrm{SBAP_{SAA}}$ 和 $y_{i,b},\forall i\in N,b\in B$。

[BAP]　目标函数［式（4.1）］

s.t. 约束［式（4.4）～式（4.8）］

$$x_{i,b}\geqslant 0 \qquad z_{i,j,b},\zeta_{i,b},\zeta_i' \in\{0,1\} \tag{4.28}$$

上述过程与 4.4.2 节中的最后一次迭代不同。其中，一个主要的区别是变量 $x_{i,b}$ 在本节同时被优化，而在 4.4.2 节中的多次迭代中则是逐个优化，因此 4.4.3 节是必要的。

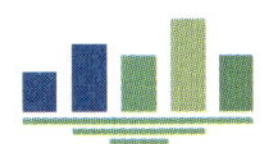

4.4.4　考虑目标函数中的不确定部分确定船舶停泊时间

鉴于前两步得到的泊位和船舶优先权，求解 SBAP_{SAA} 模型，以确定船舶停泊时间的较好安排。

已知参数：所有已知参数基于初始模型 SBAP_{SAA} 和 $y_{i,b}, z_{i,j,b} \forall i,j \in N, b \in B$ 。

[SBAP_{SAA}]　目标函数［式（4.19）］

s.t.　约束［式（4.5）；式（4.8）；式（4.11）和式（4.12）；式（4.14）～式（4.16）；式（4.20）］

$$x_{i,b}, s_i, \beta_i^+, \beta_i^-, \varphi_{i,q}^+, \varphi_{i,q}^- \geqslant 0 \quad \zeta_{i,b}, \zeta_i' \in \{0,1\} \tag{4.29}$$

需要说明的是，目标函数中 $\mathbb{E}\left\{\sum_{i \in N} c_i (\delta_i - s_i)^+\right\}$ 的不确定部分仅在第三步停泊时间中考虑，因为这部分主要取决于船舶的松弛时间 s_i ，其实际上是从船舶的停泊时间中得到的。第三步是求解停泊时间，因此在此步骤中求解 SBAP_{SAA} 模型，而在前两步中求解 BAP 模型。

4.4.5　元启发式改变序列

通过船舶序列将得到一个可行解，上述三个阶段将船舶序列解码为问题的一个解。本节介绍了改变船舶序列的一些求解方法，以提高解决方案的质量。

一些元启发式经常用于港口运营的优化问题。例如禁忌搜索（tabu search），采用序列中船舶的成对交换来获得新的解。在每个禁忌搜索迭代中，通过成对交换完全探索序列的邻域。完整的成对交换策略将导致序列的邻域变得非常大。因此，禁忌搜索解决该问题会非常耗时。

另外一种启发式算法——“吱呀轮”优化法（squeaky-wheel optimization，SWO）也经常用于港口运营研究，如码头优化问题[194]、泊位分配问题[211, 212]。SWO 以如下方式更改序列：计算与每艘船相关的成本，$\text{cost}(V_i) = d_i \left|\sum_{b \in B} x_{i,b} - \zeta_i' H - e_i\right| + Q^{-1} \cdot \sum_{q=1}^{Q} c_i (\delta_{i,q} - s_i)^+$，从序列的前面开始，如果前一个成本值低于后一个，互换两个连续的船，交换操作后得到一个新的序列。为了避免 SWO 陷入循环，规定如果一个序列已经被生成，它将被忽略。得到一定数量的解且其没有改进之后，SWO 终止。

SWO 仅考虑相邻的交换，所以对于所有类型的港口作业问题并不适用。因此，Lim 和 Xu[137]提出了一个名为“关键振动邻域搜索”（critical-shaking neighborhood search，CSNS）的方法，该方法在堆场分配问题求解上优于其他求解算法。CSNS也被用于批量港口泊位和堆场规划的综合优化[116]。与增加序列中关键元素优先级的 SWO 相比，CSNS 随机地摇摆序列中关键元素的优先级，以避免序列陷入局部最优。这里的关键元素被认为是成本高（即成本V_i）的船，同时将 NC 定义为关键元素的数量。给定序列，选择具有最高 NC 和最高成本价值（即成本V_i）的 NC 船舶，然后按顺序将 NC 船随机变换到其他地方。为了避免 CSNS 陷入循环，如果序列已经被生成，再次以这种随机的方式生成一个新的序列。在得到一定数量的解而其不改进之后，程序终止。上述两种元启发式如图 4-5 所示。

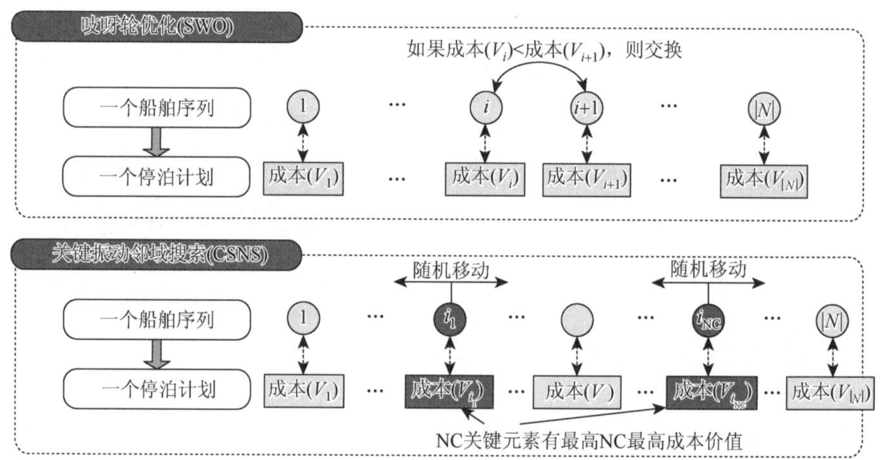

图 4-5　改变船舶序列的两种元启发式

4.5　中期层面的泊位分配问题的鲁棒优化模型

港口运营商可能面临用于校准随机优化模型的数据不足的问题。当船舶运作时间（靠港时间）的数据有限或没有数据可用时，港口运营商依赖于船舶运作时间最短最长偏差的估计。与 4.3 节的上述分析相似，船舶 i 的实际运作时间与其估计时间的偏差由随机变量 δ_i 表示，随机变量 δ_i 未知分布，位于不确定集内。目标是获得一个鲁棒的中期层面的泊位分配基准计划，最小化不确定性集内所有船舶偏离时间实现的最坏可能成本[213, 214]。

4.5.1　数学模型

假设不确定性集合内的 δ_i 的下界和上界是已知的，即 $\Delta_i^L \leqslant \delta_i \leqslant \Delta_i^U$；$\Delta_i^L,\Delta_i^U$ 是船舶 i 偏差的下界和上界，定义所有船舶总实际偏差的归一化界限为 $\sum_{i\in N}[(\delta_i - \Delta_i^L)/$

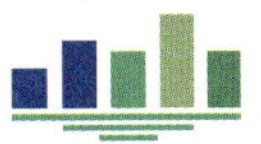

$(\varDelta_i^U-\varDelta_i^L)]\leqslant W$。这里，$W$ 可以被认为是达到最坏情况上限 Δ_i^U 的船舶数量上限。从决策者的角度来看，W 是控制最坏情况的一种保守性方法。基于上述讨论，制定的鲁棒优化问题如下。

$$\text{Minimize} \quad \sum_{i\in N} d_i(\beta_i^+ + \beta_i^-) + C(s) \tag{4.30}$$

s.t.约束[式（4.2）和式（4.3）；式（4.5）～式（4.9）；式（4.11）和式（4.12）；式（4.14）～式（4.17）]

$$\text{这里 } C(s) = \text{maximize} \sum_{i\in N} c_i(\delta_i - s_i)^+ \tag{4.31}$$

$$\text{s.t.} \quad \sum_{i\in N}[(\delta_i - \varDelta_i^L)/(\varDelta_i^U - \varDelta_i^L)] \leqslant W \tag{4.32}$$

$$\varDelta_i^L \leqslant \delta_i \leqslant \varDelta_i^U \quad \forall i\in N \tag{4.33}$$

在模型 $C(s)$ 中，δ_i 是决策变量；$\varDelta_i^L$ 和 $\varDelta_i^U$ 是参数。将 δ_i 定义为变量是因为当不确定性 δ_i 位于范围 $[\varDelta_i^L,\varDelta_i^U]$ 中时，模型 $C(s)$ 将得到最大成本（最差情况）。

在模型中，目标函数[式（4.31）]是非线性的，因为它包含 $(\cdot)^+$ 形式，通过定义一些连续辅助变量来线性化最大化目标函数中的 $(\cdot)^+$ 是有困难的。因此，需要定义更多的决策变量。定义决策变量 η_i，如果 $\delta_i - s_i \leqslant 0$，则 $\eta_i = 0$；如果 $\delta_i - s_i > 0$，则定义 $\eta_i = 1$。其可以转换为 $C(s) = \text{Maximize}\sum_{i\in N} c_i(\delta_i - s_i)\eta_i$，它仍然是非线性的。基于这种变换，$C(s)$ 可以重新写为如下。

$$[C(s)] \quad \text{Maximize} \quad \sum_{i\in N} c_i(\delta_i - s_i\eta_i) \tag{4.34}$$

$$\text{s.t.} \quad \sum_{i\in N}[(\delta_i - \varDelta_i^L\eta_i)/(\varDelta_i^U - \varDelta_i^L)] \leqslant W \tag{4.35}$$

$$\varDelta_i^L\eta_i \leqslant \delta_i \leqslant \varDelta_i^U\eta_i \quad \forall i\in N \tag{4.36}$$

$$\eta_i \in \{0,1\} \quad \forall i\in N \tag{4.37}$$

通过加入新的变量 $(\delta_i - \varDelta_i^L\eta_i)/(\varDelta_i^U - \varDelta_i^L)$，将上述模型 $C(s)$ 重新表示为

$$[C(s)] \quad \text{Maximize} \quad \sum_{i\in N} c_i[(\varDelta_i^U - \varDelta_i^L)\delta_i' + \varDelta_i^L\eta_i - s_i\eta_i] \tag{4.38}$$

$$\text{s.t.} \quad \sum_{i\in N}\delta_i' \leqslant W \tag{4.39}$$

$$0 \leqslant \delta_i' \leqslant \eta_i \quad \forall i\in N \tag{4.40}$$

$$\eta_i \in \{0,1\} \quad \forall i\in N \tag{4.41}$$

对于式（4.38）～式（4.41），可知其线性规划松弛仍然具有整数解，即多面体 $X=\{(\delta',\eta)\,|$约束[式（4.39）和式（4.40）]；$0\leqslant\eta_i\leqslant 1,\forall i\in N\}$具有整数极值点。首先，由于约束矩阵是完全单调的，可知 $X' = \{(\delta',\eta)\,|$约束[式（4.40）]；

$0 \leqslant \eta_i \leqslant 1, \forall i \in N\}$是一个整体多面体。此外，$X'' = \{(\delta', \eta) \in X' \mid \sum_{i \in N} \delta'_i = W\}$是$X'$的子集，其中所有极值点都是整数。最后，$X$的所有极值点都是$X''$的极值点，或$X'$的极点，其中$\sum_{i \in N} \delta'_i < W$。

在确认模型$C(s)$的线性规划松弛仍然具有整数解之后，将线性规划的对偶性应用于$C(s)$的线性规划松弛：

$$[C(s)^{\mathrm{LR}}] \quad \text{Maximize} \quad \sum_{i \in N} [c_i(\varDelta_i^U - \varDelta_i^L)\delta'_i + c_i(\varDelta_i^L - s_i)\eta_i] \tag{4.42}$$

$$\text{s.t.} \quad \sum_{i \in N} \delta'_i \leqslant W \tag{4.43}$$

$$\delta'_i - \eta_i \leqslant 0 \quad \forall i \in N \tag{4.44}$$

$$\eta_i \leqslant 1 \quad \forall i \in N \tag{4.45}$$

$$\delta'_i \geqslant 0; \eta_i \geqslant 0 \quad \forall i \in N \tag{4.46}$$

将θ、γ、σ分别定义为约束[式（4.43）～式（4.45）]的对偶变量，则模型的对偶为

$$[C(s)^{\mathrm{LR}}] \quad \text{Minimize} \quad W\theta + \sum_{i \in N} \sigma_i \tag{4.47}$$

$$\text{s.t.} \quad \theta + \gamma_i \geqslant c_i(\varDelta_i^U - \varDelta_i^L) \quad \forall i \in N \tag{4.48}$$

$$-\gamma_i + \sigma_i \geqslant c_i(\varDelta_i^L - s_i) \quad \forall i \in N \tag{4.49}$$

$$\theta \geqslant 0; \ \gamma_i \geqslant 0; \ \sigma_i \geqslant 0 \quad \forall i \in N \tag{4.50}$$

然后，得到的模型如下。

$$[\mathbf{RBAP}] \quad \text{Minimize} \quad \sum_{i \in N} d_i(\beta_i^+ + \beta_i^-) + W\theta + \sum_{i \in N} \sigma_i \tag{4.51}$$

s.t. 约束[式（4.2）和式（4.3）；式（4.5）～式（4.9）；式（4.11）和式（4.12）；式（4.14）～式（4.17）；式（4.48）～式（4.50）]

在上述分析中，将线性规划对偶性应用于$C(s)$的线性规划松弛，使其从最大化模型转换为最小化模型，然后加入主模型。需要注意的是，不能为了涉及$C(s)$将目标函数[式（4.30）]修改为 $\text{Min} \sum_{i \in N} d_i(\beta_i^+ + \beta_i^-) - C(s)$，因为这种修改方式会改变目标函数的原始含义，所得到的解将不再是原始模型的解。

RBAP 的鲁棒可以解释为对港口运营商面临的随机 BAP 的一个替代方案。它试图避免最坏的情况，同时对最优解的保守性（通过控制参数 W）施加限制。

前面提出的用于 SBAP_{SAA} 的元启发式算法也能应用于 RBAP，但是需要改变 4.4.4 节第三步，即求解停泊时间，来使用上述 RBAP 模型，其余部分与 SBAP_{SAA} 的算法相同。

求解 RBAP 比 SBAP_{SAA} 更容易且更快，之后的实验中有探究这一问题。另外，RBAP 对已知参数的要求远低于 SBAP_{SAA}。对于 SBAP_{SAA}，港口运营商需要收集

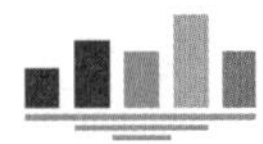

足够多的历史数据，以估算每艘船舶 δ_i 的概率分布，获得大量场景。然而对于 RBAP，港口运营商只需要估计 δ_i 的范围，就可以使用 RBAP 来为随机优化模型 $\mathrm{SBAP_{SAA}}$ 求出很好的解。问题的核心在于参数 W，适当地设置参数 W 值，就可以用 RBAP 为 $\mathrm{SBAP_{SAA}}$ 得到一个很好的解。下一小节将研究两种模型 RBAP 和 SBAP 之间的潜在关系。

4.5.2　简化方法建立模型 RBAP 和 SBAP 的联系

W 是 RBAP 中的重要参数，这里提出一种设置 W 的求解算法，以获得在最小化 SBAP 目标方面表现良好的解。换句话说，这个算法是选择 W，使得 RBAP 的最优解对于 SBAP 来说是近似最优，这意味着获得的解可以在最坏成本和预期成本方面表现良好。同时，以下对启发式的分析是基于一些假设来简化原来的中期层面的 BAP 模型，即 SBAP 和 RBAP。

（1）不同泊位船舶的运作时间不会有明显变化。为了简单起见，$t_{i,b}$ 可以简化为 $\overline{t_i}$。例如，对于每艘船，可以设置 $\overline{t_i}=|B|^{-1}\sum_{b\in B}t_{i,b}$。

（2）不同船舶的成本系数 c_i 不会有明显变化。因此，对于所有船舶可以简化为 $\overline{c}$，即 $\overline{c}=|N|^{-1}\sum_{i\in N}c_i$。

基于上述两个简化，SBAP 模型可以近似表示为

$$\text{Minimize}\qquad Z_S=\sum_{i\in N}d_i(\beta_i^+ +\beta_i^-)+\overline{c}\,\mathbb{E}\left\{\left(\sum_{i\in N}\delta_i-\sum_{i\in N}s_i\right)^+\right\}\tag{4.52}$$

s.t.约束[式（4.2）和式（4.3）；式（4.5）～式（4.9）；式（4.11）和式（4.12）；式（4.14）～式（4.17）]

既然 $\sum_{i\in N}(\overline{t_i}+s_i)=H|B|$，定义 $a=H|B|-\sum_{i\in N}\overline{t_i}$ 来代替 $\sum_{i\in N}s_i$。所以，式（4.52）可以写为

$$\text{Minimize}\qquad Z_S=\sum_{i\in N}d_i(\beta_i^+ +\beta_i^-)+\overline{c}\,\mathbb{E}\left\{\left(\sum_{i\in N}\delta_i-a\right)^+\right\}\tag{4.53}$$

这里可以把 $\sum_{i\in N}\delta_i$ 看做一个随机参数，将 $f(\cdot)$ 定义为 $\sum_{i\in N}\delta_i$ 的概率函数，根据中心极值定理：随着船舶数量（$|N|$）的增长，$f(\cdot)$ 可以近似为正态分布，其平均值和方差等于各船舶的均值和方差之和。

$$\text{Minimize}\qquad Z_S=\sum_{i\in N}d_i(\beta_i^+ +\beta_i^-)+\overline{c}\int_a^{+\infty}f(x)(x-a)\mathrm{d}x\tag{4.54}$$

类似于上述对 SBAP 的分析，RBAP 模型可以近似表示为

Minimize $$Z_R=\sum_{i\in N}d_i(\beta_i^+ +\beta_i^-)+\overline{c}\max_{\delta}\left(\sum_{i\in N}\delta_i-\sum_{i\in N}s_i\right)^+ \tag{4.55}$$

s.t.约束[式（4.2）和式（4.3）；式（4.5）～式（4.9）；式（4.11）和式（4.12）；式（4.14）～式（4.17）]

$$\frac{\sum_{i\in N}\delta_i-G^L}{G^U-G^L}\leqslant W' \tag{4.56}$$

式（4.56）中，假定G^L和G^U服从正态分布，并且分别为$\sum_{i\in N}\delta_i$的下界和上界。区间$[G^L,G^U]$是基于与船舶区间$[\varDelta_i^L,\varDelta_i^U]$的设置相同的置信度，可以得到

$$G^U-G^L=(1/\sqrt{N})\sum_{i\in N}(\varDelta_i^U-\varDelta_i^L) \tag{4.57}$$

根据约束[式（4.32）]，有$\sum_{i\in N}\left(\dfrac{\delta_i-\varDelta_i^L}{\varDelta_i^U-\varDelta_i^L}\right)\leqslant W$，可以近似地考虑$\dfrac{\sum_{i\in N}(\delta_i-\varDelta_i^L)}{(1/N)\sum_{i\in N}(\varDelta_i^U-\varDelta_i^L)}\leqslant W$。然后基于式（4.57），有$\dfrac{\sum_{i\in N}\delta_i-G^L}{G^U-G^L}\leqslant W/\sqrt{N}$，设置$W'=W/\sqrt{N}$。约束（4.56）可以写为$\dfrac{\sum_{i\in N}\delta_i-G^L}{G^U-G^L}\leqslant W/\sqrt{N}$。

类似地，定义$a=H|B|-\sum_{i\in N}t_i$来代替$\sum_{i\in N}s_i$。式（4.55）和式（4.56）可以改写如下：

Minimize $$Z_R=\sum_{i\in N}d_i(\beta_i^+ +\beta_i^-)+\overline{c}\max_{\delta}\left(\sum_{i\in N}\delta_i-a\right)^+ \tag{4.58}$$

s.t. $$\sum_{i\in N}\delta_i\leqslant W(G^U-G^L)/\sqrt{N}+G^L \tag{4.59}$$

上述问题模型等价于

Minimize $$Z_R=\sum_{i\in N}d_i(\beta_i^+ +\beta_i^-)+\overline{c}(W(G^U-G^L)/\sqrt{N}+G^L-a)^+ \tag{4.60}$$

如本节开头所述，目标是选择W，使得 RBAP 的最优解对于 SBAP 是接近最优的。那么，应该使Z_R接近Z_S。通过比较目标函数[式（4.54）和式（4.60）]，即

$$(W(G^U-G^L)/\sqrt{N}+G^L-a)^+=\int_a^{+\infty}f(x)(x-a)\mathrm{d}x \tag{4.61}$$

$$W=\sqrt{N}\cdot\frac{\int_a^{+\infty}f(x)(x-a)\mathrm{d}x+a-G^L}{G^U-G^L} \tag{4.62}$$

定义$F(\cdot)$是概率密度函数$f(\cdot)$的累积概率函数，有$\int_a^{+\infty}f(x)(x-a)\mathrm{d}x=(x-a)\cdot F(x)|_a^{+\infty}-\int_a^{+\infty}F(x)\mathrm{d}x=(G^U-a)-\int_a^{G^U}F(x)\mathrm{d}x$。然后，式（4.62）可转为

$$W = \sqrt{N}\left(1 - \frac{\int_a^{G^U} F(x)\mathrm{d}x}{G^U - G^L}\right) \tag{4.63}$$

这里 $F(x)$ 是 $\sum_{i\in N}\delta_i$ 的累积概率函数，其服从正态分布。上述公式可以用作求解算法来设置适当的 W 值，以便 RBAP 模型得到的解也接近 SBAP 模型的最优解。式（4.63）将通过 4.6.5 节中的一系列实验验证。

4.6　模型验证与模型间关联分析的数值实验

4.6.1　生成测试实例

实验的规划周期为一周，即 168 小时。这项研究中考虑了 6 类实例：10 艘船舶和 3 个泊位，20 艘船舶和 5 个泊位，30 艘船舶和 8 个泊位，40 艘船舶和 10 个泊位，50 艘船舶和 13 个泊位，60 艘船舶和 16 个泊位。对于船舶运作时间的确定性部分（$t_{i,b}$）生成如下：以船舶 i 为例，在不同泊位停泊时，运作时间不一样。因此，首先生成船舶 i 的平均运作时间（$\overline{t_i}$）；然后随机生成船舶 i 在泊位停泊时的运作时间（即 $t_{i,1}$，…，$t_{i,b}$，…，$t_{i,|B|}$），保证它们的平均值等于上述值 $\overline{t_i}$，则 $|B|^{-1}\sum_{b\in B}t_{i,b} = \overline{t_i}$。假设 $\overline{t_i}$ 服从均匀分布，即 $\overline{t_i} \sim U$（18，36），单位为小时。船舶平均运作时间的概率分布在不同的港口不同，且有关 BAP 的文献中很少有研究提到其标准分布类型。对于一些大型港口，停靠的多为大型船舶，其运营时间较长，而一些小港口可能情况有所不同。为了简化，假设船舶的平均运作时间（即 $|B|^{-1}\sum_{b\in B}t_{i,b}$）服从均匀分布。因此，所有船舶的平均运作时间（即 $(|N||B|)^{-1}\sum_{i\in N}\sum_{b\in B}t_{i,b}$）可估计为（18 + 36）/2 = 27 小时。

对于船不确定的额外运作时间（即 δ_i），假设它们服从模型 $\mathrm{SBAP_{SAA}}$ 中的均匀分布，即 $\delta_i \sim U(\varDelta_i^L, \varDelta_i^U)$。船的下界（即 $\varDelta_i^L$）在平均值 5 小时左右随机产生；而船舶的上界（即 $\varDelta_i^U$）平均值为 19 小时。对于模型 RBAP 中的不确定集合（即 $\delta_i \in [\varDelta_i^L, \varDelta_i^U]$），也按照上述方式生成。需要注意的是，为了简化 δ_i 服从均匀分布的假设，可能与实际港口中的情况有所差异。例如，Legato 等[215]研究了 SPA 集装箱码头船舶持续时间的实际数据，并分别校准了支线船和远洋船（平均值，方差，偏度）=（15.12，18.96，0.66）和（21.44，39.95，0.54）的 β 分布。不同的港口可能存在不同类型的分布，分布的设置会对实验结果产生影响，但因为模型与概率分布设置无关，所以不会影响对所提出方法的验证。

根据上述情况，港口平均泊位利用率可按照规划期 168 个小时进行估算：平均 $t_{i,b}$ 为（18 + 36）/2 = 27 小时；平均 δ_i 为（5 + 19）/2 = 12 小时；船舶与泊位的比例是 $|N|/|B| \approx 3.77$，平均为 10/3、20/5、30/8、40/10、50/13 和 60/13。然后，平均泊位利用率估计为（27 + 12）× 3.77/168 = 87.5%，这反映了世界各地港口的真实情况。

对于船舶的成本率（即 d_i）相对于其分配的停泊时间与预期停泊时间的偏差，它们是以平均值 2000 美元/小时的速度随机产生的。对于不确定的额外运作时间超过预定的时间松弛的惩罚费用率（即 c_i），以平均值 6000 美元/小时的速度随机产生。上述两个参数的设置参照 Meisel 和 Bierwirth[213]的研究设定。

4.6.2 比较两种方法及 CPLEX 结果

根据几组实验来比较由 CPLEX 直接求解的结果，以及基于 SWO 和基于 CSNS 的求解结果。考虑模型的复杂性，这些实验只是基于一些小规模问题案例，即 10 艘船舶和 3 个泊位。对比实验包含两个部分：一个是 $SBAP_{SAA}$ 模型，另一个是 RBAP 模型。

表 4-1 和表 4-2 显示，求解方法（即 SWO 和 CSNS）可以通过与 CPLEX 计算结果比较来获得最优或近似最优解。SWO 和 CSNS 的平均偏差分别为 1.8%和 1.7%，可见它们之间的偏差不明显。结果表明，提出的方法有效地解决了模型 $SBAP_{SAA}$ 和模型 RBAP。对于方法的计算时间，即使是具有相同问题规模的实例，CPLEX 方法的 CPU 时间差异也非常明显，而提出的求解算法 CPU 时间变化并不明显，这主要在于问题规模。从实验中可观察到，当船舶数量超过 20 个或在 10 艘船舶和 3 个泊位的情况下，场景数量超过 70 个时，CPLEX 无法求解某些情况，而启发式方法可以在合理的计算时间内解决问题。

表 4-1　$SBAP_{SAA}$ 模型中所提出方法的计算结果

实例#	CPLEX		SWO			CSNS		
	目标值/1 000 美元	时间/秒	目标值/1 000 美元	偏差	时间/秒	目标值/1 000 美元	偏差	时间/秒
10-3-10-S1	231.35	109	237.84	2.81%	120	237.84	2.81%	98
10-3-10-S2	155.39	78	158.30	1.87%	76	160.27	3.14%	115
10-3-10-S3	78.43	278	81.11	3.42%	55	80.25	2.32%	103
10-3-10-S4	205.50	676	205.50	0%	283	205.50	0%	302
10-3-10-S5	120.89	97	125.39	3.72%	80	121.43	0.45%	225
10-3-30-S1	81.84	133	82.43	0.72%	234	83.65	2.21%	209
10-3-30-S2	269.01	2 302	277.91	3.31%	187	272.98	1.48%	235

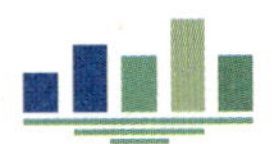

续表

实例#	CPLEX		SWO			CSNS		
	目标值/1 000 美元	时间/秒	目标值/1 000 美元	偏差	时间/秒	目标值/1 000 美元	偏差	时间/秒
10-3-30-S3	119.72	375	121.99	1.90%	176	123.76	3.37%	126
10-3-30-S4	97.41	596	97.41	0%	250	98.90	1.53%	285
10-3-30-S5	310.17	823	315.36	1.67%	179	315.36	1.67%	132
10-3-50-S1	155.88	1 825	157.83	1.25%	321	158.23	1.51%	280
10-3-50-S2	167.84	2 635	168.88	0.62%	297	168.88	0.62%	325
10-3-50-S3	309.59	4 840	310.23	0.21%	419	310.23	0.21%	387
10-3-50-S4	261.88	4 392	270.71	3.37%	378	267.34	2.08%	465
10-3-50-S5	98.27	1 193	100.84	2.62%	268	100.55	2.32%	297
平均值		1 357		1.83%	222		1.71%	239

注：①实例#“10-3-10-S1”表示 10 艘船，3 个泊位，10 个场景，$SBAP_{SAA}$ 模型的第一个例子。②时间是计算时间。③偏差由（OBJ_{SWO}–OBJ_{CPLEX}）/OBJ_{CPLEX} 或（OBJ_{CSNS}–OBJ_{CPLEX}）/OBJ_{CPLEX} 计算得到。

表 4-2　RBAP 模型中所提出方法的计算结果

实例#	CPLEX		SWO			CSNS		
	目标值/1 000 美元	时间/秒	目标值/1 000 美元	偏差	时间/秒	目标值/1 000 美元	偏差	时间/秒
10-3-R1	85.60	98	88.23	3.07%	75	87.55	2.28%	89
10-3-R2	240.33	513	243.02	1.12%	187	243.02	1.12%	215
10-3-R3	132.69	388	132.69	0%	203	134.05	1.02%	197
10-3-R4	103.25	104	106.20	2.86%	87	105.67	2.34%	101
10-3-R5	184.41	212	188.34	2.13%	138	187.30	1.57%	147
10-3-R6	164.55	346	170.55	3.65%	113	168.78	2.57%	166
10-3-R7	97.05	502	100.02	3.06%	150	99.58	2.61%	183
10-3-R8	302.51	1 034	306.84	1.43%	209	304.81	0.76%	252
10-3-R9	213.88	535	213.88	0%	238	216.06	1.02%	110
10-3-R10	134.72	772	138.37	2.71%	167	137.39	1.98%	197
10-3-R11	181.99	663	184.84	1.57%	367	185.32	1.83%	320
10-3-R12	207.45	1 612	208.74	0.62%	459	208.74	0.62%	538
10-3-R13	153.59	845	156.59	1.95%	179	155.36	1.15%	221
10-3-R14	278.70	1 440	282.05	1.20%	358	278.70	0%	337
10-3-R15	110.30	696	113.07	2.51%	289	114.35	3.67%	277
平均值		651		1.86%	215		1.64%	223

注：实例#“10-3-R1”表示 10 艘船，3 个泊位，RBAP 模型的第一个例子。其余同上表。

为了在一些大规模实例中评估求解算法，本章通过分别分离原始模型 $SBAP_{SAA}$ 和 RBAP 来设计两个下界和 LB_{decoup}^{RBAP}。表 4-3 显示了在大规模情况下，通过提出的求解算法获得的下界与结果之间的比较情况。可以看出，下界的平均偏差为 13%。在下界存在松弛的情况下，所提出的方法最优解与真实相对误差可能远低于 13%。

表 4-4 显示，下界与最优解的平均偏差约为 11%。因此，可以估计求解算法的真实相对误差处于非常低的水平。

表 4-3 下界与所提方法的比较

模型	问题规模	实例#	下界（LB）	SWO		CSNS	
				目标值/1 000 美元	偏差	目标值/1 000 美元	偏差
求解 $SBAP_{SAA}$	20 艘船和 5 泊位	20-5-100-S1	351.55	389.82	10.89%	401.41	14.18%
		20-5-100-S2	467.03	532.92	14.11%	532.92	14.11%
		20-5-100-S3	318.44	356.37	11.91%	361.31	13.46%
		20-5-100-S4	402.60	463.20	15.05%	457.82	13.72%
		20-5-100-S5	338.19	371.31	9.79%	365.03	7.94%
	30 艘船和 8 泊位	30-8-100-S1	359.33	413.15	14.98%	435.84	21.29%
		30-8-100-S2	413.37	459.80	11.23%	452.42	9.45%
		30-8-100-S3	445.84	501.52	12.49%	481.29	7.95%
		30-8-100-S4	386.35	429.27	11.11%	435.33	12.68%
		30-8-100-S5	435.26	488.61	12.26%	469.75	7.92%
	平均值				12.38%		12.27%
求解 RBAP	20 艘船和 5 泊位	20-5-R1	373.25	423.34	13.42%	418.40	12.10%
		20-5-R2	335.38	367.02	9.43%	379.21	13.07%
		20-5-R3	354.60	404.38	14.04%	404.38	14.04%
		20-5-R4	335.27	381.31	13.73%	382.54	14.10%
		20-5-R5	367.34	418.65	13.97%	418.65	13.97%
	30 艘船和 8 泊位	30-8-R1	405.58	458.50	13.05%	445.13	9.75%
		30-8-R2	467.06	520.17	11.37%	541.33	15.90%
		30-8-R3	438.82	498.25	13.54%	493.96	12.57%
		30-8-R4	419.24	471.32	12.42%	480.10	14.52%
		30-8-R5	427.64	491.48	14.93%	485.98	13.64%
	平均值				12.99%		13.37%

注：①偏差由（OBJ_{SWO}–LB）/LB 或（OBJ_{CSNS}–LB）/LB 计算得到；②评估 $SBAP_{SAA}$ 和 RBAP 模型的下界分别是 LB_{decoup}^{SBAP} 和 LB_{decoup}^{RBAP} 。

表 4-4 小规模实例的最优解与下界的偏差比较

求解 $SBAP_{SAA}$				求解 RBAP			
实例#	LB_{decoup}^{SBAP}	OBJ_{CPLEX}	偏差	实例#	LB_{decoup}^{RBAP}	OBJ_{CPLEX}	偏差
10-3-50-S1	140.90	155.88	10.63%	10-3-R1	77.34	85.60	10.68%
10-3-50-S2	152.11	167.84	10.34%	10-3-R2	217.31	240.33	10.59%
10-3-50-S3	277.28	309.59	11.65%	10-3-R3	118.95	132.69	11.55%
10-3-50-S4	235.46	261.88	11.22%	10-3-R4	93.78	103.25	10.10%
10-3-50-S5	89.22	98.27	10.14%	10-3-R5	163.36	184.41	12.89%
	平均值		10.80%				11.16%

注：①最优解由 CPLEX 求解器直接求解；②偏差由（OBJ_{CPLEX}–LB）/LB 计算得到。

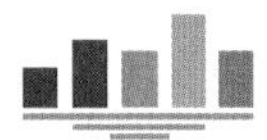

表 4-3 中两个下界的详细信息如下。

模型 $\mathrm{SBAP_{SAA}}$ 和 RBAP 下界比较并评估所提出的求解方法。

对于模型 $\mathrm{SBAP_{SAA}}$，本章提出了通过解耦原始模型 $\mathrm{SBAP_{SAA}}$ 获得下界（$\mathrm{LB}_{\mathrm{decoup}}^{\mathrm{SBAP}}$）。$\mathrm{SBAP_{SAA}}$ 模型的目标函数包括两个部分：一部分是关于船舶分配的停泊时间与其预期时间的偏差，这也是确定性模型 BAP 的目标函数；另一部分是关于船舶在场景中影响其后续船舶的冲突时间。因此，原始模型 $\mathrm{SBAP_{SAA}}$ 被分离为两个独立的模型：一个是确定性模型 BAP，即目标函数[式（4.1）]服从约束[式（4.2）～式（4.9）]，其目标值由 Z^{BAP} 表示；另一个模型定义如下：

$$Z_{\mathrm{Conflict}}^{S} = \mathrm{Minimize} \quad Q^{-1} \cdot \sum_{q=1}^{Q} \sum_{i \in N} c_i \left(\delta_{i,q} - \sum_{b \in B} s_{i,b} \right)^{+} \tag{4.64}$$

s.t.

$$\sum_{b \in B} y_{i,b} = 1 \quad \forall i \in N \tag{4.65}$$

$$s_{i,b} \leqslant y_{i,b} H \quad \forall b \in B, \quad \forall i \in N \tag{4.66}$$

$$\sum_{i \in N} (y_{i,b} t_{i,b} + s_{i,b}) = H \quad \forall b \in B \tag{4.67}$$

$$s_{i,b} \geqslant 0 \quad y_{i,b} \in \{0,1\} \tag{4.68}$$

目标函数[式（4.64）]中的非线性形式 $(\cdot)^{+}$ 可以通过与约束［式（4.19）～式（4.21）］相似的方法线性化，上述模型是在场景 Q 中最大限度地减少冲突时间的预期成本。决策变量只涉及船舶泊位的分配（即 $y_{i,b}$）及在泊位 b（即 $s_{i,b}$）上停泊的船 i 之后的船舶的时间松弛。上述模型仅考虑船舶之间的时间松弛，因为它对场景中的潜在冲突时间有直接影响，但是模型忽略了停泊时间相关决策（即 $x_{i,b}$），因为它与所分配的停泊时间和预期停泊时间的偏差有关，这在另一个解耦模型中会考虑到。求解上述模型和确定性模型 BAP，模型 $\mathrm{SBAP_{SAA}}$ 的下界可以通过以下公式计算：

$$\mathrm{LB}_{\mathrm{decoup}}^{\mathrm{SBAP}} = Z^{\mathrm{BAP}} + Z_{\mathrm{Conflict}}^{S} \tag{4.69}$$

对于 RBAP 模型，还提出通过将原始模型 RBAP 解耦为两个独立模型而获得的下界（$\mathrm{LB}_{\mathrm{decoup}}^{\mathrm{RBAP}}$）。一个是确定性模型 BAP，另一个是基于 $C(s)^{\mathrm{LR}}$ 定义的，即目标函数[式（4.47）]服从约束[式（4.48）～式（4.50）]。

$$Z_{\mathrm{Conflict}}^{R} = \mathrm{Minimize} W\theta + \sum_{i \in N} \sigma_i \tag{4.70}$$

s.t.

$$\sum_{b \in B} y_{i,b} = 1 \qquad \forall i \in N \tag{4.71}$$

$$s_{i,b} \leqslant y_{i,b} H \qquad \forall b \in B, \quad \forall i \in N \tag{4.72}$$

$$\sum_{i \in N} (y_{i,b} t_{i,b} + s_{i,b}) = H \qquad \forall b \in B \tag{4.73}$$

$$\theta + \gamma_i \geqslant c_i(\varDelta_i^U - \varDelta_i^L) \qquad \forall i \in N \tag{4.74}$$

$$-\gamma_i + \sigma_i \geqslant c_i\left(\varDelta_i^L - \sum_{b\in B} s_{i,b}\right) \qquad \forall i \in N \tag{4.75}$$

$$s_{i,b} \geqslant 0; \quad \theta \geqslant 0; \quad \gamma_i \geqslant 0; \quad \sigma_i \geqslant 0; \quad y_{i,b} \in \{0,1\} \tag{4.76}$$

上述模式与模型 $C(s)^{\text{LR}}$ 不同，是最小化船舶之间冲突的最坏情况。区别在于，紧跟船舶的时间松弛（即 $s_{i,b}$）是决策变量。通过求解上述模型和确定性模型 BAP，模型 RBAP 的下界可以通过以下公式计算：

$$\text{LB}_{\text{decoup}}^{\text{RBAP}} = Z^{\text{BAP}} + Z_{\text{Conflict}}^{R} \tag{4.77}$$

4.6.3 评估模型 SBAP_{SAA}

1. 收敛性分析

场景表示将来可能出现的随机参数（即船舶的运作时间）情况。场景数量越多，基于场景的模型就能越准确地反映初始随机优化模型。即使场景数量对于这些集合是相同的，在不同场景组别下的随机优化模型的结果也是不一样的。从理论上来讲，不同结果的标准偏差在场景数量增加时会下降，进行实验就是为了研究这种收敛现象。

实验中考虑了“10 艘船舶和 3 个泊位”“30 艘船舶和 8 个泊位”的两个测试实例。对于给定数量的场景（即 10、30、50、70、100、300、500、700、1000、3000、5000、7000 或 10 000），10 个不同的实例是随机产生的，进而提出 SBAP_{SAA} 模型。对于“30 艘船舶和 8 个泊位”的实例，当场景超过 5000 时，计算非常耗时。因此，这里只计算了 11 个实验。表 4-5 的每一行，列出了 10 个案例的最大值、最小值和平均值结果。

从表 4-5 和图 4-6 可以看出，当场景数量增加时，最大值和最小值之间的偏差，以及标准偏差明显减小，这表明模型 SBAP_{SAA} 的解随着场景数量的增加而足够收敛。这种现象遵循 4.3.2 节提出的命题 1。另外，表 4-5 中的结果也显示，随着场景数量的增加，CPU 时间明显增加。

表 4-5 不同场景下 SBAP_{SAA} 模型的求解结果

问题规模	场景数	平均值	标准差	最小值	最大值	偏差（最大值–最小值）	平均 CPU 时间/秒
10 艘船和 3 泊位	10	121.83	2.92	116.73	125.87	9.14	79
	30	122.91	2.45	119.34	125.51	6.17	127
	50	122.32	2.48	118.52	124.54	6.02	213
	70	122.64	1.93	120.80	125.13	4.33	229
	100	123.53	1.34	120.32	124.54	4.22	251
	300	123.05	1.19	121.95	125.16	3.21	298

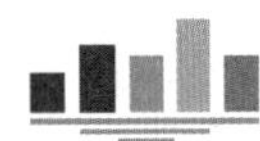

续表

问题规模	场景数	平均值	标准差	最小值	最大值	偏差（最大值–最小值）	平均 CPU 时间/秒
10 艘船和 3 泊位	500	123.56	0.83	122.26	124.88	2.62	370
	700	123.10	0.92	121.93	124.08	2.15	481
	1 000	123.46	0.64	122.17	124.37	2.20	557
	3 000	123.44	0.48	122.78	124.30	1.52	882
	5 000	123.77	0.56	122.90	124.45	1.55	2 649
	7 000	123.52	0.34	123.05	123.92	0.87	4 385
	10 000	123.47	0.27	123.17	123.78	0.61	7 608
30 艘船和 8 泊位	10	465.30	11.32	445.78	486.15	40.37	983
	30	461.74	9.91	443.47	482.37	38.90	1 382
	50	465.08	5.89	451.64	472.40	20.76	1 705
	70	459.75	5.03	453.06	473.25	20.19	2 273
	100	458.63	4.62	451.10	466.33	15.23	2 833
	300	462.29	4.24	454.62	468.36	13.74	4 051
	500	460.54	2.78	456.95	464.27	7.32	5 218
	700	461.83	2.65	458.14	465.43	7.29	6 514
	1 000	460.03	1.60	457.83	463.43	5.60	8 975
	3 000	460.20	1.45	458.12	462.95	4.83	11 307
	5 000	459.39	1.29	457.51	461.83	4.32	19 320

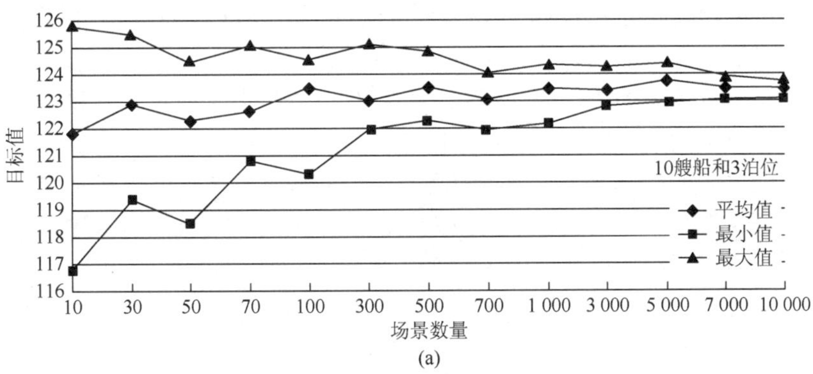

(a)

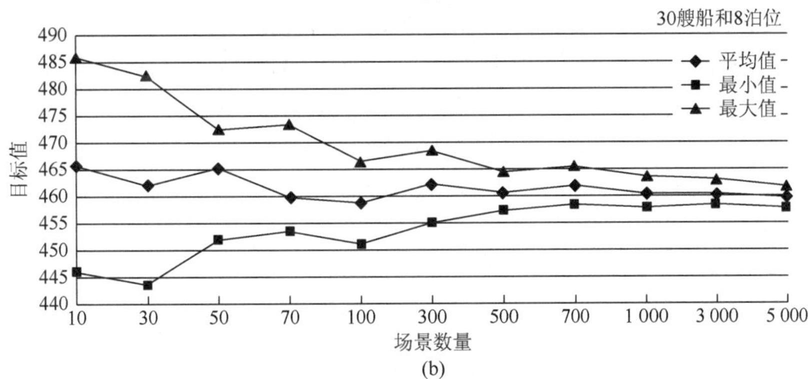

(b)

图 4-6　场景数量增加的 $\mathrm{SBAP_{SAA}}$ 模型收敛性

所需样本量的下界由 Kleywegt 等[208]提出，其中所需的最小场景数为 $(3\sigma_{\max}^2/(\varepsilon-\delta)^2)\log(|\mathcal{S}|/\alpha)$，这里 $|\mathcal{S}|$ 是可行解集的大小；δ 是解对 $SBAP_{SAA}$ 模型的最佳偏差；ε 是其与原始模型 SBAP 的最佳偏差，其概率为至少 $1-\alpha$；$\sigma_{\max}^2$ 是某些函数差的最大方差。然而，Kleywegt 等[208]也指出，上述公式在计算上有两个缺点：①由于 $\sigma_{\max}^2$ 和 $|\mathcal{S}|$ 很难计算，大大增加了边界计算的难度；②边界可能太保守导致无法得到所需样本量的实际估计。例如，由于 $x_{i,b}$ 是模型中的连续变量，因此很难计算 $|\mathcal{S}|$ 的值。所以，需要通过一些实际的方法估算所需的样本量。其中，场景数量每次都增加一次，直到平均目标值（平均值）中的标准差（s.d.）低于给定阈值（如平均值的 1%）。对于上述“10 艘船舶和 3 个泊位”的情况，当场景数量超过 218 时，标准差平均低于 1%；对于“30 艘船舶和 8 个泊位”，最小样本数量计算为 193。实际上，所需的样本数量最后还是取决于决策者。

2. 比较两种方法

为了验证提出的随机优化模型（$SBAP_{SAA}$）的有效性，将其解与最直观的调度方式 FCFS（first come first served）进行比较。按照 FCFS 原则，根据预期停泊时间的顺序逐一安排船只，过程中泊位、船舶预期停泊时间可自行选择。问题存在三种特殊情况：①如果没有这样的“最好”泊位存在，选择泊位和船舶可以在距预期时间最近的某个时间停泊；②如果存在几个这样“最好”的泊位，选择船舶运作时间最短的；③如果船舶没有可行的时间段，从余下的可行时间空档中选择最长的，并调整在时间空档之前或之后的其他船舶的安排停泊时间，以便船舶可以插入。所有船舶按照上述程序逐一安排。

为了公平比较，FCFS 方法的目标值也来自于所提出的模型 $SBAP_{SAA}$，即式（4.19）。FCFS 的目标表示 FCFS 在适用于不确定环境时获得的停泊计划的预期成本。FCFS 方法是最直接的优化方式，在现实中很常用。FCFS 的客观价值与提出的随机优化模型（即 $SBAP_{SAA}$）之间的偏差反映了随机解的价值，测量出了在制定决策时忽略的不确定性成本[203]。

表 4-6 中，S1、S2、S3、S4 和 S5 表示实例下标，其中所有参数（如船舶预期停泊时间、运作时间、成本率和场景中的额外时间）可能与其他每个不同，还展示了所提方法与 FCFS 之间的比较结果。Rateimp 试图通过与 FCFS 方法进行比较，测量所提方法是否有所改进。结果证明，所提出的求解算法 CSNS 和 SWO 的计算均有明显的提高。对于这些大规模实例，CSNS 似乎比 SWO 好一些，但 CSNS 的计算时间长于 SWO。

表 4-6　SBAP$_{SAA}$ 模型和直观的 FCFS 方法比较

问题规模	实例#	FCFS	SWO			CSNS		
		目标值	目标值	比率/%	时间/秒	目标值	比率/%	时间/秒
10 艘船和 3 泊位 100 个场景	10-3-100-S1	409.31	257.06	37.20	422	252.76	38.25	450
	10-3-100-S2	310.27	183.53	40.85	385	190.16	38.71	437
	10-3-100-S3	520.92	327.71	37.09	605	335.50	35.59	583
	10-3-100-S4	451.46	263.95	41.53	370	258.48	42.75	392
	10-3-100-S5	332.85	205.39	38.29	439	205.39	38.29	416
20 艘船和 5 泊位 100 个场景	20-5-100-S1	630.32	389.82	38.16	609	401.41	36.32	882
	20-5-100-S2	771.97	532.92	30.97	1 371	532.92	30.97	1 105
	20-5-100-S3	601.35	356.37	40.74	720	361.31	39.92	773
	20-5-100-S4	712.76	463.20	35.01	532	457.82	35.77	617
	20-5-100-S5	618.19	371.31	39.94	630	365.03	40.95	598
30 艘船和 8 泊位 100 个场景	30-8-100-S1	740.68	413.15	44.22	2 098	435.84	41.16	1 854
	30-8-100-S2	732.58	459.80	37.24	1 435	452.42	38.24	1 627
	30-8-100-S3	810.55	501.52	38.13	2 484	481.29	40.62	2 730
	30-8-100-S4	793.41	429.27	38.42	3 203	435.33	45.13	2 993
	30-8-100-S5	827.72	488.61	42.17	3 267	469.75	43.25	3 528
40 艘船和 10 泊位 100 个场景	40-10-100-S1	771.58	478.64	37.97	8 784	475.73	38.34	9 275
	40-10-100-S2	994.12	683.45	31.25	5 347	702.96	29.29	6 003
	40-10-100-S3	924.56	593.30	35.83	6 862	612.05	33.80	7 129
	40-10-100-S4	897.82	641.29	28.57	6 329	625.14	30.37	5 926
	40-10-100-S5	796.50	572.63	28.11	5 102	553.48	30.51	5 237
50 艘船和 13 泊位 100 个场景	50-13-100-S1	1 180.27	912.38	22.70	11 453	887.60	24.80	10 458
	50-13-100-S2	1 072.41	708.90	33.90	9 751	708.90	33.90	10 030
	50-13-100-S3	1 151.62	752.41	34.67	10 742	740.17	35.73	9 536
	50-13-100-S4	1 183.40	837.35	29.24	7 431	827.02	30.11	8 821
	50-13-100-S5	1 138.29	789.42	30.65	9 438	792.36	30.39	9 793
60 艘船和 16 泊位 100 个场景	60-16-100-S1	1 176.84	866.90	26.34	10 760	866.90	26.34	11 577
	60-16-100-S2	1 354.56	932.43	31.16	8 320	940.28	30.58	8 918
	60-16-100-S3	1 134.74	794.37	30.00	9 317	803.37	29.20	8 759
	60-16-100-S4	1 293.02	894.11	30.85	11 531	900.85	30.33	13 023
	60-16-100-S5	1 093.32	831.74	23.93	12 353	820.01	25.00	12 965
	平均值			34.50	5 070		34.82	5 215

注：比率指改进的比率，由（$OBJ_{FCFS}-OBJ_{SWO}$）/OBJ_{FCFS} 或者（$OBJ_{FCFS}-OBJ_{CSNS}$）/OBJ_{FCFS} 计算得到。

4.6.4 模型 RBAP 结果分析

1. 参数 W 的影响分析

在 RBAP 的鲁棒优化模型中，W 是控制 RBAP 中最坏情况保守性的重要参数。W 值越高，RBAP 获得的保守决策就越大。图 4-7 表明不同不确定度下 W 对 RBAP 目标值的影响，反映在 δ_i 不确定集合的平均范围内，即 $\text{avg}_{\cdot\forall i\in N}(\Delta_i^U-\Delta_i^L)$。图 4-7 中可以明显看出，$W$ 的上升趋势对目标值的增长有所影响。对于不确定度较高的情况，趋势的增长率大于不确定度较低的情况下的增长率。另外，给定 W 值时，较高不确定度下的目标值并不总是大于较低不确定度的目标值。当 W 低于一定值（图 4-7 中用虚线表示）时，较高不确定度的情况可能会产生比较低不确定度的情况更低的目标值。结果表明，实际的不确定度和决策者的保守程度都会对最优解的目标值产生影响。

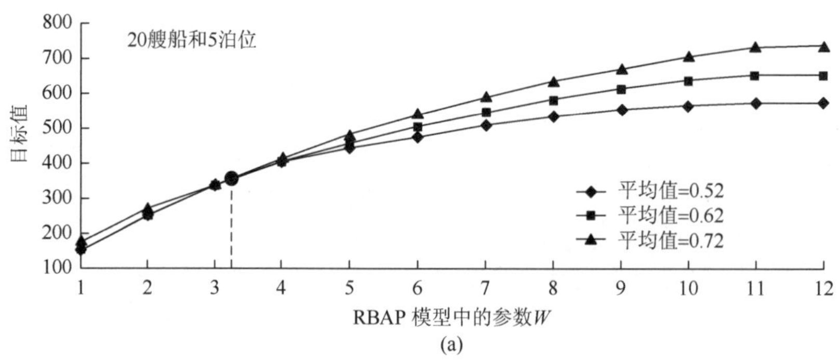

(a)

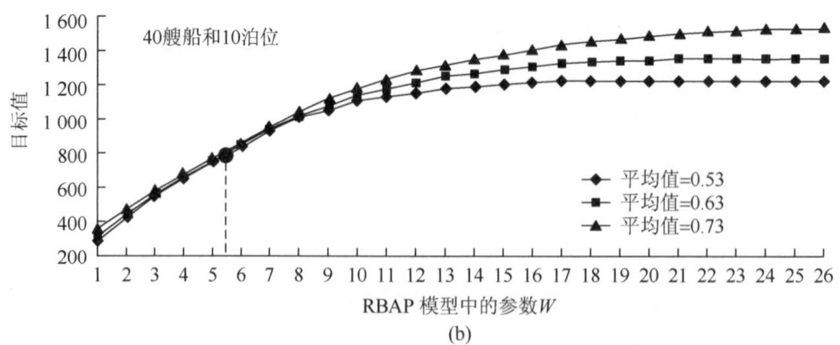

(b)

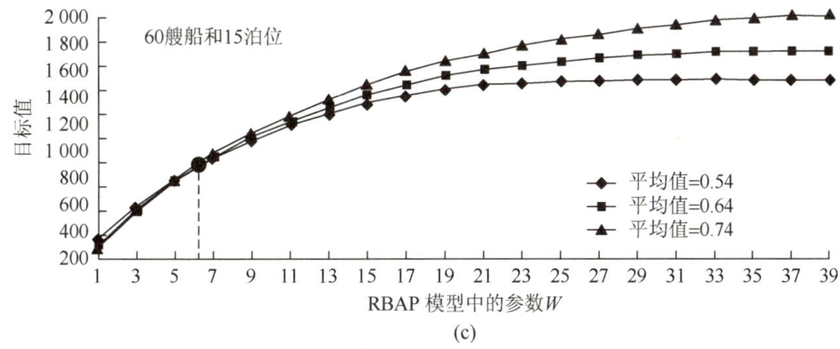

图 4-7　参数 W 在不同不确定度下的影响程度

2. 比较带有随机优化模型 $SBAP_{SAA}$ 的计算时间

RBAP 的鲁棒优化模型不需要与场景有关的参数和变量，RBAP 的求解过程应该比随机优化模型 $SBAP_{SAA}$ 更快。采取具有中小问题规模的一些实例，进行实验来比较两个模型的 CPU 时间。针对 RBAP，对于具有 10、20 和 30 艘船的实例，参数 W 分别设置为 2、4 和 5；对于 $SBAP_{SAA}$，场景数（表 4-7 中的 Q 表示）设为 10、50、100、500 和 1000。从表 4-7 的结果来看，当模型 $SBAP_{SAA}$ 只包含 10 个场景时，RBAP 的求解时间更长。对于超过 10 个场景的情况，RBAP 求解明显比 $SBAP_{SAA}$ 更快。

表 4-7　RBAP 和 $SBAP_{SAA}$ 模型的计算时间比较

问题规模	实例#	RBAP	不同场景数量下 $SBAP_{SAA}$ 的 CPU 计算时间				
		CPU 时间/秒	$Q=10$	$Q=50$	$Q=100$	$Q=500$	$Q=1\,000$
10 艘船和 3 泊位 $W=2$	10-3-SR1	191	118	347	402	519	684
	10-3-SR2	170	126	321	387	465	706
	10-3-SR3	154	124	298	363	452	720
20 艘船和 5 泊位 $W=4$	20-5-SR1	295	198	665	762	839	1 047
	20-5-SR2	352	238	686	784	846	1 101
	20-5-SR3	389	253	732	815	851	1 254
30 艘船和 8 泊位 $W=5$	30-8-SR1	921	705	2 014	2 495	3 524	4 329
	30-8-SR2	895	720	1 933	2 604	3 423	4 517
	30-8-SR3	870	732	1 896	2 737	3 216	3 980
平均值		471	357	988	1 261	1 571	2 038

注：①$W=2$ 指 RBAP 模型在参数 W 等于 2，10 艘船和 3 泊位下求解；②Q 指 $SBAP_{SAA}$ 模型的场景数量；③$SBAP_{SAA}$ 模型通过元启发式 SWO 方法求解。

表 4-7 中的结果验证了 RBAP 的求解过程比 $SBAP_{SAA}$ 更快这一结论，特别是对于 $SBAP_{SAA}$ 中有大量场景的某些情况。另外，给定一个 W 值 RBAP 的解是确定性的；而 $SBAP_{SAA}$ 的解即使在场景数量相同的情况下，每次的运行结果也会不同。此外，当使用 $SBAP_{SAA}$ 时，决策者需要足够的数据来校准概率分布并产生大量场景；但是对于 RBAP 来说，决策者只需要为船舶定义一些不确定的集合。因此，除了求解效率之外，对于港口运营商来说 RBAP 在实际应用中也比 $SBAP_{SAA}$ 更好。由于解决 RBAP 比 $SBAP_{SAA}$ 更有效率，下一小节将研究如何设置适当的 W 值用 RBAP 为 $SBAP_{SAA}$ 得到一个好的解。

4.6.5 模型 $SBAP_{SAA}$ 和 RBAP 的关系分析

研究所提出的两个模型（即 $SBAP_{SAA}$ 和 RBAP）之间的关系是非常重要的，这一关系可以使用 RBAP 得到对 $SBAP_{SAA}$ 接近最优解的鲁棒解，同时该解在最坏成本和预期成本下表现良好。

两种模型关系分析的核心在于如何找到临界值 W（表示为 W^*），使得 RBAP 可以获得目标值接近 $SBAP_{SAA}$ 最优目标值的最优解。用一个例子来说明找到 W^* 的过程：对于 40 艘船和 10 泊位的实例，将不同 W 值下的 RBAP 目标值绘制为图 4-8 中的曲线。RBAP 基于不确定集合 $\delta_i \in [\varDelta_i^L, \varDelta_i^U]$，所有船舶使用均匀分布 $\delta_i \sim U(\varDelta_i^L, \varDelta_i^U)$，生成 100 个场景数据，求解 $SBAP_{SAA}$ 得到其目标值为 799.81，表示为图 4-8 中的水平直线。曲线和线的交叉点对应的 W 值约为 5.48，即为该实例的临界值 W^*，即 $W^* = 5.48$。

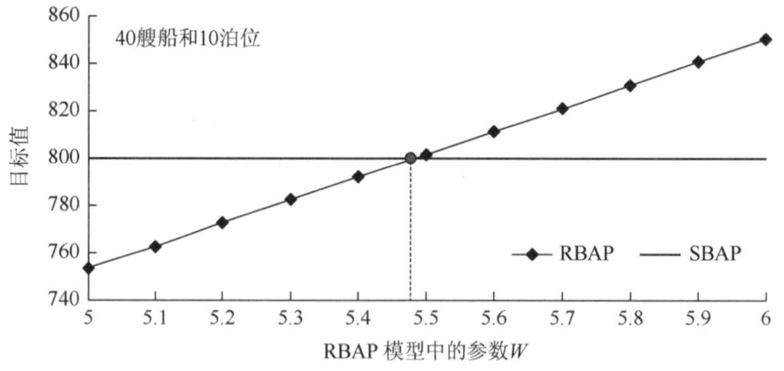

图 4-8 确定临界值 W^* 的一个例子

4.5.2 节提出了可以估计临界值 W^* 的式。根据式（4.63）计算一些参数。它们的值如下：$N = 40$，$G^U = 32.39$，$G^L = 7.02$，$a = 29.66$，累积概率函数 $F(x)$ 基于正态分布，平均值为 12.69，标准偏差 σ 为 1.30。具体来说，根据 4.5.2 节的定

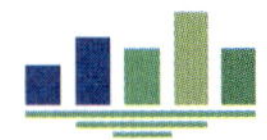

义：$\mu=\sum_{i\in N}[(\varDelta_i^U+\varDelta_i^L)/2]\sigma=\sqrt{\sum_{i\in N}[(\varDelta_i^U-\varDelta_i^L)^2/12]}$，计算 $G^U=\sum_{i\in N}\varDelta_i^U$，$G^L=\sum_{i\in N}\varDelta_i^L$，$a=H|B|-\sum_{i\in N}\left(|B|^{-1}\sum_{b\in B}t_{i,b}\right)$。

然后，根据式（4.63），估计临界值 $\overline{W^*}$ 计算如下：

$$\overline{W^*}=\sqrt{N}\left(1-\frac{\int_a^{G^U}F(x)\mathrm{d}x}{G^U-G^L}\right)\approx 5.64$$

从上述实例可以看出，通过式（4.63）估计的临界值 $\overline{W^*}$ 非常接近通过一系列实验获得的值，即 $W^*=5.48$。

在不同的参数设置下进行了一些实验，结果见表 4-8。成本设置包括累积概率函数 $F(x)$ 的 G^U、G^L、a 和（μ，σ），其定义见 4.5.2 节，它们的值根据这个问题的已知参数计算得到。对于每个参数设置，得到 $\mathrm{SBAP_{SAA}}$ 的最优目标值，即 Z^S，以及两个 W 值下 RBAP 的两个目标值（即 W_1、W_2），RBAP 的两个目标值（即 Z_1^R、Z_2^R）非常接近于 Z^S，$Z_1^R\leqslant Z^S\leqslant Z_2^R$。然后通过线性内插法估计 W^*。从图 4-8 的示例可以看出，线性内插法对于这个问题是合适的。临界值 W^* 由下式计算：

$$W^*=\frac{Z^S-Z_1^R}{Z_2^R-Z_1^R}(W_2-W_1)+W_1 \tag{4.78}$$

表 4-8　根据所提公式评估临界值 W^* 结果

实例#	W^* 由实验得到						$\overline{W^*}$ 由式（4.63）得到						偏差
	$\mathrm{SBAP_{SAA}}$	RBAP				W^*	参数设置					$\overline{W^*}$	$\varDelta_W$/%
	Z^S	W_1	Z_1^R	W_2	Z_2^R		G^U	G^L	a	μ	σ		
40-10-R1	759.32	5	709.78	6	796.81	5.57	32.14	8.39	28.07	11.88	1.23	5.24	5.9
40-10-R2	659.10	6	636.62	7	702.46	6.34	30.73	10.06	30.09	10.34	1.08	6.13	3.4
40-10-R3	600.15	5	563.22	6	629.16	5.56	31.56	8.29	30.28	11.63	1.22	5.98	7.5
40-10-R4	722.79	5	689.52	6	783.03	5.36	33.19	8.27	30.10	12.46	1.31	5.54	3.4
40-10-R5	682.11	5	640.14	6	725.64	5.49	33.95	7.61	31.98	13.17	1.34	5.85	6.6
50-13-R1	850.45	6	810.66	7	894.50	6.47	40.50	10.65	37.52	14.92	1.39	6.37	1.7
50-13-R2	795.10	5	733.58	6	801.93	5.90	43.68	9.43	38.61	16.13	1.48	6.02	2.1
50-13-R3	931.66	6	876.73	7	935.04	6.94	38.09	11.28	38.22	14.53	1.27	7.11	2.4
50-13-R4	925.36	6	898.49	7	953.24	6.49	42.71	10.04	41.75	15.75	1.44	6.86	5.7
50-13-R5	841.79	6	784.30	7	847.63	6.91	39.26	10.96	39.05	14.82	1.36	7.02	1.6
60-16-R1	1 082.42	7	1 034.95	8	1 135.08	7.47	49.50	13.32	48.94	18.1	1.57	7.63	2.0
60-16-R2	1 090.66	7	1 054.40	8	1 167.27	7.32	51.34	12.84	49.60	19.79	1.68	7.40	1.0
60-16-R3	1 104.13	7	1 093.78	8	1 218.30	7.08	52.75	11.49	48.63	20.84	1.73	6.97	1.6
60-16-R4	983.75	7	940.26	8	1 039.56	7.44	48.61	13.54	47.61	17.93	1.55	7.53	1.2
60-16-R5	956.54	7	863.34	8	998.53	7.69	49.51	12.90	46.99	18.91	1.57	7.21	6.2
平均值													3.5

表 4-8 包含两个部分：通过实验获得的W^*和通过式（4.63）获得的$\overline{W^*}$。前一部分没有假设和简化，用于以分析方式导出式（4.63）。表 4-8 中的结果验证了所提出的式（4.63）可以估计正确的W值，通过该值 RBAP 可以得到对 $SBAP_{SAA}$ 接近最优的鲁棒解。这种情况下，港口运营商不需要收集足够的历史数据去校准 $SBAP_{SAA}$ 的大量场景。

上述实验也发现，泊位分配在实际应用时可以简化复杂的公式（4.63）。从表 4-8 可以看出，参数G^U和a远大于$\mu+3\sigma$。如 4.6.1 节所述，已知参数接近真实情况，因此，在港口泊位分配的实际应用环境中$G^U,a>\mu+3\sigma$。

因此，有$\int_a^{G^U}F(x)\mathrm{d}x\approx G^U-a$。然后，式（4.63）可以简化为

$$W=\sqrt{N}\frac{a-G^L}{G^U-G^L} \tag{4.79}$$

总之，RBAP 可用于通过设定适当的W值来得出 $SBAP_{SAA}$ 的一个好的解，同时W值可以通过式（4.79）估算。如果决策者没有足够的历史数据来校准 $SBAP_{SAA}$ 的大量场景，则决策者应采用 RBAP 作为替代方法来获得鲁棒分配时间表。除了对已知数据的要求较少，RBAP 的求解过程中也比 $SBAP_{SAA}$ 快。

应该提及的是 $SBAP_{SAA}$ 在某些情况下也是很有用的，而 RBAP 不适用。例如，当船舶δ_i的不确定度明显不同时，RBAP 只是使用一个参数W来处理不确定性并控制决策的保守程度，这是不合适的。在这种情况下，$SBAP_{SAA}$ 则可以校准每艘船的概率分布方式，这比 RBAP 的方法更合理。

虽然存在大量求解算法和准确的方法来求解确定性 BAP，但是本章的 BAP 也是有所不同的。即使本章只考虑模型的确定性部分，它仍然与现有的确定性BAP模型不同。现有的解决方法不能直接用于本章中模型的确定性部分。因此，将提出的方法与现有方法进行比较会存在困难，提出的方法的主要思想实际上来源于确定性 BAP 研究之一。Meisel 等[211]的论文中，借鉴了基于序列的框架设计解决方法的思想，以及 SWO 元启发式改变序列的思想。本章还借鉴了 CSNS 求解算法的想法，改变了 Lim 和 Xu[137]的研究序列。因此，这里提出的方法已经基于存在的求解算法。本章选择基于序列的框架来设计解决方案的原因是，通过与 GA（遗传算法）、SA（模拟退火算法）、PSO（粒子群优化算法）和其他高频使用的元启发式进行比较，序列的搜索空间不是很大。此外，随着 CPLEX 求解能力的提高，CPLEX 解决一些子模型的使用比一些精心设计的求解算法（如 Kim 等[37]的算法）更有效率。因此，本书用 CPLEX 和所提出的方法分别对子模型和船舶序列进行求解。在其他研究中，也使用了用于改变序列顺序的 SWO 和 CSNS 算法，并验证了其求解效率。

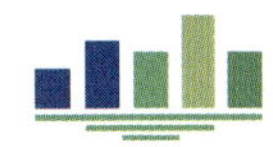

4.7　讨论和拓展

提出的模型可以作为未来进一步研究的基础，以便考虑更现实的问题。一些可能的深入研究的方向将讨论如下。

4.7.1　从离散泊位分配问题到连续泊位分配问题

如果泊位很小，一艘船可以占用几个相邻的泊位，连续的 BAP 可以通过离散的 BAP 近似。例如，一艘大型船舶占用 3 个泊位，可以算是 3 艘船。然后，只需要增加一些约束就可以利用本章中提出的方法来处理这种连续的 BAP：3 艘船的停泊时间应该是一样的，并且其分配的泊位应相邻。

更具体地说，将 g 定义为一组（虚拟）船。例如，$g=\{3,4\}$，这意味着船 3 和船 4 实际上表示同一艘大型船，并且 $g(1)=3$。G 被定义为所有这些船组的集合，$g\in G$。另外，假设一组内的船舶下标应该是连续的数字；指数较低的船舶应配置在下标较低的泊位。这个规则是为了反对称性而设定的，这避免了得到重复的解。例如，船舶（3 和 4）分配给泊位（1 和 2）的情况等同于将船舶（4 和 3）分配给泊位（1 和 2）的情况。

以下约束应该加入先前的模型：

$$x_{i,b}=x_{g(1),b}\qquad \forall i\in g;\forall g\in G;\forall b\in B \tag{4.80}$$

$$\sum_{b\in B}y_{i,b}b=\sum_{b\in B}y_{g(1),b}b+i-g(1)\qquad \forall i\in g;\forall g\in G;\forall b\in B \tag{4.81}$$

约束[式（4.80）]确保同一组内的船舶停泊时间相同，约束（4.81）保证其分配的泊位相邻。

4.7.2　改进目标函数

关于 BAP 的文献研究大多处于运营层面，其优化目标通常是尽量减少船舶的等待时间或船舶预计离港的迟到时间。这些因素在本章的研究中不适用，因为在中期层面的 BAP 中没有到港时间（或离港时间）的具体已知数据。正如本章开头所说，首先制定中期层面的 BAP，然后航运公司绘制出其船舶的具体航程，所以这些船的计划到港时间实际上取决于中期层面的 BAP 的时间表。

考虑不确定性，应该最小化目标函数中的 $c_i(\delta_i-s_i)^+$ 部分，这实际上是假定惩罚代价与冲突时间 $(\delta_i-s_i)^+$ 成正比，其固定比率为 c_i。而事实上，这个比例应该随着冲突时间的增长而增加。对于每艘船 i，可以使用分段线性函数来代表这种成本。具体来说，假设这个分段线性函数在区间$[\tau_i^0,\tau_i^1)$，$[\tau_i^1,\tau_i^2)$，…，$[\tau_i^k,\tau_i^{k+1})$，…，$[\tau_i^K,\infty)$的斜率分别为c_i^0，c_i^1，…，c_i^k，…，c_i^K，且斜率依次递增，即$c_i^{k+1}>c_i^k$并且$\tau_i^0=0$，则初始模型SBAP_{SAA}中的目标函数[式（4.19）]更改为

$$\text{Minimize} \quad \sum_{i\in N} d_i(\beta_i^+ + \beta_i^-) + Q^{-1}\cdot\sum_{q=1}^{Q}\sum_{i\in N}\sum_{k=0}^{K} c_i \varphi_{i,\omega}^k \tag{4.82}$$

此外，初始模型中的式（4.20）和式（4.21）也可变换为

$$\sum_{k=0}^{K}\varphi_{i,q}^k \geqslant \delta_{i,q} - s_i \quad \forall i\in N; q=1,\cdots,Q \tag{4.83}$$

$$0 \leqslant \varphi_{i,q}^k \leqslant \tau_i^{k+1} - \tau_i^k \quad \forall i\in N; q=1,\cdots,Q; k=0,\cdots,K \tag{4.84}$$

这样，既可以在目标中考虑更多的现实因素，又不会将初始模型复杂化为一些非线性模型。

4.7.3 考虑岸桥分配

岸桥（QC）的分配将会影响船舶的运作时间，在提出的模型中加入QC分配，可以借鉴 Giallombardo 等[114]开发的“QC 配置”概念。QC 配置表示在每一步中分配给停泊船舶的 QC 的数量。对于每艘船舶，提前定义一组可行的 QC 配置。然后，QC 分配问题转换为 QC 配置分配。与传统的 BAP-QCAP 模型相比，可以减小问题的复杂程度。这种实用的方法也用于 Zhen 等[60]的其他 BAP 研究和 Vacca 等[112]的研究中。当使用 QC 配置方法时，应该将当前连续时间模型改变为离散时间段模型来对所提出的方法进行修改。

4.7.4 考虑多周期

为了简单起见，前几节中的模型只包含每艘船的一个周期。然而，所提出的模型可以容易地扩展到考虑多个周期。在这种情况下，随机参数δ_i应该改变为$\delta_{i,p}$，这里下标 p 表示周期的指数。对于 SBAP 模型，其目标中的部分$\mathbb{E}\left\{\sum_{i\in N} c_i(\delta_i - s_i)^+\right\}$应改为$\mathbb{E}\left\{\sum_{i\in N}\sum_{p\in P} c_i(\delta_{i,p} - s_i)^+\right\}$。对于 RBAP 模型，其目标中的$C(s)$应改为

$$C(\boldsymbol{s}) = \text{Maximize} \sum_{i\in N}\sum_{p\in P} c_i(\delta_{i,p} - s_i)^+ \tag{4.85}$$

$$\text{s.t.} \quad \sum_{i\in N}\sum_{p\in P}[(\delta_{i,p} - \Delta_i^L)/(\Delta_i^U - \Delta_i^L)] \leqslant W \tag{4.86}$$

$$\Delta_i^L \leqslant \delta_{i,p} \leqslant \Delta_i^U \quad \forall i\in N, \forall p\in P \tag{4.87}$$

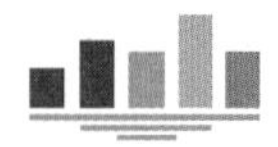

这里，W 仍然是控制最坏情况保守性的重要参数。从决策者的角度来看，W 可以被认为是在所有周期内关于船舶达到最坏情况上界 Δ_i^U 的总时间的上限。

4.7.5　考虑船舶选择

给定一系列泊位，由于可用泊位的限制，港口有可能无法为所有船舶提供服务。在这种情况下，需要决策部分船舶来提供服务。对于被服务的船舶，目标中应考虑另一类罚款。为了处理这个问题，可以定义一个虚拟泊位（b_0），其包含未被服务的船舶。船舶在虚拟泊位的运作时间为零，即 $t_{i,b_0}=0$。如果船舶 i 分配给泊位 b，则应定义另一种成本率 $r_{i,b}$ 以反映成本。对于 $\forall b\in|B|/\{b_0\}$，并且 $r_{i,b}=0$，为当船舶 i 不由港口服务时的惩罚成本，其为正。在模型的目标函数中应加入成本部分 $\sum_{i\in N}\sum_{b\in B}r_{i,b}y_{i,b}$。

4.7.6　仿真优化的运用

在提出的随机优化模型 $\mathrm{SBAP_{SAA}}$ 和鲁棒优化模型 RBAP 中，其二级子模型属于运营型决策，其容易被一些设计良好的仿真模型代替。在这种情况下，就可以考虑实际中更现实和随机的因素。然后，这些仅基于数学规划提出的模型可转换为一些模拟优化（simulation and optimization，SO）框架[215]。每种方法都有其自身的优点，因此数学规划模型（$\mathrm{SBAP_{SAA}}$ 和 RBAP）和 SO 技术可以合并在一起作为港口运营商的 BAP-DSS（decision support system，决策支持系统）。

4.8　小　　结

本章研究了不确定环境下船舶在港口运作时间（靠港时间）的中期层面的泊位分配问题。与其他学者在相关领域的研究相比，本章的主要成果包括四个方面：

（1）大多数泊位分配问题的研究都是操作层面的决策，没有涉及船舶到港时间，而本章提出的模型将其考虑在内。除了在泊位分配问题中的应用之外，所提出的方法还可以应用于作业（或服务）调度的一些其他问题，但要求作业（或服务）在工作站（服务中心）周期性地挂靠，并且服务时间是随机的。

（2）为了处理船舶的随机运作时间（靠港时间），本章提出了随机优化模型和鲁棒优化模型。前者可以应用于船舶运作时间偏差的任意概率分布，后者则适用于概率分布信息有限的情况。

（3）鲁棒优化模型不仅有利于限制中期层面的泊位分配决策的最坏情况，还可以用较少的模型更快地解决问题。因此，研究了两种模型之间的关系，并提出了一种用于控制鲁棒优化模型中参数的启发式，从而可以更高效地得出随机优化模型的近似解。

（4）当船舶和泊位数量规模较大时，所提出的模型在 CPLEX 和一些处理方法中是难以解决的。本章开发了一种可扩展的求解算法，可以在大规模真实情况中很好地求解提出的模型。通过数值实验证明所提出的模型的必要性，并且验证了所提出的元启发式算法的效率。对于一组实际的算例，该算法可以在合理的时间内获得较好的泊位分配计划。

然而，目前的研究也存在局限性。首先，模型中没有明确规定船舶到港时间的随机性。这个问题为模型带来更多的挑战，因为船舶到港时间的提前和推迟可能会改变每个泊位船舶的优先级。如果船舶到港时间的偏差不是很大，可以将其与船舶运作时间的偏差相结合，通过随机参数 δ_i 将不确定问题综合考虑，同时本章中提出的所有方法都适用于这种情况。其次，本章中并没有考虑岸桥分配、多时期、连续泊位分配和成本增加率。在此基础上，本章讨论了所有这些可能深入研究的方向，所有上述问题将在以后的研究中得到改善。最后，本章研究主要基于数学规划方法，为了对这些提出的模型进行更有说服力的验证，需要在以后的研究中提出一些专门的和详细的仿真模型。

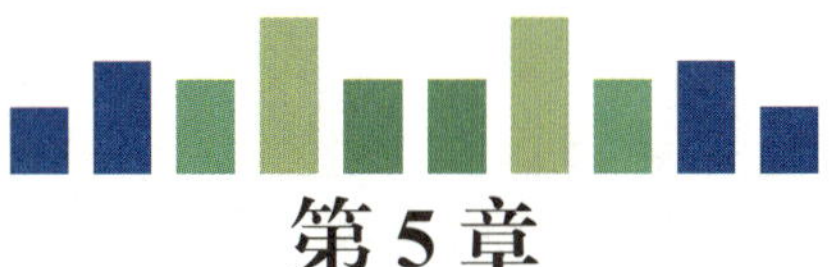

第 5 章

潮汐港泊位分配问题

5.1 引 言

由于港口经营者通常按照集装箱数量收取手续费，因此集装箱吞吐量指标对于港口运营商的收入至关重要。港口经营者通常对泊位规划很感兴趣，因为它是港口运营规划的起点，制定的泊位规划，是码头仓储、人员和设备布局规划的关键输入。现实中的泊位规划划分为三个不同层次：每月泊位规划、每周泊位规划、每日泊位规划。在三个层次的泊位规划中，港口运营商对每日泊位规划更青睐，因为这个问题基于相对准确的信息。在解决泊位规划问题时，目前大多数研究忽略了潮汐和航道流量控制的因素，本章在建模中把这些因素都考虑在内，因为航道流量控制或航道约束可以保证船舶安全有序航行。根据传统的每日泊位规划，将潮汐因素对船舶在可供停泊和离开时间窗口施加的影响考虑在内。因此，本章的研究整合了上述三个因素并对模型进行优化，提出了基于列生成的方法来求解提出的模型。同时，还研究了每日泊位规划过程，进行了数值实验，以验证所提出的解决方法的有效性和效率。

5.2 潮汐港泊位分配问题背景

5.2.1 日常泊位规划中船舶的停港描述

在介绍数学公式之前，首先要说明每日泊位规划的详细过程及过程中涉及的实际要求和约束。图 5-1 阐明了船舶停港期间所包含的重要事件（活动）。

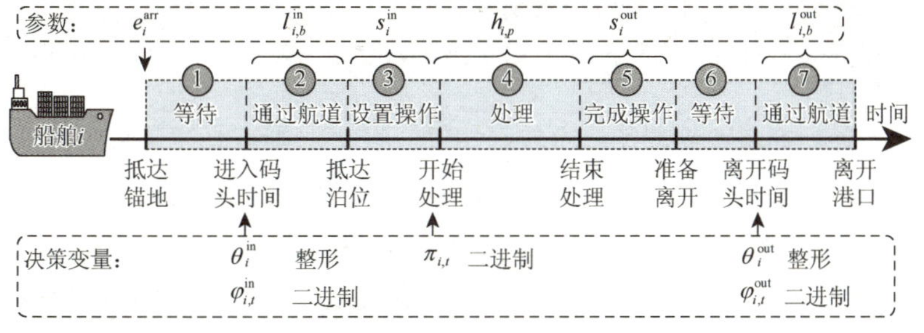

图 5-1 日常泊位规划中的重要事件和时间点

如图 5-1 所示，船舶 i 抵达港口锚地的时间由 e_i^{arr} 表示，e_i^{arr} 通常被称为预计到达时间（estimated time of arrival，ETA），并且通常由航运公司的船舶 i 提前通知港口运营商。然后，船舶 i 停靠并等待进入码头的许可。当被授予许可后，船舶 i 可通过航道；船舶 i 从锚地移动到泊位 b 的时长表示为 $l_{i,b}^{\text{in}}$。当船舶到达被分配泊位（即泊位 b）后，有一些停泊和处理的调整设置（如对接、捆绑绳索、拆卸扭锁）需要在岸桥（QCs）开始对船舶 i 进行装卸处理前完成。对船舶 i 执行设置操作的时间长度由 s_i^{in} 表示。然后，在计划的处理间隔期间装卸集装箱。船舶 i 处理时间间隔的长度取决于分配给船舶的 QC 资源。如图 5-1 所示，处理时间的长度由 $h_{i,p}$ 表示。其中，下标 p 表示分配给船舶 i 的 QC 分配计划的索引（即下文定义的“岸桥模板”）。当码头完成集装箱的装卸后，还存在一个完成和离港操作之间的时间间隔，其持续时间长度为 s_i^{out}。然后，船舶开始离开码头，返回锚地。如图 5-1 所示，$l_{i,b}^{\text{out}}$ 表示船舶 i 通过航道从泊位 b 到公海的时间长度。最后，船舶 i 离开港口。

图 5-1 的上半部分，这些参数作为该决策问题的输入数据；下半部分是由希腊字母定义的决策变量。5.3 节有参数和变量的完整列表。通过这些参数和变量，日常停泊过程中的关键事件时间点被连接起来。

5.2.2 每日泊位规划目标

泊位规划的目标涉及两个部分：船舶的等待时间和船舶离开的延迟时间。

（1）等待时间：船舶的等待时间是指船舶抵达锚地时间与进入码头活动的开始时间（即图 5-1 所示的时间段①）之间的间隔。不同国家、港口衡量等待时间的标准不一样。例如，在新加坡，如果进入码头活动在抵达后的两个小时内开始，就称船舶将抵达（BOA）。作为一个代理数据，BOA 统计数据经常被用来衡量港口运营商提供服务的质量[204]。减少船舶等候时间具有实际意义。即使对于没有延迟而离开港口的船舶，长时间的等待时间也可能会在感观上降低船舶对港口运营商的服务质量评价。如果航运公司知道自己的船舶在港口外等待了很长时间，那么在之前的航程中他们就该减慢船舶速度来降低潜在的燃油消耗。港口运营商有必要缩短船舶等待时间来提高服务质量。因此，本章的研究目标是最小化所有船舶等待时间的加权和，即 $\sum_{i\in V} r_i^w(\theta_i^{\text{in}} - e_i^{\text{arr}})$。这里，$V$ 是所有船舶的集合；r_i^w 是船舶 i 在等待时间的优先级（权重）。如果一艘船舶具有较高的优先权 r_i^w，则应更注意减少其等待时间。

（2）延迟时间：如图 5-1 所示，船舶 i 的实际离港延迟可以通过 $(\theta_i^{\text{out}} + l_{i,b}^{\text{out}} - e_i^{\text{dep}})^+$ 计算，其中，e_i^{dep} 代表船舶的预计离开时间（estimated time of departure，ETD）。运算符‘$(\cdot)^+$’表示：如果 $x \geqslant 0$，$(x)^+ = x$；否则，$(x)^+ = 0$。ETD 通常由运营船舶 i 的航运公司发出请求，ETD 之后的延误可能会打乱船舶紧随的班期表。r_i^d 表

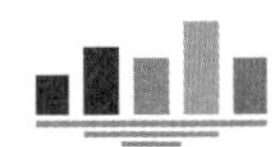

示在等待时间离开优先级（权重）中，船舶 i 的权重。所有船舶延迟的加权和，即 $\sum_{i\in V} r_i^d(\theta_i^{\text{out}}+l_{i,b}^{\text{out}}-e_i^{\text{dep}})^+$ 应该最小化。

值得注意的是，在实际港口管理中，“离港延迟”的影响因素比“进港等待时间”的影响因素更为重要。因此，可以为“离港延迟”这一因素设置一个比“进港等待时间”更大的权重。

5.2.3 停泊和离开的可行潮汐时间窗

泊位规划的决策者需要确保每艘船舶的泊位停留时间间隔应该在单潮周期或多潮周期内。如图 5-2 所示，单潮周期的泊位停留意味着依赖潮汐的船舶周转时间短，这可能需要更多的 QCs 来加快装载、卸载活动。相反，双潮周期甚至三潮周期也可能需要更少的 QCs，但会增加船舶在港口的停留时间，导致泊位不能有效使用。此外，多潮周期停泊可能导致后续船舶的离港迟缓。因此，考虑潮汐因素后，找到最有效的班期表是一项具有挑战性的任务。

在本章的研究中，将$[\underline{w}_{i,k}^{\text{in}},\overline{w}_{i,k}^{\text{in}}]$和$[\underline{w}_{i,k}^{\text{out}},\overline{w}_{i,k}^{\text{out}}]$定义为船舶 i 在第 k 轮潮汐循环中通过航道的停泊和离开时间窗。任何船舶进入、离开码头的过程（即图 5-1 所示的期间②～⑦）应该在一个可行的停泊时间窗内。

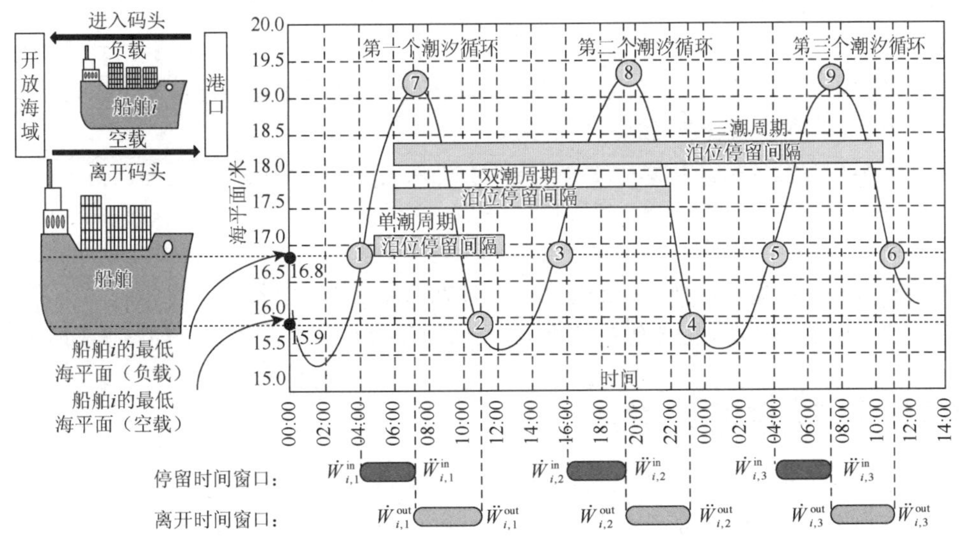

图 5-2 潮汐依赖的可行停泊和离开时间窗口的示例

图 5-2 描述了确定可行停泊时间窗口和离开时间窗口的流程。图 5-2 中的实心曲线（即海平面）主要根据港口海平面的历史数据绘制。潮汐海平面图通常被港口运营商张

贴在规划室墙上；它是泊位规划问题的重要依据。对于图 5-2 中的船舶 i，做如下假定：当船舶进入港口时，它处于一个相对负载的状态；而当它离开港口时，处于一个相对空载的状态。通过考虑多数船舶吃水深度，靠近码头过程和离开码头过程所要求的最低海平面分别为 16.8m 和 15.9m。如图 5-2 所示，两个水平虚线和实心曲线之间的 6 个交点用图 5-2 中的点 1、点 2、点 3、点 4、点 5 和点 6 标记。它们的坐标为（4：10，16.8）、（11：15，15.9）、（16：10，16.8）、（23：15，15.9）等。此外，在涨潮期间，靠近码头的操作会更好。而在落潮期间，离开码头的操作会更好。原因是在涨潮的时候，海水从海洋流入港池，这样便于船舶靠近码头。相反，在落潮期间，海水则从港池流入海洋，方便船舶离开码头。对于曲线的波峰（即图 5-2 中的点 7、点 8），它们的坐标为（7：20，19.2）、（19：20，19.2）。然后，可以获得可行的停泊时间窗[4：10，7：20]，[16：10，19：20]；而可行的离开时间窗是[7：20，11：15]，[19：20，23：15]。

值得注意的是，不是所有到达港口的船舶都会受到潮汐的影响。一些船舶可能不受潮汐影响。当大型船舶在港口不受潮汐影响时，本节所述的潮汐限制不需要被考虑进来。此外，本章的研究主要考虑潮汐对航道水位的影响，并假定在低潮时间窗，停泊处的船舶作业不会被中断。

5.2.4 航道的流量控制

有关 BAP 的文献中，通常忽略航道流量控制的因素。然而，包括潮汐港口在内的许多港口的确存在这样的问题。港口上的导航站通常将航道的容量定义为可以同时使用航道的最大船舶数量。任何违反航道容量限制或不符合安全条件的潜在行为都将导致规划被重新修订。

图 5-3 上半部分的矩形，表示每艘船舶进入码头和离开码头的过程。由于航道的水位在不同时间可能不同，因此将 C_t 定义为在时间段 t 可以同时通过航道的最大船舶数量，如图 5-3 所示。C_t 的设置也可能取决于航道的天气条件、领航船的数量限制及与某些相邻港口共享的航道。泊位规划与航道中船舶流量的大小有关。给定一个泊位规划，航道中的船舶数量不应大于时间段 t 内所对应的 C_t，如图 5-3 所示。

5.2.5 泊位分配和 QC 分配

每日泊位规划的核心决策是泊位分配和 QC 分配。图 5-4 是离散泊位分配及 QC 分配的示例。12 艘船舶被分配到 4 个泊位。对于每个泊位，图中用带虚线的小矩形 $o(b)$ 和 $d(b)$ 表示另外两艘虚拟船舶。$o(b)$ 和 $d(b)$ 用于表示每个泊位占用的起始时间和结束时间。在经典的 BAP 模型中提出虚拟船舶的定义方法[22]，该模型已经为有关离散 BAP 模型进一步研究奠定了基础。每个大矩形表示一艘船舶，矩形的长度表示处理时间，即图 5-1 所示的步骤④。

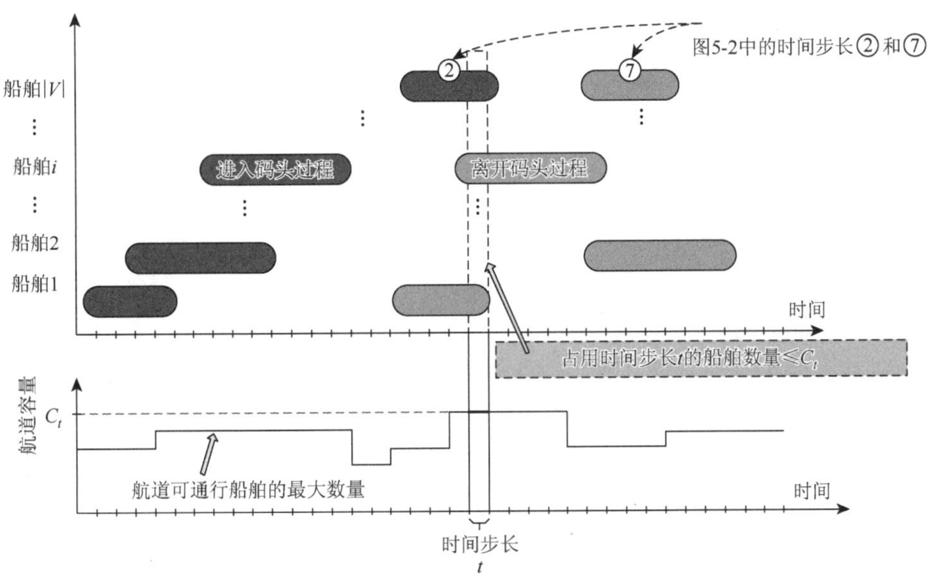

图 5-3 日常泊位规划中航道的流量控制

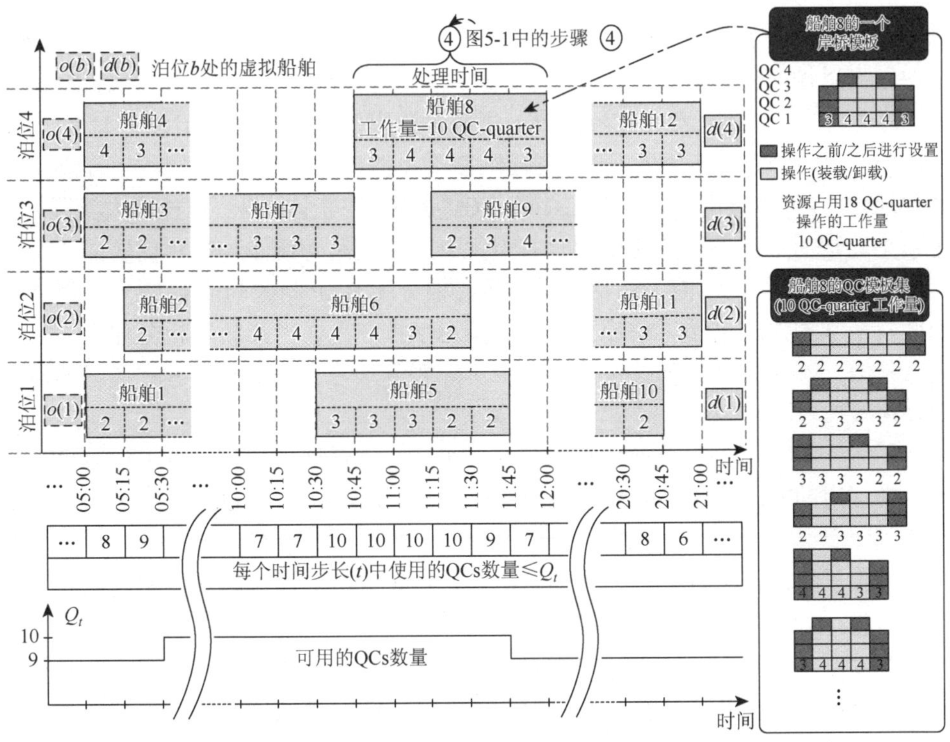

图 5-4 泊位分配和 QC 分配规划的一个例子

与一些 BAP 研究不同，船舶的处理时间是变化的，并取决于 QC 分配。在泊位分配规划问题中处理 QC 分配时，本章的研究采用 Giallombardo 等[114]提出的“岸桥模板”概念。岸桥模板是指，每个时间段分配给停泊船舶的 QC 数量。航运公司通知港口运营商每艘船舶的工作量，即 QC 小时数（如果时间段为 1 小时）。然后为每艘船舶生成一组岸桥模板。图 5-4 的右上角显示船舶 8 的岸桥模板集例子，其工作量为 10 个 QC 小时。本例中，船舶 8 的第一个岸桥模板被选择并分配给船舶。这意味着船舶 10 的处理时间是 5 个小时，并在每个小时内将三或四个 QCs 分配给该船舶。为船舶生成可能的岸桥模板会存在一些操作约束。首先，每个时间段使用的 QCs 数量应在合理范围内；其次，两个相邻时间段之间允许的 QCs 变化数量应该被限制，使得在服务船舶时，QCs 的分布尽可能规则。为了简单起见，图 5-4 中的示例不考虑由 QCs 干扰引起的生产率损失。然而，在为船舶制定岸桥模板集时，可以考虑生产率损失这个因素。

下面对模型中的“岸桥模板分配”方法进行进一步的解释。基于岸桥模板分配的 BAP 方法与传统的 BACAP 有所不同。如果不穷举出每艘船舶所有岸桥模板，则带有岸桥模板分配的 BAP 可能会失去 BACAP 的最佳性能。然而，岸桥模板分配的方法是进行 BACAP 决策的一种非常实用的方法，该方法可以显著地减少解的空间，因为关于确定每艘船舶（在 BACAP 中）在每个时间段使用多少个 QCs 的决策可以被简化为决定为每艘船舶选择哪个岸桥模板（带岸桥模板分配的 BAP 问题中）[114]。如上所述，当为船舶 1 生成岸桥模板集时（其工作量为 11 个 QC-小时），可以设置一些约束（如限制连续 2 个小时内 QC 变化的数量）。在现实的港口运营中，QC 分配计划“5QC-1QC-4QC-1QC 在 4 小时内”可能不太实际。因为两个连续周期内 QC 变化的数量有点大。该规划是传统 BACAP 问题的一个可能的解决方案，但是可能不包括在带岸桥模板分配 BAP 问题的船舶 QC 模板集中。因此，从学术角度来看，相较于传统的 BACAP 问题，“岸桥模板分配”方法可能会失去一些最优性，但这可能是一种实际的方法，并被其他学者在最近的研究中使用[216]。

图 5-4 展示了泊位分配规划的一个例子。给定这样的规划，可以计算每个时间段中使用的 QCs 数量，如图 5-4 的底部所示。总的 QCs 数量不应该大于在每个时间段中由 Q_t 决定的可用 QCs 数量，如图 5-4 所示。给定 QC 容量 Q_t 和每艘船舶的岸桥模板集，在符合 QC 容量的基础上，决定分配船舶岸桥模板和确定开始处理时间 $\pi_{i,t}$ 是非常困难的。

在本章的研究中，泊位分配和 QC 决策将进一步与潮汐时间窗和航道流量控制约束相结合。因此，从数学建模的角度来看，确定满意的日常泊位规划是一个具有挑战性的优化问题。

5.3 考虑潮汐和航道限制等因素的泊位分配模型

本节将呈现该问题的基础模型。目标函数中存在的一些非线性形式会被线性化处理。整数规划模型是进一步研究的基础。

5.3.1 符号

介绍数学模型之前，模型中使用的参数和变量的下标如下。为了方便理解下标，本节使用拉丁字母和希腊字母分别表示参数（下标，集合）和决策变量。

下标与集合：

B——泊位的集合，由下标 b 表示。

V——船舶的集合，由下标 i, j 表示。

$o(b)$——虚拟船，表示停在泊位 b 的船舶序列中的第一艘船。

$d(b)$——虚拟船，表示停在泊位 b 的船舶序列中的最后一艘船。

T——时间段的集合，由下标 t 表示。

P_i——船舶 i 可以使用的岸桥模板集合，由下标 p 表示。

K——潮汐循环的集合，下标 k 表示。

参数：

r_i^w——船舶 i 等待时间的优先级（权重）。

r_i^d——船舶 i 延迟离开的优先级（权重）。

e_i^{arr}——船舶 i 期望的到达时间。

e_i^{dep}——船舶 i 期望的离开时间。

$l_{i,b}^{\text{in}}$——船舶 i 通过航道从锚地移动到泊位 b 的时间长度。

$l_{i,b}^{\text{out}}$——船舶 i 通过航道从泊位 b 移动到锚地的时间长度。

s_i^{in}——船舶 i 停靠在码头并进行处理设置操作的时间长度。

s_i^{out}——船舶 i 结束处理作业并离开码头的时间长度。

$h_{i,p}$——船舶 i 使用岸桥模板 p 的处理时间长度。

$q_{i,p,u}$——其服务于船舶 i，且在第 u 个时间段内岸桥模板 p 使用的 QCs 数量；u 从 1 开始计数。

Q_t——在时间段 t 内可用的 QCs 数量。

C_t——在时间段 t 内可同时通过航道的最大船舶数量。

M——一个足够大的正数。

$[\underline{w}_{i,k}^{\text{in}},\overline{w}_{i,k}^{\text{in}}]$——在第 k 个潮汐循环中，船舶 i 通过航道时的停泊时间窗。

$[\underline{w}_{i,k}^{\text{out}},\overline{w}_{i,k}^{\text{out}}]$——在第 k 个潮汐循环中，船舶 i 通过航道时的离开时间窗。

决策变量：

$\beta_{i,b}$——二进制变量。如果船舶 i 被分配到泊位 b，则等于 1，否则为 0。

$\gamma_{i,p}$——二进制变量。如果岸桥模板 p 分配给船舶 i，则等于 1，否则为 0。

θ_i^{in}——整数变量，表示船舶 i 进入码头的开始时间。

θ_i^{out}——整数变量，表示船舶 i 离开码头的开始时间。

$\sigma_{i,j,b}$——二进制变量。在泊位 b，如果船舶 j 安排次序紧靠在船舶 i 之后，则等于 1，否则为 0。

$\pi_{i,t}$——二进制变量。如果船舶 i 处理时间区间的开始在时间段 t 内，则等于 1，否则为 0。

$\eta_{i,p,t}$——二进制变量，如果岸桥模板 p 被分配给船舶 i，并且处理时间区间的开始在时间段 t 内，则变量等于 1，否则为 0；$\eta_{i,p,t}=\gamma_{i,p}\cdot\pi_{i,t}$。

$\varphi_{i,t}^{\text{in}}$——二进制变量，如果船舶 i 进入码头的开始时间在时间段 t 内，则二进制变量等于 1，否则为 0。所以，有 $\theta_i^{\text{in}}=\sum_{t\in T}t\cdot\varphi_{i,t}^{\text{in}}$。

$\varphi_{i,t}^{\text{out}}$——二进制变量，如果船舶 i 离开码头开始时间在时间段 t 内，则二进制变量等于 1，否则为 0。所以，有 $\theta_i^{\text{out}}=\sum_{t\in T}t\cdot\varphi_{i,t}^{\text{out}}$。

$\zeta_{i,k}^{\text{in}}$——二进制变量，如果船舶 i 进入码头的开始时间在第 i 轮潮汐的停泊时间窗内，二进制变量等于 1，否则为 0。

$\zeta_{i,k}^{\text{out}}$——二进制变量，如果船舶 i 离开码头的开始时间在第 i 轮潮汐的停泊时间窗内，二进制变量等于 1，否则为 0

5.3.2 数学模型

根据上述对参数和变量的定义，数学模型表示如下。

$$[\mathbf{BAP}]\ \text{Minimize}\sum_{i\in V}\left[r_i^w(\theta_i^{\text{in}}-e_i^{\text{arr}})+r_i^d\left(\theta_i^{\text{out}}+\sum_{b\in B}\beta_{i,b}l_{i,b}^{\text{out}}-e_i^{\text{dep}}\right)^+\right] \tag{5.1}$$

s.t.

$$\sum_{b\in B}\beta_{i,b}=1\quad\forall i\in V \tag{5.2}$$

$$\sum_{p\in P_i}\gamma_{i,p}=1\quad\forall i\in V \tag{5.3}$$

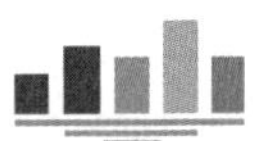

$$\sum_{t\in T}\pi_{i,t}=1\quad \forall i\in V \tag{5.4}$$

$$\sum_{t\in T}\varphi_{i,t}^{\text{in}}=1\quad \forall i\in V \tag{5.5}$$

$$\sum_{t\in T}\varphi_{i,t}^{\text{out}}=1\quad \forall i\in V \tag{5.6}$$

$$\beta_{i,b}=\sum_{j\in V\bigcup\{d(b)\}}\sigma_{i,j,b}\quad \forall i\in V,\forall b\in B \tag{5.7}$$

$$\sum_{j\in V\bigcup\{d(b)\}}\sigma_{o(b),j,b}=1\quad \forall b\in B \tag{5.8}$$

$$\sum_{i\in V\bigcup\{o(b)\}}\sigma_{i,d(b),b}=1\quad \forall b\in B \tag{5.9}$$

$$\sum_{j\in V\bigcup\{d(b)\}}\sigma_{i,j,b}=\sum_{j\in V\bigcup\{o(b)\}}\sigma_{j,i,b}\quad \forall i\in V,\forall b\in B \tag{5.10}$$

$$\theta_{i,b}^{\text{out}}\leqslant\theta_{j,b}^{\text{in}}+l_{j,b}^{\text{in}}+(1-\sigma_{i,j,b})M\quad \forall i\in V,\forall b\in B \tag{5.11}$$

$$\theta_i^{\text{in}}\geqslant e_i^{\text{arr}}\quad \forall i\in V \tag{5.12}$$

$$\theta_i^{\text{in}}+\sum_{b\in B}\beta_{i,b}l_{i,b}^{\text{in}}+s_i^{\text{in}}+\sum_{p\in P_i}\gamma_{i,p}h_{i,p}+s_i^{\text{out}}\leqslant\theta_i^{\text{out}}\quad \forall i\in V \tag{5.13}$$

$$\theta_i^{\text{in}}\geqslant\underline{w}_{i,k}^{\text{in}}-(1-\zeta_{i,k}^{\text{in}})M\quad \forall i\in V,\forall k\in K \tag{5.14}$$

$$\theta_i^{\text{in}}+\sum_{b\in B}\beta_{i,b}l_{i,b}^{\text{in}}\leqslant\overline{w}_{i,k}^{\text{in}}+(1-\zeta_{i,k}^{\text{in}})M\quad \forall i\in V,\forall k\in K \tag{5.15}$$

$$\theta_i^{\text{out}}\geqslant\underline{w}_{i,k}^{\text{out}}-(1-\zeta_{i,k}^{\text{out}})M\quad \forall i\in V,\forall k\in K \tag{5.16}$$

$$\theta_i^{\text{out}}+\sum_{b\in B}\beta_{i,b}l_{i,b}^{\text{out}}\leqslant\overline{w}_{i,k}^{\text{out}}+(1-\zeta_{i,k}^{\text{out}})M\quad \forall i\in V,\forall k\in K \tag{5.17}$$

$$\sum_{k\in K}\zeta_{i,k}^{\text{in}}=1\quad \forall i\in V \tag{5.18}$$

$$\sum_{k\in K}\zeta_{i,k}^{\text{out}}=1\quad \forall i\in V \tag{5.19}$$

$$\theta_i^{\text{in}}+\sum_{b\in B}\beta_{i,b}l_{i,b}^{\text{in}}+s_i^{\text{in}}=\sum_{t\in T}\pi_{i,t}t\quad \forall i\in V \tag{5.20}$$

$$\eta_{i,p,t}\geqslant\gamma_{i,p}+\pi_{i,t}-1\quad \forall i\in V,\forall p\in P_i,\forall t\in T \tag{5.21}$$

$$\sum_{i\in V}\sum_{p\in P_i}\sum_{u=\max\{1;t-h_{i,p}+1\}}^{t}q_{i,p,(t-u+1)}\eta_{i,p,u}\leqslant Q_t\quad \forall i\in T \tag{5.22}$$

$$\theta_i^{\text{in}}=\sum_{t\in T}\varphi_{i,t}^{\text{in}}t\quad \forall i\in V \tag{5.23}$$

$$\theta_i^{\text{out}}=\sum_{t\in T}\varphi_{i,t}^{\text{out}}t\quad \forall i\in V \tag{5.24}$$

$$\sum_{i\in V}\left(\sum_{u=\max\{1;t-l_{i,b}^{\text{in}}+1\}}^{t}\varphi_{i,u}^{\text{in}}+\sum_{u=\max\{1;t-l_{i,b}^{\text{out}}+1\}}^{t}\varphi_{i,u}^{\text{out}}\right)\leqslant C_t\quad \forall t\in T \tag{5.25}$$

$$\beta_{i,b} \in \{0,1\} \quad \forall i \in V, \forall b \in B \tag{5.26}$$

$$\gamma_{i,p} \in \{0,1\} \quad \forall i \in V, \forall p \in P_i \tag{5.27}$$

$$\sigma_{i,j,b} \in \{0,1\} \quad \forall i,j \in V, \forall b \in B \tag{5.28}$$

$$\pi_{i,t} \in \{0,1\} \quad \forall i \in V, \forall t \in T \tag{5.29}$$

$$\varphi_{i,t}^{\text{in}} \in \{0,1\} \quad \forall i \in V, \forall t \in T \tag{5.30}$$

$$\varphi_{i,t}^{\text{out}} \in \{0,1\} \quad \forall i \in V, \forall t \in T \tag{5.31}$$

$$\eta_{i,p,t} \in \{0,1\} \quad \forall i \in V, \forall p \in P_i, \forall t \in T \tag{5.32}$$

$$\zeta_{i,k}^{\text{in}}, \zeta_{i,k}^{\text{out}} \in \{0,1\} \quad \forall i \in V, \forall k \in K \tag{5.33}$$

$$\theta_i^{\text{in}}, \theta_i^{\text{out}} \in \mathbb{Z}^+ \quad \forall i \in V, \forall b \in B \tag{5.34}$$

目标函数[式（5.1）]包含两部分：第一部分是所有船舶为进入码头而产生的等待时间加权和；第二部分是船舶较预计离开时间 e_i^{dep} 产生的延迟加权和。具体来说，θ_i^{out} 是船舶 i 离开码头的开始时间；$\sum_{b\in B}\beta_{i,b}l_{i,b}^{\text{out}}$ 是离开码头这一过程的持续时间。在此过程中，船舶 i 从泊位 b 通过航道到达公海，并离开港口。因此，$\theta_i^{\text{out}}+\sum_{b\in B}\beta_{i,b}l_{i,b}^{\text{out}}$ 表示船舶实际离开时间。应该指出的是，QC 操作成本在目标中未被考虑。在规划期间内，所有船舶的 QC 操作费用独立于泊位规划，因为所有到港船舶的工作量总和在 QC-小时数方面保持不变。

模型的约束主要分为以下六个部分。其中一些约束来源于现有研究提出的模型。

1. 核心决策变量的基本约束

约束[式（5.2）和式（5.3）]关于两个核心决策问题：泊位分配和 QC 分配。约束[式（5.2）]规定每艘船舶只能被分配到一个确定的泊位。约束[式（5.3）]确保每艘船舶被分配一个岸桥模板。约束[式（5.4）和式（5.5）]确保由停泊活动关键时间点表示的二进制变量 $\pi_{i,t}$、$\varphi_{i,t}^{\text{in}}$、$\varphi_{i,t}^{\text{out}}$ 的可行性（在图 5-1 的底部）。

2. 离散 BAP 经典约束[22]

约束[式（5.7）～式（5.13）]是离散 BAP 模型特有的约束，被建模为带时间窗口的多点车辆路径问题（multi-depot vehicle routing problem timewindows，MDVRPTW）[22]。约束[式（5.7）]将每个泊位的船舶顺序变量 $\sigma_{i,j,b}$ 和给泊位分配船舶的变量 $\beta_{i,b}$ 联系起来。约束[式（5.8）和式（5.9）]确保每个泊位的船舶序列分别有一个源节点和一个目的节点。约束[式（5.10）]表示，如果船舶 i 分配到泊位 b，则船舶 i 在泊位 b 处的船舶序列中存在前者和后者。约束[式（5.11）]确保

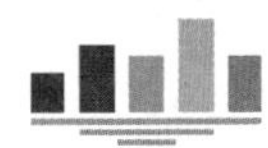

了在泊位 b 处船舶 j 紧随船舶 i，船舶 i 离开码头的开始时间 θ_i^{out} 与船舶 j 到达泊位时间 $\theta_j^{\text{in}}+l_{j,b}^{\text{in}}$ 之间的优先关系。θ_i^{in} 代表船舶 i 实际进入码头的开始时间。约束[式（5.12）]表示，时间不能早于船舶的预计到达时间 e_i^{arr}。

3. 连接图 5-1 各阶段时间点的约束（本章的研究）

约束[式（5.13）]表示关键时间点之间的关系，如图 5-1 所示。对于船舶 i，其进入码头的起始时间 $\sum_{b\in B}\theta_{i,b}^{\text{in}}$ 加上通过航道的持续时间 $\sum_{b\in B}\beta_{i,b}l_{i,b}^{\text{in}}$，加上操作设置持续时间 s_i^{in}、集装箱处理（装/卸货）活动的持续时间 $\sum_{p\in P_i}\gamma_{i,p}h_{i,p}$、结束操作设置的持续时间 s_i^{out}，应不迟于船舶离开码头的开始时间 $\sum_{b\in B}\theta_{i,b}^{\text{out}}$。它们之间的偏差是船舶离开码头的可能等待时间。应该注意的是，在等待阶段，船舶需要停留在泊位。

4. 潮汐因素约束（本章的研究）

约束[式（5.14）～式（5.19）]是关于潮汐周期因素。约束[式（5.14）、式（5.15）和式（5.18）]确保进入码头的过程应位于时间窗[$\underline{w}_{i,k}^{\text{in}},\overline{w}_{i,k}^{\text{in}}$]，$\forall k=1,2,\cdots,|K|$内。类似的，约束[式（5.16）、式（5.17）和式（5.19）]确保离开码头的过程应位于时间窗[$\underline{w}_{i,k}^{\text{out}},\overline{w}_{i,k}^{\text{out}}$]，$\forall k=1,2,\cdots,|K|$内。

5. QC 和航道能力限制[114]

约束[式（5.20）和式（5.22）]是 QCs 容量约束[114]。约束[式（5.22）]表示，在时间段 t 使用的 QCs 数量不应超过 QC 容量 Q_t。计算所有船舶使用的 QCs 数量需要一个二进制变量 $\eta_{i,p,t}$，它等于两个其他二进制变量的乘积，即 $\eta_{i,p,t}=\gamma_{i,p}\pi_{i,t}$，并在约束[式（5.21）]中对其进行线性化。另一个二进制变量 $\pi_{i,t}$ 与船舶进行 QC 处理的开始时间有关，通过约束[式（5.20）]与先前提到的变量相关联。

约束[式（5.23）～式（5.25）]是关于航道的容量限制。本章的研究中全新考虑了这个因素，它们的公式借鉴了上述有关 QC 容量约束的观点[114]。约束[式（5.25）]确保在时间段 t 内通过航道进出的船舶数量不应超过航道容量 C_t。计算进出船舶的数量分别需要两个二进制变量：$\varphi_{i,t}^{\text{in}}$ 和 $\varphi_{i,t}^{\text{out}}$，并通过约束[式（5.23）和式（5.24）]与前面提到的变量相关联。

6. 新定义的约束

约束[式（5.26）～式（5.34）]。

5.3.3 目标（1）的线性化

目标（1）中存在一个非线性的形式$(\cdot)^+$，需要做线性化处理。定义两个非负变量ϱ_i^+和ϱ_i^-，并添加约束$\theta_i^{\text{out}}+\sum_{b\in B}\beta_{i,b}l_{i,b}^{\text{out}}-e_i^{\text{dep}}=\varrho_i^+-\varrho_i^-$，$\forall i\in V$。然后，目标（1）中的非线性形式$\left(\theta_i^{\text{out}}+\sum_{b\in B}\beta_{i,b}l_{i,b}^{\text{out}}-e_i^{\text{dep}}\right)^+$替换成$\varrho_i^+$。上述模型的目标变成线性形式，也就是最小化$\sum_{i\in V}[r_i^w(\theta_i^{\text{in}}-e_i^{\text{arr}})+r_i^d\varrho_i^+]$。这里要注意$\varrho_i^+$和$\varrho_i^-$可以被定义为两个非负连续变量（不是必须为整数）。在目标中，ϱ_i^+应该尽可能小，如果$\theta_i^{\text{out}}+\sum_{b\in B}\beta_{i,b}l_{i,b}^{\text{out}}-e_i^{\text{dep}}$负数，$\varrho_i^+$将会为0；如果它的值非负，$\varrho_i^+$将会等于$\theta_i^{\text{out}}+\sum_{b\in B}\beta_{i,b}l_{i,b}^{\text{out}}-e_i^{\text{dep}}$。

5.4 基于列生成的算法设计

BAP模型包含大M约束和大量的二进制变量。用于搜索最优整数规划解的分支定界（branch & bound，B&B）过程非常耗时。例如，为一个只有5个泊位、10艘船舶的小型测试案例寻找最优的IP（integer programming）解，有超过10^5个B&B节点需要被搜索。为了克服这一困难，提出了一种新的基于集合分区的公式，其中每个变量代表一个特定的船舶规划。

形式上，可行的船舶规划包括船舶进入码头时间，用于装载、卸载集装箱的泊位，选定的QC模板，离开码头时间等详细信息。设置合适的时间信息规划，以便船舶在可行的潮汐时间窗内进入、离开航道。定义船舶i可行的船舶规划集合为D_i。定义船舶规划d的成本为c_d，因此，对于给定船舶i在泊位b处的规划d，其规划成本可以表示为$c_d=r_i^w(\theta_i^{\text{in}}-e_i^{\text{arr}})+r_i^d(\theta_i^{\text{out}}+l_{i,b}^{\text{out}}-e_i^{\text{dep}})^+$。每艘船舶规划在不同的时间段消耗三种资源：航道、泊位和岸桥。定义一个二进制参数ψ_{dt}，如果船舶规划$d\in D_i$在时间段t利用航道进入或退出泊位，则$\psi_{dt}=1$；否则，$\psi_{dt}=0$。定义一个二进制参数β_{bdt}，如果规划d在时间段t占用泊位b，则$\beta_{bdt}=1$。定义一个非负整形参数q'_{dt}，用以表示在时间段t船舶规划d使用的QCs数量。定义一个二进制变量x_d，如果解决方案中选择船舶规划d，则$x_d=1$，否则$x_d=0$。

根据上述给定的表示法，基于集合分区模型，可以将本问题构造如下。

[MP] Min
$$\sum_{i\in V}\sum_{d\in D_i}c_d x_d \tag{5.35}$$

s.t.

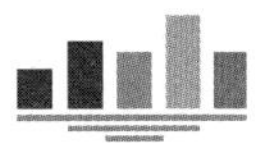

$$\sum_{d \in D_i} x_d = 1 \quad \forall i \in V \tag{5.36}$$

$$\sum_{i \in V} \sum_{d \in D_i} \psi_{dt} x_d \leqslant C_t \quad \forall t \in T \tag{5.37}$$

$$\sum_{i \in V} \sum_{d \in D_i} \beta_{bdt} x_d \leqslant 1 \quad \forall b \in B, \forall t \in T \tag{5.38}$$

$$\sum_{i \in V} \sum_{d \in D_i} q'_{dt} x_d \leqslant Q_t \quad \forall t \in T \tag{5.39}$$

$$x_d \in \{0,1\} \quad \forall d \in D_i, \forall i \in V \tag{5.40}$$

目标函数[式（5.35）]为最小化所选择船舶规划的总成本。约束[式（5.36）]确保每艘船舶选择一个规划。约束[式（5.37）]保证在任何时间段t，通过航道的船舶总数小于或等于航道容量。约束[式（5.38）]表示在任何时间一个泊位最多只有一艘船舶使用。约束[式（5.39）]确保在任何时间所有船舶使用的 QC 数量少于可用 QCs 的总数。

基于集合分区的模型仅包含$|V|+2|T|+|B||T|$个约束数量。但是，可行的船舶规划数量庞大。因此，穷举出所有的船舶规划是不切实际的。此外，没有必要穷举出所有可行的船舶规划，因为最优解通常只包括整艘船舶规划的一小部分。因此，本章提出了一种列生成算法来生成满意的船舶规划。列生成算法已被广泛、成功地应用到包括交通运输领域在内的许多大规模、现实生活中的运输问题[217-220]，机器调度[221, 222]、生物信息学[223]，这仅仅是列举了小部分。在列生成算法中，当 LP（linear programming）模型中的变量数量太大而不能详细穷举时，需要首先构建可行变量的子集。然后，求解受线性约束的主要问题，并计算每个约束的对偶成本。为了改善受线性约束的主要问题（即产生更经济有效的变量），本章基于双重信息来解决定价子问题。然后，将这些变量添加到带线性约束的主要问题，并解决更新了线性约束的主要问题。重复这个迭代过程，直到找不到新的经济有效变量，这意味着当前的 LP 松弛是最优的。

为了方便讨论，本节为定价问题定义了以下额外的参数和变量。在主要问题中，与船舶规划d相关联的列要素在定价子问题中成为变量。在定价子问题中，需要寻找一个带负的机会成本船舶规划，即将经济有效的列添加到受约束的主要问题中。

参数（新定义）：

α_i——约束[式（5.36）]中的对偶变量。因为符号“=”可以用符号“≥”代替，而不增加目标值，已知$\alpha_i \geqslant 0$。

δ_t——约束[式（5.37）]的非正数对偶变量。

ε_{bt}——约束[式（5.38）]的非正数对偶变量。

λ_t——约束[式（5.39）]的非正数对偶变量。

变量（新定义或重新定义）：

ψ_{dt}——二进制变量。如果船舶在时间段t进入或离开航道，则$\psi_{dt}=1$，否则，$\psi_{dt}=0$。

ψ_{dt}^{in}——二进制变量。如果船舶在时间段t进入航道，则$\psi_{dt}^{\text{in}}=1$，否则，$\psi_{dt}^{\text{in}}=0$。

ψ_{dt}^{out}——二进制变量。如果船舶在时间段t离开航道，则$\psi_{dt}^{\text{out}}=1$，否则，$\psi_{dt}^{\text{out}}=0$。

β_{bdt}——二进制变量。如果船舶在时间段t占用泊位b，则$\beta_{bdt}=1$，否则，$\beta_{bdt}=0$。

考虑上述符号，为船舶i分配泊位b有关的规划d的机会成本可以写成如下：

$$Z'=c_d-\alpha_i-\sum_{t\in T}\psi_{dt}\delta_t-\sum_{t\in T}\beta_{bdt}\varepsilon_{bt}-\sum_{t\in T,p\in P_i}\eta_{ipt}\left(\sum_{u=t}^{t+h_{ip}-1}q_{ip(u-t+1)}\lambda_u\right) \tag{5.41}$$

式中，$c_d=r_i^w(\theta_i^{\text{in}}-e_i^{\text{arr}})+r_i^d(\theta_{ib}^{\text{out}}+l_{ib}^{\text{out}}-e_i^{\text{dep}})^+$。

式（5.41）的最后一部分，计算了从时间点t到$t+h_{ip}-1$，QCs模板p的累计影子成本。需要注意的是，如果岸桥模板p的开始时间t是固定的，$\sum_{u=t}^{t+h_{ip}-1}q_{ip(u-t+1)}\lambda_u$可以直接进行计算。为了简化起见，定义$\lambda_{pt}=\sum_{u=t}^{t+h_{ip}-1}q_{ip(u-t+1)}\lambda_u$。

列生成的定价子问题是找到带负Z'的船舶规划。因此，所有与船舶规划d相关联的参数和变量，如ϕ_{ib}、ξ_{ib}、ψ_{dt}、ψ_{dt}^{in}、ψ_{dt}^{out}、β_{bdt}和η_{ipt}，都成为定价子问题中的决策变量。在接下来的章节中，使用数学规划和穷举法呈现了两种不同的定价子问题方法。在计算研究部分，还展示了这两种不同子问题方法的计算性能。

5.4.1 基于数学规划方法求解定价子问题

定价子问题可以表达为如下形式的数学规划问题。定价子问题式（5.42）～式（5.60）是为既定船舶$i\in V$和既定泊位$b\in B$找到最小机会成本的船舶规划。

[PP$_{\mathbf{ib}}$] Min

$$\begin{aligned}&r_i^w(\theta_i^{\text{in}}-e_i^{\text{arr}})+r_i^d(\theta_{ib}^{\text{out}}+l_{ib}^{\text{out}}-e_i^{\text{dep}})^+-\sum_{t\in T}\delta_t\psi_{dt}-\sum_{t\in T}\varepsilon_{bt}\beta_{bdt}\\&-\sum_{t\in T,p\in P_i}\lambda_{pt}\eta_{ipt}\end{aligned} \tag{5.42}$$

s.t.

$$\theta_i^{\text{in}} + l_{ib}^{\text{in}} + s_i^{\text{in}} + \sum_{t\in T,p\in P_i} \eta_{ipt} h_{ip} + s_i^{\text{out}} + \xi_{ib} \geqslant \theta_i^{\text{out}} \tag{5.43}$$

$$\theta_i^{\text{in}} \geqslant \underline{w}_{i,k}^{\text{in}} - (1-\zeta_{ik}^{\text{in}})M \quad \forall k \in K \tag{5.44}$$

$$\theta_i^{\text{in}} + l_{ib}^{\text{in}} \leqslant \overline{w}_{i,k}^{\text{in}} - (\zeta_{ik}^{\text{in}} - 1)M \quad \forall k \in K \tag{5.45}$$

$$\theta_i^{\text{out}} \geqslant \underline{w}_{i,k}^{\text{out}} - (1-\zeta_{ik}^{\text{out}})M \quad \forall k \in K \tag{5.46}$$

$$\theta_i^{\text{out}} + l_{ib}^{\text{out}} \leqslant \overline{w}_{i,k}^{\text{out}} - (\zeta_{ik}^{\text{out}} - 1)M \quad \forall k \in K \tag{5.47}$$

$$\sum_{k\in K} \zeta_{ib}^{\text{in}} = 1 \tag{5.48}$$

$$\sum_{k\in K} \zeta_{ib}^{\text{out}} = 1 \tag{5.49}$$

$$\sum_{t\in T} \sum_{p\in P_i} \eta_{ipt} = 1 \tag{5.50}$$

$$\theta_i^{\text{in}} \leqslant t - (\psi_{dt}^{\text{in}} - 1)M \quad \forall t \in T \tag{5.51}$$

$$\theta_i^{\text{in}} + l_{ib}^{\text{in}} \geqslant t - (1-\psi_{dt}^{\text{in}})M \quad \forall t \in T \tag{5.52}$$

$$\theta_i^{\text{out}} \leqslant t - (\psi_{dt}^{\text{out}} - 1)M \quad \forall t \in T \tag{5.53}$$

$$\theta_i^{\text{out}} + l_{ib}^{\text{out}} \geqslant t - (1-\psi_{dt}^{\text{out}})M \quad \forall t \in T \tag{5.54}$$

$$\theta_i^{\text{in}} + l_{ib}^{\text{in}} \leqslant t - (\beta_{dbt} - 1)M \quad \forall t \in T \tag{5.55}$$

$$\theta_i^{\text{out}} \geqslant t - (1-\beta_{bdt})M \quad \forall t \in T \tag{5.56}$$

$$\psi_{dt} \leqslant \psi_{dt}^{\text{in}} + \psi_{dt}^{\text{out}} \tag{5.57}$$

$$\theta_i^{\text{in}}, \theta_i^{\text{out}} \in \mathbb{Z}^+ \tag{5.58}$$

$$\psi_{dt}, \psi_{dt}^{\text{in}}, \psi_{dt}^{\text{out}}, \beta_{bdt}, \eta_{ipt}, \zeta_{ik}^{\text{in}}, \zeta_{ik}^{\text{out}} \in \{0,1\} \quad \forall t \in T \tag{5.59}$$

目标函数[式（5.42）]为最小化船舶规划的总机会成本。约束[式（5.43）]确保离开码头的时间。约束[式（5.44）～式（5.47）]确保船舶在由潮汐引起的可行时间窗内通过航道。约束[式（5.48）]和约束[式（5.49）]确保船舶进入和离开航道只选择一个可行的潮汐时间窗。约束[式（5.50）]确保仅选择一个岸桥模板，并且仅选择一个开始处理时间。约束[式（5.51）和式（5.52）]表示，如果船舶在时间段 t 进入航道，则 $\psi_{dt}^{\text{in}} = 1$，否则 $\psi_{dt}^{\text{in}} = 0$。类似的，约束[式（5.53）和式（5.54）]确保如果船舶在时间段 t 离开航道，则 $\beta_{bdt} = 1$，否则，$\beta_{bdt} = 0$。约束[式（5.55）

和式（5.56）]表示，如果船舶在时间段 t 占据泊位 b，则 $\beta_{bdt}=1$，否则 $\beta_{bdt}=0$。约束[式（5.57）]将 ψ_{dt}、ψ_{dt}^{in} 和 ψ_{dt}^{out} 等三种二进制变量进行了关联。如果 $\psi_{dt}^{\text{in}}=1$ 或 $\psi_{dt}^{\text{out}}=1$，则确保 $\psi_{dt}=1$。

本章的方法可以求解每种有关船舶和泊位组合的定价子问题模型。因此，需要在列生成算法的每次迭代过程中解决 $|V||B|$ 个子问题，以证明 LP 松弛的最优性。

为了解决上述子问题，这里对其时间复杂性进行分析。从图 5-1 可以看出，如果固定 θ_{ib}^{in} 的值，开始处理时间也相应地固定。如果 θ_i^{in} 和岸桥模板都是固定的，由 $\theta_i^{\text{in}}+l_{ib}^{\text{in}}+s_i^{\text{in}}+\sum_{t\in T}\sum_{p\in P_i}\eta_{ipt}h_{ip}+s_i^{\text{out}}$ 计算出的“准备离开”时间和 η_{ipt} 可以相应地固定。再次，如果离开码头开始时间 θ_{ib}^{out} 是固定的（而且在 θ_i^{out} 之前的等待时间是固定的），则所有变量的其余部分可以被唯一地确定。根据定义，知道 $0\leqslant\theta_i^{\text{in}}<\theta_i^{\text{out}}\leqslant|T|$。显然，子问题公式解的空间最多为 $\frac{1}{2}|T|^2|P_i|$。因此，求解子问题的时间复杂度为 $O\left(|T|^2|P_i|\right)$。

5.4.2 通过穷举求解定价子问题

在子问题公式中，直观地存在三个重要决策：进入航道之前的等待时间（由 ϕ_{ib} 表示）、岸桥模板、离开航道之前的等待时间由 $\left(\theta_i^{\text{out}}-\left(\theta_i^{\text{in}}+l_{ib}^{\text{in}}+s_i^{\text{in}}+\sum_{p\in P_i}\gamma_{ip}h_{ip}+s_i^{\text{out}}\right)\right)$ 表示，如图 5-1 所示）。给定这三项决策，可以直接确定船舶规划的可行性，并计算相应的机会成本。由于进入或离开航道的可能延迟时间最多为 $|T|$，岸桥模板的数量为 $|P_i|$，找到最小机会成本的时间复杂度为 $|T|^2|P_i|$（它是多项式时间）。因此，总可以穷举和计算所有可能船舶规划的机会成本。

5.4.3 求解过程

列生成算法的流程图如图 5-5 所示。在第一步中，简单地使用贪婪延迟启发式算法来为每艘船舶寻找一组可行的船舶规划。然后，求解受线性约束的主要问题，从而获得每个约束的对偶成本[式（5.41）]，再使用两种方法[式（5.42）和式（5.43）]来求解定价子问题，并计算生成列的机会成本。具体来说，在每次列生成迭代中，为每个固定的船舶和泊位组合增加最多 100 列（船舶计划），以使添加到受限制主问题中的变量总数不会太大。从初步计算的研究结果来看，由列生成的变量集提供的 IP 解是最优的或接近最优的。因此，在获得主问题 LP 松弛最优解之后，不用分支定价而直接用列生成的变量集来求解 IP 问题。

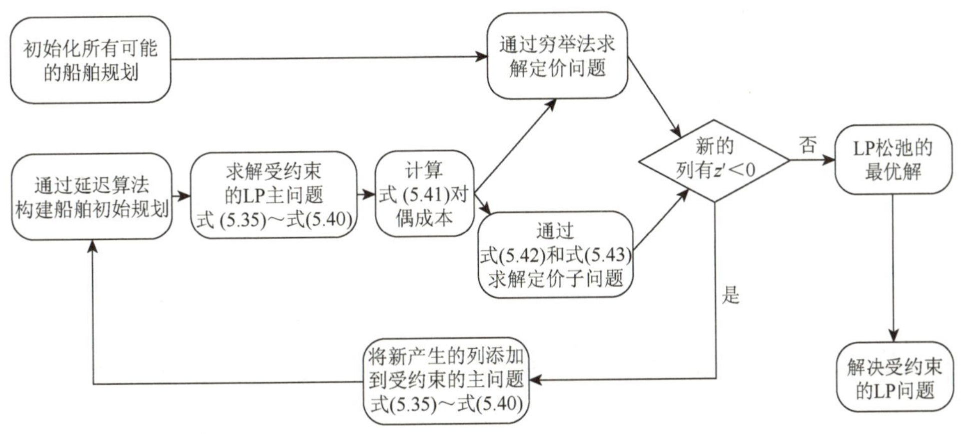

图 5-5　提出的列生成算法流程图

5.5　关于列生成算法的数值实验

5.5.1　测试用例的生成

每日泊位规划是为特定某一天制定的，但本章所提模型使用的规划周期通常设定为 48 小时，因为某些船舶的停留时间间隔可能会是两天。时间单位被设置为 1/4（即 15 分钟）。然后，将规划周期划分为 192 个时间段。为确定实例中需要考虑的船舶数量，本章收集了 2015 年 7 月至 9 月上海港 6 个码头（冠东、沪东、明东、浦东、盛东、振东）船舶到达和离港的真实记录。数据由上海国际港务集团有限公司提供。一天内，到港的平均船舶数量约 13 艘。港口每日平均总吞吐量为 25 000TEU。如果对上海港的 6 个码头制定每日泊位规划，模型中考虑的到港船舶数量可达 80 艘左右。在本章的研究中，考虑了五类实例：10 艘船舶，5 个泊位，15 个 QCs；15 艘船舶，7 个泊位，25 个 QCs；30 艘船舶，15 个泊位，50 个 QCs；60 艘船舶，30 个泊位，100 个 QCs；80 艘船舶，40 个泊位，120 个 QCs。

对于船舶而言，将其区分为三类，即小型支线船、中型船和大型船[49, 60]。这些类别的船舶在技术规格上有所不同，如表 5-1 所示。为了生成每类船舶的岸桥模板，参数的取值范围列于表 5-1 中。在实验中，为每艘船舶平均生成约 200 个岸桥模板。本章的研究中，将 12.5m 确定为临界点，以区分船舶是否受潮汐影响[224]。更具体地说，所有支线船舶是不受潮汐影响的。对于不受潮汐影响的中型船舶，其吃水线服从均匀分布 $U[7，12.5]$；而对于受潮汐影响的中型船舶，其吃水线分别服从均匀分布 $U[12.6，14]$。对于受潮汐影响和不受潮汐影响的巨型船舶，其吃水线分别服从均匀分布 $U[9，12.5]$和 $U[12.6，15]$。潮汐时间窗是基于船舶吃水线和正弦曲线“$2.25\sin(\pi t/6+2\pi/3)+2.75$”计算的，它模拟潮汐波动[225, 226]。

表 5-1　不同级别船舶的技术参数

等级	百分比	吃水线/m	岸桥模板				
			QCs 使用量	处理时间/小时	平均处理时间/小时	工作量/QC-小时	平均工作量/QC-小时
支线船舶	1/3	5～11	1～3	4～8	6	4～20	12
中性船舶	1/3	7～14	2～4	6～10	8	18～30	24
大型船舶	1/3	9～15	3～5	8～12	10	24～56	40

为了验证上述实验设置是否符合现实，对每个实例组的泊位利用率和 QC 利用率进行估计。在表 5-2 中进行详细介绍。

表 5-2　关于泊位和 QC 利用率的实验实例

船舶数量（N）	泊位数量（B）	QCs 数量（Q）	使用泊位-小时数（N×9）	可用泊位-小时数（B×24）	泊位利用率	使用 QC-小时数（N×25.3）	可用 QC-小时数（Q×24）	QC 利用率/%
10	5	15	90	120	75%	253	360	70
15	8	22	135	192	70%	380	528	72
30	15	45	270	360	75%	759	1 080	70
60	30	90	540	720	75%	1 518	2 160	70
80	40	120	720	960	75%	2 024	2 880	70

注：表头中“9”和“25.3”表示船舶平均使用 9 个泊位-小时和 25.3 个 QC-小时，根据表 5-1 计算；“24”表示一天有 24 个小时。

1. 估算泊位利用率

根据表 5-1，就三类船舶而言，其平均处理时间分别为 6 小时、8 小时和 10 小时。此外，假设三类船舶的平均设置时间（$s_i^{in}+s_i^{out}$）分别为 0.5 小时、1 小时和 1.5 小时。然后，平均每艘船舶使用[（6＋0.5）＋（8＋1）＋（10＋1.5）]/3＝9 泊位-小时。

如果船舶数量为 N，“$N\times 9$”则是船舶在规划周期内使用的“泊位-小时”。表 5-2 中的第 4 列展示了“$N\times 9$”的详细情况。

如果泊位数量为 B，则“$B\times 24$”是在规划周期内（即 24 小时）可用的“泊位-小时”数。表 5-2 中的第 5 列详细说明了“$B\times 24$”的情况。

“N×9”与“B×24”的比值是泊位利用率。

2. 估算 QC 利用率

根据表 5-1，对于三种不同类型的船舶，它们的平均工作量分别为 12 个、24 个和 40 个 QC-小时。那么，船舶平均使用（12＋24＋40）/3＝25.3QC-小时。

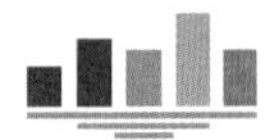

如果船舶数量为 N，"$N\times25.3$"是船舶在规划期间使用的"QC-小时"总数。表 5-2 中的第 7 列展示了"$N\times25.3$"的详细情况。

如果QCs的数量为 Q，则"$Q\times24$"是在规划周期内(即24小时)可用的"QC-小时"总数。表 5-2 的第 8 列展示了"$Q\times24$"的详细情况。

"$N\times25.3$"与"$Q\times24$"的比值是 QC 利用率。

表 5-2 列出了 6 类实例的泊位利用率和 QC 利用率。这两种利用率均在 70%～75%，准确地反映了现实情况。对于每艘船舶、泊位和 QCs 的组合，随机构造 3 个测试用例。因此，共有 15 个测试用例，每个测试用例以"N-B-Q-#"模式命名，其中，"N"是船舶的数量；"B"是泊位数量；"Q"是 QCs 的数量；"#"是该场景下测试用例的索引。

5.5.2 计算设置

本节将详细解释计算过程。首先，展示使用 CPLEX 直接求解 BAP 模型的计算结果。之后，呈现基于集合分区模型的计算性能。还专门比较了 5.4.1 节和 5.4.2 节中提出的两种不同的解决方法。第一种方法中，使用列生成方法来生成经济可行的船舶规划；第二种方法中，穷举了所有可能的船舶规划。

所有的实验都是在一台 DELL Precision 7600 工作站上实现和执行的。工作站的基本配置为两个 3.4 GHz 处理速度的 Xeon E5-2643 V3 CPUs(24 核)和运行 Windows 7 的 128 GB 内存。下一章节报告了从工作站的内部计时器得到的计算时间。所有数学建模和算法都在 C ++ 基础上实现。每个 LP 和 IP 问题通过带默认设置的 CPLEX 12.6 版本 concert 库解决。当 CPLEX 搜索 B&B 树时，它可以最多使用由工作站提供的 24 个线程。但是，本章的研究不会为了列穷举和列生成而并行计算机程序。

5.5.3 直接求解 BAP 模型的计算结果

表 5-3 显示了使用 CPLEX 直接求解 BAP 模型时的计算结果。本章的研究特别证明了 30 个实例的问题规模和解的质量详情。关于问题规模的信息包括变量的数量(# of Var.)、二进制变量的数量(# of Binary Var.)、约束的数量(# of Constr.)、大 M 约束的数量(# of Big-M Constr.)，以及问题矩阵中非零的数量。在解的质量方面，呈现 LP 松弛值、CPLEX 搜索分支定界(B&B)节点的数量、IP 值、IP 时间、IP-LP 差距。同时，将 CPU 的最大时间设置为 3 小时。

从表 5-3 可以看出，如果使用 CPLEX 直接求解 BAP 模型，只能在 3 个小时的计算时间内为 30 个测试用例中的 12 个获得可行的解决方案。其中，只有 3 个解决方案(例子 10-5-15-2、10-5-15-5 和 15-8-22-5)是最佳的。因为大多数变量是二进制的，并且存在大量的大 M 约束，所以 BAP 模型的 LP 松弛很差。前 6 个测试用例的平均 IP-LP 偏差超过 75%。因此，需要搜索大量的 B&B 节点来找到好的解决方案，这是非常耗时的。

表 5-3　问题实例的规模和 CPLEX 直接求解 BAP 模型的结果

问题实例	实例规模的一些关键特征					LP 松弛	IP			IP 解的特征	
	# of Var.	#of Binary Var.	# of Constr.	# of BigM Constr.	# of Non-zeros	Solution OBJ_{LR}	# of B&B 节点	Solution OBJ_{IP}	CPU 时间/小时	IP-LP 偏差	最优值偏差
10-5-15-1	321 791	321 675	316 397	3 990	6 475 384	36	153 712	247	>3	85.43%	76.92%
10-5-15-2	184 028	183 907	180 045	3 990	4 020 167	0	99 544	0	0.704	0.00%	0.00%
10-5-15-3	378 636	378 515	372 697	3 990	7 184 748	0	135 400	285	>3	100.00%	100.00%
10-5-15-4	199 982	199 861	195 866	3 990	4 074 834	0	249 201	95	>3	100.00%	74.74%
10-5-15-5	359 624	359 503	353 879	3 990	7 701 005	32	32 873	368	0.526	91.40%	0.00%
10-5-15-6	140 692	140 571	137 181	3 990	2 626 489	0	201 122	36	>3	100.00%	100.00%
15-8-22-1	289 488	289 217	283 330	6 120	5 920 577	30	238 435	326	>3	90.80%	79.14%
15-8-22-2	425 022	424 751	417 481	6 120	9 014 818	110	60 212	869	>3	87.34%	78.48%
15-8-22-3	488 232	487 961	480 046	6 120	10 567 023	74	92 101	2 586	>3	97.14%	91.03%
15-8-22-4	397 386	397 115	390 232	6 120	8 236 099	0	142 312	386	>3	100.00%	80.83%
15-8-22-5	335 254	334 983	328 734	6 120	6 768 722	0	111 279	0	1.244	0.00%	0.00%
15-8-22-6	465 398	465 127	457 550	6 120	9 390 187	0	205 850	2 103	>3	100.00%	96.62%
30-15-45-1	617 168	616 207	604 509	12 870	14 964 236	1	151 935	不能获得任意解	>3	N.A.	
30-15-45-2	675 870	674 909	662 693	12 870	16 224 273	0	68 640		>3		
30-15-45-3	635 102	634 141	622 341	12 870	15 893 219	0	130 334		>3		
30-15-45-4	491 924	490 963	480 624	12 870	12 141 890	0	292 865		>3		
30-15-45-5	943 704	942 703	927 794	12 870	22 757 243	0	132 071		>3		
30-15-45-6	621 970	621 009	609 343	12 870	14 751 526	33	41 463		>3		
60-30-90-1	1 464 189	1 460 468	1 437 464	28 440	58 551 593	0	17 143	不能获得任意解	>3	N.A.	
60-30-90-2	1 342 081	1 338 360	1 316 602	28 440	54 272 121	0	76 101		>3		
60-30-90-3	1 433 319	1 429 598	1 406 909	28 440	57 220 534	0	54 773		>3		
60-30-90-4	1 704 387	1 700 666	1 675 211	28 440	66 954 071	94	42 381		>3		
60-30-90-5	1 165 583	1 161 862	1 141 905	28 440	46 809 855	43	34 869		>3		
60-30-90-6	1 493 981	1 490 260	1 466 952	28 440	58 925 909	125	30 759		>3		
80-40-120-1	1 822 141	1 815 580	1 788 987	40 320	103 414 245	不能求解			>3	N.A.	
80-40-120-2	1 908 479	1 901 918	1 874 444	40 320	107 785 878				>3		
80-40-120-3	2 100 559	2 093 998	2 064 564	40 320	117 812 931				>3		
80-40-120-4	2 133 487	2 126 926	2 097 156	40 320	118 843 120				>3		
80-40-120-5	1 799 111	1 792 550	1 766 192	40 320	101 862 298				>3		
80-40-120-6	1 984 625	1 978 064	1 949 813	40 320	110 885 314				>3		

注：“#”表示总数；“Var.”表示变量；“Constr.”表示约束；“Non-zeros”表示问题矩阵非零项的总数。IP-LP 偏差由（OBJ_{IP}−OBJ_{LR}）/OBJ_{IP} 计算得到。最优值偏差由 CPLEX 求解反馈。

5.5.4　基于列生成方法的计算结果

研究中首先通过穷举所有可能的列（船舶规划）来呈现计算结果。然后，展示所提出的列生成方法的计算结果。在章节末尾，还比较了这两种方法的性能。

1. 基于穷举所有可能列的集合分区模型

表 5-4 中，通过列举所有可能的列（船舶规划）呈现了集合分区模型的解决方案特征。特意呈现了船舶规划总数、规划穷举时间、约束总数、问题矩阵中非零元素总数，LP 数值和时间，IP-LP 偏差，最优值偏差和总求解时间。

表 5-4　基于列穷举法的结果

问题实例	基于列穷举主要问题的规模				LP 松弛 OBJ_{LR}	IP OBJ_{IP}	IP-LP 偏差	最优值偏差	CPU 时间/秒
	# of all colum.	Colum. Enum. Time	# of Constr.	# of Non Zeros					
10-5-15-1	415 503	123	689	17 325 473	178	178	0	0	51
10-5-15-2	253 823	78	689	10 043 854	0	0	0	0	10
10-5-15-3	458 300	154	689	18 089 260	118	118	0	0	34
10-5-15-4	310 236	95	689	12 786 795	42	42	0	0	22
10-5-15-5	391 928	118	689	17 335 242	368	368	0	0	23
10-5-15-6	305 506	89	689	11 590 654	36	36	0	0	15
15-8-22-1	808 694	314	985	32 035 790	68	68	0	0	76
15-8-22-2	927 681	356	985	38 509 047	200	200	0	0	114
15-8-22-3	1 002 658	383	985	41 544 029	316	316	0	0	145
15-8-22-4	879 045	292	985	34 621 466	77	77	0	0	117
15-8-22-5	690 276	229	985	26 988 478	0	0	0	0	44
15-8-22-6	1 172 457	396	985	46 546 101	71	71	0	0	90
30-15-45-1	3 249 522	1 257	1 679	128 995 903	143	143	0	0	208
30-15-45-2	3 458 861	1 331	1 679	135 149 457	57	57	0	0	364
30-15-45-3	3 100 570	1 151	1 679	123 083 547	71	71	0	0	190
30-15-45-4	2 738 421	768	1 679	106 668 141	207	207	0	0	167
30-15-45-5	4 341 155	1 287	1 679	176 524 929	302	302	0	0	301
30-15-45-6	3 794 970	1 141	1 679	149 200 245	181	181	0	0	197
60-30-90-1	13 233 260	5 543	3 164	560 586 219	487	487	0	0	5 137
60-30-90-2	12 589 752	4 495	3 164	503 417 589	413	413	0	0	4 745
60-30-90-3	12 017 784	5 492	3 164	479 679 963	382	382	0	0	1 016
60-30-90-4	10 487 100	4 033	3 164	418 907 910	1 015	1 015	0	0	3 570
60-30-90-5	9 016 230	3 671	3 164	358 580 730	291	291	0	0	1 503
60-30-90-6	10 395 870	4 068	3 164	410 689 752	805	805	0	0	2 816
80-40-120-1	15 842 965	5 779	4 154	638 038 461					

续表

问题实例	基于列穷举主要问题的规模				LP 松弛 OBJ_{LR}	IP OBJ_{IP}	IP-LP 偏差	最优值偏差	CPU 时间/秒
	# of all colum.	Colum. Enum. Time	# of Constr.	# of Non Zeros					
80-40-120-2	15 688 510	5 745	4 154	640 582 914					
80-40-120-3	16 893 996	5 850	4 154	688 091 782					
80-40-120-4	14 472 600	5 581	4 154	601 476 352					
80-40-120-5	13 226 440	5 227	4 154	552 801 736					
80-40-120-6	13 336 520	5 336	4 154	560 586 219					

注：①“# of all colum.”表示所有可能列的总数；“Colum. Enum. Time”表示穷举所有列的时间，单位是秒。②“IP-LP 偏差”由（OBJ_{IP}–OBJ_{LR}）/OBJ_{IP} 计算得到。

从表 5-4 可以看出，基于穷举的解决方案可以在 3 个小时内为 30 个测试用例中的 24 个求解出最优解。从这些测试案例中发现，集合分区模型提供了非常紧密的 LP 松弛。实际上，对于所有的 24 个测试用例，IP-LP 差距为零。基于分区的模型提供了紧凑的 LP 松弛。在使用基于分组模型的其他许多应用中已经报道了类似的观察结果，如工作人员配对问题[227]、飞机路线问题[217]、飞机冲突解决问题[219]、并行机器调度问题[221]等。

然而，随着问题规模的逐渐增大，可能的船舶规划数量从不足 50 万个增加到 1600 万个以上。结果，穷举方法在 3 个小时内不能为最后 3 个测试用例找到可行的解决方案，因为变量数量太多，无法由 CPLEX 求解处理。例如，CPLEX 需要超过 4 个小时才能获得“80-40-120-1”情况下的 LP 松弛值，并花费 12 小时获得最佳 IP 解决方案。最后，值得注意的是，在解决 IP 模型时，CPLEX IP 求解在 5.5.2 节所述的分支定界过程中会用完 24 个线程。

2. 基于列生成的传统求解程序

在初步研究过程中，首先测试两种不同的定价子问题方法：式（5.42）～式（5.59）呈现的数学规划模型和穷举所有可能的船舶规划。计算结果表明，数学规划模型表现不佳。因为在求解每个子问题模型后，只能获得一列船舶规划。因此，需要大量的列生成迭代次数来获得最优的 LP 解。另外，通过使用穷举子问题方法（如 5.4.2 节提出的），在每次迭代中，为每艘船舶-泊位组合添加了最多 100 列（船舶规划）。结果，列生成迭代次数大大减少。当获得集合分区模型的最优 LP 解时，本章的研究只是在现有列的基础上解决了一个受约束的 IP 模型。

表 5-5 提供列生成方法的解决方案信息，说明了生成的列数（船舶规划），以及列生成时间。同时，还说明了 CPLEX 求解得到的 IP 值、IP-LP 时间、最优值偏差及总求解时间。

从表 5-5 可以看出，列生成方法可以在 75 分钟内得到所有 30 个测试用例的最优解，这在现实生活中是可以接受的。列生成方法迭代次数范围为 1～4。对于

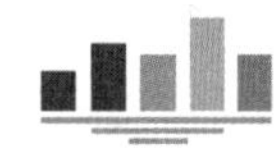

任何一个测试用例，生成的船舶规划总数小于 7 万。具体来说，对于 30 个测试用例中的 14 个，仅使用初始的船舶规划集就能获得最优解。对于其余的测试用例，通过列生成方法获得的船舶规划数量远小于初始的船舶规划集。由于船舶规划总数不大，可以很快求解带约束的 IP 模型。

表 5-5 基于列生成算法的结果

问题实例	# of Columns Generated	列生成时间	# of Iterations	LP 松弛 OBJ_{LR}	LP 时间/秒	IP OBJ_{IP}	IP 时间/秒	IP-LP 偏差	# of B&B 节点	最优值偏差
10-5-15-1	7 755	123	3	178	0.09	178	0.91	0	0	0
10-5-15-2	1 051	60	1	0	0.01	0	0.09	0	0	0
10-5-15-3	7 430	102	3	118	0.11	118	0.66	0	0	0
10-5-15-4	4 925	144	3	42	0.05	42	0.56	0	0	0
10-5-15-5	4 342	52	2	368	0.03	368	0.33	0	0	0
10-5-15-6	4 482	125	3	36	0.04	36	0.43	0	0	0
15-8-22-1	6 821	105	1	68	0.06	68	0.56	0	0	0
15-8-22-2	6 769	206	2	200	0.09	200	0.64	0	0	0
15-8-22-3	6 896	302	3	316	0.08	316	0.61	0	0	0
15-8-22-4	5 360	194	2	77	0.06	77	0.54	0	0	0
15-8-22-5	4 311	86	1	0	0.02	0	0.31	0	0	0
15-8-22-6	6 173	144	3	71	0.05	71	0.58	0	0	0
30-15-45-1	4 272	237	1	143	0.07	143	0.51	0	0	0
30-15-45-2	4 350	277	1	57	0.08	57	0.53	0	0	0
30-15-45-3	4 495	259	2	71	0.02	71	0.44	0	0	0
30-15-45-4	4 663	203	1	207	0.03	207	0.43	0	0	0
30-15-45-5	4 638	312	1	302	0.02	302	0.46	0	0	0
30-15-45-6	5 295	274	2	181	0.05	181	0.57	0	0	0
60-30-90-1	42 219	4 006	4	487	1.50	487	8.45	0	0	0
60-30-90-2	18 469	1 067	1	413	0.12	413	1.03	0	0	0
60-30-90-3	19 092	1 127	2	382	0.14	382	1.08	0	0	0
60-30-90-4	14 910	844	1	1 015	0.11	1 015	1.72	0	0	0
60-30-90-5	14 970	733	1	291	0.08	291	1.25	0	0	0
60-30-90-6	17 370	836	3	805	0.09	805	0.95	0	0	0
80-40-120-1	65 358	4 437	3	505	1.51	505	8.28	0	0	0
80-40-120-2	36 434	1 655	1	489	0.30	489	2.15	0	0	0
80-40-120-3	27 941	1 689	1	636	0.26	636	1.67	0	0	0
80-40-120-4	22 880	1 146	1	952	0.11	952	1.19	0	0	0
80-40-120-5	28 840	910	2	629	0.13	629	1.14	0	0	0
80-40-120-6	28 160	1 078	1	1 380	0.09	1 380	1.06	0	0	0

对两种不同的集合分区方法进行总结比较：列穷举和列生成。从表 5-4 和表 5-5 可以看出，基于列生成的求解方法可以为所有问题实例获得最优解，而基于列穷举的方法不能为最后 6 个大型测试用例提供可行解。此外，在平均水平下，为获得最佳的 IP 解，列生成方法产生的列数小于所有可能列（船舶规划）的 0.8%。就平均而言，列生成计算时间仅为穷举法计算时间的 0.9%。

从表 5-5 可以看出，对于一些测试用例，生成列的迭代次数需要用 3 次或 4 次，以证实获得最优的 LP 解。而对于其他的测试用例只需要 1 次或 2 次迭代。因此，本章进一步研究影响两次实验中迭代次数的因素，这两个实验的结果分别列于表 5-6 和表 5-7。本章分析了不同实验设置下算法的性能。在第一个实验中，有 10 艘船舶和 7 个泊位。由于泊位数量相对较多，总是有一些泊位可为船舶提供服务。通过将 QC 数量从 15 调整到 12 发现，QC 的利用率从 0.75 增加到 0.93。同时，列生成迭代次数从 1 增加到 5，如表 5-6 所示。

表 5-6　QC 数量对列生成迭代次数的影响

QCs 数量	QC 利用率	船舶规划数量	迭代次数
15	0.75	635	1
14	0.80	635	1
13	0.87	4 964	2
12	0.93	7 129	5

在第二个实验中，有 10 艘船舶和 18 个 QCs，因此有足够的 QCs 在任何时间为船舶提供服务。通过将泊位数从 7 个减少到 4 个，泊位的利用率从 0.56 增加到 0.89，列生成迭代次数从 1 增加到 3，如表 5-7 所示。

表 5-7　泊位数量对列生成迭代次数的影响

泊位数量	泊位利用率	规划的数量	迭代次数
7	0.56	635	1
6	0.68	1 347	2
5	0.81	2 019	3
4	0.89	2 488	3

从表 5-6 和表 5-7 可以看出，列生成迭代次数在很大程度上受到泊位和 QCs 利用率的影响。这意味着列生成的计算时间不仅取决于实例的规模（如泊位和 QCs 等资源的数量），还极大地取决于这些资源的利用率。

最重要的一点是，本章的研究对所提出的决策模型与直观的决策规则，即先

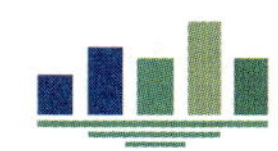

来先服务（FCFS）进行了比较（表 5-8）。这意味着港口运营商可以根据船舶的到达时间将抵达的船舶分配到可用的泊位。在现实的港口管理中，如果所有的船舶都具有相同的优先权，通常使用该规则。

表 5-8 提出的模型与直观决策规则（FCFS）之间的比较

问题实例	提出的模型	先来先服务（FCFS）	偏差
20-10-30-1	196	242	23.47%
20-10-30-2	309	445	44.01%
20-10-30-3	74	97	31.08%
20-10-30-4	197	252	27.92%
20-10-30-5	125	164	31.20%
40-20-60-1	329	426	29.48%
40-20-60-2	38	71	86.84%
40-20-60-3	368	512	39.13%
40-20-60-4	573	735	28.27%
40-20-60-5	389	471	21.08%
50-25-75-1	264	289	9.47%
50-25-75-2	469	659	40.51%
50-25-75-3	233	269	15.45%
50-25-75-4	151	225	49.01%
50-25-75-5	409	610	49.14%
	平均值		35.07%

根据表 5-8 的实验结果，相同的标准下，本章提出的决策模型在平均状况下优于 FCFS 决策规则约 35%，即式（5.1）。比较结果可以验证所提数学决策模型的必要性。

5.6 连续型泊位分配问题的拓展

上述研究中的泊位分配决策属于离散型泊位分配问题这一类。其中，港口处码头被划分为一系列相同的泊位，每艘船舶在港口停留期间占用一个泊位。然而，现实环境中，船舶的长度可能会有很大不同。因此，连续型泊位分配问题最近在学术界日益受到关注。在连续型泊位分配问题中，船舶在港口停留期间可能占用不同长度的码头空间。从数学建模的角度来看，连续型泊位分配问题比离散型泊位分配问题更复杂，前者可能比后者更具优势。根据连续型泊位分配问题的最新相关研究[228-230]，港口码头被划分成很多相同大小的单位（泊位段）。例如（表 5-9

中的数值实验），港口码头被离散化为 60 个泊位段，每个泊位段长 50m，船舶可占用 3～9 个泊位。对于带 QC 分配的连续型泊位分配问题，在此次扩展中考虑了可行的潮汐时间窗及航道流量控制。对于基于上述扩展问题的列生成解决方案，5.4 节展示了所提方法的主要变化：当生成列（船舶规划）时，船舶规划占用多个相邻泊位（泊位段）；而在以前研究中，船舶规划与单一泊位有关。

表 5-9　在连续泊位分配情况下基于列穷举方法得到的问题结果

问题实例	基于列穷举的主问题规模				LP 松弛 OBJ_{LR}	IP OBJ_{IP}	IP-LP 偏差	最优值偏差	CPU 时间/秒
	# of all colum.	Colum.Enum. Time	# of Constr.	# of Non Zeros					
10-30-15-1	1 496 460	890	3 114	183 614 568	223	223	0	0	205
10-30-15-2	1 688 550	1 083	3 114	216 059 974	0	0	0	0	202
10-30-15-3	1 090 680	720	3 114	151 226 176	238	238	0	0	260
10-30-15-4	1 296 270	841	3 114	152 604 606	115	115	0	0	1 052
10-30-15-5	1 219 980	826	3 114	157 487 736	163	163	0	0	264
20-60-30-1	5 109 900	5 664	6 034	712 836 718	290	290	0	0	733
20-60-30-2	3 853 920	3 805	6 034	499 927 648	422	422	0	0	429
20-60-30-3	4 190 820	3 999	6 034	501 943 308	43	43	0	0	1 232
20-60-30-4	4 665 300	4 765	6 034	619 553 354	279	279	0	0	1 833
20-60-30-5	4 932 440	5 218	6 034	673 618 792	227	227	0	0	1 755

注：第一栏“10-30-15-#”表示该实例有 10 艘船舶，30 个泊位，15QCs；“#”是实例的数量。

表 5-9 展示了带 QC 分配的连续型泊位分配及考虑潮汐和航道流量控制的连续型泊位分配的数值实验结果。由于泊位段（泊位）的数量远远超过之前离散型泊位分配提到的实例。所以，在相同数量的船舶实例情况下，表 5-9 比表 5-4 和表 5-5 所需的计算时间更长。虽然计算时间稍长，但上述实验验证了本章之前提出的模型和方法也适用于连续型泊位分配问题。

5.7 小　　结

本章的研究考虑了潮汐和航道流量约束的日常泊位规划问题。在考虑船舶可用潮汐时间窗和航道容量约束的基础上，提出了关于泊位分配与岸桥分配的集成优化模型。基于列生成算法用来得到所提模型的最优解。同时还进行了数值实验，验证了求解方法的效率。

（1）在泊位分配问题中，同时考虑潮汐、航道流量控制和 QC 分配决策等因素的研究较少。本章对这个全新且现实的问题进行了探索性研究。

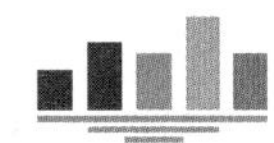

（2）以一种全面的方式综合考虑上述因素，并提出一个整数规划模型。所提出的决策模型对一些具有（或不具有）航运通道的潮汐港有潜在作用。

（3）提出了一个基于列生成且简单实用的解决方案去求解每天最佳的停泊规划，该解决方案可在 75min 内求解多达 80 艘船舶、40 个泊位和 120 个 QCs 的问题实例，该解决方案在实际应用中是可以接受的。

然而，本章的研究也有一些不足。第一，关于航道约束只是考虑了同时通过航道的船舶数量上限，这是关于 BAP 航道流量控制中最简单的情况。将这个简单的约束扩展到更加普遍的情况（如考虑航道的空间条件）将是未来新的研究领域。第二，没有考虑现实港口的一些计划规则（例如，如果一艘船舶的到达时间比原来安排的时间晚很多，其优先权将大大降低，即使有可用的泊位也将受到在港外等待的惩罚）。此外，“绿色港口”的概念在最近比较流行，一些研究考虑了碳排放（或燃料消耗）等因素，但是本章的研究并未涉及。所有这些问题都可能成为未来的研究方向。

第 6 章

鲁棒型泊位分配双目标优化问题

6.1 引　言

在泊位分配调度问题中，通常有主动调度和被动调度两种策略应对不确定因素。本章主要研究泊位分配调度的主动策略，即在计划执行期内制定一个对不确定性和变化性有一定程度预判的基准计划。本章考虑了船舶到达时间和作业时间的偏差。基于松弛时间插入方法，本章提出了一个双目标优化模型，以提高不确定性环境下基准计划的鲁棒性。本章所指的松弛时间插入方法，是在船舶的计划中插入松弛时间。本章还开发了一种解决大规模问题案例模型的启发式算法。

6.2 双目标鲁棒型泊位分配问题背景及模型构建

6.2.1 成本最小化目标

大多数传统的 BAP 模型使用了成本最小化的目标。在本章的研究中，参考 Kim 等[37]提出的模型，如图 6-1 所示。模型定义如下。

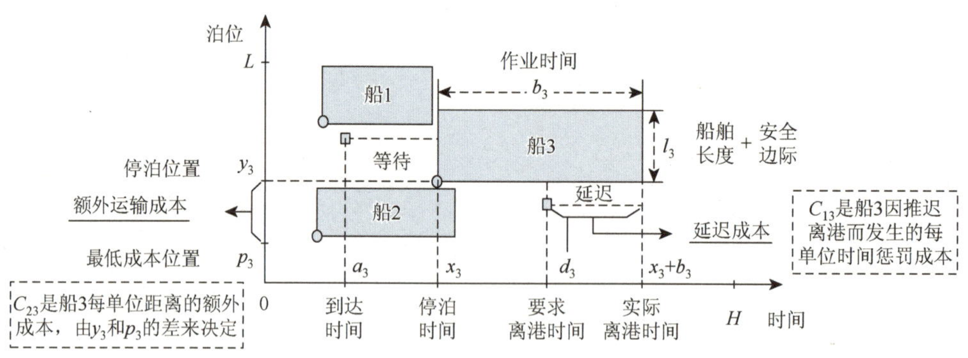

图 6-1　BAP 问题的时间-泊位二维平面图

参数：

V ——一组准备接受服务的船舶集合，$V = \{1，2，\cdots，N\}$，N 是船舶的数量。

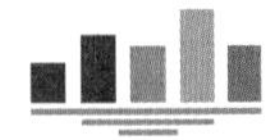

L——码头长度。

a_i——船舶 i 的预计到达时间。

d_i——船舶 i 的预计出发时间。

b_i——船舶 i 的预计作业时间。

l_i——船舶 i 的长度，该值包括相邻船舶之间所要求的间隔。

p_i——船舶 i 最低停泊成本的停泊位置，由分配给船舶 i 的堆存区域位置决定，p_i 指船舶 i 与堆存区域之间有着最短距离的停泊位置。

c_{1i}——由于延迟离港，每单位时间对船舶 i 的惩罚成本。

c_{2i}——船舶 i 单位距离上的额外成本，如果船舶 i 在 p_i 位置停泊，堆场内的运输成本最低，当船舶停泊在偏离 p_i 的位置时，产生额外成本，c_{2i} 是额外成本与偏离距离的比。

M——一个足够大的正数。

决策变量：

x_i——船舶 i 的停泊时间。

y_i——船舶 i 的停泊位置。

z_{ij}^x——二进制变量，如果对船舶 i 的作业在对船舶 j 的作业开始前结束，即 $x_i + b_i \leqslant x_j$，则设定为 1，否则为 0。

z_{ij}^y——二进制变量，在泊位（码头）轴上，如果船舶 i 位于船舶 j 的下方，即 $y_i + l_i \leqslant y_j$，则设为 1，否则为 0。

成本最小化：

$$C(x,y) = \sum_{i \in V} [c_{1i} \cdot (x_i + b_i - d_i)^+ + c_{2i} \cdot | y_i - p_i |] \tag{6.1}$$

s.t.

$$x_i + b_i \leqslant x_j + M(1 - z_{ij}^x) \quad \forall i, j \in V, i \neq j \tag{6.2}$$

$$y_i + l_i \leqslant y_j + M(1 - z_{ij}^y) \quad \forall i, j \in V, i \neq j \tag{6.3}$$

$$z_{ij}^x + z_{ij}^y + z_{ji}^x + z_{ji}^y \geqslant 1 \quad \forall i, j \in V, i \neq j \tag{6.4}$$

$$0 \leqslant y_i + l_i \leqslant L \quad \forall i \in V \tag{6.5}$$

$$x_i \geqslant a_i \quad \forall i \in V \tag{6.6}$$

$$z_{ij}^x, z_{ij}^y \in \{0,1\} \quad \forall i, j \in V, i \neq j \tag{6.7}$$

目标函数[式（6.1）]有两部分：因非最优停泊位置产生的成本，以及因延迟离港而导致的成本。约束[式（6.2）～式（6.4）]确保在泊位-时间的二维图中不存在船舶之间的重叠。约束[式（6.5）]是指停泊位置不能超过码头的范围。约束[式（6.6）]确保船舶在到港之前不能停泊。

6.2.2 鲁棒性最大化目标

制定鲁棒型泊位分配基准计划，首要问题是定义和测量鲁棒性。测量给定计划的鲁棒性有几种方法。例如，鲁棒性可以通过以下方式来衡量：所有场景目标值的期望值、最坏情况的目标值、计划中松弛时间的长度等。本章采用了一种基于各船舶调度计划松弛时间的方法，松弛时间是指一艘船作业结束时间和另一艘船作业开始之间的时间段。因此，鲁棒性被定义为一种自由松弛的加权和（参见文献[231]）。在给定的计划中，活动之间有一些松弛的时间间隔。本章用这些松弛的加权和来衡量计划的鲁棒性。权重由船舶的重要性来确定，一般指港口客户（即拥有船舶的航运班轮公司）的重要性。

将船i的松弛时间s_i定义为船i与其紧后船舶之间的松弛时间长度。具体而言，将φ_i定义为那些接替船i并占据船i泊位的船舶的集合；τ_{ij}是船i离港时间和船j停泊时间之间的差。船i的松弛s_i由式$s_i = \min\{\tau_{ij} \mid j \in \varphi_i\}$计算得出。

现实环境中，船舶的到达时间可能会影响其作业时间。然而，为了简单起见，假设到达时间和作业时间是独立的。假设作业时间受以下影响：①装载/卸载集装箱的数量，并且这数量可能偏离先前预测的数据；②分配给船舶的作业员的作业处理率，而作业员之间的处理率可能不同。在确定数学模型松弛时间的过程中，并没有考虑到达时间和作业时间之间的依赖关系。

此外，根据相关研究中鲁棒性衡量的常规做法，应该考虑每增加一单位松弛时间分配给船舶的收益递减因素。本节利用指数递减函数来反映上述的递减趋势。更具体地说，如果船i的松弛时间是s_i，其鲁棒性因子rf_i的计算公式为$rf_i = \int_0^{s_i} \mathrm{e}^{-x}\mathrm{d}x = 1 - \mathrm{e}^{-s_i}$。应该指出的是，使用指数函数（而不是其他形式，如对数函数）是鲁棒型项目调度（参见文献[232，233]）中通常的做法。因此，本章从这些研究中借鉴了这一想法，并利用指数函数来获取泊位计划中松弛的边际递减生产率。

所有船舶鲁棒因子（rf_i）的总和，可以衡量一个给定的计划的鲁棒性，但是这种简单的方法可能会忽略船舶不稳定性的差异。至于到达时间，不同船舶可能会有不同程度的不稳定性。换句话说，有些船舶在准时性方面可能有很好的信誉；有些船舶可能经常迟于其预计到达时间。本章为每艘船舶定义了不稳定权重（iw_i）。港口运营商可以根据船舶准时性的信誉，提前分配一个权重值（iw_i）。船舶到达时间的不稳定性越高，其权重（iw_i）就越大。基于权重（iw_i），计算所有船舶的鲁棒因子（rf_i）的加权和，以便衡量计划的鲁棒性，即$\sum_{i \in V}(iw_i \cdot rf_i)$。在寻求最优解的过程中，应该最大化鲁棒性$R(s)$：

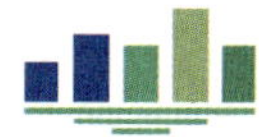

$$R(s)=\sum_{i\in V}(iw_i\cdot(1-\mathrm{e}^{-s_i}))\tag{6.8}$$

6.2.3　双目标优化：最小化成本和最大化鲁棒性

图 6-2（a）和（b）举例说明了泊位分配的两个计划。在该图中，每个矩形中的字母 A 表示预计到达时间，字母 B 表示成本最低的停泊位置。很明显，（a）的计划的成本是 0，但在面临一些不确定性因素时就可能不具鲁棒性。有些船舶偏离预计到达时间将会影响其他船舶的作业。实际上，（a）计划鲁棒性最低，即等于 0，因为船舶没有松弛时间。相反，（b）计划显然比（a）更具鲁棒性，但其成本更高。因此，对于这个例子中的两个计划，一个以成本为导向，另一个以鲁棒性为导向。

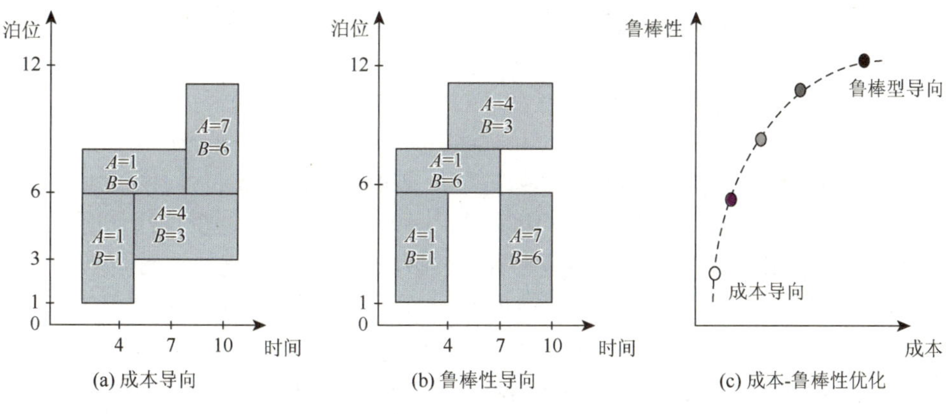

图 6-2　BAP 的双目标优化

本章研究的目的是获得一个成本令人满意的鲁棒型计划，并利用多目标优化方法来平衡鲁棒性和成本两个方面。所提出的双目标优化模型，可以为港口运营商提供一种积极的方式，在到达时间和作业时间不确定的环境下，制定泊位分配的鲁棒型基准计划。

目标 1：Minimize
$$\sum_{i\in V}[c_{1i}\cdot(x_i+b_i-d_i)^+ +c_{2i}\cdot|y_i-p_i|]\tag{6.9}$$

目标 2：Maximize
$$\sum_{i\in V}(iw_i\cdot(1-\mathrm{e}^{-s_i}))\tag{6.10}$$

s.t.约束[式（6.3）～式（6.7）]；

$$x_i+b_i+\tau_{ij}\leqslant x_j+M(1-z_{ij}^x)\quad\forall i,j\in V,i\neq j\tag{6.11}$$

$$s_i=\min\nolimits_{\forall j\in\varphi_i,j\neq i}\{\tau_{ij}\}\quad\forall i\in V\tag{6.12}$$

$$\tau_{ij}\geqslant 0\quad\forall i,j\in V,i\neq j\tag{6.13}$$

$$s_i \geqslant 0 \quad \forall i \in V \tag{6.14}$$

6.2.1 节中的模型约束[式（6.2）]由约束[式（6.11）]代替，其中添加了一个变量“τ_{ij}”。根据约束[式（6.11）]，$z_{ij}^x = 1$时，意味着船j沿着时间轴接替船i，否则，$z_{ij}^x = 0$。如果船j是接替船i，则τ_{ij}表示船i的作业结束时间与船j的作业开始时间之间的时间差。约束[式（6.12）]计算船舶i的松弛时间s_i，s_i定义为船i与其紧后船舶（即船集合φ_i）之间的时间松弛区长度。

通过双目标优化，可以获得一个包含船舶预计到达时间、预计作业时间和其他基本参数等给定输入信息的非支配解集。如图 6-2（c）所示，每个圆圈表示一个非支配解。获得这些非支配解之后，可以用模拟器生成的一组实际随机场景来评估它们的性能。

6.3 面向双目标决策优化模型的求解算法设计

6.3.1 一般框架和流程图

本章所提模型的主要求解思路是，将N艘船逐一插入泊位-时间二维图中。根据给定的插入序列，可以得到一组解集。因为这个问题有两个目标，所以在解决过程中，使用一种替代方法将两个目标转换成一个目标。对于解s，其成本和鲁棒性值分别由$C(\boldsymbol{s})$和$R(\boldsymbol{s})$表示。$\boldsymbol{s}$表示所有N艘船的停泊计划。更具体地说，$\boldsymbol{s}$是一个$N\times 2$矩阵，它表示分配给N艘船的停泊时间和停泊位置。在此，定义一个系数λ来连接上述两个目标：$\mathrm{Obj}^{\lambda}(\boldsymbol{s}) = \lambda \cdot C(\boldsymbol{s}) - (1-\lambda)\cdot R(\boldsymbol{s})$。

对于提出的模型，其双目标转换为一个目标，即给定$\boldsymbol{s}$，求解。

$$\begin{aligned}\text{Minimize} \quad & \mathrm{Obj}^{\lambda}(\boldsymbol{s}) \\ & = \lambda \cdot \sum_{i\in V}[c_{1i}\cdot(x_i + b_i - d_i)^+ + c_{2i}\cdot|y_i - p_i|] - (1-\lambda)\cdot\sum_{i\in V}(iw_i\cdot(1-\mathrm{e}^{-s_i}))\end{aligned} \tag{6.15}$$

除上述对目标的修改外，其他与式（6.3）～式（6.7）和式（6.11）～式（6.14）相同。

在目标$\mathrm{Obj}^{\lambda}(\boldsymbol{s})$中，系数$\lambda$可以设为 0.1、0.2、…、0.9，步长为 0.1。该步长可以根据问题规模和求解速度来手动调整。通过改变λ值，可以获得不同的解。

最初，船舶的插入顺序可以根据船舶的预计到达时间来确定。然而，不同的序列可能导致不同的解。因此，需要改变插入序列并执行多次迭代，来提高最终解的质量。本章采用“吱呀轮”优化法（SWO）来改变船舶插入的序列[60]。给定一个解后，分析解的序列中每个元素的性能，该元素由解衍生。其中，元素与船有对应关系。通过将“弱”表现元素转移到优先级列表的顶部，使得“弱”表现元素在求解过程中被赋予更高的优先级[234]。换句话说，就是将这些“弱”元素移动到船舶插入

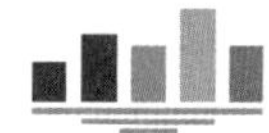

序列的前部。这样做的原因是：序列前部的船舶比序列后部的船舶具有更好的机会（或更高的概率）获得“满意的”性能。这对于后方的船舶是不公平的。所以，应该交换序列中表现“好”与“弱”船的位置，以便在更多可能的解中获得更好的解。

每次迭代中，给定一个插入序列，能得到一个解。其中，每艘船舶具有由 $v(i)$表示的目标值。根据式（6.15），$v(i)$是船 i 成本和鲁棒性关于 λ 的加权和。对于连续两艘船，船 i 是船 j 在序列中的紧前船舶。如果 $v(i)<v(j)$，则在序列中交换两艘船，并进行下一次迭代。这样，通过改变插入序列，在求解过程中就能预留满意解。当达到预先设定的最大迭代次数时，迭代计算停止。

首先，需要定义一些重要参数。NS 表示每次迭代中所选项的数量；NSR 表示粗略选择阶段中所选项的数量。

求解程序的主要流程如下。

用于求解模型的启发式算法

```
For λ 从 0.1 到 0.9，步长=0.1
    m=0，初始化船舶插入顺序：Seq^0                    //m 是当前迭代指数
    While(m<M)                          //M 是最大迭代数
        调用程序 Solve_BAP( λ , Seq^m)              //这是核心程序，将在下一节介绍
        获得结果：NS 个解             //每个解是所有船的泊位计划
            分析每艘船的目标值 v(i)，当船 i 是船 j 的紧前船时，若 v(i)<v(j)，则交换一些随后的船舶顺序
        获得一个新的插入序列：Seq^(m+1)
        m ← m+1
    End while
    过滤掉最好的 NS 个解     //根据 λ 的加权目标：λ·C(s)−(1−λ)·R(s)
End for
从上述 9×NS 解中，移除所有非支配解//根据最小化成本、最大化鲁棒性
```

6.3.2 有效泊位分配计划的获取

上述启发式算法中，核心问题在于 Solve_BAP（λ，Seq^m）程序，也就是说：给定一个插入序列 Seq^m 和 λ 值，如何找出有效的泊位分配计划的备选集合。

程序 Solve_BAP（λ，Seq^m）根据给定的插入序列尝试将 N 艘船逐个插入二维的泊位-时间图中。当插入船舶时，选择最佳“位置”给船舶。这里的“位置”是时间轴上的一点，如图 6-1 所示。该点由（x，y）表示，x 是船舶的停泊时间；y 是停泊位置。上述选择过程有两个阶段：粗略和详细的选择。在粗略选择阶段，通过将船 n 插入先前迭代获得的解中，选择 NSR 个最佳点序列：{（x_1，y_1），（x_2，y_2），…，（x_n，y_n）}。NSR 是一个表示每次迭代中被预留“粗选择解”数量的参数。在详细选择阶段，给出上述 NSR 粗选解的一个解，在其搜索空间内插入船舶 $n+1$、$n+2$、$n+3$，并计算目标值，以便选择最佳 NS 个解。本章的研究中，设

NSR = 100 和 NS = 30。实际上，本章进行了一些 NSR 值超过 100（如 105、110 等）或 NS 值超过 30（如 35、40 等）的数值实验。结果显示，这些变化对最终结果几乎没有影响。如果使用太大的 NSR 和 NS 值，则需要较长的计算时间。所以，这些值的选择是基于一些数值实验的。另外，搜索深度也是一个重要的参数，这里设置探索深度为 3。当插入船 $n+1$、$n+2$、$n+3$ 能够在详细选择阶段选择最佳的 NS 个解时，搜索深度也可以提前进行手动调整。随着搜索深度的增加将能够为问题的求解扩大搜索空间，但会导致求解时间变长。一个合适的搜索深度设置取决于计算机的运算能力。

更具体地说，当插入船舶 n 时，在该迭代开始时就已经知道上一次迭代（S^{n-1}）中的 30 个解的集合。30 个 S^{n-1} 中的每一个都是{（x_1，y_1），（x_2，y_2），…，（x_{n-1}，y_{n-1}）}的一个点序列。基于这 30 个解中的每一个解，尝试将船 n 插入搜索空间中的所有可能点。因此，在第一阶段 100 个最佳点{（x_1，y_1），（x_2，y_2），…，（x_n，y_n）}的序列被过滤掉。然后，根据上述 100 个粗选解中的每一个解，在其搜索空间内分别插入第 $n+1$、$n+2$、$n+3$ 艘船，（x_{n+1}，y_{n+1}），（x_{n+2}，y_{n+2}），（x_{n+3}，y_{n+3}）。在{（x_1，y_1），…，（x_n，y_n），…，（x_{n+3}，y_{n+3}）}这些序列点中，根据目标值的递增次序对它们进行排序。从上述结果中过滤出最好的 30 个点{（x_1，y_1），（x_2，y_2），…，（x_n，y_n）}的序列。最后，在这个迭代（即 S^n）中，获得一组新的 30 个解，其中，每个解是点{（x_1，y_1），（x_2，y_2），…，（x_n，y_n）}的一个序列。

Solve_BAP(λ, Seq^m)的整个过程如下。

Solve_BAP(λ, Seq^m) ——给定一个插入序列的求解过程

```
For: n 从 1 到 N，步长=1                                    //N 是船舶数量，它根据插入序列从 1 到 N
    For: i 从 1 到 NS，步长=1                                   //NS 是每次迭代后预留的解的数量
        根据解 S^{n-1}(i)，将船 1 到船 n–1 放入 B-T 图中          //B-T：泊位-时间二维坐标图
        For: 在 SP(n)的所有点 p                               //SP(n)船 n 的搜索空间
    尝试将船 n 放在 p
    如果成功，计算 λ 加权目标值，并将解预留在数据集合 S_temp 中
        End for
    End for
    从 S_temp 中，找到 RS(j)中的最佳粗造解 NSR1≤j≤NSR     //NSR：粗略选择的解的数量
    For: j 从 1 到 NSR，步长=1
        根据粗糙解 RS(j)将船 1 到 n 放入 B-T 图中
        For: 所有在 SP(n+1)的点 p_1，将船 n+1 放置在点 p_1  //如果定义搜索深度为 3
    For: 所有在 SP(n+2)的点 p_2，将船 n+2 放置在点 p_2
        For: 所有在 SP(n+3)的点 p_3，将船 n+3 放置在点 p_3
            计算船 1, 2, …, n+3 的 λ 加权目标值
        End for
    End for
        End for
    End for
    找出最佳的 NS 个解，构造解集 S^n. //每个解是点{(x1, y1), …, (xn, yn)}的序列
End for
```

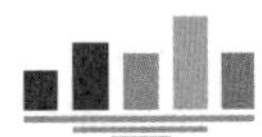

在此，举例说明上述步骤。本例中，假设船舶数 $N=20$，参数 $\mathrm{NSR}=100$，$\mathrm{NS}=30$。按照一定的顺序插入 20 艘船舶。假设序列中的第 5 艘船被插入，就是说在上述过程中 $n=5$。

在插入第 5 艘船的迭代开始时，上一次迭代中的结果（即 S^4 ）是这次迭代的输入。S^4 是包含船舶 1、2、3、4 的 30 个序列点的集合：

$$S^4=\begin{cases} S^4(1): & \{(x_1,y_1),\cdots,(x_4,y_4)\} \\ S^4(2): & \{(x_1,y_1),\cdots,(x_4,y_4)\} \\ \quad\vdots & \qquad\qquad\vdots \\ S^4(30): & \{(x_1,y_1),\cdots,(x_4,y_4)\} \end{cases}$$

然后，用给出的以上序列的每一个点执行如下迭代步骤。在本例中，有 30 次迭代。例如，给出 $S^4(2)$，根据点序列 $S^4(2):\{(x_1,y_1),\cdots,(x_4,y_4)\}$ 将船舶 1、2、3、4 放置在平面图中。然后，船 5 可以放置在其搜索空间 SP（5）中所有可能的点。应该提到的是，搜索空间是离散区域。格子尺寸是根据问题的规模和计算机的容量预先定义的。插入第 5 号船时，穷举出其搜索空间中的所有可行点（x_5，y_5），并根据加权目标值 λ 选择前 100 个最佳点（x_5，y_5）。

例如，在 SP（5）中，当给定 $S^4(2)$ 时，有 334 个点 (x_5,y_5) 。这些点在下面的例子中用 $p_1,\cdots,p_{334}$ 表示。以这种方式，为 5 艘船获取了很多 $\{(x_1,y_1),\cdots,(x_5,y_5)\}$ 序列。一个序列如下：

$$S^4(1)+\begin{cases} p_1: & (x_5,y_5) \\ & \quad\vdots \\ p_{203}: & (x_5,y_5) \end{cases}$$

$$S^4(2)+\begin{cases} p_1: & (x_5,y_5) \\ & \quad\vdots \\ p_{334}: & (x_5,y_5) \end{cases}$$

$$\vdots \qquad\qquad \vdots$$

$$S^4(30)+\begin{cases} p_1: & (x_5,y_5) \\ & \quad\vdots \\ p_{312}: & (x_5,y_5) \end{cases}$$

在上述 $\{(x_1,y_1),\cdots,(x_5,y_5)\}$ 的序列中，根据每个序列的 λ 加权目标值过滤出最好的 100 个序列。其中，100 是参数 NRS 的值。这 100 个序列是在粗略选择阶段获得的结果，由 RS（1），…，RS（100）表示。

详细选择阶段，会考虑插入第 6、第 7 和第 8 号船的影响。对于上述 100 个序列中的每一个序列，重复以下步骤。例如，给定 RS（2），根据点 RS(2): $\{(x_1,y_1),\cdots,(x_5,y_5)\}$ 的序列将船舶 1、2、3、4 和 5 放入平面图中。然后，将船 6、7 和 8 逐个放置在其搜索空间 SP（6）、SP（7）和 SP（8）中的所有可能点处。以这种方式，为 8 艘船获取了很多 $\{(x_1,y_1),\cdots,(x_8,y_8)\}$ 序列，如下：

$$\text{RS}(1)+\begin{cases}(x_6,y_6),(x_7,y_7),(x_8,y_8)\\ \quad\vdots\\ (x_6,y_6),(x_7,y_7),(x_8,y_8)\end{cases}$$

$$\text{RS}(2)+\begin{cases}(x_6,y_6),(x_7,y_7),(x_8,y_8)\\ \quad\vdots\\ (x_6,y_6),(x_7,y_7),(x_8,y_8)\end{cases}$$

$$\vdots \qquad\qquad \vdots$$

$$\text{RS}(100)+\begin{cases}(x_6,y_6),(x_7,y_7),(x_8,y_8)\\ \quad\vdots\\ (x_6,y_6),(x_7,y_7),(x_8,y_8)\end{cases}$$

在上述序列 $\{(x_1,y_1),\cdots,(x_8,y_8)\}$ 中，根据序列 $\{(x_1,y_1),\cdots,(x_8,y_8)\}$ 的 λ 加权目标值过滤出最好的 30 个 $\{(x_1,y_1),\cdots,(x_5,y_5)\}$ 序列。其中，30 是参数 NS 的值。上述 30 个不同的序列是在详细选择阶段获得的结果。这些序列 $\{(x_1,y_1),\cdots,(x_5,y_5)\}$ 的集合 S^5 是下一次迭代的输入，第 6 艘船也将在下次迭代中插入。

应该指出的是：上述过程中不要选择最好的 30 个 $\{(x_1,y_1),\cdots,(x_8,y_8)\}$ 的序列。原因在于，最好的 30 个 $\{(x_1,y_1),\cdots,(x_8,y_8)\}$ 的序列可能与 $\{(x_1,y_1),\cdots,(x_5,y_5)\}$ 序列存在重复子部分，这也是该迭代中期望的结果。因此，要根据 $\{(x_1,y_1),\cdots,(x_8,y_8)\}$ 的目标值过滤出最好的 30 个 $\{(x_1,y_1),\cdots,(x_5,y_5)\}$ 的序列。

上述过程只是插入一艘船的迭代。当所有 20 艘船插入泊位-时间平面图时，能够获得 30 个 $\{(x_1,y_1),\cdots,(x_{20},y_{20})\}$ 的序列，即 30 个可能的泊位分配计划表，这也是程序 Solve_BAP（λ，Seq^m）的输出。

6.3.3 复杂性分析

本节讨论所提启发式算法的复杂性。首先，分析 Solve_BAP（λ，Seq^m）的过程。它包含两个阶段：粗略选择和详细选择。两个选择阶段的复杂性分别是 $N\times \text{NS}\times M$ 和 $N\times \text{NSR}\times M^3$。因此，Solve_BAP（$\lambda$，$\text{Seq}^m$）的复杂性可以认为是 $N\times \text{NSR}\times M^3$。$M$ 是离散搜索空间中点的数量，受离散空间中水平和垂直轴的单位长度的影响。基于以上陈述，回到 6.3.1 节提到的启发式算法的一般过程。它

的复杂性是 $9\times N\times O(N\times \mathrm{NSR}\times M^3)$ 。因此，提出的算法的复杂性是 $O(9\times N^2\times \mathrm{NSR}\times M^3)$ 。

6.3.4　一个双目标 BAP 模型解的说明实例

本节给出了获取一组 BAP 非支配解集的一个说明实例。如 6.3.1 节所述，求解过程中 λ 的范围是 0.1～0.9，得到的解也随之从鲁棒导向型到成本导向型转变。换句话说，当 λ 非常接近 0.1 时，解更具鲁棒性。相反，λ 接近 1.0，解更节省成本。给定 50 艘船的预计到达时间、预计作业时间、要求离港时间和一些成本系数，启发式算法就可以获得非支配解，如图 6-3 所示。

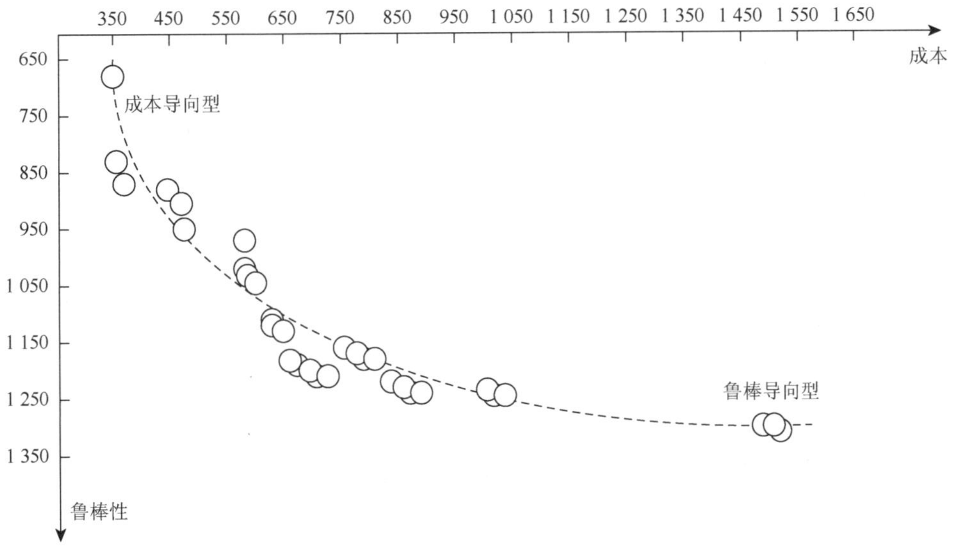

图 6-3　非支配解集的成本鲁棒性优化

图 6-3 中，圆圈表示的非支配解是从 270 个解中过滤出来的。这些解是由 λ（0.1～0.9）的启发式算法获得的，每次迭代中预留最好的 30 个解。图 6-3 中虚曲线表示非支配解集，左上角的解是成本导向型的，而右下角的解是鲁棒导向型的。图 6-4 显示了两个非支配解：一个是鲁棒性最佳，但成本最高；另一个是最节省成本，而鲁棒性最差。

在这些非支配解中，没有同时具有最低成本和最高的鲁棒性的终极解。从这些非支配解中的选择，是由港口运营商的偏好和实际环境的不确定程度决定的。如果实际场景中，船舶到达时间和作业时间的不确定因素很高，港口运营商可能更趋向于以鲁棒性为导向的计划。而成本应该是港口运营商的主要关注点。

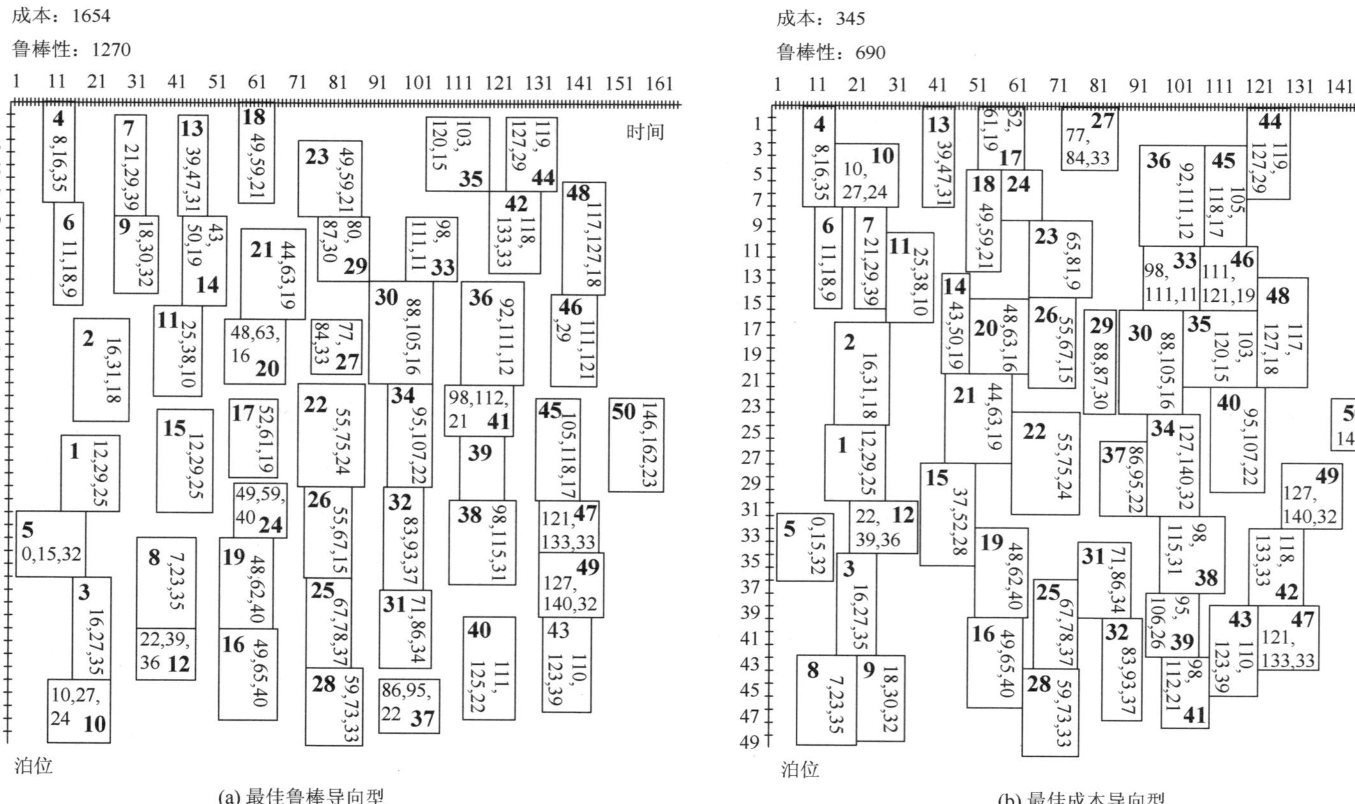

(a) 最佳鲁棒导向型

(b) 最佳成本导向型

图 6-4　泊位分配调度的两个极端例子

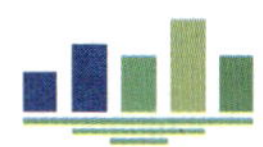

6.4　不确定环境下模型验证与参数灵敏度分析数值实验

6.4.1　实验设计

求解过程在一台计算机（Intel Core 2 Duo，2.67G Hz，内存 4G）上通过 C#（Visual Studio 2008）实现。实验中，船舶数量为 50，计划期为一周，单位时间为 1 小时，所以计划周期 $H = 168$ 小时。港口的类型是一个具有矩形堆场区域的通用集装箱码头。码头的岸线为直线，长度为 1000m。数值实验的总体框架如图 6-5 所示。

实验主要包括三部分：①如何评估获得的计划。在一些不确定环境下，对这些计划执行一些性能评估实验。这部分在 6.4.2 节中讨论。②如何为每个场景选择适当的计划。没有适合所有场景的完美计划，对于不同的情况，在获得的所有计划中都存在着最佳选择。本章将进行一些实验来研究这个问题。这部分在 6.4.3 节中讨论。③如何提高一个鲁棒型计划的性能。不确定性因素的预判信息，对提高计划性能很重要。本章将进行一些实验，来研究不同程度的预测信息对不确定性因素的性能改进。这部分在 6.4.4 节中讨论。

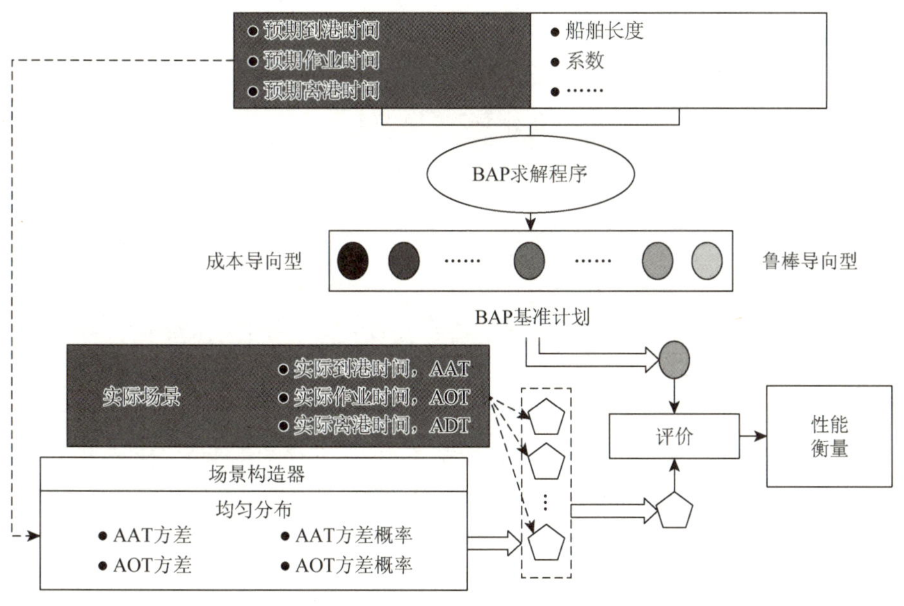

图 6-5　实验设计

6.4.2 不确定性环境下计划的性能评估

本章设计了一个场景生成器来模拟一些实际场景，其中主要包括船舶实际的到达时间和作业时间。对于这些生成的场景，假设船舶 i 的实际到达时间（a_i^{Δ}）符合正态分布。均值是船舶的预计到达时间，方差表示为 $\sigma^2(a_i)$。船舶 i 的实际作业时间以相同的方式进行模拟。假设船舶 i 的实际作业时间（b_i^{Δ}）也符合正态分布。均值是船舶的预计作业时间，方差表示为 $\sigma^2(b_i)$。应该指出的是，到达时间正态分布的假设可能会忽视提前抵达的负面效应。但是为了简单起见，假设到达时间和作业时间服从数值实验中的正态分布。

除了考虑船舶到达时间和作业时间的差异外，还考虑上述时间变动的发生概率，即考虑不同到达时间或作业时间的船舶的百分比，用 P_a^{Δ} 和 P_b^{Δ} 分别表示。

通过产生有着不同到达时间方差 $\sigma^2(a_i)$、作业时间方差 $\sigma^2(b_i)$、不同到达时间百分比 P_a^{Δ} 和不同作业时间百分比 P_b^{Δ} 的实际场景来进行实验。首先，在所有 N 艘船中，随机选择 $P_a^{\Delta} \times N$ 艘船。这些船的实际到达时间（a_i^{Δ}）偏离其预计到达时间（a_i）。a_i^{Δ} 也是根据正态分布 $N(a_i, \sigma^2(a_i))$ 随机确定的。除 $P_a^{\Delta} \times N$ 艘船舶外，其他船舶的实际到达时间（a_i^{Δ}）等于其预计到达时间（a_i）。处理作业时间的方法类似。随机选择 $P_b^{\Delta} \times N$ 艘船。这些船舶的实际作业时间（b_i^{Δ}）偏离其预计的作业时间（b_i），并服从 $N(b_i, \sigma^2(b_i))$ 分布。其他船舶的实际作业时间（b_i^{Δ}）等于其预计的作业时间（b_i）。

这个实验的另一个重要问题是：在不同的实际场景下，评估这些计划性能的指标是什么。这里，主要选取三个指标。

（1）冲突量（N_{conf}），是指一个基准计划面临实际场景时会发生多少冲突。基准计划是根据预计到达时间和作业时间预先生成的，但实际到达时间或作业时间可能与预计时间不同。如果船舶的实际矩形与时间-平面的二维图中其他船舶的矩形重叠，则会识别一个冲突。实验中，统计了这些冲突的数量。

（2）冲突的深度（D_{conf}），反映了上述冲突的程度。对于一艘船，当面对实际场景时，其矩形可能与泊位-时间平面图中的其他矩形重叠。该度量反映了每艘船在时间轴上的重叠深度。一些船舶可能同时与多艘船舶重叠。因此，需要选择这些重叠深度中的最大值。在这个实验中，冲突深度（D_{conf}）是所有船舶重叠深度的总和。

（3）实际成本（C_{actu}），是指在实际场景下调整这些冲突的成本。获得泊位分配的基准计划过程中，根据预计的参数（如预计到达时间、作业时间）来计算成本。实际场景中，可以采取几种方法来应对可能发生的冲突。例如，①沿着时间轴的右移矩形（推迟冲突的船舶），但这样可能会导致对其他船舶的连锁反应。②重新安排冲突的船舶，这种方法可能会导致另一个非常复杂的优化问题，即需要同时最小

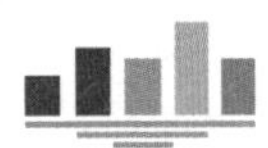

化成本并在原先计划的基础上进行调整。为了简单起见，只考虑本实验中“压缩作业时间”的策略。这一策略意味着港口需要通过分配更多的岸桥或拖车来加速船舶的作业生产率。因此，压缩船舶的作业时间会增加额外成本。在这个实验中，定义了压缩 1 个小时的单位成本 uc。其中，可以根据赶工时期额外的人力成本和设备成本来估算 uc。另外，还考虑了时间压缩成本的增量效应。对于船 i，压缩 dp（i）小时的额外成本定义为 $\sum_{j=1}^{\mathrm{dp}(i)} j \cdot \mathrm{uc}$。在本实验中，实际成本（$C_{\mathrm{actu}}$）是所有 N 艘船在实际场景中调整的附加成本的总和，这也应加到以前计划成本（PC）中：

$$C_{\mathrm{actu}} = \mathrm{PC} + \sum_{i \in V} \sum_{j=1}^{\mathrm{dp}(i)} j \cdot \mathrm{uc} \tag{6.16}$$

其中，PC 是根据 $\sum_{i \in V} [c_{1i} \cdot (x_i + b_i - d_i)^+ + c_{2i} \cdot | y_i - p_i |]$ 计算的，x_i 和 y_i 是船舶以前计划的停泊时间和停泊位置。表 6-1 列出了不同场景下的一些代表性计划的性能。

表 6-1　不同场景下计划的性能（50 艘船）

场景参数				成本导向型 ⟵					⟶				鲁棒导向型		
				计划_1			计划_2			计划_3			计划_4		
$\sigma^2(a_i)$	$\sigma^2(b_i)$	P_a^Δ	P_b^Δ	N_{conf}	D_{conf}	C_{actu}	N_{conf}	D_{conf}	C_{actu}	N_{conf}	D_{conf}	C_{actu}	N_{conf}	D_{conf}	C_{actu}
2	2	0.2	0.2	3	6	447	2	3	522	0	0	841	0	0	1 654
2	2	0.2	0.4	5	10	504	3	5	555	0	0	842	0	0	1 654
2	2	0.4	0.4	7	13	567	4	7	585	0	0	844	0	0	1 654
2	5	0.2	0.2	5	17	846	4	11	796	1	3	933	0	1	1 682
2	5	0.2	0.4	9	31	1 296	7	21	1 082	3	7	1 030	1	2	1 701
2	5	0.4	0.4	11	35	1 431	7	23	1 159	3	8	1 052	1	2	1 714
2	8	0.2	0.2	7	29	1 546	5	22	1 387	3	12	1 323	2	7	1 930
2	8	0.2	0.4	13	57	2 734	10	44	2 321	6	26	1 831	5	15	2 183
2	8	0.4	0.4	14	61	2 876	11	46	2 414	7	27	1 904	5	16	2 228
5	2	0.2	0.2	5	15	770	3	9	725	1	2	891	0	0	1 660
5	2	0.2	0.4	7	19	841	5	11	761	1	2	898	0	0	1 661
5	2	0.4	0.4	11	32	1 257	7	20	1 022	2	5	974	0	0	1 669
5	5	0.2	0.2	7	25	1 159	5	16	984	2	5	991	0	1	1 689
5	5	0.2	0.4	11	41	1 710	8	27	1 374	4	10	1 128	1	3	1 723
5	5	0.4	0.4	14	53	2 199	10	36	1 699	5	14	1 263	2	4	1 765
5	8	0.2	0.2	9	38	1 903	7	28	1 650	4	15	1 421	2	8	1 967
5	8	0.2	0.4	14	64	3 080	11	50	2 573	7	29	1 968	5	16	2 223
5	8	0.4	0.4	17	78	3 696	14	60	3 027	8	35	2 179	6	19	2 329
8	2	0.2	0.2	7	25	1 276	5	18	1 140	2	8	1 130	0	2	1 730
8	2	0.2	0.4	9	29	1 374	6	21	1 222	2	9	1 168	1	2	1 738
8	2	0.4	0.4	13	52	2 335	10	39	1 930	4	18	1 507	2	5	1 830
8	5	0.2	0.2	9	36	1 744	7	27	1 485	3	12	1 264	1	4	1 777
8	5	0.2	0.4	13	52	2 277	10	38	1 879	5	18	1 454	2	6	1 833
8	5	0.4	0.4	17	74	3 349	14	56	2 723	7	28	1 883	3	10	1 990

续表

场景参数				成本导向型 ⟷										鲁棒导向型	
				计划_1			计划_2			计划_3			计划_4		
$\sigma^2(a_i)$	$\sigma^2(b_i)$	P_a^Δ	P_b^Δ	N_{conf}	D_{conf}	C_{actu}	N_{conf}	D_{conf}	C_{actu}	N_{conf}	D_{conf}	C_{actu}	N_{conf}	D_{conf}	C_{actu}
8	8	0.2	0.2	10	47	2 393	8	37	2 090	5	22	1 727	3	11	2 071
8	8	0.2	0.4	16	75	3 644	13	60	3 119	9	37	2 318	6	20	2 372
8	8	0.4	0.4	20	97	4 711	17	78	3 989	11	49	2 861	7	26	2 628

注：①“$\sigma^2(a_i)$”和“$\sigma^2(b_i)$”分别代表船舶实际到达时间和实际作业时间的方差；②“P_a^Δ”和“P_b^Δ”分别代表有着不同到达时间和不同作业时间的船舶的百分比。

图 6-6 说明了到达时间方差 $(\sigma^2(a))$ 或作业时间方差 $(\sigma^2(b))$ 在不同场景下的计划平均成本。例如，图 6-6（a）和（c）的每个竖条分别表示，在所有场景下，到达时间的方差 $\sigma^2(a)$ 分别为 2、5 或 8 对应的平均计划成本。图 6-6 清楚地表明，除了 $\lambda=0.1$ 的情况，计划成本随着到达时间方差 $\sigma^2(a)$ 或作业时间方差 $\sigma^2(b)$ 的增

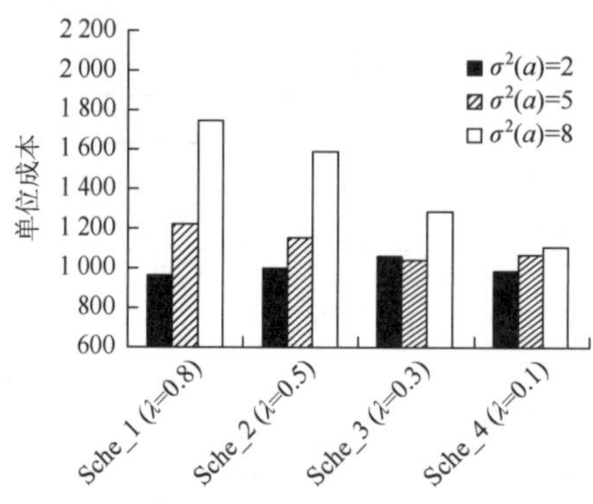

(a) 具有不同到达时间的方差的场景下调度计划的平均成本 (案例1,40艘船)

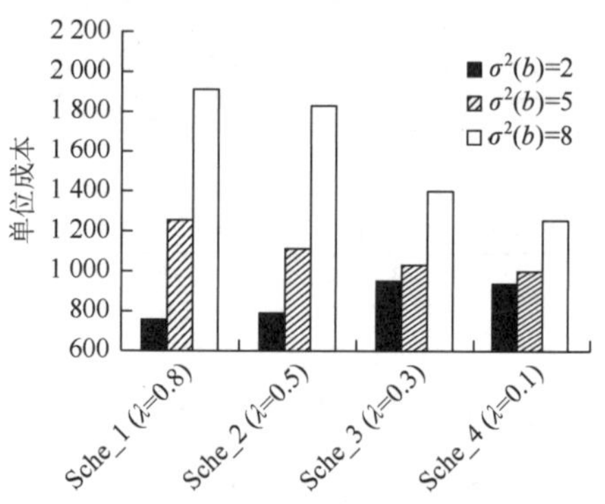

(b) 具有不同作业时间的方差的场景下调度计划的平均成本(案例1,40艘船)

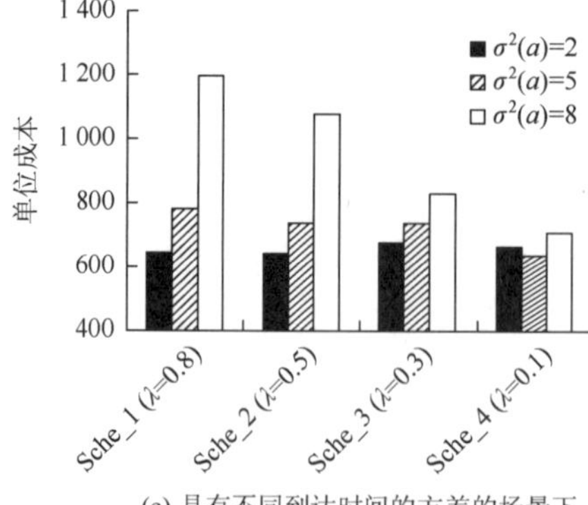

(c) 具有不同到达时间的方差的场景下调度计划的平均成本 (案例2,30艘船)

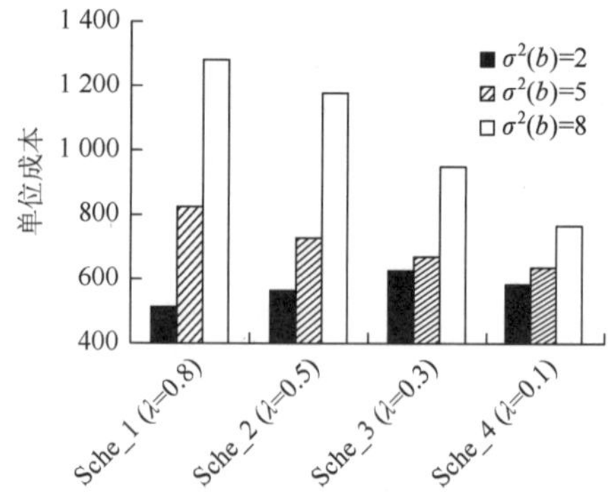

(d) 具有不同作业时间的方差的场景下调度计划的平均成本 (案例2,30艘船)

图 6-6　不同场景下的计划平均成本（案例 1，40 艘船；案例 2，30 艘船）

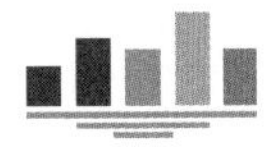

长而增加。计划 1 的这种增长趋势比计划 4 更为明显。这些实验结果证明，成本导向型的计划（如图 6-6 中的计划 1）对现实环境中的随机特征（如不确定的到达和作业时间）的敏感性要高于鲁棒导向型的计划（如图 6-6 中的计划 4）。对于方差 $\sigma^2(a)$ 或 $\sigma^2(b)$ 等于 2、5 或 8 的不同场景，最低成本的最优计划也不同。当环境的随机特征不是非常明显，如 $\sigma^2(a)$ 或 $\sigma^2(b)$ 等于 2 时，计划 1 比其他计划更合适。相反，鲁棒导向型的计划 4 对具有更明显的随机因素的场景来说是最好的。

通过比较图 6-6 中的（a）、（c）和（b）、（d），本节研究了变化的到达时间和作业时间对最终性能影响的差异。可以观察到，作业时间的方差比到达时间的方差对最终性能的影响更大。例如，对于案例 1 中计划 1 的竖条，图 6-6（b）的三个竖条比图 6-6（a）的三个竖条变化更明显。具体地说，当方差为 2 时，即 $\sigma^2(a)=2$ 和 $\sigma^2(b)=2$ 时，图 6-6（a）的计划 1 的平均成本高于（b）的平均成本。当方差变为 8 时，即 $\sigma^2(a)=8$ 和 $\sigma^2(b)=8$，图 6-6（a）计划 1 的平均成本低于右侧部分的平均成本。$\sigma^2(b)=8$ 与 $\sigma^2(b)=2$ 的比值约为 2.5，$\sigma^2(a)=8$ 与 $\sigma^2(a)=2$ 的比值约为 1.8。这种现象表明，作业时间随机程度的增加对最终性能的影响可能比到达时间随机程度的增加对最终性能的影响明显。

6.4.3　不同场景下适用计划的选用

基于上述关于性能评估的研究，本章对如何为不同场景选取适当计划的这一决策实验进行了扩展。6.3 节中提出了一种获得一系列非支配解的方法，其中每一个解都与问题求解过程中的 λ 值有关。λ 值实际上反映了解在成本鲁棒性方面的特征。λ（0.1～0.9）（步长为 0.1），相应的解从鲁棒导向型到成本导向型转变。这个实验中，从图 6-3 所示的非支配解中选择 9 个计划。这 9 个计划对应的 λ 值为 0.1～0.9（步长为 0.1），在图 6-7 中由 L_1，L_2，…，L_9 表示。在面对不同 $\sigma^2(a_i)$、$\sigma^2(b_i)$、P_a^Δ 和 P_b^Δ 的随机场景时，实验评估了 9 个计划的实际成本。结果如图 6-7 所示。

在图 6-7 中，每个曲线表示有着不同 $\sigma^2(a_i)$、$\sigma^2(b_i)$、P_a^Δ 和 P_b^Δ 场景的计划成本。因为实验分析了 9 个不同的计划，所以在图 6-7 中应该有 9 条曲线。但为了清楚地显示结果，在每个图中只显示 4～5 个计划。

在图 6-7 中，计划的成本随着参数 $\sigma^2(a_i)$、$\sigma^2(b_i)$、P_a^Δ 和 P_b^Δ 的增加而增加，这表明实际场景中不确定因素的增加将导致成本的增长。此外，计划 L_9 的成本增量是最明显的，而 L_1 是最小的。L_9 对应 $\lambda=0.9$，是最具成本导向型的计划，而 L_1 对应 $\lambda=0.1$，是最具鲁棒导向型的计划。实验解释了鲁棒导向型的计划在实际场景下对扰动并不敏感的原因。然而，这些计划必须付出一定的代价才能使其具有鲁棒性。当实际场景不确定程度较低时，鲁棒导向型计划的实际成本要高于成本导向型计划。

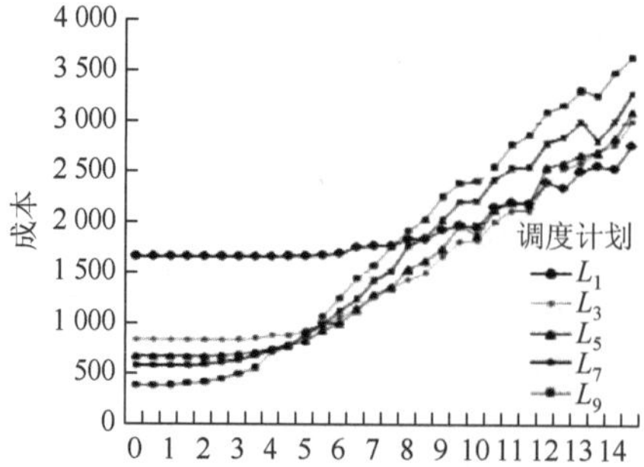

(a) 不同调度计划下
到达时间的成本差异

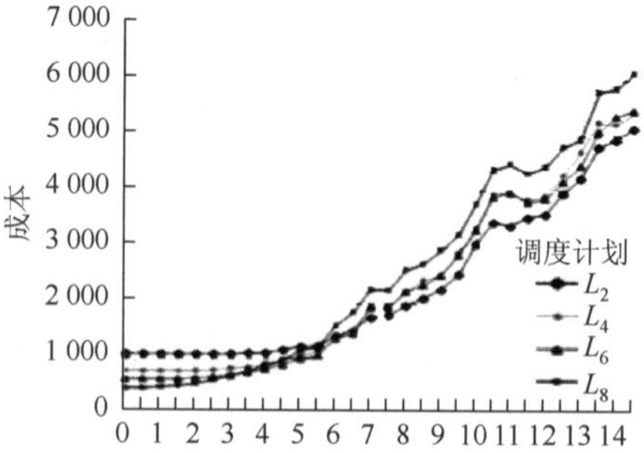

(b) 不同调度计划下
作业时间的成本差异

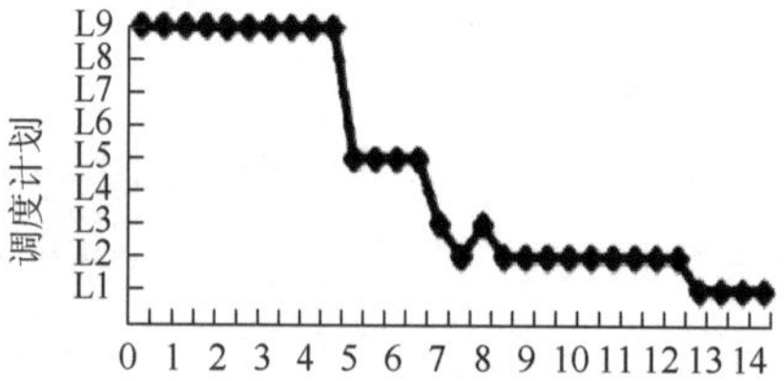

(c) 不同到达时间差异下
最佳调度计划

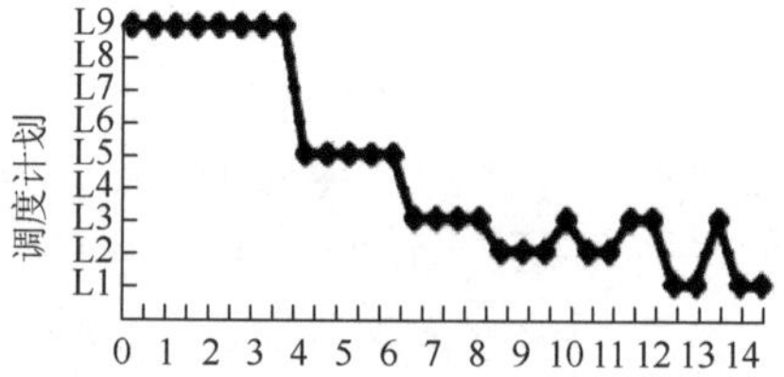

(d) 不同作业时间差异下
最佳调度计划

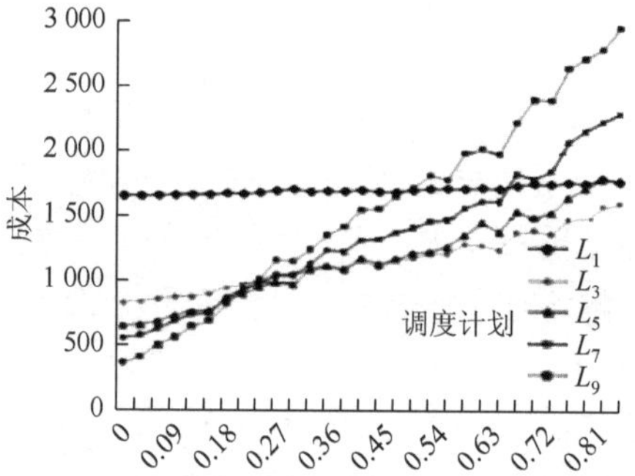

(e) 不同调度计划下
到达时间变化的成本百分比

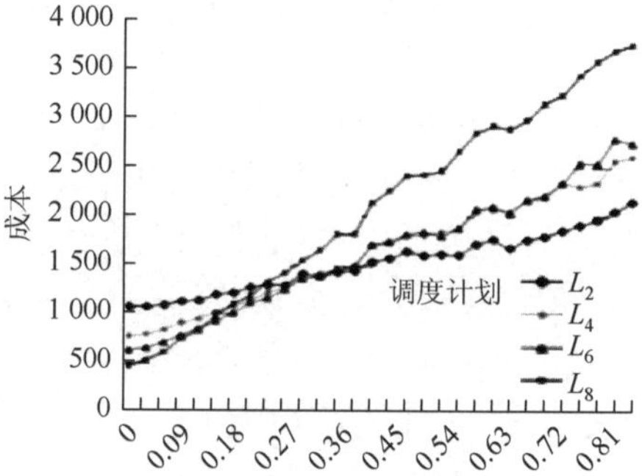

(f) 不同调度计划下
作业时间变化的成本百分比

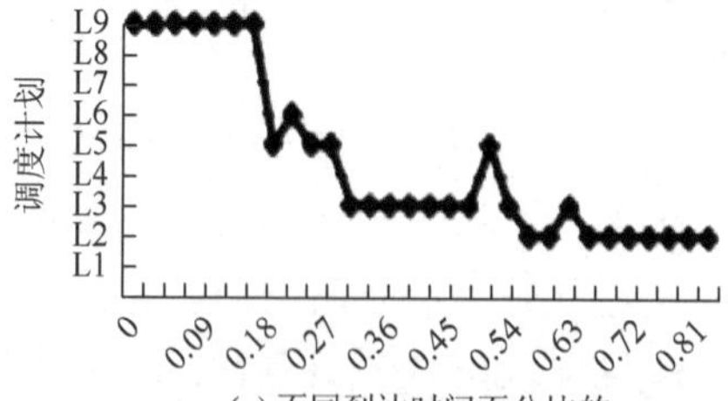

(g) 不同到达时间百分比的
最佳调度计划

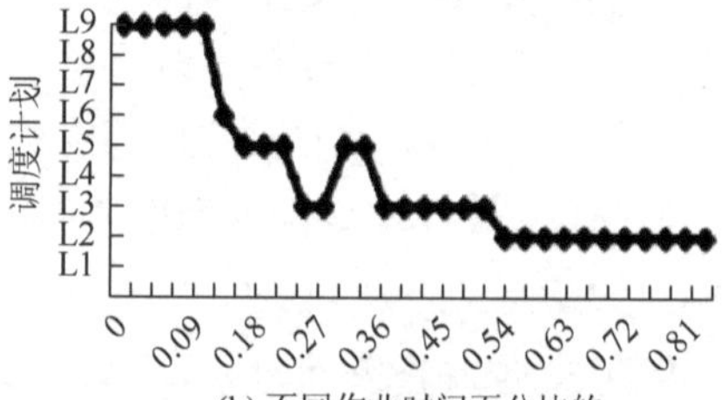

(h) 不同作业时间百分比的
最佳调度计划

图 6-7　不同场景下的最佳计划

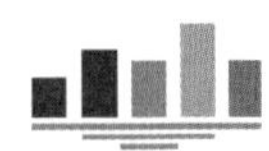

本节还分析了具有不同$\sigma^2(a_i)$、$\sigma^2(b_i)$、P_a^{Δ}或P_b^{Δ}场景的最优计划。结果如图 6-7 中（c）、（d）、（g）、（h）所示。这些实线表示，最优计划的演变过程聚集了场景的不确定程度，其演变趋势可以清楚地被发现。在实际场景中涉及的不确定因素越多，最佳计划就越来越向鲁棒导向型演变（即图 6-7 中的实线从 L_9 变为 L_1）。

6.4.4　不确定因素预判的性能比较

预判实际场景中不确定性因素的相关信息，对提高鲁棒型基准计划的性能是有用的。预判信息主要涉及每艘船的不确定程度。在现实环境中，船舶具有不同的不确定程度。有些船在准时性方面可能享有良好信誉。而有些船可能经常晚于其预计到达时间。如果在制定基准计划的过程中考虑预判信息，则会改善所获计划的鲁棒性。

本章设计了一些实验，来评估具有不同程度预判信息的计划的性能。在计划阶段，港口运营商可根据船舶在其历史记录中的信誉进行估计，得出一些预判信息。对于那些晚于预计时间中概率较高的船舶，港口运营商将增加其不稳定权重[iw_i，在式（6.8）中提及]并生成基准计划。本实验中，假设：①在实际场景下，有 15 艘船将比其预计到达时间晚。②港口运营商的预判信息与实际场景相符程度分别是 100%、2/3 或 1/3。换言之，若在实际场景中有 15 艘船将迟到，则港口运营商能正确地预估出有 15、10 或 5 艘将延迟抵港。

为了详细解释，本节举了个例子。在 50 艘船中，1～15 号船舶将迟到。

例 1：港口运营商的预判，100%是正确的，并分配船 1～15 比其他船更高的 iw_i。然后运营商求解模型并获得计划。

例 2：港口运营商的预判，有 2/3 是正确的，并且给其中 10 艘船（如 1～10 号船）分配了比其他船舶更高的 iw_i。然后运营商求解模型并获得计划。

例 3：港口运营商的预判，有 1/3 是正确的，并且给其中 5 艘船舶（如 1～5 号船）分配了比其他船舶更高的 iw_i。然后运营商求解模型并获得计划。

本章用上述三个不同的计划来应对现实场景，其中第 1～15 号船将迟到。然后，评估上述三个计划的性能。

用这样的方法，进行了三组实验，如图 6-8 所示。从结果中发现，在生成基准计划时考虑的预判信息越多，节省的成本就越多。图 6-9 显示了上述三种不同程度下，预判信息的最低成本。当到达时间的方差较小时，意味着场景的不确定性不明显，上述三种不同程度预判信息的性能也不容易区分。然而，当场景的不确定性因素增加时，预判信息的优势越来越明显。该实验验证了，在实际场景下正确预判不确定性因素的重要性，特别是当场景的不确定特征非常显著时。

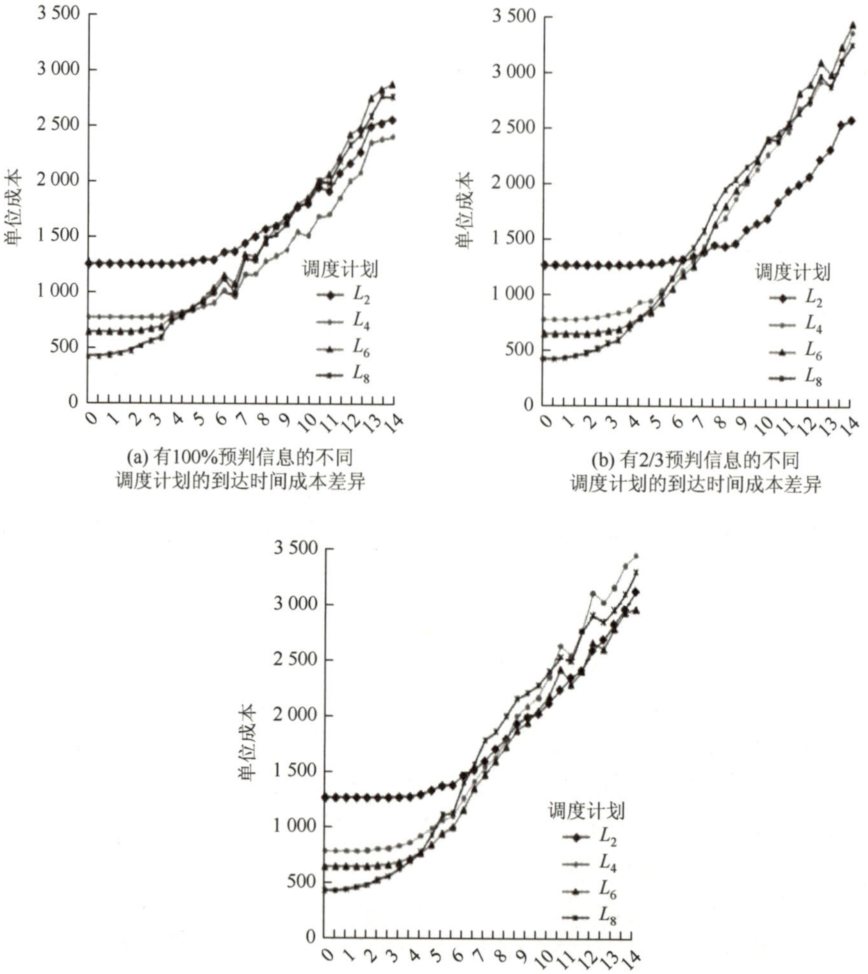

(a) 有100%预判信息的不同调度计划的到达时间成本差异

(b) 有2/3预判信息的不同调度计划的到达时间成本差异

(c) 有1/3预判信息的不同调度计划的到达时间成本差异

图 6-8　不同程度的预判不确定性信息的性能比较

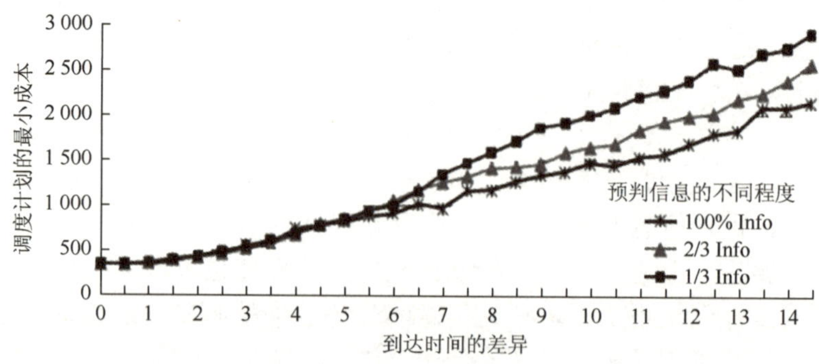

图 6-9　不同程度不确定性预判信息的计划的最小成本

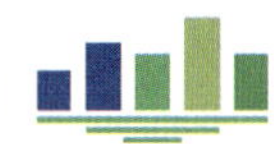

图 6-8 和图 6-9 仅显示了在不确定场景下，到达时间的方差不同时的实验结果。对于作业时间方差的实验，趋势相似。限于篇幅，本节省略。

6.5 小　结

针对停泊活动不确定的问题，本章研究了制定鲁棒型泊位分配基准计划的主动策略，适用于包含不可预见事件和不确定因素的现实环境。

本章的贡献主要包括两个方面：①提出了一种双目标优化模型，以平衡停泊计划的鲁棒性和成本。传统的研究是确定型 BAP，只考虑了计划成本测量的最小化。②提出了一种用于在大规模问题案例中高效求解模型的启发式方法。通过运用启发式算法，本章开展了一些实验以产生非支配的计划，并且在不同的场景下分析了其性能表现。

将来可以研究计划恢复的被动反应策略，主要涉及如何调整初始计划，以应对新出现的干扰。鲁棒型基准计划（主动策略）和智能恢复策略集（被动反应策略）的组合可能是不确定性环境下泊位分配调度的终极解。

第 7 章 特大型港口码头分配问题

7.1 引　言

海运市场的激烈竞争和规模经济的强劲使得班轮运输行业内出现并购现象，中国远洋运输总公司（China Ocean Shipping Company CO.，LTD，COSCO）和中海集装箱运输股份有限公司（China Shipping Container Lines CO.，LTD，CSCL）集运正式合并，达飞集团（Compagnie Maritime d' Affrètement and Compagnie Générale Maritime，CMA-CGM）收购东方海皇集团（Neptune Orient Lines，NOL）。除兼并收购外，航运公司仍通过其他机制发展业务，如航运联盟：2M 联盟（马士基航运公司、地中海航运有限公司），G6 联盟（商船三井、东方海外、现代商船、赫伯罗特、美国总统轮船、日本邮船），海洋三联联盟和 CKYHE 联盟（中远集运、川崎汽船、阳明海运、韩进海运、长荣海运）；这些联盟中的航运公司将在班轮服务中共享各自的船舶。

集装箱在大型港口各个码头之间的运输是航运联盟部署大型船舶过程中的一个主要问题。通常，一些大型港口会为航运公司提供特定的码头。例如，马士基航运公司在欧洲有 10 个专用码头，在亚洲有 13 个专用码头，在北美有 5 个专用码头。指定航运公司的船舶可以在某个港口自有码头上进行调度，从而方便转运集装箱；但在船舶共享联盟中，航运公司需部署可容纳多条航线上集装箱的船舶；如此一来，便增加了许多港口的货物装卸和集装箱运输的复杂性。世界上的大型港口通常是多码头系统，而不是单一码头系统。例如，新加坡港已逐步建成 11 个码头，其中 8 个为集装箱码头；香港港拥有 9 个集装箱码头，位于葵涌、昂船洲和青衣；鹿特丹、洛杉矶和上海的港口也分别有 9 个、9 个和 7 个集装箱码头。港口各个码头间通常需进行集装箱运输活动，若码头间相距甚远，则会产生庞大的运输成本。因此，航运联盟如何适当地分配码头以降低大型港口不同码头之间的转运成本值得深入研究。

除了上述码头间的交通成本外，燃油消耗也是运输联盟运营成本的重要组成部分，可能占船舶运营总成本的一半以上。航运联盟正在尝试所有可能的措施，包括技术方面和管理方面，以减少燃油成本。众所周知，燃油消耗与船舶的速度有关，进一步影响船舶的到港时间，而船舶的到港时间也与码头分配决策有关。因此，合理的码头分配计划将降低航运联盟的燃料消耗成本。据估计，在港口停留的时间每缩短 1 小时可以节省平均 6700 美元的燃油成本。

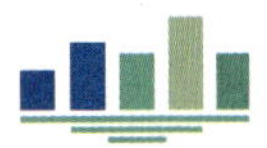

根据上述分析，本章在考虑燃料消耗的情况下对转运港的码头分配问题（terminal allocation problem，TAP）进行探索性研究。传统的泊位分配问题（berth allocation problem，BAP）通常与岸桥（quay crane，QC）分配相结合，主要属于运作层决策问题，而 TAP 则属于策略层决策问题。在 TAP 中，因为泊位和岸桥是每个码头的重要资源，所以需要考虑其容量限制。本章构建了 TAP 模型并将其线性化；为解决大规模问题实例下的混合整数规划（mixed integer programming，MIP）模型，开发了基于局部分支的求解方法和基于粒子群优化（partical swarm optimization，PSO）的求解方法，相应地进行了数值实验以验证所提出的模型的有效性和所提出求解方法的效率；与“先到先得”决策规则相比，可节省大约 14%的成本；所提求解方法不仅可以在合理的计算时间内解决问题，而且获得了 0.1%～0.7%相对偏差的近似最优结果。

7.2　考虑燃料消耗的转运港码头分配问题背景及模型构建

本章研究了由一组具有容量限制的码头组成的特定港口的规划问题。规划期由 T 个相等周期组成，一个周期可以为一个小时、两个小时等；给定一组船舶，若在每个周期内抵港和离港次数恰好为一次，则将该周期称为规划周期。研究问题为给船舶同时分配码头、到港和离港时间。每艘船舶在靠港时间间隔内需装载或卸载一定数量的集装箱。指定船舶需要处理集装箱的总数为以下四类集装箱流入和流出的总和：①需要装载到船舶上的本地集装箱，称为出口集装箱；②需要从船舶上卸载以满足本地需求的集装箱，称为进口集装箱；③需要从某一船舶转运到其他船舶的集装箱；④需要从其他船舶转运至该船舶的集装箱。船舶的出口集装箱储存在指定的船舶从属码头。图 7-1 为码头分配问题的示例，其中集装箱流量受到码头分配的显著影响[235]。

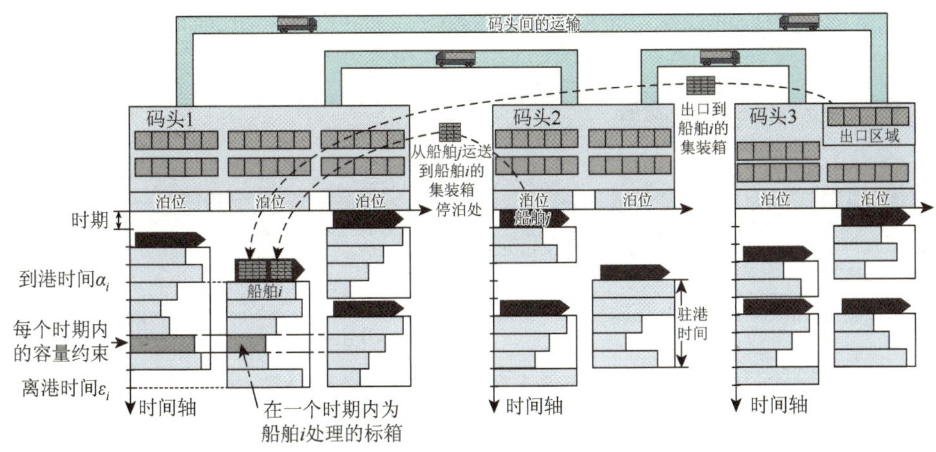

图 7-1　码头分配问题和集装箱流动

7.2.1 问题描述

该规划问题针对多码头港口,涉及一组特定船舶 i 需在规划周期内访问该港口。假设船舶在上一个港口所有入港航行的离开时间和下一个港口所有出港航行的到达时间是已知的。理想情况下，所有港口的规划问题都应集成到一个单一的优化模型中，但这样的模型太过复杂以至于无法有效解决。相反，本章所研究的单一港口模型则可以通过在每次迭代中调整上述出发时间和到达时间的假设来解决此问题。

每个港口有两种类型的容量限制：第一，每个码头都有一定数量的泊位，对任意指定时期内可能停泊在码头的船舶数量进行限制。第二，每个码头的处理能力有限，以任意指定时期内可以进行的最大集装箱活动数量来保证；其中处理能力可能会随着码头和时间周期的变化而变化，具体由 QC 资源衡量[75]。为了确保所有集装箱活动能够以给定的码头处理能力进行处理，本研究将提前决定船舶集装箱活动调度的确切数量及其停泊在码头的时间段。

目标函数为减少所有船舶的总成本，由四个部分组成：船舶入港航行的燃油消耗成本，为指定到港时间；出港航行的燃油消耗成本，为指定离港时间；需要在码头之间运送的集装箱的转移成本，与在码头以一定速率[取决于码头起讫对 O-D（origin-destination）]移动的 O-D 集装箱的数量成比例；在船舶之间移动的集装箱需要存储在港口内产生的存储成本，按每个集装箱统一储存成本率计算。

分配船舶到港时间和离港时间的权衡如下：若到港时间过早，船舶则被迫在入港航行中以更高的速度行驶，通常会增加相关的燃油成本。此外，所减少的到港时间将延长港口的停泊时间，这意味着需要额外增加泊位数和时间周期。同时，靠港时间的延长可以允许更多的时间段来保证上述所有的船舶的集装箱活动。而选择船舶的离港时间，也以类似的权衡为准。

7.2.2 燃油消耗成本函数

燃油消耗量是上述运营成本的主要部分。BAP 研究中已考虑到这一因素[67, 226]，根据 Du 等[226]，用于估算燃料消耗量的公式如下：

$$\text{Bunker\_Consumption} = \left[k + k' \cdot \left(\frac{\text{Distance}}{\text{Sailing\_Time}}\right)^s\right] \cdot \text{Sailing\_Time} \qquad (7.1)$$

其中，k 和 k' 为回归系数，$s \in \{3.5, 4, 4.5\}$，对于支线船舶，$s = 3.5$；对于中型船舶，$s = 4$；对于大型船舶，$s = 4.5$。令 l 为航行距离，t 为航行时间，由 $\hat{F}(l,t)$ 表示航程中的燃油消耗，如下：

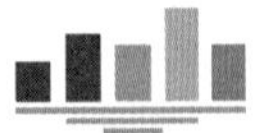

$$\hat{F}(l,t)=\left[k+k'\cdot\left(\frac{l}{t}\right)^{s}\right]\cdot t=kt+k'l^{s}t^{1-s} \tag{7.2}$$

通过式（7.2）中燃料消耗的最小化，得到最佳的航行速度（用 v^* 表示）。如果船舶当前航速超过（或低于）最佳航速，则船舶需减速（或加速），以节省燃油消耗，其计算如下：

$$v^{*}=\left(\frac{k}{k'\cdot(s-1)}\right)^{1/s} \tag{7.3}$$

已知 l 、t ，得平均速度为 l/t 。若 $l/t\geqslant v^*$ ，则船舶应以 l/t 的恒定速度航行，以节省燃油。否则，船舶应以最佳速度航行至目的地，然后在目的地等待。从而，在已知 l 、 t 的情况下，由函数 $F(l,t)$ 表示的燃油消耗最小值为

$$F(l,t)=\begin{cases}\hat{F}(l,t) & \text{if } l/t\geqslant v^{*}\\ [k+k'\cdot(v^{*})^{s}]\cdot(l/v^{*}) & \text{otherwise}\end{cases} \tag{7.4}$$

命题 1：给定 l ，定义一个新的函数 $G(t):=F(l,t)$ 。那么， $G(t)$ 为凸函数，且递减、连续可微，但 t 非二次可微。

证明：（1）可微性。显然，$G(t)$ 至少在 $t=l/v^*$ 以外的任何点都可与 t 点区分。在 $t=l/v^*$ 处验证 $G(t)$ 的左右导数：

$$\lim_{\Delta t\to 0^{-}}\left.\frac{G(t+\Delta t)-G(t)}{\Delta t}\right|_{t=l/v^{*}}=\left.\frac{\partial\hat{F}(l,t)}{\partial t}\right|_{t=l/v^{*}}=0 \tag{7.5}$$

$$\lim_{\Delta t\to 0^{+}}\left.\frac{G(t+\Delta t)-F(l,t)}{\Delta t}\right|_{t=l/v^{*}}=\frac{\left\{[k+k'\cdot(v^{*})^{s}]\cdot\dfrac{l}{v^{*}}\right\}-\left\{[k+k'\cdot(v^{*})^{s}]\cdot\dfrac{l}{v^{*}}\right\}}{\Delta t}=0 \tag{7.6}$$

得

$$\lim_{\Delta t\to 0^{-}}\left.\frac{G(t+\Delta t)-G(t)}{\Delta t}\right|_{t=l/v^{*}}=\lim_{\Delta t\to 0^{+}}\left.\frac{G(t+\Delta t)-F(l,t)}{\Delta t}\right|_{t=l/v^{*}} \tag{7.7}$$

因此， $G(t)$ 在 t 点可微。

（2）递减。当 $t<l/v^*$ ， $G'(t)=\dfrac{\partial\hat{F}(l,t)}{\partial t}=k+(1-s)k'l^{s}t^{-s}$ ；当 $t\geqslant l/v^*$ 时，$G'(t)=0$ 。

因此，

$$G'(t)=\begin{cases}k+(1-s)k'l^{s}t^{-s} & \text{当 } l/t\geqslant v^{*}\text{ 时}\\ 0\end{cases} \tag{7.8}$$

当 $t\leqslant l/v^*$ 时， $G'(t)=\dfrac{\partial\hat{F}(l,t)}{\partial t}=k+(1-s)k'l^{s}t^{-s}$ 严格按 t 增加（注： $s>1$ ）。当 $t\geqslant l/v^*$ 时， $G'(t)=0$ 。从而，当 $t<l/v^*$ 时， $G'(t)<0$ 。所以， $G(t)$ 是递减的。

（3）连续可微。 $G'(t)$ 至少在 $t=l/v^*$ 以外的任意点是连续的。式（7.8）表明 $G'(l/v^*)=0$，且

$$\lim_{\Delta t\to 0^-} G'(t+\Delta t)\bigg|_{t=l/v^*} = \lim_{\Delta t\to 0^-}[k+(1-s)k'l^s(l/v^*+\Delta t)^{-s}]=0 \tag{7.9}$$

$$\lim_{\Delta t\to 0^+} G'(t+\Delta t)\bigg|_{t=l/v^*} =0 \tag{7.10}$$

因此，$G'(t)$ 是连续的。

（4）非二次可微。式（附 2.4）表明

$$\lim_{\Delta t\to 0^-} G''(t+\Delta t)\bigg|_{t=l/v^*} =(1-s)(-s)k'l^s t^{-s-1}>0 \tag{7.11}$$

$$\lim_{\Delta t\to 0^+} G''(t+\Delta t)\bigg|_{t=l/v^*} =0 \tag{7.12}$$

因此，$G''(t)$ 在 $t=l/v^*$ 点不存在。

（5）凸函数。已知 t_1,t_2，需证明连接 $(t_1,G(t_1))$ 和 $(t_2,G(t_2))$ 的线段不低于曲线 $G(t)$。

若 $t_1<l/v^*$，$t_2<l/v^*$，则当 $t<l/v^*$ 时，$G''(t)\geqslant 0$。若 $t_1\geqslant l/v^*$，$t_2\geqslant l/v^*$，则当 $t\geqslant l/v^*$ 时，$G(t)=0$。

否则，假设 $t_1\leqslant l/v^*$，$t_2\geqslant l/v^*$，如图 7-2 所示。

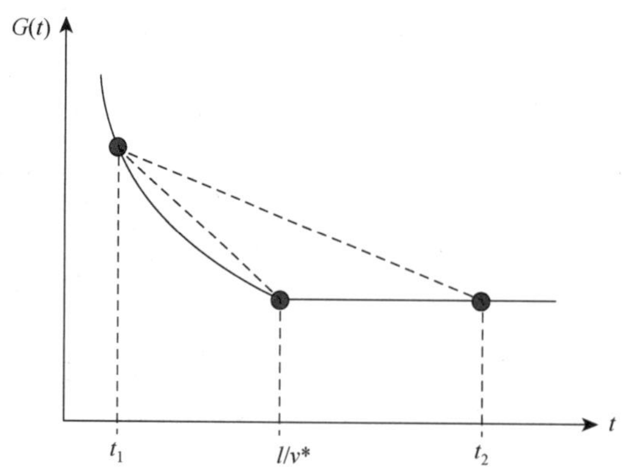

图 7-2　函数 $G(t)$示例

显而易见，线段 $(t_1,G(t_1))-(l/v^*,G(l/v^*))$ 高于曲线 $G(t)$，线段 $(l/v^*,G(l/v^*))-(t_2,G(t_2))$ 高于曲线 $G(t)$，线段 $(t_1,G(t_1))-(t_1,G(t_1))$ 不在上面所提到的两条线段之下。因此，线段 $(t_1,G(t_1))-(t_2,G(t_2))$ 高于曲线 $G(t)$。

令 k_i、k_i'、s_i 为与船舶 i 有关的燃油消耗函数中的参数。如果船舶 i 在时间段 α_i 中到达港口，则将 $F_i^{\text{pre}}(\alpha_i)$ 定义为它在航程中从上一个港口到其航行中的停泊港（即入港航行）的燃油成本；如果船舶 i 在时间段 ε_i 中离开港口，则将 $F_i^{\text{nxt}}(\varepsilon_i)$

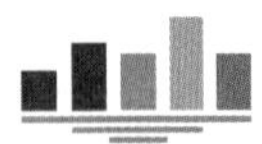

定义为它在航程中从停泊港到下一个港口（即出港航行）的燃油成本；计算公式如下：

$$F_i^{\mathrm{pre}}(\alpha_i)=F(l_i^{\mathrm{pre}},\alpha_i-t_i^{\mathrm{pre}}) \tag{7.13}$$

$$F_i^{\mathrm{nxt}}(\varepsilon_i)=F(l_i^{\mathrm{nxt}},t_i^{\mathrm{nxt}}-\varepsilon_i) \tag{7.14}$$

其中，l_i^{pre} 和 l_i^{nxt} 分别为船舶 i 从上一个港口出发和到达下一个港口的航行距离；t_i^{pre} 和 t_i^{nxt} 分别为船舶 i 离开上一个港口的时期及到达下一个港口的时期。

由于船舶的速度限制，所以决策变量 α_i 和 ε_i 不能取任意值。令 $v_i^{\max}$ 为船舶 i 的最高速度，那么可以计算出最小可能的 α_i 值，即其到达港口的最早时间，如下：

$$\alpha_i^{\min}=t_i^{\mathrm{pre}}+\left\lceil\frac{l_i^{\mathrm{pre}}}{v_i^{\max}}\right\rceil \tag{7.15}$$

其中，$\lceil x\rceil$ 为大于或等于 x 的最小整数。最大的可能值 ε_i，即船舶 i 离开港口的最近时间，计算如下：

$$\varepsilon_i^{\max}=t_i^{\mathrm{nxt}}-\left\lceil\frac{l_i^{\mathrm{nxt}}}{v_i^{\max}}\right\rceil \tag{7.16}$$

7.2.3　模型构建

基于上述分析，本节提出码头分配问题模型。首先，参数和变量的符号定义如下。

下标和集合：

i——船舶下标。

V——船舶集合。

p——码头下标。

P——码头集合。

t——时间段下标。

T——规划周期内的时间段集合。

决策变量：

γ_{ip}——如果船舶 i 被分配到码头 p，取值为 1；否则取值为 0。

α_i——船舶 i 到达港口的时间段。

ε_i——船舶 i 离开港口的时间段。

$\theta_{ii'}$——集装箱组从船舶 i 转运到船舶 i' 时需存储在港口的时间段。

δ_{it}——在时间段 t 内为船舶 i 处理的集装箱数量。

已知参数：

$\alpha_i^{\min}$——考虑最高航速情况下 α_i 的下界。

$\varepsilon_i^{\max}$——考虑最高航速情况下 ε_i 的上界。

$F_i^{\text{pre}}(x)$——船舶 i 在其航程中从上一个港口的某港口的航行燃油成本，若它在时间段 x 内到达该港口，则产生该成本。

$F_i^{\text{nxt}}(x)$——船舶 i 在其航程中从某港口的下一个港口的航行燃油成本，若它在时间段 x 内离开该港口，则产生该成本。

$c_{pp'}^T$——在码头 p 和 p' 之间运输一个集装箱的单位成本。

$c_{pe_i}^T$——从码头 e_i 运送一个出口集装箱到码头 p 的单位成本（即该码头存储的出口集装箱需要装载到船舶 i 上）。

c^H——转运集装箱在港口等待一个时间段的单位持有成本。

$m_{ii'}^T$——需从船舶 i 运送到船舶 i' 的集装箱数量。

m_i^I——需从船舶 i 卸载的进口集装箱数量。

m_i^E——需装载到船舶 i 的出口集装箱数量。

n_i——需从船舶 i 装载和卸载的集装箱数量，$n_i = \sum_{i' \in V} m_{ii'}^T + \sum_{i' \in V} m_{i'i}^T + m_i^I + m_i^E$。

q_{pt}——时间段 t 内码头 p 上可被处理的集装箱数量。

b_{pt}——时间段 t 内码头 p 上可用的泊位。

e_i——存储需装载到船舶 i 的出口集装箱的码头的下标。

数学模型：

$$
\begin{aligned}
[\mathbf{TAP}_{\text{Nonlinear}}]\text{Minimize} Z = &\sum_{i \in V}[F_i^{\text{pre}}(\alpha_i) + F_i^{\text{nxt}}(\varepsilon_i)] \\
&+ \sum_{i,i' \in V} \sum_{p,p' \in P} c_{pp'}^T \cdot m_{ii'}^T \cdot \gamma_{ip} \cdot \gamma_{i'p'} + \sum_{i \in V} \sum_{p \in P} c_{pe_i}^T \cdot m_i^E \cdot \gamma_{ip} \\
&+ c^H \cdot \sum_{i,i' \in V} m_{ii'}^T \cdot \theta_{ii'}
\end{aligned} \tag{7.17}
$$

s.t.

$$\sum_{p \in P} \gamma_{ip} = 1 \quad \forall i \in V \tag{7.18}$$

$$\sum_{i \in V:\, \text{if} t \in [\alpha_i, \varepsilon_i)} \gamma_{ip} \leqslant b_{pt} \quad \forall p \in P, \forall t \in T \tag{7.19}$$

$$\sum_{t=\alpha_i}^{\varepsilon_i - 1} \delta_{it} = n_i \quad \forall i \in V \tag{7.20}$$

$$\sum_{i \in V:\, \text{if} t \in [\alpha_i, \varepsilon_i)} \delta_{it} \cdot \gamma_{ip} \leqslant q_{pt} \quad \forall p \in P, \forall t \in T \tag{7.21}$$

$$\theta_{ii'} = \begin{cases} \alpha_{i'} - \varepsilon_i, \text{当} \alpha_{i'} \geqslant \varepsilon_i \\ \alpha_{i'} - \varepsilon_i + |T|, \text{当} \alpha_{i'} \leqslant \varepsilon_i - 1 \end{cases} \quad \forall i, i' \in V \tag{7.22}$$

$$\alpha_i^{\min} \leqslant \alpha_i \quad \forall i \in V \tag{7.23}$$

$$\alpha_i + 1 \leqslant \varepsilon_i \quad \forall i \in V \tag{7.24}$$

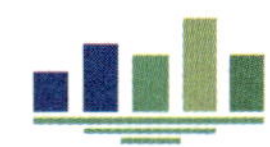

$$\varepsilon_i \leqslant \varepsilon_i^{\max} \quad \forall i \in V \tag{7.25}$$

$$\alpha_i, \varepsilon_i \text{integers} \quad \forall i \in V \tag{7.26}$$

$$\gamma_{ip} \in \{0,1\} \quad \forall i \in V, \forall p \in P \tag{7.27}$$

$$\theta_{ii'} \geqslant 0 \quad \forall i, i' \in V \tag{7.28}$$

$$\delta_{it} \geqslant 0 \quad \forall i \in V, \forall t \in T \tag{7.29}$$

上述模型中，目标函数[式（7.17）]最小化的总成本可分为如下三类：①入港航行和出港航行中所有访问船舶的燃料消耗成本。②在码头之间运输集装箱的费用，包括两部分：其一是停泊在不同的码头两艘船舶之间运送转运集装箱；另一部分是将出口集装箱从其存储码头运送到将运载它们的船舶所停泊的码头。③港口存储转运集装箱的持有成本。

约束[式（7.18）]规定每艘船舶分配给一个码头。约束[式（7.19）]保证在任何一个 $|T|$ 时间段中码头停泊的船舶数量不超过码头可用的泊位数量。约束[式（7.20）]规定了船舶停泊时间段（即 δ_{it} ）中处理（装载或卸载）的集装箱数量的总和等于需要为船舶处理的集装箱总数（即 n_i ）。约束[式（7.21）]确保每个时段内码头处理的集装箱总数不得超过码头的处理能力。约束[式（7.22）]说明如何计算从船舶 i 转运到船舶 i' 的集装箱在堆场的存放时间。对于这些转运集装箱，本章使用船舶 i 的离港时间（即 ε_i ）来表示转运集装箱在港口的存储时间间隔的开始时间点，并使用船舶 i' 的到港时间（即 $\alpha_{i'}$ ）来表示转运集装箱在港口中的存储时间间隔的结束时间点。如果后者大于前者，则转运集装箱的等待时间是其差值，即 $\alpha_{i'} - \varepsilon_i$ 。如果 $\alpha_{i'} - \varepsilon_i$ 为负，则意味着转运的集装箱需要停留在港口，等待进入下一个计划范围的船舶 i' 。此时，等待时间将等于负差值加上规划范围的时长，即 $\alpha_{i'} - \varepsilon_i + |T|$ 。其中，规划范围 $|T|$ 的时长通常是一周，因为大多数班轮运输服务是每周一次[236]。约束[式（7.23）～式（7.25）]根据式（7.15）和式（7.16）说明变量 α_i 和 ε_i 的定义域。约束[式（7.26）～式（7.29）]定义决策变量。

以上所提出的模型是非线性规划，因为目标函数[式（7.17）]包含非线性部分（即 $F_i^{\text{pre}}(\cdot)$， $F_i^{\text{nxt}}(\cdot)$），约束[式（7.21）]包含两个决策变量的乘积（即 $\gamma_{ip} \cdot \gamma_{i'p'}$ ）。此外，约束[式（7.19）和式（7.21）]的下标中存在诸如“$i \in V$: 当 $t \in [\alpha_i, \varepsilon_i)$”的形式，其中，$\alpha_i$ 和 ε_i 是决策变量，使得约束为非线性。约束[式（7.22）]有两种情况存在，每种情况都包含其条件中的决策变量（即“当 $\alpha_{i'} \geqslant \varepsilon_i$”“当 $\alpha_{i'} \leqslant \varepsilon_i - 1$”）。以上各类因素使得该模型成为非线性规划。

命题 2：提出的码头分配问题为 NP-难问题。

证明：

旅行商问题（travelling salesman problem，TSP）是强 NP-难问题。如果 TAP 的一般形式可以在多项式时间内求解，则 TSP 可以在多项式时间内求解。

定义 V 个顶点，d_{ij} 为点 i 和 j 之间的距离。TSP 旨在寻找所有访问节点并返回到第一个节点的最短旅程。现在，考虑一个特殊的 TAP 如下：

（1）燃油成本为 0（即燃油价格为 0）。

（2）没有出口集装箱。

（3）转运集装箱没有持有成本。

（4）码头数量等于轮船数量：$|P|=|V|$。

（5）每个码头拥有一个泊位，并且时间段的数量为 1，即 $|T|=1$。因此，每个码头恰好适用于一艘船舶。

（6）单位运输成本 $c_{pp'}^{T}=d_{pp'}$。

（7）$m_{ii'}^{T}=\begin{cases}1, 当 i'=i+1 或 (i=|V| 且 i'=1) \\ 0\end{cases}$。

特质化的 TAP 的目标是最小化从船舶 1 的码头到船舶 2 的码头、从船舶 2 的码头到船舶 3 的码头、直到从船舶 $|V|$ 的码头到船舶 1 的码头的运输成本（这里相当于距离）总和；受限于每艘船舶分配给一个码头，每个码头只为一艘船舶服务。因此，该 TAP 相当于 TSP，目的是寻找访问所有码头的最短旅程，接着船舶 $1,2,\cdots,|V|$ 根据航行中的码头序列分配码头。如果在多项式时间内可以求解上述特质化的 TAP，则可以在多项式时间内求解一般 TSP；那么，如果本章研究的一般 TAP 可以在多项式时间内求解，则一般 TSP 也可以在多项式时间内求解。

上述模型是下一节中所提出更复杂模型的基础。由于该问题为 NP-难问题，所以模型都非常具有挑战性。

7.3 码头分配问题模型线性化

提出的模型 $\text{TAP}_{\text{Nonlinear}}$ 是比较复杂的，因为它包含许多交织的决策，如为码头分配船舶、时间安排（开始时间、间隔时间），以及每艘船舶装载或卸载工作量的时间段分布。目标函数[式（7.1）]中包含的燃油消耗函数也是非线性的，本节将提出线性化模型的方法。

7.3.1 线性化约束

目标函数[式（7.17）]包含非线性部分“$\gamma_{ip}\cdot\gamma_{i'p'}$”，为将其线性化，首先定义一个新的二进制变量 $\lambda_{ipi'p'}$；当船舶 i 被分配给码头 p 并且船舶 i' 被分配给码头 p' 时，该变量为 1，否则为 0。此外，需定义一些约束以确保当且仅当 γ_{ip} 和 $\gamma_{i'p'}$

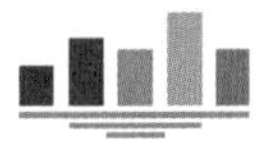

同时等于 1 时，$\lambda_{ipi'p'}$ 等于 1，如下：$\lambda_{ipi'p'} \geqslant \gamma_{ip} + \gamma_{i'p'} - 1$，$\lambda_{ipi'p'} \leqslant \gamma_{ip}$，$\lambda_{ipi'p'} \leqslant \gamma_{i'p'}$，其中，$i,i' \in V$，$p,p' \in P$。

约束[式（7.19）]的下标中包含决策变量，即“当 $\alpha_{i'} \geqslant \varepsilon_i$”。为将其转换为整数规划的正常约束形式，需定义一个新的二进制变量 β_{iptd} 代表更多信息的决策，如船舶的到港时间、停泊时间等。具体地说，船舶 i 被分配给码头 p、在时间段 t 内到港且停泊 d 个时间段，则 β_{iptd} 等于 1，否则为 0。其中，下标 d 表示船舶停泊在港口的可能时间段数；所有可能的 d 值可以提前穷举。例如，假设船舶 i 可被最多三个 QCs 服务，其 n_i 集装箱可以在一个时间段内被处理；那么如果船舶 i 由一个 QC 服务，其 n_i 集装箱将在三个时间段内被处理。将 D_i 定义为船舶 i 停泊在港口的所有可能时间段数的集合。在上述例子中，$D_i = \{1,2,3\}$，$d \in D_i$。基于上述定义，形式“$\sum_{d \in D_i} \sum_{h=\max\{1,t-d+1\}}^{t} \beta_{iphd}$”可以反映船舶 i 是否在时间段 t 内停泊于码头 p。约束[式（7.19）]可以用标准形式“$\sum_{i \in V} \sum_{d \in D_i} \sum_{h=\max\{1,t-d+1\}}^{t} \beta_{iphd} \leqslant b_{pt}$”以限制每个码头中的可用泊位。

约束[式（7.22）]在不同条件下包含两种情况，通过添加二进制变量可将其统一为一个常规的形式。应将 $\zeta_{ii'} \in \{0,1\}$ 定义为辅助二进制变量，以考虑规划范围的周期。当计算从船舶 i 转运到船舶 i' 的集装箱的停靠时间，在该情况下，约束[式（7.22）]可以由两个约束来代替：“$\theta_{ii'} = \alpha_{i'} - \varepsilon_i + \zeta_{ii'} \cdot |T|$”和“$0 \leqslant \theta_{ii'} \leqslant |T| - 1$”。

7.3.2　非线性燃油消耗函数的等效线性公式

根据命题 1，目标函数[式（7.17）]中的非线性燃油消耗函数 $F_i^{\text{pre}}(x)$ 和 $F_i^{\text{nxt}}(x)$ 是凸函数。由于 α_i 和 ε_i 变量都是有限域中的整数，所以 $F_i^{\text{pre}}(\alpha_i) + F_i^{\text{nxt}}(\varepsilon_i)$ 只能取有限值。

α_i 只能是下面集合中的一个值：

$$R_i = \{\alpha_i^{\min}, \alpha_i^{\min}+1, \cdots, r, \cdots, \varepsilon_i^{\max}-1\} \quad \forall i \in V \tag{7.30}$$

ε_i 也只能是下面集合中的一个值：

$$R_i' = \{\alpha_i^{\min}+1, \alpha_i^{\min}+2, \cdots, r, \cdots, \varepsilon_i^{\max}\} \quad \forall i \in V \tag{7.31}$$

采用切线方式将 r 定义为切线的下标。对于所有 $F_i^{\text{pre}}(x)$ 函数，切线点由

$x_i^{\mathrm{pre}(\alpha_i^{\min})},\cdots,x_i^{\mathrm{pre}(r)},\cdots,x_i^{\mathrm{pre}(\varepsilon_i^{\max}-1)}$ 表示；对于所有 $F_i^{\mathrm{nxt}}(x)$ 函数，切线点由 $x_i^{\mathrm{nxt}(\alpha_i^{\min}+1)},\cdots,x_i^{\mathrm{nxt}(r)},\cdots,x_i^{\mathrm{nxt}(\varepsilon_i^{\max})}$ 表示；这些点均匀分布在可行域内。根据切点得相应切线；以点 $x_i^{\mathrm{pre}(\alpha_i^{\min})}$ 为例，该点上的切线表达为 $y=f_i^{\mathrm{pre}}(x_i^{\mathrm{pre}(\alpha_i^{\min})})(x-x_i^{\mathrm{pre}(\alpha_i^{\min})})+F_i^{\mathrm{pre}}(x_i^{\mathrm{pre}(\alpha_i^{\min})})$，其中，$f_i^{\mathrm{pre}}(x)$ 是 $F_i^{\mathrm{pre}}(x)$ 的导数函数。此时，可以得到$|R_i|$切线；给定变量 α_i 的一个整数值，$F_i^{\mathrm{pre}}(\alpha_i)$ 等于 $\max_{r\in R_i}\{f_i^{\mathrm{pre}}(x_i^{\mathrm{pre}(r)})(\alpha_i-x_i^{\mathrm{pre}(r)})+F_i^{\mathrm{pre}}(x_i^{\mathrm{pre}(r)})\}$。

因此，目标函数[式（7.17）]中的非线性函数 $F_i^{\mathrm{pre}}(\alpha_i)$ 可以被新定义的决策变量 φ_i^{pre} 替代；$\varphi_i^{\mathrm{pre}}\geqslant f_i^{\mathrm{pre}}(x_i^{\mathrm{pre}(r)})(\alpha_i-x_i^{\mathrm{pre}(r)})+F_i^{\mathrm{pre}}(x_i^{\mathrm{pre}(r)})$，$\forall r\in R_i$。非线性函数 $F_i^{\mathrm{nxt}}(\varepsilon_i)$ 可以以类似的方式线性化。

7.3.3 通过定义“QC 配置”线性化约束

在原始模型 $\mathrm{TAP}_{\mathrm{Nonlinear}}$，非线性约束[式（7.21）]高度非线性，包含四组交织变量（δ_{it}，γ_{ip}，α_i，ε_i），根据一般策略将其线性化具有难度。本节从问题背景出发，采用基于“QC 配置”的方法对约束进行线性化，从而使模型的复杂度不显著增加。

“QC 配置”的概念由 Giallombardo 等提出[105]。QC 配置表示在每个时间段内分配给停泊船的 QCs 数量。例如，需要为船舶 i 处理 400 个集装箱，即 $n_i=400$。假设 QC 每个时间段可以处理 50 个集装箱，意味着船舶 i 的工作量为 8 个 QC×时间段，如此，便可为船舶 i 生成一组 QC 配置。

船舶 i 的一组 QC 配置示例如图 7-3 所示。船舶 i 的每个 QC 配置有两个参数：①l_{iu}，使用 QC 配置 u，$u\in U_i$ 的停泊时间，其中 U_i 是船舶 i 的 QC 配置集；②k_{iuj}，通过利用 QC 配置 u 在第 j^{th} 时间段中使用的 QCs 数量。在为船舶生成候选 QC 配置时，应遵守如下规则：如允许最小和最大数量的 QCs 同时为船舶服务；为保证 QC 在服务船舶时尽可能规律分布，允许改变两个相邻时间段内的 QC 数量。将船舶分配给码头的工作与对船舶的 QC 配置安排相结合。在每个时间段内，分配的 QC 总数不能超过每个码头中可用的 QC 数量。

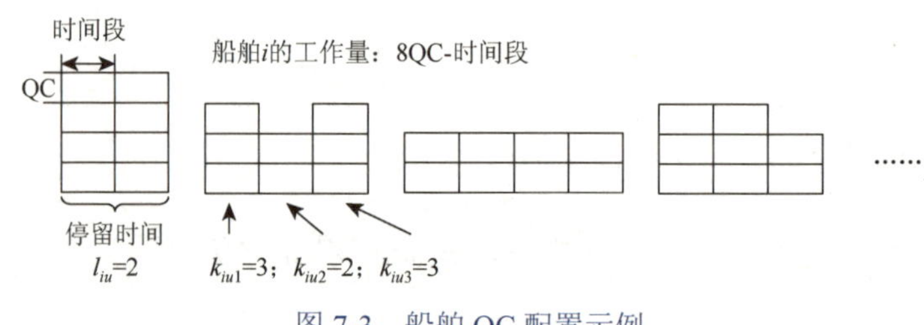

图 7-3　船舶 QC 配置示例

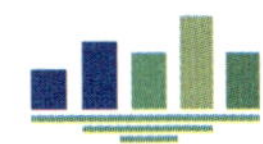

为简单起见，图 7-3 中的示例不考虑 Meisel 和 Bierwirth[49]研究的 QC 干扰引起的生产率损失；但在准备船舶 QC 配置集时，可以考虑生产率损失的这个因素。船舶的 QC 配置的大小显著影响最终的计算时间；在为船舶准备 QC 配置时，也可以考虑一些现实的规则以减少每艘船舶的 QC 配置。例如，规则可以是两个连续时间段内分配 QC 的变化不应超过一定值。

7.3.4　线性化模型

重复上述新添加的参数和变量的定义，并总结出新模型如下。

参数和集合（新增）：

d ——船舶停泊在港口的时间段数的下标。

D_i ——船舶 i 停泊在港口的所有可能时间段数的集合。

r ——燃油消耗函数近似切线的下标。

R_i ——船舶 i 在前一个航段上的每个函数切线的集合。

R_i' ——船舶 i 在后一个航段上的每个函数切线的集合。

u ——QC 配置的下标。

U_i ——船舶 i 候选 QC 配置的集合。

l_{iu} ——当船舶 i 被 QC 配置 u 服务时的停泊时间（时间段数）。

k_{iuj} ——当船舶 i 被 QC 配置 u 服务时在第 j^{th} 时间段中使用的 QCs 数量，其中 j 从 1 开始。

q_{pt} ——在时间段 t 内码头 p 上可用的 QCs 数量（重新定义）。

$x_i^{\text{pre}(r)}$ ——线性化函数 $F_i^{\text{pre}}(x)$ 的切点。

$x_i^{\text{nxt}(r)}$ ——线性化函数 $F_i^{\text{nxt}}(x)$ 的切点。

$f_i^{\text{pre}}(x)$ —— $F_i^{\text{pre}}(x)$ 的导数函数。

$f_i^{\text{nxt}}(x)$ —— $F_i^{\text{nxt}}(x)$ 的导数函数。

决策变量：

β_{iptu} ——二进制变量，当船舶 i 分配被到码头 p 在时间段 t 到达且由 QC 配置 u 服务时为 1，否则为 0。

$\lambda_{ipi'p'}$ ——二进制变量，当船舶 i 被分配到码头 p 且船舶 i' 被分配到码头 p' 时为 1，否则为 0。

$\zeta_{ii'}$ ——辅助二进制变量，用于计算集装箱从船舶 i 到转运至 i' 的停泊时间时考虑规划范围的周期性。

φ_i^{pre} ——辅助二进制变量，线性化函数 $F_i^{\text{pre}}(x)$。

φ_i^{nxt} ——辅助二进制变量，线性化函数 $F_i^{\text{nxt}}(x)$。

根据上述定义，模型如下。重新说明部分以前定义的约束，以方便阅读。

数学模型：

[**TAP**]

$$\text{Minimize } Z=\sum_{i\in V}(\varphi_i^{\text{pre}}+\varphi_i^{\text{nxt}}) +\sum_{i,i'\in V}\sum_{p,p'\in P}c_{pp'}^T\cdot m_{ii'}^T\cdot\lambda_{ipi'p'}+\sum_{i\in V}\sum_{p\in V}c_{pe_i}^T\cdot m_i^E\cdot\gamma_{ip} +c^H\cdot\sum_{i,i'\in V}m_{ii'}^T\cdot\theta_{ii'} \tag{7.32}$$

s.t.

$$\sum_{p\in P}\gamma_{ip}=1 \quad \forall i\in V \tag{7.33}$$

$$\lambda_{ipi'p'}\geqslant\gamma_{ip}+\gamma_{i'p'}-1 \quad \forall i,i'\in V,\forall p,p'\in P \tag{7.34}$$

$$\lambda_{ipi'p'}\leqslant\gamma_{ip} \quad \forall i,i'\in V,\forall p,p'\in P \tag{7.35}$$

$$\lambda_{ipi'p'}\leqslant\gamma_{i'p'} \quad \forall i,i'\in V,\forall p,p'\in P \tag{7.36}$$

$$\gamma_{ip}=\sum_{t\in T}\sum_{u\in U_i}\beta_{iptu} \quad \forall i\in V,\forall p\in P \tag{7.37}$$

$$\alpha_i=\sum_{p\in P}\sum_{t\in T}\sum_{u\in U_i}t\cdot\beta_{iptu} \quad \forall i\in V \tag{7.38}$$

$$\varepsilon_i=\alpha_i+\sum_{p\in P}\sum_{t\in T}\sum_{u\in U_i}l_{iu}\cdot\beta_{iptu} \quad \forall i\in V \tag{7.39}$$

$$\sum_{i\in V}\sum_{u\in U_i}\sum_{h=\max\{1,t-l_{iu}+1\}}^{t}\beta_{iphu}\leqslant b_{pt} \quad \forall p\in P,\forall t\in T \tag{7.40}$$

$$\sum_{i\in V}\sum_{u\in U_i}\sum_{h=\max\{1,t-l_{iu}+1\}}^{t}k_{iu(t-h+1)}\cdot\beta_{iphu}\leqslant q_{pt} \quad \forall p\in P,\forall t\in T \tag{7.41}$$

$$\theta_{ii'}=\alpha_{i'}-\varepsilon_i+\zeta_{ii'}\cdot|T| \quad \forall i,i'\in V \tag{7.42}$$

$$\varphi_i^{\text{pre}}\geqslant f_i^{\text{pre}}(x_i^{\text{pre}(r)})(\alpha_i-x_i^{\text{pre}(r)})+F_i^{\text{pre}}(x_i^{\text{pre}(r)}) \quad \forall i\in V,\forall r\in R_i \tag{7.43}$$

$$\varphi_i^{\text{nxt}}\geqslant f_i^{\text{nxt}}(x_i^{\text{nxt}(r)})(\varepsilon_i-x_i^{\text{nxt}(r)})+F_i^{\text{nxt}}(x_i^{\text{nxt}(r)}) \quad \forall i\in V,\forall r\in R_i' \tag{7.44}$$

$$\varphi_i^{\text{pre}}\geqslant 0,\quad \varphi_i^{\text{nxt}}\geqslant 0 \quad \forall i\in V \tag{7.45}$$

$$\alpha_i^{\min}\leqslant\alpha_i \quad \forall i\in V \tag{7.46}$$

$$\varepsilon_i\leqslant\varepsilon_i^{\max} \quad \forall i\in V \tag{7.47}$$

$$\alpha_i,\varepsilon_i \text{ integers} \quad \forall i\in V \tag{7.48}$$

$$\gamma_{ip}\in\{0,1\} \quad \forall i\in V,\forall p\in P \tag{7.49}$$

$$\beta_{iptu}\in\{0,1\} \quad \forall i\in V,\forall p\in P,\forall t\in T,\forall u\in U_i \tag{7.50}$$

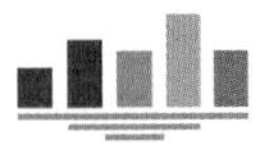

$$\lambda_{ipi'p'} \in \{0,1\} \qquad \forall i,i' \in V, \forall p,p' \tag{7.51}$$

$$\zeta_{ii'} \in \{0,1\} \qquad \forall i,i' \in V \tag{7.52}$$

$$0 \leqslant \theta_{ii'} \leqslant |T|-1 \qquad \forall i,i' \in V \tag{7.53}$$

目标函数［式（7.32）］与先前定义的目标函数相似。在约束［式（7.33）～式（7.36）］中，定义 $\lambda_{ipi'p'}$ 为线性化目标函数［式（7.19）］中包含的"$\gamma_{ip} \cdot \gamma_{i'p'}$"。约束［式（7.37）～式（7.39）］将先前定义的核心变量（γ_{ip}，α_i，ε_i）与新变量 β_{iptd}（模型 $\mathrm{TAP_{Bal}}$ 中的重要变量）相关联。约束［式（7.40）］保证码头停泊的船舶数量在任何时间段内不超过码头可用泊位的数量。约束［式（7.41）］确保每个时段内码头处理的集装箱总数不得超过其处理能力。约束［式（7.42）］通过引入新的二进制变量 $\zeta_{ii'}$ 对应于先前定义的约束［式（7.22）］的两种情况。约束［式（7.43）和式（7.44）］被拟定为替代目标函数［式（7.17）］中的函数 $F_i^{\mathrm{pre}}(\alpha_i)$ 和 $F_i^{\mathrm{nxt}}(\varepsilon_i)$。约束［式（7.45）～式（7.53）］定义决策变量及其范围。

以下提出一些命题来进一步简化上述模型，以减少模型的计算时间。

命题 3： 约束［式（7.35）和式（7.36）］可以被删除；约束［式（7.51）］可以被松弛：$\lambda_{ipi'p'} \geqslant 0$，$\forall i,i' \in V, \forall p,p' \in P$。

如果 $\lambda_{ipi'p'}$ 是二进制变量（由于 γ_{ip}、$\gamma_{i'p'}$ 是二进制变量），$\lambda_{ipi'p'}=1$ 和 $\gamma_{ip}=0$ 不可能同时存在，因为 $\lambda_{ipi'p'} \geqslant \gamma_{ip}+\gamma_{i'p'}-1$ 和 $\lambda_{ipi'p'}$ 都要最小化，意味着 $\lambda_{ipi'p'} > \gamma_{ip}$ 不会同时存在于同一最优解中。因此，约束［式（7.35）］（即 $\lambda_{ipi'p'} \leqslant \gamma_{ip}$）可以被删除。同理可得，约束［式（7.36）］可以被去掉。

如果 $\lambda_{ipi'p'}$ 非负连续变量且约束［式（7.35）和式（7.36）］被去掉，则 $\lambda_{ipi'p'}=1$，当且仅当 γ_{ip} 和 $\gamma_{i'p'}$ 同时为 1 时；否则 $\lambda_{ipi'p'}=0$，因为 $\lambda_{ipi'p'}$ 要最小化且不小于 $\gamma_{ip}+\gamma_{i'p'}-1$。这意味着 $\lambda_{ipi'p'}$ 将在最优解中自动变为二进制变量。

命题 4： 可松弛二进制变量 γ_{ip} 及整数变量 α_i 和 ε_i，即约束［式（7.48）和式（7.49）］可被删除。

根据约束［式（7.38）和式（7.39）］，α_i 和 ε_i 必然是整数，因为 β_{iptu}、t、d 都是整数。因此，整数变量 α_i 和 ε_i 可以被松弛，即约束可以被去掉。

由于 β_{iptu} 是一个二进制变量，约束［式（7.37）］$\gamma_{ip}=\sum_{t\in u}\sum_{d\in U_i}\beta_{iptu}$ 表明 γ_{ip} 是一个非负整数。此外，根据约束［式（7.33）］$\sum_{p\in P}\gamma_{ip}=1$，$\forall i \in V$，$\gamma_{ip}$ 必须是 0 和 1 之间的非负数。基于上述两点，在任何可行解中，γ_{ip} 一定是一个二进制数。从而，可以松弛二进制变量 γ_{ip}，即约束［式（7.49）］可被去掉。

命题 5： 约束［式（7.53）］中的"$\theta_{ii'} \leqslant |T|-1$"可以被删除。

考虑约束[式(7.42)]和$\alpha_{i'}$、ε_i的范围，只有$\zeta_{ii'}=1$时，$\theta_{ii'}$才可能大于$|T|-1$。然而，由于$\theta_{ii'}$在目标函数中被最小化，所以在这种情况下，最优解中必须含有$\zeta_{ii'}=0$。因此，去掉约束$\theta_{ii'}\leqslant|T|-1$不影响最优解。

最终模型进一步简化如下：

[**TAP**]　　目标函数［式（7.32)］

s.t.　　约束［式(7.33)和式(7.34)；式(7.37)～式(7.47)；式（7.50)；式（7.52)］

$$\lambda_{ipi'p'}\geqslant 0 \qquad \forall i,i'\in V,\forall p,p'\in P \tag{7.54}$$

$$\theta_{ii'}\geqslant 0 \qquad \forall i,i'\in V \tag{7.55}$$

根据命题3、命题4和命题5，约束［式（7.35）和式（7.36)；式（7.48）和式(7.49)］被删除，约束［式(7.51)］松弛到约束［式(7.54)]，约束［式(7.53)］被松弛到约束［式（7.55)]。

7.4　基于局部分支和粒子群算法的求解方法设计

对于一些小规模问题实例，提出的模型TAP可以通过CPLEX求解。然而，对于其他大规模问题实例，CPLEX求解该模型时十分棘手。本节设计了两种求解方法来解决提出的模型TAP：一种是基于局部分支的求解方法；另一种是基于粒子群优化的求解方法，可用于解决极大规模的实例。7.4.1节和7.4.2节分别阐述了两种解决方法。

7.4.1　基于局部分支的求解方法

模型TAP是MIP模型，包含二进制变量β_{iptu}和$\zeta_{ii'}$，其他变量为连续型变量。由于变量$\zeta_{ii'}$是辅助变量，与变量β_{iptu}有关；从问题本质上角度，实际只存在一组二进制变量β_{iptu}。因此，模型TAP的求解速度主要受到其巨大解空间内二进制变量β_{iptu}的分支过程的限制。本章通过分支二进制变量，利用局部分支策略来解决模型TAP。局部分支策略本质上是精确的，尽管它经常被作为一种优于MIP求解工具的中间解的启发式方法；该算法在高层战略分支之间进行交替以定义解的邻域，并使用低级战术分支来探索它们[237]。

局部分支策略的核心思想是使用CPLEX作为黑盒“战术”工具来探索合适的解的子空间，这些子空间由简单的外部分支框架在“战略”层面进行定义和控制。所提出的解决方法实质上是广泛使用的局部搜索元启发式的内涵，但引入局部分支削减（线性不等式）来确定邻域；该方法可被认为是有利于早期更新现有

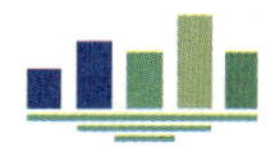

解的两级分支策略，因此可在计算的早期阶段产生改进的解。局部分支方法的主要步骤如图 7-4 所示。

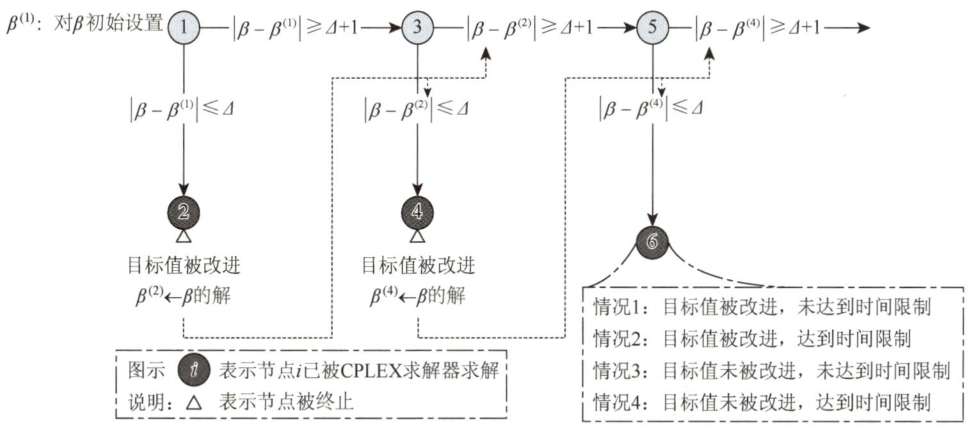

图 7-4 局部分支算法主要结构

图 7-4 中，节点 1 是局部分支过程的起始点。在节点 1 处，可以通过使用 CPLEX 来初始化二进制变量 β_{iptu} 求解原始模型 TAP 一段时间（如 1min）。CPLEX 通常无法在如此短的时间内获得最优解，那么此时可以返回一个可行解，该解可用于基于局部分支求解方法的初始解。

β 变量的初始设置由图 7-4 中的 $\beta^{(1)}$ 表示。从节点 1 引出节点 2 和节点 3，其表示模型 TAP 将具有额外约束 $|\beta-\beta^{(1)}|\leqslant\Delta$ 和 $|\beta-\beta^{(1)}|\geqslant\Delta+1$。$|\beta-\beta^{(1)}|$ 反映了 β 变量的解空间中 $\beta^{(1)}$ 的邻域半径。具体地说，$|\beta-\beta^{(1)}|$ 计算为 $|\beta-\beta^{(1)}|=\sum_{i,p,t,u}|\beta_{iptu}-\beta_{iptu}^{(1)}|$；其值反映了与其对应的固定值 $\beta^{(1)}$ 不同的 β 变量数。在约束“$|\beta-\beta^{(1)}|\leqslant\Delta$”中，当搜索当前解周围的解时，参数 Δ 控制邻域大小。如果 Δ 较小，则节点 2 中的求解过程将较快；若较大，则可能十分耗时。

当节点 2 被求解时，二进制 β 变量由图 7-3 中的 $\beta^{(2)}$ 表示。从而节点 4 表示带约束 $|\beta-\beta^{(2)}|\leqslant\Delta$ 和 $|\beta-\beta^{(1)}|\geqslant\Delta+1$ 的模型 TAP。由于邻域大小受约束 $|\beta-\beta^{(2)}|\leqslant\Delta$ 的限制，所以节点 4 可以比其邻域大小没有该限制的情况更快求解。

图 7-4 为分支过程的主要流程，其中所有由深色标记的节点由 CPLEX 解决。整个解过程可能被某些节点中耗时的解过程限制，所以将对每个节点的求解时间施加一个上限。如果求解时间超过此限制，则 CPLEX 将在该节点停止求解模型，并返回一个可行但非最优解；否则意味着模型在该节点已被 CPLEX 求解为最优化。

每个由深色标记的节点在 CPLEX 结果中可能是如下四种情况之一。

情况 1：具有 β 相关约束的模型 TAP 的目标值得到改进，并且没有达到 CPLEX 的求解时间限制；意味着该节点被 CPLEX 求解为最优，此解比当前的最佳解更优。

情况 2：达到 CPLEX 的求解时间限制，但目标值得到改进；意味着 CPLEX 获得了一个非最优解，但该解也比当前的最佳解更优。

情况 3：未达到 CPLEX 的求解时间限制，但目标值未改善；意味着 CPLEX 到目前为止，获得了比当前最佳解更差或相同的最优解。

情况 4：达到了 CPLEX 的求解时间限制，但目标值没有改善；意味着 CPLEX 到目前为止，获得了比当前最佳解更差或相同的非最优解。

对于上述四种情况，处理策略如下。

情况 1 是局部分支过程中最常见的情况，它表示求解过程的标准流程，如图 7-3 所示（即 $\beta^{(2)}$ 优于 $\beta^{(1)}$）。

情况 2 将导致邻域相关约束更新，其从 $|\beta-\beta^{(4)}|\leqslant \varDelta$ 变为 $|\beta-\beta^{(6)}|\leqslant \varDelta$，因为节点 6 的解代替了节点 4 的解成为当前最佳解。

情况 3 意味着节点 6 被完全删除，因为在该节点处的最优解比当前的最佳解更差。因此，原始模型的解等于节点 7 的解。

情况 4 意味着需要减小邻域大小，以便将节点中的模型求解为最优，或者获得比当前最佳解更好的解。

上述四种情况涵盖了整个求解过程中的所有可能情况，并符合局部搜索元启发式。本章中，局部分支过程中使用的邻域是通过对二进制变量 β 定义线性不等式（或分支切分）来实现的。如果现有的最佳目标值在给定数量的连续迭代中没有得到改善，则终止整个求解过程。

7.4.2 基于粒子群优化的求解方法

当求解模型 TAP 的大规模实例时，上述基于局部分支的方法可能相对耗时。因此，必须考虑启发式求解方法。粒子群优化（PSO）被提出来优化连续非线性函数，近年来已经成功用于解决某些港口运营问题，如 BAPs[125]和 QC 调度问题[125]，所以本节设计了基于 PSO 的求解方法来解决大规模实例下的模型 TAP 。

1. 求解方法表示和速度更新策略

在 PSO 群体中，每个粒子表示一个解，粒子的状态包含其位置和速度。粒子的位置显示相应解的质量，其速度表示下一次迭代中的浮动方向。

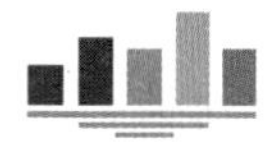

在提出的模型中，决策变量 γ_{ip} 与 β_{iptu} 密切相关，由约束［式（7.37）］可知。如果变量 γ_{ip} 是已知的，则可以通过在 CPLEX 的帮助下求解模型 TAP，以更快的速度来确定另一变量 β_{iptu}。事实上，如果提前固定变量 γ_{ip}，将会得到码头和船舶之间的分配模式；其余的工作则是确定船舶的到港时间和离港时间。就 CPLEX 而言，由于分配模式（即 γ_{ip}）是已知的，所以解空间被显著地削减，进而可以在短时间内获得最优解。

对于基于 PSO 的求解方法，粒子由变量 γ_{ip} 定义。粒子 m 迭代 n 次，位置由 $\boldsymbol{Y}_m^n=\{y_{mip}^n\}$ 定义，其速度由 $\boldsymbol{V}_m^n=\{v_{mip}^n\}$、$\forall i\in V,p\in P$ 定义；位置和速度的更新公式为

$$v_{mip}^{n+1}=w^n v_{mip}^n+c_1r_1(Yp\text{Best}_{mip}^n-y_{mip}^n)+c_2r_2(Yg\text{Best}_{ip}^n-y_{mip}^n) \tag{7.56}$$

$$y_{mip}^{n+1}=y_{mip}^n+y_{mip}^{n+1} \tag{7.57}$$

式中，w^n 为惯性权重，并由 $w^n=\dfrac{N-n}{N}(w_{\text{ini}}-w_{\text{end}})+w_{\text{end}}$ 计算，其中，$N=20$ 是最大迭代次数，w_{ini} 和 w_{end} 是初始惯性权重和最终惯性权重，分别为 0.9 和 0.4；c_1 和 c_2 为加速权重，均等于 2；r_1 和 r_2 为在 0 和 1 之间生成的随机数；$Yp\text{Best}_{mip}^n$ 为粒子 m 迭代 n 次在维度 i,p 的最佳位置；$Yg\text{Best}_{ip}^n$ 为整个群体迭代 n 次在维度 i,p 的全局最佳位置。式（7.57）表示迭代 $n+1$ 次的新位置由迭代 n 次的旧位置和迭代 $n+1$ 次的新速度形成。

因为决策变量 γ_{ip} 是二进制变量，所以应该将粒子的连续位置 y_{mip}^{n+1} 改变为整数变量 γ_{ip}。修改如下：

$$\gamma_{ip}=\begin{cases}1, & \text{当}\,y_{mip}^{n+1}<0.5\\0, & \text{当}\,y_{mip}^{n+1}\geqslant 0.5\end{cases} \tag{7.58}$$

2. PSO 过程主要框架

位置和速度更新策略的求解方案如上，下面介绍 PSO 程序的主要框架。

步骤 1：设置迭代次数 $n=1$。初始化具有 $M=10$ 个粒子的群体，通过位置决定其质量。粒子的位置和速度随机产生。

步骤 2：对于某些粒子的决策变量（如 γ_{ip}）违反模型中部分约束的，提出另一个子过程 Adjust(m) 来修改位置（即 y_{mip}^{n+1}）以便修订的位置可行。子程序 Adjust(m) 的详细内容将在后面说明。

步骤 3：对于所有粒子，通过求解模型 TAP 计算其适应度值，其中，γ_{ip} 变量根据粒子固定。由于 γ_{ip} 变量是被固定的，所以可以通过使用 CPLEX 快速求解模

型。然而，在极少数情况下，CPLEX 无法为某些粒子找到可行的求解方法，即使它们已经被 Adjust(m) 修改，这些粒子将被初始化为新的粒子。

步骤 4：更新每个粒子的最佳位置 $\{YpBest^{n}_{mip}\}$，以及群体的最佳位置 $\{YgBest^{n}_{ip}\}$。

步骤 5：分别根据式（7.56）和式（7.57）更新速度和位置。

步骤 6：如果迭代次数达到预设的最大值或全局最优解在预设迭代次数中没有得到改进，则停止该过程；否则，令 $n \leftarrow n+1$，然后转到步骤 2。

步骤 2 中，子程序 Adjust(m) 对整个 PSO 求解方法很重要，它旨在通过调整决策变量 γ_{ip} 来使不可行的粒子可行化，以满足问题的所有约束。子程序 Adjust(m) 的详细说明如下。

Adjust(m) 的应用是保证决策变量 γ_{ip} 就每一个粒子而言都满足问题的所有约束条件。上述约束包括在模型 TAP {即约束［式（7.38）］}中罗列的约束及在模型中未显示的“潜在”约束。约束［式（7.38）］确保每艘船只分配给一个码头；“潜在”约束则表明每个码头在一个规划范围内的总泊位有限。如果一个粒子所代表的一个码头被分配太多的船舶，则当通过 CPLEX 求解时，该粒子将是不可行的，因为无论 CPLEX 如何改变分配给码头的船舶的到港时间和离港时间，在泊位的限制下都不能满足所有要求。为了避免不可行的粒子，将定义一个新的比率，其反映了每个码头的停泊比率，即 Ratio_berth_p；对于每个粒子，将定义另一个比率，其显示了分配给每个码头的船舶的比例，即 Ratio_vessel_p。以上两个比率的计算如下：

$$\text{Ratio\_berth}_p = \sum_{t\in T} b_{pt} \Big/ \sum_{t\in T}\sum_{p\in P} b_{pt} \qquad \forall p \in P \tag{7.59}$$

$$\text{Ratio\_vessel}_p = \sum_{i\in V} \gamma_{ip} \Big/ |V| \qquad \forall p \in P \tag{7.60}$$

在 Adjust(m) 中，当一个码头的 Ratio_vessel_p 大于 $(\text{Ratio\_berth}_p + 10\%)$，代表太多的船舶被分配给该码头 p。因此，Adjust(m) 将向其他码头分配剩余的船舶。Adjust(m) 的详细步骤如下。

子程序 **Adjust**(m)

```
//**对约束（7.33）**//
For 所有 i， i∈V
    Define 一个变量 count = 0
    //计算已分配给船舶 i 的码头数量//
    For 所有 p， p∈P
      If γ_ip = 1 Then
```

```
            count = count + 1
        End If
End For
//对于未分配给码头的所有船舶 i，选择一个码头进行初始化//
If count ≠ 1 Then
    Initialize γ_ip = 0 对所有 p， p∈P
    Rank y^{n+1}_{mip} 递增序列
    Select 对所有 p， p∈P，在 y^{n+1}_{mip}，带 p* 的最小 y^{n+1}_{mip*}.
    Set γ_{ip*} = 1
  End If
End For
//**对“潜在”**//
For all the p， p∈P
    Compute Ratio_vessel_p
    Define 一个数组 Record_i， i∈V
    Define 一个变量 count = 0
    //记录分配给码头 p 的所有船舶的下标//
    For 所有 i， i∈V
        If γ_ip = 1 Then
            Record_count = i
            count = count + 1
        End If
End For
//如果有必要舍弃码头 p 的其余船舶并将它们分配给其他码头//
If Ratio_vessel_p > Ratio_vessel_p + 10% Then
    For i = 0 到 i = count − 1
        Set γ_{Record_i, p} = 0
Set γ_{Record_i, p+1} = 1 当 p+1 ≤ P；否则 set γ_{Record_i, 0} = 1
            Compute Ratio_vessel_p again
            If Ratio_vessel_p ≤ Ratio_vessel_p + 10% Then
                Break the For
            End If
        End For
    End If
End For
```

7.5　不同码头和船舶数量下的实验研究

为了验证所提出模型的有效性和所开发求解方法的效率，将使用计算机（Intel Core i5，2.1GHz；Memory，4G）进行数值实验。模型和求解方法，包括局部分支和 PSO，由 CPLEX12.1 与 C#（VS2008）的相关技术实现。

7.5.1　生成测试算例

本节将详细介绍数值实验中生成测试算例的过程。①设定时间单位和规划范围，将每个时间段设置为 2 小时、规划范围设置为 14 天。②随机确定每种船舶的类型，从支线船、中型船和大型船三种类型中选择。通过船舶类型可以确定参数（即 k 、k' 和 u ）和船舶 i 的最高速度（即 $v_i^{\max}$ ）。所设定系数参考 Du 等[226]提出的范围，如支线船 k 、k' 和 u 分别为 702、0.015 3 和 3.5。船舶 i 从上一个港口出发的航程（即 l_i^{pre} ）和到达下一个港口的航程（即 l_i^{nxt} ）以随机方式生成；那么，船舶 i 离开上一个港口的时间段（即 t_i^{pre} ）及到达下一个港口的时间段（即 t_i^{nxt} ）则可知。此外，基于上述信息，分别通过式（7.15）和式（7.16）计算出 $\alpha_i^{\min}$ 和 $\varepsilon_i^{\max}$ ，燃油消耗函数[即 $F_i^{\text{pre}}(x)$ 、$F_i^{\text{nxt}}(x)$]及其导数函数[即 $f_i^{\text{pre}}(x)$ 、$f_i^{\text{nxt}}(x)$]。③根据进口集装箱（即 m_i^I ）、出口集装箱（即 m_i^E ）和转运集装箱（即 $m_{ii'}^T$ 和 $m_{i'i}^T$ ）生成船舶 i 的输入数据。生成这些数据时需考虑船舶的类型。具体来说，大型船舶如巨型船舶，有更多的集装箱需进口、出口或转运。那么，可以计算出需要装载船舶 i （或 n_i ）和从船舶 i （或 n_i ）卸载的集装箱的总数。同时，为每艘船舶定义了一组 QC 配置；基于 n_i 和 QC 配置，根据船舶 i 是否由 QC 配置 u（即 l_{iu} ）服务和在第 j^{th} 个时间段当船舶 i 被 QC 配置 u（即 k_{iuj} ）使用时的 QCs 数量，可以计算出船舶 i 的停泊时间。④每个码头的容量包括可用的 QCs 数量和泊位数量。对于不同规模的实例，这些参数是不同的。成本参数，如持有成本、运输成本和燃油成本，均按照行业标准设定；燃料成本设定为每公吨 261 美元，持有成本约为每天 20 美元[238]，运输成本约为每个集装箱每英里 3 美元[239]。

7.5.2 提出的求解方法的性能

进行小规模的数值实验，以验证局部分支算法的有效性。表 7-1 显示了使用 CPLEX 直接求解模型获得的最优结果与局部分支算法所得结果之间的差异。

表 7-1 中的结果表明，通过局部分支算法获得的解很接近最优解。局部分支算法的目标值与最优结果之间的平均偏差仅为 0.11%，该偏差在实际情况下可被忽略。CPU 时间方面，虽然 CPLEX 在一些非常小规模算例中求解比局部分支算法更快，但局部分支算法在一些比较大规模的情况下更具有优势。CPLEX 的 CPU 时间随着问题规模的增长呈类似指数增长趋势。因此，在合理的 CPU 时间内，它无法解决大型问题实例下的模型。然而，对于局部分支算法，其 CPU 时间相对于问题规模的增长趋势并不像 CPLEX 的趋势那么明显。局部分支算法可以在可接受的 CPU 时间内解决大规模问题。

表 7-1 还显示了通过求解将二进制变量 β_{iptu} 松弛为 0 和 1 之间的连续变量(即“ $\beta_{iptu}\in\{0,1\}$ ” → “ $0\leqslant\beta_{iptu}\leqslant 1$ ”）的模型 TAP 获得的下界（LB）的质量。下

界和最优结果之间的平均偏差为 0.19%。需要说明的是，因为只需要解决线性规划模型，所以下界可以比原始模型更容易求解。因此，以下实验中，使用 CPLEX 不能获得最佳结果时，下界也将用作在一些大规模问题实例中对提出的求解方法的性能的评估标准。

表 7-1　局部分支算法和 CPLEX 求解的比较

算例		最优结果		基于局部分支求解方法所得结果				下界（LB）	
规模	编号	Z_C	T_C	Z_L	T_L	GAP_L	T_L / T_C	LB	GAP_{LB}
3	3_20_1	1.050×10^7	25	1.050×10^7	173	0.00%	6.84	1.049×10^7	0.08%
码头	3_20_2	1.049×10^7	40	1.049×10^7	147	0.00%	3.65	1.048×10^7	0.08%
&	3_20_3	1.049×10^7	34	1.049×10^7	153	0.00%	4.56	1.048×10^7	0.07%
20	3_20_4	1.051×10^7	36	1.051×10^7	235	0.01%	6.47	1.050×10^7	0.09%
船舶	3_20_5	1.049×10^7	17	1.049×10^7	131	0.00%	7.86	1.049×10^7	0.07%
3	3_40_1	2.440×10^7	284	2.440×10^7	471	0.01%	1.66	2.436×10^7	0.14%
码头	3_40_2	2.441×10^7	216	2.442×10^7	451	0.05%	2.09	2.438×10^7	0.09%
&	3_40_3	2.440×10^7	190	2.441×10^7	377	0.00%	1.98	2.437×10^7	0.14%
40	3_40_4	2.434×10^7	197	2.434×10^7	349	0.00%	1.77	2.430×10^7	0.15%
船舶	3_40_5	2.441×10^7	270	2.441×10^7	400	0.02%	1.48	2.438×10^7	0.13%
3	3_60_1	3.525×10^7	770	3.534×10^7	525	0.25%	0.68	3.520×10^7	0.14%
码头	3_60_2	3.535×10^7	725	3.537×10^7	621	0.06%	0.86	3.526×10^7	0.26%
&	3_60_3	3.529×10^7	1 021	3.532×10^7	942	0.09%	0.92	3.523×10^7	0.17%
60	3_60_4	3.526×10^7	874	3.531×10^7	627	0.13%	0.72	3.523×10^7	0.09%
船舶	3_60_5	3.525×10^7	713	3.531×10^7	740	0.16%	1.04	3.518×10^7	0.20%
3	3_80_1	4.953×10^7	3 102	4.967×10^7	938	0.28%	0.30	4.934×10^7	0.39%
码头	3_80_2	4.957×10^7	3 821	4.968×10^7	1 188	0.22%	0.31	4.939×10^7	0.36%
&	3_80_3	4.956×10^7	2 964	4.972×10^7	1 236	0.34%	0.42	4.935×10^7	0.42%
80	3_80_4	5.002×10^7	3 431	5.015×10^7	845	0.25%	0.25	4.987×10^7	0.31%
船舶	3_80_5	4.955×10^7	3 243	4.973×10^7	1 046	0.37%	0.32	4.938×10^7	0.35%
		平均值				0.11%			0.19%

注：①通过使用 CPLEX 求解获得最优结果。最优目标值和 CPU 时间分别表示为 Z_C 和 T_C。②分别由 Z_L 和 T_L 表示局部分支算法求解的目标值和 CPU 时间。GAP_L =（Z_L–Z_C）/Z_C。③通过求解模型 TAP 二进制变量 β_{iptu} 松弛为 0 和 1 之间的连续变量获得的下限。GAP_{LB} =（Z_C–LB）/Z_C。

此外，本章提出了一种基于 PSO 算法的方法，作为解决大规模问题实例时局部分支算法的替代方法。两种求解方法的比较如表 7-2 所示。

表 7-2　基于局部分支的方法与基于 PSO 的方法的比较

算例		LB	基于局部分支的方法			基于 PSO 的方法			T_P/T_L
规模	编号		Z_L	T_L	GAP_L	Z_P	T_P	GAP_P	
5	5_60_1	3.520×10^7	3.538×10^7	1 023	0.51%	3.544×10^7	541	0.68%	0.53
码头	5_60_2	3.525×10^7	3.534×10^7	865	0.27%	3.536×10^7	508	0.34%	0.59
&	5_60_3	3.525×10^7	3.535×10^7	1 084	0.28%	3.540×10^7	490	0.42%	0.45
60	5_60_4	3.527×10^7	3.536×10^7	842	0.26%	3.539×10^7	492	0.35%	0.58
船舶	5_60_5	3.517×10^7	3.537×10^7	981	0.57%	3.541×10^7	529	0.67%	0.54
5	5_80_1	4.978×10^7	5.006×10^7	1 643	0.56%	5.015×10^7	840	0.75%	0.51
码头	5_80_2	4.932×10^7	4.947×10^7	1 838	0.30%	4.958×10^7	723	0.53%	0.39
&	5_80_3	4.924×10^7	4.951×10^7	1 524	0.54%	4.955×10^7	684	0.63%	0.45
80	5_80_4	4.926×10^7	4.944×10^7	1 469	0.36%	4.950×10^7	923	0.48%	0.63
船舶	5_80_5	4.935×10^7	4.957×10^7	1 834	0.45%	4.966×10^7	772	0.63%	0.42
5	5_100_1	5.902×10^7	5.933×10^7	2 540	0.53%	5.953×10^7	1 137	0.87%	0.45
码头	5_100_2	5.921×10^7	5.946×10^7	2 735	0.42%	5.957×10^7	1 190	0.60%	0.43
&	5_100_3	5.920×10^7	5.950×10^7	3 014	0.51%	5.965×10^7	1 052	0.77%	0.35
100	5_100_4	5.926×10^7	5.944×10^7	2 934	0.30%	5.961×10^7	1 292	0.58%	0.44
船舶	5_100_5	5.926×10^7	5.962×10^7	3 136	0.60%	5.980×10^7	928	0.90%	0.30
5	5_120_1	6.978×10^7	7.024×10^7	4 623	0.66%	7.055×10^7	1 432	1.12%	0.31
码头	5_120_2	6.940×10^7	6.987×10^7	4 579	0.68%	7.014×10^7	1 334	1.07%	0.29
&	5_120_3	6.954×10^7	6.984×10^7	3 924	0.43%	7.005×10^7	1 574	0.73%	0.40
120	5_120_4	6.958×10^7	6.990×10^7	4 285	0.47%	7.019×10^7	1 353	0.89%	0.32
船舶	5_120_5	6.967×10^7	7.001×10^7	4 462	0.50%	7.021×10^7	1 484	0.78%	0.33
			平均值		0.46%			0.69%	0.44

注：①GAP_L =（Z_L–LB）/ LB，GAP_P =（Z_P–LB）/ LB。②“T_L”和“T_P”分别表示基于局部分支的方法和基于 PSO 的方法求解的 CPU 时间。

在表 7-2 中，局部分支和基于 PSO 的方法都可以获得近似最优解。基于局部分支的方法和 LB 的平均百分比偏差为 0.46%，基于 PSO 的方法偏差为 0.69%，这意味着两种方法的最优性偏差分别小于 0.46%和 0.69%。基于 PSO 的方法虽然

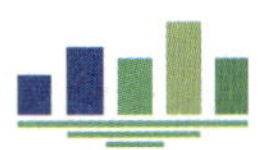

具有比基于局部分支的方法更大的平均偏差，但是它显示了其 CPU 时间方面的相对优点，其与基于局部分支的方法之比大约为 0.44。这表明当问题规模增加时，基于 PSO 的方法比基于局部分支的方法能更快获得令人满意的解。

通常将元启发式遗传算法（GA）引入数值实验，与提出的基于 PSO 求解方法的性能进行比较，结果如表 7-3 所示。根据与 LB 的比较，基于 PSO 的方法的平均偏差为 0.64%，远小于基于 GA 的方法（即 1.70%）的偏差。GA 的 CPU 时间与 PSO 的 CPU 时间的平均比例为 0.96，表明在 CPU 时间方面这两种方法的性能相当。

表 7-3　基于 PSO 的方法与基于 GA 的方法的比较

算例		LB	基于 PSO 的方法			基于 GA 的方法			T_G/T_P
规模	编号		Z_P	T_P	GAP_P	Z_G	T_G	GAP_G	
7	7_100_1	5.901×10^7	5.930×10^7	1 244	0.50%	6.024×10^7	1 188	2.09%	0.96
码头	7_100_2	5.938×10^7	5.975×10^7	1 337	0.63%	6.017×10^7	1 264	1.33%	0.95
&	7_100_3	5.879×10^7	5.916×10^7	1 346	0.63%	5.909×10^7	1 403	0.50%	1.04
100	7_100_4	5.923×10^7	5.953×10^7	1 260	0.51%	6.013×10^7	1 106	1.52%	0.88
船舶	7_100_5	5.894×10^7	5.928×10^7	1 312	0.58%	6.052×10^7	1 043	2.67%	0.79
7	7_120_1	7.143×10^7	7.186×10^7	1 603	0.61%	7.326×10^7	1 714	2.57%	1.07
码头	7_120_2	7.134×10^7	7.177×10^7	1 557	0.60%	7.244×10^7	1 452	1.55%	0.93
&	7_120_3	7.144×10^7	7.194×10^7	1 656	0.69%	7.204×10^7	1 623	0.85%	0.98
120	7_120_4	7.122×10^7	7.174×10^7	1 771	0.73%	7.354×10^7	1 576	3.25%	0.89
船舶	7_120_5	7.154×10^7	7.184×10^7	1 706	0.41%	7.180×10^7	1 434	0.36%	0.84
7	7_140_1	8.233×10^7	8.277×10^7	2 524	0.54%	8.494×10^7	2 349	3.18%	0.93
码头	7_140_2	8.248×10^7	8.308×10^7	2 646	0.72%	8.312×10^7	2 457	0.77%	0.93
&	7_140_3	8.231×10^7	8.270×10^7	2 604	0.47%	8.407×10^7	2 754	2.14%	1.06
140	7_140_4	8.242×10^7	8.293×10^7	2 440	0.62%	8.377×10^7	2 246	1.64%	0.92
船舶	7_140_5	8.234×10^7	8.301×10^7	2 543	0.81%	8.324×10^7	2 832	1.09%	1.11
7	7_160_1	9.327×10^7	9.404×10^7	3 256	0.82%	9.394×10^7	3 012	0.72%	0.93
码头	7_160_2	9.314×10^7	9.380×10^7	3 455	0.72%	9.443×10^7	3 425	1.39%	0.99
&	7_160_3	9.342×10^7	9.405×10^7	3 560	0.68%	9.627×10^7	3 038	3.06%	0.85
160	7_160_4	9.323×10^7	9.397×10^7	3 147	0.80%	9.502×10^7	3 769	1.92%	1.20
船舶	7_160_5	9.318×10^7	9.383×10^7	3 424	0.70%	9.452×10^7	3 552	1.45%	1.04
			平均值		0.64%			1.70%	0.96

注：①GAP_P=（Z_P–LB）/LB，GAP_G=（Z_G–LB）/LB。②“T_P”和“T_G”分别表示基于 PSO 的方法和基于 GA 的方法求解的 CPU 时间。

7.5.3 评估提出模型的有效性

为评估所提出的模型的有效性，在不同问题规模下将所提出的模型TAP与普通决策规则“先到先得（FCFS）规则”进行比较。根据FCFS规则，船舶通过考虑燃油消耗量确定其最优到港时间，码头根据船舶的最优到港时间确定到达顺序。在向船舶分配泊位和岸桥时，可以将现有资源优先分配给先到的船舶。由于该比较实验中的一些问题规模较大，因此应用基于PSO的求解方法。表7-4列出了提出的模型与FCFS决策规则之间的比较结果。

表7-4显示，提出的模型TAP在FCFS决策规则方面的表现优于其客观价值平均值的14.43%，即在一个计划范围内停靠码头的所有船舶的总成本。也就是说，与常用的FCFS决策规则相比，提出的模型可以帮助这些船舶或航运公司节省总成本的14%，包括持有成本、运输成本和燃油消耗成本，证明所提出的模型是有效的。

表7-4　提出的模型TAP和FCFS决策规则之间的比较

算例		TAP 模型	FCFS 规则	偏差
规模	编号	Z_{TAP}	Z_{FCFS}	$(Z_{FCFS}-Z_{TAP})/Z_{TAP}$
3	3_40_1	2.440×10^7	2.876×10^7	17.89%
码头	3_40_2	2.441×10^7	2.866×10^7	17.43%
&	3_40_3	2.440×10^7	2.902×10^7	18.90%
40	3_40_4	2.434×10^7	2.804×10^7	15.20%
船舶	3_40_5	2.441×10^7	2.821×10^7	15.57%
5	5_80_1	5.006×10^7	5.799×10^7	15.85%
码头	5_80_2	4.947×10^7	5.691×10^7	15.05%
&	5_80_3	4.951×10^7	5.707×10^7	15.28%
80	5_80_4	4.944×10^7	5.671×10^7	14.71%
船舶	5_80_5	4.957×10^7	5.690×10^7	14.78%
7	7_120_1	7.186×10^7	8.161×10^7	13.56%
码头	7_120_2	7.177×10^7	8.055×10^7	12.24%
&	7_120_3	7.194×10^7	8.213×10^7	14.17%
120	7_120_4	7.174×10^7	8.241×10^7	14.86%
船舶	7_120_5	7.184×10^7	8.091×10^7	12.62%
9	9_160_1	9.297×10^7	1.044×10^8	12.31%
码头	9_160_2	9.337×10^7	1.038×10^8	11.15%

续表

算例		TAP 模型	FCFS 规则	偏差
规模	编号	Z_{TAP}	Z_{FCFS}	$(Z_{FCFS}-Z_{TAP})/Z_{TAP}$
&	9_160_3	9.402×10^7	1.054×10^8	12.13%
160	9_160_4	9.363×10^7	1.034×10^8	10.41%
船舶	9_160_5	9.321×10^7	1.067×10^8	14.49%
平均值				14.43%

此外，还比较了提出的模型TAP 和另一个决策模型TAP_{Bal}（基于平衡工作量的策略）的对比。TAP_{Bal}假定船舶停留在港口的时间段（即“$\varepsilon_i-\alpha_i$”时间段）内为船舶处理的集装箱数量（即 n_i 个集装箱）服从均匀分布，该现象存在于一些现实世界的规则中。因此，值得研究平衡工作量如何影响总成本，对两个模型进行比较实验，结果如表 7-5 所示。

表 7-5　模型 TAP 和 TAP_{Bal}之间的比较

求解模型	算例		模型 TAP		模型 TAP_{Bal}		$(Z_2-Z_1)/Z_1$	T_2/T_1
	规模	编号	Z_1	T_1	Z_2	T_2		
CPLEX 求解	3	3_20_1	1.050×10^7	25	1.064×10^7	20	1.34%	0.78
	码头	3_20_2	1.049×10^7	40	1.061×10^7	37	1.16%	0.91
	&	3_20_3	1.049×10^7	34	1.062×10^7	28	1.31%	0.84
	20	3_20_4	1.051×10^7	36	1.064×10^7	34	1.29%	0.94
	船舶	3_20_5	1.049×10^7	17	1.062×10^7	15	1.25%	0.89
	3	3_40_1	2.440×10^7	284	2.472×10^7	222	1.32%	0.78
	码头	3_40_2	2.441×10^7	216	2.471×10^7	184	1.25%	0.85
	&	3_40_3	2.440×10^7	190	2.475×10^7	175	1.40%	0.92
	40	3_40_4	2.434×10^7	197	2.464×10^7	168	1.23%	0.85
	船舶	3_40_5	2.441×10^7	270	2.472×10^7	231	1.27%	0.85
局部分支	5	5_60_1	3.538×10^7	1 023	3.587×10^7	913	1.41%	0.89
	码头	5_60_2	3.534×10^7	865	3.583×10^7	705	1.38%	0.81
	&	5_60_3	3.535×10^7	1 084	3.582×10^7	957	1.35%	0.88
	60	5_60_4	3.536×10^7	842	3.584×10^7	672	1.36%	0.80
	船舶	5_60_5	3.537×10^7	981	3.581×10^7	807	1.24%	0.82
	5	5_80_1	5.006×10^7	1 643	5.071×10^7	1 334	1.31%	0.81

续表

求解模型	算例		模型 TAP		模型 TAP_{Bal}		$(Z_2-Z_1)/Z_1$	T_2/T_1
	规模	编号	Z_1	T_1	Z_2	T_2		
局部分支	码头	5_80_2	4.947×10^7	1 838	5.015×10^7	1 491	1.38%	0.81
	&	5_80_3	4.951×10^7	1 524	5.017×10^7	1 435	1.34%	0.94
	80	5_80_4	4.944×10^7	1 469	5.015×10^7	1 224	1.44%	0.83
	船舶	5_80_5	4.957×10^7	1 834	5.024×10^7	1 586	1.35%	0.86
粒子群	7	7_100_1	5.930×10^7	1 244	6.015×10^7	974	1.42%	0.78
	码头	7_100_2	5.975×10^7	1 337	6.065×10^7	1 100	1.50%	0.82
	&	7_100_3	5.916×10^7	1 346	5.996×10^7	1 204	1.35%	0.89
	100	7_100_4	5.953×10^7	1 260	6.040×10^7	1 014	1.45%	0.80
	船舶	7_100_5	5.928×10^7	1 312	6.019×10^7	1 235	1.52%	0.94
	7	7_120_1	7.186×10^7	1 603	7.292×10^7	1 336	1.46%	0.83
	码头	7_120_2	7.177×10^7	1 557	7.281×10^7	1 472	1.45%	0.95
	&	7_120_3	7.194×10^7	1 656	7.303×10^7	1 503	1.52%	0.91
	120	7_120_4	7.174×10^7	1 771	7.277×10^7	1 345	1.43%	0.76
	船舶	7_120_5	7.184×10^7	1 706	7.291×10^7	1 585	1.49%	0.93
平均值							1.37%	0.85

由表 7-5 可知，两个模型之间的目标值平均偏差为 1.37%。换句话说，与使用平衡工作量策略的情况相比，提出的TAP 模型可以节省成本（持有成本、运输成本和燃料消耗）的约 1.37%。提出的模型 TAP 的成本节省可能归因于对 QC 分配决策的考虑。例如，一艘船舶必须在平衡工作量的策略下（即模型 TAP_{Bal}）处理集装箱 3 天；如果放宽平衡工作量的策略（即提出的模型 TAP ），则可以在第一天通过使用更多的 QCs 来处理大量的集装箱，在第二天继续处理更少的集装箱，如此一来，船舶的停泊时间可能会减少到 2 天，泊位的可用性便会增加，从而使入港船舶在其最佳到港时间内停泊在泊位上，以节省舱位成本。

对于 CPU 时间，模型 TAP_{Bal} 在不同情况下比模型 TAP 求解得更快。前一种模式的求解时间约为后者的 85%，这是合理的，因为模型 TAP_{Bal} 没有考虑 QC 调度的决策。模型 TAP_{Bal} 省时的优点不重要，模型 TAP 计算时间较长并也不是一个致命性因素，因为码头分配是战术层面（远程）的决策问题。而模型 TAP_{Bal} 所获得的客观价值低于原始模型 TAP 。因此，建议在实际应用的决策环境中使用原始模型 TAP ，从而达到节约成本的效果。

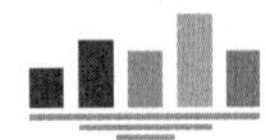

7.6 小 结

具有多个码头的转运港中的 TAP 规划对降低航运联盟的运营成本（燃油消耗成本、持有成本及码头转运活动的运输成本）来说十分重要。因此本章提出了决策模型并将其线性化。为解决大规模实例问题中的模型，开发了基于局部分支的方法和基于 PSO 的方法。此外，进行实验来验证提出模型的有效性，与 FCFS 决策规则相比，可以节省约 14%的成本；实验还显示局部分支方法可以在比 CPLEX 短得多的 CPU 时间内获得近似最优解，最优目标值偏差平均只有 0.1%。PSO 求解方法也优于广泛使用的基于 GA 的方法，不仅在合理的时间内解决了所提出的模型，还可以获得近似最优的结果，与下限相比只有约 0.7%的相对偏差。本章主要贡献总结如下三个方面。

（1）大多数港口操作相关文献主要针对单一码头系统，但大型港口通常包含多个码头。航运联盟不应忽视其在港口码头之间的集装箱的转运费用，而 TAP 与码头间转运费用高度相关；因此，本章重点介绍了研究多码头系统 TAP 的需求，在模型制定中综合考虑了的现实因素、约束和目标函数，如燃油消耗成本、码头间转运集装箱活动的运输成本及港口资源（包括岸桥和泊位）的限制。

（2）将 TAP 和 QC 分配决策结合，在考虑每个码头中有限数量的泊位的同时，对 TAP 和 QC 分配以联合方式进行优化。在 TAP 中考虑 QC 分配决策的挑战主要在于船舶停泊时间的长短，现有文献中该决策通常被认为是一个常数。此外，对 TAP 决策中的两种类型的 QC 分配策略（即平衡工作量策略和通用策略）也进行了探讨。

（3）本章证明了 TAP 模型的复杂性的一些属性，提出了几种线性化非线性 TAP 模型的方法，为解决大规模问题实例提出了相应模型，开发了基于局部分支和 PSO 的两种求解方法，并通过基于真实港口实例随机生成的广泛数值实验来验证了它们的效率。

然而，目前的模型仍有一些局限。例如，由于不考虑每个码头内的空间分配，所以码头内运输成本不包含在模型的目标函数中。另外，码头之间的运输成本是在现实环境中未考虑空载运送的基础上制定的。最后，越来越多的海上物流相关研究考虑了潮汐问题，该模型也可以扩展涉及该问题。上述局限性将形成未来的研究方向。

第三篇　堆场侧运作管理优化问题研究

第8章

不确定时空维度下堆存区域分配问题

8.1 引　言

目前，大多数关于堆存区域分配的研究，都是基于船舶停泊位置和停泊时间确定的情况下考虑的。然而，现实中有太多不确定的因素，如船舶到港时间偏离预期到港时间。这些不确定性将导致：①船舶停泊位置的变化，如果使用先前确定的堆场模板，则可能导致运输路线总长度的增加；②船舶停泊时间的变化，可能导致堆场的子箱区内工作负荷分布不均匀。堆存区域分配属于港口的战术层面的决策问题，一旦确定了，在计划周期内很难改变。

本章研究如何在不确定的船舶停泊时间和停泊位置下分配好堆存区域，并使用有限的场景数来反映每艘船舶的不确定泊位时间和位置。每个场景下，船舶的停泊时间和位置实际上是确定性的参数。这样一来，就可以根据随机特征问题建立出一个混合整数规划模型。此外，本章提出了一种求解算法来解决现实环境中大规模的上述问题。同时也进行了数值实验以验证所提算法的有效性和效率。

8.2 堆存区域分配问题背景

在构造数学模型之前，本章阐述了堆存区域分配问题的背景。“堆场模板”的概念适用于采用托运策略的转运港。该策略把将来要出口或转运到一艘船舶上（或同一目的地）的集装箱，存放在一些指定的存储子区域。堆存区域分配涉及给船舶分配子箱区。堆场中为每艘船舶预留了一些专用子箱区，未来需要装载在到达港口的船舶 V_i 上的集装箱将会从到达的船舶上卸载下来，放置在为船舶 V_i 预留的子箱区中。当船舶 V_i 到达港口后，放置在 V_i 子箱区中的集装箱将装载到船舶 V_i 上。这个策略可以显著减少船舶的停港滞留时间。应该指出的是，托运策略也存在一些不足。例如，需要提前知道为船舶预留的子箱区的数量，它根据将被装载到船上的集装箱的数量来确定。

从图 8-1 可以看出，在采用托运策略的港口中，堆场内的子箱区预留给某些船舶。当船舶 B 到达港口后，虚线表示卸货过程：将要装载到其他船舶（即船舶 D 和船舶 E）的集装箱被卸载到为这些船舶预留的子箱区内，即为船舶 D 预留的子箱区 K21、K122、K45 和为船舶 E 预留的子箱区 K16、K38、K96、K116。同时，装载过程由图 8-1 中的实线表示。为船舶 B 预留的子箱区中的所有集装箱（即 K9、K29、K48、K89）都装载到船舶 B 上。

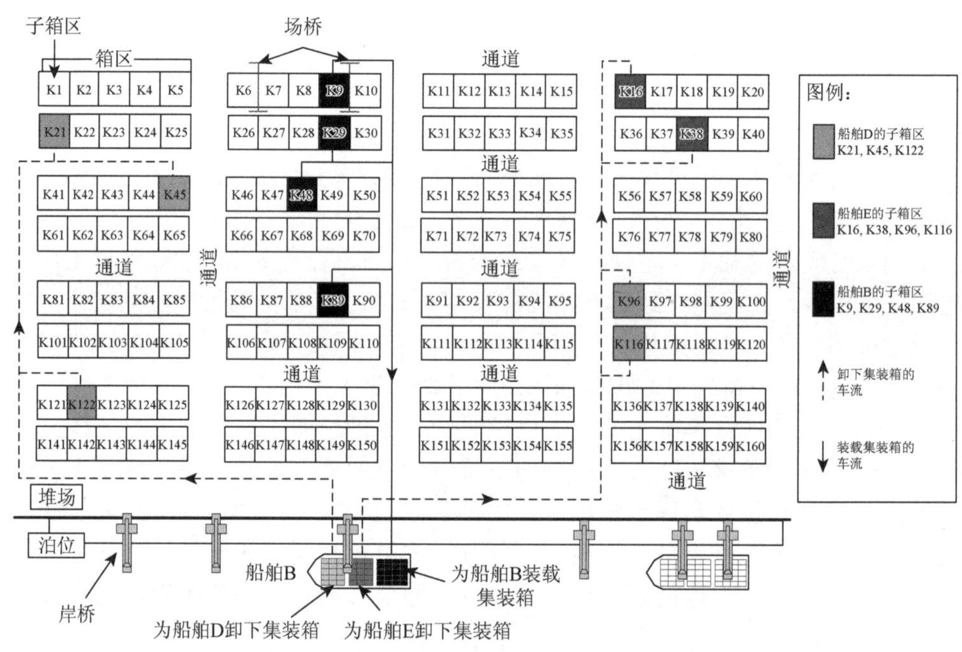

图 8-1 转运港口的典型配置

交通拥堵是堆存区域分配中的一个关键问题。同一时间在一个小区域内因为工作负荷太多而无法处理时，就会出现交通拥堵。例如，如果在 K27 和 K47 子箱区内有很多集装箱移动，则会有许多集卡在附近等待或移动，这将导致交通拥堵。K27 和 K47 可以看作是相邻子箱区。事实上，（K26、K27）及（K27、K28）同样是相邻子箱区。只要两子箱区是邻近的，那么它们就是相邻子箱区，这也就意味着运输相邻子箱区的集卡必须使用相同的过道。需要提到的是，K7 和 K27 尽管背对背靠在一起，但它们不是相邻子箱区，因为它们不使用同一个通道进行运输。这里定义邻域矩阵以表示不同子箱区之间的邻域关系。

为了确保交通流畅，必须为堆存区域分配定义一些约束：①相邻的两个子箱区不能够同时进行装载高负荷或卸载高负荷的工作；②一个箱区内 5 个子箱区的总工作负荷不应超过两台场桥（yard crane，YC）的最大处理能力，因为每个箱区中最多部署两台 YC。这里的工作负荷是通过在转运中处理的装载和卸载集装箱

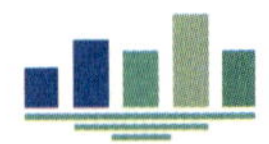

（TEU）数量来衡量的。本章中，决策周期设置为 4 小时。下一节将详细说明每个决策期内每个子箱区工作负荷的计算公式。另外，下一节中也将给出高工作负荷的定义，即高和低工作负荷的范围。

8.3　面向不确定船舶停泊位置和到港时间的模型构建

参数：

V——船舶集合。

K——堆场内子箱区集合。

g——属于同一个箱区的 5 个子箱区所构成的组合。

G——箱区集合，即所有子箱区形成的组合数 g，$g \in G$。

n——相邻子箱区。

N——相邻子箱区集合，即 $n \in N$。

T——决策周期集合。

Ω——场景集合。

B_k——与子箱区 k 属于相同的箱区的子箱区集合。

$c_{i,j}$——从船舶 i 转移到船舶 j 的集装箱数量。

$D_{b,k}^{L}$——从子箱区 k 到泊位 b 的装载路径长度。

$D_{b,k}^{U}$——从泊位 b 到子箱区 k 的卸载路径的长度。

$b_i(\omega)$——船舶 i 在场景 ω 的停泊位置。

r_i——为船舶 i 预留的子箱区数量。

h_i——船舶 i 的处理时间长度（决策周期）。

$p(\omega)$——出现场景 ω 的概率。

$\sigma_{i,t}(\omega)$——如果船舶 i 在情景 ω 中的决策周期 t 中被处理（装载或卸载），则值为 1，否则为 0。

H_{L}——可以采取的高工作负荷的下限，本章中 $H_{\mathrm{L}}=50$。

H_{H}——可以采取的高工作负荷的上限，本章中 $H_{\mathrm{H}}=100$。

L_{L}——可以采取的低工作负荷的下限，本章中 $L_{\mathrm{L}}=0$。

L_{H}——可以采取的低工作负荷的上限，本章中 $L_{\mathrm{H}}=50$。

C——YC 在决策周期中的最大处理能力，本章中 $C=80$。

决策变量：

$x_{i,k}$——如果子箱区 k 预留给船舶 i，则值为 1，否则为 0。

$\lambda_{i,j}^{U}(\omega)$——在场景 ω 下，从船舶 i 的停泊位置到为船舶 j 预留的子箱区的卸载路线的平均长度。

$\lambda_i^L(\omega)$——在场景 ω 下，从为船舶 i 预留的子箱区到船舶 i 的停泊位置的装载路线的平均长度。

$W_{k,t}^U(\omega)$——在场景 ω 下，在决策周期 t 时，子箱区 k 进行卸载活动的平均工作量。

$W_{k,t}^L(\omega)$——在场景 ω 下，在决策周期 t 时，子箱区 k 进行装载活动的平均工作量。

$\delta_{k,t}$——如果子箱区 k 在决策周期 t 时的平均工作量是属于高负荷，值为 1；否则为 0。

数学模型：

$$(M\_0)\ \text{Minimize } Z=\sum_{\omega\in\Omega}p(\omega)\cdot\sum_{i,j\in V}c_{i,j}\cdot(\lambda_{i,j}^U(\omega)+\lambda_j^L(\omega)) \tag{8.1}$$

s.t.

$$\lambda_{i,j}^U(\omega)=\left(\sum_{k\in K}x_{j,k}\cdot D_{b_i(\omega),k}^U\right)/r_j \qquad \forall i,j\in V,\forall\omega\in\Omega \tag{8.2}$$

$$\lambda_j^L(\omega)=\left(\sum_{k\in K}x_{j,k}\cdot D_{b_j(\omega),k}^L\right)/r_j \qquad \forall j\in V,\forall\omega\in\Omega \tag{8.3}$$

$$\sum_{i\in V}x_{i,k}\leqslant 1 \qquad \forall k\in K \tag{8.4}$$

$$\sum_{k\in K}x_{i,k}=r_i \qquad \forall i\in V \tag{8.5}$$

$$\sum_{k\in n}x_{i,k}\leqslant 1 \qquad \forall i\in V,\forall n\in N \tag{8.6}$$

$$W_{k,t}^L(\omega)=\sum_{i\in V}\sigma_{i,t}(\omega)\cdot x_{i,k}\cdot\left(\frac{\sum_{l\in V}c_{l,i}}{r_i\cdot h_i}\right) \qquad \forall k\in K,\forall t\in T,\forall\omega\in\Omega \tag{8.7}$$

$$W_{k,t}^U(\omega)=\sum_{i\in V}\sigma_{i,t}(\omega)\cdot\left(\sum_{j\in V}x_{j,k}\cdot\left(\frac{c_{i,j}}{r_j\cdot h_i}\right)\right) \qquad \forall k\in K,\forall t\in T,\forall\omega\in\Omega \tag{8.8}$$

$$LL+(HL-LL)\cdot\delta_{k,t}\leqslant\sum_{\omega\in\Omega}p(\omega)\cdot(W_{k,t}^L(\omega)+W_{k,t}^U(\omega))\leqslant LU+(HU-LU)\cdot\delta_{k,t} \qquad \forall k\in K,\forall t\in T \tag{8.9}$$

$$\sum_{k\in n}\delta_{k,t}\leqslant 1 \qquad \forall n\in N,\forall t\in T \tag{8.10}$$

$$\sum_{k\in g}\sum_{\omega\in\Omega}p(\omega)\cdot(W_{k,t}^L(\omega)+W_{k,t}^U(\omega))\leqslant 2\cdot C \qquad \forall g\in G,\forall t\in T \tag{8.11}$$

$$x_{i,k},\delta_{k,t}\in\{0,1\};\quad \lambda_{i,j}^U(\omega),\lambda_i^L(\omega),W_{k,t}^U(\omega),W_{k,t}^L(\omega)\geqslant 0 \tag{8.12}$$

目标函数［式（8.1）］是最小化所有转运集装箱在码头的总装卸路线长度。对于从船舶 i 到船舶 j 的集装箱 $c_{i,j}$，它们从船舶 i 的停泊位置卸载下来，运输

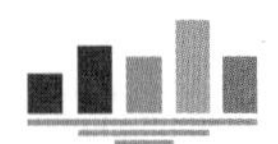

到为船舶 j 预留的子箱区中，然后从这个子箱区装载到船舶 j 上。其中，卸载的平均路线长度定义为 $\lambda_{i,j}^{U}(\omega)$，而装载的平均路线长度定义为 $\lambda_{j}^{L}(\omega)$。这两个 λ 变量的计算公式用式（8.2）和式（8.3）表示。约束［式（8.4）］说明了每个子箱区最多只能为一艘船舶预留。约束［式（8.5）］与每艘船舶应该预留的子箱区数量有关。约束［式（8.6）］保证相邻子箱区不被同一艘船舶预留，这与该堆场上的交通拥堵有关。根据托运策略，分配给一艘船舶的所有子箱区在这艘船舶到达港口后，会一块进行装载行动。该过程可能会导致附近区域内出现交通拥堵，因为在有限的时间段内所有存放在这些子箱区内的集装箱必须全部装载到船舶上。所以这个模型强制性地要求分配给同一艘船舶的子箱区不能是相邻子箱区。约束［式（8.7）和式（8.8）］各自给出了装载活动和卸载活动的工作负荷计算公式，即在每个决策周期内每一个子箱区需要处理的装卸集装箱的平均数量。约束［式（8.9）］确保在每个决策周期内，每个子箱区装卸活动的预期工作负荷要么是高工作负荷，要么是低工作负荷。约束［式（8.10）］保证了相邻子箱区之间不能同时进行高工作负荷的装卸活动。约束［式（8.11）］限制了一个箱区中的 5 个子箱区的总工作量不能超过两台场桥（YC）的最大处理能力，因为每个箱区中最多放置两台场桥。约束［式（8.12）］是决策变量的定义。

8.4　基于模型约束松弛的高效求解算法设计

对于模型 M_0 来说，大规模的情况下用常用优化软件（如 CPLEX、LINGO）很难求解。因此，本章提出了求解算法来解决大规模情况下的这类问题。

该求解算法的主要思想是通过松弛模型 M_0 中的一些约束来获得初始解。由于先前松弛了一些约束，初始解在某些约束下可能是非可行解。那些在子约束中成为非可行解的 $\{x_{i,k}\}$，依旧是决策变量，而剩下的确定了取值的 $\{x_{i,k}\}$ 就作为初始解。通过用尽可能少的变量来求解这个模型，就能基于初始解得到一个可行解。然后通过扩大决策变量的范围（数量）来改进解，直到解不再改进。求解算法的详细流程如下。

步骤 1：通过求解松弛后的模型，即目标函数［式（8.1）］及约束［式（8.2）～式（8.6）］获得初始解 $\{x_{i,k}\}$。

步骤 2：根据约束［式（8.7）～式（8.11）］来分析获得解是否是可行解，如果可行，那获得的解 $\{x_{i,k}\}$ 成为最优解，否则执行接下来的几步。

步骤 2.1：基于解 $\{x_{i,k}\}$ 和式（8.7）～式（8.9），找到违反约束［式（8.10）］

的$\{(n,t)\}$集合，它意味着在决策周期（t）时，有（n）对相邻子箱区同时处于高工作负荷的状态下；然后记录下所有这样的子箱区（定义为K^a集合）。

步骤 2.2：基于解$\{x_{i,k}\}$及式（8.7）和式（8.8），找到违反约束［式（8.11)］条件的$\{(g,t)\}$的集合，它意味着在决策周期（t）时，箱区（g）的工作负荷超过场桥的处理能力限制；然后记录所有这样的子箱区（定义为K^b集合）。

步骤 3：对于不在集合$\{K^a \cup K^b\}$中的子箱区，它们分配给哪艘船是由解$\{x_{i,k}\}$已经确定了的。然而，在集合$\{K^a \cup K^b\}$中的子箱区，它们始终还是决策变量。用集合K^D来表示集合$\{K^a \cup K^b\}$，即$K^D \leftarrow K^a \cup K^b$。然后在最初的模型$M_0$里，以$\{x_{i,k} \mid k \in K^D\}$作为决策变量，$\{x_{i,k} \mid k \in \overline{K^D}\}$作为已知数据。这样新的模型比$M_0$中的决策变量少一些，因此比较容易求解。

步骤 4：通过扩大集合K^D：$K^D \leftarrow \mathrm{EL}(K^D, \mathrm{Pct})$来提高解的质量；这里 EL 是一个函数，其输出是$K^D$集合和其相邻子箱区的 Pct 百分比。Pct 百分比子箱区是从K^D中所有相邻子箱区中随机选择的。参数 Pct 最初根据模型的复杂性和计算机的能力进行设置。

步骤 4.1：通过$\mathrm{EL}(\cdot)$函数扩大决策变量集合K^D，然后求解将$\{x_{i,k} \mid k \in K^D\}$作为决策变量的$M_0$模型。

步骤 4.2：①如果模型能够被求解出来，就随机选择另一个 Pct 百分比子箱区，重复以上的步骤。该过程重复几次，在得到的结果里面，将能够产生最好结果的子箱区放到集合K^D中。②如果模型不能够被求解出来，那么就逐渐减小 Pct 的值，直到能把模型求解出来。

步骤 5：扩大的过程，即$K^D \leftarrow \mathrm{EL}(K^D, \mathrm{Pct})$，要一直进行下去直到解不再得到改进，或者模型不能求解出来的时间超过规定的一个时间限制。

从理论的角度来看，步骤 3 中M_0的缩减模型可能是不可行的。但这些不可行的情况很少在数值实验中出现。如果一些子箱区的分配违反约束［式（8.10）和式（8.11)］，即集合$\{K^a \cup K^b\}$中的子箱区，则表示一些相邻子箱区（或某个箱区中的一些子箱区）被分配到某艘船舶中，导致相互之间的停留时间间隔具有很大的重叠。这些子箱区的分配是步骤 3 中的决策变量，在此期间可以重新调度上述分配，并且将这些相邻子箱区（或箱区中的一些子箱区）分配给一些其他停留时间间隔在彼此之间具有小的（或无）重叠的船舶。这就是步骤 3 中生成M_0的缩减模型不可行的概率很低的原因。如果步骤 3 中M_0的缩减模型是不可行的，则步骤 4 将扩大决策变量的范围，这可以进一步降低不可行性的概率。步骤 5 确保了扩大决策变量范围的迭代过程，这可能使不可行性的概率变得非常低。以上是所提出的算法在数值实验中可以很好地被执行而不会在解决过程中被一些不可行的简化模型中断的原因。

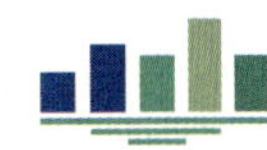

8.5　面向算法性能与模型有效性验证的数值实验研究

为了验证提出的求解算法的效率和所提出的模型的有效性，本章进行了一些数值实验。嵌入在元启发式中的数学模型由 CPLEX8.1 在个人计算机（Intel Core i5，1.6GHz；内存 4G）上使用 C#（VS2008）的技术实现。为了解决这些模型，CPLEX 的时间限制设置为约 3600s。

规划周期是一周。每天分为 4 个小时的 6 个班次。因此，每周有 42 个班次。对于堆场配置，图 8-2 给了说明性的例子。这个码头岸线长 800m，可以放置 32 个箱区（160 个子区）。每个箱区的高度为 6 个集装箱高（TEU），长度为 40 个集装箱。每个箱区分为 5 个子箱区，每个子箱区的长度为 8 个集装箱。子箱区的长度约为 50m，堆放高度为 5 个集装箱。因此，子箱区的容量约为 240（=6×8×5）TEU。堆场存储分配过程和堆场模板分配过程的基本单位为子箱区级。堆场上通道的宽度设定在 30m。根据图 8-2 的配置，可以预先计算装载/卸载路线长度（即 $D_{b,k}^{L}$ 和 $D_{b,k}^{U}$）。

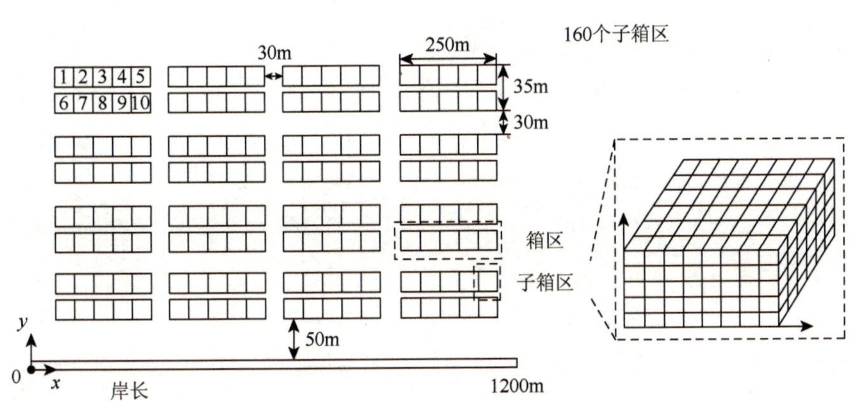

图 8-2　测试实例的堆场配置

对于船舶的装载和卸载集装箱的数量，所有船舶的平均值为 1800TEU。这里假设每艘船舶上装载的货物和卸载的货物各为一半。另外，对于为船舶预留的子箱区数量，所有船舶的平均值设置为 5。

问题的随机特征是基于场景模拟的。本章中，一种场景对应一次所有船舶的“时间-位置”组合，即“实际停泊时间，实际停泊位置”。为了产生一系列场景，首先为每艘船（如船舶 i）分别设定了一个停泊时间和停泊位置，分别由 t_i^0 和 p_i^0 表示。然后，通过服从均匀分布 U（$t_i^0-\mathrm{Var}_T, t_i^0+\mathrm{Var\_}T$）和 U（$p_i^0-\mathrm{Var}_P, p_i^0+$

Var_ P ），随机生成船舶 i 在不同场景下的实际停泊时间和停泊位置。Var_ T 和 Var_ P 分别反映停泊时间和停泊位置的“变化幅度”，它们是实验设置的参数。之后，将对这些参数对结果的影响进行分析。为了简单起见，对于每个场景出现的概率，假定它等于场景数量的倒数。

本章中的计算实验包括两个部分：对提出的求解算法的性能分析，以及对提出的模型元启发式算法的数值研究。

8.5.1 提出的求解算法的性能分析

本章通过一些实验来比较所提出的求解算法获得的结果和由 CPLEX 直接求解的最优目标值。表 8-1 显示了 31 个小型实例的结果，其中考虑了 20～30 条船舶。在表 8-1 中，N 和 S 表示船舶数量和场景。

表 8-1 CPLEX 与提出的元启发式算法的效果对比

问题			CPLEX		元启发式算法		偏差
案例序号	N	S	OBJ_C	计算时间/秒	OBJ_H	计算时间/秒	$(OBJ_H-OBJ_C)/OBJ_C$
c20_1	20	30	22 165 832	490	22 167 783	123	0.009%
c20_2	20	30	22 298 904	235	22 298 904	89	0.000%
c20_3	20	30	22 106 547	732	22 111 348	144	0.022%
c20_4	20	30	22 357 435	598	22 360 782	137	0.015%
c20_5	20	40	22 376 888	282	22 376 888	95	0.000%
c20_6	20	40	22 450 671	623	22 452 511	198	0.008%
c20_7	20	40	22 723 864	452	22 726 867	156	0.013%
c20_8	20	40	22 685 870	378	22 687 248	177	0.006%
c20_9	20	50	内存不足		22 591 428	316	N.A.
c25_1	25	20	29 012 516	474	29 016 545	251	0.014%
c25_2	25	20	29 825 576	772	29 827 442	290	0.006%
c25_3	25	20	29 536 538	483	29 540 182	159	0.012%
c25_4	25	20	29 293 257	551	29 296 576	204	0.011%
c25_5	25	30	29 654 771	385	29 659 012	187	0.014%
c25_6	25	30	29 716 362	354	29 717 510	261	0.004%
c25_7	25	30	29 842 755	827	29 847 274	310	0.015%
c25_8	25	30	29 498 372	479	29 501 336	223	0.010%

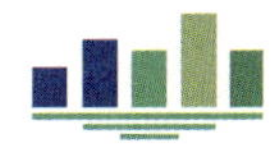

续表

问题			CPLEX		元启发式算法		偏差
案例序号	N	S	OBJ_C	计算时间/秒	OBJ_H	计算时间/秒	$(OBJ_H - OBJ_C)/OBJ_C$
c25_9	25	40	内存不足		29 234 926	254	N.A.
c30_1	30	5	35 281 150	1 177	35 286 247	287	0.014%
c30_2	30	5	34 461 638	324	34 470 593	223	0.026%
c30_3	30	5	33 966 652	313	33 969 962	211	0.010%
c30_4	30	5	34 028 872	641	34 036 592	340	0.023%
c30_5	30	10	35 436 790	517	35 438 820	452	0.006%
c30_6	30	10	35 426 931	662	35 430 197	386	0.009%
c30_7	30	10	35 144 732	206	35 146 429	127	0.005%
c30_8	30	10	35 208 905	479	35 213 143	889	0.012%
c30_9	30	15	36 123 056	397	36 124 041	270	0.003%
c30_10	30	15	36 701 284	566	36 702 313	383	0.003%
c30_11	30	15	35 697 409	386	35 701 651	211	0.012%
c30_12	30	15	35 923 776	454	35 929 138	302	0.015%
c30_13	30	20	内存不足		36 143 000	369	N.A.
			平均偏差				0.011%

注：OBJ_C是指由 CPLEX 获得的结果的目标值；OBJ_H是指通过提出的元启发式获得的结果的目标值。

从表 8-1 可以看出，通过与 CPLEX 计算结果进行比较，提出的求解算法可以获得最优或近似最优解。两者结果偏差不明显，平均偏差仅为 0.011%。这意味着提出的求解算法是解决提出的模型 M_0 的有效方法。对于两种方法的计算时间，求解算法运行时间比 CPLEX 短。从表 8-1 可以看出，当场景数量超过某些限制时，CPLEX 无法求解某些情况，但是求解算法可以在合理的计算时间内求解出来。

表 8-1 中，出现“船舶越来越多，场景越来越少”现象的原因在于，所提出的求解算法应确保 CPLEX 可以直接解决模型，从而才能通过提出的求解算法的结果与最优值进行比较。这并不意味着在本章的实验中只考虑了 15 种场景下 30 艘船舶的情况。在接下来的实验中，通过元启发式算法解决了 50 个场景下 30 艘船舶的情况。表 8-1 中，为了确保 CPLEX 模型的可解性，当船舶数量较多时，设置了少量场景。

8.5.2 提出的元启发式算法的数值研究

为了验证提出的求解算法的有效性，本章将它与根据一些经验规则来进行堆存区域分配的直观方法进行比较。直观的方法如下：①所有的船只都按照优先顺序进行排序。在这项研究中，使用转运到船舶的集装箱数量来反映船舶的优先权。②根据船舶序列，逐一为它们分配堆场中的可用子箱区。当给船舶分配子箱区时，选择与船舶停泊位置最近距离的子箱区。应该注意的是，由于船舶的停泊位置在不同场景下是不一样的，上述距离是船舶在不同场景下的所预留的子箱区与停泊位置之间的平均距离。重复这个操作，直到所需数量的子箱区（即 r_i）已被分配给船舶。根据约束［式（8.6)］，分配给船舶的子箱区彼此之间不应该是相邻子箱区。应该提到的是，直观方法的结果在高工作负荷和处理能力限制下可能是不可行的。然而，这并不意味着直观的方法得到的是模型的最优解的下限，因为直观的方法不是放宽高工作负荷和处理能力限制来求解模型，而只是一个常规的经验方法。

本章的比较实验在船舶停泊时间和停泊位置的不同变化幅度下进行。在生成实验的实例时，每艘船的确定停泊时间和确定停靠位置被分别设置并表示为 t_i^0 和 p_i^0。然后，通过服从均匀分布 U（$t_i^0-\text{Var}_T, t_i^0+\text{Var\_}T$）和 U（$p_i^0-\text{Var\_}P$，$p_i^0+\text{Var\_}P$）随机生成不同场景下船舶的实际停泊时间和停泊位置。上述“变化幅度”由 Var_T 和 Var_P 反映。实验研究了船舶停泊时间和停泊位置的不确定度（即变化幅度）是否影响了堆存区域分配的最终结果。

表 8-2 和表 8-3 分别显示了不同停泊时间（即 Var_T）和停泊位置（即 Vars_P）的变化幅度的比较实验结果。对于表的每一行，根据一对 Var_T 和 Var_P 随机生成 10 个测试实例。10 个实例，对于提供统计上显著的结果似乎有点少。但是从实验中可以看出，对于表中每一行来说，10 个结果的标准偏差不大。标准偏差与平均值的比值约为 1%，说明表中的结果差异并不显著。此外，由于模型和元启发式算法的复杂性，每个实例的求解过程有点耗时。上述两点是该实验仅考虑 10 个实例的原因。

10 个实例结果的平均值记录在表的每一行中。应该提出的是，直观的方法不能保证满足两个限制：两个相邻子箱区不应该同时进行高工作负荷的装载活动；箱区内 5 个子箱区的总工作量不得超过两台场桥的最大处理能力。因此，同时记录两个相邻子箱区在高工作负荷状态下的次数，以及箱区的工作负载超过决策周期的最大值的次数。表 8-2 和表 8-3 分别用“#_子箱区”和“#_箱区”表示。

表 8-2　提出的求解算法和直观方法在船舶停泊时间不同变化幅度下的比较 1

案例规模	不确定性程度		元启发式算法	直观方法	偏差	违反约束次数	
	Var _ T	Var _ P	OBJ_H	OBJ_U	$(OBJ_U - OBJ_H)/OBJ_H$	#_子箱区	#_箱区
20 艘船	0	360	20 490 275	21 613 976	5.5%	151	8
	1	360	20 460 765	21 558 716	5.4%	152	8
	2	360	20 366 884	21 545 520	5.8%	84	7
	3	360	20 232 023	21 341 815	5.5%	80	5
	4	360	20 543 706	21 463 278	4.5%	83	5
	5	360	20 636 421	21 541 646	4.4%	82	5
	6	360	20 914 319	2 170 857	3.8%	94	6
	7	360	21 038 086	21 746 852	3.4%	89	5
	8	360	21 098 335	21 698 401	2.8%	103	6
	9	360	21 184 028	21 752 358	2.7%	98	9
	10	360	2 802 962	2 159 873	1.8%	111	8
25 艘船	0	360	2 673 328	29 447 372	10.2%	153	16
	1	360	26 452 869	29 099 251	10.0%	150	17
	2	360	2 672 887	29 355 039	9.9%	147	14
	3	360	26 931 530	29 301 672	8.8%	102	7
	4	360	27 094 109	2 936 998	8.4%	71	8
	5	360	27 321 653	29 283 075	7.2%	71	7
	6	360	2 780 842	29 601 028	6.5%	73	6
	7	360	2 832 819	29 737 867	5.0%	63	7
	8	360	28 393 846	29 834 592	5.1%	70	7
	9	360	28 443 295	29 852 475	5.0%	59	6
	10	360	2 858 393	29 793 454	4.5%	63	8
30 艘船	0	360	32 704 762	36 847 004	8.7%	144	29
	1	360	32 785 467	37 558 058	14.6%	145	26
	2	360	32 975 057	37 396 099	13.4%	141	24
	3	360	32 521 666	38 116 275	17.2%	130	19
	4	360	32 940 079	37 600 321	14.1%	89	13
	5	360	33 706 168	37 354 290	10.8%	72	11
	6	360	34 026 383	37 982 760	11.6%	74	8
	7	360	34 303 329	38 028 633	10.9%	58	10
	8	360	34 585 351	37 639 827	8.8%	53	10
	9	360	34 749 274	37 832 762	8.9%	49	9
	10	360	34 835 054	37 749 766	8.4%	47	9
平均值					7.7%	96	11

表 8-3　提出的求解算法和直观方法在船舶停泊时间不同变化幅度下的比较 2

案例规模	不确定性程度		元启发式算法	直观方法	偏差	违反约束次数	
	Var _ T	Var _ P	OBJ_H	OBJ_U	$(OBJ_U - OBJ_H)/OBJ_H$	#_子箱区	#_箱区
20 艘船	5	0	18 020 400	19 434 208	7.8%	84	4
	5	60	18 338 297	19 791 337	7.9%	85	5
	5	120	18 828 961	20 106 875	6.8%	84	6
	5	180	19 379 232	20 481 362	5.7%	83	6
	5	240	19 842 120	20 813 788	4.9%	83	5
	5	300	20 138 489	21 206 439	5.3%	82	6
	5	360	20 636 421	21 541 646	4.4%	82	5
	5	420	21 340 056	22 191 085	4.0%	83	7
	5	480	21 871 455	22 553 074	3.1%	77	6
	5	540	22 187 104	23 194 206	4.5%	76	5
	5	600	22 448 115	23 533 985	4.8%	79	5
25 艘船	5	0	23 605 021	26 127 590	10.7%	47	4
	5	60	24 273 431	27 094 633	11.6%	53	6
	5	120	24 672 066	27 245 759	10.4%	60	7
	5	180	25 402 748	28 047 338	10.4%	67	6
	5	240	26 151 665	28 383 205	8.5%	68	7
	5	300	26 583 522	28 798 960	8.3%	70	8
	5	360	27 321 653	29 283 075	7.2%	71	7
	5	420	28 292 566	29 842 302	5.5%	69	5
	5	480	29 187 685	31 262 691	7.1%	62	8
	5	540	29 739 483	31 693 257	6.6%	53	7
	5	600	30 185 142	31 868 973	5.6%	50	6
30 艘船	5	0	29 215 680	34 857 024	19.3%	89	12
	5	60	29 490 382	35 247 339	19.5%	93	12
	5	120	29 621 933	36 310 330	22.6%	85	11
	5	180	30 682 574	36 798 365	19.9%	79	13
	5	240	31 795 167	37 065 687	16.6%	72	10
	5	300	32 843 921	37 202 351	13.3%	74	9
	5	360	33 706 168	37 354 290	10.8%	72	11
	5	420	35 232 479	38 116 452	8.2%	70	10
	5	480	36 397 818	38 522 973	5.8%	72	12
	5	540	37 094 722	39 587 589	6.7%	83	11
	5	600	37 496 021	39 965 216	6.6%	80	12
平均					9.1%	74	8

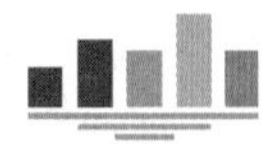

表 8-2 和表 8-3 中，OBJ_H值低于 OBJ_U值，这验证了所提出的求解算法可以产生比直观方法更好的解。两者目标值的平均偏差为 7.7%～9.1%，这意味着提出的求解算法可以将集装箱运输路线的长度比传统方法节省 7.7%～9.1%。此外，所提出的模型可以平衡箱区之间的工作负荷，并避免相邻子箱区中的高工作负荷导致的堆场中的交通拥堵。从数值实验可以看出，直观的方法将导致许多这样的情况，如一些箱区的工作负荷超过限制，并且一些相邻子箱区同时处于高工作负荷状态。这两种情况出现的频率分别为 8～11 次和 74～97 次。

除了上述结果外，从表 8-2 和表 8-3 中还可以看到以下一些现象。

（1）不确定性停泊位置对集装箱运输路线长度的影响，比不确定性停泊时间对集装箱运输路线长度的影响明显。从表中列“OBJ_H”的数据可以观察到当不确定度（即 Var _ T 或 Var _ P ）增加时，表 8-3 中的 OBJ_H值比表 8-2 中的值变化更明显。这种现象很容易理解，因为集装箱运输路线的长度（即模型的目标值）更多地依赖于船舶的停泊位置。在船舶停泊位置高度不确定的情况下，集装箱运输路线长度可能会恶化堆存区域分配。如果有更多的船舶能按期到达港口，则在执行泊位分配进度时船舶停泊位置的变化就会较少。这种情况下，港口运营者可以制定减少堆场运输路线的堆场模板。

（2）不确定性停泊时间对堆场交通拥堵和工作负荷平衡的影响比不确定性停泊位置对此的影响要明显。表 8-2 中列“#_子箱区”和“#_箱区”的平均值高于表 8-3 中的对应值。这种现象也很容易理解，因为船舶停泊时间的高度不确定性，可能会导致工作负荷不平衡，部分箱区的工作负荷可能超过限制，并且一些相邻子箱区同时处于高工作负荷的状态下。与以前的分析类似，如果更多的船舶能按期到达港口，则在执行泊位分配时间表期间，船舶停泊时间的变化较少。在这种情况下，港口运营商可以制定好堆场模板，防止交通拥堵，并能够防止堆场的工作负荷不平衡的问题出现。

（3）随着不确定度的增加，提出的求解算法的优越性逐渐减弱。根据表 8-2 和表 8-3 中的“偏差”一栏的数据，观察到当不确定度（即 Var _ T 或 Var _ P ）增加时，偏差明显降低。这种现象是意想不到的，难以用严谨和理论的方式解释。原因可能在于每个问题情况都有上限。上限反映了所有转运集装箱航道的最大可能长度，并给出了一些船舶之间的转运集装箱的数量。当不确定性程度增加时，OBJ_H 值和 OBJ_U 值都增加。但是，当这些值接近上限时，其增加的梯度将减小，这意味着 OBJ_U 的增长速度将比 OBJ_H 的速度慢。因此，当不确定性程度增加时，OBJ_H 和 OBJ_U 值之间的差距将越来越小。这个结果提醒港口运营商，当停泊时间和位置随机性较大时，相比一些直观和随机的特征方法，精心设计的模型可能没有更多的优势。然而，在实际的港口环境中，船舶抵达的不确定性不是很常见，因为船舶航行路线和港口调度活动高度依赖于一些以前确定的基准时间表。因此，提出的求解算法仍然在现实的港口环境中具有实用性。

（4）随着船舶数量的增加，提出的元启发式算法的优越性显而易见。这种现象也从表 8-2 和表 8-3 中的偏差得到验证。这意味着提出的求解算法在面对一些较大的集装箱码头，特别是转运港时，更具优势。

8.6 小　结

本章从不确定性的角度出发，建立了堆存区域分配问题的模型，从停泊时间（时间维度）和停泊位置（空间维度）两个方面考虑，设计了一种算法，用于解决大规模现实环境中的问题，并进行数值实验来验证提出的模型和算法。与其他学者在这方面的工作进行比较，主要贡献有两个方面。

（1）大多数关于堆存区域分配问题研究只涉及如何在静态和确定性环境中获得最佳的堆存区域分配。本章对不确定性下的堆存区域分配问题进行了探索性研究，开发了一个混合整数规划模型。并进行了一些数值实验，以分析不确定性下堆存区域分配过程的性能。

（2）提出的模型很难直接由一些软件求解，于是设计了一种算法，用于在大规模现实环境中解决上述问题。进行的数值实验验证了所提方法的有效性。

未来的研究中，可以假定船舶之间的转运集装箱数量也是不确定的。那么，为每艘船预留的子箱区数量也是不确定的，上述问题将更加复杂。另一种扩展研究是将堆存区域分配问题与不确定性下的泊位分配问题相结合，因为这两个决策问题与港口运营商交织在一起。对于确定性环境下的该类综合问题，Zhen 等[60]已进行了探索性研究。而不确定性的这类综合问题仍然是一个值得关注的话题。以上所有都将成为未来的研究方向。

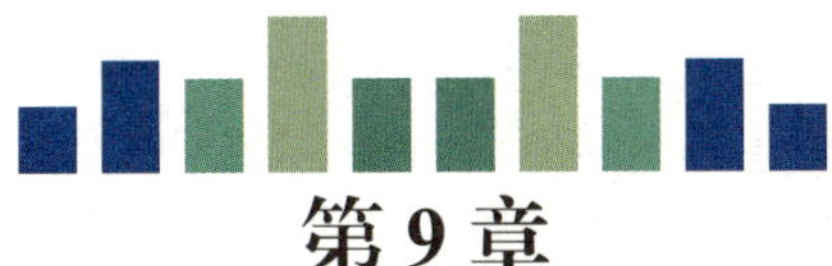

第 9 章 不确定数量维度下堆存区域分配问题

9.1 引　言

大多数堆存区域分配问题，都是基于船舶上所载集装箱数量为已知的情况。然而，全球海运物流市场从货运需求的波动中继承下来很多不确定的因素。航运船舶定期（每周、10 天或两周）访问港口，对于船舶来说，装载到船上的集装箱数量在每个时期都不同，则每个时期船上卸载的集装箱数量也随之波动。不确定的海运市场所导致的随机性为编制有效的堆场模板带来了新的挑战，有效的堆场模板能够提高港口运营的效率。本章研究如何在集装箱数量不确定的情况下获得一个有效的堆场模板，并对堆场模板中所有类型成本进行综合分析。本章提出的模型也考虑了堆场的交通拥堵及多个调度周期时间下的船舶到达模式。此外，本章的研究中还设计了一种求解算法，用于在大规模现实环境中解决上述问题，并进行数值实验以验证提出模型的有效性和效率。

9.2 不确定环境下堆存区域分配问题背景

9.2.1 不确定性条件下的堆存区域分配

全球海运市场的不可预见给码头运营商规划其堆场模板带来了一些不确定性。在这些不确定性中，最重要的是从（或向）到达的船舶卸载（或装载）集装箱数量的不确定性，这给堆存区域分配带来了很多挑战。考虑卸货集装箱数量不确定的情况，本章制定了堆存区域分配模型。

对于堆存区域分配问题中的确定性模型，从（或向）船舶卸载（或装载）集装箱的数量是已知的。因此，预留给每艘船的子箱区数量也是确定的。然而，当卸载和装载集装箱的数量不确定时，每艘船舶实际使用的子箱区的数量也变得不确定。通常，航运公司和码头运营商之间会签订合同，为每艘船舶专门预留较长时间的子箱区，用于存储集装箱。实际上，装载到船舶上的实际集装箱数可能大于预留子箱区的最大容量。在这种情况下，则需要分配更多的子箱区。

基于上述分析，不确定条件下的堆场模板中的子箱区可以分为两种类型：

（1）专用模式。一些子箱区被专门预留给特定的船舶，如图 9-1 所示。这种子箱区的布置在相当长的时间内都有效。

（2）共享模式。其他的一些子箱区由所有到达的船舶动态共享，船舶在面临一些不可预测的装载集装箱数量增加时，就需要额外的子箱区。

图 9-1 阐述了上述两种考虑不确定条件下的堆场模式。

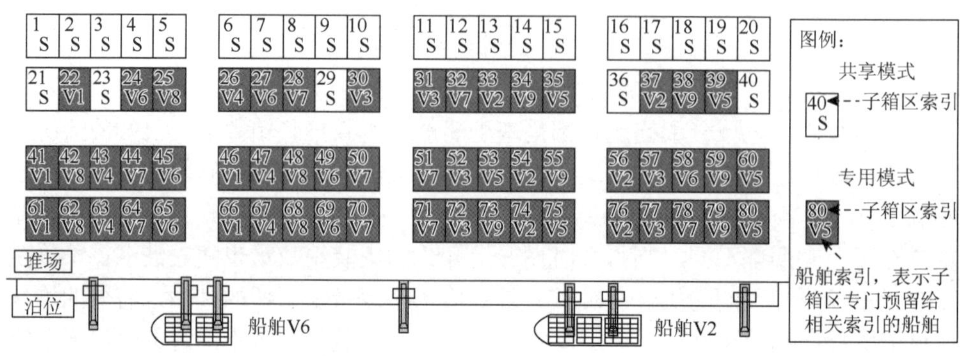

图 9-1　考虑不确定条件下堆场模式子箱区的两种分配模式

为了制定不确定性条件下的堆场模板，港口运营商需要分别确定子箱区是属于专用模式还是共享模式。在专用模式的子箱区中，码头运营商还需要为每艘船确定预留的子箱区。

船舶到达的周期是堆存区域分配的关键特征。对于码头来说，到达的船舶可能具有不同的周期时间。例如，一些船舶是每周到达模式，有些船可能是 10 天或每两周到达的模式[204]。其中，每周到达模式是最常见的。应该提到的是，本章可以支持多周期时间下的堆存区域分配问题。

另外，堆存区域分配问题中的不确定性，来自于周期内将被装载到每艘船舶（如船 i）的集装箱数量，模型也是基于此来建立的。不确定的集装箱数量由 $n_{i,t}$ 表示，其表示在第 t 个周期内船舶 i 的装载集装箱数量，本章的其余部分也使用 $n_{i,t}$ 来表示。图 9-2 显示了收集集装箱、货物到达和装载集装箱的过程的周期。为了简单起见，假设在每个周期（如一周、10 天、两周等）内将装载到船舶（如船 i）上的集装箱数量以一定的速率增加。当船舶在每个时段结束时到达，这些集装箱会在相当短的时间内（如数小时）都被装载到船上。

图 9-2 并不意味着首先从船舶 i 卸载集装箱，然后将集装箱装载到船舶 i 上。实际上，当船舶停留在港口时，将集装箱从船舶上卸载与装载集装箱到船舶上可以以并行方式而不是以顺序的方式进行。

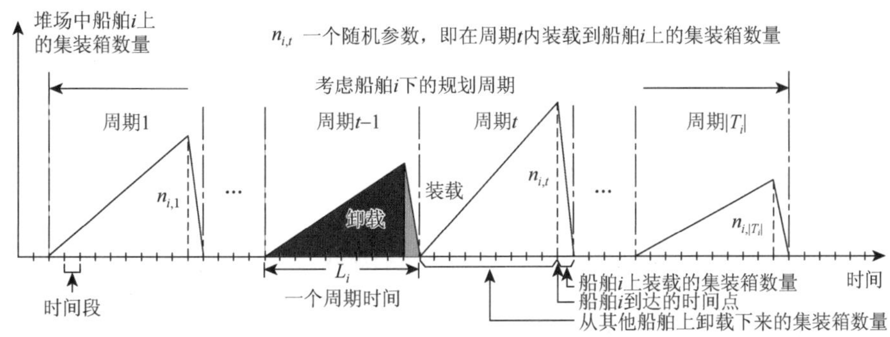

图 9-2 船舶卸载和装载集装箱活动的周期示意图

9.2.2 堆存区域分配目标

堆存区域分配问题的决策目标，即堆场模板的总成本，包括两个部分：专用模式的成本和共享模式的成本。对于每个部分，其成本也可以从两个方面来制定：子箱区的使用成本和集装箱在码头移动的运输成本。前者包括预留和维护船舶子箱区的固定成本，以及子箱区内作业的劳动成本和设备成本；后者主要反映了用于将集装箱从其进入的泊位运输到堆场中的存储子箱区，然后到其出站泊位运送货物（货车）的成本。根据上述分析，对堆存区域分配问题的决策目标从以下四个方面进行模拟。

1. 专用模式下子箱区的使用成本（Cost_1）

定义 V 为所有船舶的集合；T_i 为船舶 i 考虑的规划周期内的所有周期的集合；$|T_i|$为总周期数；c^F 为以时间段为单位计算专用模式下子箱区的固定成本。本章以时间段作为时间单位；L_i 为船舶 i 的周期时间，单位是时间段；y_i 为在专用模式下预留给船舶 i 的子箱区的数量。那么，在专用模式下子箱区的使用成本表示为

$$\text{Cost\_1} = c^F \sum_{\forall i \in V} |T_i| L_i y_i \tag{9.1}$$

2. 专用模式下集装箱的运输成本（Cost_2）

运输费用等于转运集装箱的数量乘以卸货和装货路线的长度。对于船舶 i 来说，周期 t 内存储在专用子箱区中并被装载到船上的集装箱数量等于 $\min(y_i P, n_{i,t})$。其中，P 为装载 TEU 的子箱区的容量。

本章中，给定岸侧一点和堆场中一点，提前了解两点之间的装卸路线，即按

照最短路线的原则确定路线，限制通道的交通方向。如图 9-1 和图 9-3 所示，两个箱区之间的水平通道是单向的；而垂直通道是双向的。

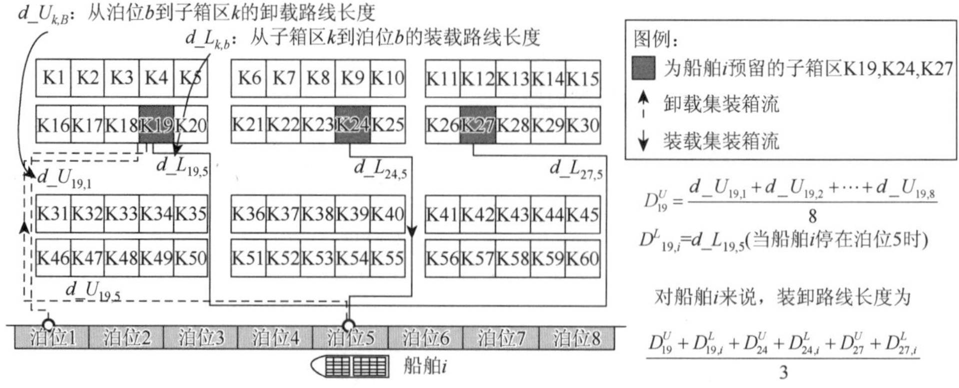

图 9-3 船舶 i 卸货和装货路线长度的计算示意图

在计算船舶 i 的装载路线长度时，定义 $D_{k,i}^L$ 为从子箱区 k 到船舶 i 的停泊位置的装载路线的长度。当船舶的停泊位置确定时，$D_{k,i}^L$ 为已知的数据。如果 R_i 表示专门为船舶 i 预留的子箱区集合。那么，$\text{avg}_{k\in R_i} D_{k,i}^L$ 可以用于反映船舶 i 的装载路线长度。

船舶 i 卸载路线长度的计算基于另一个已知数据 D_k^U，这是从所有泊位到子箱区 k 的卸载路线的平均长度。考虑所有泊位的原因是：装载到船舶 i 上的集装箱从其他船舶上卸载下来，而其他船舶可能停泊在港口任何可能的泊位。为了简单起见，定义 D_k^U 为根据其卸载船舶区分转运的集装箱流。那么，$\text{avg}_{k\in R_i} D_k^U$ 可以用来反映船舶 i 的卸货路线的长度。

图 9-3 说明了路线长度上的两个参数，即 $D_{k,i}^L$ 和 D_k^U。另外，如图 9-3 所示，同一对泊位子箱区之间的卸载路线（带箭头的虚线）和装载路线（带箭头的实线）不同。

定义 c^T 为堆场中运送 1km 的 TEU 集装箱的成本。专用模式下集装箱的运输成本定义为

$$\text{Cost\_2}=c^T\sum_{\forall i\in V}\sum_{\forall t\in T_i}[\min(y_iP,n_{i,t})\cdot \text{avg}_{k\in R_i}(D_k^U+D_{k,i}^L)] \tag{9.2}$$

式（9.2）只反映了集卡的负载行程，而不考虑空载行程，这与集卡的调度时间表有关，属于操作层面的规划。因此，本章利用装载路线的长度来反映堆场的运输成本。假设空载行程的路线长度大体上与负载行程的长度成比例，则可以通过设置适当的系数 c^T 来考虑空载行程的成本。

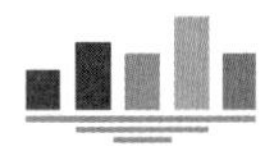

上述分析都是基于船舶的停泊位置为确定状态下的假设。实际上，一些航运公司可能会与港口签订合同，这些服务合同中，确定了船舶的停泊位置。此外，本章提出的方法可以扩展到考虑船舶停泊位置和停泊时间不确定的情况。9.7 节介绍了这个扩展的一些细节。为了简单起见，本章的主要部分是基于确定性停泊位置的假设。应该指出的是，这不是一个硬性的假设，而是可以通过扩展模型来放宽。

3. 共享模式下子箱区的使用成本（Cost_3）

通常的做法中，航运公司和港口运营商签订合同，要求为船舶分配子箱区。堆场中的子箱区被分配给每艘船舶相当长的时间，并且子箱区的位置通常在船舶的停泊位置附近。除了这些专门分配的子箱区之外，港口运营商还让一些子箱区在所有船舶之间动态共享。因为船舶装载集装箱的数量可能因为规划周期的变化而变化。定义 c^S 为在时间段中共享模式下占用子箱区的成本，这与先前定义的成本率 c^F 不同。另外，c^S 应该大于 c^F，因为相对较长时间（即专用模式）操作和维护子箱区（包括与子箱区相关的工作、资源、设备）的成本率通常比临时操作和维护子箱区的成本率低（即共享模式）。原因是动态调度资源可能比定期调度资源产生更高的成本。如果所有子箱区都动态地分配给船舶，则不存在堆场模板，这不仅与现实中的惯例相矛盾，还比使用管理和调度场内资源的堆场模板产生更高的总成本。此声明将通过 9.5.3 节的数值实验验证。

当一些船舶到达的集装箱数量意外增加时，港口运营商可能需要临时分配和重新定位资源，以便为船舶开放更多子箱区。这些临时任务超出了以前确定的所有类型资源的基准时间表。因此，共享模式的单位成本大于专用模式。相反，如果 $c^S < c^F$，则会导致所有的子箱区被动态地分配给到达的船舶，而且不需要事先制作堆场模板，这不适于堆场管理，也是不同于现实的做法。现实中，一些子箱区是专门给船舶预留的。

共享模式下，只有当装载到船上的集装箱数量超过专门为船舶预留的子箱区的总容量时，才将共享子箱区分配给船舶。当船舶到达港口并装载集装箱时，共享模式下，子箱区将被释放，供其他船舶日后使用。对于船舶 i，在共享模式下占用子箱区的时间间隔的长度为 $(n_{i,t}-y_iP)^+L_i/n_{i,t}$，如图 9-4 所示。共享模式下，$c^S$ 为单位时间段的成本率，在周期 t 期间占用一个子箱区的成本应为 $c^S(n_{i,t}-y_iP)^+L_i/n_{i,t}$。在周期 t 期间共享模式下占用的子箱区的数量是 $\lceil (n_{i,t}-y_iP)^+/P \rceil$。那么，共享模式下的子箱区的使用成本是

$$\text{Cost\_3} = c^S \sum_{\forall i \in V} \sum_{\forall t \in T_i} L_i \left\lceil \frac{(n_{i,t}-y_iP)^+}{P} \right\rceil \cdot \frac{(n_{i,t}-y_iP)^+}{n_{i,t}} \tag{9.3}$$

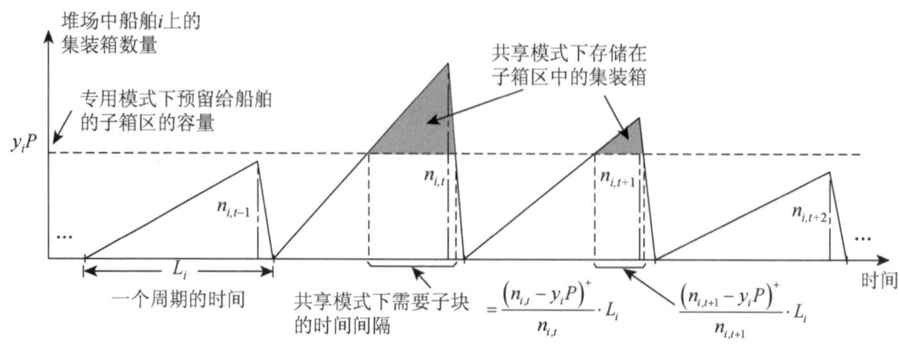

图 9-4　共享模式下占用子箱区的时间间隔

4. 共享模式下集装箱的运输成本（Cost_4）

共享模式下运输成本的计算与专用模式下的成本计算类似。对于船舶 i，周期 t 期间存储在共享模式的子箱区中的集装箱的数量是 $(n_{i,t}-y_iP)^+$。如果在周期 t 期间装载到船舶 i 上的集装箱的共享模式下的卸载和装载路线长度由 $\tilde{D}_{i,t}^S$ 表示，共享模式中的运输成本表示为

$$\text{Cost\_4}=c^T\sum_{\forall i\in V}\sum_{\forall t\in T_i}[(n_{i,t}-y_iP)^+\cdot\tilde{D}_{i,t}^S] \tag{9.4}$$

共享模式下路线长度的计算比专用模式要困难得多。在共享模式下，子箱区被动态分配给船舶；因此，船舶的卸载和装载路线的长度在每个周期都是不同的。$\tilde{D}_{i,t}^S$ 的计算不能用一些闭式公式来表示，而只能通过一些程序计算。

在解释程序之前，一些参数需作如下定义：o_i 是船舶 i 的规划周期的开始时间点；$s_{i,t,h}$ 是在周期 t 期间船舶 i 占用的第 h 个子箱区的开始时间；$r_{i,t}$ 是在周期 t 期间被船 i 占用子箱区的释放时间。图 9-5 说明了共享模式下船舶子箱区的动态分配。

$$s_{i,t,h}=o_i+[t-1+(y_i+h-1)(P/n_{i,t})]L_i\quad h=1,2,\cdots,\lceil(n_{i,t}-y_iP)^+/P\rceil \tag{9.5}$$

$$r_{i,t}=o_i+tL_i \tag{9.6}$$

5. 目标中考虑的成本概括

上述四个小节分别阐述了两种模式（即专用模式和共享模式）的子箱区使用成本和运输成本。上述四个部分成本的总和将是优化堆场模板模型的目标。运输成本实际上反映了堆场中转运集装箱流量的路线长度（或行进时间），在传统的堆场管理研究中被考虑过[60, 240-242]。

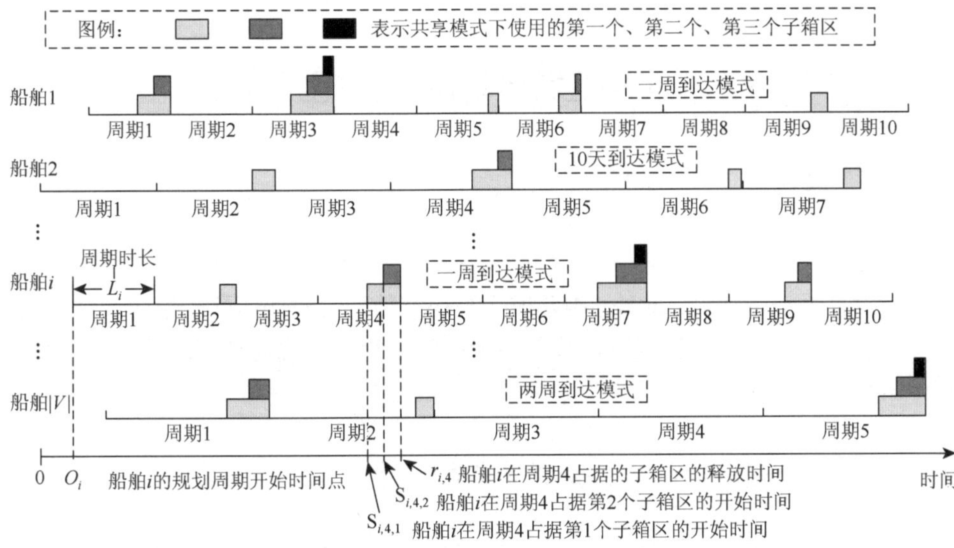

图 9-5　共享模式下船舶子箱区的动态分配

计算 $\tilde{D}_{i,t}^S$ 的程序如下。

计算 $\tilde{D}_{i,t}^S$ 的程序如下：　　　　$\tilde{D}_{i,t}^S = f(x_{i,k}, y_i, n_{i,t})$

For 每一个共享模式下闲置的子箱区 k

　　设置 $\pi(k)$ = 闲置；　　　　　　　　　　// $\pi(k)$ 表示共享模式下的子箱区 k

End For

For 在每个周期 t 中的船舶 i 来说，

计算 $s_{i,t,h}$ 和 $r_{i,t}$ 值；　　　　　　// $h = 1, 2, \cdots, \lceil (n_{i,t} - y_i P)^+ / P \rceil$

End For

按升序方式对时间点 $s_{i,t,h}$ 和 $r_{i,t}$ 进行排序；

For 上述顺序中的每个时间点

　If 开始时间点是 $s_{i,t,h}$，

　　　在闲置的子箱区中，选择‘$D_k^U + D_{k,i}^L$’值最小的子箱区 k，来满足一些约束；//这些约束会在下一个子章节中列举//

　　设置 $\pi(k)$ = 占用；

　　$\beta_{i,t,h} = D_k^U + D_{k,i}^L$；　　　　　　// $\beta_{i,t,h}$ 是一个辅助变量

　End If

If 释放时间点是 $r_{i,t}$，

　　对于在周期 t 内分配给船舶 i 的子箱区 k，设置 $\pi(k)$ = 闲置；

　End If

End For

For 每个周期 t 内的船舶 i

　$\tilde{D}_{i,t}^S = \text{avg}_{\forall h}\{\beta_{i,t,h}\}$；

End For

9.3 堆存区域分配问题的相关约束

9.3.1 基本约束

堆存区域分配有一些基本的约束。例如，在专用模式下，应为每艘船预留的子箱区设置最小数量值。此外，国际航运公司有他们比较倾向的子箱区选择范围。对于每艘船舶，在专用模式下，预留给船舶的子箱区应提前从国际航运公司要求的一组子箱区中选择。

9.3.2 在一个箱区中的场桥资源竞争的约束

由于转运港采用了托运策略，装载过程对于港口运作的效率至关重要，因为某些子箱区中的所有集装箱都需要在有限的时间内装载到船上。

通常，一个箱区由 5 个子箱区组成，部署两台场桥。在装载过程中，一台场桥专用于一个子箱区。在每个箱区中，为一艘船舶（或一组同时装载的船舶）预留的子箱区的数量最好不超过一个。这样的话，可以通过箱区中可能的卸载活动来利用另一台闲置的场桥。

由于船舶的停泊时间是确定的，所以关于船舶 i 是否在时间段 m 中进行装载活动的信息也是预先已知的，由二进制参数 $l_{i,m}$ 表示。参数 l 将在后面的模型公式中使用。

9.3.3 相邻子箱区间关于交通拥堵的约束

如上所述，装载过程对于港口运作的效率至关重要，因为，子箱区中的所有集装箱需要在有限的时间内被装载到船舶上。当子箱区执行装载活动时，场桥和集卡处于高负荷工作状态，该子箱区附近的交通会比较拥塞。当太多的装卸工作需要在同一时间的小区域内进行时，可能会发生交通拥堵。

如图 9-6 所示，如果子箱区 K27 和 K42 存在大量集装箱装卸、运输活动，大量集卡就会在附近等待和移动，这将导致交通拥堵。另外，当子箱区 K27 有大量装卸活动时也会影响服务 K28 的集卡交通路线的通畅。为了确保堆场内交通通畅，港口运营商需要在制定堆场分配模板时考虑一些约束限制，其中最重要的就是：相邻子箱区不能同时进行装载活动。其中，两个子箱区是否被定义为“相邻”主要看它们是否位置相近而且共用相同通道。在图 9-6 中，子箱区

K27 与 K28 和 K42 相邻；但 K27 不算与 K42 相邻，尽管它们背靠背。制定堆场分配模板时，分配给同一艘船舶（或同时存在装载活动的几艘船舶）的子箱区要尽可能分散，以避免相邻子箱区同时出现装载活动。其中，对交通拥塞因素的处理仅考虑装载活动而忽略卸货活动，是因为前者所带给一个子箱区的工作负荷远大于后者。在装载活动中，一些子箱区里的全部集装箱将要在规定时间长度内装载到目标船舶上。而卸货活动有更多的灵活性。当一个集装箱被从船上卸下来时，根据该箱未来要转运的目的地，可以存放它的位置实际上有若干个子箱区供选择。根据这些区域附近的交通负荷状况，选择一个合适的（交通不太拥堵的）子箱区去存放它。

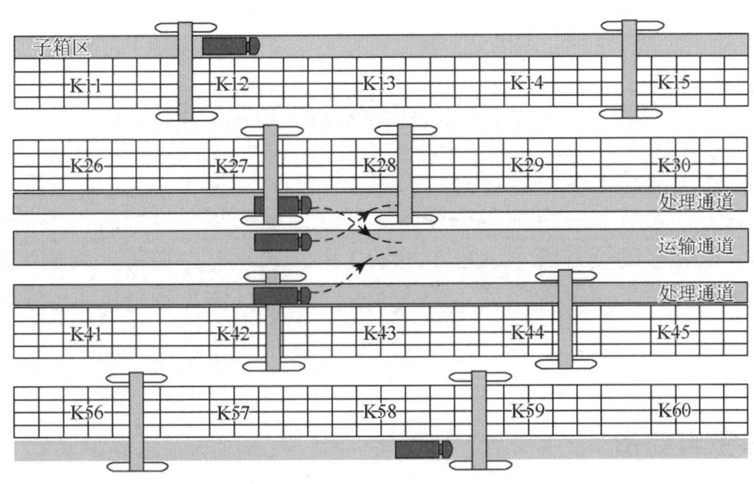

图 9-6　邻近子箱区附近出现的交通拥塞

9.3.4　垂直通道交通流量的限制

除了在相邻子箱区进行装载活动造成的交通拥堵之外，集卡在通行道路上的交通流量可能会导致堆场出现另一类堵塞。下一节的数学模型公式，仅考虑了垂直通道上装载活动的集卡交通流量的一些制约因素。仅考虑装载活动的原因与以前的分析相似；而只考虑垂直通道的原因在于，水平通道中的交通流量受到前两节中定义的约束限制。

如图 9-7 所示，对于每个垂直通道 a，定义一个二进制参数 $w_{i,k,a}$，表示从子箱区 k 到船舶 i 的泊位的载荷流是否通过通道 a。由于船舶的停泊位置是已知的，所以参数 $w_{i,k,a}$ 可以提前确定。基于这些参数，当制定堆场模板时，通过每个通道（如通道 a）的总流量可以被限制在上限（如 W_a）内。

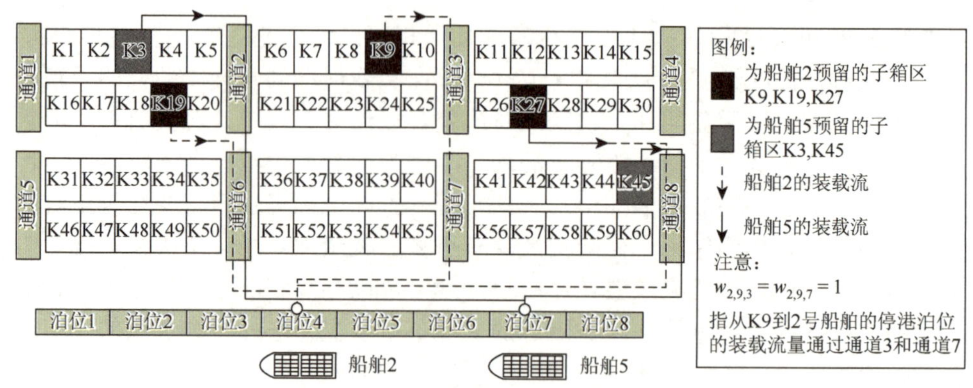

图 9-7　交通流量在垂直通道上进行装载活动的示意图

9.4　基于场景的随机规划模型构建

在不确定性条件下，本章为堆存区域分配问题制定了一个随机规划模型。不确定性由一组有限的场景表示。每个场景（由 ω 表示）由在每个周期中装载到每艘船上的随机数量的集装箱组成，即 $n_{i,t}(\omega)$ 组成。目标是最小化上一节阐述的总成本。

9.4.1　参数与变量

下标：

i——船舶。

k——子箱区。

m——时间段。

ω——场景。

t——周期。

a——通道。

集合：

V——船舶集合。

K——子箱区集合。

M——时间段集合。

Ω——场景集合。

T_i——船舶 i 的周期集合。

A——通道集合。

在上述定义中，时间段（m）是周期（t）的进一步细化。例如，船舶的周期为一周，时间为 8 小时，然后这段时间包含 21 个时间段。它们之间的关系如图 9-2 的时间轴所示。

输入数据：

$n_{i,t}(\omega)$——在场景 ω 下，周期 t 内，装载到船舶 i 上的集装箱数量。

L_i——船舶 i 的周期时长，单位为时间段。

c^F——专用模式下单位时间段占用子箱区的固定成本。

c^S——共享模式下单位时间段占用子箱区的成本；$c^F < c^S$。

c^T——在堆场运送一个 TEU 集装箱 1km 的费用。

P——一个子箱区的容量（TEU），为 240（5 层×6 通道×8 箱位）。

$D_{k,i}^L$——从子箱区 k 到船舶 i 停泊泊位的装载路线的长度。

D_k^U——从所有泊位到子箱区 k 的卸载路线的平均长度。

$l_{i,m}$——如果船舶 i 在时间段 m 进行装载活动，则等于 1，否则为 0。

$w_{i,k,a}$——如果从子箱区 k 到船 i 的停泊泊位的装载路线通过过道 a，则值为 1，否则为 0。

W_a——允许同时通过通道 a 的最大路线数量。

e——表示相邻子箱区；如 $e=\{21，41\}$，表示 K21 和 K41 是相邻子箱区。

E——所有相邻子箱区的集合；$e \in E$。

g——属于同一箱区的 5 个子箱区的组合；如 $g=\{1，2，3，4，5\}$，表示 K1、K2、K3、K4 和 K5 属于同一个箱区。

G——箱区集合，即子箱区构成的组合 g，$g \in G$。

Q_i——候选子箱区集合，选择一些子箱区分配给船舶 i。

Y_i^{LB}——在专用模式下应分配给船舶 i 的子箱区的最小数量。

$\rho(\omega)$——场景 ω 出现的概率。

决策变量：

$x_{i,k}$——如果在专用模式下的子箱区 k 被预留给船舶 i，则值为 1，否则为 0。

y_i——专用模式下预留给船舶 i 的子箱区数量，没有预留则值为 0。

$\tilde{D}_{i,t}^S(\omega)$——在场景 ω 周期 t 期间共享模式下，装载到船舶 i 上的集装箱的卸载和装载路线的平均长度；其值取决于 $x_{i,k}$、y_i、$n_{i,t}(\omega)$。

9.4.2　数学模型

(M_0)　　Minimize

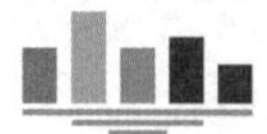

$$Z = c^F \sum_{\forall i \in V} |T_i| L_i y_i + \sum_{\forall \omega \in \Omega} \rho(\omega) \sum_{\forall i \in V} \sum_{\forall t \in T_i} \left\{ c^T \left[\min\left(P, \frac{n_{i,t}(\omega)}{y_i} \right) \cdot \sum_{\forall k \in K} x_{i,k} (D_k^U + D_{k,i}^L) \right] \right.$$
$$\left. + c^S L_i \left\lceil \frac{(n_{i,t}(\omega) - y_i P)^+}{P} \right\rceil \cdot \frac{\left(n_{i,t}(\omega) - y_i P\right)^+}{n_{i,t}(\omega)} + c^T [(n_{i,t}(\omega) - y_i P)^+ \tilde{D}_{i,t}^S(\omega)] \right\} \tag{9.7}$$

s.t.

$$\sum_{i \in V} x_{i,k} \leqslant 1 \qquad \forall k \in K \tag{9.8}$$

$$\sum_{k \in Q_i} x_{i,k} = y_i \qquad \forall i \in V \tag{9.9}$$

$$y_i \geqslant Y_i^{\mathrm{LB}} \qquad \forall i \in V \tag{9.10}$$

$$\sum_{k \in \{K - Q_i\}} x_{i,k} = 0 \qquad \forall i \in V \tag{9.11}$$

$$\sum_{k \in e} \sum_{i \in V} l_{i,m} x_{i,k} \leqslant 1 \qquad \forall e \in E, \forall m \in M \tag{9.12}$$

$$\sum_{k \in g} \sum_{i \in V} l_{i,m} x_{i,k} \leqslant 1 \qquad \forall g \in G, \forall m \in M \tag{9.13}$$

$$\sum_{i \in V} \sum_{\forall k \in K} x_{i,k} l_{i,m} w_{i,k,a} \leqslant W_a \qquad \forall a \in A, \forall m \in M \tag{9.14}$$

$$\tilde{D}_{i,t}^S(\omega) = f(x_{i,k}, y_i, n_{i,t}(\omega)) \qquad \forall i \in V, \forall t \in T_i, \forall \omega \in \Omega \tag{9.15}$$

$$x_{i,k} \in \{0,1\}; \quad y_i \text{ 整型} \qquad \forall i \in V, \forall k \in K \tag{9.16}$$

目标函数[式(9.7)]是最小化 3.2 节中阐述的四种成本类型。约束[式(9.8)]确保专用模式下的每个子箱区最多给一艘船预留。约束［式（9.9）］连接两个决策变量 $x_{i,k}$ 和 y_i。约束［式（9.10）］保证在专用模式中为每艘船预留的子箱区的最小数量的要求。约束［式（9.11）］限制预留的子箱区应该从预先由航运公司给定集合中选择。约束［式（9.12）］确保两个相邻子箱区不能同时进行装载活动。约束［式（9.13）］保证在每个箱区中，参与装载过程中的子箱区数不能超过 1。约束［式（9.14）］涉及通过每条垂直通道的装载流量的限制。约束［式（9.15）］表明变量 $\tilde{D}_{i,t}^S(\omega)$ 取决于 $x_{i,k}$， y_i 和 $n_{i,t}(\omega)$。它不能通过一些封闭式公式计算，而是通过 9.2.2 节“共享模式下集装箱的运输成本（Cost_4）”中阐述的程序来计算。约束［式（9.16）］定义了决策变量。

给定在周期 t 期间装载到船舶 i 上的集装箱数量的任意概率分布，可以获得一组 $n_{i,t}$ 样本。$n_{i,t}$ 的概率分布可以根据历史数据进行校准，其中包括过去几个

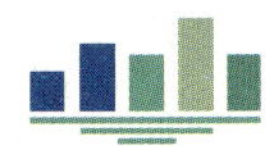

周期内装载到船舶上的集装箱数量。$|\Omega|$个场景的随机样本分别用$n_{i,t}(\omega),\omega=1,\cdots,|\Omega|$表示。在这种情况下，场景$\omega$的出现概率，即上述模型中的$\rho(\omega)$等于$1/|\Omega|$。

通过使用提出的模型M_0，可以对堆场模板进行规划。M_0主要适用于装载集装箱数量的概率分布已知的情况，以便为M_0生成一组场景（Ω）。换句话说，如果概率分布不是非常精确，那么M_0的性能比基于实时滚动的方法更差，这种方法以规律的间隔T重建计划。当间隔T越来越短时，基于水平的方法将接近实时调度方法，当决策者对装载集装箱数量不能获得非常精确的概率分布的情况下，该方法肯定优于M_0。

9.5　改进的模拟退火算法设计

由于模型中存在某些挑战，上述模型M_0无法由一些常用优化软件（如CPLEX、LINDO）直接解决。例如，目标函数包含很多非线性的形式，难以被线性化。此外，模型中涉及一个过程，即$\tilde{D}_{i,t}^{S}(\omega)$。该过程不能转换为一些封闭式公式，以便直接嵌入模型中，更不用说模型的线性化。所有上述挑战导致所提出的模型难以通过一些常用的运筹学方法来处理，以得到精确解。因此，本章设计了一种算法，以有效地求解模型M_0，获得一个近似最优解。

9.5.1　算法基本框架

模型M_0的解主要包含两部分：①以专用模式下为每艘船舶预留的子箱区数，即y_i；②应为每艘船舶预留哪些子箱区，即$x_{i,k}$。本章提出的方法有一个双层循环迭代框架。外部循环确定所有y_i变量的值；而内部循环确定给定y_i值的所有$x_{i,k}$变量的值。众所周知，模拟退火算法用于外循环以改变迭代中的y_i值。对于内部循环，通过CPLEX求解子模型，以获得$x_{i,k}$值。以这种方式，在合理的时间段内可以通过求解算法获得模型M_0的一个满意的可行解。

模拟退火（SA）算法是基于全局优化问题的一般通用启发式算法。典型的模拟退火算法包括一对嵌套循环和一些附加参数。例如，冷却速率$0<r<1$，温度长度R表示解邻域的大小。以下介绍过程。

步骤 1：获得初始解，令$T=T_0$（SA 中的初始温度）。

步骤 1.1：生成y_i变量的初始解（用$\boldsymbol{y}$表示）。

步骤 1.2：基于$\boldsymbol{y}$，通过 CPLEX 求解一个子模型，获得$x_{i,k}$变量（由$\boldsymbol{x}$表示）的解。

步骤 1.3：计算由 $\boldsymbol{F}(\boldsymbol{y})$ 表示的解 $(\boldsymbol{x},\boldsymbol{y})$ 的目标值。

步骤 2：重复以下步骤，直到其中一个停止条件为真。

步骤 2.1：生成 $\boldsymbol{y}$ 的 R 个邻域解，即 $\boldsymbol{y}^{(n)}$，$n\in\{1,2,\cdots,R\}$。

步骤 2.2：对于 $n=1\sim R$，重复以下步骤。

步骤 2.2.1：基于 $\boldsymbol{y}^{(n)}$，通过 CPLEX 求解子模型，得到 $x_{i,k}$ 变量的解。

步骤 2.2.2：计算目标值，用 $F(\boldsymbol{y}^{(n)})$ 表示。

步骤 2.2.3：令 $\delta=F(\boldsymbol{y}^{(n)})-F(\boldsymbol{y})$。

步骤 2.2.4：如果 $\delta<0$，设 $\boldsymbol{y}=\boldsymbol{y}^{(n)}$。

步骤 2.2.5：如果 $\delta\geqslant 0$，生成一个随机数 $x\in(0,1)$；如果 $x<e^{-\delta/T}$，则 $\boldsymbol{y}=\boldsymbol{y}^{(n)}$。

步骤 2.3：设 $T=r\times T$。

停止标准：①解的适应度值为零；②温度变得小于给定的阈值；③在给定数量的外部循环次数中，适应度的最佳值没有得到改善。

实施上述模拟退火程序有一些关键问题：①如何获取 y_i 变量的初始解；②通过求解子模型，如何获得 $x_{i,k}$ 变量的解；③如何评价解决方案的目标；④如何定义一个解的邻域集。

9.5.2～9.5.5 节将分别详细讨论上述四个问题。

9.5.2 生成初始解

对于外部循环，y_i 值的初始解是所提出的元启发式算法的起始点，对于解决过程的效率至关重要。其中，采用穷举方法，为每艘船舶找到预留子箱区的最佳数量。对于 $\forall i\in V$，标准如下：

$$y_i^{*\prime}=\arg\min_{\forall y_i\geqslant Y_i^{\mathrm{LB}}}\left\{c^F|T_i|L_iy_i+\sum_{\forall\omega\in\Omega}\rho(\omega)\left\{c^S\sum_{\forall t\in T_i}L_i\left\lceil\frac{(n_{i,t}(\omega)-y_iP)^+}{P}\right\rceil\cdot\frac{(n_{i,t}(\omega)-y_iP)^+}{n_{i,t}(\bar{\omega})}\right\}\right\}\tag{9.17}$$

上述公式穷举了每艘船舶满足“$y_i\geqslant Y_i^{\mathrm{LB}}$”约束的所有 y_i 值，以便找到局部最优值（即 $y_i^{*\prime}$），这将被用作求解以下过程的初始解。这里存在的一个问题是 $y_i^{*}{}'$ 的和可能超过所有可用子箱区的数量，即 $\sum_{i\in V}y_i^{*\prime}>|K|$。应该提到的是，如果港口堆场对这些转运集装箱（即 $n_{i,t}(\omega)$）有足够的处理能力，这种情况就很少出现。然而，如果出现这种情况，必须随机选择一些船舶的 y_i 值来减小它们的总和，使之小于 $|K|$。

9.5.3　解决船舶预留子箱区的分配问题

给定所有船舶的最佳预留子箱区（即 $y_i^{*\prime}$ ）的数量后，求解下面的模型（ M_1 ），以获得船舶预留子箱区的详细分配。

$$(M\_1)\quad \text{Minimize} \sum_{\forall \omega \in \Omega} \rho(\omega) \left\{ c^T \sum_{\forall i \in V} \sum_{\forall t \in T_i} \left[\min\left(P, \frac{n_{i,t}(\omega)}{y_i^{*\prime}} \right) \cdot \sum_{\forall k \in K} x_{i,k} (D_k^U + D_{k,i}^L) \right] \right\} \quad (9.18)$$

s.t.

$$\sum_{i \in V} x_{i,k} \leqslant 1 \qquad \forall k \in K \quad (9.19)$$

$$\sum_{k \in Q_i} x_{i,k} = y_i^{*\prime} \qquad \forall i \in V \quad (9.20)$$

$$\sum_{k \in \{K - Q_i\}} x_{i,k} = 0 \qquad \forall i \in V \quad (9.21)$$

$$\sum_{k \in e} \sum_{i \in V} l_{i,m} x_{i,k} \leqslant 1 \qquad \forall e \in E, \forall m \in M \quad (9.22)$$

$$\sum_{k \in g} \sum_{i \in V} l_{i,m} x_{i,k} \leqslant 1 \qquad \forall g \in G, \forall m \in M \quad (9.23)$$

$$\sum_{i \in V} \sum_{\forall k \in K} x_{i,k} l_{i,m} w_{i,k,a} \leqslant W_a \qquad \forall a \in A, \forall m \in M \quad (9.24)$$

$$x_{i,k} \in \{0,1\} \qquad \forall i \in V, \forall k \in K \quad (9.25)$$

在上述模型中，因为约束的数量有点多，约束［式（9.22）～式（9.24）］是求解过程中的瓶颈。为了提高求解速度，可以用约束集来替换集合 M 。集合 M 包含计划范围内的所有时间段；而减去的集合只包含涵盖所有船舶的第一个周期的时间段。由于参数 $l_{i,m}$ 具有周期性特征，这种减少并不会改变模型（ M_1 ）的最优性。这意味着在所有周期内，每艘船的装载集装箱时间段在周期性地重复着。这样，即使出现大规模的问题，上述模式也可以在很短的时间内由 CPLEX 直接解决。

9.5.4　解的评价

前两个步骤之后，获得了堆存区域分配的解决方案。在目标函数［式（9.7）］中代入解（即 $x_{i,k}$ 和 y_i 变量），以计算最终解的目标值。该过程中，主要困难是根据程序 $f(x_{i、k}、y_i、n_{i、t}(\omega))$ 来计算 $\tilde{D}_{i,t}^S(\omega)$ ，详见 9.2.2 节中的“共享模式下集装箱的运输成本（Cost_4）”。如果问题规模较大，则程序可能无法立即完成。当模型

包含多个场景时，因为过程 $f(x_{i,k}$、y_i、$n_{i,t}(\omega))$ 需要运行 $|\Omega|$（即场景数）次，用于求解的目标值的 CPU 时间可能较长。

9.5.5 模拟退火算法得到的解的邻域

以上各节描述了如何获得一个堆存区域分配方案，给出一组变量 y_i 的解，它们表示为每艘船舶预留的子箱区数。模拟退火算法用于更改 y_i 变量的解集合，以提高获取的堆存区域分配解决方案的质量。Y 表示满足 $y_i \geqslant Y_i^{\mathrm{LB}}$ 的解的集合。模拟退火算法通过每次迭代，从当前解 y 移动到其邻域 $N(y)$ 中的另一个（通常是最佳）解来探索解空间。通过在解 y 的随机选择的元素 y_i 中增加或减少一个的简单操作来定义解 y 的邻域 $N(y)$，即 $y=\langle y_1,\cdots,y_i,\cdots,y_{|V|}\rangle$。对于一个解，其完整邻域的大小为 $2|V|$。由于模型（M_1）和过程 $f(x_{i,k}$，y_i，$n_{i,t}(\omega))$ 的求解时间不是微不足道的，所以当船舶数量多时，模拟退火算法的整个求解过程特别耗时。因此，只在每次迭代中求得的解的完整邻域中随机选择 R 个邻域解。R 也是模拟退火算法中的温度长度。

9.6 不同应用环境下的数值实验研究

本章进行实验来验证提出的方法的有效性。嵌入在解决方案中的模型 M_1 由 CPLEX 12.1 在具有 1.6 GHz 四核处理器和 4G 内存的个人计算机中实现和解决。对于模拟退火算法，设置初始温度 $T=10\,000$，温度长度 $R=6$；冷却速度 $r=0.6$；停止标准为 $T<0.01$，或者进行 5 次外部循环后，适应度的最佳值未得到改善。

9.6.1 问题实例的生成

规划周期为 10 周（即 70 天）。每天分为 8 个小时的三个时间段。因此，整个规划周期有 210 个时间段。也考虑船舶到达的周期，到达的船舶具有不同的周期时间，如每周到达模式、10 天模式和每两周到达模式，这意味着计划范围分别包含 10 个周期、7 个周期和 5 个周期。实验案例中的大多数船舶属于每周到达模式。

根据船舶数量和堆场范围，本实验中生成了五种场景：20 艘船，120 个子箱区；30 艘船，160 个子箱区；40 艘船，240 个子箱区；50 艘船，300 个子箱区；60 艘船，360 个子箱区。堆场布局的配置如图 9-8 所示。将船舶分为三类，即支

线船、中型船、大型船[60, 213]。这些船舶的容量规格有所不同。为了生成 $n_{i,t}(\omega)$，即在场景 ω 周期 t 期间装载到船舶 i 上的集装箱的数量，对于不同船舶类别和到达方式，它们的平均数（由 $\bar{n}_{i,t}$ 表示）列在表 9-1 中。

表 9-1　不同船舶类别和到达模式下的 $n_{i,t}(\omega)$的平均值

船舶类别＼到达模式	每周（占 70%）	10 天（占 15%）	两周（占 15%）
支线船（比例为 1/3）	800TEUs/周期	1 100TEUs/周期	1 600TEUs/周期
中型船（比例为 1/3）	1 200TEUs/周期	1 700TEUs/周期	2 400TEUs/周期
大型船（比例为 1/3）	1 600TEUs/周期	2 300TEUs/周期	3 200TEUs/周期

本章中所涉及的船舶被分为三类[49]：这些不同类别的船舶，它们的具体技术参数也各不相同，如表 9-1 所示。为每艘船舶生成岸桥分配模板的一些参数也列在表 9-1 中。

问题的随机特征是基于场景模拟的。在本章中，每一个场景为所有船舶在每个周期内设置了一组实际装载集装箱数量。为了产生一系列场景，首先，设定每艘船舶（如船舶 i）的下限和上限，由 n_i^{LB} 和 n_i^{UB} 表示，它们根据表 9-1 的平均数字设定。然后，通过服从均匀分布 $U(n_i^{\mathrm{LB}},n_i^{\mathrm{UB}})$ 随机生成不同场景下船舶 i 的实际装载集装箱数量。不确定性集合的范围（即 $n_i^{\mathrm{UB}}-n_i^{\mathrm{LB}}$）反映了每艘船的装载集装箱数量的“变化幅度”，它们是实验设置的参数。之后，对这些参数对结果的影响进行分析。为了简单起见，假定每个场景发生的概率等于场景数量的倒数。

对于堆场布置，图 9-8 给出了一个说明性的例子。堆场有 2000m 长的岸线，72 个箱区（360 个子箱区）。每个箱区的深度为 6 个集装箱（TEU），长度为 40 个集装箱。每个箱区分为 5 个子箱区，每个子箱区的长度为 8 个集装箱。子箱区的长度约为 50m。堆放高度为 5 个集装箱。因此，子箱区的容量大约为 240（$=6\times8\times5$）个 TEU。堆场存储分配过程和堆场模板规划的基本单位为子箱区级。堆场里通道的宽度设定在 30m。根据图 9-8 的配置，可以预先计算装载和卸载路线长度（即 $D_{k,i}^{L}$ 和 D_{k}^{U}）。任何一对相邻子箱区（即 e 和 E）之间的邻域矩阵及子箱区和箱区之间的下属关系（即 g 和 G）也可以基于堆场布置来定义。

对于成本参数，本章设置 c^F 为 40USD/（子箱区·时间段）；c^S 为 60USD/（子箱区·时间段）；c^T 为 5 美元/（TEU·千米）。这些参数的设置基于对港口从业者的咨询；它也符合以前相关研究中的参数设置[60]。另外，这些参数设置确保了在数值实验中，子箱区使用成本和集装箱运输成本在目标函数中是相同的数量级。

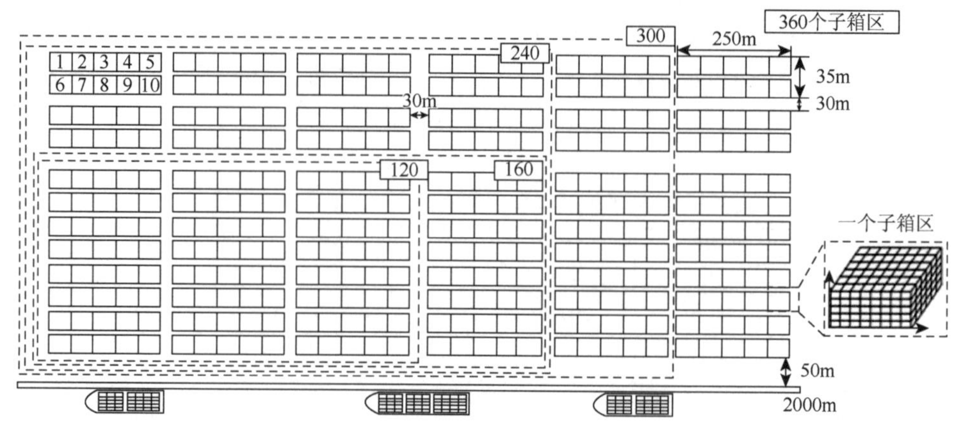

图 9-8　案例中的堆场布置

本章假设所有船舶在每个周期的到达时间是确定性的输入数据。根据已知的到达时间，可以预先估计每艘船舶装载活动的时间段（即 $l_{i,m}$ ）。应该提到的是，可以将提出的模型扩展到考虑船舶到达时间不确定的情况。9.7 节讨论了模型的扩展。

9.6.2　不同场景数量的收敛分析

场景数量是规划堆场模板方法中的重要参数。其中，考虑两种类型的测试案例，即船舶和子箱区的数量设置为 20 和 120，以及 30 和 180。对于每种类型的案例和给定数量的情况（10～10 000），随机生成 10 种不同的情况，并在提出的随机规划模型中求解。表 9-2 记录了 10 个案例的最大值、最小值和平均值。

表 9-2　不同场景数量下测试案例的结果

	场景数量	平均值	标准差	最小值	最大值	偏差（最大值–最小值）	平均计算时间/秒
20 船舶和 120 子箱区	10	1 484 746	5 301	1 475 792	1 493 487	17 695	206
	20	1 485 350	3 978	1 477 305	1 493 076	15 771	242
	50	1 486 893	3 204	1 480 332	1 492 870	12 538	259
	70	1 488 352	2 645	1 484 721	1 492 342	7 621	317
	100	1 488 847	1 986	1 486 008	1 491 437	5 429	354
	200	1 490 322	1 670	1 488 975	1 492 035	3 060	435

续表

	场景数量	平均值	标准差	最小值	最大值	偏差（最大值–最小值）	平均计算时间/秒
20 船舶和 120 子箱区	500	1 489 597	1 236	1 488 907	1 491 153	2 246	612
	700	1 489 030	962	1 489 504	1 491 096	1 592	769
	1 000	1 489 835	867	1 489 922	1 491 061	199	1 221
	2 000	1 490 023	504	1 489 677	1 490 523	846	1 531
	5 000	1 489 458	364	1 489 228	1 489 758	530	2 185
	7 000	1 489 609	289	1 489 549	1 489 803	254	3 284
	10 000	1 489 691	96	1 489 655	1 489 815	160	5 399
30 船舶和 160 子箱区	10	2 293 348	9 043	2 282 312	2 308 385	26 073	223
	20	2 294 429	7 932	2 284 814	2 306 044	21 230	237
	50	2 295 774	7 008	2 286 688	2 304 861	18 173	314
	70	2 294 368	6 201	2 290 028	2 300 308	10 280	426
	100	2 294 570	4 325	2 289 117	2 298 423	9 306	439
	200	2 295 349	3 827	2 293 108	2 297 990	4 882	729
	500	2 295 021	2 173	2 293 253	2 296 789	3 536	1 235
	700	2 293 342	1 551	2 292 814	2 295 070	2 256	1 693
	1 000	2 293 126	1 429	2 292 780	2 294 473	1 693	2 082
	2 000	2 294 041	820	2 293 054	2 294 228	1 174	2 972
	5 000	2 293 594	505	2 293 139	2 293 853	714	4 461
	7 000	内存溢出			N.A.		N.A.

从表 9-2 可以看出，当场景数量增加时，最大值和最小值之间的偏差及标准偏差明显减小，这表明所提出的模型的解与收敛的情况足够大。此外，表 9-2 中的结果也显示，CPU 时间随着场景数量的增加而明显增加。

9.6.3　与其他堆场管理方法进行比较

本章通过与另外两种方法进行一些比较实验，来验证所提出的模型的有效性。

1. 动态分配（DA）

这意味着没有专用模式，所有的子箱区都被动态地分配到共享模式下的到达的船舶。为了公平比较，提出模型 M_0 的目的是用于评估动态分配方法，这意味着所有变量 $x_{i,k}$ 值和 y_i 值都是零。

$$\textbf{(DA)}Z_{\mathrm{DA}}=\sum_{\forall\omega\in\Omega}\rho(\omega)\sum_{\forall i\in V}\sum_{\forall t\in T_i}\left\{c^S L_i\left\lceil\frac{n_{i,t}(\omega)}{P}\right\rceil+c^T[n_{i,t}(\omega)\cdot\tilde{D}_{i,t}^S(\omega)]\right\}\quad(9.26)$$

s.t.

$$\tilde{D}_{i,t}^S(\omega)=f(x_{i,k},y_i,n_{i,t}(\omega))\qquad\forall i\in V,\forall t\in T_i,\forall\omega\in\Omega\quad(9.27)$$

$$x_{i,k}=0,\quad y_i=0\qquad\forall i\in V,\forall k\in K\quad(9.28)$$

动态分配方法实际上意味着没有必要提前制作堆场模板。因此，可以使用所提出的模型 M_0 的目标值与相同测试用例下的动态分配方法之间的差距来评估堆场模板的值。

$$\mathrm{Val\_YarTp}=Z_{\mathrm{DA}}-Z_{M\_0}\quad(9.29)$$

2. 确定性模型（DM）

这意味着，基于船舶的装载集装箱的估计数量（由 $n_{i,t}^E$ 表示）来求解堆场模板规划的确定性模型。可以将 $n_{i,t}^E$ 估计为 $n_{i,t}(\omega)$ 的期望值，即 $n_{i,t}^E=\sum_{\forall\omega\in\Omega}\rho(\omega)n_{i,t}(\omega)$。确定性模型与模型 M_0 相同，但只有一个场景。在场景中使用期望值 $n_{i,t}^E$。用一个场景（即确定性模型）求解 M_0，并获得一个堆场模板（由 $\mathrm{YP_{DM}}$ 表示）。然后，针对不确定的现实环境，采用 M_0 提出的模型在一系列场景得到的目标值来评估 $\mathrm{YP_{DM}}$ 值。

在同一测试情况下，提出的模型 M_0 求解出来的目标值与确定性模型方法得到的结果之间的差距可用于评估随机规划模型的价值[203]。

$$\mathrm{Val\_StoMd}=Z_{M\_0}(\mathrm{YP_{DM}})-Z_{M\_0}(\mathrm{YP}_{M\_0})\quad(9.30)$$

式中，YP_{M_0} 为通过求解提出的模型 M_0 得到的堆场模板解。

此外，文献中其他模型不用于实验的原因在于它们的目标和约束与模型 M_0 不同，它们与 M_0 之间的比较是无意义的。

1）不同不确定性程度下的比较

提出的模型 M_0 和上述两种方法之间的比较实验是在不同不确定度的一系列情况下进行的，这些情况由所有船舶的 $n_{i,t}(\omega)$ 不确定性集合（即 $n_i^{\mathrm{UB}}-n_i^{\mathrm{LB}}$）的平均范围值所确定。实验中的随机参数 $n_{i,t}(\omega)$ 通过以下均匀分布 $U(n_i^{\mathrm{LB}},n_i^{\mathrm{UB}})$ 随机生成。结果列于表 9-3。

表 9-3　不同不确定性程度下的比较实验结果

案例规模	不确定性程度	M _0	动态分配			确定性模型		
		Z_{M_0}	Z_{DA}	GAP_{DA} $\left(\frac{Z_{DA}-Z_{M\_0}}{Z_{M\_0}}\right)$	Val _ YarTp $(Z_{DA}-Z_{M\_0})$	Z_{DM}	GAP_{DM} $\left(\frac{Z_{DM}-Z_{M\_0}}{Z_{M\_0}}\right)$	Val _ StoMd $(Z_{DM}-Z_{M\_0})$
20 艘船舶和 120 个子箱区	200	1 472 527	2 082 988	41%	610 461	1 783 345	21%	310 818
	400	1 455 752	2 046 842	41%	591 090	1 772 393	22%	316 641
	600	1 456 883	2 044 598	40%	587 715	1 776 283	22%	319 400
	800	1 462 919	2 030 348	39%	567 429	1 823 287	25%	360 368
	1 000	1 508 488	205 904	36%	542 816	1 875 304	24%	366 816
	1 200	1 588 760	29 695	34%	547 375	2 005 806	26%	417 046
			平均值	39%		平均值	23%	
30 艘船舶和 160 个子箱区	200	2 112 117	2 937 440	39%	825 323	2 557 648	21%	445 531
	400	2 157 390	2 956 476	37%	799 086	2 623 340	22%	465 950
	600	2 183 979	2 978 737	36%	794 758	2 693 448	23%	509 469
	800	2 280 436	3 070 210	35%	789 774	2 822 739	24%	542 303
	1 000	2 186 828	2 902 240	33%	715 412	2 771 235	27%	584 407
	1 200	2 457 932	3 215 259	31%	757 327	3 163 521	29%	705 589
			平均值	35%		平均值	24%	
40 艘船舶和 240 个子箱区	200	3 344 501	4 460 934	33%	1 116 433	4 009 110	20%	664 609
	400	3 389 401	4 537 472	34%	1 148 071	4 152 633	23%	763 232
	600	3 387 544	4 519 892	33%	192 348	4 207 047	24%	819 503
	800	3 419 527	4 485 602	31%	1 066 075	4 235 907	24%	816 380
	1 000	3 450 685	4 489 374	30%	1 038 689	4 234 783	23%	784 098
	1 200	3 472 999	4 431 823	28%	958 824	4 328 793	25%	855 794
			平均值	32%		平均值	23%	
50 艘船舶和 300 个子箱区	200	4 572 189	6 008 532	31%	1 436 343	5 497 783	20%	925 594
	400	4 560 255	5 980 688	31%	1 420 433	5 455 538	20%	895 283
	600	4 556 057	6 016 323	32%	1 460 266	5 666 852	24%	1 110 795
	800	4 786 448	6 096 935	27%	910 487	5 982 266	25%	1 195 818
	1 000	4 609 025	5 882 247	28%	1 273 222	5 763 864	25%	1 154 839
	1 200	4 653 420	5 792 824	24%	199 404	5 799 852	25%	1 146 432
			平均值	29%		平均值	23%	

续表

案例规模	不确定性程度	M_0	动态分配			确定性模型		
		Z_{M_0}	Z_{DA}	GAP_{DA} $\left(\frac{Z_{DA}-Z_{M\_0}}{Z_{M\_0}}\right)$	Val_YarTp $(Z_{DA}-Z_{M\_0})$	Z_{DM}	GAP_{DM} $\left(\frac{Z_{DM}-Z_{M\_0}}{Z_{M\_0}}\right)$	Val_StoMd $(Z_{DM}-Z_{M\_0})$
60 艘船舶和 360 个子箱区	200	5 736 923	7 429 319	30%	1 692 396	7 082 038	23%	945 115
	400	5 757 983	7 461 985	30%	1 704 002	7 154 459	24%	996 476
	600	5 734 366	7 389 983	29%	1 655 617	7 032 468	23%	1 298 102
	800	5 701 689	7 309 409	28%	1 607 720	7 156 364	26%	1 454 675
	1 000	5 980 972	7 500 259	25%	1 519 287	7 527 078	26%	1 546 106
	1 200	5 926 843	7 334 170	24%	1 407 327	7 537 560	27%	1 610 717
			平均值	28%		平均值	25%	

表 9-3 中的结果验证了提出的模型的有效性，其明显优于其他两种方法。以定量的方式评估堆场模板的价值（即 Val_YarTp）和随机模型的价值（即 Val_StoMd），从表 9-3 的结果也可以看到一些现象。

（1）在每个案例中，随着不确定性程度的增加，堆场模板价值降低。这意味着在不确定度较低的情况下，堆场模板更为必要。当情况包含越来越多的不确定性时，动态分配方法的缺点逐渐减弱。

（2）随着问题规模的不断扩大，动态分配方法的性能（即每个问题个案的 GDP_{DA} 平均值）会下降。这意味着在面对不确定性时，对于具有小规模的一些堆场来说，特别需要一个有效的堆场模板。

（3）每种案例规模下，随机模型的价值随着不确定程度的增加而提高。通过与确定性模型进行比较，提出的随机规划模型对于不确定性程度更大的情况更为必要，当随机性增加时，确定性模型的缺点变得越来越显著。

（4）问题规模对于确定性模型的优越性（即每种问题规模下实例的 GAP_{DM} 的平均值）没有显著关系。对于不同的问题规模，它保持在 23%～25%的程度上。

2）异质性对船舶不确定度影响的分析

上述比较假设船舶的不确定度彼此相似。实际上，船舶不确定度是存在明显差异的。对于一些船舶，$n_{i,t}$ 的预测非常可靠；而对于其他一些船舶，$n_{i,t}$ 的不确定范围因预测 $n_{i,t}$ 时的困难而变得非常宽。因此，本章进行实验以研究船舶不确定度的偏差如何影响上述三种方法之间的比较结果。对于某一问题规模的一系列案例，船舶不确定度的平均值等于 800。但船舶不确定度的标准偏差（标准偏差）范围为 50～500，结果如表 9-4 所示。

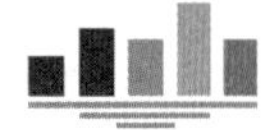

表 9-4　考虑不确定度异质性的比较（60 艘船舶案例）

不确定度的标准偏差	M _0	动态分配			确定性模型		
	Z_{M_0}	Z_{DA}	GAP_{DA}	Val _ YarTp	Z_{DM}	GAP_{DM}	Val _StoMd
50	5 700 012	7 210 342	26%	1 510 330	7 112 315	25%	1 412 303
100	579 248	7 263 210	27%	1 549 962	7 307 561	28%	159 439
150	5 743 205	7 304 852	27%	1 561 647	7 286 340	27%	154 395
200	5 797 631	7 427 345	28%	1 629 714	7 302 843	26%	1 505 212
250	5 842 473	7 485 294	28%	1 642 821	7 329 475	25%	1 487 002
300	5 891 021	7 592 303	29%	1 701 282	7 357 346	25%	1 466 325
350	5 921 542	7 691 690	30%	1 770 148	7 397 430	25%	1 475 888
400	5 973 482	7 942 577	33%	1 969 095	7 384 734	24%	1 411 252
450	6 021 118	8 562 439	42%	254 921	7 492 375	24%	1 471 257
500	6 094 747	8 739 923	43%	2 645 176	7 598 291	25%	1 503 544

从表 9-4 可以看出，随着标准偏差的增长，堆场模板的价值明显提高，这与根据表 9-3 得到的结论（1）不同。这意味着对于与船舶不确定度有显著异质性的情况，有效的堆场模板是特别必要的。与上述结论（4）相似，船舶不确定度的异质性与提出模型对确定性模型的优越性没有明显的关系。

3）船舶不确定性模式随时间的影响分析

为了进一步调查不确定性对结果的影响，研究中区分不同周期内船舶的不确定范围。具体地说，假设 $n_{i,t}(\omega) \sim U(n_{i,t}^{\text{LB}}, n_{i,t}^{\text{UB}})$。对于每艘船舶，所有周期内的不确定度平均值等于 800，但不同周期内存在不确定度的差异。图 9-9 显示了不确定性模式的两个例子。需求的不确定性在模式 1 中比模式 2 以更平滑和渐进的方式变化。不同不确定性模式下的上述三种方法之间的比较结果如表 9-5 所示。

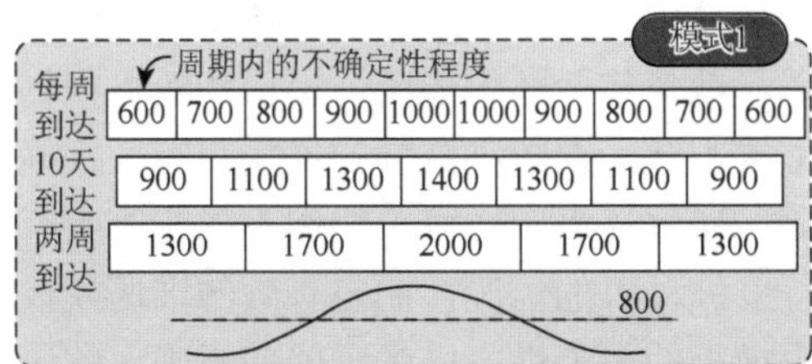

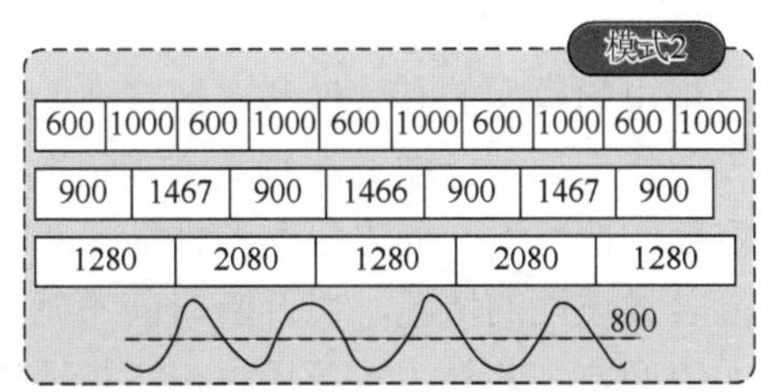

图 9-9　需求不确定下的两种运输模式

表 9-5　不同不确定性模式下的比较（60 艘船舶案例）

不确定性模式	M_0	动态分配			确定性模型		
	Z_{M_0}	Z_{DA}	GAP_{DA}	Val _ YarTp	Z_{DM}	GAP_{DM}	Val _ StoMd
模式 0	5 851 432	7 508 434	28%	1 657 002	7 298 358	25%	1 446 926
模式 1	5 940 084	7 552 149	27%	1 612 065	7 724 006	30%	1 783 922
模式 2	6 022 398	7 584 505	26%	1 562 107	8 040 854	34%	2 018 456

从表 9-5 可以看出，当不确定度的差异以越来越显著的方式沿着时间段波动时，堆场模板的价值降低。然而，随机模型的价值随波动的增加而提高。增长趋势比不确定度增长趋势更为显著，这反映在表 9-3 中的 GAP_{DM} 中。这意味着，提出的随机规划模型（M_0）在时间不确定度波动较大的情况下尤为必要。

9.7　模型扩展与分析

M_0 只考虑每个周期船舶的装载集装箱数量不确定的情况，但是它可以容易地扩展到考虑船舶的不确定泊位位置和停泊时间[131]。船舶的停泊位置与参数 $D_{k,i}^{L}$ 和 $w_{i,k,a}$ 有关；船舶停泊时间与参数 $l_{i,m}$ 有关。因此，$D_{k,i}^{L}$ 可以扩展到 $D_{k,i}^{L}(\omega)$，以表示在场景 ω 中从子箱区 k 到船舶 i 停泊的泊位的装载路径长度；$w_{i,k,a}$ 可以扩展为 $w_{i,k,a}(\omega)$，以表示从子箱区 k 到船舶 i 在情景 ω 中停泊的泊位的装载路径是否通过通道 a。模型 M_0 的其余部分不需要修改。此外，$l_{i,m}$ 可以扩展到 $l_{i,m}(\omega)$，以表示在场景 ω 时段 m 内船舶 i 是否具有装载活动。在新模式中，每个场景都包含了实际停泊时间、实际停泊位置及周期内所有船舶的集装箱实际装载数量。

9.8　小　　结

本章建立了一个随机规划模型，用于在不确定的海运市场需求下进行堆存区域分配，其中包含装载（或卸载）集装箱到（或从）到达的船舶的容量的波动，并设计了一种求解算法来解决大规模现实环境中的问题。进行了一些实验以验证所提出的模型的有效性和求解算法的效率。数值实验结果表明，提出的随机规划模型优于动态分配方法和基于确定性模型的方法。在较小范围的堆场和较低不确定度的情况下，提出模型的性能更为显著。研究还表明，对于船舶不确定度具有显著异质性的情况，以及沿时间不确定程度波动大的情况，制定有效的堆场模板尤为必要。此外，本章还讨论了扩展所提模型的可能性，以考虑船舶不确定的停泊位置和停泊时间。

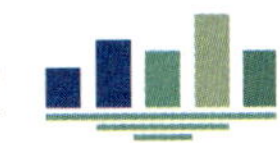

与其他学者在这方面的工作进行比较，本章主要贡献有两个方面：

（1）大多数关于堆场模板规划的研究只涉及如何在静态和确定性环境中获得最佳堆场模板。本章提出了不确定性下的堆存区域分配数学模型。模型中还考虑了堆场中的交通拥堵及多个调度周期时间下的船舶到达模式。

（2）大规模情况下，提出的模型不能直接求解。本章提出了一种在大规模现实环境中解决上述问题的求解算法，并进行数值实验来验证所提方法的有效性。

然而，目前的模式也存在局限性。本章中，卸载活动中集卡交通拥堵问题和场桥资源竞争问题尚未在模型中得到特别考虑。在模型的目标函数下，子箱区和泊位之间的运输成本是在现实环境中未考虑空载行程的基础上制定的。提出的解决方案仍然有点过于直接，需要在未来的研究中进行改进。

此外，港口运营商可能面临用于校准诸如 M_0 的随机规划模型的数据不足的问题。当可用于装载到船上的集装箱数量（即 $n_{i,t}$）为零或有限时，港口运营商只能估计船舶装载集装箱的最少数量。未来另一个有趣的研究方向是研究一种用于堆场模板规划的鲁棒优化模型，以最小化不确定性集合内船舶装载集装箱数量所带来的最大成本。

第 10 章

周期型堆存区域分配问题

10.1 引　言

随着码头设备的完善和技术的进步，港口作业的瓶颈已经从码头侧转移到堆场侧。港口堆场管理能力在全球航运网络竞争力中发挥着越来越重要的作用。作为一个战术层面的港口决策工具，堆场模板为周期性到达港口的船舶分配堆场空间（子箱区）。堆场模板规划的目的是尽量最小化集装箱在码头产生的运输成本。虽然相关学者对堆场模板规划已经进行了一些研究，但很少有人结合自身的实际需求探讨到达船舶的异构周期模式。另外，很多堆场管理的相关研究忽略了堆场的交通拥堵问题，这已成为影响港口效率的一个重要因素。

本章对集装箱转运中心的堆场模板规划进行了探索性研究，考虑了堆场交通拥堵和船舶到达模式的多周期循环时间；提出了一个加入交通拥堵约束的多周期堆场模板规划模型；设计了基于局部分支算法和粒子群算法来求解提出的模型；使用源于实践的实例数值开展实验，用以验证所提模型的有效性和所提出求解方法的效率。

10.2 堆存区域分配问题和堆场模板介绍

10.2.1 集装箱码头堆场模板

在构造数学模型之前，首先详细阐述堆场模板规划问题的背景。“堆场模板”是一个有关集装箱港口转运枢纽的概念。其中，堆场管理采用集装箱托运策略。该策略用于存储即将装载到有相同目的地且被分配了相同子箱区的出口和转运集装箱。因此，堆场模板规划是关于如何将子箱区分配给到达船舶的决策问题。对于每艘船舶，堆场里的一个或多个子箱区被事先预留。根据托运策略，首先从船舶卸下，之后将会被装载到船舶 V_i 上的集装箱，被存储在为船舶 V_i 预留的子箱区中。当船舶 V_i 到达港口时，放置在这些专用子箱区中的所有集装箱将被装到船舶 V_i 上。使用这一策略，可以大大减少翻箱次数和船舶周转时间。

图 10-1 展示了这种托运策略的应用范例。以三种不同颜色来区分为三个不同

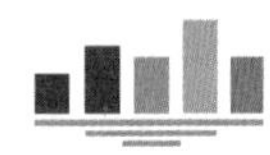

到达时间的船舶预留的子箱区。图 10-1 显示了船舶 B 抵达港口的时刻。图 10-1 中的虚线表示卸载路线。沿着该卸载路线，集装箱从船舶 B 被卸下，然后被运送到为船舶 D 或船舶 E 预留的子箱区。实线表示装载过程，在此期间，存储在子箱区中的为船舶 B 预留所有集装箱，即 K9、K29、K48 和 K50 无需任何翻箱操作，直接装载到船舶 B 上。

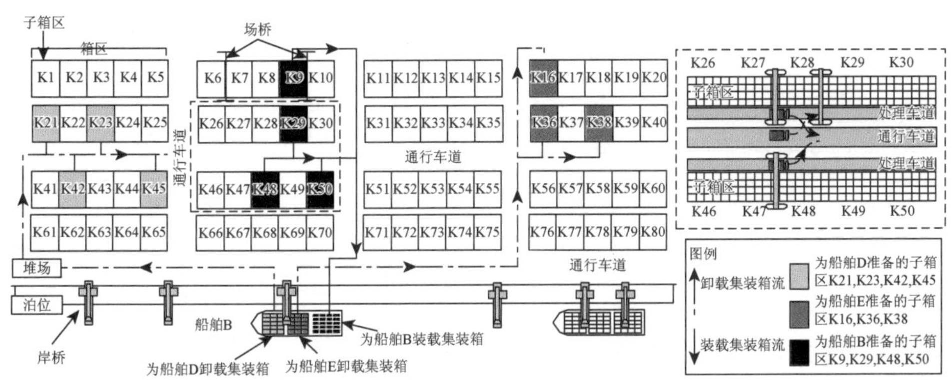

图 10-1　转运码头的典型配置

10.2.2　多期堆场模板规划

对于港口而言，到达的船舶可能具有不同的时间周期。例如，一些船舶有每周到达模式，有些船可能有 10 天或每两周到达模式。在现实中，每周到达的模式是最常见的。图 10-2 显示了一个规划周期内的范例，其中包含 10 个周期、7 个周期或 5 个周期，分别为每周、10 天或每两周的到达模式。应当注意，每个分配在不同时间段内的船舶子箱区可以变化。因为在整个规划期间，子箱区不需要分配给某一艘船舶。上述提到船舶异构周期性及每艘船舶在多个周期子箱区的动态分配特点，使得堆场模板规划问题比其他一般分配问题更加复杂。为了处理船舶的异构周期问题，直观的方法是将多个周期内的一艘船舶视为一个周期内的多艘船舶。从数学建模的角度来看，这并不影响构建模型的复杂性。

如图 10-2 所示，时间段是决策问题的基本时间单位，它不仅涉及对空间维度的决策（即堆场中子箱区的分配），还包含考虑堆场交通拥堵问题时的时间维度约束，详见 10.2.3 节。由于船舶的异构周期性，时间段对所有船舶都是统一的时间概念。因此，可以在约束条件中制定对同时发生活动的一些约束。时间段可以设置为 1 天、12 小时、8 小时或任何其他值，时间段的设置影响问题的规模。应该指出的是，“时间段”与“周期”不同。如图 10-2 所示，一个周期包含多个时间段。

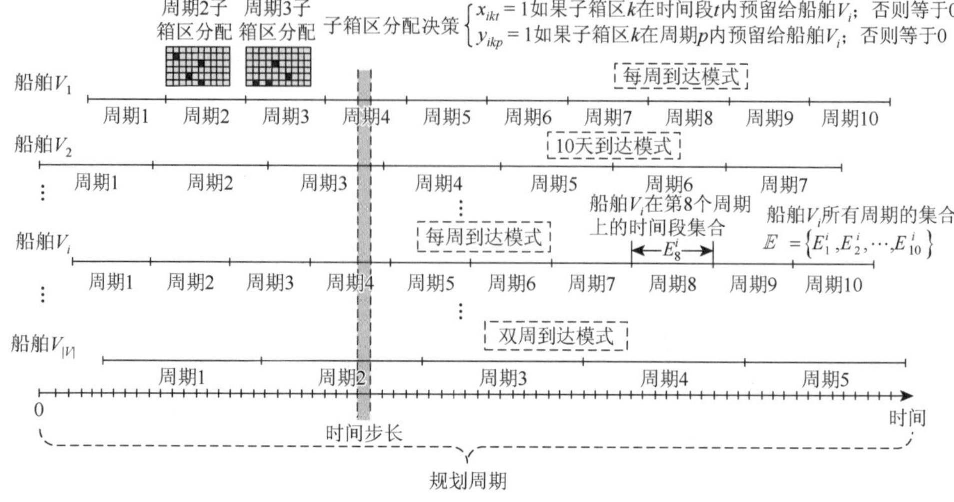

图 10-2　多周期码头模板规划

10.2.3　堆场模板规划目标

堆场模板规划问题是在不同船期确定哪些子箱区应分配给哪些船舶，以最小化堆场中所有集装箱转运（卸载和装载）流的总路线长度。

为了计算船舶 V_i 的装载路线长度，参数 $d_{k,i}^L$ 被定义为子箱区 k 与船舶停泊位置 V_i之间装载路线长度，$d_{i,k}^U$ 被定义为船舶 V_i的停泊位置和子箱区 k之间卸载路线长度。当船舶的停泊位置确定后，$d_{k,i}^L$ 和 $d_{i,k}^U$ 都是已知数据。图 10-3 说明上述关于路线长度的两个参数，即 $d_{k,i}^L$ 和 $d_{i,k}^U$。应该注意的是，在相同泊位-子箱区对之间，卸载路线（带箭头的虚线）和装载路线（具有箭头的实线）可以不同，如图 10-3 所示。

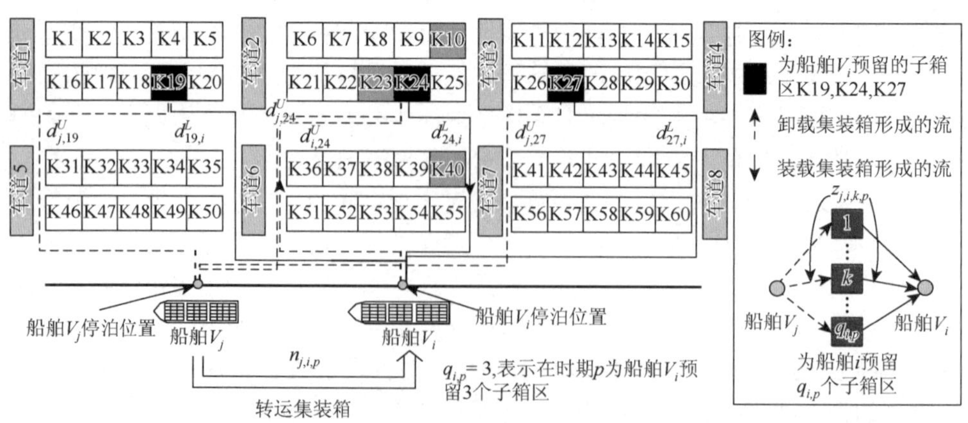

图 10-3　转运集装箱流的装载、卸载路线

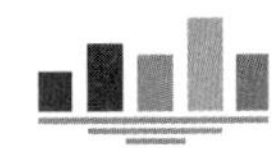

定义 $n_{j,i,p}$ 是从船舶 V_j 卸载，并在期间 p 装载到船舶 V_i 上的集装箱数量。该参数反映了两艘船舶之间的转运量。此外，定义 $q_{i,p}$ 为在期间 p 内为船舶 V_i 预留的子箱区数量。从船舶 V_j 卸载 $n_{j,i,p}$ 个集装箱并将其分配 $q_{i,p}$ 个子箱区是另一个重要的决策。如图 10-3 的右侧部分所示，决策变量 $z_{j,i,k,p}$ 表示，期间 p 内从船舶 V_i 卸载到为船舶 V_j 预留子箱区 k 的集装箱数量。这里 $\sum_{\forall k} z_{j,i,k,p} = n_{j,i,p}$。

假设 K 表示所有子箱区的集合，V 表示所有船舶的集合。$\mathbb{E}^i$ 表示在整个规划期间船舶 V_i 所有周期的集合，$\mathbb{E}^i$ 中的每个元素由 E_p^i 表示，反映了船舶 V_i 的第 p 个周期。然后，可以根据下列公式 $\sum_{i\in V}\sum_{E_p^i\in\mathbb{E}^i}\sum_{k\in K}\left[\sum_{j\in V}(d_{j,k}^U z_{j,i,k,p}) + d_{k,i}^L \sum_{j\in V} z_{j,i,k,p}\right]$，计算整个规划期间堆场中集装箱运输流的总路线长度。应该提到的是，上述公式不考虑堆场内集卡的空行程，只考虑负载行程。这是因为空载行程的路径取决于属于短期决策堆场集卡的调度时间表。因此，仅使用负载行程的路线长度来评估集卡的运输成本，可以假设空载行程的长度与负载行程的长度大致成正比。为了简单起见，在目标公式中可以忽略空载行程因素。

10.2.4　码头模板规划的约束

1. 基本约束

堆场模板规划有一些基本约束。例如，为每艘船舶预留最少数量的子箱区。此外，航运公司拥有自己偏爱的子箱区范围。因此，对于每艘船舶而言，其专用预留的子箱区应当按照航运公司的要求提前在给定的一组子箱区中选择。

2. 箱区的场桥争夺约束

对于使用托运策略的集装箱码头，由于港口需要在有限的时间内，将特定子箱区中的所有集装箱装载到抵达的船舶上。因此，装载活动对于保证作业的有效性非常重要。

如图 10-1 所示，5 个子箱区构成 1 个箱区，其中通常部署两个场桥。实际中，一个场桥在装载过程中通常专用于一个子箱区。因此，在每个箱区中，最好为特定船舶（或一系列同时装载的船舶）预留最多一个子箱区。这使得另一个备用岸桥可用于同一箱区中可能的卸载活动。

由于船舶的停泊时间是确定性的，所以关于船舶 i 是否在时间段 m 中进行装载活动的信息也是预先知道的，并由二进制参数 $l_{i,m}$ 表示。参数 l 将在以后的模型公式中使用。

3. 减轻交通拥堵的约束

如前所述，装载活动对于维持有效的作业非常重要。因为港口需要在有限的时间段内，将特定子箱区中的所有集装箱装载到抵达的船舶上。在子箱区装载过程中，子箱区附近区域的交通流很大。通常，场桥和集卡很繁忙。因此，如果需要在相对较小的区域内处理繁重的工作量，则容易发生交通拥堵。

图 10-1 的右上角显示了子箱区 K27 和 K47 同时出现装载活动的场景。这种情况下，一些集卡将会在附近等待或移动，这可能会导致交通拥堵。此外，如图 10-1 右上角所示，K27 附近繁重的交通流量也将影响集卡行驶到 K28。为确保堆场集卡的行驶顺畅，港口运营商在规划堆场模板时需要添加一些约束。其中，定义一些子箱区，如（K27、K47）和（K27、K28）。每对子箱区不能同时进行装载活动。在堆场模板规划过程中，为一艘船舶（或者在特定时段同时装载集装箱的船舶）预留的子箱区不应相邻，从而保证上述提到的每一对子箱区中的两个区域不会在同一时刻进行装载活动。注意：本章的研究仅考虑装载过程。因为在装载时，子箱区的工作量通常比卸载时更大。在装载活动期间，港口需要将子箱区中所有的集装箱，在一个有限时间内装载到抵达的船舶。而集装箱的卸载可以更加灵活。因为卸载的集装箱，可以被分配到为前往集装箱目的地船舶而预留的任何子箱区。因此，卸载的集装箱可以存储在附近交通不太拥堵的子箱区中。

4. 垂直通道交通流量的约束

Han 等[130]和 Lee 等[138]对由相邻子箱区装载活动引起的堆场交通拥堵进行了研究。除此之外，堆场集卡通过通道的交通流量可能会导致另一种类型的堆场拥堵。图 10-3 展示了该类拥堵的例子，3 个子箱区需要分配给船舶 V_i。子箱区集合（K10、K23、K40）和子箱区集合（K19、K24、K27）都遵守先前定义的由相邻子箱区装载活动而造成交通拥堵的约束。然而，只考虑相邻子箱区拥堵的前一分配规划[130, 138]，将会导致所有的装载集卡通过通道 7，而后一个分配规划则分配装载集卡在通道 6、通道 7 和通道 8。子箱区的装载活动需要在有限时间内，将区域中所有集装箱（最多 240 个标准单位）运输到码头侧，与子箱区相关的装载集卡流将导致交通繁忙。其中，需要以平衡的方式，在垂直、水平通道之间分配装载卡车流。本章的研究提出了一些新的约束，用于限制每个时间段中装载活动的交通流量。

对于下一节的数学模型公式，本章的研究仅考虑了集卡在垂直通道上装载活动的交通流量限制。只考虑装载活动而不是卸载活动的原因同以前的分析相似。只考虑垂直通道的原因是在水平通道中的交通流量已经受到前两小节中定义的约束限制。

如图 10-3 所示，对于每个垂直通道 u，定义一个二进制参数 $h_{i,k,u}$，以表示从子箱区 k 到船舶 i 所在泊位的装载流是否通过通道 u。由于船舶停泊位置已知，所以参数 $h_{i,k,u}$ 可以提前确定。基于这些参数，通过每个通道交通流量的总数（如通道 u）可以在制定堆场模板时被上限（如 w_u）限制。对于图 10-3 中的示例，$h_{i,24,7}=1$，这意味着从子箱区 K24 到船舶 i 所在泊位的装载将通过通道 7。

上述限制堆场流量的新约束与前人研究[130, 138]的主要区别在于：前文中的新约束，考虑垂直通道中的交通拥堵；而前人研究中的约束，考虑的是水平通道中的拥堵。因此，在以前研究的基础上，考虑上述新的约束可以使交通流量以更平衡的方式分配。

10.3　混合多周期模式下堆场模板优化模型构建

本节为集装箱港口的多期堆场模板规划制定了两个整数规划模型。两个模型的目的是最小化包含运输集装箱数量和集装箱运输流长度在内的成本。两个模型之间的区别在于：当考虑操作层面的堆场分配决策时，第一个模型优化了战术层面的堆场模板；而第二个模型使用实际策略将卸载的集装箱均匀地分配到预留的子箱区，从而优化堆场模板。

10.3.1　考虑存储分配决策时的模板规划模型

下标和集合：

i, j——船舶。

V——所有船舶的集合。

k——子箱区。

K——所有子箱区的集合。

u——通道。

U——所有通道的集合。

t——时间段。

T——在规划周期内所有时间段的集合。

p——周期。

参数：

q_{ip}——在周期 p 应为船舶 i 预留的子箱区数。

Q_i——候选子箱区集合，来源于一些被选择并分配给船舶 i 的子箱区。

n_{jip}——在周期 p，从船舶 j 卸载后再装载到船舶 i 的集装箱数量。

d_{ki}^{L}——从子箱区 k 到船舶 i 停泊的泊位的装载路线长度。

d_{jk}^{U}——从船舶 j 停泊的泊位到子箱区 k 的卸载路线长度。

l_{it}——如果船舶 i 在“时间段” t 中有装载活动，则等于 1，否则为 0。

h_{iku}——如果从子箱区 k 到船舶 i 泊位的装货路线通过 u，则等于 1，否则为 0。

w_u——同时通过通道 u 最多路线数量。

S_r——不能分配给同一船舶的一对子箱区。

$\mathbb{S}$——所有的配对 S_r 的集合 $S_r \in \mathbb{S}$ 。

B_g——属于同一个箱区的 5 个子箱区集合。

$\mathbb{B}$——所有箱区的集合，即子箱区 B_g 的组合， $B_g \in \mathbb{B}$ 。

E_p^i——船舶 i 在周期 p 时间段集合。

$|E_p^i|$——船舶 i 一个周期的循环时间，单位是一个时间段。

$\mathbb{E}^i$——船舶 i 循环时间 E_p^i 的所有集合 $E_p^i \in \mathbb{E}^i$ 。

$|\mathbb{E}^i|$——船舶 i 在规划周期内的循环时间。

C——子箱区的容量，即可以存放在子箱区中最多的 TEUs 数量。

M——一个足够大的正数。

变量：

x_{ikt}——如果子箱区在时间段 t 内预留给船舶 i ，则设置为 1，否则为 0。

y_{ikp}——如果子箱区在周期 p 中预留给船舶 i ，则设置为 1，否则为 0。

z_{jikp}——在周期 p 内，从船舶 j 卸载到子箱区 k 的预留给船舶 i 的集装箱数量。

数学模型：

$$(\boldsymbol{M}\_1) \quad \text{Minimize} \sum_{i\in V}\sum_{E_p^i\in\mathbb{E}^i}\sum_{k\in K}\left(\sum_{j\in V} d_{jk}^{U} z_{jikp} + d_{ki}^{L}\sum_{j\in V} z_{jikp}\right) \tag{10.1}$$

s.t.

$$\sum_{i\in V} x_{ikt} \leqslant 1 \qquad \forall k\in K, \forall t\in T \tag{10.2}$$

$$\sum_{k\in Q_i} y_{ikp} = q_{ip} \qquad \forall i\in V, \forall E_p^i \in \mathbb{E}^i \tag{10.3}$$

$$\sum_{k\in K/Q_i} y_{ikp} = 0 \qquad \forall i\in V, \forall E_p^i \in \mathbb{E}^i \tag{10.4}$$

$$\sum_{k\in S_r}\sum_{i\in V} l_{it} x_{ikt} \leqslant 1 \qquad \forall S_r \in \mathbb{S}, \forall t\in T \tag{10.5}$$

$$\sum_{k\in B_g}\sum_{i\in V} l_{it} x_{ikt} \leqslant 1 \qquad \forall B_g \in \mathbb{B}, \forall t\in T \tag{10.6}$$

$$\sum_{i\in V}\sum_{\forall k\in K} l_{it} h_{iku} x_{ikt} \leqslant w_u \qquad \forall u\in U, \forall t\in T \tag{10.7}$$

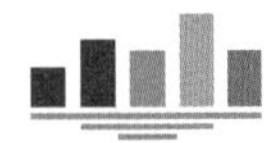

$$\sum_{t\in E_p^i} x_{ikt} = \left|E_p^i\right| y_{ikp} \qquad \forall i\in V, \forall E_p^i \in \mathbb{E}^i, \forall k\in K \qquad (10.8)$$

$$\sum_{k\in Q_i} z_{jikp} = n_{jip} \qquad \forall i,j\in V, \forall E_p^i \in \mathbb{E}^i \qquad (10.9)$$

$$z_{jikp} \leqslant y_{ikp} M \qquad \forall i,j\in V, \forall E_p^i \in \mathbb{E}^i, \forall k\in K \qquad (10.10)$$

$$\sum_{j\in V} z_{jikp} \leqslant C \qquad \forall k\in K, \forall i\in V, \forall E_p^i \in \mathbb{E}^i \qquad (10.11)$$

$$x_{ikt} \in \{0,1\} \qquad \forall i\in V, \forall k\in K, \forall t\in T \qquad (10.12)$$

$$y_{ikp} \in \{0,1\} \qquad \forall i\in V, \forall k\in K, \forall E_p^i \in \mathbb{E}^i \qquad (10.13)$$

$$z_{jikp} \geqslant 0 \qquad \forall i,j\in V, \forall E_p^i \in \mathbb{E}^i \qquad (10.14)$$

在上述模型中，目标函数［式（10.1）］是最小化整个规划期间转运所有到达船舶集装箱的总路线长度（装载、卸载）。约束［式（10.2）］是在每个时间段为每个子箱区最多分配一艘船舶。约束［式（10.3）］和［式（10.4）］确保在周期 p 分配给船舶 i 一定数量（q_{ip}）的子箱区。已分配的子箱区选自特定（如 Q_i）的候选子箱区集合并且该候选子箱区集合取决于船舶（航运公司）。约束［式（10.5）］保证每对 S_r 中的两个子箱区不能同时进行装载活动。约束［式（10.6）］规定，每个时间段的每个箱区中，最多一个子箱区开展装载活动。约束［式（10.7）］确保途经通道的集装箱装载流量不能超过该通道的交通流量限制。约束［式（10.8）］关联了 x_{ikt} 和 y_{ikp} 两个决策变量。约束［式（10.9）和式（10.10）］是基于堆场模板的存储分配决策。具体地说，约束［式（10.9）］规定，分配 n_{jip} 个转运集装箱到预留给船舶 i 的 q_{ip} 个子箱区中。约束［式（10.10）］确保转运到船舶 i 的集装箱分配到给船舶 i 预留的子箱区中。约束［式（10.11）］保证分配给每个子箱区的集装箱数量不能超过该子箱区的容量（现实中为 240 个 TEUs）。约束［式（10.12）～式（10.14）］定义了决策变量。

命题 1：为模型 M_1 找到最优解是一个强 NP-难问题。

证明：本章可以从最大的独立集合问题中通过减少问题来证明这一命题。最大的独立集合问题是 NP 完备的。给定具有顶点集合 $V=\{1,2,\cdots,n\}$ 和边缘集合 E 的无向图 $G=(V,E)$，最大的独立集合问题是找到大于或等于 m 的独立尺寸集合，即找到 V 的一个子集 S，有 $|S|\geqslant m$，使得 S 中没有一对顶点 u 和 v 通过边缘 E 连接。

给定最大独立集合问题的任何实例，考虑以下问题的实例，其中，只有一艘船舶在周期 1 需要堆场处的 m 个子箱区。堆场有 n 个子箱区，并且对于每对中的子箱区 u 和 v，当且仅当 (u,v) 在 E 中时，它们不能在同一时间段内分配给船舶。可以看出，堆场规划问题具有可行的解，当且仅当 G 是一个尺寸大于 m 的独立集合。因此，找到一个堆场规划问题的最优解决方案是一个强 NP-难问题。

模型的下限可以通过放宽有关交通拥堵的约束获得，即约束［式（10.5）～式（10.7）］。本章的 M_1^{LB} 表示模型 M_1 的下限。

（$\boldsymbol{M_1^{\mathrm{LB}}}$）目标函数［式（10.1）］

s.t.　约束［式（10.2）～式（10.4）；式（10.8）～式（10.14）］

随着对交通拥堵约束的放宽，下限模型 M_1^{LB} 的求解速度比原始模型更快。下限也可用于数值实验部分，以评估所提方法获得解的质量。

10.3.2　均匀存储分配策略下的堆场模板规划模型

实际情况中，从原来船舶卸载的集装箱通常被平等地分配到预留给有着相同目的地船舶的子箱区。本章把这个策略称为“平等存储分配策略”。该策略是指，分配 n_{jip} 个从船舶 j 卸载的集装箱，到为船舶 i 预留的 q_{ip} 个子箱区。具体地说，将 n_{jip}/q_{ip} 个集装箱从船舶 j 的停泊位置运送到 q_{ip} 个子箱区中的每一个区域，再运送到船舶 i 的停泊位置。这种在卸载过程中使用平等分配策略、遵从实际的务实规则，有助于避免堆场集卡在某些子箱区中出现潜在的交通拥堵，并可以最小化卸货过程的完成时间。

基于上述策略，在整个规划期间内的目标，即最小化集装箱流在码头转运的总路线长度，表示为 $\sum_{i\in V}\sum_{E_p^i\in\mathbb{E}^i}\sum_{k\in K}y_{ikp}\left[\sum_{j\in V}(d_{jk}^U n_{jip}/q_{ip})+d_{ki}^L\sum_{j\in V}n_{jip}/q_{ip}\right]$。随后，在平等存储分配策略下，本章制定了堆场模板规划模型，该模型用 M_2 表示。模型仅包含堆场模板规划中的决策变量，即二进制变量 x_{ikt} 和 y_{ikp}。

$$(\boldsymbol{M\_2})\qquad \text{Minimize}\sum_{i\in V}\sum_{E_p^i\in\mathbb{E}^i}\sum_{k\in K}y_{ikp}D_{ikp} \tag{10.15}$$

s.t.　　约束［式（10.2）～式（10.8），式（10.12）～式（10.13）］

这里有，$$D_{ikp}=\sum_{j\in V}(d_{jk}^U n_{jip}/q_{ip})+d_{ki}^L\sum_{j\in V}n_{jip}/q_{ip}。\tag{10.16}$$

由于模型 M_2 的最优解确实是模型 M_1 的可行解，所以模型 M_1 的最优目标值不大于模型 M_2 的最优目标值。模型 M_2 得到的解可以作为模型 M_1 搜索一个更好解的初始解，特别是用模型 M_1 解决一些大型问题实例时。

命题 2：如果模型 M_2 存在可行解，则存在多个最优解（最佳堆场模板）。

证明：如图 10-1 所示，堆场模板包含箱区，箱区可进一步划分为子箱区。在

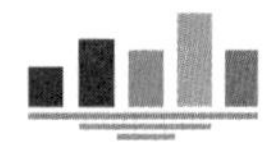

箱区的层次之上，还有另一个概念，即“箱区段”（或大箱区），其也被广泛用于实际堆场管理[130, 138]。箱区段由共享相同水平通道的一个或两个箱区组成。箱区段的概念如图 10-4 所示。

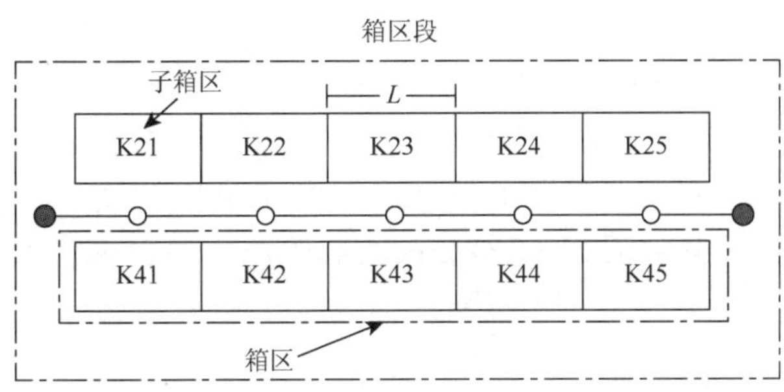

图 10-4　堆场模板中的箱区段示例

对箱区段中的子箱区而言，将其分配给特定船舶的任何更改将不会影响最终目标值。对于图 10-4 中的示例，子箱区 K22 被分配给船舶 i，并且子箱区 K24 被分配给船舶 i'。如果交换它们，则 K22 分配给船舶 i'，并且将 K24 分配船舶 i。但是，两艘船舶的目标函数值没有改变。对于船舶 i，通过该通道卸载和装载集装箱的数量与前一种情况相同，即 $\left(\sum_{j\in V} n_{j,i,p}\right)/q_{i,p}$。对于船舶 i，装载路线的长度减少 $2L$，卸载路线的长度增加 $2L$，L 为子箱区的长度。根据模型目标的定义，即集装箱数量的总和乘以行使距离，在箱区段内，将子箱区重新分配给船舶对最终目标值没有影响。

另一个重要问题也需要明确。该问题涉及将一个箱区段内的子箱区重新分配给一艘船舶对约束没有影响的事实。原因是，模型 M_2 假设被转运到船舶的任何集装箱，平等分布在为该船舶预留的子箱区内。这一规则导致这样一个情况，即不管集装箱存储在为船舶预留的哪一个子箱区中，船舶上的集装箱总量实际上都是相同的。因此，任何再分配对约束没有影响。

由于在箱区段内将子箱区重新分配给船舶不会影响目标值或约束条件，所以，可以得出结论：模型 M_2 存在多个最优解（最佳堆场模板）。

命题 3：模型 M_2 的最佳堆场模板具有以下特点：①离船舶 $i_{\max}$ 停泊位置最近的箱区中，至少一个子箱区被分配给处于周期 $p_{\max}$ 的船舶 $i_{\max}$。②正被使用的箱区段中，至少有一个离船舶 $i_{\min}$ 停泊位置最远的子箱区，分配给处于周期 $p_{\min}$ 的船舶 $i_{\min}$。其中，

$$(i_{\max}, p_{\max}) = \arg\max_{\forall (i,p), i\in V, p\in \mathbb{E}^i} \left\{\left(\sum_{j\in V} n_{j,i,p}\right)/ q_{i,p}\right\}$$

$$(i_{\min}, p_{\min}) = \arg\min_{\forall (i,p), i\in V, p\in E^i} \left\{ \left(\sum_{j\in V} n_{j,i,p} \right) / q_{i,p} \right\}$$

证明：本章从两部分证明特点①，在堆场模板中的每个箱区有两个维度，一个是垂直维度，另一个是水平维度。

（1）垂直维度。本章证明在箱区所在的行中，至少有一个最接近码头侧的子箱区在周期 $p_{\max}$ 被分配给船 $i_{\max}$。本章用反证法来证明。假设在最优堆场模板中，最接近码头的子箱区的行中没有一个子箱区被分配给船舶 $i_{\max}$。使用图 10-1 中的示例，如果子箱区 K25 被分配给船舶 $i_{\max}$，并且子箱区 K65 被分配给船舶 i，则交换其分配：K65 被分配给船舶 $i_{\max}$，并且 K25 被分配给船舶 i。与船舶 i 相关目标函数增加了 $2W\left(\sum_{j\in V} n_{j,i,p}\right)/q_{i,p}$；而与船舶 $i_{\max}$ 相关的目标函数减少了 $2W\left(\sum_{j\in V} n_{j,i_{\max},p_{\max}}\right)/q_{i_{\max},p_{\max}}$。这里，$W$ 是水平尺寸上两条平行相邻的通道之间的距离。

由于 $2W\left(\sum_{j\in V} n_{j,i_{\max},p_{\max}}\right)/q_{i_{\max},p_{\max}} > 2W\left(\sum_{j\in V} n_{j,i,p}\right)/q_{i,p}$，最终目标函数将会减少，这与给定的解决方案是最优的事实相矛盾。

（2）水平维度。在码头旁边的子箱区行中，定义 x 为分配给船舶的子箱区所在的水平位置，以及 s_i 作为船舶 i 偏爱的停靠泊位。$s_{i'_1}$，…，$s_{i'_m}$，…，$s_{i'_M}$ 分别为船舶 i'_1，…，i'_m，…，i'_M 偏爱的停靠泊位。这些船舶都将集装箱转运到船舶 i。与船舶 i 子箱区分配相关的目标函数 $f(x)=\left(\sum_{m=1}^{M} n_{i'_m,i}\right)\cdot|x-s_i|+\sum_{m=1}^{M}\{n_{i'_m,i}\cdot|x-s_{i'_m}|\}$ 成比例。很容易证明，当达到 $x=s_i$ 时，$f(x)$ 取最小值。这意味着船舶的停泊位置影响其子箱区分配决策，从中很容易看出，并非所有船舶都可以分配到它们最偏爱的子箱区。但是，如特点①所述，船舶 $i_{\max}$ 总是可以分配其最偏爱的子箱区。以下是运用反证法对上述说法的证明。

假设在最优堆场模板中，最靠近船舶 $i_{\max}$ 停泊位置的箱区中没有一个子箱区在周期 $p_{\max}$ 被分配给周期性的船舶 $i_{\max}$。用 $s_{i_{\max}}$ 来表示船舶 $i_{\max}$ 最偏爱的子箱区，但这个子箱区已经分配给另一艘船 i。处于位置 x 的子箱区被分配给船舶 $i_{\max}$。在不失一般性的情况下，假设 $x > s_{i_{\max}}$，这意味着位于水平轴上 $s_{i_{\max}}$ 右侧的位置 x。交换两艘船舶的子箱区分配，$s_{i_{\max}}$ 被分配给船舶 $i_{\max}$，并且 x 被分配给船舶 i。情况 1：如果 x 是船舶 i 的最佳位置，显然这次交换肯定会使目标函数减少，这与给定的解决方案是最佳的事实相矛盾。情况 2：如果 x 是船舶 i 最差的位置，这意味着船舶 i 的停泊位置在 $s_{i_{\max}}$ 位置左侧，船舶 i 的目标函数增加 $(x-s_{i_{\max}})\cdot\left(\sum_{j\in V} n_{j,i,p}\right)/q_{i,p}$，

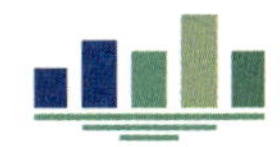

船舶 $i_{\max}$ 的目标函数值减少 $(x-s_{i_{\max}})\cdot\left(\sum_{j\in V}n_{j,i_{\max},p_{\max}}\right)/q_{i_{\max},p_{\max}}$，由于 $\left(\sum_{j\in V}n_{j,i_{\max},p_{\max}}\right)/q_{i_{\max},p_{\max}} > \left(\sum_{j\in V}n_{j,i,p}\right)/q_{i,p}$，最后目标函数值将会减少。这也与给定解决方案最佳的事实相矛盾。情况 3：如果 x 处于最差的位置和最佳位置之间，这也很容易证明。

类似于上述通过反证法证明特点①，也可以证明特点②在箱区段中至少有一个子箱区距船舶 $i_{\min}$ 停泊位置最远。该子箱区在周期 $p_{\min}$ 被分配给船舶 $i_{\min}$。

上述命题 3 表明，$\left(\sum_{j\in V}n_{j,i,p}\right)/q_{i,p}$ 是堆场模板规划决策中的一个重要指标。该指标将用于发展模型的解决方案来求解该模型。

10.4　基于局部分支和粒子群算法的求解方法设计

对于一些小规模的问题实例，提出的模型 M_1 可以通过 CPLEX 求解。然而，对于其他大规模问题实例，模型 M_1 用 CPLEX 直接求解太困难。本章设计了两种求解模型 M_1 的方法。一种是基于局部分支的方法；另一种是基于粒子群优化（PSO）的方法，两者都可用于求解大规模实例。两种方法都需要一个很好的初始解作为起点。10.4.1 节讨论了获得初始解的方法。10.4.2 节和 10.4.3 节分别详细阐述了基于局部分支的方法和基于粒子群优化（PSO）的方法。

10.4.1　求解模型 M_2 获得初始解

通过求解模型的特殊实例（即模型 M_2），可以获得模型 M_1 的初始解。然而，如果问题规模较大，则 CPLEX 直接解决模型 M_2 的过程可能非常耗时。因此，提出一种基于序列的启发式算法来获得模型 M_2 的满意解。模型 M_2 与给船舶分配子箱区的决策有关。如其名称所示，基于序列的启发式根据给定的“船舶-周期”对序列，依次地向船舶分配子箱区。该序列由命题 3 中包含的主要思想来确定。具体地说，该序列由每个周期内装载到每艘船舶上的集装箱数目的递减顺序产生，并除以分配给船舶的集装箱数量而得到，即 $\left(\sum_{j\in V}n_{j,i,p}\right)/q_{i,p}$，该指标由具体命题 3 确定。

给定一系列船舶，逐个求解模型 $M_2(n)$。让“船舶-周期”对呈现 $\{1,\cdots,n,\cdots,\sum_{i\in V}|\mathbb{E}^i|\}$ 顺序。其中，$\sum_{i\in V}|\mathbb{E}^i|$ 表示所有船舶周期总数，也等于所有可能的“船舶-

周期”对的数量。这种顺序方法在迭代中依次求解了 $\sum_{i\in V}|\mathbb{E}^i|$ 对“船舶-周期”。假设船舶 i 的这一值 $\left(\sum_{j\in V} n_{j,i,p}\right)/q_{i,p}$，是其在周期 p 所处序列中的第 n 位置。在第 n 次迭代中，为了获得“船舶 i -周期 p ”对的子箱区分配决策，需要求解模型 $M_2(n)$。

定义参数 DS（即搜索深度）。在求解周期 p 内船舶 i 子箱区分配决策的第 n 次迭代中，与子序列 $\{1,\cdots,n-1\}$ 中“船舶-周期”对相关的变量作为输入数据，与“船舶-周期”对相关的变量在子序列 $\left\{n,\cdots,\sum_{i\in V}|\mathbb{E}^i|\right\}$ 仍然是决策变量。求解模型 $M_2(n)$ 后，获得的与序列第 n 项相关的决策变量（即“船舶 i -周期 p ”对）被固定下来，作为下一次迭代的输入数据。整个过程有 $\sum_{i\in V}|\mathbb{E}^i|-\mathrm{DS}+1$ 次迭代。为了理解参数 DS 的含义，本节给出如下例子。100 个“船舶-周期”对形成一个序列。当 DS 设置为 20 时，要进行 81 次迭代（即 $\sum_{i\in V}|\mathbb{E}^i|-\mathrm{DS}+1=100-20+1=81$）。第一次迭代是求解模型 $M_2(1)$。其中，20 个“船舶-周期”对（即序列中的第 1，第 2，…，第 20 对）为一批，该批次的子箱区分配是决策变量，并且第 1 对获得的子箱区分配是确定的。第二次迭代是求解模型 $M_2(2)$。其中，20 个“船舶-周期”对（即序列中的第 2，第 3，…，第 21 对）为一批，该批次的子箱区批次分配是决策变量，并且第 2 对获得子箱区分配的是确定的。以类似的方式执行剩余迭代。最后一次迭代（即第 81 次迭代）是求解模型 $M_2(2)$，其中，20 个“船舶-周期”对（即序列中的第 81，第 82，…，第 100 对）为一批，该批次的子箱区批次分配是决策变量，并且确定这 20 对获得的子箱区分配。

从上面可以看出，参数 DS 的设置会对程序的性能产生重要影响。若 DS 设置过大，将导致求解时间过长。合理的 DS 设置与计算机的计算能力相关。如果 DS 等于零，则该方法退化为正常的贪婪搜索。这意味着，该方法在剩余的子箱区空间内，将依次为每个周期的每艘船舶做出子箱区的最佳决策。该设置会加快求解过程，但也可能导致较大的最优性损失。另外，如果 DS 设置得太小，如为 0，则可能会出现没有可行的子箱区分配给最后几个“船舶-周期”对的情况。因此，正确设定 DS 值可以有效地避免后面“船舶-周期”对出现无可行解情况。

10.4.2 局部分支求解方法

模型 M_1 是 MIP（混合整数规划）模型，包含整数变量，即 $x_{ikt},y_{ikp}\in\{0,1\}$。

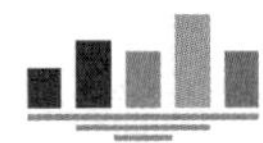

除了 x_{ikt} 和 y_{ikp}，模型 M_1 中的变量 z_{jikp} 是连续的。整数变量 x_{ikt} 只取决于变量 y_{ikp}。因此，这个问题本质上只有一组整数变量 y_{ikp}。模型 M_1 的求解速度主要受限于其巨大解决方案空间内二进制变量 y_{ikp} 的分支过程。在本章的研究中，局部分支策略被利用来求解模型 M_1。尽管局部分支策略可以改善求解工具的启发式行为，但本质上是准确的。该方法交替使用高层次战略分支和低层次战术分支，分别定义和探索解的邻域[237]。

本章提出的解决方法基于局部分支策略，其核心思想是将 CPLEX 当作黑盒“战术层”工具，来探索合适解的子空间。解的子空间被一个简单的外部分支框架在“战略层”水平确定和控制。本章提出的解决方法受到局部搜索元启发式算法的启发，但是通过引入局部分支切割（线性不等式）来构建邻域。这种方法可以被认为是一种两级分支策略，旨在尽早更新现有解，从而在计算的早期阶段产生改进的解。局部分支的主要过程如图 10-5 所示。

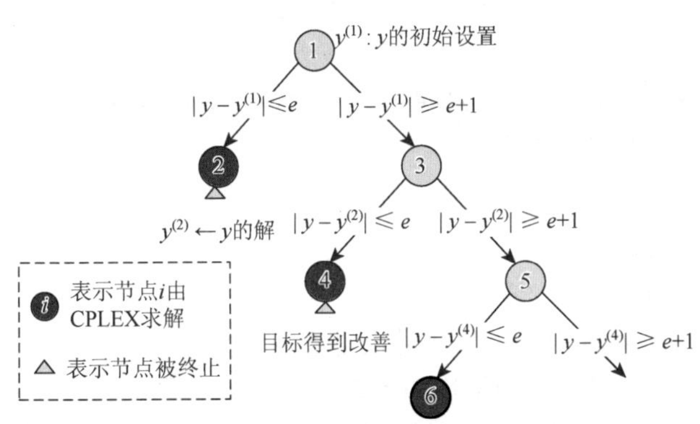

图 10-5　局部分支的主要步骤

图 10-5 中，节点 1 是局部分支过程的起始点。在节点 1，二进制变量 y_{ikp} 可以根据 10.4.1 节提出的方法进行初始化。变量 y_{ikp}（$\forall i\in V,k\in K,E_p^i\in\mathbb{E}^i$）的初始设置在图 10-5 中由 $y^{(1)}$ 确定。基于节点 1，分别派生出节点 2 和节点 3，其分别表示模型 M_1 有进一步约束 $\left|y-y^{(1)}\right|\leqslant e$，$\left|y-y^{(1)}\right|\geqslant e+1$。这里 $\left|y-y^{(1)}\right|$ 反映了变量 y 的解空间中，$y^{(1)}$ 邻域的半径。更具体地，$\left|y-y^{(1)}\right|$ 计算为 $\left|y-y^{(1)}\right|=\sum_{i\in V}\sum_{E_p^i\in\mathbb{E}^i}\sum_{k\in K}|y_{ikp}-y_{ikp}^{(1)}|$。其值反映了变量 y_{ikp} 不同于对应固定值 $y_{ikp}^{(1)}$ 的数量。在当前解的周围搜索其他解时，参数 e 控制邻域大小。如果 e 取值较小，则节点 2 的求解过程将很快，否则可能是非常耗时的。

当节点 2 被求解时，二进制变量 y_{ikp} 在图 10-5 中由 $y^{(2)}$ 表示。节点 4 表示

带约束 $|y-y^{(2)}|\leqslant e$，$|y-y^{(1)}|\geqslant e+1$ 的模型 M_1。由于邻域的大小受到约束 $|y-y^{(2)}|\leqslant e$ 的限制，相比没有邻域约束的情况下，节点 4 能够以更快的方式求解。

图 10-5 展示了局部分支过程的主要流程，其中由深色标记的所有节点将由 CPLEX 直接求解。整个求解过程可能因某些节点中耗时的解决方案所延迟。所以，对每个节点的求解时间添加一个上限。如果求解时间超过此上限，CPLEX 将在该节点停止求解此模型，并返回一个可行但非最优解。否则，意味着该节点的模型已被 CPLEX 最佳地求解。应该注意的是，在时间限制内节点一定要返回可行的解。例如，图 10-5 中的节点 2，至少有一个可行解 $y^{(1)}$。对于节点 4，至少存在一个可行解 $y^{(2)}$。

对于由深色标记的每个节点，CPLEX 求解的结果可以是以下四种情况之一。

情况 1：带 y 相关约束的模型 M_1 的目标值得到改善，并且没有达到 CPLEX 的求解时间上限。这意味着节点被 CPLEX 最佳地求解，并且该解比现有的最优解更好。

情况 2：达到 CPLEX 求解时间上限，但目标值得到改善。这意味着 CPLEX 获得的非最优解好于现有的最优解。

情况 3：未达到 CPLEX 的求解时间上限，但目标值未改进。这意味着 CPLEX 获得比现有最优解更差的最优解。

情况 4：达到 CPLEX 求解时间上限，但目标值没有改善。这意味着到目前为止，CPLEX 获得了比现有最优解更差的非最优解。

对于上述四种情况，处理策略如图 10-6 所示。

情况 1：是局部分支过程中最常见的情况。它是求解过程的标准流程，如图 10-5 所示。

情况 2：是由于邻域相关约束从 $|y-y^{(4)}|\leqslant e$ 到 $|y-y^{(6)}|\leqslant e$ 的更新而改变的结果，因为节点 6 的解取代了节点 4 的解，并且成为目前为止的最优解。

情况 3：意味着节点 6 被完全去掉，因为在该节点处的最优解比现有的最优解更差。因此，原始模型的解等于节点 7 的解。

情况 4：意味着邻域范围需要缩减，或者在该节点以最优的方式获得解，或者获得比目前解更好的解。

上述四种情况涵盖了整个程序中所有的可能情况，这符合著名的局部搜索元启发式算法的思想。在本章的研究中，局部分支过程中使用的邻域是通过对二进制变量（y_{ikp}）定义某些线性不等式（或分支切分）来实现的。如果现有的最佳目标值在给定数量的连续迭代中没有得到改善，则停止整个求解过程。

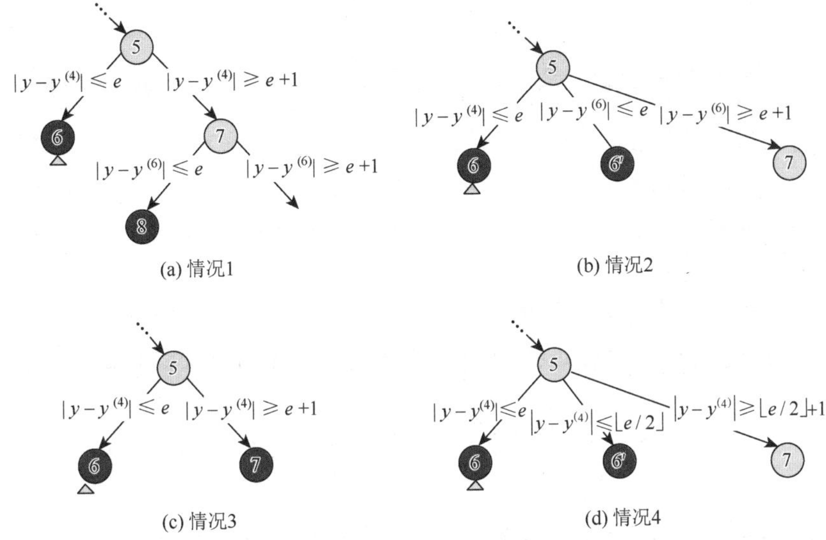

图 10-6 分支过程中获得的四种不同情况

10.4.3 基于 PSO 的求解方案

当求解模型 M_1 的一些大规模实例时，上述基于局部分支的方法比较耗时，所以，推荐考虑启发式解决方案。PSO 首先由 Eberhart 和 Kennedy[243]提出，并用它来优化连续非线性函数。近年来，PSO 已被用于解决某些港口的运营问题，如泊位分配问题[244]、码头起重机调度问题[125]。本章设计了一种基于 PSO 的方法来求解模型 M_1。

1. 解的表示和速度更新策略

与遗传算法一样，PSO 也是基于种群的启发式方法。在 PSO 种群中，每个解由一个粒子表示，其状态在每次迭代时包含其位置和速度。粒子的位置表示与粒子对应解的质量，而粒子的速度表示在下一次迭代中它将移动的方向。

在提出的模型 M_1 中，决策变量 x_{ikt} 和 y_{ikp} 实际上是相互关联的。一旦确定了其中一个的变量，另一个变量也是已知的。在研究中，使用变量 y_{ikp} 来定义 PSO 中的粒子。具体而言，对于第 n 次迭代中的粒子 m，其位置由 $\mathbb{Y}_m^n=\{Y_{mikp}^n\}$ 定义，其速度由 $\mathbb{V}_m^n=\{v_{mikp}^n\}$，$\forall i\in V,\forall k\in K,\forall E_p^i\in\mathbb{E}^i$ 定义。定义 $YP\text{Best}_{mikp}^n$ 为粒子 m 在维度 i，k，p 上直到第 n 次迭代的最佳位置，并且作为整个群体在维度 i，k，p 上直到第 n 次迭代的最佳位置。那么，速度和位置的更新公式是

$$v_{mikp}^{n+1}=w^n v_{mikp}^n+c_1r_1(YP\text{Best}_{mikp}^n-Y_{mikp}^n)+c_2r_2(YG\text{Best}_{ikp}^n-Y_{mikp}^n) \tag{10.17}$$

$$Y_{mikp}^{n+1} = Y_{mikp}^{n} + v_{mikp}^{n} \tag{10.18}$$

这里，w^n 是惯性重量，$w^n = \dfrac{N-n}{N}(w_{\text{ini}} - w_{\text{end}}) + w_{\text{end}}$。其中，$N$ 为迭代次数，w_{ini} 和 w_{end} 分别为初始惯性权重和最终惯性权重。惯性权重影响 PSO 程序向最优解的收敛性。程序开始时，较大的惯性权重使得程序实现了对全局最优解的良好收敛。随着过程的继续，惯性权重将变得越来越小，这导致程序的最后阶段实现了对局部最优解的良好收敛。

另外，c_1 和 c_2 为加速度权重；r_1 和 r_2 为在 0 和 1 之间生成的随机数。

为了避免 PSO 程序落入局部最优，对上述速度更新公式，即式（10.18），修改如下：

$$\begin{aligned} v_{mikp}^{n+1} = & w^n v_{mikp}^{n} + c_1 r_1 (YP\text{Best}_{mikp}^{n} - Y_{mikp}^{n}) + c_2 r_2 (YG\text{Best}_{ikp}^{n} - Y_{mikp}^{n}) \\ & + c_3 r_3 (Ya_{ikp}^{n} - Yb_{ikp}^{n}) \end{aligned} \tag{10.19}$$

其中，Ya_{ikp}^{n} 和 Yb_{ikp}^{n} 为两个随机选择的粒子经过第 n 迭代后，在维度 i，k，p 上对应的位置。粒子不仅朝着整个群体和粒子的最佳位置方向移动，还可以飞向 2 个随机选择的粒子。这种情况下，粒子将更有可能离开局部最优解，而选择寻找更好的解决方案。

因为本章的决策变量是二进制变量，所以，不能根据式（10.18）计算粒子的位置。因此，修改如下：

$$Y_{mikp}^{n+1} = \begin{cases} 1, & \text{when} \quad r_4 < S(v_{mikp}^{n+1}) \\ 0, & \text{when} \quad r_4 \geqslant S(v_{mikp}^{n+1}) \end{cases} \tag{10.20}$$

其中，r_4 为在 0 和 1 之间生成的随机数；$S(v_{mikp}^{n+1})$ 为一个 sigmoid 函数，$S(v_{mikp}^{n+1}) = 1/\left(1-e^{-v_{mikp}^{n+1}}\right)$。

2. PSO 程序的主要框架

基于上述解决方案表示法和速度更新策略的定义，PSO 算法的主要框架如下。

步骤 1：设置迭代次数 $n=1$。初始化一个含有 M 个粒子的种群，其位置决定了每个周期内哪些子箱区被分配给哪些船舶。分配计划是随机生成的。

步骤 2：对于某些粒子（如粒子 m），其“船舶-子箱区”分配规划不服从模型中的一些约束，执行子过程 **Adjust(m)** 以修改分配规划，使得粒子 m 的分配规划成为可行。子程序 **Adjust(m)** 的详情稍后讨论。

步骤 3：对于所有粒子，通过求解模型 M_1 计算其适应度值。其中，根据粒子固定变量 x 和 y。带固定变量 x 和 y 的模型 M_1 是线性规划模型，可以通过 CPLEX 直接在可行的运行时间内求解。

步骤 4：更新每个粒子的最优位置，即$\{YPBest_{mikp}^{n}\}$。种群的最优位置，即$\{YGBest_{ikp}^{n}\}$。

步骤 5：根据式（10.19）更新速度，根据式（10.20）更新位置。

步骤 6：如果迭代次数达到预设的最大值，则停止；否则，$n=n+1$，转到步骤 2。

上述步骤中，子程序 **Adjust**(m) 对于整个 PSO 算法很重要。其目标是通过调整“船舶-子箱区”分配规划，使不可行的粒子变得可行，以满足模型的所有约束条件。关于子程序 **Adjust**(m) 的详细描述如下。

Adjust(m)子程序

初始化所有的变量 X_{mikp} 为 0

For 所有 i， $i\in V$

　For 所有 p， $E_p^i\in\mathbb{E}^i$

　　定义一个集合 K_{ip} //该集合用于避免在一个时间段将一个子箱区分配给多艘船舶

　　If $i=1$ Then

　　　$K_{ip}=\varnothing$

　　Else

　　　$K_{ip}=\left\{k|Y_{mi_1kp_1}^{n}=1,i_1\in(1,\cdots,i-1),k\in K,E_p^i\bigcap E_{p_1}^{i_1}\neq\varnothing,E_{p_1}^{i_1}\in\mathbb{E}^{i_1}\right\}$

　End If

　For 所有 k， $k\in K$

　　If $Y_{mikp}^{n}=1$ 且 $k\in K_{ip}$ Then

　　　$Y_{mikp}^{n}=0$

　　End If

　　If $Y_{mikp}^{n}=1$ 且 $k\in\{K-Q_i\}$ Then

　　　$Y_{mikp}^{n}=0$ //根据约束［式（10.4）］

　　End If

　End For

　　　合计在周期 p 分配给船舶 i 的所有子箱区，总数量为 Total_{ip}

　If $\text{Total}_{ip}<q_{ip}$ Then

　　　For 所有 $k\in Q_i$ 且 $k\notin K_{ip}$，按照降序对其排序 $S(v_{mikp}^{n})$，然后设置 $Y_{mikp}^{n}=1$ 直到 $\text{Total}_{ip}=q_{ip}$ //根据约束［式（10.3）］

　End If

　If $\text{Total}_{ip}>q_{ip}$ Then

　　　For 所有 $k\in Q_i$ 且 $k\notin K_{ip}$，按照增序对其排序 $S(v_{mikp}^{n})$，然后设置 $Y_{mikp}^{n}=0$ 直到 $\text{Total}_{ip}=q_{ip}$ //根据约束［式（10.3）］

　End If

　计算 X_{ikt}^{m} 根据 Y_{mikp}^{n}

　For 所有 $t\in T,S_r\in\mathbb{S},B_g\in\mathbb{B}$

　　If $\sum\limits_{k\in S_r}\sum\limits_{i_1\in\{1,\cdots,i\}}l_{i_1t}x_{i_1kt}>1$ or $\sum\limits_{k\in B_g}\sum\limits_{i_1\in\{1,\cdots,i\}}l_{i_1t}x_{i_1kt}>1$ Then

　　对于船舶 i，子箱区分配不能违反约束，并且分配给船舶的子箱区从集合 t 中随机产生 $\{k|k\in Q_i$ 且 $k\notin K_{ip}\}$。重复此过程，直到约束［式（10.5）和式（10.6）］成立。

　　End If

　End For

End For

10.5 面向模型有效性验证与算法性能比较的数值实验分析

在个人计算机（Intel Core i5，1.6GHz；内存 4G）上进行了多项实验，以验证解决方案的效率和提出模型的有效性。PSO 算法在 C#（VS2008）上实现。为了最佳地求解该模型，采用 C# 语言（VS2008 开发工具）调用带 concert 技术的 CPLEX12.1 来实现。

10.5.1 生成测试用例

生成如下测试用例。规划周期约为 70 天。这意味着，按照每周到达模式计算有 10 个周期，按照每两周到达模式计算有 5 个周期，按照 10 天到达模式计算有 7 个周期。对于每个实例，假设所有船舶中属于每周模式、两周模式和 10 天模式的船舶分别约 2/3、1/6 和 1/6。时间段设为 8 小时。随机生成每艘船舶的起始时间段。那么，可以提前确定属于每艘船舶每个周期的一组时间段（即 E_p^i）。此外，还可以确定每艘船舶装载活动的时间段（即 l_{it}）。每个箱区沿着深度包含 6 个集装箱（TEUs），沿长度方向包含 40 个集装箱。每个箱区包含 5 个子箱区。每个子箱区沿着长度包含 8 个集装箱，这意味着子箱区的长度约为 50 米。堆放高度为 5 层（集装箱）。因此，子箱区的容量大约为 240（=6×8×5）TEUs。本章使用“子箱区”的概念，作为码头存储分配和场地模板规划决策的基本单位。应为船舶预留的子箱区（即 q_{ip}）平均数量约为 5 个。在一个周期内，一对船舶之间转运的集装箱数量（即 n_{jip}）是随机产生的，使得船舶上装运的平均集装箱数量为 1000TEUs。通道的宽度设定为 30 米。同时通过每条通道的线路的最大数量（即 w_u）被设置为 1。船舶在码头的停泊位置随机产生。堆场里子箱区的配置被排列成类似于图 10-1 中的示例。相应地确定属于相邻的子箱区对（即 S_r 和 $\mathbb{S}$）和属于同一个箱区的 5 个子箱区小组（即 B_g 和 $\mathbb{B}$）。基于子箱区结构和船舶的停泊位置，可以计算装载、卸载的路线长度（即 d_{jk}^U 和 d_{ki}^L）。根据船舶的停泊位置，还可以确定从子箱区到船舶泊位的装载路线是否通过通道（即 h_{iku}）。

10.5.2 所提出算法的性能

首先对小规模案例进行实验，以验证局部分支方法的效率。最优结果由 CPLEX 获得。从表 10-1 可以看出，基于局部分支算法可以获得近似最优的结果。基于局部分支算法的目标值与最优结果之间的平均偏差只有 0.09%。在解决一些

小规模问题时，局部分支算法花费的 CPU 时间比 CPLEX 花费的 CPU 时间更长。但是对于一些中等规模的问题，局部分支算法用时比直接求解短得多。一般来说，局部分支算法的 CPU 时间是可以接受的，但随着问题规模的增加显示出相对优势。更重要的是，CPLEX 在大规模问题案例下无法求解模型，而局部分支解算法可以在合理的时间周期内求解该问题。

表 10-1　局部分支算法和 CPLEX 直接求解的比较

实例		最优结果		局部分支算法				下界	
规模	ID	Z_C	T_C	Z_L	T_L	GAP_L	T_L/T_C	LB	GAP_{LB}
6	6_40_1	18 780 078	12	18 787 078	77	0.04%	6.42	18 743 789	0.19%
船舶	6_40_2	19 819 045	24	19 819 045	127	0.00%	5.29	19 786 350	0.16%
和	6_40_3	18 410 123	19	18 414 139	132	0.02%	6.95	18 396 923	0.07%
40	6_40_4	18 815 707	23	18 816 859	110	0.01%	4.78	18 800 079	0.08%
子箱区	6_40_5	18 673 848	32	18 673 848	188	0.00%	5.88	18 667 432	0.03%
9	9_60_1	41 165 233	341	41 192 521	365	0.07%	1.07	41 140 417	0.06%
船舶	9_60_2	40 191 729	413	40 213 264	317	0.05%	0.77	40 174 089	0.04%
和	9_60_3	39 468 476	264	39 484 267	262	0.04%	0.99	39 454 668	0.03%
60	9_60_4	41 094 872	547	41 107 157	438	0.03%	0.80	41 079 610	0.04%
子箱区	9_60_5	39 829 041	574	39 853 650	352	0.06%	0.61	39 724 793	0.26%
12	12_80_1	53 207 203	1 625	53 253 455	590	0.09%	0.36	53 158 412	0.09%
船舶	12_80_2	57 201 700	1 547	57 286 412	632	0.15%	0.41	57 126 320	0.13%
和	12_80_3	59 538 137	2 090	59 594 184	675	0.09%	0.32	59 283 614	0.43%
80	12_80_4	55 473 855	1 874	55 548 822	714	0.14%	0.38	55 347 313	0.23%
子箱区	12_80_5	59 974 347	1 718	60 046 988	774	0.12%	0.45	59 790 448	0.31%
平均值						0.06%			0.14%

注：①通过使用 CPLEX 获得最优结果。最优目标值和相应的 CPU 时间分别由 Z_C 和 T_C 表示。②局部分支算法的目标值和相应的 CPU 时间分别由 Z_L 和 T_L 表示。$GAP_L =（Z_L-Z_C）/Z_C$。③下限是通过求解 10.3.1 节提出的模型 M_1^{LB} 得到的。$GAP_{LB} =（Z_C-LB）/Z_C$。

表 10-1 还证明了 10.3.1 节中提出的下界特点（即 M_1^{LB}）。提出的下界与最优结果之间的平均偏差为 0.14%。由于可以比直接求解更简单的方式来获得下限，因此，在面对一些大规模问题实例时，它将被用作评估所提出方法的性能标准。

除了局部分支算法，还提出了另一种基于 PSO 求解大规模实例的算法。所提两种解决方案的性能也通过比较实验进行了研究，结果如表 10-2 所示。

表 10-2　局部分支方法与 PSO 方法的比较

实例		LB	局部分支方法			PSO 方法			T_P/T_L
规模	ID		Z_L	T_L	GAP_L	Z_P	T_P	GAP_P	
15	15_100_1	74 397 548	74 663 131	1 088	0.36%	75 575 951	386	1.58%	0.35
船舶	15_100_2	79 647 014	79 890 584	1 078	0.31%	81 103 171	495	1.83%	0.46
和	15_100_3	82 205 374	82 642 541	1 245	0.53%	83 243 513	514	1.26%	0.41
100	15_100_4	71 661 053	71 917 954	969	0.36%	72 852 153	430	1.66%	0.44
子箱区	15_100_5	83 172 711	83 357 904	877	0.22%	84 322 887	380	1.38%	0.43
18	18_120_1	105 028 710	105 269 475	2 753	0.23%	106 672 604	790	1.57%	0.29
船舶	18_120_2	95 105 536	95 420 672	1 849	0.33%	96 876 440	726	1.86%	0.39
和	18_120_3	105 073 034	105 373 151	2 255	0.29%	107 074 052	819	1.90%	0.36
120	18_120_4	95 124 070	95 619 624	2 653	0.52%	96 588 320	858	1.54%	0.32
子箱区	18_120_5	102 635 574	103 060 198	2 347	0.41%	104 913 811	790	2.22%	0.34
21	21_140_1	120 552 274	121 099 057	4 608	0.45%	122 587 291	1 009	1.69%	0.22
船舶	21_140_2	114 179 590	114 493 737	3 990	0.28%	115 871 475	1 130	1.48%	0.28
和	21_140_3	118 823 449	119 300 962	4 198	0.40%	120 575 135	918	1.47%	0.22
140	21_140_4	121 006 723	121 274 173	4 293	0.22%	123 646 146	1 119	2.18%	0.26
子箱区	21_140_5	118 284 955	118 612 993	3 890	0.28%	120 894 503	997	2.21%	0.26
平均值					0.35%			1.72%	0.34

注：①GAP_L=（Z_L–LB）/LB，GAP_P=（Z_P–LB）/LB。②"T_L"和"T_P"分别表示局部分支方法和 PSO 方法的 CPU 时间。

对于表 10-2 中的中等规模实例，基于局部分支方法和基于 PSO 的方法都可以根据与下限的比较获得近似最优解。结果表明，基于局部分支方法（和基于 PSO 的方法）的结果与最优结果之间的平均偏差小于 0.35%（和 1.72%）。虽然根据目标值的标准，局部分支方法优于 PSO 的方法，但 PSO 方法所消耗的 CPU 时间只是局部分支方法所消耗的 CPU 时间的 30%。这表明基于 PSO 的方法可以比基于局部分支的方法以更快的方式获得满意解。

本章还将所提出的基于 PSO 的方法与某些其他广泛使用的元启发式算法［如遗传算法（GA）］的性能进行比较。列于表 10-3 的结果表明，在大多数情况

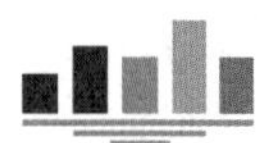

下，基于 PSO 的方法优于基于 GA 的方法。根据与下限（LB）比较，PSO 方法与 LB 之间的平均偏差为 1.25%，远小于基于 GA 方法和 LB 方法之间 4.33%的平均偏差。对于这两种不同方法所消耗的 CPU 时间，它们的平均比例为 1.03，表示它们的计算时间相近。

表 10-3　基于 PSO 方法和基于 GA 方法的比较

实例		LB	PSO 方法			GA 方法			T_G/T_P
规模	ID		Z_P	T_P	GAP_P	Z_G	T_G	GAP_G	
24	24_160_1	130 392 711	132 131 488	1 243	1.33%	135 416 707	1 439	3.85%	1.16
船舶	24_160_2	127 978 164	129 327 582	1 260	1.05%	130 074 677	1 407	1.64%	1.12
和	24_160_3	127 961 458	130 008 702	1 429	1.60%	138 850 728	1 193	8.51%	0.83
160	24_160_4	129 932 112	131 464 208	1 211	1.18%	137 380 458	1 334	5.73%	1.10
子箱区	24_160_5	126 414 100	127 587 246	1 355	0.93%	137 705 593	1 556	8.93%	1.15
27	27_180_1	152 499 587	154 200 375	2 132	1.12%	157 850 908	1 987	3.51%	0.93
船舶	27_180_2	153 262 257	154 919 313	2 664	1.08%	153 303 772	1 755	0.03%	0.66
和	27_180_3	150 199 293	152 177 436	1 878	1.32%	154 663 467	1 590	2.97%	0.85
180	27_180_4	150 989 468	153 336 676	1 911	1.55%	154 679 956	2 724	2.44%	1.43
子箱区	27_180_5	154 337 434	156 849 526	2 295	1.63%	165 823 329	2 442	7.44%	1.06
30	30_200_1	168 538 444	170 673 470	3 433	1.27%	183 034 096	3 125	8.60%	0.91
船舶	30_200_2	179 693 092	182 213 882	3 180	1.40%	182 846 052	4 072	1.75%	1.28
和	30_200_3	173 609 696	175 407 547	3 594	1.04%	186 285 321	3 021	7.30%	0.84
200	30_200_4	179 819 015	182 753 841	3 302	1.63%	185 033 276	3 570	2.90%	1.08
子箱区	30_200_5	176 038 420	178 853 009	2 963	1.60%	178 253 690	4 183	1.26%	1.41
33	33_220_1	202 302 331	205 272 133	4 007	1.47%	214 394 704	3 907	5.98%	0.98
船舶	33_220_2	201 973 990	204 037 346	5 381	1.02%	205 246 590	4 621	1.62%	0.86
和	33_220_3	199 919 406	201 764 614	4 970	0.92%	208 616 768	4 774	4.35%	0.96
220	33_220_4	203 331 107	205 142 659	5 162	0.89%	207 662 326	4 046	2.13%	0.78
子箱区	33_220_5	211 257 043	213 501 119	4 343	1.06%	223 257 371	5 319	5.68%	1.22
平均值					1.25%			4.33%	1.03

注：①GAP_P=（Z_P–LB）/LB，GAP_G=（Z_G–LB）/LB。②“T_P”和“T_G”分别表示基于 PSO 方法的 CPU 时间和基于 GA 方法的 CPU 时间。

10.5.3 评估提出模型的有效性

为了评估提出模型的有效性，本章将提出的决策模型与依据船舶到达顺序分配子箱区的一般决策规则（FCFS）进行比较。当给船舶分配子箱区时，优先考虑船舶附近可用的子箱区。由于问题规模比较大，采用 PSO 算法来求解提出的模型。所提出的模型与决策规则之间的实验比较结果如表 10-4 所示。

表 10-4 表明，就目标函数而言，即堆场内运输集装箱的总路线长度，所提模型 *M*_1 超过 FCFS 决策规则 24%。换句话说，与通常采用的 FCFS 决策规则相比，所提出的模型可以帮助港口运营商节省 24%的堆场集卡运输成本。该结果验证了所提模型的有效性。

表 10-4 所提出的模型 *M*_1 与 FCFS 决策规则之间的比较

实例		模型 *M* _1	FCFS 规则	偏差
规模	ID	Z_{M_1}	Z_{FCFS}	（$Z_{FCFS}-Z_{M\_1}$）/Z_{M_1}
15	15_100_1	75 575 951	98 201 306	29.94%
船舶	15_100_2	81 103 171	97 044 844	19.66%
和	15_100_3	83 243 513	98 902 482	18.81%
100	15_100_4	72 852 153	96 515 460	32.48%
子箱区	15_100_5	84 322 887	102 404 228	21.44%
21	21_140_1	122 587 291	162 678 507	32.70%
船舶	21_140_2	115 871 475	148 840 186	28.45%
和	21_140_3	120 575 135	147 657 164	22.46%
140	21_140_4	123 646 146	146 046 294	18.12%
子箱区	21_140_5	120 894 503	146 576 991	21.24%
27	27_180_1	154 200 375	188 739 412	22.40%
船舶	27_180_2	154 919 313	187 488 266	21.02%
和	27_180_3	152 177 436	179 102 540	17.69%
180	27_180_4	153 336 676	189 397 220	23.52%
子箱区	27_180_5	156 849 526	211 623 674	34.92%
33	33_220_1	205 272 133	258 978 901	26.16%
船舶	33_220_2	204 037 346	239 366 589	17.32%
和	33_220_3	201 764 614	244 030 955	20.95%
220	33_220_4	205 142 659	256 327 165	24.95%
子箱区	33_220_5	213 501 119	278 434 553	30.41%
		平均值		24.23%

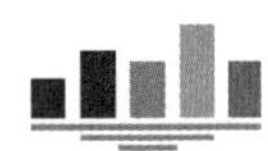

除模型 M_1 外，10.3 节还提出了另一个决策模型 M_2。模型 M_2 是按照实际规则在平等存储分配原则下制定的。这种原则可以避免集卡在一些子箱区发生潜在的交通拥堵，并可以最小化卸载过程的完工时间。因此，需要研究这种简化模式 M_2（即平等存储分配原则）如何影响堆场内集装箱运输的总路线长度。一组实验比较了求解两个模型所得解对应的目标值。

表 10-5 中的结果表明，两者目标函数之间的平均偏差约为 22%。这意味着与平等存储分配原则相比，提出的模型 M_1 可以节省 22%的堆场集卡运输成本，该优势产生的原因可能是一艘船舶（如船舶 1）的停泊位置可能接近某些子箱区（如 K1、K2）；另一艘船舶（如船舶 2）的停泊位置可能接近一些其他子箱区（如 K3、K4）。使用平等分配原则将导致从船舶 1 到 K3、K4 及从船舶 2 到 K1、K2 存在很长的行驶距离。

此外，随着问题规模的扩大，所提模型 M_1 的这一相对优势变得越来越显著。这些现象验证了所提模型 M_1 的有效性。应该提出的是，模型 M_1 的特点是比模型 M_2 有着更长的计算时间。表 10-5 的结果表明，求解模型 M_2 的平均 CPU 时间几乎是求解模型 M_1 所需 CPU 时间的一半。尽管解决模型 M_1 的 CPU 时间相对较长，但时间仍然可以接受。较长的计算时间不是一个关键的问题，因为堆场模板规划是港口运营商长期战术层面的决策问题。

表 10-5　所提出的模型 M_1 和 M_2 之间的比较

求解方法	实例		模型 M_1		模型 M_2		$(Z_2-Z_1)/Z_1$	T_2/T_1
	规模	ID	Z_1	T_1	Z_2	T_2		
CPLEX 求解	9	9_60_1	41 165 233	341	45 725 007	53	11.08%	0.16
	船舶	9_60_2	40 191 729	413	44 388 200	42	10.44%	0.10
	和	9_60_3	39 468 476	264	43 846 808	76	11.09%	0.29
	60	9_60_4	41 094 872	547	46 282 198	41	12.62%	0.07
	子箱区	9_60_5	39 829 041	574	45 595 175	63	14.48%	0.11
	12	12_80_1	53 207 203	1 625	65 489 021	263	23.08%	0.16
	船舶	12_80_2	57 201 700	1 547	68 728 497	302	20.15%	0.20
	和	12_80_3	59 538 137	2 090	70 392 905	254	18.23%	0.12
	80	12_80_4	55 473 855	1 874	68 995 343	410	24.37%	0.22
	子箱区	12_80_5	59 974 347	1 718	69 505 982	323	15.89%	0.19

续表

求解方法	实例		模型 M_1		模型 M_2		$(Z_2-Z_1)/Z_1$	T_2/T_1
	规模	ID	Z_1	T_1	Z_2	T_2		
局部分支算法	18	18_120_1	105 269 475	2 753	116 978 869	563	11.12%	0.20
	船舶	18_120_2	95 420 672	1 849	116 551 627	617	22.15%	0.33
	和	18_120_3	105 373 151	2 255	118 937 913	578	12.87%	0.26
	120	18_120_4	95 619 624	2 653	117 919 939	790	23.32%	0.30
	子箱区	18_120_5	103 060 198	2 347	119 207 301	755	15.67%	0.32
	21	21_140_1	121 099 057	4 608	141 509 416	877	16.85%	0.19
	船舶	21_140_2	114 493 737	3 990	141 924 529	863	23.96%	0.22
	和	21_140_3	119 300 962	4 198	138 915 115	1 078	16.44%	0.26
	140	21_140_4	121 274 173	4 293	141 293 348	903	16.51%	0.21
	子箱区	21_140_5	118 612 993	3 890	141 784 556	1 175	19.54%	0.30
PSO 算法	27	27_180_1	154 200 375	2 132	192 476 566	1 566	24.82%	0.73
	船舶	27_180_2	154 919 313	2 664	186 904 526	1 480	20.65%	0.56
	和	27_180_3	152 177 436	1 878	185 918 958	1 448	22.17%	0.77
	180	27_180_4	153 336 676	1 911	186 857 614	1 529	21.86%	0.80
	子箱区	27_180_5	156 849 526	2 295	184 973 841	1 645	17.93%	0.72
	30	30_200_1	170 673 470	3 433	231 538 475	2 304	35.66%	0.67
	船舶	30_200_2	182 213 882	3 180	237 806 212	2 476	30.51%	0.78
	和	30_200_3	175 407 547	3 594	239 208 123	3 127	36.37%	0.87
	200	30_200_4	182 753 841	3 302	236 980 620	2 776	29.67%	0.84
	子箱区	30_200_5	178 853 009	2 963	234 799 959	2 543	31.28%	0.86
平均值							20.36%	0.39

10.5.4 PSO 方法和局部分支方法与基于序列方法的比较

值得提出的是，现有的研究[130, 138]提出了一种解决均匀周期性问题的顺序方法。该顺序方法是分阶段地（即以前研究中采用逐日）解决船舶子箱区分配决策。

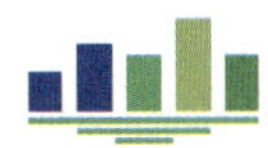

而本章中提出的解决方法（即 PSO 方法和局部分支方法）不需要像顺序方法一样，将计划周期分为阶段进行。本章还开展了一些实验，将提出的方法与顺序方法在计算效率和求解质量方面进行了比较。

为了使对比实验更有说服力，本章收集了 2015 年 7～9 月上海港码头到达和离港船舶的真实记录。数据由上海国际港务集团有限公司（Shanghai International Port（Group）Co.，Ltd，SIPG）提供。表 10-6 显示了上海港六大主要码头船舶到港模式的统计结果。

表 10-6　上海港码头船舶到港模式分布情况

码头 \ 到港模式	每周	10 天	双周	每月	不同码头船舶航线小计
冠东	30	3	8	1	42
沪东	34	3	4	1	42
明东	35	2	3	1	41
浦东	29	3	4	1	37
盛东	24	2	6	1	33
振东	29	1	0	1	31
不同到港模式的船舶航线小计	181	14	25	6	226
百分比	80%	6%	11%	3%	1

资料来源：上海国际港务集团有限公司，2015 年 7～9 月。

表 10-6 显示，大多数（约 80%）船舶航线到达模式是每周访问一次上海港。有 20%的船舶航线到达模式不是每周一次。数据表明了本章考虑异构周期性的必要性。上海港已经连续 5 年处于世界第一。2014 年的吞吐量为 3529 万 TEU。表 10-6 显示上海港各码头有航线 30～40 条。然后，在“30 艘船舶&200 个子箱区”和“40 艘船舶&300 个子箱区”下进行两个系列的实验。根据表 10-6 最后一行所示的船舶到达模式分布情况，对于“30 艘船舶”的例子，每周、10 天、每两周和每月到达模式的船舶数量分别设为 24、2、3 和 1；对于“40 艘船舶”的例子，每周、10 天、每周两次和每月到达模式的船舶数量分别设为 32、3、4 和 1。该实验的设置数据可以反映世界上最大港口之一的现实规模和周期性分布。

由于表 10-7 中实例的问题规模较大，所以在上述比较实验中，使用了 PSO 方法。因为 PSO 方法可以比局部分支方法更快地求解模型。从表 10-7 的结果可以看出，所提的 PSO 方法比顺序方法可以获得更好的解。所提方法的目标值比顺序方法的目标值少约 3.91%。相比之前提到的序列方法，本章所提方法优胜的原因是，之前提到的方法将问题作为一个整体来解决，后者则按时间顺序分阶段解决。

表 10-7 所提出的方法与顺序方法的比较

问题实例		提出的方法		顺序方法		比较	
场景	实例 id	Z_p	T_p	Z_s	T_s	$(Z_s-Z_p)/Z_p$	T_s/T_p
不同到达模式的船舶数量：（每周，24 艘船舶；10 天，2 艘船舶；两周，3 艘船舶；每月，1 艘船舶）							
30	SIPG 30_200_1	182 923 694	3 450	188 128 380	927	2.85%	0.27
船舶	SIPG 30_200_2	190 908 558	3 140	198 292 620	796	3.87%	0.25
和	SIPG 30_200_3	191 479 242	2 875	199 476 577	814	4.18%	0.28
200	SIPG 30_200_4	185 057 151	3 392	191 539 229	845	3.50%	0.25
子箱区	SIPG 30_200_5	184 253 782	3 163	190 784 113	963	3.54%	0.30
不同到达模式的船舶数量：（每周，32 艘船舶；10 天，3 艘船舶；两周，4 艘船舶；每月，1 艘船舶）							
40	SIPG 40_300_1	269 343 126	6 093	278 627 454	1 186	3.45%	0.19
船舶	SIPG 40_300_2	265 715 769	5 946	278 057 978	1 292	4.64%	0.22
和	SIPG 40_300_3	272 480 391	5 866	284 429 879	1 093	4.39%	0.19
300	SIPG 40_300_4	266 817 640	5 847	277 094 110	1 254	3.85%	0.21
子箱区	SIPG 40_300_5	274 556 833	6 169	287 906 572	1 113	4.86%	0.18
平均值						3.91%	0.23

理论上，在求解过程中，阶段的顺序属于解空间的另一个维度，也需要优化以提高解决方案的质量。因此，顺序方法的次优是不可避免的。并且，所提出的方法在解的质量方面优于（或至少等于）顺序方法。然而，顺序方法的计算时间远短于所提出的 PSO 方法的计算时间（顺序方法约为 PSO 方法的 0.24）。这意味着，Han 等[130]和 Lee 等[138]提出的顺序方法在解决一些大规模的问题时具有适用性。

10.6 小　结

本章研究了到港船舶的堆场模板规划问题。这些船舶定期访问港口，如每 10 天、每周或每两周。针对该问题，本章构建了一个混合整数规划模型。此外，本章设计了基于局部分支算法和基于 PSO 的算法来解决该模型，还进行了数值实验，来验证所提出模型的有效性。结果显示，与通常使用的 FCFS 决策规则相比，所提模型可以节省集卡 24%的运输成本。此外，数值实验还表明，所提出的局部分支算法可以比 CPLEX 在更短的时间内获得近似最优解，且与最优目标值的差距平均只有 0.09%。提出的 PSO 算法优于广泛应用的 GA 算法。PSO 算法不仅可以在合理的时间内解决所提出的模型，还可以获得近似最优结果，与下限相比只有 1.73%左右的偏差。本章的贡献主要表现在以下三个方面。

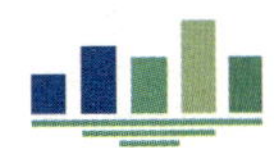

（1）以前大多数和堆场模板相关的研究，不考虑规划期间内的多周期问题。但由于船舶周期时间不均匀，船舶多周期这一因素尤其重要。本章对该领域进行了探索性研究，提出了考虑船舶异构周期性的多期堆场模板规划问题模型。

（2）堆场交通拥堵因素在许多关于堆场管理的研究中通常被忽略。本章提出的模型包含了最小化或避免堆场集卡拥堵现象的特殊约束。交通拥堵已成为限制集装箱码头性能的重要因素。

（3）为了解决有关大规模问题实例的整数规划模型，本章设计了基于局部分支和 PSO 两种解决方法。它们的效率通过实际中一系列数值实验进行验证。

然而，目前的模型有局限性。模型的目标（即最小化子箱区与泊位之间的运输成本）主要考虑负载行驶，不考虑现实环境中发生的所有空载行程。所以，在堆场模板规划目标中，还需要尽量减少空载行程。此外，随着越来越多的海运物流相关研究考虑了不确定性问题，本章的模型还可以运用包括随机规划和鲁棒优化在内的方法加以扩展，以便考虑随机到达时间、随机作业时间、随机船舶停泊位置等不确定因素[245]。这些约束将成为未来的研究方向。

第 11 章 考虑拥塞的堆存区域分配问题

11.1 引　　言

在不考虑交通拥塞的情况下，堆存区域分配决策只是一个广义的分配问题，仅涉及空间维度的决策。然而，考虑交通规划问题时在时间维度上也会有约束，使得相邻子箱区不能同时发生较繁重的装载和卸载活动，并且每个经过的通道不应该同时具有较大的交通流。这两个现象受到堆存区域分配决策的影响。由于拥塞与堆场模板规划问题之间的相互耦合，需要通过详细全面的方式来考虑堆场交通拥塞问题，优化堆存区域分配。

本章讨论了堆场集卡干扰环境下堆场拥塞的概念，并针对集卡干扰问题提出了一个基于概率和物理的组合模型。同时，对集卡干扰进行了探索性研究，并基于本章提出的混合整数规划模型对连接的期望行驶时间进行评估，此模型是为了最小化堆场内搬运集装箱的总期望行驶时间。同时，设计了一个基于“吱呀轮”优化（SWO）的元启发式算法来求解模型，并用真实的算例来验证所提出模型的有效性和所设计算法的效率。

11.2 考虑拥塞因素的堆存区域分配问题背景

11.2.1 堆存区域分配

“堆场模板”的概念适用于集装箱码头，尤其是采用托运策略（consignment strategy）的转运港中。这个策略是指：把将来要出口或转运到一艘船舶（或同一目的地）上去的集装箱，存放在一些指定的子箱区。堆场模板就是涉及如何把港口堆场内的一些子箱区分配给不同的到港船舶，每艘船舶将会分配到若干个子箱区。到港船舶卸载来的一些集装箱，它们将要装载到船舶 V_i 上，这些集装箱就存放在堆场内分配给 V_i 的子箱区中，当船舶 V_i 到港时，上述子箱区内的全部集装箱将被装载到 V_i 上。最小化翻箱次数可以提高场桥生产率和港口效率，而托运策略可以明显减少堆场内翻箱次数，进而缩短船舶停靠时间。

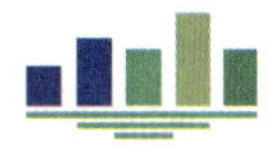

图 11-1 中的港口采用了托运策略。堆场内的 80 个子箱区被分配给到港船舶。当船舶 B 到达时，首先进行卸载，图 11-1 中的虚线代表了卸载过程：将要被装载到船舶 D 和船舶 E 上去的集装箱被卸载后，分别运送到预留给船舶 D 的子箱区（K21、K45、K122）和船舶 E 的子箱区（K16、K38、K96、K116）。卸载完成以后装载活动开始，如图 11-1 中实线所示：将预留给船舶 B 的子箱区（K9、K29、K48、K89）中所有集装箱全部装载到船舶 B 上。

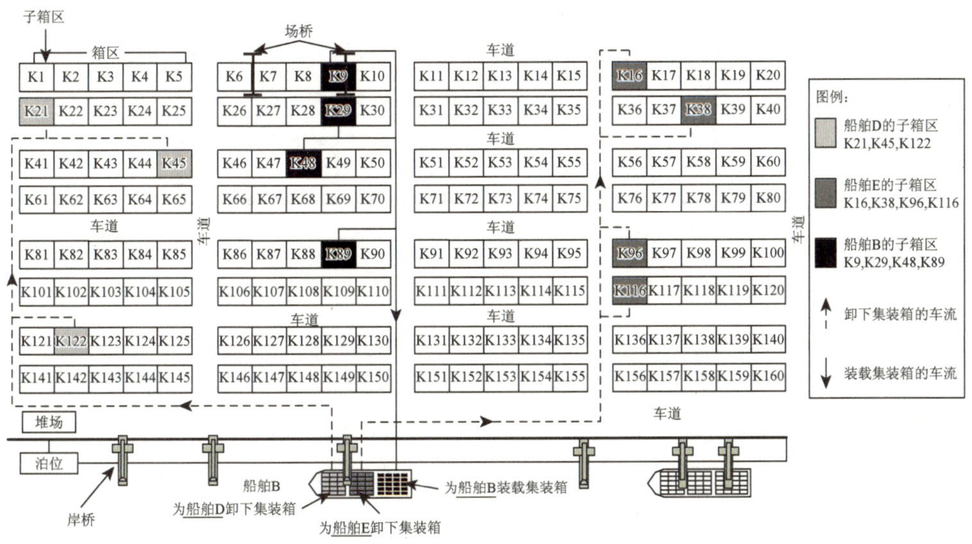

图 11-1 一个典型的集装箱港口的结构

应当注意，上述说明意味着每个子箱区和每艘船舶之间的装载路线和卸载路线是确定的。然而，事实上船舶的长度可能很长，分配给船舶的岸桥可能不止一个（甚至 5～7 个）。在这种情况下，从子箱区到第一个岸桥的路线可能与到最后一个岸桥的路线不同。为了简单起见，假设在计算到子箱区的装卸路线时，船舶泊位位置由船身的中点表示。

堆场里的运输通道可以用由节点和连接组成的网络来表示，如图 11-2 所示。网络中的所有连接都是有向线。位于同一行的每对两个节点可以构成一个连接，用 (i,j) 索引。在一个港口确定的交通规则下，子箱区（用 k 表示）和船舶的泊位（由 v 表示）之间的每个装载（或卸载）的路线也是确定性的。每个装载或卸载路线中包含的连接也可以预先知道。具体地说，将 $A_{v,k}^{L}$（和 $A_{v,k}^{U}$）定义为构成从子箱区 k 到船舶泊位 v 的装载（和卸载）路线的有向连接的集合。

规划周期分为了一系列由 p 表示的时段。在时段 p 中，通过连接（i，j）的装载（和卸载）的集装箱数量被定义为 $\eta_{i,j,p}^{L}$（和 $\eta_{i,j,p}^{U}$）。连接（i，j）的运输时

间为 $t_{i,j}$。堆场模板的优化目标是，针对所有子箱区和船之间的装载和卸载路线，最小化连接的总运输时间与通过连接的集装箱数量的乘积。具体如下：

$$\text{Minimize} \sum_{\forall p,\forall v,\forall k}\left(\sum_{(i,j)\in A_{v,k}^{L}} t_{i,j}\eta_{i,j,p}^{L} + \sum_{(i,j)\in A_{v,k}^{U}} t_{i,j}\eta_{i,j,p}^{U}\right) \tag{11.1}$$

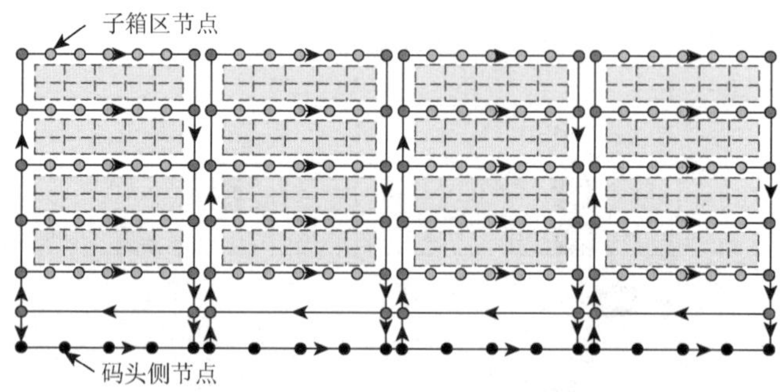

图 11-2　堆场中运输通道节点和连接的网络

决策者知道两种类型的信息：①每艘船停泊的时段，定义为 P_v，即船舶 v 停泊在港口的时段的子集；②在船舶之间转运的集装箱数量，定义为 $n_{v',v}$，即从船舶 v' 卸载的集装箱数量，存放在堆场内，然后装载到船舶 v 上。给定已知数据 p_v 和 $n_{v',v}$，经过每个连接的装载和卸载的集装箱数量，即目标函数中的 $\eta_{i,j,p}^{L}$ 和 $\eta_{i,j,p}^{U}$，取决于堆场模板，也就是为每艘船指定分配的子箱区。

每个连接的运输时间，即 $t_{i,j}$ 是目标函数［式（11.1）］中的重要参数。在对 $t_{i,j}$ 的估计中应考虑一些现实因素，如拥塞等。详细内容参见下一节。

11.2.2　考虑拥塞时，通过连接的期望时间

随着岸桥效率的提高，港口生产力的瓶颈已经从码头侧向堆场侧转移了。对于堆场管理，拥塞是码头资源决策中不容忽视的最重要的问题。

拥塞是指妨碍集卡在传统港口自由行驶，或妨碍 AGV 在自动化集装箱码头上自由移动的一种现象[246]。当太多的集卡在狭窄的通道上行驶或经过一些交叉路口时，集卡的正常行驶将会彼此影响。这种现象的典型问题就是只要集卡在行驶中遇到干扰，就不得不减速或停止。由于港口运营商通常禁止工人在堆场区域行走，所以本章在拥塞建模中没有考虑行人干扰[247]。本章主要考虑集卡干扰问题。

图 11-3 显示了连接（i，j）中的两个干扰示例，它们包含在子箱区 K21 的装载路径中。如图 11-3（a）所示，对于沿着连接（i，j）运行的集卡（由黑集卡表示），这种类型的干扰是指其他集卡从场桥内的通道转向主通道，这可能会迫

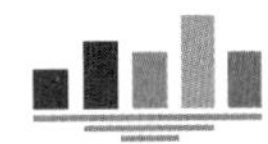

使黑色集卡减速或停止以避免碰撞。图 11-3（b）显示的是其他集卡从水平通道转向垂直通道的干扰类型，这也迫使黑色集卡减速或停止以避免碰撞。

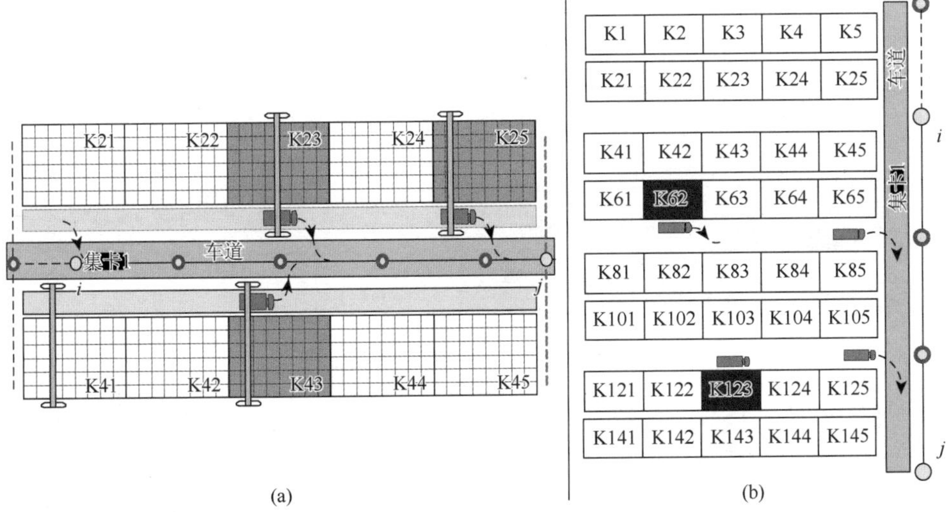

图 11-3　子箱区 21 的装载路径中包含的连接（i,j）上的干扰

行驶完一个连接所用的时间会受连接中所遇干扰次数的影响。其中，定义 $t_{i,j}(r)$ 为给定 r 次干扰下连接（i，j）的期望行驶时间，定义 $Pr_{i,j}(r)$ 为连接（i，j）中 r 次干扰发生的概率。接下来计算行驶完连接（i，j）的期望行驶时间，即 $t_{i,j}$：

$$t_{i,j} = \sum_{r=0}^{\infty} Pr_{i,j}(r) t_{i,j}(r) \qquad (11.2)$$

根据连接干扰的随机建模[247]，概率 $Pr_{i,j}(r)$ 按如下公式估算：

$$Pr_{i,j}(r) = [(\bar{R})^r e^{-\bar{R}}] / r! \qquad (11.3)$$

式中，$\bar{R}$ 为影响集卡正常行驶的平均干扰次数。

引理 1：连接（i，j）上影响集卡正常行驶的平均干扰次数估算为 $\bar{R} = \dfrac{s_{i,j} t_{i,j} v^2}{4 a d_{i,j} e_{i,j} h_{YC}}$。其中，$s_{i,j}$ 为连接（i，j）中装载/卸载的子箱区数量；v 为集卡的正常行驶速度；a 为集卡的加速度或减速度；$d_{i,j}$ 为连接（i，j）的长度；$e_{i,j}$ 为连接（i，j）中通道的数量；h_{YC} 为一个场桥装载或卸载一个集装箱的平均处理时间。

证明：如图 11-4 所示，实斜线表示集卡沿着连接（i，j）移动。

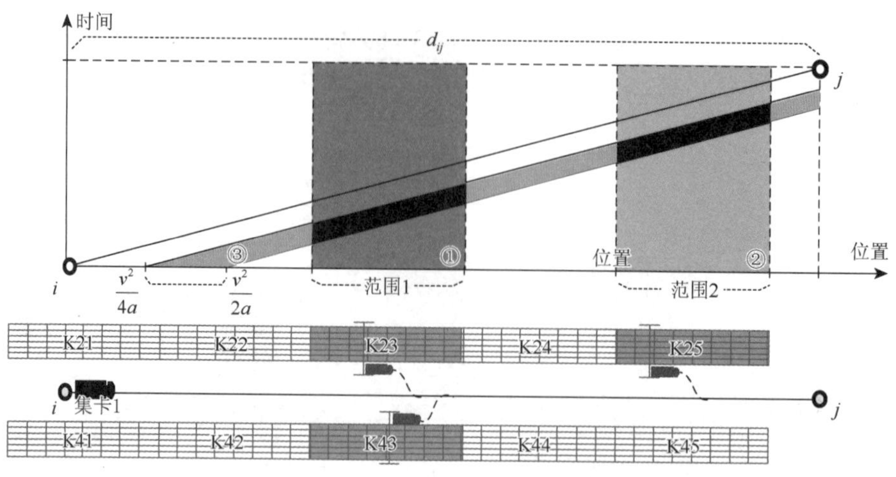

图 11-4　影响集卡正常行驶的干扰的百分比

对于图 11-3（a）所示的示例，图 11-4 中的矩形①和②表示在时空图中的这些区域内可能会发生干扰。范围 1 内干扰发生的平均频率（即图 11-4 中的灰色矩形①）约为 $2/h_{\mathrm{YC}}$，因为在该范围内存在两个装载/卸载子箱区（K23 和 K43）；范围 2 内发生干扰的平均频率（即图 11-4 中的灰色矩形②）约为 $1/h_{\mathrm{YC}}$。需要注意的是，现实中一个子箱区中最多只能有一个场桥在工作。如果沿着连接（i，j）有 $s_{i,j}$ 个装载/卸载子箱区，则 $t_{i,j}$ 表示行驶完连接（i，j）的期望行驶时间。在此期间干扰发生的平均次数为 $\frac{s_{i,j}t_{i,j}}{h_{\mathrm{YC}}}$。

然而，并不是所有 $s_{i,j}t_{i,j}/h_{\mathrm{YC}}$ 次干扰都会影响集卡的正常行驶。只有干扰发生在集卡前部，且干扰位置和集卡之间的距离小于 $v^2/2a$ 时，才会影响集卡的正常行驶。这里，v 为集卡的正常行驶速度；a 为其减速度。当干扰位置和集卡之间的距离大于 $v^2/2a$ 时，集卡无需减速。如果距离小于 $v^2/2a$，则必须减速，否则将发生碰撞。

此外，需排除距离小于 $v^2/4a$ 的情况，因为正常行驶的集卡肯定会碰到刚刚转弯到自身通道的集卡。具体地说，集卡 A 是一个正常行驶的集卡；其速度为 v。集卡 A 的驾驶员看到另一辆集卡（集卡 B）刚刚转向自身所在通道；并且其速度假定为零。然后集卡 A 需要减速，集卡 B 要加速。其加速度和减速度均为 a。很容易得出，如果集卡 A 和集卡 B 之间的初始距离小于 $v^2/4a$，则它们之间将发生碰撞。因此，当距离小于 $v^2/4a$ 时，集卡 B 将等待正常行驶的集卡 A 通过，再进入通道。这种情况下，干扰不会影响集卡的正常行驶。如图 11-4 所示，四边形③表示，在时空图中的该区域内发生的干扰将对集卡的正常行驶产生影响。

如图 11-4 所示，黑色平行四边形与灰色矩形面积的比例是所有 $s_{i,j}t_{i,j}/h_{\mathrm{YC}}$ 次干

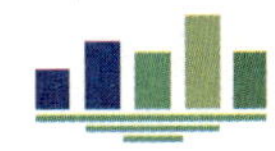

扰中影响集卡正常行驶的百分比，计算得 $v^2/4ad_{i,j}$ 。然后，影响集卡正常行驶的平均干扰次数由下式估计：$\bar{R}=\dfrac{s_{i,j}t_{i,j}v^2}{4ad_{i,j}h_{\mathrm{YC}}}$ 。

尽管在图 11-4 所示的示例中连接（i，j）上仅有一个通道，但连接中的通道数是可能大于 1 的，在前文中有说明，$e_{i,j}$ 表示连接（i，j）上的通道数。为了简单起见，假设潜在的干扰在连接（i，j）的 $e_{i,j}$ 通道上平均分布，则上述的 $\bar{R}$ 值应调整为 $\bar{R}=\dfrac{s_{i,j}t_{i,j}v^2}{4ad_{i,j}e_{i,j}h_{\mathrm{YC}}}$ 。

引理 2：给定 r 次干扰连接（i，j）的期望行驶时间估算为 $t_{i,j}(r)=\dfrac{d_{i,j}}{v}+\dfrac{\dot{v}_{ij}^2+\ddot{v}_{ij}^2}{2av}+\dfrac{v-\dot{v}_{i,j}-\ddot{v}_{i,j}}{a}+\dfrac{rv}{8a}$ 。其中，$\dot{v}_{i,j}$，$\ddot{v}_{i,j}$ 分别为集卡在连接（i，j）上行驶开始和结束的速度。

证明：首先，计算无干扰的期望行驶时间，即 $t_{i,j}(0)$ 。根据图 11-5 左上方的图表，可以得

$$t_{i,j}(0)=\frac{d_{i,j}}{v}+\frac{\dot{v}_{ij}^2+\ddot{v}_{ij}^2}{2av}+\frac{v-\dot{v}_{i,j}-\ddot{v}_{i,j}}{a}$$

以 $t_{i,j}(0)$ 为基础，干扰导致了集卡的延误。图 11-5 左下角的图表显示了一种干扰情况。通过公式 $\dfrac{(v-v')^2}{av}$ 也可以容易地计算出延迟。这里，v' 为速度，正常行驶集卡需要减到这个速度才不会与刚刚变道并且在其前面的集卡碰撞。需要减到的速度 v' 取决于两个集卡之间的距离，即图 11-5 右侧所示的参数 δ 。该图显示了 v' 和 δ 的公式的计算，公式为 $v'=v-\sqrt{\dfrac{v^2}{2}-a\delta}$ ，则延迟的计算公式为 $\dfrac{v^2-2a\delta}{2av}$ 。延迟时间是一个与距离参数 δ 有关的函数。

如在引理 1 的证明中所述，距离 δ 满足 $v^2/4a\leqslant\delta\leqslant v^2/2a$ 。假设干扰的位置是在 $[v^2/4a,v^2/2a]$ 范围内的均匀分布的随机变量。那么，由干扰而导致的期望延迟的计算公式为

$$\int_{v^2/4a}^{v^2/2a}\frac{v^2-2a\delta}{2av}\cdot\frac{1}{v^2/2a-v^2/4a}\mathrm{d}\delta=\frac{v}{8a}$$

因此，给定 r 次干扰，连接（i，j）的期望行驶时间可由下式估算：

$$t_{i,j}(r)=t_{i,j}(0)+r\cdot\frac{v}{8a}=\frac{d_{i,j}}{v}+\frac{\dot{v}_{ij}^2+\ddot{v}_{ij}^2}{2av}+\frac{v-\dot{v}_{i,j}-\ddot{v}_{i,j}}{a}+\frac{rv}{8a}$$

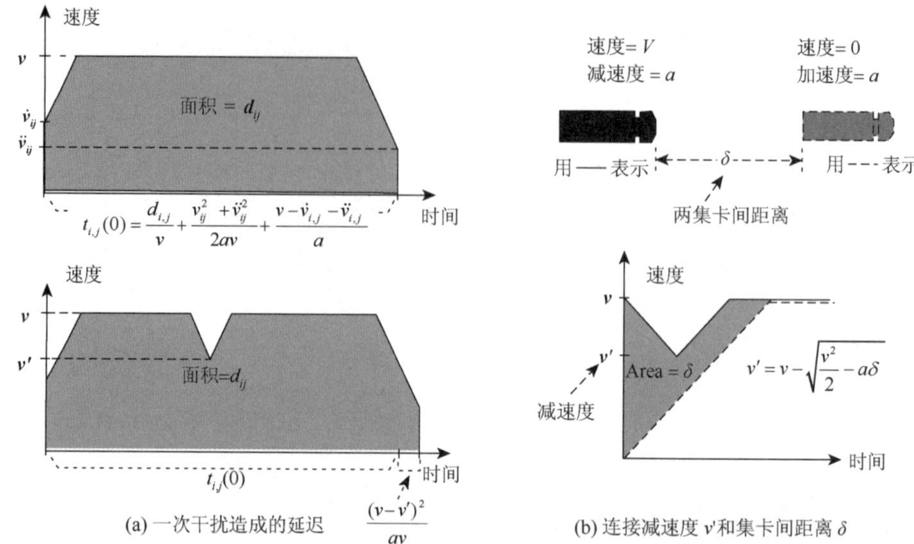

图 11-5 一次干扰造成的延迟的估算

上述引理 1 和引理 2 可以推出如下命题。

命题 1：连接（i，j）的期望行驶时间估算为

$$t_{i,j}=\frac{8\tau}{8a-s_{i,j}\phi} \tag{11.4}$$

其中，$\phi=\frac{v^3}{4ad_{i,j}e_{i,j}h_{\text{YC}}}$，$\tau=\frac{2ad_{i,j}+\dot{v}_{ij}^2+\ddot{v}_{ij}^2}{2v}+v-\dot{v}_{i,j}-\ddot{v}_{i,j}$。

证明：根据式（11.2）和式（11.3），有 $t_{i,j}=\sum_{r=0}^{\infty}t_{i,j}(r)[(\bar{R})^r e^{-\bar{R}}]/r!$

基于引理 1 和引理 2，上述公式可变为 $t_{i,j}=\sum_{r=0}^{\infty}\frac{\left(\rho+\frac{rv}{8a}\right)\left[(\psi t_{i,j})^r e^{-\psi t_{i,j}}\right]}{r!}$

其中，$\psi=\frac{s_{i,j}v^2}{4ad_{i,j}e_{i,j}h_{\text{YC}}}$，$\rho=\frac{d_{i,j}}{v}+\frac{\dot{v}_{ij}^2+\ddot{v}_{ij}^2}{2av}+\frac{v-\dot{v}_{i,j}-\ddot{v}_{i,j}}{a}$。则有

$$t_{i,j}=\frac{\left(\rho+\frac{0v}{8a}\right)\left[(\psi t_{i,j})^0 e^{-\psi t_{i,j}}\right]}{0!}+\sum_{r=1}^{\infty}\frac{\rho\left[(\psi t_{i,j})^r e^{-\psi t_{i,j}}\right]}{r!}+\sum_{r=1}^{\infty}\frac{\frac{rv}{8a}\left[(\psi t_{i,j})^r e^{-\psi t_{i,j}}\right]}{r!}$$

$$=\rho[e^{-\psi t_{i,j}}]+\rho\sum_{r=1}^{\infty}\frac{\left[(\psi t_{i,j})^r e^{-\psi t_{i,j}}\right]}{r!}+\sum_{r=1}^{\infty}\frac{\frac{rv}{8a}\left[(\psi t_{i,j})^r e^{-\psi t_{i,j}}\right]}{r!}$$

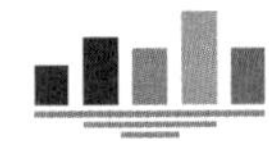

$$=\rho\left\{\left[(\psi t_{i,j})^0 e^{-\psi t_{i,j}}\right]+\sum_{r=1}^{\infty}\frac{\left[(\psi t_{i,j})^r e^{-\psi t_{i,j}}\right]}{r!}\right\}+\sum_{r=1}^{\infty}\frac{\frac{rv}{8a}\left[(\psi t_{i,j})^r e^{-\psi t_{i,j}}\right]}{r!}$$

$$=\rho\sum_{r=0}^{\infty}\frac{\left[(\psi t_{i,j})^r e^{-\psi t_{i,j}}\right]}{r!}+\frac{v\psi t_{i,j}}{8a}\sum_{r=1}^{\infty}\frac{\left[(\psi t_{i,j})^{(r-1)} e^{-\psi t_{i,j}}\right]}{(r-1)!}$$

$$=\rho+\frac{v\psi t_{i,j}}{8a}$$

基于等式$t_{i,j}=\rho+\frac{v\psi t_{i,j}}{8a}$，可得

$$t_{i,j}=\frac{8a\rho}{8a-v\psi}$$

其中，$\psi=\frac{s_{i,j}v^2}{4ad_{i,j}e_{i,j}h_{\text{YC}}}$，$\rho=\frac{d_{i,j}}{v}+\frac{\dot{v}_{ij}^2+\ddot{v}_{ij}^2}{2av}+\frac{v-\dot{v}_{i,j}-\ddot{v}_{i,j}}{a}$。

定义$\phi=\frac{v^3}{4ad_{i,j}e_{i,j}h_{\text{YC}}}$，$\tau=\frac{2ad_{i,j}+\dot{v}_{ij}^2+\ddot{v}_{ij}^2}{2v}+v-\dot{v}_{i,j}-\ddot{v}_{i,j}$，则$t_{i,j}$变为

$$t_{i,j}=\frac{8\tau}{8a-s_{i,j}\phi}$$

本章开发了一个仿真程序，以验证上述连接行驶时间的公式。由于主要是为了验证式（11.4）的准确性，所以只是设计一个二维（2D）仿真程序，而不是3D 演示。虽然二维仿真相对简单，但对于集卡变道的时间（和位置）、沿着通道行驶的集卡的加速和减速，以及安全距离的随机性，二维仿真已经可以捕获了。二维仿真程序的部分界面如图 11-6 所示。在该仿真程序中，用户可以选择有处理活动的子箱区（如在图 11-6 的例子中选择 K23、K42、K44），并启动仿真程序。每次运行仿真时，记录下对于图 11-6 中红色集卡在连接（i，j）的行驶时间，仿真结果与理论结果之间存在相对偏差。仿真程序界面的下半部分显示了每次迭代的平均相对偏差。图 11-6 的例子表明，当运行次数增加并超过大约 20 时，平均相对偏差收敛于 1.432%。改变所选子箱区的集合并运行 100 个不同实例的仿真；收敛平均相对偏差在 1.34%～1.45%之间变化。在另一个情境中，选择更多的子箱区，可以观察到更低的平均相对偏差。根据收集到的 100 个不同情况的仿真数据，仿真结果与式（11.4）计算的理论结果之间的平均相对偏差均小于 1.5%。

式（11.4）表明一个连接的期望行驶时间取决于几个变量和参数，其中，v、a、$d_{i,j}$、$e_{i,j}$、h_{YC}是确定性参数，因为装载/卸载路线的启动速度为零，$\dot{v}_{ij}^2$和$\ddot{v}_{ij}^2$，以及集卡在十字路口转弯时的速度可以被认为是已知值。

但式（11.4）中的$s_{i,j}$是决策变量。$s_{i,j}$即沿着连接（i，j）的装载/卸载子箱区的数量，会影响$t_{i,j}$的值，但$s_{i,j}$会受堆场模板规划的影响。堆场模板是对船舶子箱区的分配，以确定每个时段内沿着每个连接的装载/卸载子箱区的数量。

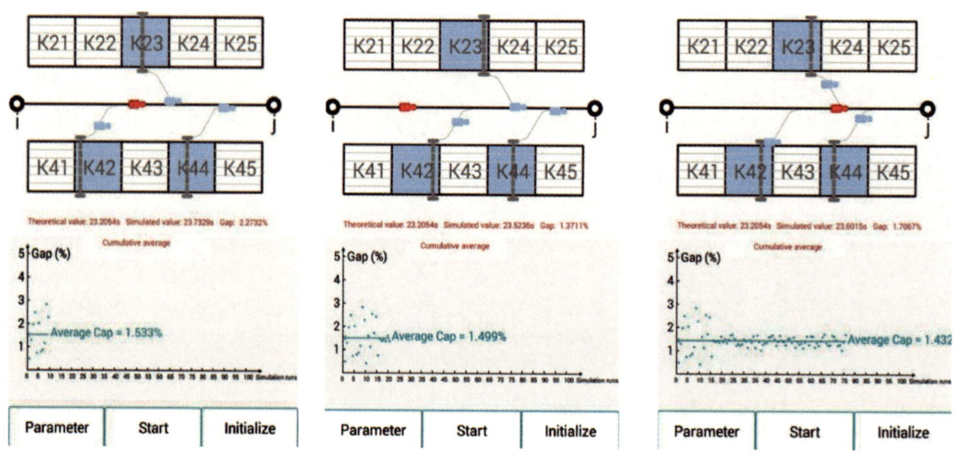

图 11-6　验证式（11.4）的仿真程序的界面

由于$t_{i,j}$取决于变量$s_{i,j}$，$t_{i,j}$应被重新定义为一个新的参数$t_{i,j,s}$。它表示有s个装载和卸载子箱区的连接（i，j）的期望行驶时间。然后基于命题 1，得出如下$t_{i,j,s}$的公式。参数$t_{i,j,s}$可以预先计算。

$$t_{i,j,s} = \frac{8\tau}{8a - s\phi} \tag{11.5}$$

其中，$\phi = \dfrac{v^3}{4ad_{i,j}e_{i,j}h_{\text{YC}}}$，$\tau = \dfrac{2ad_{i,j} + \dot{v}_{ij}^2 + \ddot{v}_{ij}^2}{2v} + v - \dot{v}_{i,j} - \ddot{v}_{i,j}$。

此外，目标函数［式（11.1）］可以写为

$$\text{Minimize} \sum_{\forall p,\forall v,\forall k,\forall s}\left(\sum_{(i,j)\in A_{v,k}^L} t_{i,j,s}\delta_{i,j,s,p}\eta_{i,j,p}^L + \sum_{(i,j)\in A_{v,k}^U} t_{i,j,s}\delta_{i,j,s,p}\eta_{i,j,p}^U\right) \tag{11.6}$$

需要注意的是，目标［式（11.6）］中定义了新的二进制变量$\delta_{i,j,s,p}$。如果在周期p中沿着连接（i，j）有s个装载/卸载子箱区，则$\delta_{i,j,s,p}$等于 1；否则等于 0。参数从$t_{i,j}$到$t_{i,j,s}$的变换及新变量的定义都避免了公式中出现复杂的非线性部分［如式（11.4）］。虽然目标函数［式（11.6）］仍然是非线性的，但它线性化比较容易。线性化的详细内容将在 11.3.3 节中进行说明。

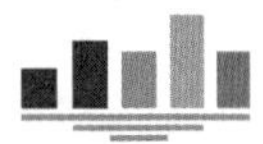

11.2.3　用于减轻拥塞的工作负载平衡协议

使用高低工作负载的协议来平衡子箱区之间的工作负载，可以减轻堆场中的潜在拥塞。“工作负载”是指每单位时间在子箱区中装载或卸载的集装箱数。当子箱区的状态处于高工作量时，很多集卡就会聚集在子箱区附近的通道区域。在真实的集装箱堆场环境中，港口经营者通常会制定一些规划，避免两个邻近子箱区同时处于高负荷状态，否则就可能会因为太多的集卡同时在狭小区域内聚集而发生交通拥塞。因此，本章也会采用这种广泛使用的高低工作负载协议来减轻拥塞[60, 133, 130, 138]。

为了获得子箱区之间可能的交通拥塞，使用邻域矩阵来表示每对两个子箱区之间的相邻结构[138]。如果两个子箱区相邻并且共享相同的集卡通道，那这两个子箱区就互为“邻居”。如图 11-1 和图 11-3 所示，K23 是 K22、K24 和 K43 的邻居，但不是 K3 的邻居，尽管它们背对着。

11.3　期望行驶时间计算公式推导与堆存模板优化模型构建

在制定数学模型之前，首先明确一些假设：①规划周期内的进出集装箱的信息是可得到并且确定的。②船舶停泊位置的不确定性、停泊时间不予考虑。③操作水平决策，如集卡调度、场桥的作业顺序，都属于实时计划，本章也不予考虑。

11.3.1　符号

参数：

A——有向连接［用（i，j）表示］的集合。

$A_{v,k}^{L}$——有向连接的子集，构成从子箱区 k 到船舶 v 泊位的装载路线。

$A_{v,k}^{U}$——有向连接的子集，构成从船舶 v 泊位到子箱区 k 的卸载路线。

P——时段（用 p 表示）的集合。

P_v——船舶 v 在港口有装载/卸载活动的时段的子集。

K——子箱区（用 k 表示）的集合。

K_v——候选子箱区的集合，来自被选择的子箱区及分配给船舶 v 的一些子箱区。

$K_{i,j}$——对连接（i，j）上交通有影响的子箱区的子集。

N_e——相邻子箱区对；如 $N_e=\{21,41\}$ 表示 K21 和 K41 是相邻的。

$\mathbb{N}$——所有相邻子箱区对 N_e 的集合，$N_e \in \mathbb{N}$。

B_g——属于同一个箱区的子箱区群；$B_g=\{1,2,\cdots,b\}$ 或 $\{b+1,b+2,\cdots,2b\}$ 等；其中，b 表示每个箱区中包含的子箱区的数量。

$\mathbb{B}$——所有箱区的集合，也就是子箱区群 B_g 的集合，$B_g\in\mathbb{B}$。

r_v——需要分配到船舶 v 的子箱区数量。

V——船舶（用 v 表示）的集合。

V_v——船舶的子集，用于装载将从船舶 v 上卸载的集装箱。

$n_{v',v}$——从船舶 v' 中卸载的集装箱数量，存储在堆场中，将被装载到船舶 v 上，$v\in V_{v'}$。为了扩展模型以考虑出港活动，可以定义一个虚拟的 e。$n_{e,v}$ 表示船舶 v 从港口出发时的集装箱数量。

$t_{i,j,s}$——连接（i，j）的行驶时间，连接上有 s 个子箱区执行装载和卸载活动。

S——执行装载或卸载活动的子箱区可能数量（用 s 表示）的集合，$S=\{0,1,\cdots,|K|\}$。

H_{LB}——可以负荷的高工作量的下限。

H_{UB}——可以负荷的高工作量的上限，也就是一个时段内一个子箱区的最大工作量。

C_{YC}——场桥的起重量，也就是一个时段内一个场桥可以处理的最大数量的集装箱数。

Y_{YC}——一个箱区中可以同时工作的最大场桥数量。

决策变量：

$\beta_{v,k}\in\{0,1\}$——如果子箱区 k 被分配给船舶 v，则等于 1；否则等于 0。

$\gamma_{k,p}^{L}\in\{0,1\}$——如果子箱区 k 在时间段 p 中执行装载活动，则等于 1；否则等于 0。

$\gamma_{k,p}^{U}\in\{0,1\}$——如果子箱区 k 在时间段 p 中执行卸载活动，则等于 1；否则等于 0。

$\delta_{i,j,s,p}\in\{0,1\}$——如果 s 个子箱区在时段 p、连接（i，j）上执行装载或卸载活动则等于 1；否则等于 0。

$\zeta_{k,p}\in\{0,1\}$——如果在时段 p 中子箱区 k 为高工作量，则等于 1；否则等于 0。

$\theta_{i,j,p}\geqslant 0$——在时段 p 中、连接（i，j）上执行装载或卸载活动的子箱区数量。

$\eta_{i,j,p}^{L}\geqslant 0$——在时段 p 中、连接（i，j）上装载的集装箱数量。

$\eta_{i,j,p}^{U}\geqslant 0$——在时段 p 中、连接（i，j）上卸载的集装箱数量。

$\omega_{k,p}^{L}\geqslant 0$——在时段 p 中从子箱区 k 上装载的集装箱数量。

$\omega_{k,p}^{U}\geqslant 0$——在时段 p 中从子箱区 k 上卸载的集装箱数量。

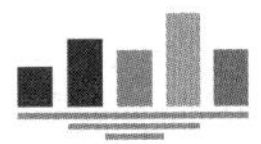

11.3.2　堆场模板的模型（$\mathcal{M}_{\text{YTP}}$）

$$[\mathcal{M}_{\text{YTP}}]\text{Min} \sum_{p\in P,v\in V,k\in K,s\in S}\left(\sum_{(i,j)\in A_{v,k}^{L}} t_{i,j,s}\delta_{i,j,s,p}\eta_{i,j,p}^{L} + \sum_{(i,j)\in A_{v,k}^{U}} t_{i,j,s}\delta_{i,j,s,p}\eta_{i,j,p}^{U}\right)$$

s.t.

$$\sum_{v\in V}\beta_{v,k} \leqslant 1 \qquad \forall k\in K \tag{11.7}$$

$$\sum_{k\in K_v}\beta_{v,k} = r_v \qquad \forall v\in V \tag{11.8}$$

$$\sum_{k\in\{K-K_v\}}\beta_{v,k} = 0 \qquad \forall v\in V \tag{11.9}$$

$$\eta_{i,j,p}^{L} = \sum_{v\in V,k\in K:(i,j)\in A_{v,k}^{L},p\in P_v}\beta_{v,k}\left(\sum_{v'\in V}n_{v',v}\right)/\left(r_v\cdot|P_v|\right) \qquad \forall(i,j)\in A;\forall p\in P \tag{11.10}$$

$$\eta_{i,j,p}^{U} = \sum_{v'\in V,k\in K:(i,j)\in A_{v',k}^{U},p\in P_{v'}}\sum_{v\in V}\beta_{v,k}[n_{v',v}/(r_v\cdot|P_v|)] \qquad \forall(i,j)\in A;\forall p\in P \tag{11.11}$$

$$\gamma_{k,p}^{L} = \sum_{v\in V:p\in P_v}\beta_{v,k} \qquad \forall k\in K;\forall p\in P \tag{11.12}$$

$$\gamma_{k,p}^{U} \geqslant \left(\sum_{v\in V:p\in P_v}\sum_{v'\in V_v}\beta_{v',k}\right)/|V| \qquad \forall k\in K;\forall p\in P \tag{11.13}$$

$$\sum_{s\in S}\delta_{i,j,s,p} = 1 \qquad \forall(i,j)\in A;\forall p\in P \tag{11.14}$$

$$\sum_{s\in S}s\cdot\delta_{i,j,s,p} = \theta_{i,j,p} \qquad \forall(i,j)\in A;\forall p\in P \tag{11.15}$$

$$\theta_{i,j,p} = \sum_{k\in K_{i,j}}(\gamma_{k,p}^{L}+\gamma_{k,p}^{U}) \qquad \forall(i,j)\in A;\forall p\in P \tag{11.16}$$

$$\omega_{k,p}^{L} = \sum_{v\in V:p\in P_v}\beta_{v,k}\left(\sum_{v'\in V}n_{v',v}\right)/(r_v\cdot|P_v|) \qquad \forall k\in K;\forall p\in P \tag{11.17}$$

$$\omega_{k,p}^{U} = \sum_{v'\in V:p\in P_{v'}}\sum_{v\in V}\beta_{v,k}[n_{v',v}/(r_v\cdot|P_v|)] \qquad \forall k\in K;\forall p\in P \tag{11.18}$$

$$\zeta_{k,p}H_{\text{LB}} \leqslant \omega_{k,p}^{L}+\omega_{k,p}^{U} \leqslant H_{\text{LB}}+\zeta_{k,p}(H_{\text{UB}}-H_{\text{LB}}) \qquad \forall k\in K;\forall p\in P \tag{11.19}$$

$$\sum_{k\in N_e}\zeta_{k,p} \leqslant 1 \qquad \forall N_e\in\mathbb{N};\forall p\in P \tag{11.20}$$

$$\sum_{k\in B_g}(\omega_{k,p}^{L}+\omega_{k,p}^{U}) \leqslant Y_{\text{YC}}\cdot C_{\text{YC}} \qquad \forall B_g\in\mathbb{B};\forall p\in P \tag{11.21}$$

$$\beta_{v,k}\in\{0,1\} \qquad \forall v\in V;\forall k\in K \tag{11.22}$$

$$\gamma_{k,p}^{L}, \gamma_{k,p}^{U}, \zeta_{k,p} \in \{0,1\} \qquad \forall k \in K; \forall p \in P \qquad (11.23)$$

$$\omega_{k,p}^{L}, \omega_{k,p}^{U} \geqslant 0 \qquad \forall k \in K; \forall p \in P \qquad (11.24)$$

$$\theta_{i,j,p}, \eta_{i,j,p}^{L}, \eta_{i,j,p}^{U} \geqslant 0 \qquad \forall (i,j) \in A; \forall p \in P \qquad (11.25)$$

$$\delta_{i,j,s,p} \in \{0,1\} \qquad \forall (i,j) \in A; \forall p \in P; \forall s \in S \qquad (11.26)$$

目标函数［式（11.6）］是：对于在子箱区和船舶之间的所有装载和卸载路线，最小化连接的行驶时间与通过连接的集装箱总量的乘积。约束［式（11.7）］表示每个子箱区最多分配给一艘船。约束［式（11.8）和式（11.9）］确保r_v子箱区被分配给船舶v。并且这些子箱区是从船舶v的候选子箱区集合中选择的，即K_v，通常是由港口运营商与拥有船舶v的班轮运输公司协商而事先确定的。约束［式（11.10）和式（11.11）］分别计算了每个时段内通过每个连接的装载和卸载集装箱的数量。这些约束将变量η与参数$n_{v',v}$联系起来。这里假设将被转运到船舶的集装箱均匀地分配给该船舶的子箱区。这个假设在现实中也是合理的，因其可以有效地将集卡流量分散开，从而避免潜在的拥塞。约束［式（11.12）和式（11.13）］确保二进制变量$\gamma_{k,p}^{L}$和$\gamma_{k,p}^{U}$可以分别表示子箱区是否在每个时段中执行装载和卸载活动。约束［式（11.13）］的右侧部分，$\sum_{v \in V: p \in P_v} \sum_{v' \in V_v} \beta_{v',k}$表示正在卸载到子箱区$k$上的集装箱数量$\gamma_{k,p}^{U}$。由于是二进制的，如果$\sum_{v \in V: p \in P_v} \sum_{v' \in V_v} \beta_{v',k}$大于0，则要除以$|V|$以保证$\gamma_{k,p}^{U}$等于1；如果$\sum_{v \in V: p \in P_v} \sum_{v' \in V_v} \beta_{v',k}$等于0，则结果为0。约束［式（11.14）和式（11.15）］基于s连接了二进制变量$\delta_{i,j,s,p}$和整数变量$\theta_{i,j,p}$。$\theta_{i,j,p}$表示在时间段p中、连接（i，j）上执行装载或卸载活动的子箱区数量。约束［式（11.16）］计算在每个时段内每个连接上执行装载或卸载活动的子箱区的数量。该值会影响给定堆场模板中的每个连接的期望行驶时间的计算。约束［式（11.17）和式（11.18）］分别说明在每个时段每个子箱区中装载和卸载的集装箱数量的计算。约束［式（11.19）］确保每个时期每个子箱区中的装载和卸载活动的工作负载要么处于高工作量状态（即$\zeta_{k,p}=1$），要么处于低工作量状态（即$\zeta_{k,p}=0$）。约束［式（11.20）］保证两个相邻子箱区不应同时具有高工作负载的装载/卸载活动。约束［式（11.21）］限制一个箱区内5个子箱区的总工作量不应超过场桥Y_{YC}的最大起重量，因为每个箱区中部署的场桥数量最多为Y_{YC}。实际情况中，Y_{YC}通常等于2。约束［式（11.22）～式（11.26）］定义了决策变量。

11.3.3 线性化和简化

目标函数［式（11.6）］是非线性的，因此添加一些辅助的决策变量和约束。定义新的变量$\lambda_{i,j,s,p}^{L}$和$\lambda_{i,j,s,p}^{U}$来分别替代非线性的$\delta_{i,j,s,p}\eta_{i,j,p}^{L}$和$\delta_{i,j,s,p}\eta_{i,j,p}^{U}$。

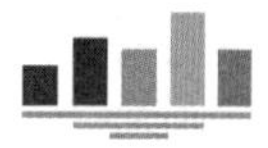

$\lambda_{i,j,s,p}^{L} \geqslant 0$。如果时间段 p 中、连接（i，j）上有 s 个装载/卸载的子箱区，则等于在时间段 p 中、连接（i，j）上装载的集装箱数量；否则等于 0。

$\lambda_{i,j,s,p}^{U} \geqslant 0$。如果时间段 p 中、连接（i,j）上有 s 个装载/卸载的子箱区，则等于在时间段 p 中、连接（i,j）上卸载的集装箱数量；否则等于 0。

则模型 $\mathcal{M}_{\text{YTP}}$ 可以变为

$$[\mathcal{M}_{\text{YTP}}]\text{Min} \sum_{p\in P,v\in V,k\in K,s\in S}\left(\sum_{(i,j)\in A_{v,k}^{L}} t_{i,j,s}\lambda_{i,j,s,p}^{L} + \sum_{(i,j)\in A_{v,k}^{U}} t_{i,j,s}\lambda_{i,j,s,p}^{U}\right) \tag{11.27}$$

s.t.　约束［式（11.7）～式（11.26）］

$$\lambda_{i,j,s,p}^{L} \geqslant \eta_{i,j,p}^{L} + (\delta_{i,j,s,p} - 1)\cdot M \quad \forall (i,j)\in A; \forall p\in P; \forall s\in S \tag{11.28}$$

$$\lambda_{i,j,s,p}^{U} \geqslant \eta_{i,j,p}^{U} + (\delta_{i,j,s,p} - 1)\cdot M \quad \forall (i,j)\in A; \forall p\in P; \forall s\in S \tag{11.29}$$

$$\lambda_{i,j,s,p}^{L}, \lambda_{i,j,s,p}^{U} \geqslant 0 \quad \forall (i,j)\in A; \forall p\in P; \forall s\in S \tag{11.30}$$

在约束［式（11.28）和式（11.29）］中，M 是一个足够大的数。这些约束可以确保：

$$\lambda_{i,j,s,p}^{L} = \begin{cases}\eta_{i,j,p}^{L}, & \delta_{i,j,s,p} = 1\\ 0, & \delta_{i,j,s,p} = 0\end{cases} \text{以及}\ \lambda_{i,j,s,p}^{U} = \begin{cases}\eta_{i,j,p}^{U}, & \delta_{i,j,s,p} = 1\\ 0, & \delta_{i,j,s,p} = 0\end{cases}$$

上述问题（即模型 $\mathcal{M}_{\text{YTP}}$）是个 NP-难问题。考虑堆存区域分配问题中的一种特殊情况，其中所有子箱区都被分配给了船舶（即 $\sum_{v\in V} r_v = |K|$），并且每艘船舶所需子箱区的数量相同（$r_v = |K|/|V|$）。考虑相邻子箱区在相同周期内不应同时具有高工作负载，每艘船存在一组有限可能的子箱区组合。其中，“子箱区组合”是每艘船可能分配到的子箱区数量 r_v。对于船舶来说，可以预先定义所有可能的子箱区组合的有限集合。“子箱区组合”的概念借鉴来自其他港口操作的相关研究，如泊位分配问题[114]中的“岸桥组合”概念和堆场存储管理中的“场桥组合”概念[248]。剩下的任务是通过考虑原始模型中的约束［式（11.17）～式（11.21）］来找到涵盖所有子箱区的子箱区组合的最小子集，这个问题等同于装箱问题（set packing problem）。因此，将装箱问题缩小到堆场模板规划问题的特殊情况。由于装箱问题是已知的 NP-难问题，所以本章中的堆存区域分配问题也是 NP-难问题。

对于提出的模型 $\mathcal{M}_{\text{YTP}}$，本章研究了其最优解的一些属性，并通过以下命题来处理，并会在之后用于设计一些求解模型 $\mathcal{M}_{\text{YTP}}$ 的有效方法。

命题 2：对于模型 $\mathcal{M}_{\text{YTP}}$，不止有一个最优解（最优的堆场模板）。

证明：如图 11-1 所示，一个堆场模板包含一些箱区，箱区可以进一步分为子箱区。在箱区的层级上，还有另一个概念“大箱区”（箱区段），也被广泛应用于现实中的堆场管理[130, 138]。大箱区由共享相同水平通道的一个或两个箱区组成。关于“大箱区”的说明如图 11-7 所示。

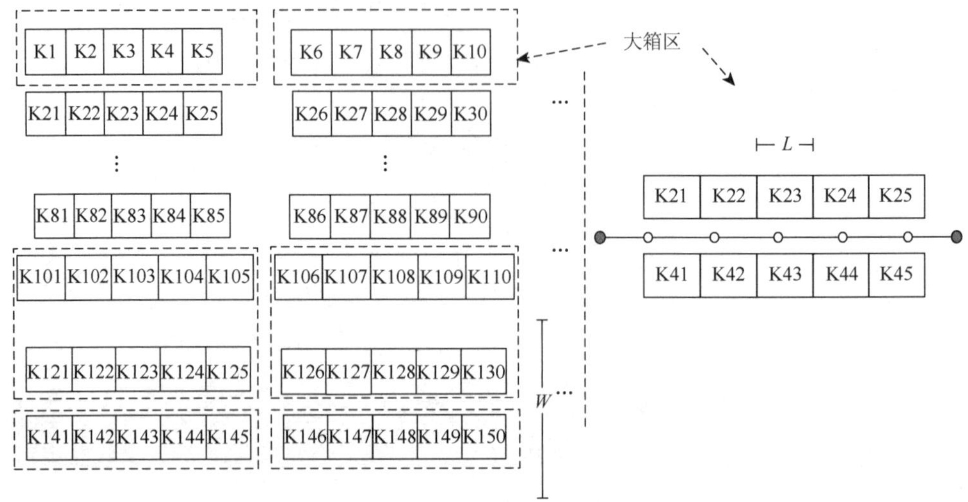

图 11-7 堆场模板中大箱区的示例

对于大箱区中的子箱区，将其分配给船舶的更改不会影响最终目标函数值。对于图 11-7 右侧的示例，将子箱区 K22 分配给船舶 V1，并将子箱区 K24 分配给船舶 V2。如果交换它们，即将 K22 分配给 V2，将 K24 分配给 V1。两艘船的目标函数值不会改变。对于船舶 V1，通过该通道的卸载和装载的集装箱数与先前的情况相同，即 $\left(\sum_{v'\in V} n_{v',\mathrm{v1}}\right)/r_{\mathrm{v1}}$。船 V1 装载路径中的连接上的行驶时间减少了 $\frac{2L}{\bar{s}}+t_{\Delta}$，卸载路径上连接的行驶时间增加了 $\frac{2L}{\bar{s}}+t_{\Delta}$，其中，$L$ 为子箱区的长度；$\bar{s}$ 为集卡的正常行驶速度；t_{Δ} 为由于 K23 中装载/卸载活动可能发生的干扰而导致的行驶时间的延迟。根据模型目标函数的定义，即集装箱数量的总和乘以其行驶时间，大箱区内更改分配给船舶的子箱区对最终目标函数值没有影响。

还有一个问题需要说明。大箱区内更改分配到船舶的子箱区对一些约束也不会造成影响，包括：①两个相邻的子箱区不能同时处于高工作量状态；②一个箱区的总工作量不应超过分配到每个箱区中的场桥的总起重量。原因是，本章假设将被转运到船舶的集装箱被均匀地分配给该船舶的子箱区。这个假设在现实中也是合理的，因其可以有效地分散集卡流量，从而避免了潜在的拥塞。约束［式（11.10）和式（11.11）］是在上述关于均等分配假设下建立的（见 11.3.2 节）。该策略下，存储在每个子箱区中的集装箱数量是相同的。所以，大箱区内更改分配给船舶的子箱区对一些约束没有影响。

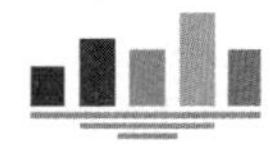

因为大箱区内更改分配给船舶的子箱区对目标函数值和约束都没有影响，所以可以得出对于模型 $\mathcal{M}_{\mathrm{YTP}}$ 不止有一个最优解（最优堆场模板）。

命题 3： $\mathcal{M}_{\mathrm{YTP}}$ 的一个最优的堆场模板有以下属性：一个箱区中至少一个最靠近船舶 $v_{\max}$ 泊位的子箱区被分配给船舶 $v_{\max}$。在已使用的大箱区段中，至少有一个离船舶 $v_{\min}$ 最远的子箱区被分配给船舶 $v_{\min}$。其中，$v_{\max}=\arg\max_{\forall v\in V}\left\{\left(\sum_{v'\in V} n_{v',v}\right)/r_v\right\}$，$v_{\min}=\arg\min_{\forall v\in V}\left\{\left(\sum_{v'\in V} n_{v',v}\right)/r_v\right\}$。

证明： 通过两个步骤证明属性①。堆场中每个箱区的位置都有一个二维坐标，即垂直和水平的。

第一步是垂直维度。证明箱区的一行中至少有一个最靠近堆场一侧的子箱区被分配给船只 $v_{\max}$。使用反证法证明。假设在最优的堆场模板中，行中最接近堆场一侧没有子箱区被分配给船 $v_{\max}$。对于图 11-7 左侧的示例，如果子箱区 K109 被分配到船舶 $v_{\max}$，子箱区 K149 被分配给船舶 v，将其交换：K149 被分配到船舶 $v_{\max}$，K109 被分配给船 v。船舶 v 的目标函数值增加了 $(2W/\overline{s})\left(\sum_{v'\in V} n_{v',v}\right)/r_v$，其中，$W$ 为水平角度上两条平行相邻通道之间的距离，如图 11-7 的左边部分所示。而与船只 $v_{\max}$ 相关的目标函数值减小了 $(2W/\overline{s})\left(\sum_{v'\in V} n_{v',v_{\max}}\right)/r_{v_{\max}}$。因为 $(2W/\overline{s})\left(\sum_{v'\in V} n_{v',v_{\max}}\right)/r_{v_{\max}} > (2W/\overline{s})\left(\sum_{v'\in V} n_{v',v}\right)/r_v$，最终的目标函数值将减少，这与给定解是最优的这一事实相矛盾。

第二步是水平维度。在堆场旁边的子箱区行中，定义 x 是分配给船舶 v 的子箱区的水平位置，p_v 是对于船舶 v 来说的最优位置，$p_{v'_1}$，…，$p_{v'_m}$，…，$p_{v'_M}$ 分别是船舶 v'_1，…，v'_m，…，v'_M 的最优位置，这些船舶将集装箱转运到船舶 v 上。与船舶 v 子箱区分配相关的目标函数值为 $f(x)=\left(\sum_{m=1}^{M} n_{v'_m,v}\right)\cdot|x-p_v|+\sum_{m=1}^{M}\left\{n_{v'_m,v}\cdot|x-p_{v'_m}|\right\}$。容易证明，当 $x=p_v$ 时，$f(x)$取最小值。这意味着船舶的泊位会影响船舶的子箱区分配。并不是所有的船都可以分配到对于它们来说最优的位置。但船舶 $v_{\max}$ 是可以始终被分配至其最优的子箱区，这在属性①中有所说明。以下是对上述说明的反证。

假设在最优堆场模板中，箱区中最接近船舶 $v_{\max}$ 泊位的子箱区中没有一个子箱区被分配给船 $v_{\max}$。使用 $p_{v_{\max}}$ 表示船舶 $v_{\max}$ 的最优子箱区，但该子箱区已经被分配给另一艘船舶 v。位置 x 中的一个子箱区被分配给了船 $v_{\max}$。不失一般性，假设 $x>p_{v_{\max}}$，这意味着在水平轴上位置 x 位于位置 $p_{v_{\max}}$ 的右侧。交换两艘船的子箱区。$p_{v_{\max}}$ 被分配到船舶 $v_{\max}$，x 被分配给船舶 v。如果 x 是船舶 v 的最佳位置，显然这次交换肯定会使目标函数值减小，这与给定的解是最优的结论相矛盾（第一种情况）。如果 x 是船舶 v 的最差位置，这意味着船舶 v 的泊位在位置 $p_{v_{\max}}$ 的左侧，船舶 v 的目标函数值增加 $(x-p_{v_{\max}})\cdot\left(\sum_{v'\in V}n_{v',v}\right)/r_v$，船舶 $v_{\max}$ 的目标函数值减少了 $(x-p_{v_{\max}})\cdot\left(\sum_{v'\in V}n_{v',v_{\max}}\right)/r_{v_{\max}}$。如果 $\left(\sum_{v'\in V}n_{v',v_{\max}}\right)/r_{v_{\max}} > \left(\sum_{v'\in V}n_{v',v}\right)/r_v$，则最后的目标函数值会减少，这也与给定的解是最优的结论相矛盾（第二种情况）。如果 x 处在最差位置和最佳位置之间，也很容易证明（第三种情况）。

与上述属性①的反证类似，也可以证明属性②在大箱区中至少有一个距离船舶 $v_{\min}$ 泊位最远的子箱区被分配给船舶 $v_{\min}$。

上述命题 3 表明，在堆存区域分配决策中，$\left(\sum_{v'\in V}n_{v',v}\right)/r_v$ 是一个重要指标。该指标将用于模型 $\mathcal{M}_{\text{YTP}}$ 的求解算法设计中。

11.3.4 模型的上下界

对于一些大规模的问题实例，所提出的模型 $\mathcal{M}_{\text{YTP}}$ 用 CPLEX 是难以准确获得最优解的。为了评估模型在之后的数值实验中的性能，引入下限（LB）和上界（UB）。

通过将模型解耦为两个独立的问题，可以获得 $\mathcal{M}_{\text{YTP}}$ 的下界：一个模型关于装载活动（由 $\mathcal{M}_{\text{YTP}}^{L}$ 表示），另一个模型关于卸载活动（由 $\mathcal{M}_{\text{YTP}}^{U}$ 表示）。这两个模型的目标函数分别由 Z^L 和 Z^U 表示。那么，$\mathcal{M}_{\text{YTP}}$ 的下界计算如下：

$$\text{LB} = Z^L + Z^U \tag{11.31}$$

对两个模型的定义如下：

$$[\mathcal{M}_{\text{YTP}}^{L}]Z^L = \text{Min}\sum_{p\in P,v\in V,k\in K,s\in S,(i,j)\in A_{v,k}^{L}} t_{i,j,s}\lambda_{i,j,s,p}^{L} \tag{11.32}$$

s.t. 约束［式（11.7）～式（11.10）；式（11.12）；式（11.14）～式（11.17）；式（11.19）～式（11.26）］

$$\eta_{i,j,p}^{U} = 0 \quad \forall (i,j)\in A; \forall p\in P \tag{11.33}$$

$$\gamma_{k,p}^{U} = 0, \omega_{k,p}^{U} = 0 \quad \forall k\in K; \forall p\in P \tag{11.34}$$

$$[\mathcal{M}_{\text{YTP}}^{U}]Z^U = \text{Min}\sum_{p\in P,v\in V,k\in K,s\in S,(i,j)\in A_{v,k}^{U}} t_{i,j,s}\lambda_{i,j,s,p}^{U} \tag{11.35}$$

s.t. 约束［式（11.7）～式（11.9）；式（11.11）；式（11.13）～式（11.16）；式（11.18）～式（11.26）］

$$\eta_{i,j,p}^{L} = 0 \quad \forall (i,j)\in A; \forall p\in P \tag{11.36}$$

$$\gamma_{k,p}^{L}=0,\omega_{k,p}^{L}=0 \quad \forall k\in K;\forall p\in P \tag{11.37}$$

为了得到一个 $\mathcal{M}_{\text{YTP}}$ 有意义的上界，可以解一个简单的模型 $\mathcal{M}'_{\text{YTP}}$，这个模型中每个连接的期望行驶时间仅取决于起止点，不受堆场模板的影响；接下来用原始模型（用 $Z(\cdot)$ 表示）中的目标函数来评估得到的堆场模板（用 YTP'_{opt} 表示）。很明显，$Z(\text{YTP}'_{\text{opt}})\geqslant Z(\text{YTP}_{\text{opt}})$，其中，$\text{YTP}_{\text{opt}}$ 是原始模型 $\mathcal{M}_{\text{YTP}}$ 的最优堆场模板。$Z(\text{YTP}'_{\text{opt}})$ 则可以被视为模型 $\mathcal{M}_{\text{YTP}}$ 的上界。

$$\text{UB}=Z(\text{YTP}'_{\text{opt}}) \tag{11.38}$$

式中，YTP'_{opt} 是模型 $\mathcal{M}'_{\text{YTP}}$ 的最优解。

此外，两个目标函数的差，也就是 $Z(\text{YTP}'_{\text{opt}})-Z(\text{YTP}_{\text{opt}})$，此为堆场模板决策中考虑了拥堵问题的值。

上述提到的模型 $\mathcal{M}'_{\text{YTP}}$ 定义如下。在此模型中，所有的决策变量都与标注 s 有关，一些辅助变量也从原始模型 $\mathcal{M}_{\text{YTP}}$ 的目标函数和约束中移除。

$$[\mathcal{M}'_{\text{YTP}}]\text{Min}\sum_{p\in P,v\in V,k\in K}\left(\sum_{(i,j)\in A_{v,k}^{L}}t_{i,j,0}\eta_{i,j,p}^{L}+\sum_{(i,j)\in A_{v,k}^{U}}t_{i,j,0}\eta_{i,j,p}^{U}\right) \tag{11.39}$$

s.t.　约束［式（11.7）～式（11.11）；式（11.17）～式（11.26）］

模型 $\mathcal{M}'_{\text{YTP}}$ 相较于原始模型 $\mathcal{M}_{\text{YTP}}$ 要简单得多，可以被更快求解。基于此上界，通过数值实验可以很好地研究在堆场模板决策中引入拥塞因素的好处，这将在 11.5.3 节“2.与没有考虑拥堵的决策模型进行比较”中讨论。

11.4　基于优先权序列空间搜索的求解算法设计

由于所提出的模型 $\mathcal{M}_{\text{YTP}}$ 是比较复杂的，所以即使对于一些中等规模的问题实例，也不能用如 CPLEX 之类的商业软件直接求解。另外，因为难以定义列及每列的目标值，该模型可能也无法通过一些广泛使用的精确算法如分支定价法有效地求解。另一种广泛使用的精确算法如动态规划也不适用于求解本模型，因为难以将决策过程分为多个阶段。作为总目标函数的一部分，每个阶段的目标函数值不能准确地获得。因此，本章开发了一种元启发式方法，以便有效地求解模型并获得近似最优解。

11.4.1　核心思想

堆场模板规划就是将子箱区分配给船舶的决策问题。给定一艘船舶的序列，为船舶逐个分配子箱区，并获得一个可行的解，即一个堆场模板。通过一些众所周知的元启发式算法改变船舶的顺序来改善所获得解的质量。

根据上述框架，求解的关键在于：①初始化，如何获得良好的船舶序列作为初始序列；②解码序列，如何将一艘船舶序列解码为可行的堆场模板；③解决方案空间的变换，如何改变船舶的顺序以提高解的质量。以下三节分别阐述了上述的三个关键问题。

11.4.2 车辆序列的初始化

车辆的初始序列可以随机生成，但可能与最优序列相差很远，这将降低算法的效率。一个良好的初始序列对于快速获得满意的目标函数值是非常重要的。本章中按照装载到每艘船上的集装箱数量除以分配给船舶的子箱区数量所得的值的递减顺序，生成船舶的初始序列，即 $\left(\sum_{v'\in V} n_{v',v}\right)/r_v$ 。该指标根据命题 3 确定。

11.4.3 将序列解码为可行堆场模板

给定一艘船舶的序列，逐个求解船舶模型 $\mathcal{M}_{\text{YTP}}(n)$ 。令船舶的序列为 $\{v_1,\cdots,v_n,\cdots,v_{|V|}\}$，其中，$|V|$ 为所有船舶的数量。序贯法通过多次迭代依次地求解 $|V|$。在第 n 次迭代中，求解模型 $\mathcal{M}_{\text{YPT}}(n)$ 以获得序列中第 n 艘船的子箱区分配决策。$\mathcal{M}_{\text{YPT}}(n)$ 的核心思想是以滚动时域的方式求解 $\mathcal{M}_{\text{YPT}}$ 。

定义一个参数 DS 代表搜索的深度，如 $\text{DS}=5$ 。在第 n 次迭代中，求解第 n 艘船的子箱区分配决策（即 $\beta_{v_n,k},\forall k\in K$ ），船舶 $v_1,\cdots,v_{n-1}$ 的变量是输入的数据（即 $\beta_{v_1,k},\cdots,\beta_{v_{n-1},k},\forall k\in K$ ），船舶（ $v_n,\cdots,v_{n+\text{DS}}$ ）是决策变量（即 $\beta_{v_1,k},\cdots,\beta_{v_{n-1},k},\forall k\in K$ ）。求解模型 $\mathcal{M}_{\text{YTP}}(n)$ 后，获得的船舶 v_n 的决策变量被固定，并作为下一次迭代的输入数据。该过程由 $|N|-\text{DS}$ 次迭代组成。最后一次迭代是求解船舶变量 $v_{|N|-\text{DS}},\cdots,v_{|N|}$ 。对于第 n 次迭代中的模型 $\mathcal{M}_{\text{YTP}}(n)$ ，定义两组集合：$v_n^F=\{v_1,\cdots,v_{n-1}\}$ 和 $v_n^B=\{v_n,\cdots,v_{n+\text{DS}}\},n\in\{1,2,\cdots,|N|-\text{DS}\}$ 。对于第一次迭代，$V_1^F=\varnothing$ 。

第 n 次迭代的模型 $\mathcal{M}_{\text{YTP}}(n)$ 公式如下。

输入数据：

（1）原始模型 $\mathcal{M}_{\text{YTP}}$ 所有的输入数据；

（2） $\beta_{v,k},\forall v\in V_n^F,\forall k\in K$ ；

（3） $\gamma_{k,p}^L,\gamma_{k,p}^U,\zeta_{k,p},\omega_{k,p}^L,\omega_{k,p}^U,\forall k\in\{k\mid\beta_{v,k}=1,\forall v\in V_n^F,\forall k\in K\},\forall p\in P$ ；

（4） $\delta_{i,j,s,p},\theta_{i,j,p},\eta_{i,j,p}^L,\eta_{i,j,p}^U,\lambda_{i,j,s,p}^L,\lambda_{i,j,s,p}^U,\forall(i,j)\in A-\{(i,j)\mid[(i,j)\in A_{v,k}^L,v\in V_n^B,k\in K]\text{或}[(i,j)\in A_{v',k}^U,v'\in V_v,v\in V_n^B,k\in K]\},\forall p\in P,\forall s\in S$ 。

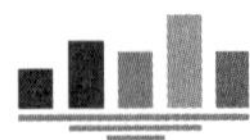

决策变量：

（1）$\beta_{v,k},\forall v\in V_n^B,\forall k\in K$；

（2）$\gamma_{k,p}^L,\gamma_{k,p}^U,\zeta_{k,p},\omega_{k,p}^L,\omega_{k,p}^U,\forall k\in\{k\mid\beta_{v,k}=0,\forall v\in V_n^B\cup V_n^F,\forall k\in K\},\forall p\in P$；

（3）$\delta_{i,j,s,p},\theta_{i,j,p},\eta_{i,j,p}^L,\eta_{i,j,p}^U,\lambda_{i,j,s,p}^L,\lambda_{i,j,s,p}^U,\forall(i,j)\in\{(i,j)\mid[(i,j)\in A_{v,k}^L,v\in V_n^B,k\in K]$ 或$[(i,j)\in A_{v',k}^U,v'\in V_v,v\in V_n^B,k\in K]\},\forall p\in P,\forall s\in S$。

模型：

$$[\mathcal{M}_{\text{YTP}}(\boldsymbol{n})]\quad \text{Min}\sum_{p\in P,v\in V_n^B,k\in K,s\in S}\left(\sum_{(i,j)\in A_{v,k}^L}t_{i,j,s}\lambda_{i,j,s,p}^L+\sum_{(i,j)\in A_{v',k}^U:\ v'\in V_v}t_{i,j,s}\lambda_{i,j,s,p}^U\right)\tag{11.40}$$

s.t.　约束［式（11.14）～式（11.16）；式（11.19）～式（11.21）］

$$\sum_{v\in V_n^B\cup V_n^F}\beta_{v,k}\leqslant 1\qquad\forall k\in K\tag{11.41}$$

$$\sum_{k\in K_v}\beta_{v,k}=r_v\qquad\forall v\in V_n^B\tag{11.42}$$

$$\sum_{k\in\{K-K_v\}}\beta_{v,k}=0\qquad\forall v\in V_n^B\tag{11.43}$$

$$\eta_{i,j,p}^L=\sum_{v\in V_n^B\cup V_n^F,k\in K:(i,j)\in A_{v,k}^L,p\in P_v}\beta_{v,k}\left(\sum_{v'\in V}n_{v',v}\right)/r_v\qquad\forall(i,j)\in A;\forall p\in P\tag{11.44}$$

$$\eta_{i,j,p}^U=\sum_{v'\in V_n^B\cup V_n^F,k\in K:(i,j)\in A_{v',k}^U,p\in P_{v'}}\sum_{v\in V}\beta_{v,k}(n_{v',v}/r_v)\qquad\forall(i,j)\in A;\forall p\in P\tag{11.45}$$

$$\gamma_{k,p}^L=\sum_{v\in V_n^B\cup V_n^F:p\in P_v}\beta_{v,k}\qquad\forall k\in K;\forall p\in P\tag{11.46}$$

$$\gamma_{k,p}^U\geqslant\left(\sum_{v\in V_n^B\cup V_n^F:p\in P_v}\sum_{v'\in V_v}\beta_{v',k}\right)/|V|\qquad\forall k\in K;\forall p\in P\tag{11.47}$$

$$\omega_{k,p}^L=\sum_{v\in V_n^B:p\in P_v}\beta_{v,k}\left(\sum_{v'\in V}n_{v',v}\right)/r_v\qquad\forall k\in K;\forall p\in P\tag{11.48}$$

$$\omega_{k,p}^U=\sum_{v'\in V_n^B:p\in P_{v'}}\sum_{v\in V}\beta_{v,k}(n_{v',v}/r_v)\qquad\forall k\in K;\forall p\in P\tag{11.49}$$

搜索深度 DS 是一个重要参数。一个较大的 DS 会使得求解过程非常耗时。DS 正确的设置取决于计算机的处理能力。如果 DS 等于 0，则该方法将退化为正常的贪婪搜索，即顺序地在剩余的子箱区中为每艘船舶选择最佳子箱区。这种方式非常快速，但解的最优性会大大降低。此外，如果 DS 的值设置地很大，可能会导致没有可行的子箱区可以分配给最后几艘船舶。因此，需要进行试验以找到适当的 DS 值，以有效地避免后方船舶分配子箱区的不可行性。

11.4.4 改变序列的元启发式算法

本节讨论了改变船舶序列的元启发式算法，以提高解的质量。一些元启发式算法经常用于港口运营的优化问题中。例如，禁忌搜索（tabu search，TS）采用序列中的船舶成对交换来获得新的解[49]。序列的“邻居”通过每次迭代中的成对交换而被完全搜索。完整的配对交换策略将导致序列的“邻居”规模变得非常大，即$|V|(|V|-1)/2$，其中，$|V|$表示船舶的数量。考虑本章中问题的复杂性，解码过程会比其他学者研究的问题花费更多的时间。因此，如果该问题用禁忌搜索求解会非常耗时。

本章的研究使用元启发式算法，即“吱呀轮”优化方法（SWO），用于改变船舶的顺序，以提高解的质量。SWO 算法经常用于港口作业研究，如堆场优化问题[194]、泊位分配问题[49, 214]。SWO 改变序列的方式如下：首先，计算每艘船相关的成本：

$$\text{cost}(v)=\sum_{p\in P,k\in K,s\in S}\left(\sum_{(i,j)\in A_{v,k}^{L}}t_{i,j,s}\lambda_{i,j,s,p}^{L}+\sum_{(i,j)\in A_{v,k}^{U}}t_{i,j,s}\lambda_{i,j,s,p}^{U}\right)$$

然后从序列的前端开始，如果前者的成本值低于后者，则互换两艘在序列上连续的船舶。交换后得到一个新的序列。为了避免 SWO 陷在一个循环中，如果一个序列之前已经被生成过了，则将它忽略。得到一定数量不再有改进的解后，SWO 终止。

11.5 面向建模中考虑拥塞因素的效用分析与算法性能测试

本章在个人计算机（Intel Core i5，1.7GHz；内存，4G）上进行了几项实验，以验证求解算法的效率及模型的有效性。基于 SWO 的求解算法在本章中由 C#（VS2008）实现。为了最佳地求解此模型，在 CPLEX12.1 中用 C#（VS2008）进行编程求解。

11.5.1 测试实例的生成

规划期为一周。每个时段设置为 8 小时，这意味着规划期将分为 21 个时段。随机生成每艘船的到达时间。接下来可以提前确定每艘船舶在港口装载/卸载活动时段的子集（即 p_v）。本章中设定一个堆场最多有 160 个子箱区。堆场的布局如图 11-8 所示。

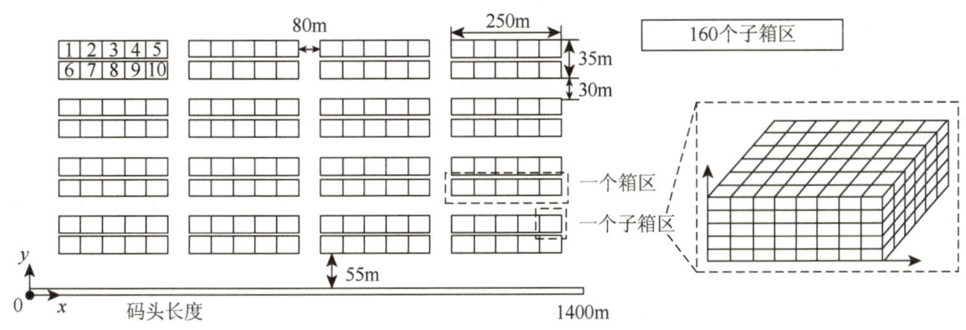

图 11-8　测试实例的堆场结构

可以提前建立一组有向连接（即 A），如图 11-2 所示。根据堆场布局，也可以确定子箱区（即 N_g 和 N）之间的相邻关系及子箱区和箱区之间的包含关系（即 B_g 和 B）。每个箱区的深度为 6 个集装箱（TEU），长度为 40 个集装箱。在每一个箱区中，最多有两台可以同时工作的场桥（即 $Y_{\mathrm{YC}}=2$），这也符合港口的实际情况。每个箱区进一步分为 5 个子箱区，每个子箱区的长度为 8 个集装箱，约 50m。堆叠高度是 5 个集装箱（称为层）。因此，子箱区的容量大约为 240（$6\times8\times5$）个 TEU。堆场存储分配作业和堆场模板规划的基本单位为子箱区级。堆场内水平和垂直通道的宽度分别设置为 30m 和 80m。

根据图 11-8 中的结构，可以提前计算装卸路线长度。基于所有有向连接的集合，有向连接的子集构成了每个子箱区之间和每艘船泊位之间的装卸路线（即 $A_{v,k}^{L}$ 和 $A_{v,k}^{U}$）。需要分配给每艘船（即 r_v）的子箱区的平均数量在 4～5 个之间。在大规模的算例中，每艘船舶可以将集装箱转运到约 10 个其他船上（即 $|V_v|$）。两艘船之间转运的集装箱数是通过均匀分布 $U[780,840]$ 随机生成的。在根据式（11.4）计算每个连接的行驶时间时，公式中的参数设置为：集卡的加速/减速度（即 a）为 1.2m/s^2；集卡的正常行驶速度（即 v）为 16m/s；连接末端（即 $v_{i,j}$ 或 $\ddot{v}_{i,j}$）的转向速度为 6m/s。场桥装载或卸载一个集装箱的平均处理时间（即 h_{YC}）约 120s。所有这些数据都来源于上海港专家的估计。对于港口场桥的起重量，一个时段一个场桥可以处理的最大集装箱数（即 C_{YC}）为 240 个。对于用于减轻潜在堆场拥塞的“高低工作负载”协议，子箱区的“高工作量”状态（即$[H_{\mathrm{LB}},H_{\mathrm{UB}}]$）根据范围[100，200]确认[130, 138]。

11.5.2　评估求解算法的效率

1. 与小规模算例的最优结果进行比较

为了评估提出的基于 SWO 的算法的性能，本章对基于 SWO 的算法得到的结果和 CPLEX 直接求解的最优结果进行比较。由于模型较复杂，CPLEX 只能求解小规模算例（如 20 个子箱区和 4 艘船）。表 11-1 展示了两种方法在目标函数值和计算时间方面的比较结果（即 CPLEX 直接求解和通过基于 SWO 算法求解）。可以看出，基于 SWO 的算法可以实现非常小的最优性差。在一些算例中，基于 SWO 的算法甚至可以求得最优解。此外，基于 SWO 的算法的求解时间比 CPLEX 短得多。所以，表 11-1 中的结果验证了在小规模算例中基于 SWO 的算法的效率。

表 11-1　所提出算法与最优解的比较

算例编号	CPLEX 求解的最优解		基于 SWO 的算法		偏差/%
	OBJ_{CPLEX}	CPU 时间/秒	OBJ_{SWO}	CPU 时间/秒	
20-4-1	309 134	1 015	309 134	13	0
20-4-2	312 998	1 479	312 998	23	0
20-4-3	316 862	1 512	316 862	12	0
20-4-4	318 794	1 433	318 794	13	0
20-4-5	305 270	2 153	305 270	11	0
20-4-6	307 143	1 367	307 260	18	0.04
20-4-7	309 954	1 592	310 246	19	0.09
20-4-8	311 221	2 857	311 312	19	0.03
20-4-9	304 085	3 727	304 145	18	0.02
20-4-10	307 814	3 869	307 893	22	0.03
20-4-11	303 192	3 309	303 232	18	0.01
20-4-12	307 027	1 955	307 377	11	0.11
20-4-13	312 764	1 690	313 232	12	0.15
20-4-14	315 575	1 585	316 218	14	0.20
20-4-15	312 114	3 013	312 225	16	0.04
20-4-16	309 151	5 209	309 414	19	0.09
20-4-17	310 336	5 527	310 538	23	0.07
20-4-18	298 898	2 799	299 083	15	0.06
20-4-19	293 512	2 258	293 592	14	0.03
20-4-20	296 984	2 740	297 131	16	0.05
20-4-21	304 057	4 300	304 174	24	0.04
20-4-22	298 936	3 172	299 044	18	0.04

注：①算例编号“20-4-#”表示算例中有 20 个子箱区、4 艘船。②最优性差 =（OBJ_{SWO}−OBJ_{CPLEX}）/OBJ_{CPLEX}。

2. 与大规模算例的下界进行比较

为了进一步评估基于 SWO 的算法在求解一些大规模算例时的性能，将其结果与 11.4 节中阐述的下界进行比较。在大规模算例中，可以在相对短的时间内获得下限，这些算例 CPLEX 难以求解。从表 11-2 的结果可以看出，基于 SWO 的算法求解的结果与下限之间的平均差距为 4%～5%，这意味着基于 SWO 的算法的实际偏差小于这个百分比。

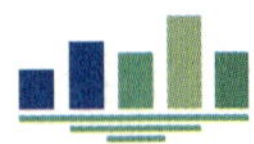

表 11-2　所提出算法与下界的比较

算例编号	下界 LB	基于 SWO 的算法 OBJ_{SWO}	偏差	平均差值
40-8-1	612 356	638 100	4.03%	3.96
40-8-2	598 408	624 415	4.17%	
40-8-3	611 692	636 193	3.85%	
40-8-4	618 872	642 710	3.71%	
40-8-5	604 024	629 838	4.10%	
40-8-6	606 959	632 391	4.02%	
40-8-7	617 930	644 145	4.07%	
40-8-8	614 605	639 499	3.89%	
40-8-9	605 952	630 069	3.83%	
40-8-10	601 772	626 196	3.90%	
60-12-1	936 065	977 030	4.19%	4.48
60-12-2	925 713	967 446	4.31%	
60-12-3	901 573	946 237	4.72%	
60-12-4	908 746	954 408	4.78%	
60-12-5	922 606	965 793	4.47%	
60-12-6	908 211	952 532	4.65%	
60-12-7	928 496	973 143	4.59%	
60-12-8	919 069	961 700	4.43%	
60-12-9	911 868	953 336	4.35%	
60-12-10	906 153	946 615	4.27%	
120-24-1	1 825 317	1 932 301	5.54%	5.31
120-24-2	1 852 061	1 949 311	4.99%	
120-24-3	1 858 913	1 963 088	5.31%	
120-24-4	1 864 440	1 972 032	5.46%	
120-24-5	1 817 826	1 923 550	5.50%	
120-24-6	1 830 246	1 927 948	5.07%	
120-24-7	1 844 076	1 951 704	5.51%	
120-24-8	1 842 094	1 943 536	5.22%	
120-24-9	1 836 223	1 936 253	5.17%	
120-24-10	1 819 515	1 921 583	5.31%	
160-32-1	2 547 706	2 697 859	5.57%	5.46
160-32-2	2 578 917	2 727 315	5.44%	
160-32-3	2 526 948	2 674 132	5.50%	
160-32-4	2 549 471	2 693 075	5.33%	
160-32-5	2 515 338	2 660 493	5.46%	
160-32-6	2 563 658	2 717 003	5.64%	
160-32-7	2 533 231	2 674 838	5.29%	
160-32-8	2 543 843	2 689 179	5.40%	
160-32-9	2 585 705	2 732 106	5.36%	
160-32-10	2 602 947	2 758 286	5.63%	

注：①算例编号“160-32-#”表示算例中有 160 个子箱区、32 艘船。②偏差 = $(OBJ_{SWO}-OBJ_{CPLEX})/OBJ_{CPLEX}$。

下界是通过将原始模型解耦为两个独立的问题获得的：一个模型关于装载活动，另一个关于卸载活动。通过一些实验来研究下限和最优解之间的接近程度。结果如表 11-3 所示。

表 11-3　下界与原始模型最优解的差值

算例编号	下界 LB	最优解 OBJ_{CPLEX}	偏差
20-4-1	302 452	309 134	2.16%
20-4-2	306 233	312 998	2.16%
20-4-3	310 013	316 862	2.16%
20-4-4	311 904	318 794	2.16%
20-4-5	298 671	305 270	2.16%
20-4-6	300 215	307 143	2.26%
20-4-7	302 436	309 954	2.43%
20-4-8	304 177	311 221	2.26%
20-4-9	297 305	304 085	2.23%
20-4-10	294 129	301 182	2.34%
20-4-11	296 504	303 192	2.21%
20-4-12	299 394	307 027	2.49%
20-4-13	304 656	312 764	2.59%
20-4-14	306 877	315 575	2.76%
20-4-15	304 977	312 114	2.29%
20-4-16	301 531	309 151	2.46%
20-4-17	302 909	310 336	2.39%
20-4-18	291 933	298 898	2.33%
20-4-19	286 957	293 512	2.23%
20-4-20	290 165	296 984	2.30%
20-4-21	297 169	304 057	2.27%
20-4-22	292 193	298 936	2.26%
	平均值		**2.31%**

注：偏差 = $(OBJ_{CPLEX}-LB)/OBJ_{CPLEX}$。

因为 CPLEX 只能求解小规模算例的最优解，所以表 11-3 中的结果仅显示了小规模算例中下界的最优性差。平均差距约为 2.31%。因此，根据表 11-2 和表 11-3

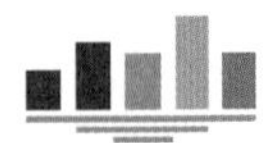

的结果可以估算，在大规模算例中，基于 SWO 算法的实际最优性差小于表 11-2 所示的差距值（即 4%～6%）。

11.5.3　评估模型的有效性

1. 与直观的决策规则比较

事实上，港口运营商可以根据一些直观的判断来确定堆场模板。相比数学模型，这些人工方法在现实情况中更容易被理解与实现。为了验证提出模型的有效性，应该分别比较模型求解的堆场模板和直观决策出的模板的目标函数值。因此，本章使用三种不同的决策规则来与所提出的模型进行比较。

规则 1：根据船舶到达时间的顺序，将可用和可行的子箱区分配给船舶。早到达的船舶可以优先被分配到它们最想要的子箱区。

规则 2：根据船舶装载集装箱数量（即 $\sum_{\forall v' \in V} n_{v',v}$）的递减顺序，将可用和可行的子箱区分配给船舶。船舶需要装载的集装箱越多，在分配子箱区时优先级越高。

规则 3：根据船舶转运关系复杂程度的降序，将可用和可行的子箱区分配给船舶。换句话说，如果一艘船舶需要将集装箱转运到许多其他船舶上，或者许多其他船舶需要将集装箱转运到一艘船舶上，则该船舶在分配子箱区时应有较高的优先级。在这方面，对于一艘船舶，其转运复杂性是通过量化有多少艘船要将集装箱转运到该船上，以及该船上的集装箱将要转运到多少艘不同的船上来体现的。

表 11-4 显示了所提出的模型与上述三种直观决策规则之间的比较结果。为了公平比较，直观决策出的堆场模板也是通过与模型相同的目标函数来评估的。从表 11-4 所示的差值可以看出，模型得到的结果具有明显的改善，并且差值（即改善率）随着问题规模的增大而增加。

表 11-4　所提出的模型与直观的决策规则的比较

算例编号	所提出的模型 OBJ_{SWO}	规则 1 OBJ_{R1}	偏差	规则 2 OBJ_{R2}	偏差	规则 3 OBJ_{R3}	偏差
40-8-1	638 100	699 544	9.63%	690 806	8.26%	695 271	8.96%
40-8-2	624 415	686 417	9.93%	677 684	8.53%	682 219	9.26%
40-8-3	636 193	697 352	9.61%	688 613	8.24%	693 059	8.94%
40-8-4	642 710	703 986	9.53%	695 250	8.17%	699 691	8.87%
40-8-5	629 838	692 347	9.92%	683 614	8.54%	688 132	9.26%
40-8-6	632 391	695 061	9.91%	686 327	8.53%	690 846	9.24%
	平均值		9.76%		8.38%		9.09%

续表

算例编号	所提出的模型 OBJ_{SWO}	规则 1 OBJ_{R1}	偏差	规则 2 OBJ_{R2}	偏差	规则 3 OBJ_{R3}	偏差
60-12-1	977 030	1 119 607	14.59%	1 105 566	13.16%	1 115 758	14.30%
60-12-2	967 446	1 108 934	14.62%	1 094 962	13.18%	1 105 218	14.24%
60-12-3	946 237	1 080 603	14.20%	1 067 436	12.81%	1 076 932	13.81%
60-12-4	954 408	1 088 736	14.07%	1 075 207	12.66%	1 084 885	13.67%
60-12-5	965 793	1 104 829	14.40%	1 091 289	12.99%	1 101 031	14.00%
60-12-6	952 532	1 089 038	14.33%	1 075 509	12.91%	1 085 188	13.93%
	平均值		14.37%		12.95%		13.98%
120-24-1	1 932 301	2 306 902	19.39%	2 279 217	17.95%	2 294 051	18.72%
120-24-2	1 949 311	2 328 278	19.44%	2 299 863	17.98%	2 315 217	18.77%
120-24-3	1 963 088	2 341 900	19.30%	2 313 485	17.85%	2 328 839	18.63%
120-24-4	1 972 032	2 349 586	19.15%	2 320 945	17.69%	2 336 526	18.48%
120-24-5	1 923 550	2 293 724	19.24%	2 266 034	17.80%	2 281 111	18.59%
120-24-6	1 927 948	2 304 886	19.55%	2 276 968	18.10%	2 292 273	18.90%
	平均值		19.34%		17.90%		18.68%
160-32-1	2 697 859	3 476 052	28.84%	3 437 174	27.40%	3 459 468	28.23%
160-32-2	2 727 315	3 521 709	29.13%	3 481 490	27.65%	3 504 553	28.50%
160-32-3	2 674 132	3 455 613	29.22%	3 416 735	27.77%	3 439 029	28.60%
160-32-4	2 693 075	3 477 316	29.12%	3 437 527	27.64%	3 460 785	28.51%
160-32-5	2 660 493	3 434 278	29.08%	3 395 154	27.61%	3 418 115	28.48%
160-32-6	2 717 003	3 508 743	29.14%	3 468 517	27.66%	3 492 223	28.53%
	平均值		29.09%		27.62%		28.47%

注：偏差 = $(OBJ_{SWO}–OBJ_{R\#})/OBJ_{SWO}$。

2. 与没有考虑拥堵的决策模型进行比较

本次研究的重要贡献之一是通过对堆场集卡交通流的详细建模来考虑堆场拥塞问题。之前对堆存区域分配的研究主要集中于最小化交通路线的总长度，这相当于假设了每个连接的期望行驶时间仅取决于其起点和目的点，但不受每个连接上交通流的影响。这样的假设在以前的堆存区域分配研究中有所涉及[60, 133]。在 11.3.4 节的最后部分，本章提出了一个不考虑堆场车辆流的简化模型（即模型 M'_{YTP} ）。它实际为本章提出的模型划定了一个上界。接下来进行模型的目标函数值与上界的比较实验。表 11-5 显示，平均差值为 3%～8%。问题规模越大，使用本章提出的模型时在节省时间方面的效果就越显著。实验结果表明，本章提出的考虑微观层面上集卡拥塞问题的模型，其求解得的堆场模板，可以为一个拥有 160 个子箱区的堆场节约大约 8%的行驶时间。

表 11-5　所提出模型与不考虑拥塞的模型的比较

算例编号	所提出的模型 OBJ_{SWO}	无拥塞的模型 OBJ_{NonCog}	偏差
40-8-1	638 100	658 467	3.19%
40-8-2	624 415	644 580	3.23%
40-8-3	636 193	656 344	3.17%
40-8-4	642 710	661 888	2.98%
40-8-5	629 838	649 860	3.18%
40-8-6	632 391	653 228	3.29%
	平均值		**3.17%**
60-12-1	977 030	1 021 718	4.57%
60-12-2	967 446	1 011 851	4.59%
60-12-3	946 237	986 125	4.22%
60-12-4	954 408	994 412	4.19%
60-12-5	965 793	1 008 803	4.45%
60-12-6	952 532	995 350	4.50%
	平均值		**4.42%**
120-24-1	1 932 301	2 052 701	6.23%
120-24-2	1 949 311	2 071 495	6.27%
120-24-3	1 963 088	2 083 960	6.16%
120-24-4	1 972 032	2 090 103	5.99%
120-24-5	1 923 550	2 042 589	6.19%
120-24-6	1 927 948	2 052 659	6.47%
	平均值		**6.22%**
160-32-1	2 697 859	2 919 564	8.22%
160-32-2	2 727 315	2 958 399	8.47%
160-32-3	2 674 132	2 903 056	8.56%
160-32-4	2 693 075	2 920 154	8.43%
160-32-5	2 660 493	2 883 918	8.40%
160-32-6	2 717 003	2 952 184	8.66%
	平均值		**8.46%**

11.6　小　　结

本章研究了到港船舶的堆存区域分配问题。首先讨论了堆场集卡干扰情况下堆场拥塞的概念。然后针对集卡干扰问题提出了一个基于概率和物理的组合模型，为估算连接的期望行驶时间奠定基础。基于估算期望行驶时间的一些公式，提出了一个混合整数规划模型，以最小化堆场中搬运集装箱的总期望行驶时间，并设计了一个基于 SWO 的元启发式算法来求解模型。同时，也进行了一些实验来验证模型的有效性：在具有 160 个子箱区的一些大规模实例中，与直观决策规则相比，可以节省 27%～30%集卡运输时间（参见表 11-4）。此外，元启发式算法不仅可以在合理的时间内求解模型，并且可以求解得近似最优解，比最优解的差距小 4%～6%（参见表 11-2）。然而，目前的模型还存在一定的局限性。例如，除了考虑连接上装载/卸载的子箱区数量之外，还可以在确定连接行驶时间时进一步考虑这些子箱区的不同工作负载，那么数学模型的非线性程度可能会更大。这将是未来科研中的一个有趣但具有挑战性的研究问题。另外，越来越多的海上物流相关研究已经考虑了一些不确定性问题[131, 245]，本章的模型也可以考虑这些不确定因素并进行进一步扩展，如随机到达时间、操作时间和船舶的泊位。这些都将成为未来研究的方向。

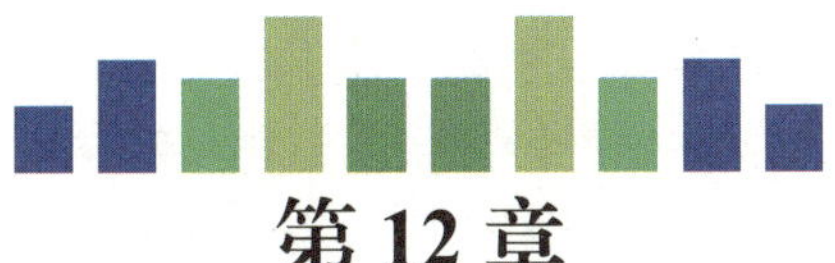

第 12 章

堆存模板下卸货存放位置分配问题

12.1 引　　言

集装箱码头的存储堆场一般分为储存集装箱的几个箱区。每个集装箱的箱区由几个场桥（YC）为其提供服务。存储堆场一般是作为将集装箱装载到船舶或从集装箱卸载到堆场的接口。集装箱码头如图 12-1 所示。

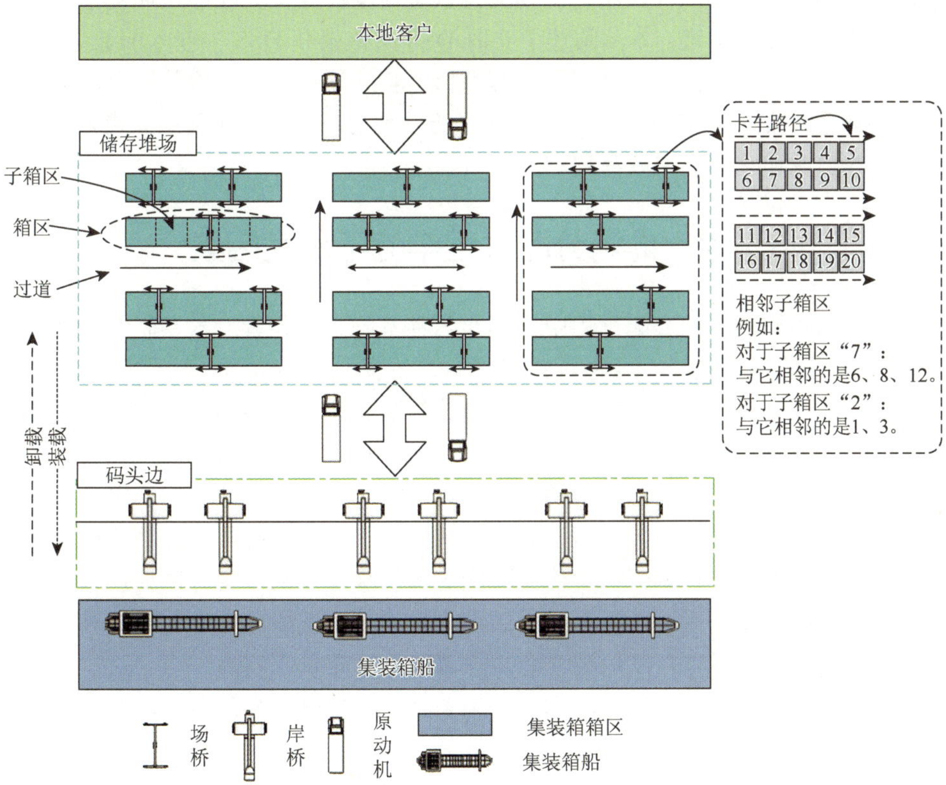

图 12-1　集装箱码头示意图

集装箱活动可以分为进口、出口和转运三种类型。在新加坡、香港等港口，集装箱转运是主要业务。港口运营商通常不会将进口集装箱的子箱区与出口和转运集装箱的存储区域混合。本章主要集中在出口集装箱和转运集装箱。在存储堆场，货物策略通常用于减少非生产性翻箱。这种策略试图将具有相同目的地和装载时间的集装箱存储在一些专门的区域[249]。现有的求解存储分配问题的最先进的方法都是在确定性环境下进行的，很少考虑不确定性因素。在现实环境中，天气、航程、发动机故障等不可预知的因素，会使船舶在比初始计划更晚的时间内执行卸载或装载过程，港口运营商通常需要调整初始计划中的卸载和装载时间表。所有这些不可预测的事件都会降低初始计划的效率，甚至使其无法实现。

本章首先对堆场存储分配问题的恢复策略进行了调查，这是处理不确定性情况下的传统方法。然而，它不能有效地适用于普遍情况，在一些复杂情况下可能会失败。因此，本章提出了一种实时决策支持系统（decision support system，DDS），该系统可以作为应对堆场存储分配过程中不确定性的最终解决方案。这个实时决策支持系统是面向动态堆场模板下的一次决策期的规划，而不是静态堆场模板下的长期规划的传统方法。该实时决策支持系统使港口运营商能够在现实情况下应对集装箱数量的不确定。本章阐述了实时 DSS 的框架和 DSS 中嵌入的数学模型。并且与传统静态方法比较，进行了一些数值实验。这些数值实验验证了所提出的实时 DSS 在灵活的应用环境中具有比传统方法更好的性能。实验结果也表明，其转运港的资源和空间利用效率高。

12.2 堆场分配过程中的不确定因素

在实际的堆场存储分配过程中，存在各种不确定性因素。本章研究主要考虑以下两种不确定性情况。

（1）卸载计划变更：在转运港中，集装箱从到达船舶中卸载，并留在子箱区中，直到装载到离开的船舶到达目的地。卸载计划是关于将集装箱从到达的船舶转移到堆场内某些特定子箱区内的过程。对于具有一定目的地的集装箱，其卸载过程可能持续很长时间，因为这些集装箱从具有不同到达时间的几艘船舶运送到转运港。这些船舶航行的任何变化都可能导致卸载计划的改变。例如，天气、海上航线、发动机故障等一些不可预见的因素，将使一些船舶迟于其先前确定的卸载时间。在这种情况下，港口运营商必须调整初始卸载计划。

（2）装载计划变更：装载计划是将集装箱从子箱区转移到即将离开的船舶。通过转运港中通常使用的托运策略，将被装载到同一个离开的船舶的所有集装箱都存储在某些子箱区中。因此，装载过程只是将这些子箱区中的所有集装箱转移到离开的船舶上。托运策略可以避免对集装箱进行不必要的翻箱。

但是，由于一些不可预见的因素，如果船舶的到达时间延迟，还会迫使港口运营商改变初始装载计划。

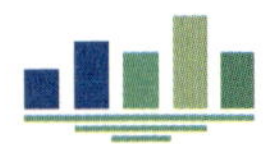

12.3　恢复策略：处理不确定性的一种传统方法

为了处理在初始计划的执行过程中发生的意外事件或更改，恢复策略通常是调整计划的某些部分的常用方法，以便使剩余计划的潜在变化可能性降到最低。一般来说，如果决策者有一个初始时间表（基准时间表）来规划长期的一些资源，那么当决策者面临不可预见的变化时，通常需要一些恢复策略来调整和恢复初始时间表。本节阐述了一些恢复策略，作为相对较长周期的存储分配计划的决策策略的补充[138]。

12.3.1　卸载计划变更

通过使用托运策略，将要装载到离开的船舶上的集装箱从一些船舶卸载到某些特定的子箱区，这些子箱区是为船舶预留的。通常由港口运营商预先定义堆场模板，确定哪些子箱区被预留给哪些离开的船舶。卸载计划反映如下：在决策周期 t 之内，20 英尺（1 英尺 = 0.304 8m）集装箱（WX_{jt}）和 40 英尺集装箱（WY_{jt}）从一些到达的船舶卸载到为船舶预留的子箱区，这些集装箱将来会被装载到离开的船舶上。假设上述一些到达的船舶的到达时间发生变化，其集装箱的卸载时间也会有所不同。

本章让 SV、ST 表示与变化有关的离开的船舶的集合和决策周期的集合，对于船舶 $V_j\,(j\in \mathrm{SV})$，在决策周期 $t\ (t\in \mathrm{ST})$，WX_{jt}、WY_{jt} 分别变成 WX_{jt}^{new}、WY_{jt}^{new}。在 t 内，V_j 的每一个存储分配计划是由几个子计划组成的。例如，子计划 i 表示：20 英尺的集装箱（qx_i^{jt}）和 40 英尺的集装箱（qy_i^{jt}）卸载到子箱区 SB_i（$SB_i\in R_j$，$1\leqslant i\leqslant |R_j|$）。显然可以得到 $WX_{jt}=\sum\limits_i qx_i^{jt}$，$WY_{jt}=\sum\limits_i qy_i^{jt}$。按照子箱区（$SB_i$）剩余空间的降序来排列所有的上述子计划，即顺序为 $SB_{i_1}^{(1)}$，$SB_{i_2}^{(2)}$，…，$SB_{i_m}^{(m)}(m=|R_j|)$。子箱区 $SB_{i_1}^{(1)}$ 目前有最大的空余空间，20 英尺的集装箱（$qx_{i_1}^{jt(1)}$）和 40 英尺的集装箱（$qy_{i_1}^{jt(1)}$）将在那里卸载。$SB_{i_m}^{(m)}$ 目前是具有最小空余空间的子箱区。简单起见，本章仅仅使用 WX_{jt}（20 英尺的集装箱）作为例子来解释以下部分。WY_{jt}（40 英尺）与 20 英尺的集装箱是相同的方式。

（1）如果 $WX_{jt}>WX_{jt}^{\mathrm{new}}$，意味着卸载量在 t 中减少。其中，变化表示为 $\varDelta\leftarrow WX_{jt}-WX_{jt}^{\mathrm{new}}$。本章从 $qx_{i_m}^{jt(m)}$ 中减少 δ，其中变化表示为 $qx_{i_m}^{jt(m)}\leftarrow qx_{i_m}^{jt(m)}-\delta$，$\varDelta\leftarrow\varDelta-\delta$。这与 $SB_{i_m}^{(m)}$ 中最小的空余空间有关；δ 表示转换率。经过这样的调整，本章再次按照子箱区剩余空间的降序来排列子计划序列，然后选择最小的空余空间的新子箱区 $SB_{i_m}^{(m)'}$，并从 $qx_{i_m}^{jt(m)'}$ 中减少 δ。本章重复上述递归直到 $\varDelta\leqslant 0$。

（2）如果 $\mathrm{WX}_{jt} < \mathrm{WX}_{jt}^{\mathrm{new}}$，意味着卸载量在 t 中增加，其中变化表示为 $\varDelta \leftarrow \mathrm{WX}_{jt}^{\mathrm{new}} - \mathrm{WX}_{jt}$。本章从 $qx_{i_1}^{jt(1)}$ 中增加 δ，其中变化表示为 $qx_{i_1}^{jt(1)} \leftarrow qx_{i_1}^{jt(1)} + \delta, \varDelta \leftarrow \varDelta - \delta$，这与 $\mathrm{SB}_{i_1}^{(1)}$ 中最大的空余空间有关。经过这样的调整，本章再次按照子箱区剩余空间的降序来排列子计划序列，然后选择最大的空余空间的新子箱区 $\mathrm{SB}_{i_1}^{(1)'}$，并从 $qx_{i_m}^{jt(m)'}$ 中增加 δ。本章以相同的方式重复上述递归直到 $\varDelta \leqslant 0$。与上述减少情况不同，在每次递归向 $qx_{i_1}^{jt(1)}$ 中加入 δ 之后，需要进行一些检查。检查内容应该包括如下：①不应超过 $\mathrm{SB}_{i_1}^{(1)}$ 的能力；②如果与 $\mathrm{SB}_{i_1}^{(1)}$ 相邻的一个子箱区处于高工作状态，增加调整使 $\mathrm{SB}_{i_1}^{(1)}$ 变成非高工作状态；③如果与 $\mathrm{SB}_{i_1}^{(1)}$ 相邻的一个子箱区处于装载过程中，则应该将增加调整施加到下一个子箱区 $\mathrm{SB}_{i_2}^{(2)}$ 中。这些实际规则在现实的港口运营中是常见的。

在卸载过程中对所有子计划进行上述增加或减少的调整后，港口运营商应检查对于 V_j 的所有卸载活动的新的完成时间是否晚于装载时间。如果是这样，它需要对装载计划进行另一个调整。上述算法的细节描述如下。

Algorithm 1：卸载计划变更的恢复算法

For 船只 $V_j\ (j \in \mathrm{SV})$ **do**//SV 是与卸载计划变更有关的离开的船只集合

　　For 决策周期 $t(t \in \mathrm{ST})$ **do**//ST 是与卸载计划变更有关决策周期的集合

　　　If $\mathrm{WX}_{jt} > \mathrm{WX}_{jt}^{\mathrm{new}}$ **then** // for $\mathrm{WY}_{jt} > \mathrm{WY}_{jt}^{\mathrm{new}}$ 是一样的方法。

　　　　$\varDelta \leftarrow \mathrm{WX}_{jt} - \mathrm{WX}_{jt}^{\mathrm{new}}$；

　　　　While$\varDelta>0$**do**

　　　　　Sort 子箱区，其中，$\mathrm{SB}_i \in R_j$，按照剩余空间的降序排列；

　　　　　一个顺序序列为：$\mathrm{SB}_{i_1}^{(1)}, \mathrm{SB}_{i_2}^{(2)}, \cdots, \mathrm{SB}_{i_m}^{(m)}, (m = |R_j|)$；

　　　　　选择 $\mathrm{SB}_{i_m}^{(m)}$，查找 $qx_{i_m}^{jt(m)}$ *；

　　　　　$qx_{i_m}^{jt(m)} \leftarrow qx_{i_m}^{jt(m)} - \delta$，and $\varDelta \leftarrow \varDelta - \delta$；

　　　　End while

　　Else// $\mathrm{WX}_{jt} < \mathrm{WX}_{jt}^{\mathrm{new}}$，for $\mathrm{WY}_{jt} < \mathrm{WY}_{jt}^{\mathrm{new}}$ 是同样的方法。

　　　　$\varDelta \leftarrow \mathrm{WX}_{jt}^{\mathrm{new}} - \mathrm{WX}_{jt}$；

　　　　While $\varDelta>0$ **do**

　　　　　Sort 子箱区，其中 $\mathrm{SB}_i \in R_j$，按照剩余空间的升序排列；

　　　　　一个顺序序列为：$\mathrm{SB}_{i_1}^{(1)}, \mathrm{SB}_{i_2}^{(2)}, \cdots, SB_{i_m}^{(m)}, (m = |R_j|)$；

　　　　　选择 $\mathrm{SB}_{i_1}^{(1)}$，查找 $qx_{i_1}^{jt(1)}$；

　　　　　$qx_{i_1}^{jt(1)} \leftarrow qx_{i_1}^{jt(1)} + \delta$；

　　　　　If $\mathrm{SB}_{i_1}^{(1)}$ 相邻中存在装载活动，**then**

　　　　　　Rollback，按照上面的顺序尝试下一个（如 $\mathrm{SB}_{i_2}^{(2)}$）；

---

* $qx_{i_m}^{jt(m)}$ 是指在决策周期 t 处，卸载到子箱区 $\mathrm{SB}_{i_m}^{(m)}$ 的 20 英尺集装箱的数量，并且子箱区被保留用于离开的船只 V_j。

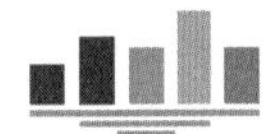

```
                    End if
                Check 没有超过子箱区的容量；
                Check 子箱区的相邻的子箱区遵循高低工作量协议；
                If 上面两项检查任何一项不满足，then
                    Rollback，继续。
                End if
                Δ←Δ-δ；
            End while
        End if
    End for
    If V_j 的卸载的结束决策周期晚于装载时间，then
            返回（根据装载计划变更要求）；
        End if
    End for
```

12.3.2　装载计划变更

装载计划的不确定性主要是指船舶的到达时间延迟而导致装货时间延迟。现实情况下，港口运营商很少面对装载决策周期到较早时间的情况。即使离开的船舶可能比最初的预定时间早到港口，港口运营商通常让它们等待而不是改变初始计划。

假设如下：离开的船舶 V_j 的装载时间从 t 推迟到 t'，所有子箱区 $\mathrm{SB}_i \in R_j$ $(1 \leqslant i \leqslant |R_j|)$ 和 SB_i 的占用空间不为空。装载过程将在决策周期 t' 和 $t'+1$ 中进行。

在 t' 中（$t'+1$ 也是同样的方式），对于 SB_i 的所有相邻的子箱区，满足 $\forall \mathrm{SB}_z \in N_i$，其中，$N_i$ 是 SB_i 的相邻子箱区的集合。存在两种选择情况，如下。

（1）如果在 t'期间存在一个或多个子箱区 SB_z 发生卸载活动，如 20 英尺的集装箱 $qx_z^{jt'}$ 和 40 英尺的集装箱 $qy_z^{jt'}$ 被卸载到 SB_z。本章尝试将上述卸载的集装箱重新分配到其他可替换的子箱区[①]SB_f。这里的 SB_z 和 SB_f 预留给同一艘船 x，即满足 $\exists x$，$\mathrm{SB}_z \in R_x$，$\forall \mathrm{SB}_f \in (R_x - N_i)$。本章检查 SB_f 在卸载过程中是否可以从 SB_z 接收更多的集装箱。该调整过程引自上一小节中介绍的程序。如果所有其他可替代子箱区 SB_f 已经检查，并且不能完成相关的卸载调整，则意味着恢复策略不能应对这种情况，必须重新安排计划的其余部分。

（2）如果在 t' 期间一个或多个子箱区 SB_z 发生卸载活动，则由于所有装载过程都具有高优先级，所以不可能恢复。为了满足意外出现的装载要求，改变先前确定的装载计划是不合理的。除非提交要求的船只具有任意优先权。在现实环境中面对这种情况时，港口运营商需要与航运公司谈判，要求其更改为新的装载时间，然后再次检查它的可行性。

上述算法的细节如下。

① 可互换的子箱区意味着它们都预留给同一个将要离开的船只。

Algorithm 2：装载计划变更的恢复算法

```
For 子箱区 SB_i ∈ R_j ，SB_i 的占用空间非空 do
    For 决策周期 t'，t'+1  do//离开船只 V_j 的装载时间由 t 推迟到 t'
        For 子箱区 SB_z ∈ N_i   do//N_i 是 SB_i 相邻子箱区的集合。
            If 在决策周期中存在 SB_z 正被卸载 then
                For 可替代子箱区 SB_z   do//SB_f 是 SB_z 的可替代子箱区。
                    卸载任务从 SB_z 转移到 SB_f；
                    调用“Algorithm1”来解决上述卸载计划变更；
                    If 上述调整成功，then
                            退出；
                    Else
                            继续；
                    End if
                End for
                调用“重新安排”模块；
                End if
                If 在决策周期中存在 SB_z 正在被装载，then
                        则返回不可行；
                End if
        End for
    End for
End for
```

12.3.3 恢复策略的局限性

恢复策略是处理不确定性情况下的传统方法。然而，它不能有效地适用于普遍情况，在一些复杂情况下可能会失败。当情况太复杂而不能通过恢复启发式算法解决时，它将采用重新安排方法，这意味着需要求解 MIP（混合整数规划）模型，以便在计划的其余部分内获得新的存储分配计划。Han 等[130]和 Lee 等[138]介绍了 MIP 模型的细节。该求解过程通常很耗时。此外，新获得的计划与剩余计划期间的初始计划之间的差异可能非常重要。因此，重新安排计划会引起其他资源的时间表的大量变更，如集卡、场桥等。

存在这些不确定性问题的原因主要在于，传统的存储分配计划是为了确定性的计划而安排的。如果本章可以实现存储分配的实时决策，就不会有不确定性的问题。本章中，提出了一种用于存储分配的实时决策支持系统（DSS），可作为应对堆场存储分配过程中不确定性的最终解决方案。

12.4 面向不确定性环境下卸货存放位置实时分配的决策支持系统

12.4.1 系统框架

堆场存储分配问题的实时决策支持系统的总体框架，如图 12-2 所示。

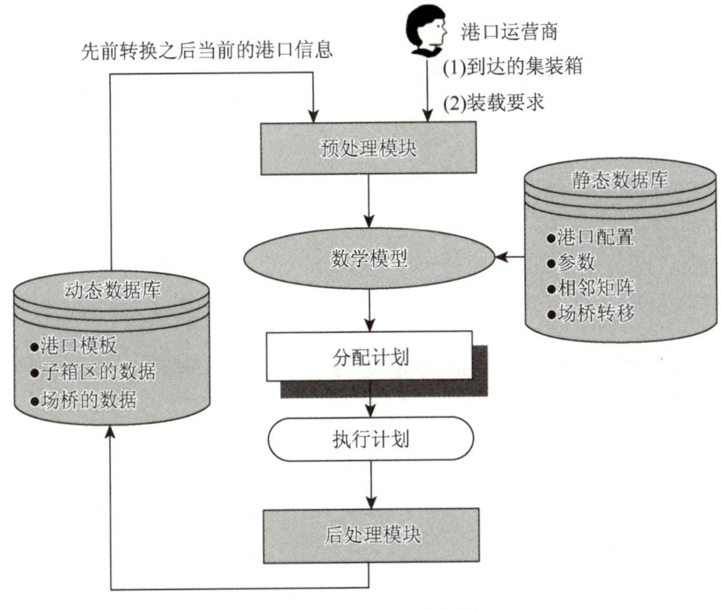

图 12-2　系统整体框架

这个系统主要包括以下五个部分。

1. 预处理模块

它从港口运营商获取输入信息(如在下一个决策周期中到达的集装箱的数量、离开的船舶的装载请求)和来自动态数据库的堆场实时信息(如每个子箱区的可用空间、哪些子箱区被预留给哪些离开的船舶、在每个箱区中部署多少台场桥)。

对于规划中的换班，该模块预处理到达的集装箱的信息。如果离开的船舶 V_j 有一些到达的集装箱，对于没有预留的子箱区，系统将为 V_j 分配一些空的和可用的子箱区。为船舶预留的子箱区数量由船舶的体积决定，称为输入信息。

2. 数学模型

该模型是一种混合整数规划(MIP)模型，其获取存储分配计划，目的是减少集装箱翻箱、交通拥堵等。MIP 模型涉及一些策略，如委托策略、高低工作负载协议来实现上述目标。

3. 后处理模块

执行从数学模型获得的分配计划之后，后处理模块将更新动态数据库中的一些信息。例如，每个子箱区的可用空间、子箱区的预留及每个箱区中的场桥的数量。该信息将作为下一转换计算的输入。

对于下一个决策周期，该模块处理关于子箱区预留的信息。如果一些离开的船舶完成装载活动，它们的预留子箱区应该被释放，以便其他船舶可以随时重新使用。

4. *静态数据库*

它主要存储系统的静态输入信息，如堆场配置、一些基本参数和相邻矩阵（子箱区之间的邻域关系）等。

5. *动态数据库*

它主要存储系统的动态变化信息，如子箱区的实时数据（每个子箱区中的可用空间）、堆场模板（哪个子箱区为哪个集装箱预留）和实时场桥数据（每个箱区部署多少场桥）等。

在上述模块中，数学模型是实时系统的核心。以下部分将详细说明该模型的细节。

12.4.2 实时存储分配的数学模型

在讲述模型的假设之前，应该说明如下：所提出的模型是基于非常短的时间间隔（即决策周期）的近似实时模型，以即时的方式安排资源，而不是一些最终实时模型。因此，在本章的模型中，假设在计划中的决策周期内到达集装箱的信息被提前知道。所提出的模型是基于 Han 等[130]和 Lee 等[138]的模型。但差异在于，提出的模型面向单次决策周期，而 Lee 等[138]的模型是一个相对较长的时间范围，有多个决策周期。图 12-3 显示了规划周期和决策周期之间的差异。面向单次决策周期的模型可以更适合实时存储分配。

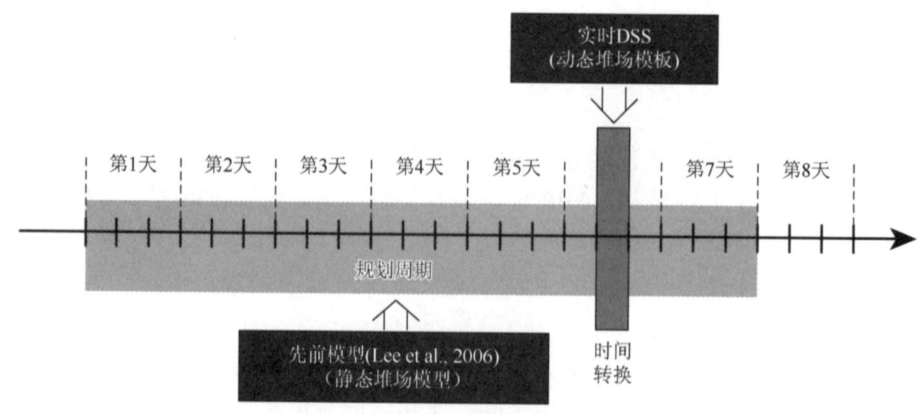

图 12-3　规划周期和时间转换

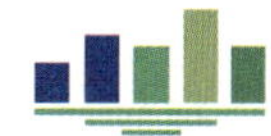

1. 假设

（1）该存储分配模型用于下一次决策周期，一次决策周期包含 8 小时。

（2）在决策周期中到达的集装箱的数量被称为模型的输入信息。

（3）因为装载活动的优先级高于卸载，如果在装载过程中有一个子箱区，则会将一个专用的场桥分配给该子箱区。

（4）考虑 20 英尺和 40 英尺两种不同类型的集装箱。

（5）给定决策周期，到达的所有集装箱将被存储在子箱区中，直到它们被装载到离开的船舶上。任何子箱区的装载活动必须在两个决策周期内完成。它反映了港口的服务水平。

（6）将场桥分配给特定箱区工作，直到决策周期结束。

（7）当一个子箱区处于装载过程中，其相邻的子箱区不能进行任何装载或卸载活动。

（8）在高负载卸载活动中不应有两个或多个相邻的子箱区（关于高低工作负载的定义，可以参考下一小节中所示的 HL、HU、LL 及 LU 的符号）。

2. 参数与变量

输入数据（静态）：

I——堆场中的子箱区数量。

K——堆场中的箱区数量。

J——在规划周期内考虑的船舶数量。

N_i——与子箱区 i 相邻的子箱区集合，其中，$1\leqslant i\leqslant I$ 。

R_j——为船舶 j 预留的子箱区的集合，其中，$1\leqslant j\leqslant J$ 。

B_k——属于箱区 k 的子箱区的集合，其中，$1\leqslant k\leqslant K$ 。

CS——在 TEUs 下的每个子箱区的空间容量，为 240 箱（5 层、6 个通道和 8 个槽）。

CC——场桥容量，每次转换时集装箱的数量。

C_k——在箱区 k 中允许存在的场桥的最大数量，其中$1\leqslant k\leqslant K$ 。

HL——高工作量可以带来的最低价值。

HU——高工作量可以带来的最高价值。

LL——低工作量可以带来的最低价值。

LU——低工作量可以带来的最高价值。

输入数据（动态）：

WX_j，WY_j——该转换中，港口上 20 英尺的集装箱和 40 英尺的集装箱的数量，这些集装箱将被装载到离开的船舶 j 上。

LB——该转换中有装载活动的子箱区的集合。

NL_k——该转换中，在箱区 k 处于装载活动中的子箱区的数量。其中，$1 \leqslant k \leqslant K$ 。

x_i^0，y_i^0——在子箱区 i 中已经储存好的 20 英尺和 40 英尺的集装箱数量。

决策变量：

x_i，y_i——该转换中，分配到子箱区 i 卸载的 20 英尺或 40 英尺的集装箱数量。

h_i——当值为 1 时，表示在此转换中分配给子箱区 i 的卸载工作量很大；当值为 0 时，表示工作量小。

d_k——该转换中，分配给箱区 k 用于卸载的场桥的数量。

3. 构建模型

本章中，实时存储分配的目标是尽量减少在计划转换时使用的场桥数量，同时考虑起重机在堆场内的交通拥堵。以下约束［式（12.4）～式（12.6)］限制当子箱区处于装载活动时，其相邻子箱区不能同时进行装载或卸载活动，以免造成大量的集卡车在港口内的小区域里拥堵。

1）目标

在计划转换时使用的场桥，可以执行卸载或装载活动。本章的存储分配问题集中在卸载过程中，模型主要涉及场桥卸载活动的使用。用于装载过程中的场桥的数量，与离开船舶的到达时间及为该船舶预留的子箱区的位置有关，这是确定性信息而不是模型的决策变量。因此，使用的场桥数量的最小化仅涉及该模型中的卸载活动。

$$\text{Minimize} \quad Z = \sum_{k=1}^{K} d_k \tag{12.1}$$

目标函数和以下约束不能反映不确定性环境下的一些特征，但本章是关于不确定性下的存储分配问题。原因是本章的核心在于实时存储分配的建议，而数学模型只是DSS内的一个模块，它用于确定单次决策周期中存储分配的一个子计划。因此，该模型没有随机规划框架、随机变量和基于场景的参数，也没有一些不确定性决策模型中的常见特征。该模型实际上是 DSS 中内置的确定性数学模型，并且对所有的决策周期进行迭代执行。

只考虑最小化场桥数量的原因是场桥为堆场管理中的瓶颈资源。在给定的装载和卸载工作量下，最小化场桥的使用等同于堆场运行效率的最大化。

2）约束条件

到达的集装箱（20 英尺、40 英尺）根据其目的地（即将要离开的船只）分配给相应的子箱区，即满足：

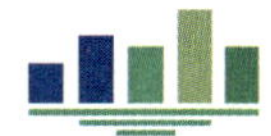

$$\sum_{i \in R_j} x_i = \mathrm{WX}_j \qquad 1 \leqslant j \leqslant J \tag{12.2}$$

$$\sum_{i \in R_j} y_i = \mathrm{WY}_j \qquad 1 \leqslant j \leqslant J \tag{12.3}$$

高低协议强制执行如下：如果一个子箱区处于高工作负载，则其相邻子箱区不应同时处于高工作负载状态，即满足：

$$\mathrm{HL} + (\mathrm{LL} - \mathrm{HL}) \cdot (1 - h_i) \leqslant x_i + y_i \leqslant \mathrm{LU} + (\mathrm{HU} - \mathrm{LU}) \cdot h_i \quad 1 \leqslant i \leqslant I \tag{12.4}$$

$$\sum_{i' \in N_i \mathrm{or} i' = i} h_{i'} \leqslant 1 \qquad 1 \leqslant i \leqslant I \tag{12.5}$$

港口运营的重点是装载活动。如果一个子箱区处在装载过程中，其相邻的子箱区在该转换中不能有任何装载或卸载活动，即满足：

$$x_{i'} = 0\text{，}\quad y_{i'} = 0 \qquad i' \in N_i\text{，}\quad i \in \mathrm{LB} \tag{12.6}$$

将要离开的船舶进行装载作业过程中，存储在子箱区内（预留给将要离开的船舶的）的集装箱应该在一个有限的时间范围内装载到船上（通常为两个转换）。这是港口运营商提出的要求，反映了港口处理集装箱的服务水平和生产率，即满足：

$$x_i + y_i \leqslant 2 \cdot \mathrm{CC} - x_i^0 - y_i^0 \qquad 1 \leqslant i \leqslant I \tag{12.7}$$

分配的集装箱不应超过子箱区的可用空间，即满足：

$$x_i + 2 \cdot y_i \leqslant \mathrm{CS} - x_i^0 - 2 \cdot y_i^0 \qquad 1 \leqslant i \leqslant I \tag{12.8}$$

每个箱区分配一定数量的场桥。卸载集装箱的工作量不得超过每一个箱区里起重机的总容量，即满足：

$$\sum_{i \in B_k} (x_i + y_i) \leqslant d_k \cdot \mathrm{CC} \qquad 1 \leqslant k \leqslant K \tag{12.9}$$

在每个箱区中，一些场桥可用于某些子箱区中的卸载活动，其他可用于装载活动。应该指出的是，后一种是输入数据，因为在这种转换中哪个子箱区正在装载，是由离开船舶的到达时间和为离开的船舶预留的子箱区的位置确定的。每个箱区卸载和装载的起重机总数不应超过该箱区中起重机的最大数量，即满足：

$$d_k + \mathrm{NL}_k \leqslant C_k \qquad 1 \leqslant k \leqslant K \tag{12.10}$$

模型中决策变量的范围如下：

$$x_i\text{、}y_i\text{和}d_k\text{是非负整数} \qquad \text{满足}1 \leqslant i \leqslant I\text{、}1 \leqslant k \leqslant K \tag{12.11}$$

$$h_i \in \{0,1\} \qquad 1 \leqslant i \leqslant I \tag{12.12}$$

12.4.3　动态模板：预留和释放子箱区

动态模板是提出的实时 DSS 处理堆场存储分配过程的基本特征之一，而传统方法则基于静态堆场模板。模板是指：为不同的离开的船舶预留哪些子箱区。在以前的模型中，为一个确定的规划周期制定了一个计划，其模板在范围内是静态的。然而，在实时分配中，只是为下一个转换制定计划，静态模板不起作用，动态模板就变得很有必要。

动态模板意味着：一个子箱区不会永远预留给某些特定的离开船舶。相反，子箱区不仅可以预留，还可以释放给其他船舶。解释如下。

1. 预留子箱区

当集装箱到达港口时，这些集装箱将来会被装载到某些特定的离开的船舶上，港口运营商应该检查是否已经为船舶预留了子箱区；如果没有，应该为船舶预留一些子箱区。这些子箱区应该是可用的，而不是为其他船舶预留的。为船舶预留的子箱区的数量由港口运营商根据离开的船舶的数量确定。

2. 释放子箱区

当离开的船舶到达港口时，将装载集装箱。装载过程完成后，为船舶预留的子箱区将被释放。这些释放的子箱区可以在下一个转换中为其他船舶的集装箱预留并被使用，而不是在堆场中留空。

根据港口到达集装箱的实际数据，其模式如图 12-4 所示。当离开船舶的第一批集装箱到达港口时，为船舶预留一些子箱区；当装载过程完成时，这些子箱区被释放。

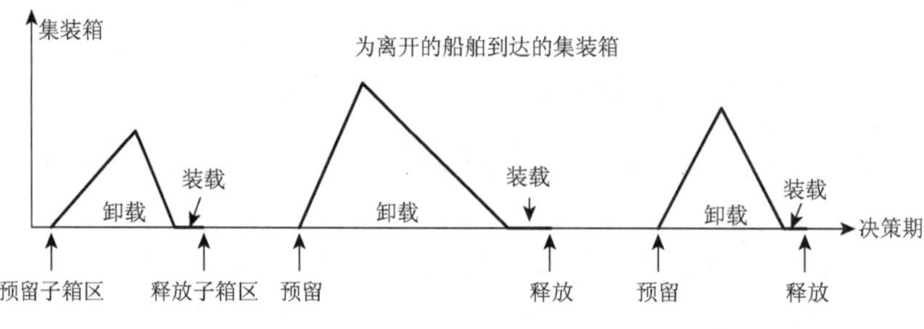

图 12-4　动态模板：预留和释放子箱区

12.5　动态分配模板与静态分配模板数值对比实验

12.5.1　实验设计

本部分进行一些数值实验来测试所提出的系统的性能。该算法在个人计算机（CPU：Intel Core 2 Duo，2.67G Hz；内存：4G）上的 C＃（Visual Studio 2008）中实现。关于解决 MIP 数学模型，本章使用了 CPLEX 11.0。

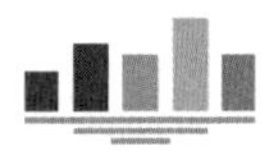

实验主要为了对提出的实时方法（动态模板，只是计划的一个转换）与以前的方法（静态模板，规划的周期）进行比较。以下部分中，上述两种方法命名如下：动态实时模型和静态短周期模型。

本章中，使用大规模堆场配置的数据：8 行 8 列的 64 个箱区（320 个子箱区）。本实验决策周期是 8 小时，涉及 200 次决策周期。对于高低工作负载协议，高工作负载的最低和最高值分别为 50 和 100，低工作负载的最低和最高值分别为 0 和 50。

对于每次决策周期，每个离开船舶的到达集装箱的数量，根据实际数据模式的关键特征生成数据。在这个实验中，涉及 40 个不同的离开的船舶，分为四类：小、中、大和超大型，每类分别有 10 艘船。为上述四类不同类型的船舶预留的子箱区数量也不同，分别为 2 级（小型船舶）、5 级（中级）、10 级（大型）和 15 级（超大型）。

对于先前的方法（静态-周期模型），将 200 次转换视为一个周期。本章使用 Lee 等[138]中提出的序列方法来解决数学模型。对于所提出的实时方法，为每个决策周期安排存储分配。根据每个转换的输入数据，本章获得这个转换的时间表，更新一些信息，然后进行下一个转换的迭代。每个转换的数学模型也由同一台计算机上的 CPLEX 11.0 解决。基于相同的输入数据，两种不同方法的结果是可以进行比较的。这个比较包括以下四个方面。

（1）空间利用：验证实时方法是否可以节省堆场的空间和增加堆场的利用率。测试两种方法在每个转换中使用的子箱区的数量。本实验在 12.5.2 节中讨论。

（2）场桥利用：通过使用两种不同的方法，本章研究每次转换时装载和卸载需要多少场桥。此外，本章的研究比较了每个场桥的处理集装箱数量的平均值，其反映了资源的生产率。本实验在 12.5.3 节中讨论。

（3）装载速度：本章研究每艘离开船舶的平均装载时间。装载时间显著影响离开船舶的周转时间，装载时间越短越好。本实验在 12.5.4 节中讨论。

（4）适用性：本章研究实时方法在不同情况下的适用性（不同的输入数据模式）。测试不同场景中提出的实时方法如何优于静态周期方法，以便分析场景对所提方法性能的影响。该实验在 12.5.5 节中讨论。

12.5.2 空间利用

对于空间利用率，本章比较两种方法在每个转换中使用了多少个子箱区，并且从长期视角中分析，满足到达的集装箱（输入数据）的子箱区的总数为多少。本章验证实时方法是否可以节省堆场的空间和增加堆场的利用率。

对于传统方法（静态-周期模型），模板在规划周期内保持不变，这意味着整个周期内每个子箱区都被预留给一个特定的离开的船舶。实验中共有 40 种不同的船舶，分为 4 类，每类 10 艘船，为以上四类预留的子箱区的数量分别为 2、5、

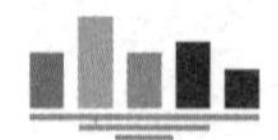

10 和 15。因此，在整个范围中使用 320 个子箱区，其被表示为图 12-5 中的水平线（由“静态周期模型”标记）。

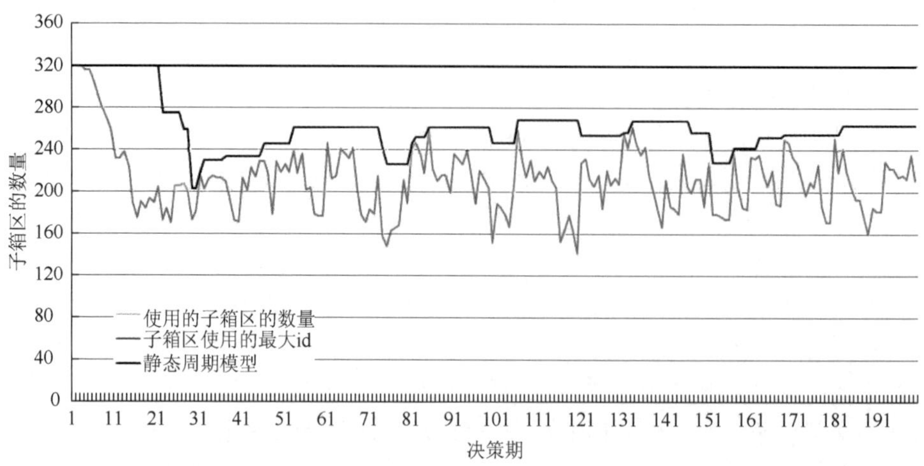

图 12-5　实时方法的空间利用

对于提出的实时方法，模板是动态的，这意味着子箱区可以被预留和释放，这将大大提高堆场中子箱区的利用率。在图 12-5 中，线（用“使用的子箱区的数量”标记）表示每个转换中使用的子箱区的数量。这是对堆场空间利用效率的直接衡量。从图 12-5 可以看出，使用的子箱区的数量明显少于 320。

此外，在图 12-5 中，线（由“子箱区使用的最大 id”标记）是在规划周期内使用的子箱区的最大索引数。它反映了至少应该在堆场里预留的子箱区的个数。从图 12-5 可以看出，港口运营商只需要维护一个有 280 个子箱区的堆场，这可能足以在整个规划周期内处理到达的集装箱。

实时模型性能较好的原因在于，它使用动态堆场模板，可以释放一些空的子箱区以供其他船舶将来使用；而静态周期模型使用静态堆场模板，其中，子箱区在整个规划周期内被预留给一些专用船舶。即使某些子箱区是空的并且非常接近停泊船舶，这些子箱区也不能用于这些船舶存储未装载的集装箱，因为这些子箱区在整个规划周期内已经被预留给其他船舶。这样的管理策略明显低于实时模型在空间利用方面的动态策略。

12.5.3　场桥利用率

场桥是堆场的重要资源，并且十分昂贵。因此，场桥的高效使用可以节省港口成本。其中，本章研究了两种不同的方法在每个转换中装载和卸载任务所需的场桥数量。此外，本章比较了每个场桥处理集装箱数的平均值，反映了资源的生产率。

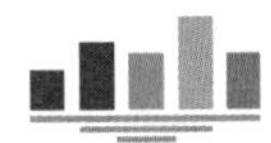

图 12-6 显示了每次决策周期使用的场桥数量。从图 12-6 可以看出，实时方法比静态范围方法使用的场桥少得多。此外，图 12-7 显示了每个场桥的平均生产量，实时方法也胜过传统的静态方法，实时方法中场桥的生产率也明显高于传统方法。

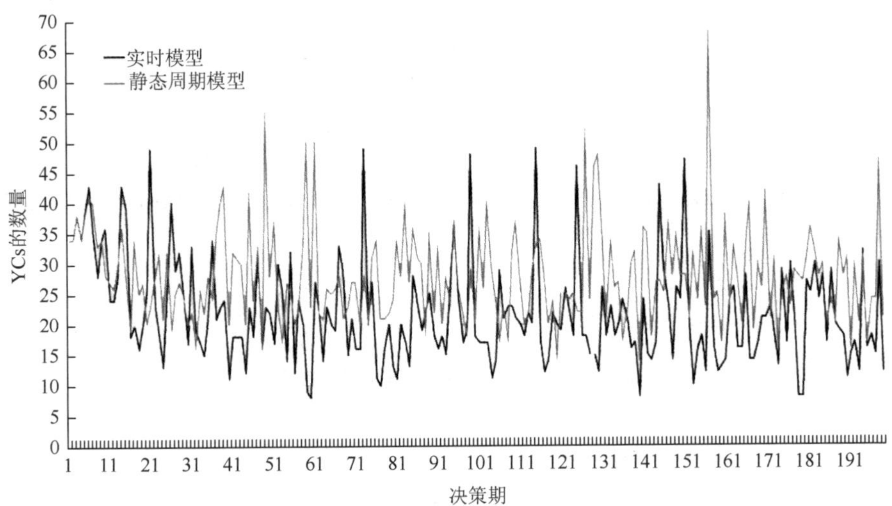

图 12-6　场桥利用率的比较

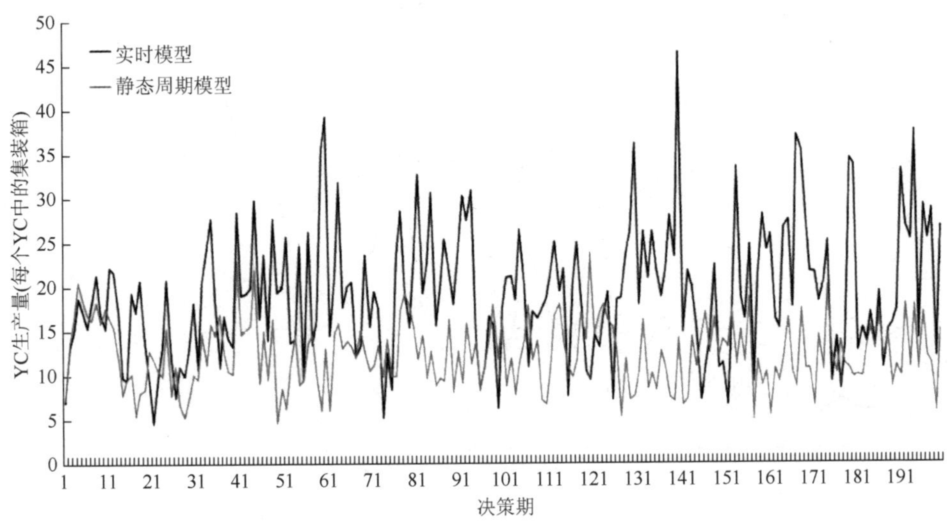

图 12-7　场桥生产量的比较

实时模型性能较好的原因与前一个实验的分析相似。因为场桥均匀地部署在子箱区中，场桥的数量与使用的子箱区的数量有一些关系。因此，子箱区的高利用率也可以导致场桥的高利用率，从而提高了每个场桥处理集装箱的平均生产量。

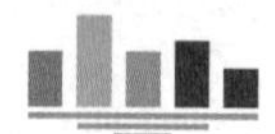

12.5.4 装载速度

装载速度是反映港口服务水平的重要性能指标。装载过程越快，船舶的周转时间越短，这不仅可以节省船舶的成本，还可以提高港口的效率。其中，本章研究每艘船舶的平均装载时间，以观察使用相同的到达集装箱作为输入数据，哪个方法装载时间更短。

一艘离开的船舶可以具有几个预留的子箱区。在装载过程中，这些子箱区中所有集装箱将被装载到将要离开的船舶上。图 12-8 分别说明了 40 个不同的离开船舶的平均装载时间。

装载时间是通过决策周期（垂直坐标）来测量的，场桥的容量被假定为每个转换有 100 个集装箱。从图 12-8 可以看出，两条线相互靠近；而传统方法（静态周期）比提出的实时方法好一点，即前者的装载时间比后者短。

没有万能的方法可以适用于各个方面。通过将提出的实时方法与静态周期方法进行比较，装载速度可能是较弱的问题之一。然而，这个弱点从图 12-8 的结果来看，并不是很重要。

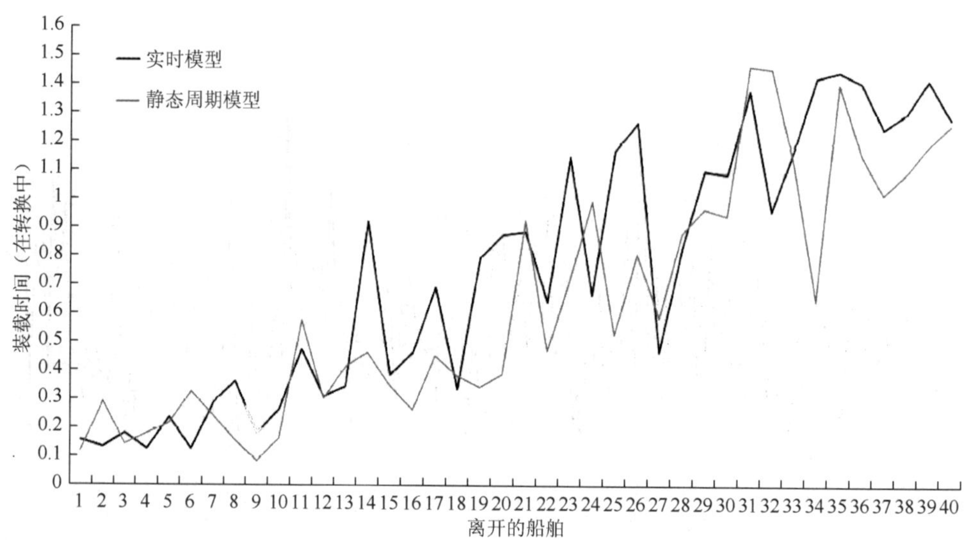

图 12-8　离开的船舶的平均装载时间比较

12.5.5 适用性分析

本章还研究了实时方法在不同情况下的适用性（也就是不同的输入数据模

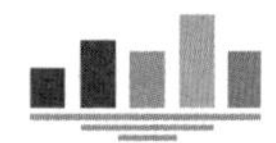

式)，这是非常重要的。测试了不同场景中实时方法如何优于静态方法，以便分析场景对所提方法性能的影响。

输入数据模式如图 12-4 所示。它分为三个阶段：卸载（到达的集装箱从到达的船舶卸载到堆场)、装载（集装箱从堆场装载到离开的船舶上）和前后清关。本章将占用率定义为卸载和装载总时间与清关时间的平均比例。占用率实际上反映了港口的繁忙程度。其中，通过比较两种不同的方法来研究占用率对性能的影响。

表 12-1 说明了不同占用率下两种方法的性能比较。从场景 1 到场景 3，占用率变得越来越高。可以看出，占用率越低，实时方法越显著于静态周期方法。这意味着提出的实时方法可能更适合于转运集装箱的轻负荷工作量的端口，而不是转运量大的港口。如今，由于全球经济衰退，海运正在衰退。因此，对于港口来说，与传统的静态周期方法相比，实时方法可能是一种更合适的操作策略。

表 12-1　占用率对性能比较的影响

场景		场景 1	场景 2	场景 3
占用率		0.50	0.83	2.5
繁忙程度		空闲	一般	繁忙
实时	空间利用	212	261	317
	YC 利用	17	22	30
	装载时间	0.72	0.75	0.80
静态周期	空间利用	320	320	320
	YC 利用	23	28	37
	装载时间	0.66	0.64	0.59
比较（性能改进）	空间利用	33.75%	18.44%	0.94%
	YC 利用	26.09%	21.43%	18.92%
	装载时间	−9.09%	−17.19%	−35.59%

注：①这些绩效指标（空间利用）是所有转换的平均值。②比较是比例：（静态−实时）/静态，反映了实时方法的性能提升。

12.5.6　讨论

应该指出，本章还没有对所提出的实时方法和传统的静态周期模型[138]进行一些比较实验，仅用于计算一次决策周期。原因是嵌入在实时 DSS 中的模型是基于传统的静态周期模型，将 Lee 的模型[138]简化为单次决策周期，以便能够快速解决以支持实时决策问题。因此，这个模型的结果和 Lee 等[138]的单次决策周期计算模型将是一样的。本章的贡献在于使用动态堆场模板设计了不确定性环境下存储分配的实时 DSS 框架，这也与以前在较长期间使用静态堆场模板的研究不同[138]。

对于计算 N 次决策周期的两种方法的 CPU 时间，实时模型比静态周期模型短得多。如果用于解决决策周期计划的平均 CPU 时间为 $O(T)$，则根据 Lee 等[138]提出的启发式序贯求解，求解具有 N 次决策周期范围的静态周期模型的总时间为 $O(N^2T)$。然而，用于求解 N 次决策周期的实时模型的总时间只是 $O(NT)$。因此，提出的 DSS 可以在不确定性的情况下进行堆场存储分配的实时决策。本章进行了一些实验来比较所提出的实时方法和静态周期方法之间的计算时间。时间范围是 7 天，每天三次决策周期。表 12-2 列出的结果验证了上述分析。此外，随着占用率的增加，实时方法在计算时间内的优越性也越来越明显。

表 12-2 实时方法与静态周期方法之间的计算时间比较

实例		计算时间/秒		比值 T_S/T_R
实例 id	占用率	实时方法（T_R）	静态周期方法（T_S）	
实例 1	0.5	32	379	12
实例 2	0.7	40	403	10
实例 3	0.9	41	451	11
实例 4	1.1	38	488	13
实例 5	1.3	38	537	14
实例 6	1.5	42	550	13
实例 7	1.7	36	543	15
实例 8	1.9	41	573	14
实例 9	2.1	37	592	16
实例 10	2.3	39	589	15
实例 11	2.5	41	621	15
			平均值	13

12.6 小　结

根据对港口堆场存储分配中出现的不可预测事件的决策支持，本章提出了实时 DSS。主要特点和贡献如下。

（1）传统的恢复策略可以处理不确定性因素，但它不能有效地适用于普遍情况，在一些复杂情况下可能会失败。提出的实时 DSS 为下一次决策周期而不是长

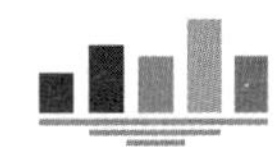

期的时间范围制定计划。实时系统的输入数据是在上一次决策周期结束之后获得的，因此可以作为应对堆场存储分配过程中不确定性的最终解决方案。

（2）提出的 DSS，是基于前一次决策周期而进行的下一次决策周期的状态。没有必要假设输入数据被周期性重复，这是以前研究中的假设[130, 138]。本章提出的系统将更适合港口的现实情况。

（3）港口模板不需要改变。可以根据实时要求预留或释放子箱区。它使堆场空间得到更有效和灵活的利用。

（4）解决实时存储分配问题的 CPU 时间应该足够短，以应对现实情况，而不是像长时间范围计划的传统模式，而且其解决过程通常非常耗时。

目前的经济衰退给全球海运带来了更多的不确定性，而本章提出的实时 DSS 可以制定更灵活的计划，以应对更多的动态不确定性。此外，全球经济衰退导致港口生产量大幅下滑。竞争环境迫使所有港口运营商充分利用资源，以便实现最优效率。本章的实验表明，提出的方法在港口资源和堆场空间利用效率方面均优于传统方法，特别是在轻型转运量情况下，符合当前世界经济形势和港口的要求。

第四篇　岸线与堆存侧资源分配集成优化问题研究

第 13 章 岸线与堆存侧资源分配集成优化问题

13.1 引　言

本章研究了集装箱转运港中两个中期决策层面上相互关联且耦合的问题：泊位分配模板规划和堆场分配模板规划，前者主要涉及来访船舶分配停靠泊位及岸桥装卸设备，后者主要涉及为船舶分配堆场内集装箱的子箱区。根据上述问题，本章构建了一个混合整数规划模型去集成优化泊位分配模板和堆场分配模板。该模型以最小化服务成本和操作成本为目标，前者主要因为安排给船舶的停靠时间区间与所期望的时间区间存在偏差，后者与堆场内集装箱转运流及所对应的路径长度有关。针对提出的数学模型，本章设计了启发式算法去求解大规模问题实例下该联合优化模型。同时，还设计并实施了一些实验去验证所提出模型的有效性，以及所提出算法的效率。基于一系列来源于实际港口运作环境的数据实验，本章所提出的模型和算法可以在合理的时间内得到满意的泊位分配模板和堆场分配模板。

13.2　大型转运港中泊位分配与堆存区域分配问题背景

在构建泊位分配模板与堆场分配模板联合优化模型之前，需要详细介绍这两个子问题的相关背景。

13.2.1　泊位分配模板规划

泊位分配模板是由港口运营商与国际航运公司通过协商而制定的。航运公司通常会告诉港口运营商每艘船舶在港口停留的期望时间区间[a_i^e,b_i^e]和可行时间区间[a_i^M,b_i^M]。其中，[a_i^e,b_i^e]是[a_i^M,b_i^M]的子集。期望时间区间是指航运公司希望其船舶被安排的停港时间段正好落在该期望时间区间内，以方便航运公司去安排船舶的航运计划和航线。港口运营商尽量去满足每艘船舶的期望时间区间[a_i^e,b_i^e]。如果安排给一些船舶的时间段没有完全落在期望区间[a_i^e,b_i^e]内，会导致船舶在到该港口之前通过加速，或者从该港口去下一个港口途中加速，去完成原定的航行计划。除此之外，港口运营商必须确保每艘船舶的停港时间段

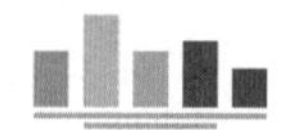

一定落在可行时间区间[a_i^M, b_i^M]之中，否则，船舶无法通过调整速度去完成原定的航行计划。

通过与航运公司沟通，港口运营商需要制定泊位分配模板，使得每艘船舶明确应该在何时停在何处，分配其多少岸桥（quay crane）装卸设备。图 13-1 说明了连续型泊位分配和岸桥分配的一个实例。优化目标是要最小化服务质量成本，该成本取决于港口给船舶安排的时间段与期望时间段的偏离程度。如图 13-1 所示，船舶 i 的期望时间区间是[a_i^e, b_i^e]，可行时间区间是[a_i^M, b_i^M]。如果港口给该船舶安排的服务时间段开始于 ε_i 结束于 σ_i ，则必须满足 $\varepsilon_i \geqslant a_i^M$ 和 $\sigma_i \leqslant b_i^M$ 。服务质量成本就被定义为 $[w_i^{\mathrm{Be}} \cdot (a_i^e - \varepsilon_i)^+ + w_i^{\mathrm{Bt}} \cdot (\sigma_i - b_i^e)^+]$ 。其中，w_i^{Be} 和 w_i^{Bt} 代表船舶 i 的两个权重值，反映了安排的时间段偏离期望时间段的单位时间惩罚成本。这些成本实际上对应于船舶通过加速等手段去适应原定航运计划所产生的额外开销。

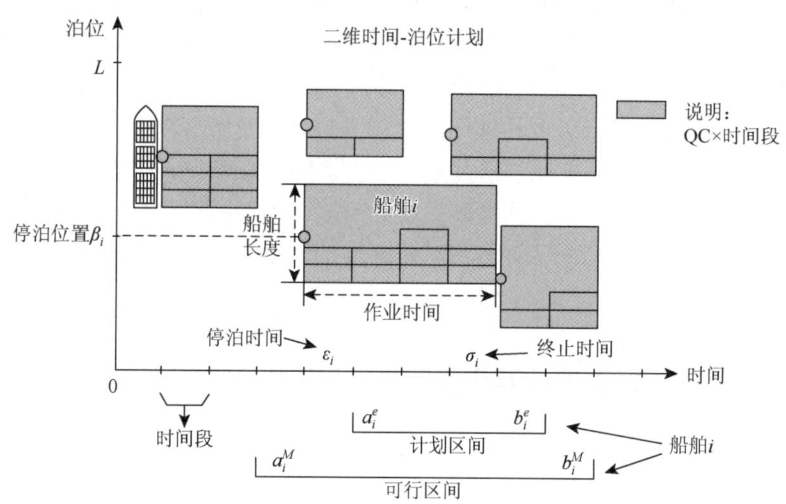

图 13-1　中期策略层面的泊位分配与岸桥分配问题

在泊位分配模板制定过程中，岸桥分配安排会影响船舶的在港停留时间长度，而该时间长度反映了一个港口的操作效率和服务水平。港口岸边操作的瓶颈设备在于岸桥。岸桥应该不停工作，不应出现岸桥停止作业等待集卡车辆的情形。在处理岸桥分配问题时，本章借鉴了由 Giallombardo 等[114]提出的“岸桥模板”的概念。岸桥模板说明了每个时间段有多少台岸桥分配给船舶。

航运公司通常会通知港口运营商关于每艘船舶所需要的工作能力负荷，即需要多少岸桥-小时（如果时间段以小时为单位）。根据该数据，港口运营商就会为该船舶生成一系列岸桥分配模板。图 13-2 为针对一艘船舶生成的一些备选岸桥模板示例。

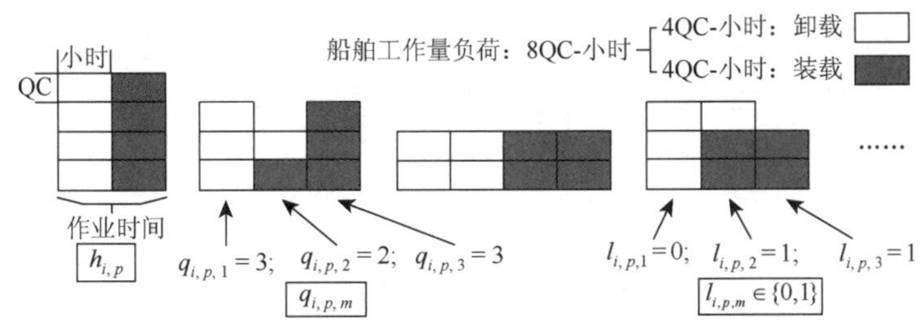

图 13-2 针对一艘船舶的岸桥模板集合示例

如图 13-2 所示，对船舶 i 的每个岸桥模板有三个参数：① $h_{i,p}$，当采用岸桥模板 p 时的操作时间长度，$p\in P_i$，P_i 是船舶 i 所有岸桥模板的集合；② $q_{i,p,m}$，当采用岸桥模板 p 时的第 m 个时间段所分配的岸桥数量；③ $l_{i,p,m}$ 为二进制参数，$l_{i,p,m}=1$，表示当采用岸桥模板 p 时，船舶 i 在第 m 个时间段有装载（loading）活动，否则，$l_{i,p,m}=0$。其中，假设船舶一般先卸载（unloading）再装载。

在为一艘船舶生成候选岸桥模板的过程中，应该遵循如下规则：设定允许同时分配给一艘船舶的岸桥数量的最大值和最小值；两个前后时间段所分配岸桥数量的变化幅度不能超过一定限制，使得分配给一艘船舶的岸桥数量保持尽量平稳。当制订泊位分配模板时，泊位的分配和岸桥模板的分配应联合优化。在每个时间段，被分配的岸桥数量总和不能超过一个港口所拥有的岸桥数量。

为了简化，图 13-2 中的示例没有考虑相邻岸桥之间的干扰所导致的边际效率损失，该因素在 Meisel 和 Bierwirth[49]的研究中曾被考虑。尽管如此，本章也可以在制订岸桥模板的时候考虑上述因素。

13.2.2 堆场分配模板规划

堆场分配模板一般用于采用托运策略的转运港之中。该策略把将来要出口或转运到一艘船舶（或同一目的地）上去的集装箱，存放在一些指定的子箱区（专门分配预留给该船舶的）。堆场分配模板则涉及如何把港口堆场内的一些子箱区（sub-blocks）分配给不同到港船舶。每艘船舶将会分配到若干个子箱区。到港船舶卸载的集装箱，将来要装载到船舶 V_i，该类集装箱需存放在堆场内分配给 V_i 的子箱区，当船舶 V_i 到来时，上述子箱区内的全部集装箱将被装载到 V_i 上。托运策略可以明显减少堆场内翻箱次数，进而缩短船舶停靠时间。新加坡港即采用该策略，该港口中 80%集装箱都为转运的。

图 13-3 中的港口采用了托运策略。堆场内的 80 个子箱区被分配给到港船舶。当船舶 B 到达时，首先进行卸货，图 13-3 中的虚线代表了卸货过程：将来要被装

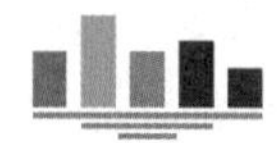

载到船舶 D 和船舶 E 上去的集装箱被卸下后，分别运送到分配预留给船舶 D 的子箱区（K21、K23、K42、K45）和船舶 E 的子箱区（K16、K36、K38）。卸货完成以后装载活动开始，如图 13-3 中实线所示。分配预留给船舶 B 的子箱区（K9、K29、K48、K50）中所有集装箱全部被装载到船舶 B 上。

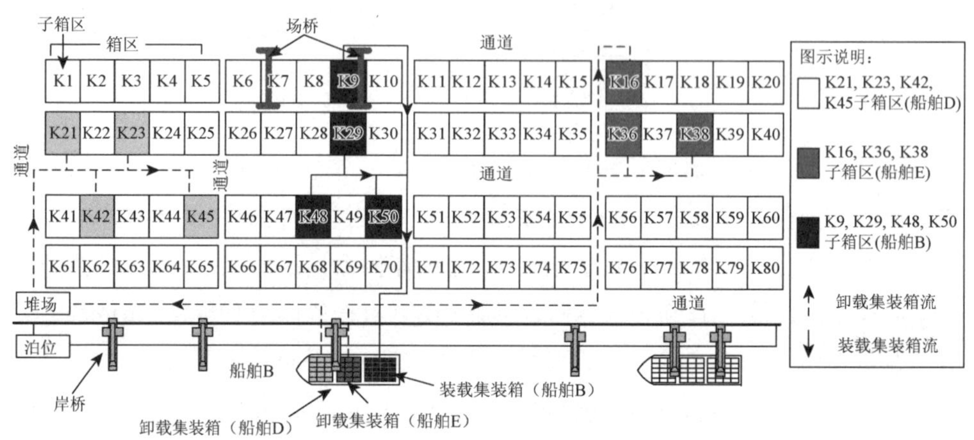

图 13-3　一个典型的集装箱转运港示意图

当采用托运策略时，装载活动比卸货活动更为重要，因为在装载活动中，某些堆存区域中全部的集装箱必须在规定时间内装载到船舶上。当一个子箱区正处于装载活动时，场桥及集卡车辆处于高负荷工作状态，该子箱区附近的交通会比较拥塞。

如图 13-4 所示，如果子箱区 K27 和 K47 有大量集装箱装卸、运输活动，大量集卡车辆就会在附近等待和移动，将导致交通拥塞。另外，当子箱区 K27 有大量装卸活动时，也会影响服务 K28 的集卡交通路线的通畅。为了确保堆场内交通流的通畅，港口运营商需要在制定堆场分配模板时考虑一些约束限制。最重要的就是判断相邻存储区域能不能同时进行装卸活动。两个子箱区是否被定义为相邻主要看它们是否位置相近而且共用相同通道。在图 13-3 和图 13-4 中，子箱区 K27 与 K28 和 K47 相邻；但 K27 不算与 K7 相邻，尽管它们背靠背。制定堆场分配模板时，分配给同一艘船舶（或同时存在装载活动的几艘船舶）的子箱区要尽可能分散，以避免相邻子箱区同时出现装载活动。其中，对交通拥塞因素的处理仅考虑装载活动而忽略卸货活动，因为前者所带给一个子箱区的工作负荷远大于后者。在装载活动中，一些子箱区里的全部集装箱将要在规定时间长度内装载到目标船舶上，而卸货活动有更多的灵活性。当一个集装箱被从船上卸下来时，根据该箱的未来要转运的目的地，可以存放它的位置实际上有若干个子箱区供选择。可以根据这些区域附近的交通负荷状况，选择一个合适的（交通不太拥塞的）子箱区去存放它。

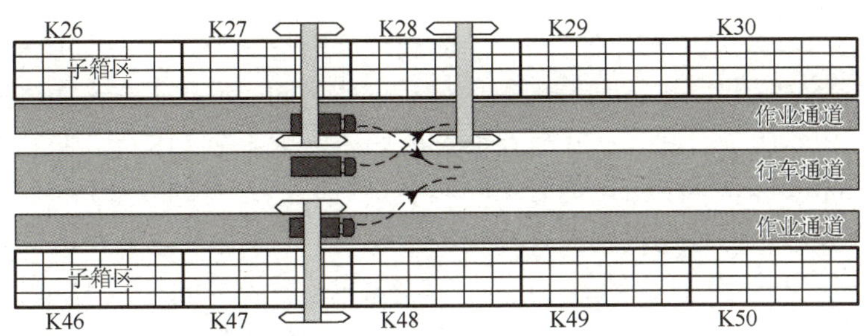

图 13-4　邻近子箱区附近出现的交通拥塞

另外，堆场内一个箱区（block）包含 5 个子箱区（sub-block），一个箱区通常布置两个场桥。如果一个箱区中某个子箱区有装载活动，需要专门给这个子箱区分配一个场桥。因此，在每个箱区中分配给同一艘船舶（或同时存在装载活动的几艘船舶）的子箱区数量最好不要超过 1。这样，剩下来的另一个场桥可以用于箱区中其他子箱区可能存在的卸货活动。

上述两类约束用来避免堆场内部可能出现的交通拥塞及每个箱区对两个场桥资源的竞争现象。另外，优化目标是要最小化堆场内卸货/装货路径的长度，这些路径的起点、终点则是船舶的泊位及子箱区，它们分别由泊位分配模板和堆场分配模板决定。

13.3　面向周期型分配计划模板设计的建模扩展

船舶到港的周期性因素给泊位分配模板的制订带来了新的难度[204]。如图 13-1 所示，在一个平面中不重叠地平铺若干个矩形的问题，需要扩展为在一个圆柱体侧曲面中平铺矩形的问题，这个圆柱体的圆周长就是一个规划周期（planning horizon）的长度，每个矩形代表了一艘船舶占用的泊位与时间。图 13-5 对该示例进行说明。

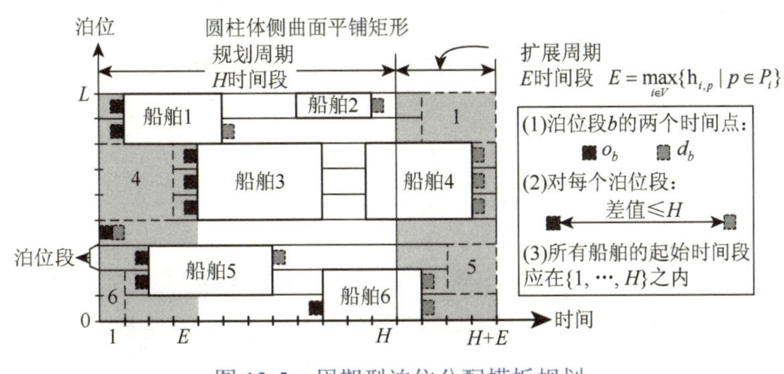

图 13-5　周期型泊位分配模板规划

为了处理上述周期性因素（假设船舶到港周期是一周），把规划周期从 H（一周）扩展为 H+E。其中，E 是所有船舶中最长停留时间。对于每一个泊位段 b（berth segment），引入两个时间点，分别表示为 o_b 和 d_b，它们分别代表泊位段 b 被占用的开始时间和结束时间。这意味着从时间点 0 到 o_b，从 d_b 到 H+E，泊位段 b 是空闲的。为了使泊位的使用过程能首尾相接绕成一个周期循环，o_b 和 d_b 之间的差值不能大于 H。此外，关于岸桥的约束也需要修正为：①在时间段 $t\in\{E+1, \cdots, H\}$，被使用的岸桥数量不能超过该港口中所有可用的岸桥数量；②在时间段 $t\in\{1, \cdots, E\}$，被使用的岸桥数量加上 t+H 时间段被使用的岸桥数量之和不能超过该港口中所有可用的岸桥数量。

当考虑周期性因素时，港口海岸线将被离散化为一个个泊位段。该假设会减少可行解空间的大小，尤其是当泊位段设置过大时。但是，泊位段设置过小也会增加模型约束的数量和变量的数量。因此，在定义每个泊位段长度时需要设置一个合理的数值。

13.4 周期型泊位分配与堆存区域分配集成优化决策模型

13.4.1 参数与变量

下标：

i, j——船舶。

k——子箱区。

t——时间段。

p——岸桥模板。

b——泊位段。

已知参数：

V——船舶集合。

B——泊位段集合，$B=\{1,2,\cdots,|B|\}$，$|B|$ 为泊位段数量。

s——一个泊位段的长度（m）；如 50m 是一个泊位段，$s=50$。

L——港口海岸线总长度（m）；$L=s\times|B|$。

K——子箱区集合，$K=\{1,2,\cdots,|K|\}$，$|K|$ 为子箱区数量。

H——规划周期内时间段的数量。

E——所有船舶中最长的停留操作时间，即 $E=\max_{\forall i\in V}\{h_{i,p} \mid p\in P_i\}$。

T——被考虑进来的所有时间段的集合，$T=\{1,2,\cdots,H+E\}$。

$[a_i^M, b_i^M]$——船舶 i 的可行时间区间，$a_i^M, b_i^M\in T$。

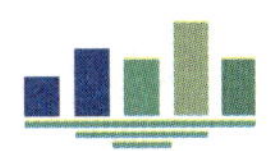

$[a_i^e, b_i^e]$——船舶 i 的期望时间区间，$a_i^e, b_i^e \in T$。

n——相邻的子箱区对（pair）。如 $n=\{21，41\}$，表示子箱区 K21 和 K41 相邻。

N——子箱区相邻对（n）的集合，$n \in N$。

g——属于同一个箱区（block）的 5 个子箱区所构成的一个组，如 $g=\{1，2，3，4，5\}$，表示子箱区 K1、K2、K3、K4、K5 属于同一个箱区。

G——箱区（g）的集合，$g \in G$。

u_i——船舶 i 的长度，$i \in V$；单位是 m。

P_i——适用于船舶 i 的所有岸桥模板的集合，$i \in V$。

Q_t——在时间段 t 所有可用的岸桥数量，$t \in \{1,2,\cdots,H\}$。

$h_{i,p}$——当使用岸桥模板 p 时，船舶 i 的停留操作时间长度；单位是时间段；$i \in V$，$p \in P_i$。

$l_{i,p,m}$——$l_{i,p,m}=1$，表示当使用岸桥模板 p 时，船舶 i 在第 m 个时间段有装载活动，反之，$l_{i,p,m}=0$；$i \in V$，$p \in P_i$，$m \in \{1,\cdots,h_{i,p}\}$。

$q_{i,p,m}$——当使用岸桥模板 p 时，船舶 i 在第 m 个时间段使用的岸桥数量，$i \in V$，$p \in P_i$，$m \in \{1,\cdots,h_{i,p}\}$。

r_i——应该分配给船舶 i 的子箱区数量，它取决于当该船到达这个港口时，有多少集装箱将要装载到该船上，$i \in V$。

$c_{i,j}$——需要从船舶 i 转运到船舶 j 上去的集装箱数量；$i,j \in V$，$i \neq j$。

$D_{k,b}^U$——从泊位段 b 到子箱区 k 的卸载（卸船）路径长度，$k \in K; b \in B$。

$D_{k,b}^L$——从子箱区 k 到泊位段 b 的装载（装船）路径长度，$k \in K; b \in B$。

$w_i^{\mathrm{Be}}, w_i^{\mathrm{Bt}}$——目标函数中的赋给船舶 i 的权重，分别表示当分配给该船的时间段早于或晚于期望时间区间时导致的成本，相对于一个单位时间段而言，$i \in V$。

w^Y——目标函数中的运输距离的单位成本权重（相对于每米长度的运输距离）。

M——一个足够大的正数。

决策变量：

$\beta_i \in [0,L]$——连续变量，船舶 i 的停泊位置，根据船舶长度的中点来度量；$i \in V$。

$\omega_{i,b} \in \{0,1\}$——如果 β_i 在泊位段 b 中，取值 1，否则，取值 0；$i \in V$，$b \in B$。

$\varphi_{i,k} \in \{0,1\}$——如果子箱区 k 被分配给船舶 i，取值 1，否则，取值 0；$i \in V$，$k \in K$。

$\gamma_{i,p} \in \{0,1\}$——如果船舶 i 采用岸桥模板 p，取值 1，否则，取值 0；$i \in V$，$p \in P_i$。

$\pi_{i,t} \in \{0,1\}$——如果船舶 i 在时间段 t 开始装卸活动，取值 1，否则，取值 0；$i \in V$，$t \in T$。

$\delta_{i,j}^T \in \{0,1\}$——如果船舶 i 的装卸活动结束时间早于船舶 j 的装卸活动开始时间，取值 1，否则，取值 0；$i,j \in V$，$i \neq j$。

$\delta_{i,j}^{B} \in \{0,1\}$——如果船舶 i 停靠在船舶 j 的下方（以图 13-1 中泊位线纵坐标轴为基准），取值 1，否则，取值 0；$i,j \in V$，$i \neq j$。

$\eta_{i,p,t} \in \{0,1\}$——如果船舶 i 采用岸桥模板 p 并且在时间段 t 开始装卸活动，取值 1，否则，取值 0；$i \in V$，$p \in P_i$，$t \in T$。

$\xi_{i,t,k} \in \{0,1\}$——如果子箱区 k 被分配给船舶 i 并且该船在时间段 t 正进行装船活动，取值 1，否则，取值 0；$i \in V$、$t \in T$，$k \in K$。

$\theta_{i,t} \in \{0,1\}$——如果船舶 i 在时间段 t 正进行装船活动，取值 1，否则，取值 0；$i \in V$、$t \in T$。

$\zeta_{i,b} \in \{0,1\}$——如果船舶 i 占用泊位段 b，取值 1，否则，取值 0；$i \in V$，$b \in B$。另外，还为 $\zeta_{i,b}$ 定义了两个辅助变量，$\zeta_{i,b}^{U}, \zeta_{i,b}^{L} \in \{0,1\}$，如果 $\zeta_{i,b}^{U} = \zeta_{i,b}^{L} = 1$，则 $\zeta_{i,b} = 1$，细节在 13.4.2 节中解释。

$\varepsilon_i \in \{1,\cdots,H\}$——整数变量，船舶 i 开始装卸活动的时间段；$i \in V$。

$\sigma_i \in T$——整数变量，船舶 i 结束装卸活动的时间段；$i \in V$。

$o_b, d_b \in T$——整数变量，泊位段 b 开始和结束使用的时间段；$b \in B$。

$\rho_t \geqslant 0$——整数变量，在时间段 t 被使用的岸桥数量，$t \in T$。

$\lambda_{i,j}^{U} \geqslant 0$——船舶 i 的停靠位置和所有分配给船舶 j 的子箱区之间卸船路径长度的平均值；$i,j \in V$，$i \neq j$。

$\lambda_{j}^{L} \geqslant 0$——船舶 j 的停靠位置和所有分配给船舶 j 的子箱区之间装船路径长度的平均值；$j \in V$。

其中，对决策变量 $\lambda_{i,j}^{U}$ 和 λ_{j}^{L} 基于输入参数 $D_{k,b}^{U}$ 和 $D_{k,b}^{L}$，分别代表了子箱区 k 和泊位段 b 之间卸船和装船路径的长度。如图 13-6 所示，子箱区 K24 和泊位段 b28 之间卸船路径长度（即 $D_{24,28}^{U}$，图 13-6 中虚线）不同于装船路径长度（即 $D_{24,28}^{L}$，图 13-6 中实线）。

图 13-6 中，船舶 j 的停靠位置为 b28，3 个子箱区 K19、K24、K27 分配给了船舶 j。此时，$r_j = 3$。在前文的定义中，λ_{j}^{L} 为船舶 j 的停靠位置和所有分配给船舶 j 的子箱区之间装船路径长度的平均值，即 $\lambda_{j}^{L} = (D_{19,28}^{L} + D_{24,28}^{L} + D_{27,28}^{L})/3$。用输入参数和决策变量来重新定义该公式，$\lambda_{j}^{L}$ 可以通过下式来计算：

$$\lambda_{j}^{L} = \left(\sum_{k \in K}\sum_{b \in B}\varphi_{j,k} \cdot \omega_{j,b} \cdot D_{k,b}^{L}\right) / r_j \qquad \forall j \in V$$

式中，$\lambda_{i,j}^{U}$ 为船舶 i 的停靠位置和所有分配给船舶 j 的子箱区之间卸船路径长度的平均值。根据图 13-6 中的示例，船舶 i 的停靠位置是 b12。所以，$\lambda_{i,j}^{U} = (D_{19,12}^{U} + D_{24,12}^{U} + D_{27,12}^{U})/3$。用输入参数和决策变量来重新定义该公式，$\lambda_{i,j}^{U}$ 可以通过下式来计算：

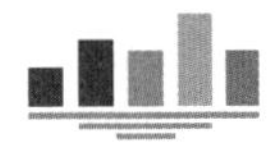

$$\lambda_{i,j}^U = \left(\sum_{k \in K} \sum_{b \in B} \varphi_{j,k} \cdot \omega_{i,b} \cdot D_{k,b}^U \right) / r_j \qquad \forall i,j \in V, i \neq j$$

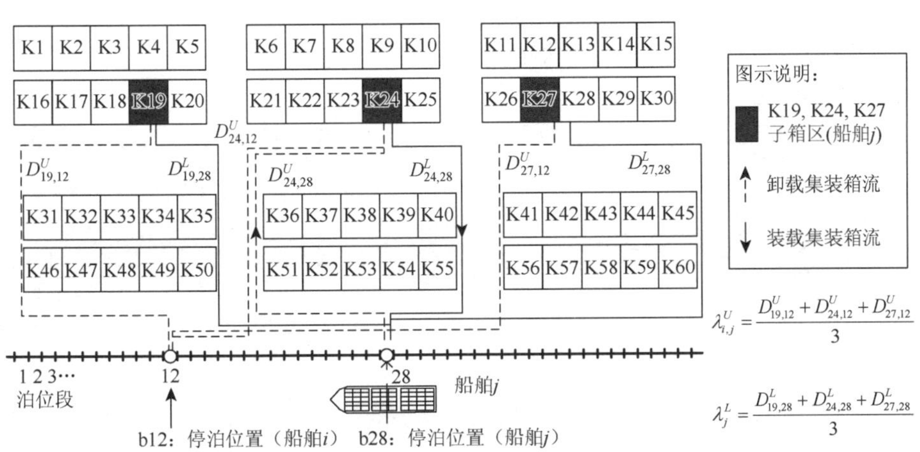

图 13-6　堆场中子箱区和船舶停靠位置之间的卸船和装船路径

13.4.2　数学模型

泊位分配模板和堆场分配模板联合优化模型的优化目标是最小化服务成本和操作成本，前者主要因为安排给船舶的停靠时间区间与他们所期望的时间区间存在偏差，后者与堆场内集装箱转运流及它们所对应的路径长度有关。前者（服务成本）可以定义为$[w_i^{\text{Be}} \cdot (a_i^e - \varepsilon_i)^+ + w_i^{\text{Bt}} \cdot (\sigma_i - b_i^e)^+]$。后者（操作成本）的定义是基于$\lambda_{i,j}^U$和$\lambda_j^L$。对于从船舶 i 转运到船舶 j 的一组集装箱$c_{i,j}$，它们先从船舶 i 的停靠位置卸载到分配给船舶 j 的子箱区，然后装载到船舶 j 的停靠位置。该过程中，卸船路径长度的平均值是$\lambda_{i,j}^U$，装船路径长度的平均值是λ_j^L。因此，目标函数中操作成本定义为$w^Y \cdot \sum_{i \in V} \sum_{j \in V, j \neq i} c_{i,j} \cdot (\lambda_{i,j}^U + \lambda_j^L)$。

对于每艘船舶（如船舶 j），将把若干个存储区域分配给该船。将来要装载到船舶 j 上去的集装箱，当它们从其他船（如船舶 i）卸下来的时候，要存放到分配给船舶 j 的若干个子箱区。在制定中期层面的堆场模板分配模板时，无法精确知道这组集装箱$c_{i,j}$中各有多少集装箱存放到各个不同的子箱区中，因为这个分配过程是短期操作层面的决策问题。因此，在建模过程中，考虑的是卸船/装船路径长度的平均值。

需要说明的是，$\sum_{i \in V} \sum_{j \in V, j \neq i} c_{i,j} \cdot (\lambda_{i,j}^U + \lambda_j^L)$只考虑了满载的集卡车辆运行路径，没有考虑空载的运行路径。空载路径不好度量，因为它涉及具体的车辆调度规则，这也属于短期操作层面的决策问题。因此，这里用满载的运输路径反映堆场内的运输成本。可以假设空载路径和满载路径近似成比例。这样，可以通过设置合适的权重系数值 w^Y 把空载运输成本也考虑进来。

泊位分配模板和堆场分配模板联合优化模型构建如下。

$(\mathcal{M}\_\mathcal{BY})$ Minimize

$$Z=\sum_{i\in V}[w_i^{\mathrm{Be}}\cdot(a_i^e-\varepsilon_i)^+ + w_i^{\mathrm{Bt}}\cdot(\sigma_i-b_i^e)^+]+w^Y\cdot\sum_{i\in V}\sum_{j\in V,j\neq i}c_{i,j}\cdot(\lambda_{i,j}^U+\lambda_j^L) \quad (13.1)$$

s.t.

$$\sum_{i\in V}\varphi_{i,k}\leqslant 1 \qquad \forall k\in K \quad (13.2)$$

$$\sum_{k\in K}\varphi_{i,k}=r_i \qquad \forall i\in V \quad (13.3)$$

$$\sum_{p\in P_i}\gamma_{i,p}=1 \qquad \forall i\in V \quad (13.4)$$

$$\sum_{b\in B}\omega_{i,b}=1 \qquad \forall i\in V \quad (13.5)$$

$$s\cdot\sum_{b\in B}\omega_{i,b}\cdot(b-1)\leqslant\beta_i\leqslant s\cdot\sum_{b\in B}\omega_{i,b}\cdot b \qquad \forall i\in V \quad (13.6)$$

$$\sum_{t\in\{1,\cdots,H\}}\pi_{i,t}=1 \qquad \forall i\in V \quad (13.7)$$

$$\varepsilon_i=\sum_{t\in T}\pi_{i,t}\cdot t \qquad \forall i\in V \quad (13.8)$$

$$\varepsilon_i+\sum_{p\in P_i}\gamma_{i,p}\cdot h_{i,p}\leqslant\varepsilon_j+(1-\delta_{i,j}^T)\cdot M \qquad \forall i,j\in V,i\neq j \quad (13.9)$$

$$\beta_i+(u_i+u_j)/2\leqslant\beta_j+(1-\delta_{i,j}^B)\cdot M \qquad \forall i,j\in V,i\neq j \quad (13.10)$$

$$\delta_{i,j}^T+\delta_{j,i}^T+\delta_{i,j}^B+\delta_{j,i}^B\geqslant 1 \qquad \forall i,j\in V,i\neq j \quad (13.11)$$

$$\varepsilon_i+\sum_{p\in P_i}\gamma_{i,p}\cdot h_{i,p}-1=\sigma_i \qquad \forall i\in V \quad (13.12)$$

$$\sigma_i\leqslant b_i^M \qquad \forall i\in V \quad (13.13)$$

$$\varepsilon_i\geqslant a_i^M \qquad \forall i\in V \quad (13.14)$$

$$u_i/2\leqslant\beta_i\leqslant L-u_i/2 \qquad \forall i\in V \quad (13.15)$$

$$\eta_{i,p,t}\geqslant\gamma_{i,p}+\pi_{i,t}-1 \qquad \forall i\in V;\forall p\in P_i;\forall t\in T \quad (13.16)$$

$$\rho_t=\sum_{i\in V}\sum_{p\in P_i}\sum_{h=\max\{1;t-h_{i,p}+1\}}^{t}q_{i,p,(t-h+1)}\cdot\eta_{i,p,h} \qquad \forall t\in T \quad (13.17)$$

$$\rho_t\leqslant Q_t \qquad \forall t\in\{E+1,\cdots,H\} \quad (13.18)$$

$$\rho_t+\rho_{t+H}\leqslant Q_t \qquad \forall t\in\{1,\cdots,E\} \quad (13.19)$$

$$\theta_{i,t+m-1}\geqslant\sum_{p\in P_i}\eta_{i,p,t}\cdot l_{i,p,m} \qquad \forall i\in V;\forall t\in T;\forall m\in\{1,\cdots,\max_{p\in P_i}\{h_{i,p}\}\} \quad (13.20)$$

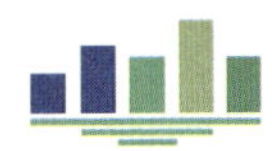

$$\xi_{i,t,k} \geqslant \varphi_{i,k} + \theta_{i,t} - 1 \qquad \forall i \in V; \forall t \in T; \forall k \in K \qquad (13.21)$$

$$\sum_{k \in n}\sum_{i \in V}\xi_{i,t,k} \leqslant 1 \qquad \forall t \in \{E+1,\cdots,H\}; \forall n \in N \qquad (13.22)$$

$$\sum_{k \in n}\sum_{i \in V}\xi_{i,t,k} + \sum_{k \in n}\sum_{i \in V}\xi_{i,t+H,k} \leqslant 1 \qquad \forall t \in \{1,\cdots,E\}; \forall n \in N \qquad (13.23)$$

$$\sum_{k \in g}\sum_{i \in V}\xi_{i,t,k} \leqslant 1 \qquad \forall t \in \{E+1,\cdots,H\}; \forall g \in G \qquad (13.24)$$

$$\sum_{k \in g}\sum_{i \in V}\xi_{i,t,k} + \sum_{k \in g}\sum_{i \in V}\xi_{i,t+H,k} \leqslant 1 \qquad \forall t \in \{1,\cdots,E\}; \forall g \in G \qquad (13.25)$$

$$\lambda_{i,j}^{U} = \left(\sum_{k \in K}\sum_{b \in B}\varphi_{j,k} \cdot \omega_{i,b} \cdot D_{k,b}^{U}\right) / r_j \qquad \forall i,j \in V, i \neq j \qquad (13.26)$$

$$\lambda_{j}^{L} = \left(\sum_{k \in K}\sum_{b \in B}\varphi_{j,k} \cdot \omega_{j,b} \cdot D_{k,b}^{L}\right) / r_j \qquad \forall j \in V \qquad (13.27)$$

$$\beta_i + u_i / 2 - s \cdot (b-1) \leqslant \zeta_{i,b}^{U} \cdot M \qquad \forall b \in B; \forall i \in V \qquad (13.28)$$

$$s \cdot b - \beta_i + u_i / 2 \leqslant \zeta_{i,b}^{L} \cdot M \qquad \forall b \in B; \forall i \in V \qquad (13.29)$$

$$\zeta_{i,b} \geqslant \zeta_{i,b}^{U} + \zeta_{i,b}^{L} - 1 \qquad \forall b \in B; \forall i \in V \qquad (13.30)$$

$$o_b \leqslant \varepsilon_i + (1 - \zeta_{i,b}) \cdot M \qquad \forall b \in B; \forall i \in V \qquad (13.31)$$

$$d_b \geqslant \sigma_i + (\zeta_{i,b} - 1) \cdot M \qquad \forall b \in B; \forall i \in V \qquad (13.32)$$

$$d_b - o_b \leqslant H - 1 \qquad \forall b \in B \qquad (13.33)$$

决策变量：

$$\beta_i \in [0,L], \quad \varepsilon_i \in \{1,\cdots,H\}, \sigma_i \in T \qquad \forall i \in V \qquad (13.34)$$

$$\zeta_{i,b}, \zeta_{i,b}^{U}, \zeta_{i,b}^{L} \in \{0,1\} \qquad \forall i \in V; \forall b \in B \qquad (13.35)$$

$$\pi_{i,t} \in \{0,1\} \qquad \forall i \in V; \forall t \in T \qquad (13.36)$$

$$\gamma_{i,p} \in \{0,1\} \qquad \forall i \in V, \forall p \in P_i \qquad (13.37)$$

$$\eta_{i,p,t} \in \{0,1\} \qquad \forall i \in V, \forall p \in P_i, \forall t \in T \qquad (13.38)$$

$$o_b, d_b \in T \qquad \forall b \in B \qquad (13.39)$$

$$\delta_{i,j}^{T}, \delta_{i,j}^{B} \in \{0,1\} \qquad \forall i,j \in V, i \neq j \qquad (13.40)$$

$$\rho_t \geqslant 0 \qquad \forall t \in T \qquad (13.41)$$

$$\omega_{i,b} \in \{0,1\} \qquad \forall i \in V; \forall b \in B \qquad (13.42)$$

$$\theta_{i,t} \in \{0,1\} \qquad \forall i \in V; \forall t \in T \qquad (13.43)$$

$$\varphi_{i,k} \in \{0,1\} \qquad \forall i \in V, \forall k \in K \qquad (13.44)$$

$$\xi_{i,t,k} \in \{0,1\} \qquad \forall i \in V, \forall t \in T, \forall k \in K \qquad (13.45)$$

$$\lambda_{i,j}^{U}, \lambda_{j}^{L} \geqslant 0 \qquad \forall i,j \in V, i \neq j \qquad (13.46)$$

约束［式（13.2）］确保每个子箱区最多只能分配给一艘船。约束［式（13.3）］限制了分配给每艘船舶的子箱区数量。约束［式（13.4）］确保为每艘船舶安排一个岸桥分配模板。约束［式（13.5）］规定了每艘船舶停靠在一个泊位段。约束［式（13.6）］把两个决策变量 β_i 和 $\omega_{i,b}$ 联系在一起，它们都与船舶停靠位置有关。约束[式(13.7)]规定了每艘船舶在一个时间段开始装卸操作。约束[式(13.8)]把两个决策变量 ε_i 和 $\pi_{i,t}$ 联系在一起，它们都与船舶开始装卸操作的时间段有关。约束［式（13.9）或式（13.10）］有效只有当 $\delta_{i,j}^T$ 或 $\delta_{i,j}^B$ 等于 1。约束［式（13.11）］避免了两艘船舶在时间轴和停靠位置轴上出现重叠冲突。约束［式（13.9）～式（13.11）］确保在图 13-1 所示的时间-泊位两维平面内任意两艘船舶的矩形不会出现重叠。约束［式（13.12）］把船舶的开始和结束操作时间段联系在一起。约束［式（13.13）］确保每艘船舶的操作结束时间段不能超过该船可行时间区间的最晚时间。约束［式（13.14）］确保每艘船舶的操作开始时间不能早于该船可行时间区间的最早时间。约束［式（13.15）］确保每艘船舶停在港口规定范围以内。约束［式（13.16）］把两个决策变量 $\eta_{i,p,t}$ 和 $\pi_{i,t}$ 联系在一起，它们都与船舶开始操作时间有关，该约束确保了当 $\gamma_{i,p}=1$ 和 $\pi_{i,t}=1$ 时，$\eta_{i,p,t}=1$。约束[式(13.17)～式（13.19）］确保了规划周期内每个时间段被使用的岸桥数量不超过港口的可用数量。对于时间段 t，如果船舶 i 采用岸桥分配模板 p 而且从时间段 h 开始操作，在时间段 t 中被船舶 i 使用的岸桥数量为 $q_{i,p,(t-h+1)}\cdot\eta_{i,p,h}$，所有船舶使用的岸桥数量为 $\sum_{i\in V}\sum_{p\in P_i}\sum_{h=1}^{t}q_{i,p,(t-h+1)}\cdot\eta_{i,p,h}$。

根据 $q_{i,p,m}$ 的定义，它的第三个下标必须满足 $1\leqslant(t-h+1)\leqslant h_{i,p}$，所以 h 值介于 $\max\{1;t-h_{i,p}+1\}$ 和 t 之间，即 $\sum_{i\in V}\sum_{p\in P_i}\sum_{h=\max\{1;t-h_{i,p}+1\}}^{t}q_{i,p,(t-h+1)}\cdot\eta_{i,p,h}$。因为考虑了周期性因素，对于 $t\in\{1,\cdots,E\}$，在时间段 t 和 $t+H$ 中被使用的岸桥数量之和不能超过港口可用岸桥数量。约束［式（13.20）］把两个决策变量 $\eta_{i,p,t}$ 和 $\theta_{i,t}$ 联系在一起，前者反映了船舶 i 开始操作的时间段，后者反映了该船进行装船操作的时间段。已知参数 $l_{i,p,m}$ 则反映了船舶 i 开始操作时间段和装船操作时间段之间的关联。约束[式(13.21)]确保当 $y_{i,k}=1$ 和 $\theta_{i,t}=1$ 时，$\xi_{i,t,k}=1$。约束[式(13.22)和式(13.23)]确保相邻的子箱区不能同时进行装船活动。因为考虑了周期性因素，对于 $t\in\{1,\cdots,E\}$，时间段 t 和 $t+H$ 实际上都对应于规划周期内的第 t 个时间段。约束[式(13.24)和式（13.25）］确保在堆场中每个箱区中，最多只能有一个子箱区进行装船活动。约束［式（13.26）和式（13.27）］是关于 $\lambda_{i,j}^U$ 和 λ_j^L 的计算，对此 13.4.1 节已有介绍。约束［式（13.28）～式（13.33）］是用来考虑泊位分配模板的周期性因素。约束［式（13.28）～式（13.30）］描述了船舶 i 是否占用泊位段 b 的条件，如果占用，则 $\zeta_{i,b}=1$。沿着泊位坐标轴（y-坐标轴），船舶 i 占用海岸线的区间是

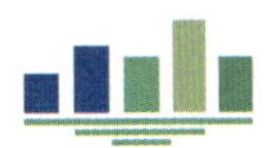

$[\beta_i - u_i/2, \beta_i + u_i/2]$，而泊位段 b 的区间是 $[s\cdot(b-1), s\cdot b]$，这里，s 为每个泊位段的长度，$b\in\{1, 2, \cdots, |B|\}$。约束［式（13.28）～式（13.30）］确保如果 $\beta_i - u_i/2 < s\cdot b < \beta_i + u_i/2 + s$，则 $\zeta_{i,b}=1$。约束［式（13.31）和式（13.32）］确保对于每个泊位段 b，o_b（或 d_b）不晚于（或不早于）所有占用该泊位段的船舶的开始（或结束）时间段。约束［式（13.33）］确保 o_b 和 d_b 之间差值不大于规划周期的长度。约束［式（13.34）～式（13.46）］定义了决策变量。

13.4.3　线性化处理

对模型中的非线性约束需要进行线性化处理。对于目标函数中的非线性部分，如 $(a_i^e - \varepsilon_i)^+$ 和 $(\sigma_i - b_i^e)^+$，定义一些辅助变量把它们线性化为 τ_i^{a+} 和 τ_i^{b+}。这样，目标函数重新构建为

$$\text{Minimize}\quad Z=\sum_{i\in V}(w_i^{\text{Be}}\cdot\tau_i^{a+}+w_i^{\text{Bt}}\cdot\tau_i^{b+})+w^Y\cdot\sum_{i\in V}\sum_{j\in V,j\neq i}c_{i,j}\cdot(\lambda_{i,j}^U+\lambda_j^L) \tag{13.47}$$

一些辅助变量定义如下：

$$a_i^e-\varepsilon_i=\tau_i^{a+}-\tau_i^{a-}\qquad \forall i\in V \tag{13.48}$$

$$\sigma_i-b_i^e=\tau_i^{b+}-\tau_i^{b-}\qquad \forall i\in V \tag{13.49}$$

$$\tau_i^{a+},\tau_i^{a-},\tau_i^{b+},\tau_i^{b-}\geqslant 0\qquad \forall i\in V \tag{13.50}$$

对于约束［式（13.26）和式（13.27）］中的非线性部分，定义两个辅助变量和约束：

（1）$\varphi_{j,k,i,b}\in\{0,1\}$。如果船舶 i 停靠在泊位段 b 并且子箱区 k 被分配给船舶 j，取值 1，否则取值 0；$i,j\in V$，$k\in K$，$b\in B$。

（2）$\phi_{j,k,b}\in\{0,1\}$。如果船舶 j 停靠在泊位段 b 并且子箱区 k 被分配给船舶 j，取值 1，否则取值 0；$j\in V$，$k\in K$，$b\in B$。

$$\lambda_{i,j}^U=\left(\sum_{k\in K}\sum_{b\in B}\varphi_{j,k,i,b}\cdot D_{k,b}^U\right)/r_j\qquad \forall i,j\in V,i\neq j \tag{13.51}$$

$$\lambda_j^L=\left(\sum_{k\in K}\sum_{b\in B}\phi_{j,k,b}\cdot D_{k,b}^L\right)/r_j\qquad \forall j\in V \tag{13.52}$$

$$\varphi_{j,k,i,b}\geqslant\varphi_{j,k}+\omega_{i,b}-1\qquad \forall i,j\in V,i\neq j,\forall k\in K,\forall b\in B \tag{13.53}$$

$$\phi_{j,k,b}\geqslant\varphi_{j,k}+\omega_{j,b}-1\qquad \forall j\in V,\forall k\in K,\forall b\in B \tag{13.54}$$

$$\varphi_{j,k,i,b},\phi_{j,k,b}\in\{0,1\}\qquad \forall i,j\in V,i\neq j,\forall k\in K,\forall b\in B \tag{13.55}$$

最后，泊位分配模板和堆场分配模板联合优化问题被定义为一个线性的混合整数规划模型：目标函数［式（13.47）］；约束［式（13.2）～式（13.25）；式（13.28）～式（13.46）；式（13.48）～式（13.55）］。

13.5 面向大规模算例求解的高效算法设计

前面提出的数学模型无法被常用优化软件（如 CPLEX、LINDO 等）直接求解。因此，设计了一种启发式算法去求解大规模问题实例下该联合优化模型。

13.5.1 算法基本框架

模型（$\mathcal{M}\_\mathcal{BY}$）的解主要包含：①堆场相关的决策变量，即子箱区的分配$\varphi_{i,k}$；②泊位相关的决策变量，即停泊位置β_i、停泊时间ε_i、岸桥分配$\gamma_{i,p}$、装船时间$\theta_{i,t}$。其他决策变量实际上也与上述变量关联。通过该算法，可以根据一个给定的船舶序列得到一个可行解。根据一艘船舶序列，得出可行解的过程有如下三个步骤。

（1）求解泊位分配模板：给定一艘船舶序列，对每艘船一个个求解模型（$\mathcal{M}\_\mathcal{B}_n$），进而依次得到每艘船舶的停泊位置$\beta_i$、停泊时间$\varepsilon_i$、岸桥分配$\gamma_{i,p}$、装船时间$\theta_{i,t}$等。

（2）求解堆场分配模板：基于上述泊位相关变量，求解模型（$\mathcal{M}\_\mathcal{Y}$）得到堆场相关的决策变量，即子箱区的分配$\varphi_{i,k}$。

（3）局部优化：通过一个迭代过程去优化上述得到的泊位和堆场相关决策变量。其中，固定堆场分配模板去优化泊位分配模板，然后将得到的改进后泊位分配模板固定，再去优化堆场分配模板，并重复上述迭代过程直到没有改进为止。

在上面三个步骤的基础上，本章的研究提出了一些启发式规则改变上面提到的船舶序列，进而改进解的质量。

后续的 13.5.2～13.5.5 节对上述三个步骤和启发式规则做出了详细介绍。

本章介绍了如何生成初始的船舶序列。该序列可以随机生成，但是这样可能会导致所得到的初始解和最优解相距甚远，从而降低求解效率。其中，提出生成初始船舶序列的规则如下：①最直观的规则就是根据参数w_i^{Be}或w_i^{Bt}的降序排列。这两个权重参数反映了船舶的优先权。②另外一个规则是根据$(\min_{p\in P_i} h_{i,p})/(b_i^M-a_i^M+1)$的降序排列，这个式子代表了船舶最短可能的操作时间和它可行时间区间长度的比值，该比值越高意味着该船在分配泊位位置和停靠时间的过程中可调节余地越小，因此这样的船应该放在船舶序列的前面位置以便优先安排。在本章的研究中，上述规则①和②分别作为首选和次选标准，用于生成初始船舶序列。

13.5.2 求解泊位分配模板

即使不考虑堆场相关的变量和约束，仅仅关于泊位和岸桥分配的集成模型也

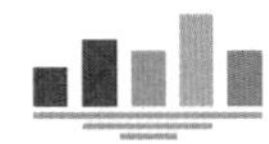

是无法直接求解的，尤其当船舶数量较多时。本章提出了一种基于序列的方法，去实现在合理的时间内找到一个满意的可行解。这种基于序列的方法按照一定的序列去一个个求解每艘船舶的泊位计划。给定一艘船舶序列，依次对每艘船舶分别求解一个泊位-岸桥分配模型（$\mathcal{M}\_\mathcal{B}_n$）。当针对一艘船舶求解完该模型（$\mathcal{M}\_\mathcal{B}_n$）时，剩余可用的泊位-时间空间及剩余可用的岸桥数量都重新更新后，再进行对下一艘船舶的求解过程。

假设一艘船舶序列为$\{v_1,v_2,\cdots,v_n,\cdots,v_N\}$，这里 N 为船舶数量。基于序列的方法就是去一个个求解上述 N 艘船舶。在第 n 个循环中，求解模型（$\mathcal{M}\_\mathcal{B}_n$）去得到序列中第 n 艘船舶的泊位-岸桥分配计划。

定义一个参数 DS，用以表示求解过程中搜索的深度，设 DS = 10。在第 n 个循环中（即求解第 n 艘船舶时），关于前 n–1 艘船舶（$v_1,\cdots,v_{n-1}$）的泊位相关变量实际上变为模型（$\mathcal{M}\_\mathcal{B}_n$）的已知数据，关于船舶（$v_n,\cdots,v_{n+\text{DS}}$）的泊位相关变量才是该模型的决策变量。求解完模型（$\mathcal{M}\_\mathcal{B}_n$）以后，所得到关于船舶 v_n 的决策变量值将成为下一个循环求解过程中的已知数据。整个求解过程包含 N-DS 个循环，最后一个循环求解船舶（$v_{N-\text{DS}},\cdots,v_N$）的泊位相关变量。

在介绍第 n 个循环的模型（$\mathcal{M}\_\mathcal{B}_n$）之前，先定义两个集合：$V_n^F=\{v_1,\cdots,v_{n-1}\}$ 和 $V_n^B=\{v_n,\cdots,v_{n+\text{DS}}\}$，$n\in\{1,2,\cdots,N-\text{DS}\}$。对于第一个循环，$V_1^F=\varnothing$。

模型（$\mathcal{M}\_\mathcal{B}_n$）构建如下：

已知参数：原始模型（$\mathcal{M}\_\mathcal{BY}$）中所有已知参数，以及 $\beta_i,\varepsilon_i,\sigma_i,\pi_{i,t},\gamma_{i,p},\eta_{i,p,t}$，$\delta_{i,j}^T,\delta_{i,j}^B,\zeta_{i,b}\ \forall i,j\in V_n^F,i\neq j$。

$$(\mathcal{M}\_\mathcal{B}_n)\quad \text{minimize}\quad Z_n^{\text{Ber}}=\sum_{i\in V_n^B}[w_i^{\text{Be}}\cdot(a_i^e-\varepsilon_i)^+ + w_i^{\text{Bt}}\cdot(\sigma_i-b_i^e)^+] \tag{13.56}$$

s.t.　约束［式（13.9）～式（13.11）；式（13.17）～式（13.19）；式（13.31）～式（13.33）］

$$\sum_{p\in P_i}\gamma_{i,p}=1 \qquad \forall i\in V_n^B \tag{13.57}$$

$$\sum_{t\in T}\pi_{i,t}=1 \qquad \forall i\in V_n^B \tag{13.58}$$

$$\varepsilon_i=\sum_{t\in T}\pi_{i,t}\cdot t \qquad \forall i\in V_n^B \tag{13.59}$$

$$\varepsilon_i+\sum_{p\in P_i}\gamma_{i,p}\cdot h_{i,p}-1=\sigma_i \qquad \forall i\in V_n^B \tag{13.60}$$

$$\sigma_i\leqslant b_i^M \qquad \forall i\in V_n^B \tag{13.61}$$

$$\varepsilon_i\geqslant a_i^M \qquad \forall i\in V_n^B \tag{13.62}$$

$$u_i/2\leqslant\beta_i\leqslant L-u_i/2 \qquad \forall i\in V_n^B \tag{13.63}$$

$$\eta_{i,p,t} \geqslant \gamma_{i,p} + \pi_{i,t} - 1 \qquad \forall i \in V_n^B; \forall p \in P_i; \forall t \in T \quad (13.64)$$

$$\beta_i + u_i / 2 - s \cdot (b-1) \leqslant \zeta_{i,b}^U \cdot M \qquad \forall b \in B; \forall i \in V_n^B \quad (13.65)$$

$$s \cdot b - \beta_i + u_i / 2 \leqslant \zeta_{i,b}^L \cdot M \qquad \forall b \in B; \forall i \in V_n^B \quad (13.66)$$

$$\zeta_{i,b} \geqslant \zeta_{i,b}^U + \zeta_{i,b}^L - 1 \qquad \forall b \in B; \forall i \in V_n^B \quad (13.67)$$

决策变量：

约束［式（13.39）～式（13.41）］

$$\beta_i \in [0, L], \quad \varepsilon_i \in \{1, \cdots, H\}, \sigma_i \in T \qquad \forall i \in V_n^B \quad (13.68)$$

$$\pi_{i,t} \in \{0,1\} \qquad \forall i \in V_n^B; t \in T \quad (13.69)$$

$$\gamma_{i,p} \in \{0,1\} \qquad \forall i \in V_n^B, p \in P_i \quad (13.70)$$

$$\eta_{i,p,t} \in \{0,1\} \qquad \forall i \in V_n^B, p \in P_i, t \in T \quad (13.71)$$

$$\zeta_{i,b}, \zeta_{i,b}^U, \zeta_{i,b}^L \in \{0,1\} \qquad \forall i \in V_n^B; \forall b \in B \quad (13.72)$$

目标函数［式（13.56）］可以采用 13.4.3 节中提及的方法线性化。

求解了上述模型以后，决策变量 $\omega_{i,b}$ 可以基于 β_i 得出。另外，针对第 n 艘船舶的变量 $\theta_{n,t}$ 也可以基于 $\eta_{n,p,t}$ 和已知参数 $l_{n,p,m}$，然后根据约束［式（13.20）］得出，即 $\theta_{n,t} = \max\left\{\sum_{p \in P_n} \eta_{n,p,t'} \cdot l_{n,p,m} \mid t' \in T; m \in \{1, \cdots, h_{i,p}\}; t = \min\{t' + m - 1; H\}\right\}$。$\omega_{i,b}$ 反映了船舶的停泊位置；$\theta_{n,t}$ 反映了船舶执行装船活动的时间段。上述这些变量都将在下一个循环中使用。

搜索深度参数 DS 非常重要。如果 DS 被设置得过大，整个求解过程将非常耗时。设置一个合适的 DS 值取决于计算机的能力。如果 DS = 0，该方法将蜕化为最常见的贪婪搜索算法，即依次选择对每艘船而言最好的位置和时间。该方法求解非常快，但优化性程度不高。另外，如果 DS 值设置过小甚至为零，可能会导致船舶序列中最后一些船无法分配到可行的位置和时间。因此，需要设置合适的 DS 值，尽量避免最后一些船舶出现非可行解的情形。

13.5.3 求解堆场分配模板

本节将介绍如何基于一个给定的泊位分配模板去得到一个堆场分配模板。已知船舶的停泊位置 $\omega_{i,b}$ 和装船操作时间段 $\theta_{i,t}$，通过求解模型（$\mathcal{M}\_\mathcal{Y}$）去求得关于堆场子箱区的分配安排。该模型如下：

已知参数：原始模型（$\mathcal{M}\_\mathcal{BY}$）中所有已知参数，以及 $\omega_{i,b}, \theta_{i,t}$，$\forall i \in V; \forall t \in T$。

$$(\mathcal{M}\_\mathcal{Y}) \text{ Minimize } Z^{\text{Yar}} = \sum_{i \in V} \sum_{j \in V, j \neq i} c_{i,j} \cdot (\lambda_{i,j}^U + \lambda_j^L) \quad (13.73)$$

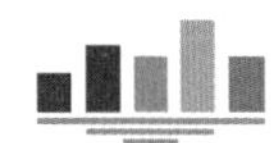

s.t. 约束［式（13.2）和式（13.3）；式（13.21）和式（13.27）；式（13.44）和式（13.46）］。

13.5.4 局部优化

通过一个迭代过程，可以改进上面所得到的泊位分配模板和堆场分配模板。其中，固定堆场分配模板，然后优化泊位分配模板，并将得到的改进后泊位分配模板固定，再去优化堆场分配模板。重复上述迭代过程直到没有改进为止。

前面的13.2节和13.3节介绍的两个阶段先后分别确定了一个泊位分配模板和堆场分配模板。因此，局部优化以相反的方向开始，即固定堆场分配模板去优化泊位分配模板。然而，对于一些大规模问题实例，即使把与堆场相关的变量（$\varphi_{i,k}$）固定，原始模型（$\mathcal{M}\_\mathcal{BY}$）依然很难直接求解。在局部优化过程中，求解另一个模型，表示为$\mathcal{M}_\mathcal{BY}_{\varphi\delta}$。该模型实际上主要基于原始模型（$\mathcal{M}_\mathcal{BY}$）但固定住$\varphi_{i,k}$和$\delta$变量。这里，$\delta$变量是指$\delta_{i,j}^{T}$和$\delta_{i,j}^{B}$，它们在前面提到的第一阶段求解过程中求得（在 13.2 节中介绍）。固定这些δ变量实际上是固定在了泊位-时间平面（图 13-1）中，代表船舶停泊的每个矩形之间的位置方位关系。如果这些δ变量被固定了，那么，与δ变量关联的约束也会被简化，没有了大数 M，而且约束的数量也会极大地减少。模型（$\mathcal{M}\_\mathcal{BY}$）的计算复杂度也会明显降低。

通过固定住变量$\delta_{i,j}^{T}$和$\delta_{i,j}^{B}$，模型（$\mathcal{M}_\mathcal{BY}$）中与δ变量关联的约束［式（13.9）和式（13.10）］简化为

如果$\delta_{i,j}^{T}=1$，约束［式（13.9）］变为$\varepsilon_i+\sum_{p\in P_i}\gamma_{i,p}\cdot h_{i,p}\leqslant\varepsilon_j$，　　$\forall i,j\in V,i\neq j$。

如果$\delta_{i,j}^{B}=1$，约束［式（13.10）］变为$\beta_i+(u_i+u_j)/2\leqslant\beta_j$，　　$\forall i,j\in V,i\neq j$。

如果$\delta_{i,j}^{T},\delta_{i,j}^{B}=0$，上述约束可以忽略。

此外，约束［式（13.11）］$\delta_{i,j}^{T}+\delta_{j,i}^{T}+\delta_{i,j}^{B}+\delta_{j,i}^{B}\geqslant1$也可以忽略。

通过固定住变量$\varphi_{i,k}$，移除模型（$\mathcal{M}_\mathcal{BY}$）中关于堆场决策的约束。通过上述简化的模型（$\mathcal{M}_\mathcal{BY}$）就可以被 CPLEX 求解。如果上述过程能够改进所得到解的质量，再反向优化，即将得到的改进后泊位分配模板固定，再去优化堆场分配模板，具体模型在 13.3 节中已介绍。重复上述迭代过程直到没有改进为止。

需要说明的是，上述将δ变量固定的方法会导致结果最优性的降低。本章的研究，提出一个更为通用的模型，表示为α-$\mathcal{M}\_\mathcal{BY}_{\varphi\delta}$，用于部分固定$\delta$变量。这意味着，在固定堆场分配模板优化泊位分配模板的过程中，随机选择α比例的δ变量固定。

通过实验，发现对于小规模问题实例（15～30 艘船舶和 80～160 个子箱区），

即使所有的δ变量不固定（即$\alpha=0$），依然能在合理的时间内求解模型。但是，当问题规模比较大时，需要设置一个合适的α值，以便能在合理的时间内求解模型，如40～50艘船舶的问题，$\alpha=0.25$。面对不同问题规模的实例时，可以通过控制α值，在解的质量和求解速度之间找到平衡。

给定一艘船舶序列，前面三节（13.5.1～13.5.3节）介绍了如何得到一个满意解。上述求解过程用伪码表示如下。在该过程中，CPLEX用来求解前面提及的一些数学模型，如$\mathcal{M}_\mathcal{B}_n$、$\mathcal{M}\_\mathcal{Y}$，且$\alpha$-$\mathcal{M}\_\mathcal{BY}_{\varphi\delta}$。

Algorithm **Solu（seq）**：输入是seq，一艘船舶序列；输出是一套泊位分配模板和堆场分配模板

```
bool = True;
For n = 1 到 N-DS
    求解 M_B_n；
Do {
    求解 M_Y；
    求解 α - M_BY_φδ；//如果没有改进，设置 bool 为 False
} While（bool）
```

13.5.5 用于改变船舶序列的启发式算法

给定一艘船舶序列，可以得出一个可行解，前面三节介绍的则是如何实现该过程。本节将介绍一些启发式算法去改变船舶序列进而去改进所得到解的质量。

已经有一些启发式算法被其他学者用于处理港口运作管理领域中的组合优化问题，如禁忌搜索（tabu search，TS）通过两两交换序列中船舶的顺序位次，以得到新的解。在禁忌搜索的每个循环中，通过两两交换序列中船舶顺序，该序列的邻域被完全搜索。这种完全搜索的两两交换策略会导致一个序列的邻域空间非常大，即$N（N–1）/2$，这里N是船舶的数量。鉴于研究问题的复杂性，给定序列的求解过程已经比其他研究中涉及的问题求解过程更耗时。因此，如果采用禁忌搜索，求解过程将变得非常费时。

另一种启发式算法，“吱呀轮”优化（SWO），也被用于港口运作管理问题中，如堆场优化问题[194]、泊位分配问题[49]。SWO算法通过如下规则改变船舶序列：首先，计算每艘船舶的成本$\text{cost}(V_i)$，公式为$\text{cost}(V_i)=[w_i^{\text{Be}}\cdot(a_i^e-\varepsilon_i)^+ + w_i^{\text{Bt}}\cdot(\sigma_i-b_i^e)^+]+ w^Y\cdot\sum_{j\in V,j\neq i}c_{i,j}\cdot(\lambda_{i,j}^U+\lambda_j^L)$。然后，从船舶序列的前端往后，对于每两个相邻船舶，如果前者的成本低于后者，则交换该两艘船舶在序列中的位次。通过N–1次交换操作以后，得到一个新的序列。为了避免SWO算法陷入无效的重复循环中，如果某序列之前已经生成过了，局部优化则不再执行，这样会得到一个更恶化的目

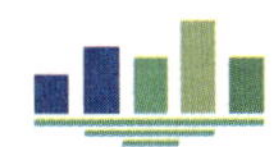

标值，但可能会引出一个新的船舶序列。当经过一定数目的循环以后，最优解无改进，则 SWO 算法结束。

与禁忌搜索算法比较，SWO 算法只考虑序列中相邻船舶的交换。SWO 算法并不是对所有类型的港口运作优化问题都表现出优秀的求解效果。对于泊位-岸桥分配优化问题，SWO 算法有出色的表现[49]。但是，对于堆场空间分配问题，SWO 算法的表现不如其他启发式算法[137]。前面一段提到，交换操作使得成本值较高的船舶朝序列的前端移动，这意味着提高这些船舶的优先权。这样的交换操作基于一个假设，即把成本值高的船舶朝序列的前端移动会改进最终解的质量。然而，该假设可能在泊位-岸桥分配优化问题中成立，但在堆场空间分配问题中并不一定适用。因此，一种名为 Critical-Shaking Neighborhood Search（CSNS）的算法被 Lim 和 Xu[137]提出，并且证明在对堆场分配类型的问题求解中，该法比其他启发式算法更有效。SWO 算法是增加序列中关键元素的优先权，而 CSNS 是随机地改变序列中关键元素的优先权，进而避免求解过程陷入局部最优中。其中，关键元素就是指序列中成本值较高的船舶，即 $\mathrm{cost}(V_i)$。定义 NC 为关键元素的个数。给定一艘船舶序列，选择成本最高的 NC 艘船舶，然后随机地改变这些船舶在序列中的位次。为了避免 CSNS 算法陷入无效重复的循环中，如果某序列之前生成过，将随机地再生成一个新的序列。当经过一定数目的循环以后，最优解无改进，则 CSNS 算法结束。

其他学者的研究证实了 SWO 算法和 CSNS 算法分别在泊位分配和堆场分配相关问题中各有出色的表现[49, 137]。本章研究的问题是泊位分配和堆场分配的集成，下一节的实验会探寻究竟哪种算法对泊位和堆场分配的集成问题更有效。

13.6　模型与算法有效性验证和参数灵敏度分析实验

本章设计并实施了一系列实验去验证所提出模型的有效性，以及所提出算法的效率。提出的算法中所涉及的数学模型都是由 CPLEX11.0（Visual Studio 2008，C#）在一台计算机（Intel Core 2 Duo，2.67G Hz；内存 4G）上编程实现的。

13.6.1　问题实例的生成

规划周期为一周。每天分为了六个时间段，每个时间段为 4 小时。每周包含了 42 个时间段。本章研究中，考虑六个级别的问题实例：①15 艘船舶，80 个子箱区，500m 码头岸线，5 台岸桥；②20 艘船舶，120 个子箱区，700m 码头岸线，7 台岸桥；③30 艘船舶，160 个子箱区，1100m 码头岸线，11 台岸桥；④40 艘船舶舶，240 个子箱区，1500m 码头岸线，15 台岸桥；⑤50 艘船舶，300 个子箱区，1800m 码头岸线，18 台岸桥；⑥60 艘船舶，360 个子箱区，2000m 码头岸线，20 台岸桥。

本章所涉及的船舶被分为三类：支线船（feeder）、中型船（medium）、大型船（jumbo）。这些不同类别的船舶，具体技术参数也各不相同，如表 13-1 所示。为每艘船舶生成岸桥分配模板的一些参数也列在表 13-1 中。

表 13-1　不同类型船舶的技术参数

类型	比例	长度/m	平均长度/m	岸桥模板				
				使用的岸桥数量范围	操作时间范围（时间段）	平均操作时间（时间段）	工作负荷范围（岸桥×时间段）	平均工作负荷（岸桥×时间段）
支线船	1/3	100～200	150	1～3	2～4	3	2～5	3.5
中型船	1/3	200～300	250	2～4	3～5	4	6～14	10
大型船	1/3	300～400	350	3～6	4～6	5	15～20	17.5

根据表 13-1，三种类型船舶的平均长度分别为 150m、250m、350m；平均操作时间分别为 3 个、4 个、5 个时间段；平均工作负荷分别为 3.5 岸桥×时间段、10 岸桥×时间段、17.5 岸桥×时间段。因此，平均而言，每艘船舶占用了(150×3+250×4+350×5)/3 = 1066.7m×时间段和(3.5+10+17.5)/3 = 10.3 岸桥×时间段。针对上述 6 个级别的问题实例，它们的泊位利用率和岸桥利用率如表 13-2 所示，利用率大致在 65%～76%，该范围和实际港口运作环境基本符合。

表 13-2　不同级别的问题实例中泊位利用率和岸桥利用率

船舶数量/N	岸线长度/L	岸桥数量/Q	规划周期/T	N×1 066.7	L×T	泊位利用率	N×10.3	Q×T	岸桥利用率
15	500	5	42	16 001	21 000	76%	155	210	74%
20	700	7	42	21 334	29 400	73%	206	294	70%
30	1 100	11	42	32 001	46 200	69%	309	462	67%
40	1 500	15	42	42 668	63 000	68%	412	630	65%
50	1 800	18	42	53 335	75 600	71%	515	756	68%
60	2 000	20	42	64 002	84 000	76%	618	840	74%

注：“1066.7”和“10.3”代表了平均而言每艘船舶占用了 1066.7m×时间段和 10.3 岸桥×时间段，这两个数值是根据表 13-1 中数据算出的。

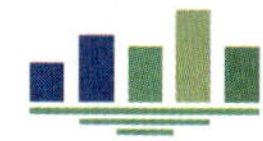

图 13-7 展示了本实验研究中涉及的堆场布局。每个箱区（block）深度为 6 个标准箱（TEU），长度为 40 个标准箱。每个箱区分为 5 个子箱区（sub-block），每个子箱区的长度是 8 个标准箱，大约 50 m。堆场码放的高度为 5 个标准箱。因此，每个子箱区的容量为 240（＝6×8×5）个标准箱。堆场分配决策中的基本单元是子箱区。堆场中通道宽度约为 30m。根据图 13-7 中的堆场布局及相关参数，可以事先计算出关于给定起点、终点之间的装船/卸船路径的长度。

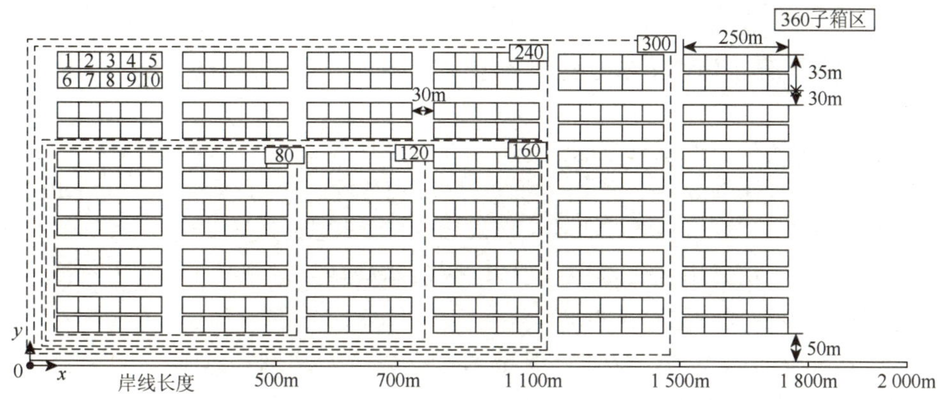

图 13-7　问题实例中的堆场布局示意图

权重参数 w_i^{Be} 和 w_i^{Bt} 分别是指分配给船舶的时间区间如果早于或晚于船舶期望时间区间所导致的单位成本（相对于单位时间段而言）。对于三类不同级别的船舶（支线船、中型船、大型船），这两个权重参数的范围分别为[2，6]、[6，10]、[10，14]，平均值分别为 4、8、12[49]。权重参数 w^Y 是堆场内单个集装箱运输的单位成本［相对于单位运输距离（m）而言］。设置 $w^Y=5\times10^{-6}$。该设置使得泊位分配方面的总成本和堆场方面的运输总成本处于相同的数量级。

船舶的可行时间区间 $[a_i^M, b_i^M]$ 和期望时间区间 $[a_i^e, b_i^e]$ 随机地分布于整个规划周期，有些船舶的时间区间跨越了规划周期中最后一个时间段（第 H 个时间段），从而计划的周期性因素也可以在实验中得到验证，如图 13-3 所示。每艘船舶的期望时间区间（或可行时间区间）的长度大约等于（或 5 倍于）该船舶平均操作时间的长度。

对于 $c_{i,j}$，即从船舶 i 到船舶 j 转运的集装箱数量。其数据在满足一定约束前提下随机生成。该约束前提就是：对于三类不同级别的船舶（支线船、中型船、大型船），它们的卸船和装船的集装箱数量之和分别在区间[240，600]、[720，1680]、[1800，2400]之中。这些区间值是根据表 13-1 中列出的船舶平均工作负荷推算出来的。在推算中，假设一台岸桥平均每小时处理 30 个集装箱。

对于 r_i，即分配给船舶 i 的子箱区数量。对于三类不同级别的船舶，该参数的范围分别为[2，3]、[4，7]、[8，10]。这些区间值是根据前面提到的每艘船舶的卸载和装载集装箱数量之和来推算的。在推算中假设：每艘船舶的卸载和装载集装箱大约各占一半，而且以 40 英尺集装箱（即两标准箱）为主，每个子箱区的容量大约是 240 标准箱。

对于 s，即一个泊位段的长度，实验中设为 50m。

13.6.2 和下界（lower bound）的比较

为了评价所提出的求解方法，需要与最优解比较。然而，本章数学模型的最优解无法获得。本领域中其他相关研究一般是把自己算法得到的解和由 CPLEX 获得的下界值（LB_{cplex}）进行比较。然而由于数学模型（$\mathcal{M}\_\mathcal{BY}$）太复杂，该方法在本章中无法适用。因为即使对于小规模问题实例（15 艘船舶，80 个子箱区），依然无法在 10 小时内通过 CPLEX 获得一个可用的下界值（LB_{cplex}）。CPLEX 求解过程中显示的偏差值（GAP）非常大，以至于无法确保其显示出来的下界值 LB_{cplex} 是可信的。所以，采用另外一个下界值（$\text{LB}_{\text{decoup}}$），该值通过把原始模型解耦分解成泊位分配和堆场分配两个独立问题来求解，然后获得一个下界值。关于获得该下界值的详细过程描述如下。

所提模型（$\mathcal{M}\_\mathcal{BY}$）的一个下界（lower bound）

为了客观评价所提算法的求解性能和效率，需要将该算法求得的结果与一个下界值进行比较。采用将原始模型（$\mathcal{M}\_\mathcal{BY}$）解耦成泊位分配和堆场分配两个独立问题的方式求取一个下界值（$\text{LB}_{\text{decoup}}$）。这两个独立问题的数学模型分别表示为 $\mathcal{M}\_\mathcal{B}\text{erth}$ 和 $\mathcal{M}\_\text{Yard}$。它们的最优解目标函数值分别表示为 Z^B 和 Z^Y。从而，原始模型的下界值为 $\text{LB}_{\text{decoup}} = Z^B + Z^Y$。

（1）泊位分配模板优化模型。对泊位分配与堆场分配进行解耦，在构建泊位分配模板优化模型时，原始模型（$\mathcal{M}\_\mathcal{BY}$）中与装船活动相关联的约束和变量将会被略去。因为装船活动引起的堆场交通负荷分布将不在泊位分配中考虑。独立的泊位分配模板优化模型（$\mathcal{M}\_\mathcal{B}\text{erth}$）被构建成如下形式：

$$(\mathcal{M}\_\mathcal{B}\textbf{erth})\ \text{Minimize}\quad Z^B = \sum_{i\in V}[w_i^{\text{Be}}\cdot(a_i^e-\varepsilon_i)^+ + w_i^{\text{Bt}}\cdot(\sigma_i-b_i^e)^+] \tag{13.74}$$

s.t. 约束［式（13.4）；式（13.7）～式（13.19）；式（13.28）～式（13.41）］

（2）堆场分配模板优化模型。提出的堆场模板优化模型（$\mathcal{M}\_\text{Yard}$）不同于 5.3 节中提出的堆场优化模型（$\mathcal{M}\_\mathcal{Y}$）。本章是在泊位分配模板给定的情况下，

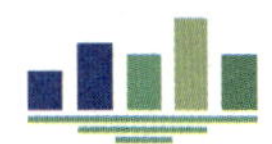

求解模型 $\mathcal{M}\_\mathcal{Y}$ 以获得堆场分配模板。这意味着，代表泊位分配的变量 $\omega_{i,b}$，实际上对模型 $\mathcal{M}\_\mathcal{Y}$ 而言是已知的输入参数。但是，对于模型 $\mathcal{M}$_Yard 而言，$\omega_{i,b}$ 是决策变量。模型 $\mathcal{M}$_Yard 的目标是：基于所有可能的泊位分配方案，算出最小的堆场内交通运输路径总长度。

在原始的联合优化模型（$\mathcal{M}\_\mathcal{BY}$）中，相邻的子箱区（sub-block）不能同时有装船活动，这意味着：①如果若干艘船舶它们在一些时间段同时有装船活动，那么分配给这些船舶的子箱区不能有相邻的；②在这些子箱区中，不能有两个或两个以上的子箱区在一个箱区（block）中。其中，因为堆场分配模型与泊位分配模型是解耦、相互独立的，因此，关于船舶的装船时间段等信息也是未知的。所以，上面这些约束可以松弛为：①分配给每艘船舶的子箱区不能有相邻的；②在这些子箱区中，不能有两个或两个以上的子箱区在一个箱区中。独立的堆场分配模板优化模型（$\mathcal{M}$_Yard）被构建成如下形式：

$$(\mathcal{M}\_\textbf{Yard})\ \text{Minimize}\quad Z^Y = w^Y \cdot \sum_{i\in V}\sum_{j\in V, j\neq i} c_{i,j}\cdot(\lambda_{i,j}^U + \lambda_j^L) \tag{13.75}$$

s.t.　约束［式（13.2）和式（13.3）；式（13.5）］

$$\sum_{k\in n}\varphi_{i,k} \leqslant 1 \qquad \forall i\in V;\forall n\in N \tag{13.76}$$

$$\sum_{k\in g}\varphi_{i,k} \leqslant 1 \qquad \forall i\in V;\forall g\in G \tag{13.77}$$

$$\lambda_{i,j}^U = \left(\sum_{k\in K}\sum_{b\in B}\varphi_{j,k,i,b}\cdot D_{k,b}^U\right)/r_j \qquad \forall i,j\in V, i\neq j \tag{13.78}$$

$$\lambda_j^L = \left(\sum_{k\in K}\sum_{b\in B}\phi_{j,k,b}\cdot D_{k,b}^L\right)/r_j \qquad \forall j\in V \tag{13.79}$$

$$\varphi_{j,k,i,b} \geqslant \varphi_{j,k} + \omega_{i,b} - 1 \qquad \forall i,j\in V, i\neq j, \forall k\in K, \forall b\in B \tag{13.80}$$

$$\phi_{j,k,b} \geqslant \varphi_{j,k} + \omega_{j,b} - 1 \qquad \forall j\in V, \forall k\in K, \forall b\in B \tag{13.81}$$

决策变量：

$$\varphi_{i,k}\in\{0,1\} \qquad \forall i\in V, \forall k\in K \tag{13.82}$$

$$\lambda_{i,j}^U, \lambda_j^L \geqslant 0 \qquad \forall i,j\in V, i\neq j \tag{13.83}$$

$$\omega_{i,b}\in\{0,1\} \qquad \forall i\in V, \forall b\in B \tag{13.84}$$

$$\varphi_{j,k,i,b}, \phi_{j,k,b}\in\{0,1\} \qquad \forall i,j\in V, i\neq j, \forall k\in K, \forall b\in B \tag{13.85}$$

$\text{LB}_{\text{decoup}}$ 肯定是不大于原始模型的最优解。其中，用 $\text{LB}_{\text{decoup}}$ 来验证所提算法的效果。

表 13-3 展示了两种启发式算法所得到的解与下界 LB_{decoup} 进行比较的结果。在对这些小规模问题实例的求解过程中，设置 $\alpha=0$，意味着 δ 变量不用被固定（13.4 节已介绍）。另外，设置搜索深度 DS = 10（13.2 节已介绍）。如果连续 5 次循环中，最优解无改进，则算法结束。

表 13-3 中的数据表明 CSNS 算法和 SWO 算法效果相差不大。如果比较平均偏差值（$\text{Gap}=\dfrac{\text{目标值}-\text{下界}}{\text{下界}}$），SWO 算法大约是 5.7%，略好于 CSNS 算法，但是 SWO 算法的计算时间长于 CSNS 算法。需要说明的是，该偏差值不能反映出真实的偏差（$\text{RE}=\dfrac{Z_{\text{Heuristic}}-Z_{\text{Optimal}}}{Z_{\text{Optimal}}}$），即 $\text{Gap}\neq\text{RE}$。实验中得到偏差数据证实了所提出的算法得到的结果与最优解的真实偏差不大于 5.7%，即 0≤RE≤5.7%。

表 13-3　小规模问题实例（15～30 艘船舶、40～80 个子箱区）的实验结果

问题实例	编号	下界	CSNS 算法			SWO 算法		
			目标值	偏差	时间/分钟	目标值	偏差	时间/分钟
15 艘船舶 80 个子箱区	15_1	262	269	2.7%	12	267	1.9%	14
	15_2	231	238	3.0%	9	241	4.3%	7
	15_3	277	295	6.5%	23	290	4.7%	34
	15_4	187	196	4.8%	8	196	4.8%	8
	15_5	224	238	6.3%	12	235	4.9%	16
	15_6	342	352	2.9%	43	359	5.0%	36
	15_7	213	225	5.6%	13	223	4.7%	18
	15_8	303	321	5.9%	15	317	4.6%	20
	15_9	286	295	3.1%	29	301	5.2%	24
	15_10	270	280	3.7%	27	277	2.6%	33
20 艘船舶 120 个子箱区	20_1	427	449	5.2%	22	452	5.9%	19
	20_2	325	336	3.4%	14	333	2.5%	17
	20_3	374	398	6.4%	29	393	5.1%	32
	20_4	408	431	5.6%	52	433	6.1%	46
	20_5	320	343	7.2%	14	344	7.5%	18
	20_6	384	408	6.3%	29	404	5.2%	35
	20_7	448	461	2.9%	12	458	2.2%	16
	20_8	372	400	7.5%	55	402	8.1%	49
	20_9	295	319	8.1%	12	317	7.5%	23
	20_10	390	395	1.3%	17	392	0.5%	25

续表

问题实例	编号	下界	CSNS 算法			SWO 算法		
			目标值	偏差	时间/分钟	目标值	偏差	时间/分钟
30 艘船舶 160个子箱区	30_1	470	505	7.4%	99	503	7.0%	127
	30_2	498	536	7.6%	40	538	8.0%	36
	30_3	562	610	8.5%	116	607	8.0%	138
	30_4	469	511	9.0%	69	514	9.6%	52
	30_5	493	536	8.7%	193	532	7.9%	232
	30_6	502	549	9.4%	292	551	9.8%	264
	30_7	475	505	6.3%	27	505	6.3%	27
	30_8	419	456	8.8%	82	452	7.9%	102
	30_9	491	530	7.9%	93	528	7.5%	118
	30_10	555	589	6.1%	61	586	5.6%	84
平均值				5.9%	51		5.7%	56

因为本章模型的复杂性，无法获得最优解甚至是一个可信的下界值，进而算出精确的 RE 值去客观准确地评价所提出的算法。例如，对于问题实例#15_1，CPLEX 无法直接求解原始模型，而且经过漫长的求解过程，在内存溢出前显示的下界值（LB_{cplex}）大约为 81，而该值却大大低于 262，即 LB_{decoup}，该数值是通过把原始问题解耦成两个独立问题后分别求解从而得到的一个下界值。因此，其他相关研究中广泛用到的 LB_{cplex} 下界值在本章的研究中不适用。因为 LB_{decoup} 这个下界值距离最优解比较松散，实际的算法偏差值可能大大小于 5.7%。

13.6.3　与其他规划策略的比较

为了评价所提出模型的有效性，将本模型与另外两种泊位和堆场分配策略进行了比较。

策略 1：先求得泊位分配模板，然后在该泊位分配模板的基础上求解堆场分配模板。该策略实际上就是所提出算法的第一个循环（但不包含局部优化过程）。

策略 2：先求解泊位分配模板，求解模型的目标函数中考虑一个简单的堆场成本函数。然后在所得到的泊位分配模板的基础上去求解堆场分配模板。其中，求解泊位分配模板的模型类似于 Giallombardo 等[114]提出的模型。本实验中，该模型的目标函数中所考虑的堆场成本函数是一个线形函数，自变量是转运集装箱进/出港的泊位位置之间的距离。具体地说，求解泊位分配模板的模型目标函数是 Minimize $\sum_{i\in V}[w_i^{\mathrm{Be}}\cdot(a_i^e-\varepsilon_i)^+ + w_i^{\mathrm{Bt}}\cdot(\sigma_i-b_i^e)^+] + w^{Y'}\cdot\sum_{i\in V}\sum_{j\in V,j\neq i}c_{i,j}\cdot\left|\beta_i-\beta_j\right|$；该模型的约束

和前面介绍的泊位分配所涉及的约束相同。其中，参数 $w^{Y'}$ 不同于前面所定义的参数 w^Y，因为 w^Y 是堆场内部集装箱交通流的权重，它是相对堆场内集装箱运输的路径长度；而 $w^{Y'}$ 这个权重参数是相对于转运集装箱进/出港的泊位位置之间的距离。关于 $w^{Y'}$ 参数的设定，也要尽量使得泊位分配方面的总成本和堆场方面的运输总成本处于相同的数量级。策略 2 中这个模型的目的就是在优化泊位分配模板时，如果一对船舶它们之间转运量很大，让这两艘船的泊位位置尽量靠近些。

对于上述两种策略，计算出所得到的泊位分配模板和堆场分配模板的目标函数值（表 13-4 中的目标值）。为了比较的公平性，上述两种策略的目标函数值也根据式（13.1）计算得到。为了得到一个更为全面的比较，两种策略的目标值内细分的泊位方面成本目标值（Z_{Berth}）和堆场方面成本目标值（Z_{Yard}）也在表 13-4 中列出。

表 13-4　所提出的模型与另外两种策略的比较

实例编号	CSNS/SWO			策略 1				策略 2			
	目标值	Z_{Berth}	Z_{Yard}	目标值	Z_{Berth}	Z_{Yard}	$\mathrm{Gap}_{\mathrm{Yard}}$	目标值	Z_{Berth}	Z_{Yard}	$\mathrm{Gap}_{\mathrm{Yard}}$
30_1	503	338	165	574	330	244	47.9%	538	336	202	22.4%
30_2	536	329	207	586	322	264	27.5%	571	324	247	19.3%
30_3	607	392	215	683	392	291	35.3%	664	395	269	25.1%
30_4	511	311	200	576	308	268	34.0%	563	308	255	27.5%
30_5	532	350	182	633	347	286	57.1%	583	352	231	26.9%
30_6	549	348	201	637	343	294	46.3%	601	345	256	27.4%
30_7	505	308	197	612	305	307	55.8%	569	307	262	33.0%
30_8	452	252	200	582	250	332	66.0%	524	251	273	36.5%
30_9	528	315	213	610	315	295	38.5%	572	315	257	20.7%
30_10	586	398	188	691	394	297	58.0%	651	397	254	35.1%
平均值							46.6%				27.4%

注：①CSNS/SWO 表示 CSNS 算法或 SWO 算法得到的两个结果中的较好值（具体结果参见表 13-3）。②Z_{Berth} 和 Z_{Yard} 分别表示最终目标值中细分的泊位方面的目标值和堆场方面的目标值。③$\mathrm{Gap}_{\mathrm{Yard}} = [Z_{\mathrm{Yard}}$（策略 1 或策略 2）$-Z_{\mathrm{Yard}}$（CSNS/SWO）$]/Z_{\mathrm{Yard}}$（CSNS/SWO）；它代表了相比于所提出的模型，策略 1 或策略 2 得到的堆场分配模板将会导致多少程度的运输总距离的增加。

基于表 13-4 中的数据，可以得到如下结论。

（1）根据与策略 1 的比较结果，发现最优的泊位分配模板可能会导致比较差的堆场分配模板。数据显示，基于最优泊位分配模板所求得的堆场分配模板，其堆场内集装箱运输路径的总距离，相比于提出模型所求得的解，长了 46%。

（2）在求解泊位分配模板时，策略 2 考虑了有一个简单的堆场成本函数。在优化泊位分配模板过程中，如果一对船舶它们之间转运量较大时，可以让这两艘船的泊位位置安排地尽量靠近些。在堆场成本方面，策略 2 优于策略 1；但其堆场内集装箱运输路径的总距离，相比于所提模型求得的解，仍然长了 27%。

（3）对于泊位分配模板的成本（即 Z_{Berth}），提出的模型及策略 2 都没有明显

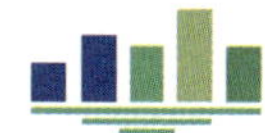

差于策略 1。这意味着，考虑堆场内运输成本因素不会导致泊位分配模板成本的明显恶化。

（4）通过与策略 1 的比较，发现在一些问题实例中，提出模型所求得的泊位分配模板成本值（即 Z_{Berth}）和策略 1 得到的值相同。这意味着，最优的泊位分配模板目标函数值可能对应于若干个不同的泊位分配模板。从这些泊位分配模板中，传统方法不一定就能选出一个更有利于生成较优堆场分配模板的泊位分配模板。

实验结果可以反映出：泊位分配模板与堆场分配模板进行集成联合优化的必要性，这种集成优化可以缩短堆场内集装箱运输路径的总长度，缩短的幅度可以达到约 27%。

需要说明的是，所提模型的求解时间明显长于策略 1 和策略 2。模型计算的费时，也是所提模型详细考虑堆场内运输成本的代价。但是，泊位分配模板与堆场分配模板的优化问题属于港口运作管理中策略层面（中期）的决策问题。因此，模型的计算时间虽较长，但对实际环境中的决策效率影响不大。

13.6.4　参数 α 和 DS 的灵敏度分析

在求解大规模问题实例时，如果 δ 变量不固定的话，求解过程将非常耗时。因此，一定比例（α）的 δ 变量被固定住，以至于整个求解过程能在合理的时间内完成。但是，这样会导致最终解的最优性损失，影响解的质量。所以，需要对参数 α 进行灵敏度分析，研究在求解大规模问题实例时，不同的 α 值对最终解的影响程度。表 13-5 显示了，当参数 α 设为不同值时，采用 CSNS 算法获得的最终解的目标值。因为篇幅的关系，采用 SWO 算法的灵敏度分析结果在这里略去。

表 13-5　采用 CSNS 算法时参数 α 对最终解的影响分析

实例编号	$\alpha=0$		$\alpha=0.2$			$\alpha=0.3$			$\alpha=0.4$		
	OBJ	时间/分钟	OBJ	偏差	时间/分钟	OBJ	偏差	时间/分钟	OBJ	偏差	时间/分钟
30_1	505	99	522	3.4%	43	529	4.8%	29	536	6.1%	18
30_2	536	40	547	2.1%	32	559	4.3%	14	567	5.8%	11
30_3	610	116	641	5.1%	67	656	7.5%	40	663	8.7%	15
30_4	511	69	530	3.7%	45	543	6.3%	26	569	11.4%	17
30_5	536	193	539	0.6%	116	556	3.7%	45	578	7.8%	27
30_6	549	292	563	2.6%	139	574	4.6%	51	601	9.5%	30
30_7	505	27	522	3.4%	20	530	5.0%	13	548	8.5%	9
30_8	456	82	465	2.0%	48	478	4.8%	32	511	12.1%	24
30_9	530	93	551	4.0%	52	563	6.2%	34	582	9.8%	19
30_10	589	61	604	2.5%	34	611	3.7%	27	635	7.8%	18
平均值		107		2.9%	60		5.1%	31		8.7%	19

注：OBJ 代表目标值，偏差 =（$\text{OBJ}-\text{OBJ}_{\alpha=0}$）/$\text{OBJ}_{\alpha=0}$。

表 13-5 的结果显示：当参数 α 增加时，解的质量会下降，但求解速度会提升。当 $\alpha = 0$ 时，这意味着 δ 变量不被固定。随着参数 α 的增加，更多的 δ 变量在求解过程中被固定住，这样缩短了求解时间。当 $\alpha = 0.2$ 时获得的解与当 $\alpha = 0$ 时的解相比，偏差大约是 3%。在接下来针对 40 艘船和 240 个子箱区的实验中，参数 α 的值就设为 0.2。

实验中也分析了参数 DS 对最终解的影响。表 13-6 展示了当采用 CSNS 算法时，不同的 DS 值所对应的最终结果。因为篇幅的关系，采用 SWO 算法的参数 DS 灵敏度分析结果在这里略去。通过表 13-6 可以发现，计算时间随着 DS 值的增大而明显上升；但当 DS 值超过 10 以后，DS 值的增大并没有明显改善解的质量。另外，实验还表明，过小的 DS 值会导致算法不可行，因为在计算过程中针对船舶序列里最后几艘船时，没有足够的泊位-时间空间及岸桥分配给它们从而导致求解的失败。在接下来针对 40～60 艘船的实验中，DS 值将设为 10。

表 13-6　采用 CSNS 算法时参数 DS 对最终解的影响分析

实例编号	DS = 0		DS = 5		DS = 10		DS = 15		DS = 20	
	OBJ	时间/分钟	OBJ	时间/分钟	OBJ	时间/分钟	OBJ	时间/分钟	OBJ	时间/分钟
30_1	Fail	N.A.	514	60	505	99	505	130	505	174
30_2	Fail	N.A.	539	24	536	40	533	65	532	96
30_3	Fail	N.A.	Fail	N.A.	610	116	610	142	610	177
30_4	542	38	517	45	511	69	509	87	509	138
30_5	551	103	536	138	536	193	536	279	536	311
30_6	Fail	N.A.	553	202	549	292	552	466	549	520
30_7	536	20	511	23	505	27	505	43	503	52
30_8	470	41	458	59	456	82	456	128	457	144
30_9	Fail	N.A.	530	75	530	93	530	155	530	169
30_10	Fail	N.A.	595	47	589	61	586	79	586	98
平均值		51		75		107		157		188

13.6.5　针对大规模问题实例的实验

对于大规模问题实例，前面提到的下界值 LB_{decoup} 也无法在合理的时间内求出。所提的算法将与 FCFS 策略（first come first served）进行比较，FCFS 是泊位分配中最直观的策略。根据 FCFS，按照船舶期望时间区间起点（即 a_i^e）的升序顺序，依次给它们安排停靠泊位、时间、岸桥等。然后，在所得到的泊位分配模板的基础上，再优化堆场分配模板。对于 FCFS 策略，它的目标函数值的计算公

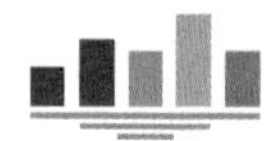

式也和本章所提出模型的目标函数一致，即式（13.1）。表 13-7 列出了所提出算法和 FCFS 策略进行比较的结果。

表 13-7　对于 40 艘船舶的大规模问题实例的实验结果（$\alpha=0.2$）

实例编号	FCFS OBJ	CSNS 算法			SWO 算法		
		OBJ	$Rate_{imp}$	时间/分钟	OBJ	$Rate_{imp}$	时间/分钟
40_1	1 262	785	37.8%	95	776	38.5%	132
40_2	1 259	821	34.8%	102	796	36.8%	166
40_3	1 011	710	29.8%	110	683	32.4%	145
40_4	1 015	694	31.6%	98	713	29.8%	76
40_5	1 012	736	27.3%	63	708	30.0%	85
40_6	990	795	19.7%	212	821	17.1%	192
40_7	1 465	863	41.1%	93	815	44.4%	133
40_8	993	729	26.6%	85	712	28.3%	110
40_9	930	665	28.5%	139	633	31.9%	155
40_10	1 183	764	35.4%	103	790	33.2%	91
平均值			31.3%	110		32.2%	129

注：改进幅度（rate of improvement）计算公式为 $Rate_{imp}=(OBJ_{FCFS}-OBJ)/OBJ_{FCFS}$。

表 13-7 中，$Rate_{imp}$ 指标代表了本章所提算法相比于 FCFS 策略的改进幅度。前文所提出的两种启发式算法（CSNS 和 SWO 算法）都显现出了明显的比较优势。另外，对于大规模问题实例，SWO 算法比 CSNS 算法表现得要略好一点。但是，前者的计算时间要比后者长一些。

当船舶数量达到 50 时，算法中涉及的一些子模型（如 $\mathcal{M}\_\mathcal{Y}$ 和 $\alpha\text{-}\mathcal{M}\_\mathcal{BY}_{\varphi\delta}$），因为内存溢出无法在合理的时间内被 CPLEX 求解。对于涉及 50～60 艘船舶的问题实例，不得不通过重新定义子箱区（sub-block）以减少它们的数量，进而缩小问题规模以至于能被 CPLEX 求解。如图 13-7 所示，每一对背靠背的子箱区，如子箱区 1 和 6、子箱区 2 和 7，分别可视为一个大子箱区。在堆场分配中，以这种大子箱区为分配单元。从而，可以理论上缩减问题规模约 50%。输入参数中关于一个泊位段和一个大子箱区之间的运输路径长度，可以取该泊位段到上述两个子箱区距离的平均值。输入参数中关于大子箱区的位置相邻关系，也需要做相应修改并重新定义。上述用于缩减问题规模的办法，没有违背原始问题中关于避免堆场交通拥塞的约束定义。另外，这也是现实中合理可行的办法，因为港口运营商可以通过设置稍大的子箱区，进而缩小问题规模，提高决策的效率。子箱区本来就是一个虚拟的概念，一个子箱区究竟应该设置多大，这是本身也是取决于港口运营商的定义和决策。

对于大规模问题实例，如果 $\alpha=0.2$，求解过程非常费时。因此，对于涉及 50 艘船舶的问题实例，设置 $\alpha=0.3$。表 13-8 列出了相关实验结果。

表 13-8　对于 50 艘船舶的大规模问题实例的实验结果（$\alpha=0.3$）

实例编号	FCFS OBJ	CSNS 算法			SWO 算法		
		OBJ	$Rate_{imp}$	时间/分钟	OBJ	$Rate_{imp}$	时间/分钟
50_1	1 722	1 266	26.5%	101	1 205	30.0%	134
50_2	1 525	992	35.0%	92	975	36.1%	132
50_3	1 632	1 125	31.1%	275	1 125	31.1%	275
50_4	1 577	1 098	30.4%	298	1 150	27.1%	287
50_5	1 478	1 053	28.8%	64	1 028	30.4%	103
50_6	1 678	1 211	27.8%	129	1 180	29.7%	165
50_7	2 249	989	56.0%	106	971	56.8%	148
50_8	1 773	1 218	31.3%	57	1 178	33.6%	74
50_9	1 741	1 134	34.9%	71	1 068	38.7%	129
50_10	1 692	1 009	40.4%	173	1 054	37.7%	154
平均值			34.2%	137		35.1%	160

本章所提出的求解方法对于复杂问题实例具有较好的适用性。该方法可以用来求解涉及 60 艘船舶的问题实例。为了让求解过程在合理的时间内完成，设置 $\alpha=0.4$。表 13-9 列出了相关实验结果。

表 13-9　对于 60 艘船舶的大规模问题实例的实验结果（$\alpha=0.4$）

实例编号	FCFS OBJ	CSNS 算法			SWO 算法		
		OBJ	$Rate_{imp}$	时间/分钟	OBJ	$Rate_{imp}$	时间/分钟
60_1	2 557	1 549	39.4%	254	1 506	41.1%	271
60_2	2 319	1 421	38.7%	114	1 317	43.2%	143
60_3	2 007	1 535	23.5%	173	1 483	26.1%	252
60_4	2 287	1 338	41.5%	223	1 420	37.9%	206
60_5	2 829	1 509	46.7%	142	1 433	49.3%	197
60_6	1 970	1 493	24.2%	103	1 450	26.4%	136
60_7	2 511	1 388	44.7%	234	1 416	43.6%	210
60_8	2 406	1 531	36.4%	297	1 492	38.0%	378
60_9	2 094	1 422	32.1%	351	1 399	33.2%	395
60_10	2 267	1 556	31.4%	423	1 603	29.3%	394
平均值			35.9%	231		36.8%	258

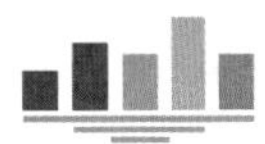

13.7 小　结

本章针对集装箱转运港提出了一个泊位分配模板和堆场分配模板联合优化模型，并且设计了启发式算法去求解大规模问题实例下该联合优化模型。还设计并实施了一些实验去验证所提出模型的有效性，以及所提出算法的效率。通过与港口运营管理领域中其他学者的相关研究比较，本章的贡献主要有以下两个方面。

（1）港口运营管理领域中绝大多数相关研究关注于独立的泊位分配问题或堆场位置分配问题。根据文献调查的结果，几乎没有学者专门研究过针对上述两个决策问题的联合优化模型。本章在这个交叉问题领域做了一次探索性研究，提出了一个混合整数规划模型，并且对其中涉及的非线性约束进行了线性化处理。

（2）泊位分配问题或堆场分配问题，各自都已经是 NP-难问题，对于大规模问题实例很难直接求解，更不用说二者的集成问题。本章提出了启发式算法，能较好地求解大规模问题实例下该联合优化模型。还设计并实施了一些实验去验证所提出模型的有效性，以及所提出算法的效率。基于一系列来源于实际港口运作环境的数据实验，本章所提出的模型和算法可以在合理的时间内得到满意的泊位分配模板和堆场分配模板。

但是，研究仍然存在一些局限性。首先，模型的目标函数是泊位方面相关成本与堆场方面相关成本的加权和。这两个权重值的设定要确保上述两方面的成本值处于相同的数量级。但是在现实中，对于实际港口运营商而言，泊位方面的成本因素可能会略重于堆场方面的成本因素。因此，关于这些权重参数的设定可能会高估和考虑堆场方面的一些决策。该问题在以后研究中还需要继续深入分析。其次，针对堆场交通拥塞因素及场桥之间竞争因素，建模时主要考虑装船过程，而卸船过程考虑不足。再次，在目标函数中，泊位与堆场子箱区之间的运输成本主要是考虑集卡车辆满载运输的路径长度，而且其空载运输的路径长度在建模时考虑不足。最后，对于文中提出的启发式算法，其求解时间还是有些偏长。所有上述问题都将在未来工作中继续深入研究。

第五篇　面向港口新技术的运作优化问题研究

第 14 章

面向新技术的港口运作效率比较分析研究

14.1 引　言

全球集装箱运量的增长使得港口快速发展并为其带来大量投资。虽然近年来金融危机导致港口吞吐量再创历史新低，但人们依旧普遍认为港口吞吐量需求的增长将超过港口基础设施的发展，当经济复苏后，港口吞吐量的重要性会再次显现。因此，自动化集装箱码头（automated container terminal，ACT）的概念在港口运营商中越来越受欢迎，它是提高效率、降低成本和提高产能的途径。

自动化集装箱码头有几种不同的设计，其中许多涉及自动引导车（automated guided vehicle，AGV）、自动堆垛机（automated stacking crane，ASC）和自动跨运车（automated straddle carriers，ASC）的组合。部分设计表现出比传统码头更好的性能，如欧洲鹿特丹集装箱 ECT 码头是一个应用自动引导车-自动堆垛机组合的很好的例子。布里斯班港口的 Autostrad 码头，实施了基于跨运车的码头设计。然而，使用自动引导车和自动堆垛机的 ACT 可能需要大量的初始投资和维护成本，这降低了其对港口运营商的吸引力。自动引导车的速度相对较低，自动引导车-自动堆垛机组合并不是总能有效地运行。另外，基于跨运车的 ACT 空间利用率较低，使得其不适用于较大的繁忙的集装箱码头。现有 ACT 设计的缺点促进了更廉价、更高效的 ACT 设计的发展。为替代普遍使用的自动引导车，新的设计理念提出了一种配有轨道的多层钢架桥的解决方案。这种新的 ACT 设计理念在本章中被称为基于钢架桥的自动化集装箱码头（frame bridges based automated container terminals，FB-ACT）。

本章介绍了这种新型的自动化码头系统，即 FB-ACT，并进行了探索性研究，以确定其在转运港中应用的机会和挑战。还比较了 FB-ACT 和基于 AGV 的系统之间的运输效率和堆叠能力，并用分析和仿真两种研究方法对这两个 ACT 系统进行了定量比较。

14.2 基于钢架桥的自动化集装箱码头系统

FB-ACT 是一种基于多层钢架桥和轨道，以及使用电动小车在码头和堆场之间运输集装箱的新型 ACT 系统，图 14-1 是 FB-ACT 系统的图示说明（未按比例）。

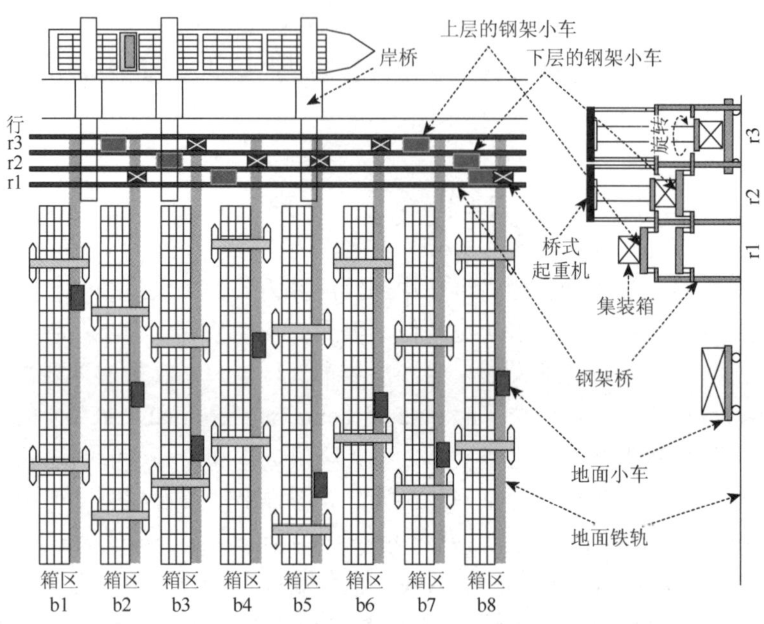

图 14-1　基于钢架桥的自动化集装箱码头的配置

如图 14-1 所示，FB-ACT 系统中有两种类型的运输车辆：一种是在轨道上沿垂直方向行进的地面小车；另一种是在两层钢架桥上沿水平方向行驶的钢架小车。这两种小车之间的连接是转换平台，它是一种在铁轨上行驶的不固定的桥式起重机，并且可以在钢架桥的最高层轨道上沿着钢架桥缓慢移动。在操作过程中，转换平台停留在地面轨道和钢架桥的交叉点，在多层钢架桥中的地面轨道和钢架轨道之间提起（或放下）集装箱；在该过程中，集装箱会被转换平台旋转 90°。在堆场侧，使用垂直堆场布局，每个箱区都装备带有地面小车的地面轨道。在卸载操作时，岸桥（QC）将集装箱从船上放置到钢架小车上，钢架小车沿着轨道水平运输。在转换平台上，桥式起重机（BC）将集装箱旋转 90°，从钢架小车放下到地面小车，随后地面小车将集装箱沿着垂直导轨传送到计划的堆存位置。类似地，装载操作以相反的顺序进行。

图 14-1 展示了 FB-ACT 系统的一个示例。实际应用中，它可以在某些方面进行扩展。例如，钢架桥可以建至两层以上（图 14-2）；地面小车的地面轨道也可以建造成多层结构。这样可以明显提高 FB-ACT 系统的处理能力和效率，充分发挥其潜力。

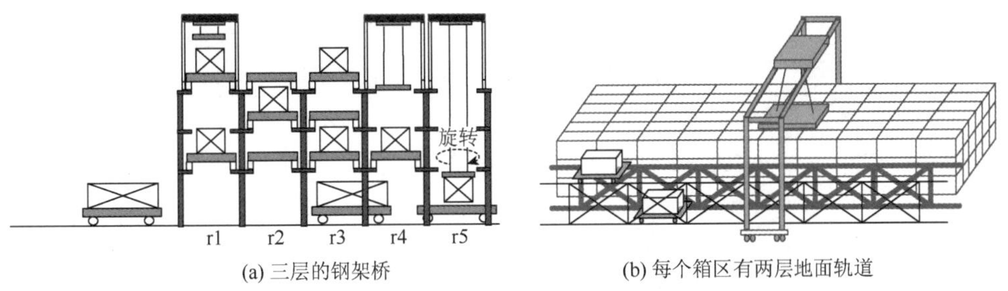

(a) 三层的钢架桥　　(b) 每个箱区有两层地面轨道

图 14-2　FB-ACT 系统的扩展

新 ACT 设计的优势包含以下六个方面。

（1）它不再需要自动引导车辆（AGV 等），而是使用轨道式小车（平板车），这种设计降低了初始投资，因为 AGV 及其控制系统通常相当昂贵，AGV 的单位成本至少为 80 万美元，而轨道式小车非常便宜，单位成本约为 7 万美元。此外，轨道式小车的速度比 AGV 更快。

（2）它可以减少场桥的运动。在这种设计中，地面小车能够准确地将集装箱传送到箱区的箱位（或从中取出），从而减小了场桥的移动距离，场桥的移动速度约为 3m/s，而小车的速度为约 6m/s。这种新的 ACT 系统可以提高堆场的效率。

（3）环保，整个系统无柴油消耗，由电力提供能量，减少了污染物排放。

（4）小车只能运行在专用的直轨上，因此它们可以快速行驶，每个小车（地面小车和钢架小车）可以携带两个并排放置的 40 英尺集装箱。钢架桥每行的上层或下层只有一个钢架小车。因此，也不存在钢架小车的拥堵问题。

（5）系统中不需要司机，导航设备或复杂的控制系统；而 AGV 系统通常需要一个非常复杂和昂贵的控制系统。

（6）FB-ACT 系统比其他常用的 ACT 系统的投资更少。例如，根据上海振华重工集团（以下简称振华重工）专家提供的内部数据，这种新的基于钢架桥的 ACT 系统的总成本约为 AGV 系统总成本的 65%。具体地说，对于沿海线 1 km，宽 500m，10 台岸桥，30 块箱区，每块箱区有两台自动堆垛机的码头，FB-ACT 系统的总成本约为 1.6 亿美元，而 AGV 系统的总成本约 2.5 亿美元。

目前，FB-ACT 系统尚未有港口建设和利用；但振华重工于 2008 年在上海某岛上实施了一个实体原型系统。根据 cargosystems.net 的消息，这个新的 ACT 系统将建在曹妃甸港东部（中国最大的在建项目）。此外，在两年内 SSA Marine 可能将成为第一个在长滩安装此自动化码头系统的运营商。

FB-ACT 系统为港口运营商带来了一些机遇和挑战。许多操作和规划机制将需要对这种新的 ACT 设计进行重新思考。现有研究主要集中于在传统或基于 AGV

的码头上进行分析。例如，Hoshino 等提出了一种用于评估基于 ACT 的垂直和水平 AGV 的方法[250]。Liu 等利用仿真方法比较了 AGV 系统：线性电机输送系统、电网轨道系统及自动存储和取回系统等四种类型的自动化码头系统[251]。一些分析模型也被用于设计 AGV 系统并研究其性能[252, 253]。最近 Kim 等提出了一些优化传统的码头布局设计的分析方法[191, 192]。到目前为止，很少有学者研究过这种新的 ACT 系统。本章对这一新课题进行了探索性的研究，并通过与其他广泛使用的系统（即基于自动引导车的 ACT）进行比较研究来评估 FB-ACT 的性能。基于自动引导车的 ACT 主要利用自动引导车在码头实施运输。这些 AGV 就像 FB-ACT 中的钢架小车（frame trolley，FT）一样。AGV 比 FT 更自主，因此 AGV-ACT 更像是多智能体系统。此外，AGV 需要在交通区域运转，因此，其铁轨可能比 FB-ACT 中的 FT 占地更大。根据堆场箱区的布局不同，AGV-ACT 也有两种类型，即垂直系统和水平系统。

14.3 基于排队论模型的两种不同堆场自动化系统的比较

总装卸率（gross crane rate，GCR）是评价码头性能的关键指标[67]。GCR 等于处理的集装箱总数除以装卸时间。另一个重要指标是与 GCR 高度相关的船舶平均应答时间[195]。FB-ACT 和 AGV-ACT 是两种不同的堆场运输系统。它们之间侧重于堆场侧的因素比较，才更为公平，如堆场的传输效率和堆场堆叠能力。以下两节详细阐述了这两个方面的比较。

在进行比较之前，列出了常用的参数符号，如表 14-1 所示。

表 14-1　一些参数的说明

A^{FB}，A^{AGV}	FB-ACT，AGV-ACT 的堆叠能力
B，D	码头的水平，垂直长度
F，Q	钢架桥，AGV 轨道区域的宽度
G	在 AGV-ACT 的 AGV 数量
h_{YC}，h'_{YC}	FB-ACT，AGV-ACT 的场桥操作时间
M_{FT}	钢架桥每层每行 FT 的数量
M_{GT}	每个箱区的 GT 数量
M_{TP}	钢架桥每行 FT 的数量
N	箱区数
R	钢架桥的行数
T	钢架桥的层数
t_{FT}，t_{GT}，t_{AGV}，t_{YC}	FT，GT，AGV，YC 行驶时间

续表

v_{FT}，v_{GT}，v_{AGV}，v_{YC}	FT，GT，AGV，YC 行驶速度
w_{FT}，w_{GT}，w_{AGV}，w_{YC}	FT，GT，AGV，YC 等待时间
X_{YC}，H_{YC}	YC 的跨越宽度，堆叠高度（TEU）
θ_{FT}，θ_{GT}，θ_{AGV}，θ_{YC}	FT，GT，AGV，YC 期望周期时间
π^{FB}，π^{AGV}	FB-ACT，AGV-ACT 平均吞吐率

本章研究的假设如下。

（1）假设码头在满载条件下操作，这意味着所有的箱区和泊位始终在执行装卸任务。这些作业的收捡和运送地点，在码头的水平方向和箱区的垂直方向上服从均匀分布。假定所有装载作业在所有箱区中均匀分布，这一假设经常在集装箱码头的研究中被提及[191]。

（2）对于两个系统中的设备，如岸桥和场桥，假定它们的类型和处理能力在两个 ACT 系统中是相同的，以便进行对比。

（3）两种 ACT 之间的差异主要在于运输车辆。在这项比较研究中，本章将重点关注两种 ACT 之间不同的部分，但会简化两者相同的部分。对于岸桥和场桥的处理时间，用 h_{QC} 来表示这两个 ACT 中岸桥的平均处理时间，并使用 h_{YC}、h'_{YC} 分别表示 FB-ACT、AGV-ACT 中场桥的平均处理时间。在一些关于 AGV-ACT 或常规码头分析的文献中，使用岸桥和场桥的平均处理时间来分析是很常见的[192, 252]。

（4）场桥和运输集装箱到腹地的外部卡车之间没有相互作用。

（5）码头执行相对较长时间的装载或卸载操作，不会非常频繁地更改操作模式。

14.3.1　堆叠能力的比较

为了比较两种系统的堆叠能力，假定这两个 ACT 具有相同的水平长度和垂直长度，分别由 B 和 D 表示。如图 14-3 所示，系统的堆叠能力取决于：①由采用的 YC 类型所决定的箱区宽度；②受钢架桥宽度（F）或 AGV 轨道区域的宽度（Q）影响的箱区长度。对于 FB-ACT，小车的设计最大可承载两个 40 英尺的集装箱，因此每排钢架桥的宽度约为 5m。由于岸桥的后伸距（双 40 英尺集装箱双小车）约为 25m，所以钢架桥的行数（R）最多为五行。设置 $F = 30$m，这一距离包括钢架桥和箱区之间的一些间隙。对于 AGV-ACT，Q 约为 110m[252]。假设采用的场桥跨宽（TEU）和堆叠高度（TEU）分别由 X_{YC} 和 H_{YC} 表示。两个 ACT 的堆叠能力（TEU）计算如下：

$$A^{\mathrm{AGV}} = \left\lfloor \frac{B}{W_{\mathrm{YC}}} \right\rfloor \cdot X_{\mathrm{YC}} \cdot \left\lfloor \frac{D-Q}{L_{\mathrm{TEU}}} \right\rfloor \cdot H_{\mathrm{YC}} \tag{14.1}$$

上述公式表示：箱区数×宽×长×箱区的高度（箱）。

$$A^{\mathrm{FB}} = \left\lfloor \frac{B}{W_{\mathrm{YC}}} \right\rfloor \cdot (X_{YC}-2) \cdot \left\lfloor \frac{D-F}{L_{\mathrm{TEU}}} \right\rfloor \cdot H_{\mathrm{YC}} \tag{14.2}$$

对于 FB-ACT，地面小车的宽度为 2 箱，因此在上述公式中为 $X_{\mathrm{YC}}-2$。

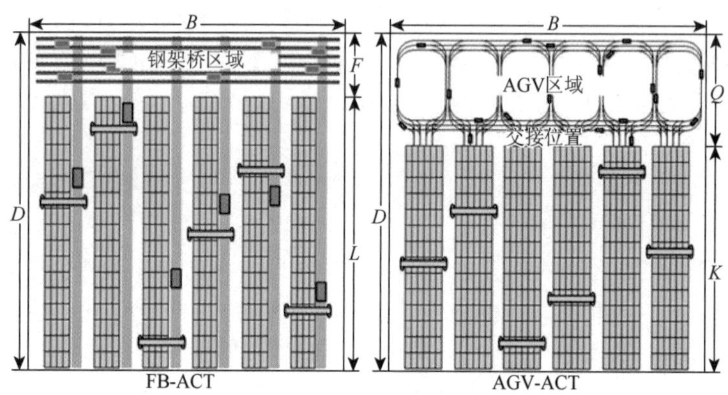

图 14-3　两种 ACT（不按比例）堆叠能力比较的示例

这里，W_{YC}是场桥的宽度（m）；$\lfloor B/W_{\mathrm{YC}} \rfloor$是箱区数；$L_{\mathrm{TEU}}\approx 6\mathrm{m}$，是一个 TEU 的长度。堆叠能力的比较可以通过以下的比例反映：

$$\frac{A^{\mathrm{FB}}}{A^{\mathrm{AGV}}} = \frac{(X_{\mathrm{YC}}-2)\cdot\lfloor (D-F)/L_{\mathrm{TEU}} \rfloor}{X_{\mathrm{YC}}\cdot\lfloor (D-Q)/L_{\mathrm{TEU}} \rfloor} \approx \frac{(X_{\mathrm{YC}}-2)\cdot(D-F)}{X_{\mathrm{YC}}\cdot(D-Q)} \tag{14.3}$$

如果 $D< F+X_{\mathrm{YC}}\cdot(Q-F)/2$，则 $A^{\mathrm{FB}} > A^{\mathrm{AGV}}$。

例如，如果采用 6 行跨距的轮胎式龙门起重机（RTG），码头的垂直长度（D）小于 270m，则 FB-ACT 在堆叠能力方面优于 AGV-ACT。否则，AGV-ACT 的堆叠能力更强。如果采用 12 行跨度的轨道式龙门起重机（RMG），D 的阈值为 510m，港口运营商应在 FB-ACT 中部署大跨距的场桥以增加堆叠能力。

如果考虑卡车和火车的陆上服务，如在场桥下的自由通道上服务的外部卡车，式（14.3）将更改为$\frac{(X_{\mathrm{YC}}-3)\cdot(D-F)}{(X_{\mathrm{YC}}-1)\cdot(D-Q)}$，然后，如果 $D< F+(X_{\mathrm{YC}}-1)\cdot(Q-F)/2$，则 $A^{\mathrm{FB}} > A^{\mathrm{AGV}}$。如果采用具有 12 行的 RMG，则上述阈值 D 为 470m。

从上述分析可以得出结论：FB-ACT 在一般情况下可能略差于 AGV-ACT，特

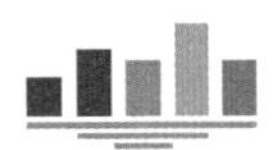

别是当码头的垂直长度很长时。然而，在上述具有长堆场的码头情况下，FB-ACT 在运输效率上明显优于 AGV-ACT，这一点将在下一节中进行研究和说明。

14.3.2　运输效率的比较

GCR 是被广泛接受的衡量码头效率的指标。然而，FB-ACT 和 AGV-ACT 实际上是两种不同的堆场运输系统。二者的比较应该忽略岸桥的瓶颈效应，并将重点放在堆场侧的问题上。因此，本章不是利用岸桥或场桥的装卸率简单地衡量这两个 ACT 系统的性能，而是将重点放在比较堆场车辆的运输效率上。首先，对这两个 ACT 系统的堆场运输过程进行建模。

设 N 为 FB-ACT 或 AGV-ACT 箱区数；T 为 FB-ACT 中钢架桥的层数；R 为钢架桥的行数；M_{TP} 为钢架桥每行中转换平台（TP）的数量；M_{GT} 为每个箱区的地面小车（GT）的数量；M_{FT} 为钢架桥上每层中每行钢架小车（FT）的数量，同时 G 为在 AGV-ACT 中所有 AGVs 的数量。在图 14-4 的 FB-ACT 的示例中，$N = 10$，$T = 2$，$R = 5$，$M_{TP} = 2$，$M_{GT} = 1$，$M_{FT} = 1$。假设总 TP 的数量等于 FB-ACT 中的箱区数，即 $N = R \times M_{TP}$，意味着码头处于满负载情况时，在较长时间段内，一个 TP 专用于一个箱区。对于 AGV-ACT，假设一个场桥专用于在一个堆场和堆场前面的交接位置（handover position，HP）之间运输集装箱。

如图 14-4 左侧所示，对于 FB-ACT，与每个箱区对应的装卸作业都通过两种循环进行操作，即地面小车（GT）有 M_{GT} 个循环，钢架小车（FT）有 $T \times M_{FT}$ 个循环，它们通过转换平台（TP）连接。具体地说，每个装载或卸载集装箱（从或到一个箱区）会经过 M_{GT} 个 GT 循环中的一个循环、$T \times M_{FT}$ 个 FT 循环中的一个循环，以及一个在相对长的时间段内专用于该箱区的 TP。

从地面小车的角度来看，其周期时间包括四个阶段。对于装载作业，循环包括：①场桥的等待时间和将集装箱移动到小车上的处理时间（h_{YC}）；②小车从收货位置到转换平台的行驶时间（t_{GT}）；③转换平台上的等待时间（w_{GT}）和转换平台的处理时间；④小车从转换平台到下一个收捡位置的行驶时间（t_{GT}）。对于卸载作业，循环同样包含这四个阶段。从钢架小车的角度来看，其循环包括：①转换平台上的等待时间（w_{FT}）和转换平台的处理时间；②小车从转换平台到岸桥降落位置的行驶时间（t_{GT}）；③等待岸桥的时间（h_{QC}）和岸桥的处理时间；④小车从岸桥到运输平台的行驶时间（t_{FT}）。

上述定义的时间在现实中都是随机变量，而在评估 ACT 的性能时，只关注其期望值。将 θ_{GT} 定义为地面小车的期望周期时间，即 $\theta_{GT} = 2E(t_{GT}) + E(h_{YC}) + E(w_{GT})$，$\theta_{FT}$ 作为钢架小车的期望周期时间，即 $\theta_{FT} = 2E(t_{FT}) + E(h_{QC}) + E(w_{FT})$。

命题 1：对于 FB-ACT，给定钢架桥的层数（T），每层和每行钢架桥中的 FT

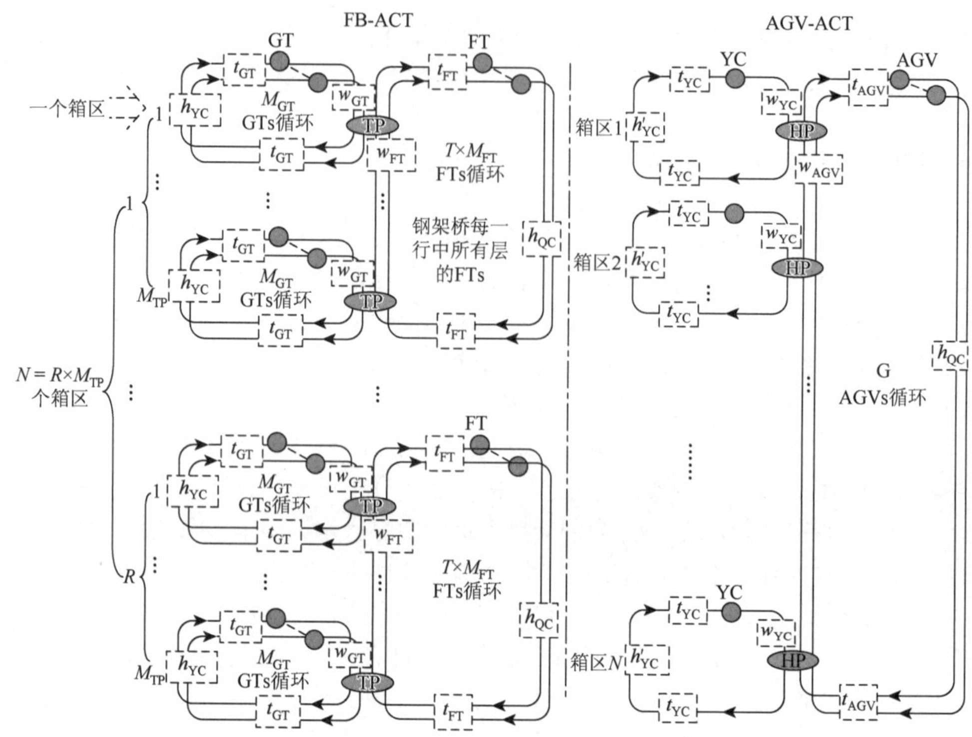

图 14-4 FB-ACT 和 AGV-ACT 中码头运输过程的模型

数（M_{FT}），每个箱区中的 GT 数（M_{GT}），每行钢架桥中的 TP 数（M_{TP}），FTs 的期望周期时间 θ_{FT} 和 GTs 的期望周期时间（θ_{GT}），则有 $T \cdot M_{FT} \cdot \theta_{GT} = M_{TP} \cdot M_{GT} \cdot \theta_{FT}$。

证明：如图 14-4 所示，将 N 个箱区分为 R 组。每组由 $M_{TP} \cdot M_{GT}$ 个 GT 循环和 $T \cdot M_{FT}$ 个 FT 循环组成；它们由 M_{TP} 个 TP 连接。每个装卸工作将通过一个 GT 循环和一个 FT 循环。从长远来看，$M_{TP} \cdot M_{GT}$ 个 GT 和 $T \cdot M_{FT}$ 个 FT 的平均吞吐量应相等，这才能保证这两种循环运输的（装载或卸载）集装箱的守恒。$1/\theta_{GT}$ 和 $1/\theta_{FT}$ 分别反映一个 GT 和一个 FT 的平均吞吐率。因此，可以得到 $(M_{TP} \cdot M_{GT})/\theta_{GT} = (T \cdot M_{FT})/\theta_{FT}$。

如图 14-4 右侧所示，在 AGV-ACT 系统中，与每个箱区相关的装卸作业是通过一个场桥和一个由 G 个 AGV 共享的大循环进行的。两个循环通过每个箱区前面的交接位置（HP）连接。从场桥的角度来看，其周期时间包括四个阶段：①场桥搬运和收捡集装箱的处理时间（h'_{YC}）；②场桥从收捡位置到交接位置的行驶时间（t_{YC}）；③在交接位置的等待时间（w_{YC}）；④场桥从交接位置到下一个收捡位置的行驶时间（t_{YC}）。对于卸载作业，循环也包含这四个阶段。从 AGV 的角度来看，其周期时间包含四个部分：①在交接位置的等待时间（w_{AGV}）；②AGV 从交接位置到在岸桥降落位置的行驶时间（t_{AGV}）；③等待岸桥的时间（h_{QC}）和岸桥的处理时间；④AGV 从岸桥到下一个交接位置的行驶时间（t_{AGV}）。对于 AGV-ACT 中的

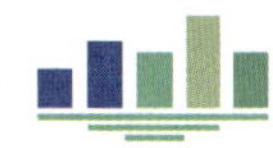

两种循环，将 θ_{YC} 定义为场桥的期望周期时间，$\theta_{YC}=2E(t_{YC})+E(h'_{YC})+E(w_{YC})$，将 θ_{AGV} 作为 AGV 的期望周期时间，$\theta_{AGV}=2E(t_{AGV})+E(h_{QC})+E(w_{AGV})$。

命题 2：对于 AGV-ACT，给定箱区数（N），AGV 的数量（G），AGV 的期望周期时间（θ_{AGV}）和 YC 的期望周期时间 θ_{YC}，则有 $N\cdot\theta_{AGV}=G\cdot\theta_{YC}$。

证明：AGV-ACT 系统包含 G 个 AGV 大循环，以及 N 个小循环，每个小循环都有一个场桥。每个装卸作业将经过 AGV 循环和 N 个场桥循环中的一个。从长远来看，G 个 AGV 和 N 个场桥的平均吞吐量应相等，这样才能保证通过这两种循环运输的（装载或卸载）集装箱的守恒。$1/\theta_{AGV}$ 和 $1/\theta_{YG}$ 分别反映了 AGV 和场桥的平均吞吐率。因此，得到 $G/\theta_{AGV}=N/\theta_{YC}$。

根据命题 1 和命题 2，比较 FB-ACT 的平均吞吐率，即 $(R\cdot M_{TP}\cdot M_{GT})/\theta_{GT}$ 或 $(R\cdot T\cdot M_{FT})/\theta_{FT}$ 和 AGV-ACT 的平均吞吐率，即 G/θ_{AGV} 或 N/θ_{YC}。

图 14-4 中的 FB-ACT 模型忽略了在转换平台（TP）处旋转集装箱的时间。实际上，每个 TP 也存在一个循环。与之前的 FT 和 GT 分析相似，TP 周期包括四个部分：FT 的等待时间，TP 的负载（或空载）的操作时间，等待 GT 的时间，TP 的空载（或负载）的操作时间。但是，考虑 TP 循环不会影响图 14-4 中忽略了 TP 循环的模型得到的结果（即吞吐率）。考虑 TP 循环只是提供了一种计算吞吐率的方法，为了简化，忽略模型中的 TP 循环。

另外，应该提到的是，图 14-4 中 AGV 的大循环只是 AGV 的四个阶段的抽象模型，考虑的是 AGV 轨道的捷径，而不是 AGV 轨道的具体示意图。

1. FB-ACT 的平均吞吐率

对于平均吞吐率，需要计算 t_{GT}、t_{FT}、w_{GT}、w_{FT} 的期望值。

1）地面推车的期望行驶时间（t_{GT}）

对于地面小车的行驶距离（d_{GT}），两个端点中的一个是箱区中的位置，其长度为 L；另一个端点是钢架桥区域中的位置，其宽度为 F，如图 14-3 所示。根据 14.3 节中假设（1），这两个端点分别服从均匀分布 U（0，L）和 U（0，F）。那就有 $E(d_{GT})=\int_0^F\int_0^L(x+y)p(x)p(y)\mathrm{d}x\mathrm{d}y=$（$F$+$L$）/2 = D/2，这里，D 是码头的垂直长度。给定地面小车的速度（v_{GT}），地面小车的行驶时间的期望值计算公式如下：

$$E(t_{GT})=D/2v_{GT} \tag{14.4}$$

2）钢架小车的期望行驶时间（t_{FT}）

引理 1：给定码头的岸长（B），钢架小车的行驶速度（v_{FT}），箱区数（N），钢架小车的期望行驶时间（t_{FT}）计算公式如下：

$$E(t_{FT})=\frac{B}{4v_{FT}}\left(1+\frac{N^2-4}{3N^2}\right) \tag{14.5}$$

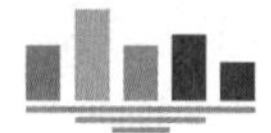

证明：

钢架小车的期望运行时间：

泊位分为 N 段，这里的 N 也是箱区数。假设所有的收捡和运送都在分段的中心发生，从某个确定的转换平台行驶到随机选择的泊位段过程中，每个钢架小车用于收捡或运送的概率为 $1/N$。

如果箱区数 N 为偶数，则由于堆场布局的对称性，通过索引 n 依次表示中间到外侧的箱区，$n=1$，2，…，$N/2$，服务于第 n 个箱区的钢架小车的移动距离由 $d_{\mathrm{FT}}(n)$ 表示，如图 14-5 所示。其期望值由下式计算：

$$E[d_{\mathrm{FT}}(n)] = 2\sum_{i=1}^{\frac{N}{2}-n}\left(i\cdot\frac{B}{N}\right)\frac{1}{N}+\sum_{i=1}^{2n-1}\left(\left(i+\frac{N}{2}-n\right)\cdot\frac{B}{N}\right)\frac{1}{N} = \frac{B}{4}\left(1+\frac{4n(n-1)}{N^2}\right) \quad (14.6)$$

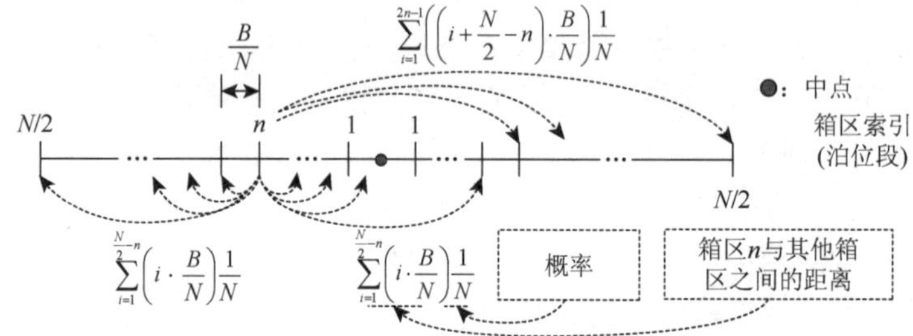

图 14-5 当 N 为偶数时计算 $E[d_{\mathrm{FT}}(n)]$的方法

如果 N 为奇数，对于第 n 个箱区，$n=1, 2, \cdots, (N+1)/2$，其期望值 $d_{\mathrm{FT}}(n)$由下式计算：

$$\begin{aligned}
E[d_{\mathrm{FT}}(n)] &= 2\sum_{i=1}^{\frac{N+1}{2}-n}\left(i\cdot\frac{B}{N}\right)\frac{1}{N}+\sum_{i=1}^{2n-2}\left[\left(i+\frac{N+1}{2}-n\right)\cdot\frac{B}{N}\right]\frac{1}{N} \\
&=\frac{2B}{N^2}\sum_{i=1}^{\frac{N+1}{2}-n} i+\frac{B}{N^2}\left[\sum_{i=1}^{2n-2} i+\left(\frac{N+1}{2}-n\right)(2n-2)\right] \\
&=\frac{B}{N^2}\left[\left(\frac{N+1}{2}-n+1\right)\left(\frac{N+1}{2}-n\right)\right. \\
&\quad \left.+\frac{2n-2+1}{2}(2n-2)+\left(\frac{N+1}{2}-n\right)(2n-2)\right] \qquad (14.7) \\
&=\frac{B}{N^2}\left[\left(\frac{N+1}{2}-n\right)^2+\frac{N+1}{2}-n+\frac{N}{2}(2n-2)\right] \\
&=\frac{B}{4N^2}(N^2+3+4n^2-8n) \\
&=\frac{B}{4}\left(1+\frac{4(n-1)^2-1}{N^2}\right)
\end{aligned}$$

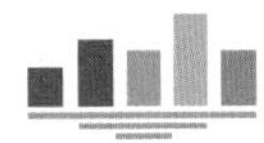

给定钢架小车的速度（v_{FT}），钢架小车的期望行驶时间为 $E[t_{FT}(n)] = E[d_{FT}(n)]/v_{FT}$。因此，可以获得

$$E[t_{FT}(n)] = \begin{cases} \dfrac{B}{4v_{FT}}\left(1+\dfrac{4n(n-1)}{N^2}\right) & 若N为偶数, n=1,2,\cdots,\dfrac{N}{2} \\ \dfrac{B}{4v_{FT}}\left(1+\dfrac{4(n-1)^2-1}{N^2}\right) & 若N为奇数, n=1,2,\cdots,\dfrac{N+1}{2} \end{cases} \tag{14.8}$$

由于假设所有装卸作业在所有箱区中均匀分布，所以钢架小车的期望行驶时间（t_{FT}）可以计算为

$$E(t_{FT}) = \begin{cases} 2\sum\limits_{n=1}^{N/2}\dfrac{1}{N}\cdot E[t_{FT}(n)] & N为偶数 \\ \dfrac{1}{N}\cdot E[t_{FT}(1)] + 2\sum\limits_{n=2}^{(N+1)/2}\dfrac{1}{N}\cdot E[t_{FT}(n)] & N为奇数 \end{cases} \tag{14.9}$$

上述公式可以简化为

$$E(t_{FT}) = \frac{B}{4v_{FT}}\left(1+\frac{N^2-4}{3N^2}\right) \tag{14.10}$$

3）钢架小车的期望等待时间（w_{FT}）和地面小车的期望等待时间（w_{GT}）

引理 2：转换平台上的钢架小车的期望等待时间（w_{FT}）和地面小车的期望等待时间（w_{GT}）计算如下。

（1）如果在每个箱区中使用单层地面小车系统，即 $M_{GT}=1$，则

$$\begin{aligned} E(w_{FT}) = \frac{1}{2M_{TP}}\cdot[&(T\cdot M_{FT}\cdot\alpha - M_{TP}\cdot\beta) \\ &+\sqrt{(T\cdot M_{FT}\cdot\alpha - M_{TP}\cdot\beta)^2 + 4M_{TP}\cdot T\cdot M_{FT}\cdot\alpha^2}\,] \end{aligned} \tag{14.11}$$

$$\begin{aligned} E(w_{GT}) = \frac{1}{2T\cdot M_{FT}}\cdot[&(M_{TP}\cdot\beta - T\cdot M_{FT}\cdot\alpha) \\ &+\sqrt{(M_{TP}\cdot\beta - T\cdot M_{FT}\cdot\alpha)^2 + 4M_{TP}\cdot T\cdot M_{FT}\cdot\alpha^2}\,] \end{aligned} \tag{14.12}$$

其中，$\alpha = \dfrac{D}{v_{GT}} + h_{YC}$ 且 $\beta = \dfrac{B}{2v_{FT}}\left(1+\dfrac{N^2-4}{3N^2}\right) + h_{QC}$。

（2）如果在每个箱区使用两层地面小车系统，即 $M_{GT}=2$，则 $E(w_{FT})$ 可以通过以下的三次方程求解：

$$\begin{aligned} &4M_{TP}^2\cdot E^3(w_{FT}) + 8M_{TP}^2\beta\cdot E^2(w_{FT}) + [4M_{TP}^2\beta^2 \\ &-T^2M_{FT}^2\alpha^2]E(w_{FT}) - T^2M_{FT}^2\alpha^3 = 0 \end{aligned} \tag{14.13}$$

由上述得到的 $E(w_{GT})$，再根据以下公式导出 $E(w_{FT})$：

$$E(w_{GT}) = \frac{M_{TP}\cdot M_{GT}}{T\cdot M_{FT}}[\beta + E(w_{FT})] - \alpha \tag{14.14}$$

证明：

（1）钢架小车的期望等待时间。

本章采用排队论的方法来估计钢架小车的等待时间。如图 14-4 左侧所示，钢架小车可视为“客户”，每个箱区中有 M_{GT} 个地面小车可视为 M_{GT} 个并行“服务台”。将该过程建模为 $M/M/c$ 排队系统，$c = M_{GT}$。其他学者在 AGV 系统[250, 263]或 PM 系统[192-264]的类似研究中也利用了服务时间和到达时间间隔为指数分布的假设。根据 $M/M/c$ 排队系统的平均等待时间的公式，钢架小车的等待时间为

$$E(w_{FT}) = \frac{(c\rho)^c}{c!}\left[(1-\rho)\sum_{n=0}^{c-1}\frac{(c\rho)^n}{n!} + \frac{(c\rho)^c}{c!}\right]^{-1} \cdot \frac{S}{(1-\rho)\cdot c} \tag{14.15}$$

其中，$\rho = \dfrac{\lambda \cdot S}{c}$ 为运输强度，和基于“客户”（即钢架小车）的平均到达率（λ）、“服务台”（即地面小车）的期望处理时间（S）有关。具体地说，S 是地面小车往返的期望时间：

$$S = E(2t_{GT} + h_{YC}) = D/v_{GT} + h_{YC} \tag{14.16}$$

对于钢架小车的平均到达率（λ），假设在一个时间段 τ 中，钢架小车的循环次数为 τ/θ_{FT}。如图 14-4 所示，$T \cdot M_{FT}$ 个钢架小车的总循环次数为 $T \cdot M_{FT} \cdot \tau/\theta_{FT}$，其中，在期间 τ 中，每个转换平台（TP）分配了 $T \cdot M_{FT} \cdot \tau/\ (M_{TP} \cdot \theta_{FT})$ 个循环。因此，钢架小车的平均到达率（λ）为 $T \cdot M_{FT}/(M_{TP} \cdot \theta_{FT})$。然后，得到

$$\rho = \frac{\lambda \cdot S}{c} = \frac{T \cdot M_{FT} \cdot S}{c \cdot M_{TP} \cdot \theta_{FT}} = \frac{T \cdot M_{FT} \cdot \left(\dfrac{D}{v_{GT}} + h_{YC}\right)}{c \cdot M_{TP} \cdot (2E(t_{FT}) + E(w_{FT}) + h_{QC})} \tag{14.17}$$

根据式（14.15）～式（14.17），难以在闭合形式下计算 $E(w_{FT})$。每箱区中的地面小车的数量（M_{GT}）是一个或两个，这受到场桥和钢架桥高度的限制（钢架桥的高度受到岸桥的高度的限制）。M_{GT} 反映排队论中并行服务台的数量，即 c。

如果 $M_{GT} = 1$，根据式（14.15）～式（14.17），可以得到 $E(w_{FT})$ 的二次方程：

$$\begin{aligned} & M_{TP} \cdot E^2(w_{FT}) + [M_{TP} \cdot (2E(t_{FT}) + h_{QC}) - T \cdot M_{FT} \\ & \cdot \left(\frac{D}{v_{GT}} + h_{YC}\right)\Bigg] E(w_{FT}) - T \cdot M_{FT} \cdot \left(\frac{D}{v_{GT}} + h_{YC}\right)^2 = 0 \end{aligned} \tag{14.18}$$

然后，求解上述 $E(w_{FT})$ 二次方程：

$$\begin{aligned} E(w_{FT}) = & \frac{1}{2M_{TP}} \cdot [(T \cdot M_{FT} \cdot \alpha - M_{TP} \cdot \beta) \\ & + \sqrt{(T \cdot M_{FT} \cdot \alpha - M_{TP} \cdot \beta)^2 + 4M_{TP} \cdot T \cdot M_{FT} \cdot \alpha^2}\,] \end{aligned} \tag{14.19}$$

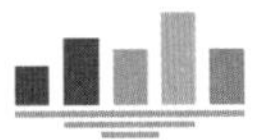

其中，$\alpha=\dfrac{D}{v_{\mathrm{GT}}}+h_{\mathrm{YC}}$，且 $\beta=2E(t_{\mathrm{FT}})+h_{\mathrm{QC}}$。$E(t_{\mathrm{FT}})$ 能用式（14.5）求解，得到 $\beta=\dfrac{B}{2v_{\mathrm{FT}}}\left(1+\dfrac{N^2-4}{3N^2}\right)+h_{\mathrm{QC}}$。

如果 $M_{\mathrm{GT}}=2$：根据式（14.15）～式（14.17），有 $E(w_{\mathrm{FT}})=\rho^2E(T)/(1-\rho^2)$；$\rho=T\cdot M_{\mathrm{FT}}\cdot E(T)/\{2M_{\mathrm{TP}}\cdot[2E(t_{\mathrm{FT}})+h_{\mathrm{QC}}+E(w_{\mathrm{FT}})]\}$，得到一个求解 $E(w_{\mathrm{FT}})$ 的三次方程：

$$
\begin{aligned}
&4M_{\mathrm{TP}}^2\cdot E^3(w_{\mathrm{FT}})+8M_{\mathrm{TP}}^2\beta\cdot E^2(w_{\mathrm{FT}})\\
&+[4M_{\mathrm{TP}}^2\beta^2-T^2M_{\mathrm{FT}}^2\alpha^2]E(w_{\mathrm{FT}})-T^2M_{\mathrm{FT}}^2\alpha^3=0
\end{aligned}
\tag{14.20}
$$

（2）地面小车的期望等待时间。

根据命题 1，即 $T\cdot M_{\mathrm{FT}}\cdot\theta_{\mathrm{GT}}=M_{\mathrm{TP}}\cdot M_{\mathrm{GT}}\cdot\theta_{\mathrm{FT}}$，有 $T\cdot M_{\mathrm{FT}}\cdot(2E(t_{\mathrm{GT}})+E(w_{\mathrm{GT}})+h_{\mathrm{YC}})=M_{\mathrm{TP}}\cdot M_{\mathrm{GT}}\cdot(2E(t_{\mathrm{FT}})+E(w_{\mathrm{FT}})+h_{\mathrm{QC}})$。然后，有

$$
E(w_{\mathrm{GT}})=\frac{M_{\mathrm{TP}}\cdot M_{\mathrm{GT}}}{T\cdot M_{\mathrm{FT}}}[\beta+E(w_{\mathrm{FT}})]-\alpha
\tag{14.21}
$$

具体来说，如果 $M_{\mathrm{GT}}=1$，则将式（14.19）代入式（14.21），得

$$
\begin{aligned}
E(w_{\mathrm{GT}})=&\frac{1}{2T\cdot M_{\mathrm{FT}}}\cdot[(M_{\mathrm{TP}}\cdot\beta-T\cdot M_{\mathrm{FT}}\cdot\alpha)\\
&\cdot\sqrt{(M_{\mathrm{TP}}\cdot\beta-T\cdot M_{\mathrm{FT}}\cdot\alpha)^2+4M_{\mathrm{TP}}\cdot T\cdot M_{\mathrm{FT}}\cdot\alpha^2}]
\end{aligned}
\tag{14.22}
$$

如果 $M_{\mathrm{GT}}=2$，则首先需要根据式（14.20）计算 $E(w_{\mathrm{FT}})$，然后通过式（14.21）导出 $E(w_{\mathrm{GT}})$。

4）FB-ACT 的平均吞吐率

命题 3：FB-ACT 的平均吞吐率（π^{FB}）计算如下。

（1）如果在每个箱区中使用单层地面小车系统，即 $M_{\mathrm{GT}}=1$，则

$$
\begin{aligned}
\pi^{\mathrm{FB}}=&2R\cdot M_{\mathrm{TP}}\cdot T\cdot M_{\mathrm{FT}}/[(T\cdot M_{\mathrm{FT}}\cdot\alpha-M_{\mathrm{TP}}\cdot\beta)\\
&+\sqrt{(T\cdot M_{\mathrm{FT}}\cdot\alpha-M_{\mathrm{TP}}\cdot\beta)^2+4M_{\mathrm{TP}}\cdot T\cdot M_{\mathrm{FT}}\cdot\alpha^2}]
\end{aligned}
\tag{14.23}
$$

（2）如果在每个箱区使用两层地面小车系统，即 $M_{\mathrm{GT}}=2$，则

$$
\pi^{\mathrm{FB}}=\frac{R\cdot T\cdot M_{\mathrm{FT}}}{E(w_{\mathrm{FT}})+\beta}
\tag{14.24}
$$

通过找到等式（14.13）的根来确定 $E(w_{\mathrm{FT}})$。

证明：

如果在每个箱区中使用单层地面小车系统，即 $M_{\mathrm{GT}}=1$，则根据命题 1，FB-ACT 的平均吞吐率（π^{FB}）可以通过 $(R\cdot T\cdot M_{\mathrm{FT}})/\theta_{\mathrm{FT}}$ 或 $(R\cdot M_{\mathrm{TP}}\cdot M_{\mathrm{GT}})/\theta_{\mathrm{GT}}$ 计算。

如果从钢架小车的角度计算吞吐率，则 $\theta_{\mathrm{FT}}=2E(t_{\mathrm{FT}})+E(w_{\mathrm{FT}})+h_{\mathrm{QC}}=E(w_{\mathrm{FT}})+\beta$。通过使用引理 2，可以得到 θ_{FT} 的公式：

$$\theta_{FT}=\frac{1}{2M_{TP}}\cdot[(T\cdot M_{FT}\cdot\alpha+M_{TP}\cdot\beta)+\sqrt{(T\cdot M_{FT}\cdot\alpha-M_{TP}\cdot\beta)^2+4M_{TP}\cdot T\cdot M_{FT}\cdot\alpha^2}] \tag{14.25}$$

因此，吞吐率为 $\pi^{FB}=(R\cdot T\cdot M_{FT})/\theta_{FT}$ 。

$$\pi^{FB}=2R\cdot M_{TP}\cdot T\cdot M_{FT}/[(T\cdot M_{FT}\cdot\alpha+M_{TP}\cdot\beta)+\sqrt{(T\cdot M_{FT}\cdot\alpha-M_{TP}\cdot\beta)^2+4M_{TP}\cdot T\cdot M_{FT}\cdot\alpha^2}] \tag{14.26}$$

如果从地面小车的角度也能推导出相同的结果。

如果在每个箱区中使用两层地面小车系统，即 $M_{GT}=2$，则难以得到 π^{FB} 的闭合形式。用式（14.20）求解 $E(w_{FT})$；那么，吞吐率计算如下：

$$\pi^{FB}=\frac{R\cdot T\cdot M_{FT}}{\theta_{FT}}=\frac{R\cdot T\cdot M_{FT}}{E(w_{FT})+\beta} \tag{14.27}$$

2. AGV-ACT 的平均吞吐率

1）场桥的期望行驶时间（t_{YC}）

行驶时间（t_{YC}）表示从箱区中场桥随机选择的位置到交接位置的行驶时间。根据 14.3 节中假设（1），场桥的行进距离（d_{YC}）服从均匀分布 U（0, K）；其中，K 为 AGV-ACT 中箱区的长度。因此，$E(d_{YC})=K/2$ 。给定场桥的移动速度（v_{YC}），行驶时间的期望值是

$$E(t_{YC})=K/2v_{YC} \tag{14.28}$$

2）AGV 的期望行驶时间（t_{AGV}）

关于 AGV 的期望行驶时间（t_{AGV}）的分析与之前对 t_{FT} 的分析（引理 1 的证明）类似。其主要区别在于：t_{FT} 只考虑水平行车时间；而垂直方向的行驶时间也应加到 t_{AGV} 中。

由于码头用于 FB-ACT 和 AGV-ACT 的长度是相同的，$E(t_{AGV})$ 可以通过将垂直方向的行驶时间，即 Q/v_{AGV} ，在 $E(t_{FT})$ 的基础上进行计算。这里，Q 为 AGV 轨道区域的垂直长度，如图 14-3 所示。基于式（14.5），计算 $E(t_{FT})$ 为

$$E(t_{AGV})=\frac{B}{4v_{AGV}}\left(1+\frac{N^2-4}{3N^2}\right)+\frac{Q}{v_{AGV}} \tag{14.29}$$

3）AGV 的期望等待时间（w_{AGV}）和 YC 的期望等待时间（w_{YC}）

引理 3：交接位置的 AGV 的期望等待时间（w_{AGV}）和 YC 的期望等待时间（w_{YC}）计算公式如下：

$$E(w_{AGV})=\frac{1}{2N}\cdot((G\cdot\gamma-N\cdot\varphi)+\sqrt{(G\cdot\gamma-N\cdot\varphi)^2+4G\cdot N\cdot\gamma^2}) \tag{14.30}$$

$$E(w_{YC})=\frac{1}{2G}\cdot((N\cdot\varphi-G\cdot\gamma)+\sqrt{(N\cdot\varphi-G\cdot\gamma)^2+4G\cdot N\cdot\gamma^2}) \tag{14.31}$$

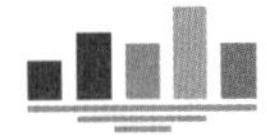

其中，$\gamma=\dfrac{K}{v_{\text{YC}}}+h'_{\text{YC}}$；$\varphi=\dfrac{B}{2v_{\text{AGV}}}\left(1+\dfrac{N^2-4}{3N^2}\right)+\dfrac{2Q}{v_{\text{AGV}}}+h_{\text{QC}}$。

证明：

（1）AGV 的期望等待时间。

在 AGV-ACT 中，每个箱区中通常有一个 YC，用于在堆场和 AGV 之间运输集装箱。YC 和 AGV 在每个箱区的前面的交接位置进行连接。

为了估计 AGV 的等待时间，采用 $M/M/1$ 排队系统理论，因为每个箱区中有一个“服务台”（即一个场桥）。AGV 的等待时间为 $E(w_{\text{AGV}})=\rho S/(1-\rho)$。这里，$\rho$ 等于平均到达率乘以“服务台”的期望处理时间的运输强度，即 YC 的周期时间；S 为 YC 的往返行程的期望时间，即 $S=E(2t_{\text{YC}}+h'_{\text{YC}})=K/v_{\text{YC}}+h'_{\text{YC}}$。

从每个“服务台”的视角来看，即一个 YC，“客户”（即 AGV）的平均到达率的计算如下：假设一个较长时间段 τ，一个 AGV 的循环数是 τ/θ_{AGV}；则 G 个 AGV 的总循环数为 $G\cdot\tau/(N\cdot\theta_{\text{AGV}})$，其中在时间段 τ 内每个 YC 分配 $G\cdot\tau/(N\cdot\theta_{\text{AGV}})$ 周期。因此，AGV 的平均到达速率为 $G/(N\cdot\theta_{\text{AGV}})$。然后有

$$\rho=\frac{G\cdot S}{N\cdot\theta_{\text{AGV}}}=\frac{G\cdot(K/v_{\text{YC}}+h'_{\text{YC}})}{N\cdot(2E(t_{\text{AGV}})+E(w_{\text{AGV}})+h_{\text{QC}})}\tag{14.32}$$

类似于引理 2 证明中的分析，得到 $E(w_{\text{AGV}})$ 的二次方程：

$$E(w_{\text{AGV}})=\frac{1}{2N}\cdot((G\cdot\gamma-N\cdot\varphi)+\sqrt{(G\cdot\gamma-N\cdot\varphi)^2+4G\cdot N\cdot\gamma^2})\tag{14.33}$$

这里，$\gamma=\dfrac{K}{v_{\text{YC}}}+h'_{\text{YC}}$，$\varphi=2E(t_{\text{AGV}})+h_{\text{QC}}$。$E(t_{\text{AGV}})$ 是由式（14.29）计算出的，则 $\varphi=\dfrac{B}{2v_{\text{AGV}}}\left(1+\dfrac{N^2-4}{3N^2}\right)+\dfrac{2Q}{v_{\text{AGV}}}+h_{\text{QC}}$。

（2）YC 的期望等待时间。

根据命题 2，有 $2E(t_{\text{AGV}})+E(w_{\text{AGV}})+h_{\text{QC}}=G\cdot(2E(t_{\text{YC}})+E(w_{\text{YC}})+h'_{\text{YC}})$。然后，得到 $E(w_{\text{YC}})=\dfrac{N}{G}\cdot(2E(t_{\text{AGV}})+E(w_{\text{AGV}})+h_{\text{QC}})-\dfrac{K}{v_{\text{YC}}}-h'_{\text{YC}}$。将式（14.33）代入上式，得到

$$E(w_{\text{YC}})=\frac{1}{2G}[(N\cdot\varphi-G\cdot\gamma)+\sqrt{(N\cdot\varphi-G\cdot\gamma)^2+4G\cdot N\cdot\gamma^2}]$$

4）AGV-ACT 的平均吞吐率（π^{AGV}）

命题 4： AGV-ACT 的平均吞吐率（π^{AGV}）为

$$\pi^{\text{AGV}}=\frac{2N\cdot G}{(G\cdot\gamma+N\cdot\varphi)+\sqrt{(G\cdot\gamma-N\cdot\varphi)^2+4G\cdot N\cdot\gamma^2}}\tag{14.34}$$

证明：

根据命题 2，AGV-ACT 的平均吞吐率（π^{AGV}）由 G/θ_{AGV} 或 N/θ_{YC} 计算。如果从 AGV 的角度计算吞吐量，则 $\theta_{\mathrm{AGV}} = 2E(t_{\mathrm{AGV}}) + E(w_{\mathrm{AGV}}) + h_{\mathrm{QC}} = E(w_{\mathrm{AGV}}) + \varphi$。

通过使用式（14.33），可以得出 θ_{AGV} 如下：

$$\theta_{\mathrm{AGV}} = \frac{1}{2N}\cdot((G\cdot\gamma + N\cdot\varphi) + \sqrt{(G\cdot\gamma - N\cdot\varphi)^2 + 4G\cdot N\cdot\gamma^2})$$

因此，吞吐率为 $\pi^{\mathrm{AGV}} = G/\theta_{\mathrm{AGV}}$。

$$\pi^{\mathrm{AGV}} = \frac{2N\cdot G}{(G\cdot\gamma + N\cdot\varphi) + \sqrt{(G\cdot\gamma - N\cdot\varphi)^2 + 4G\cdot N\cdot\gamma^2}}$$

如果从 YC 的角度推导出上述吞吐量，也将获得相同的结果。

3. FB-ACT 和 AGV-ACT 运输效率的比较

本章比较了上述两种 ACT 系统的吞吐率，其中两个系统的箱区数量（N）相同。另外，对于 FB-ACT，假设所有转换平台的数量（即 $R\times M_{\mathrm{TP}}$）等于 N，从而一个转换平台能够在码头满负荷情况下（这是比较研究的基本假设）的较长的时间段内，专用于一个箱区。

基于上述获得的吞吐率，计算出两个 ACT 系统的比例，如下。

（1）如果 FB-ACT 为每个箱区采用单层地面小车系统，即 $M_{\mathrm{GT}} = 1$，则

$$\frac{\pi^{\mathrm{FB}}}{\pi^{\mathrm{AGV}}} = \frac{T\cdot M_{\mathrm{FT}}}{G}\cdot\frac{(G\cdot\gamma + N\cdot\varphi) + \sqrt{(G\cdot\gamma - N\cdot\varphi)^2 + 4G\cdot N\cdot\gamma^2}}{(T\cdot M_{\mathrm{FT}}\cdot\alpha + M_{\mathrm{TP}}\cdot\beta) + \sqrt{(T\cdot M_{\mathrm{FT}}\cdot\alpha - M_{\mathrm{TP}}\cdot\beta)^2 + 4M_{\mathrm{TP}}\cdot T\cdot M_{\mathrm{FT}}\cdot\alpha^2}} \tag{14.35}$$

（2）如果 FB-ACT 为每个箱区采用两层地面小车系统，即 $M_{\mathrm{GT}} = 2$，则

$$\frac{\pi^{\mathrm{FB}}}{\pi^{\mathrm{AGV}}} = \frac{R\cdot T\cdot M_{\mathrm{FT}}}{2N\cdot G}\cdot\frac{(G\cdot\gamma + N\cdot\varphi) + \sqrt{(G\cdot\gamma - N\cdot\varphi)^2 + 4G\cdot N\cdot\gamma^2}}{E(w_{\mathrm{FT}}) + \beta} \tag{14.36}$$

其中，$E(w_{\mathrm{FT}})$ 由式（14.13）求解。

由于上述公式中有很多变量，需要进行简化。定义了两个系数：① $X = M_{\mathrm{TP}}/(T\cdot M_{\mathrm{FT}})$，即转换平台与钢架小车数量的比率；由于假设转换平台的数量与箱区数相同，所以 X 也是箱区数与钢架小车数量的比例。② $Y = N/G$，即箱区数与 AGV 数量的比率。则式（14.35）简化如下：

$$\frac{\pi^{\mathrm{FB}}}{\pi^{\mathrm{AGV}}} = \frac{(\gamma + Y\cdot\varphi) + \sqrt{(\gamma - Y\cdot\varphi)^2 + 4Y\cdot\gamma^2}}{(\alpha + X\cdot\beta) + \sqrt{(\alpha - X\cdot\beta)^2 + 4X\cdot\alpha^2}} \tag{14.37}$$

变量 β 和 φ 也可以近似于

$$\beta \approx \frac{2B}{3v_{\mathrm{FT}}} + h_{\mathrm{QC}};\quad \varphi \approx \frac{2B}{3v_{\mathrm{AGV}}} + \frac{2Q}{v_{\mathrm{AGV}}} + h_{\mathrm{QC}}$$

式（14.36）可以用同样的方法简化为

$$\frac{\pi^{\mathrm{FB}}}{\pi^{\mathrm{AGV}}}=\frac{(\gamma+Y\cdot\varphi)+\sqrt{(\gamma-Y\cdot\varphi)^2+4Y\cdot\gamma^2}}{Z+2X\cdot\beta} \tag{14.38}$$

其中，Z 为通过求解三次方程得到的变量：

$$Z^3+4X\beta\cdot Z^2+(4X^2\beta^2-\alpha^2)Z-2X\alpha^3=0 \tag{14.39}$$

在调查上述比率之前，需要确定一些参数的值，根据相关文献估算 YC 和 AGV 的速度参数[254]，$v_{\mathrm{AGV}}=4\mathrm{m/s}$，$v_{\mathrm{FT}}=6\mathrm{m/s}$，$v_{\mathrm{GT}}=6\mathrm{m/s}$，$v_{\mathrm{YC}}=3.5\mathrm{m/s}$。关于 GT 和 FT 的速度参数是基于振华重工公司提供的技术规范数据，振华重工公司 2008 年在上海的一个岛上实施了 FB-ACT 的原型系统。如 14.2 节开头所述，它忽略了岸桥瓶颈效应，以便集中于堆场侧运输效率的比较。岸桥的最大装卸率通常为每小时 40 次升降，即每次升降 1.5min。h_{QC} 是小车等待岸桥的时间，应该小于 1.5min，这里设置 $h_{\mathrm{QC}}=1\mathrm{min}$[252]。AGV-ACT 中的 h'_{YC} 是岸桥重新搬运和收捡集装箱（用于装载）或卸下集装箱（用于卸载）的处理时间。h'_{YC} 是场桥到达箱区中收捡和运送位置的时间，但不包括在参数 t_{YC} 中已考虑的场桥的行驶时间，这里设置 $h'_{\mathrm{YC}}=1\mathrm{min}$[195]。FB-ACT 中的 h_{YC} 是地面小车等待场桥的时间；它主要受每个箱区（M_{GT}）地面小车数量的影响。当 $M_{\mathrm{GT}}=1$ 时，设置 $h_{\mathrm{YC}}=1\mathrm{min}$，对于 $M_{\mathrm{GT}}=2$，设置 $h_{\mathrm{YC}}=1.5\mathrm{min}$。另外，设置 $X=Y=1/3$，即每个箱区的平均钢架小车数量与每个箱区的平均数 AGV，它们都等于 3。根据上述参数设置，比较了这两个 ACT 的运输效率，如图 14-6～图 14-8 所示。

图 14-6 给出了具有不同尺寸或形状的码头（或用于建立码头的可用地）的比率（$\pi^{\mathrm{FB}}/\pi^{\mathrm{AGV}}$）。结果表明：①码头尺寸越大，FB-ACT 的优势越明显；②FB-ACT 的优势对于具有与海岸线垂直的陆地区域的码头更为明显。原因在于：AGV-ACT 不适用于具有较长箱区的码头。沿箱区方向的交通主要由 AGV-ACT 的场桥和 FB-ACT 的轨道小车进行。由于小车移动速度比场桥快得多，因此在这种情况下 FB-ACT 更合适。

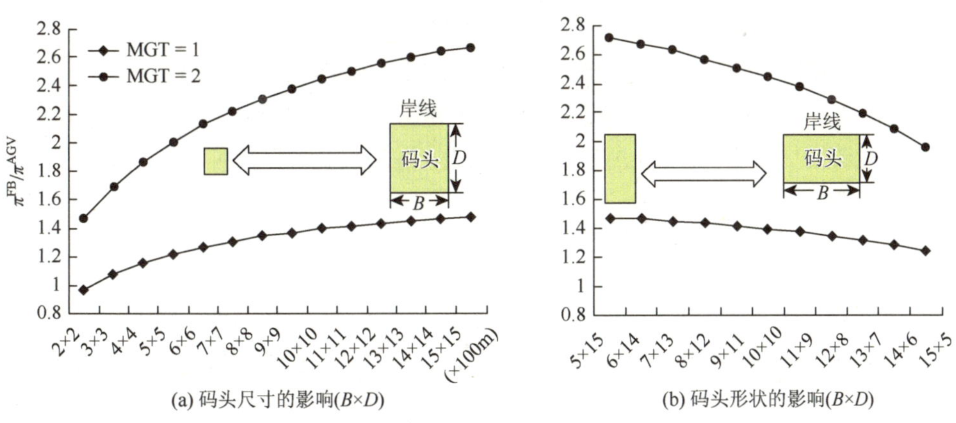

(a) 码头尺寸的影响(B×D)　　(b) 码头形状的影响(B×D)

图 14-6　码头的尺寸和形状对比率（$\pi^{\mathrm{FB}}/\pi^{\mathrm{AGV}}$）的影响

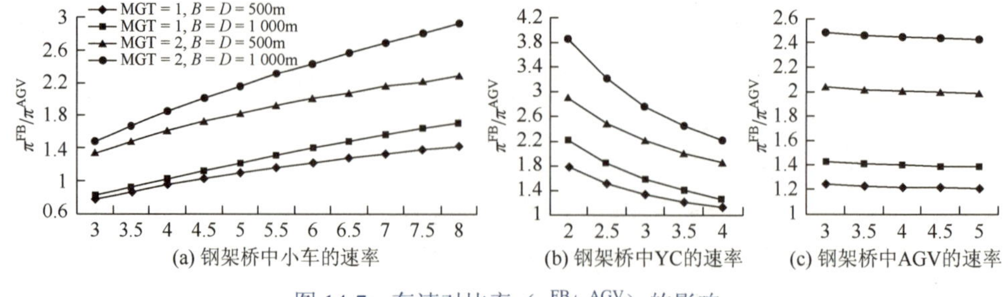

图 14-7　车速对比率（π^{FB}/π^{AGV}）的影响

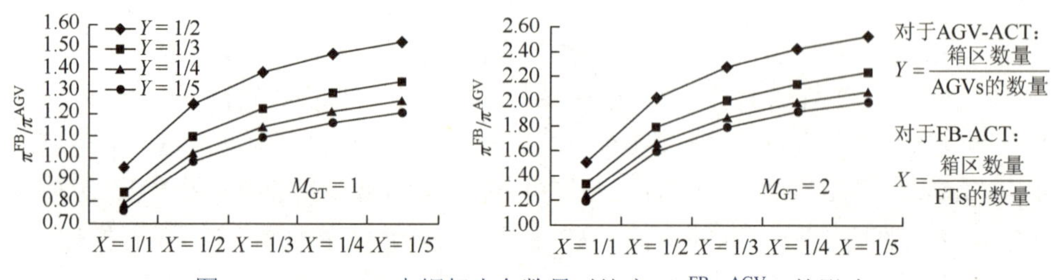

图 14-8　FB-ACT 中钢架小车数量对比率（π^{FB}/π^{AGV}）的影响

上述的比较是基于估计参数得到的，由于 FB-ACT 在现实码头中尚未实施，因此无法获得某些参数的精确数据。即使对于 AGV-ACT，相关参数在不同的码头也有所不同，为了进行综合比较，本节对输入的参数进行了敏感性分析。

（1）车辆速度的影响：从图 14-7 可以看出，AGV-ACT 中的 YC 的速度（v_{FT}，v_{GT}）与 FB-ACT 中小车的速度（v_{YC}）对最终结果有明显的影响。然而，AGV 的速度对结果的影响最小，这意味着 YC 的速度可能是 AGV-ACT 的瓶颈。

（2）FB-ACT 中钢架小车（FT）数量的影响。在图 14-8 中，X 为 1/1, 1/2, … 或 1/5，这代表着 FT 的数量是箱区数 1 倍，2 倍，…或 5 倍。图 14-8 的结果验证增加 FT 的数量对 FB-ACT 效率有积极影响。

从上述比较研究得出如下结论，FB-ACT 通常在运输效率方面优于 AGV-ACT。然而，这种比较优势受到一些设备的具体参数和现实操作效率的影响。在堆叠能力方面，FB-ACT 在一般情况下略差于 AGV-ACT。上述比较研究结果可以帮助想要建立 ACT 的港口运营商更好地了解 FB-ACT 的相对优点，并决定是否将其应用于码头。

14.4　基于离散事件仿真模型的验证研究

本章使用 Python 2.6 为 FB-ACT 和 AGV-ACT 构建离散事件仿真模型，以便验证上述理论结果。在仿真模型中，初始事件是集装箱到达码头并准备进行装卸作业，每个工作都有起点和目的地。对于卸载作业，其起始点是沿着码头方向随机产生的点；目的地是沿着箱区方向随机产生的位置。对于装载作业，起点和目的地的定义

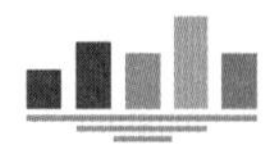

是类似的。上述作业的到达率被设置为足够大，以便测试 ACT 系统的处理能力。具体地说，单位时间内的操作作业数量是堆场系统的平均吞吐率，即 π^{FB} 或 π^{AGV} 。

以卸载过程为例来说明 FB-ACT 仿真模型中的事件流程。当卸货作业在码头的某个位置出现时，空闲的钢架小车（FT）向新作业的位置移动。如果没有一个空闲的 FT，那么这个作业将等到 FT 变得空闲时才被操作。当被传唤的 FT 到达作业位置时，有一个时间延迟，它表示将集装箱从码头侧装载到 FT 上的时间。负载的 FT 移动到位于作业目的地箱区的转换平台（TP）后，在 TP 所在的位置，载货 FT 等待空闲地面小车（GT）取出集装箱。当被传唤的 GT 到达 TP 的位置时，存在一个时间延迟，它表示将集装箱从 FT 装载到 GT 上的时间。载货的 GT 沿着箱区朝着储存位置移动。同时，岸桥也移动到箱区中对应的位置。一旦 GT 和 YC 都到达储存位置，GT 就得以空闲，可以进入下一个作业；对于 YC，则存在延迟，这表示将集装箱从 GT 装载到箱区中存储位置的时间。在仿真模型中，FT、GT、YC 完成工作时，将停留在当前位置，等待下一个作业的指示。

AGV-ACT 仿真模型中的事件流程，与上述描述的 FB-ACT 类似。区别在于：在 AGV-ACT 中，FB-ACT 中的对象 FT 被 AGV 替代，FB-ACT 中的 GT 和 YC 的组合被 YC 替代。

为了与上述分析模型进行公平的比较，仿真模型的基本参数（如 FT、GT、YC 和 AGV 的速度）与分析模型的参数相同，结果分别列在表 14-2～表 14-5 中。

该仿真侧重于对不同设施的协调和同步建模，忽略了装载和卸载、小车移动和起重机架的一些细节过程。由于该仿真没有动画显示，所以运行得非常快。

表 14-2 显示了不同尺寸的码头在一些情况下的仿真结果和与上述分析结果的比较。对每种情况，仿真模型运行 100 次，并将均值记录于表中。

表 14-2　不同码头尺寸的结果（MGT = 1）

码头的尺寸（×100m）	π^{FB}/π^{AGV}（Simulation）	π^{FB}/π^{AGV}（Analytical）	偏差 |Sim − Ana| /Sim
5×5	1.27	1.22	3.9%
6×6	1.30	1.27	2.3%
7×7	1.32	1.31	0.8%
8×8	1.37	1.35	1.5%
9×9	1.40	1.37	2.1%
10×10	1.42	1.40	1.4%
11×11	1.44	1.42	1.4%
12×12	1.45	1.44	0.7%
13×13	1.46	1.45	0.7%
14×14	1.47	1.47	0.0%
15×15	1.48	1.48	0.0%
平均偏差			1.3%

表 14-3　FT 和 GT 不同速度的结果（MGT = 1）

小车的速度/(m/s)	π^{FB}/π^{AGV}（Simulation）	π^{FB}/π^{AGV}（Analytical）	偏差 |Sim − Ana|/Sim
3	0.87	0.81	6.9%
3.5	0.96	0.92	4.2%
4	1.08	1.02	5.6%
4.5	1.13	1.12	0.9%
5	1.25	1.22	2.4%
5.5	1.34	1.31	2.2%
6	1.42	1.40	1.4%
6.5	1.45	1.48	2.1%
7	1.52	1.56	2.6%
7.5	1.59	1.64	3.1%
8	1.67	1.71	2.4%
	平均偏差		3.1%

表 14-4　不同 YC 速度的结果（MGT = 1）

YC 的速度/(m/s)	π^{FB}/π^{AGV}（Simulation）	π^{FB}/π^{AGV}（Analytical）	偏差 |Sim − Ana|/Sim
2	2.18	2.20	0.9%
2.5	1.85	1.83	1.1%
3	1.59	1.58	0.6%
3.5	1.42	1.40	1.4%
4	1.29	1.26	2.3%
	平均偏差		1.3%

表 14-5　不同 AGV 速度的结果（MGT = 1）

AGV 的速度/(m/s)	π^{FB}/π^{AGV}（Simulation）	π^{FB}/π^{AGV}（Analytical）	偏差 |Sim − Ana|/Sim
3	1.43	1.42	0.7%
3.5	1.42	1.41	0.7%
4	1.42	1.40	1.4%
4.5	1.40	1.39	0.7%
5	1.41	1.39	1.4%
	平均偏差		1.0%

表 14-3～表 14-5 分别展示了尺寸为在 1000m×1000m 的码头中，小车（FT 和 GT）、YC 和 AGV 的不同速度时的仿真结果。从表中可以看到，仿真结果和其趋势与之前的分析研究相吻合。仿真和分析研究之间的结果偏差为 1%～3%。

需要指出的是，上面的表是基于一层 GT 系统（即 $M_{GT}=1$）的 FB-ACT 的结果。$M_{GT}=2$ 的结果则列在表 14-6。可以看出 $M_{GT}=2$ 时，仿真和分析结果之间的偏差比 $M_{GT}=1$ 的情况更为明显，平均偏差约为 13%。在每个箱区子系统中，多个 GT 之间的协调和同步的方面，可以从结果中看出建模分析方法上的一些缺点。

表 14-6　不同码头尺寸的结果（MGT = 2）

码头的尺寸（×100m）	π^{FB}/π^{AGV} （Simulation）	π^{FB}/π^{AGV} （Analytical）	偏差 $\lvert Sim-Ana\rvert/Sim$
5×5	1.74	2.01	15.5%
6×6	1.82	2.13	17.0%
7×7	1.98	2.23	12.6%
8×8	2.07	2.31	11.6%
9×9	2.14	2.38	11.2%
10×10	2.18	2.45	12.4%
11×11	2.20	2.50	13.6%
12×12	2.26	2.56	13.3%
13×13	2.31	2.60	12.6%
14×14	2.33	2.64	13.3%
15×15	2.36	2.67	13.1%
平均偏差			13.3%

此外，分析和仿真研究是假设码头在相对长时间段执行装载或卸载作业，它不会频繁地改变操作模式（固定模式）。从仿真研究中可以发现，如果系统执行高混合模式，最终性能指标会有明显波动，两个 ACT 的平均吞吐量比稳定模式的值略低。然而，混合模式对比率（即 π^{FB}/π^{AGV} ）的最终结果没有明显的影响。

14.5 小　　结

本章介绍了一种新型的 ACT 系统，并进行了探索性研究，以确定其应用在转运港的机遇与挑战。并对这种新的系统与基于 AGV 系统之间的运输效率和堆叠能力进行了比较，提出了比较这两种 ACT 系统之间的几种定量分析模型和性能指标。

然而，本章还有一些不足：

（1）比较研究是基于几个假设，如所有的箱区都在同时作业，码头上的所有泊位段都处于满载状态，装载或卸载任务沿垂直（箱区）方向、水平（码头）方向均匀分布，实际上这些情况在现实的码头中很少存在。通过数学公式不能真实地反映实际的绩效，然而，在这项比较研究中，关注的是两种 ACT 绩效指标比而不是单独的绩效值。因此，这些比率反映了它们在满载情况下的相对性能优势，可能仍然与现实环境中的比值不同。

（2）为了简单起见，只关注这两种 ACT 不同类型的运输车辆，而简化了相同的部分。例如，不考虑其 YC、QC 的随机因素，且认为这些设备的处理时间（或等待时间）为常数。

（3）由于 FB-ACT 尚未在港口建设和使用，还没有关于 FB-ACT 的设备价格和日常运营成本的确切数据。因此，未对这两种 ACT 系统之间的初始投资成本与运营成本进行比较。

第 15 章

基于钢架桥的自动化集装箱码头起重机调度研究

15.1 引　言

第 14 章介绍了基于钢架桥的自动化集装箱码头（FB-ACT），并分析其效率和适用性。本章则对 FB-ACT 出现的一些新设备调度问题进行了探索性研究，提出了两种起重机调度的决策模型。本章研究之所以选择起重机调度为主题，是因为这些起重机是 FB-ACT 系统的重要资源，通用的港口起重机不适用于这种新型的 ACT 系统。本章建立了两个数学模型，模型一着重于岸桥调度及存储分配决策；而模型二是关于桥式起重机（即为 FB-ACT 专门设计的另一种类型的起重机）的调度决策。这两个模型是相关的，因为模型一的结果是模型二的基础。此外，本章还进行了基于实际数据的一些数值实验来验证模型的效率和有效性。

15.2 基于钢架桥的自动化码头系统中起重机调度问题背景

在 FB-ACT 的设计中，有五种不同的相关联的设备：场桥、钢架小车、桥式起重机、地面小车和场桥。但是对于港口运营商来说，岸桥是首要安排的关键资源，因为码头可以部署的岸桥数量受到队列长度和安全空间要求的限制。岸桥的成本（购买、运行和维护）要远远高于桥式起重机和钢架小车。假设有足够的场桥、地面小车和钢架小车可用于执行集装箱卸载和装载活动。

如图 15-1 所示，FB-ACT 系统包含两种起重机，一种是广泛使用的岸桥，另一种是在不同层间转移集装箱的桥式起重机（bridge crane，BC）。由于岸边操作是提高 FB-ACT 系统生产率的瓶颈，两种起重机的调度策略对于将使用该系统的港口运营商来说都非常重要。因此，本章对这两种起重机调度问题进行研究（图 15-1），并提出了两个优化模型。

岸桥调度：对岸桥计划执行的任务进行调度，目的是最小化任务完成的总操作时间。

桥式起重机调度：桥式起重机将按照最优的岸桥计划的顺序来执行这些任务，其目标是使计划范围内所有桥式起重机的总移动距离最小。

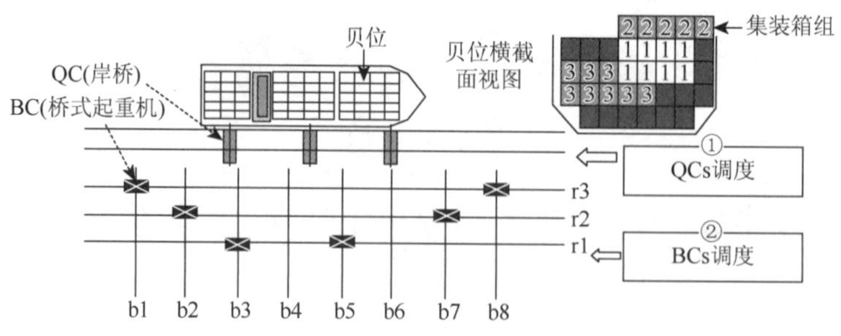

图 15-1　FB-ACT 中的两种起重机调度问题

上述两个起重机调度问题不是彼此独立的，由于岸桥是码头中最重要的资源，因此首先进行岸桥调度决策，并以此作为第二步桥式起重机调度决策的基础。岸桥调度决策模型的输出是桥式起重机调度决策模型的输入。从理论角度来看，二者的决策是相互联系的，最好的方法是以一种综合的方式优化岸桥和桥式起重机调度的决策。但本章按顺序来处理它们（即两步法），原因在于两种起重机的综合模型极端复杂，同时对岸桥和桥式起重机调度非常复杂。因此，本章首先提出了解决岸桥调度的决策框架，然后根据岸桥调度来解决桥式起重机调度。原因是在 FB-ACT 系统中，岸桥是比桥式起重机更重要的资源，岸桥的效率决定了港口的生产力。

传统的岸桥调度方法不适用于 FB-ACT 的原因在于：

（1）每个箱区的吞吐量不受控制。例如，同一个箱区可以同时执行三个甚至更多的卸载任务；然而，地面小车的操作速率是不可能实现这种需求的，它们只能延迟这些任务在岸桥调度中预计的完成时间，从而打乱了调度表剩余的时间安排。

（2）与存储分配分离：在传统的岸桥调度中，集装箱的存储位置是在岸桥调度之前已经确定的。然而，如果在岸桥调度中考虑箱区的吞吐量限制，则这两个决策是耦合的，不能分开考虑。

因此，本章研究的是岸桥调度和存储分配的综合问题，输入的数据与传统的岸桥调度问题有些不同。对于将被卸载的集装箱任务（转运或进口），其目的地是离港船舶或进口商，如图 15-2 所示，在岸桥调度表中，任务ⓐ处在船的第一个贝位，被第一个岸桥操作。其中，“D（V2）”代表的是它是卸载任务，目的地是船舶 2。对于装载的集装箱任务，它们标记了堆存区域（子箱区）。如图 15-2 中，任务ⓓ标记的“L（B2-4）”代表着它是来源于箱区 B2 中子箱区 B2-4 的装载任务。

在堆场内分配卸载的集装箱时，采用托运策略进行堆场管理。该策略尝试将具有相同目的地的集装箱存储在堆场中的某些专用堆存区域（子箱区）中[133, 255]。该托运策略不仅用于传统集装箱码头，还适用于自动化码头，且托运策略的适用性与码头布局（垂直布局或水平布局）无关。

在托运策略中，港口运营商为每个目的地（即出口或转运的集装箱）或进口商（对于进口的集装箱）分配一组子箱区（即堆场模版）。图 15-2 给出了具有存

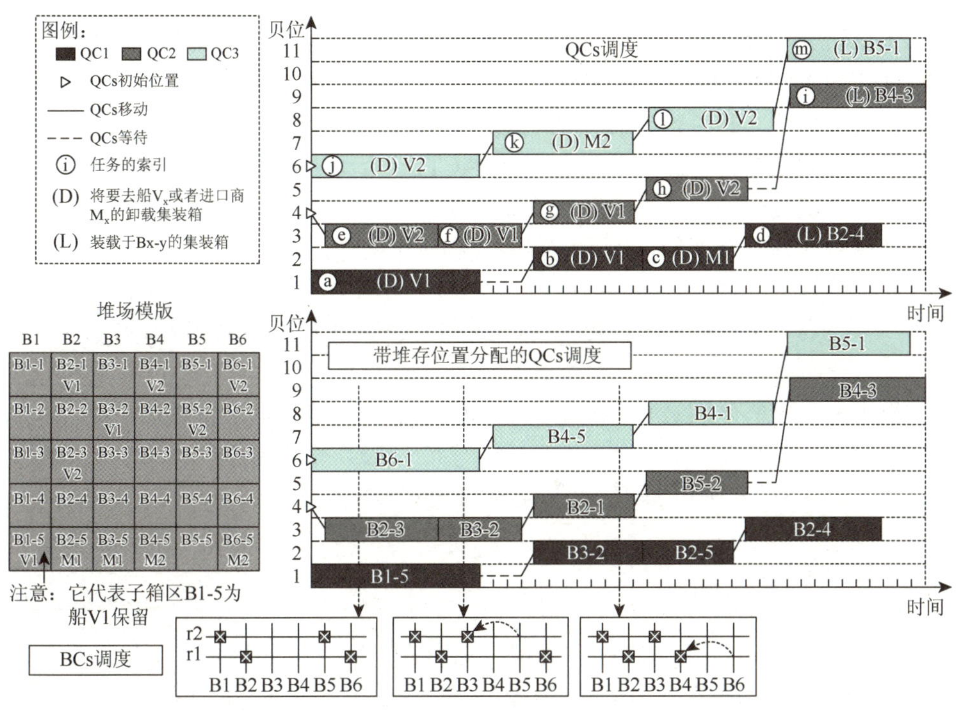

图 15-2　FB-ACT 中的 QC 和 BC 调度示例

储分配的岸桥调度的示例，任务ⓐ目的地是船舶 1，在堆场模板中，子箱区 B1-5、B2-1 和 B3-2 是预留给船舶 1 的。根据岸桥调度和存储分配，将任务ⓐ分配给岸桥 1，并选择 B1-5 储存任务ⓐ中的集装箱。在这种情况下，每个箱区中执行的最大任务数量为一个，即假设阈值是预先分配一个。如果是多层地面小车系统，则每个箱区的阈值可以设置为更大的数。

基于具有存储分配的岸桥计划，港口运营商还可以获得桥式起重机（BC）计划，即确定桥式起重机在计划期间的每个时间段的位置和移动轨迹。如图 15-2 所示，水平轴代表时间段，当时间段为 4 时（用图 15-2 下半部分的第一根垂直的虚箭头表示），有三个卸载任务（ⓐ，ⓔ和ⓙ）分别被岸桥 1、岸桥 2 和岸桥 3 操作，且堆存位置被分配在子箱区 B1-5、B2-3 和 B6-1。此时，桥式起重机被安排在与子箱区 B1、B2 和 B6 对应的位置。当在时间段为 12 时（图 15-2 下半部分的第二根垂直的虚箭头），被岸桥 2 操作的，安排在子箱区 B3-2 的卸载任务ⓕ正在执行，那么港口运营商必须把之前服务箱区 B5 的桥式起重机移动到 B3 进行服务。

值得注意的是，每个岸桥任务面向的是一组集装箱，每组中的集装箱数量不相同，且每组中的集装箱通常具有相同的目的地。因此，每组集装箱应该被分配到一个箱区，每个岸桥任务也只分配给一个箱区。集装箱组的分类是预先确定的，并作为该问题的输入数据。

本章研究了 FB-ACT 中的两个调度问题：①考虑存储分配的岸桥调度问题（$QCSP_{FBACT}$），旨在最小化操作时间；②桥式起重机调度问题（$BCSP_{FBACT}$），其目的是最小化桥式起重机的总移动距离。通过制定两个单独的模型来研究上述问题，而不是制定综合资源调度问题。FB-ACT 的资源中，岸桥是比桥式起重机更为重要的关键资源，岸桥的单位成本也比桥式起重机更高。因此，港口运营首先要确定岸桥计划是合理的，然后确定桥式起重机的计划。

15.3 针对两类起重机调度的整数规划模型构建

以下两个小节分别是 $QCSP_{FBACT}$ 和 $BCSP_{FBACT}$ 问题的数学模型。

15.3.1 FB-ACT 中的岸桥调度问题（$QCSP_{FBACT}$）

下标与集合：

Ω——操作的任务集合，$\Omega=\{1,\cdots,n\}$；每个任务是一组有相同属性的集装箱，同一个组的集装箱由相同的岸桥处理，储存在同一个子箱区中。0 和 T 是两个操作时间为 0 的虚拟任务，作为整个调度的开始和结束。$\Omega^0=\Omega\cup\{0\}$；$\Omega^T=\Omega\cup\{T\}$；$\bar{\Omega}=\Omega\cup\{0,T\}$。

Φ——有优先顺序的任务对集合。

Ψ——考虑岸桥安全边界约束和任务优先级，不能同时执行的任务对集合，$\Phi\subseteq\Psi$。

Q——岸桥集合；岸桥由 k 来表示，$k\in Q$。

B——箱区集合；箱区由 b 来表示，$b\in B$。

S——子箱区集合；子箱区由 s 来表示，$s\in S$。

S_j——任务 j 对应的子箱区集合，$j\in\Omega$。对于卸载任务，它表示为卸载集装箱的目的地预留的子箱区；对于装载任务，它表示装载的集装箱的来源。

H——规划周期内的时间段集合；时间段由 h 表示，$h\in H$。

已知参数：

p_j——任务 j 所需要的操作时间段，$j\in\bar{\Omega}$。

r_k——岸桥 k 在时间段 r_k 后可使用，$k\in Q$。

$q_{j,k}$——岸桥 k 从其初始位置到任务 j 的初始贝位的移动时间，$k\in Q$。

$t_{i,j}$——岸桥从任务 i 的贝位到任务 j 的贝位的移动时间，$i,j\in\bar{\Omega}$。

$\Delta_{i,j}^{v,w}$——分别由岸桥 v,w 操作的任务 i,j 的最小时间间隔，$i,j\in\Omega$，$v,w\in Q$。

Θ——造成岸桥冲突的任务组集合，$\Theta=\{(i,j,v,w)\in\Omega^2\times Q^2\mid i<j,\Delta_{i,j}^{v,w}>0\}$。

A——用于控制箱区吞吐量的阈值，即与同一箱区能同时执行的任务的最大值。

决策变量：

$x_{i,j,k}\in\{0,1\}$——如果任务 i 和 j 连续被岸桥 k 操作，则值为 1，否则为 0，$i,j\in\bar{\Omega}$，$k\in Q$。

$y_{j,s}\in\{0,1\}$——如果任务 j 中的集装箱卸载至（装载于）子箱区 s，值为 1，否则为 0，$h\in H$。

$z_{i,j}\in\{0,1\}$——如果任务 j 开始操作时，任务 i 已经完成操作，则值为 1，否则为 0。

$C_j\geqslant 0$——整型变量，任务 j 的完成时间。

$C_T\geqslant 0$——整型变量，岸桥调度问题的最长完工时间。

$d_{j,h}\in\{0,1\}$——如果任务 j 在时间点 h 操作完成为 1，否则为 0，$h\in H$。

$f_{j,s,h}\in\{0,1\}$——如果任务 j 在时间点 h 操作完，且其集装箱卸载至（装载于）子箱区 s 为 1，否则为 0，$j\in\Omega$，$s\in S$，$h\in H$。

15.3.2　QCSP$_{\text{FBACT}}$ 数学模型

$$\text{Minimize } C_T \tag{15.1}$$

约束：

$$\sum_{j\in\Omega^T} x_{0,j,k}=1 \qquad \forall k\in Q \tag{15.2}$$

$$\sum_{j\in\Omega^0} x_{i,T,k}=1 \qquad \forall k\in Q \tag{15.3}$$

$$\sum_{j\in\Omega^0} x_{j,i,k}-\sum_{j\in\Omega^T} x_{i,j,k}=0 \qquad \forall i\in\Omega,\forall k\in Q \tag{15.4}$$

$$\sum_{k\in Q}\sum_{j\in\Omega^T} x_{i,j,k}=1 \qquad \forall i\in\Omega \tag{15.5}$$

$$r_k+q_{j,k}+p_j-c_j\leqslant M\cdot(1-x_{0,j,k}) \qquad \forall j\in\Omega,\forall k\in Q \tag{15.6}$$

$$c_i+t_{i,j}+p_j-c_j\leqslant M\cdot(1-x_{i,j,k}) \qquad \forall i,j\in\bar{\Omega},\forall k\in Q \tag{15.7}$$

$$c_i+p_j-c_j\leqslant 0 \qquad \forall i,j\in\Phi \tag{15.8}$$

$$c_i+p_j-c_j\leqslant M(1-z_{i,j}) \qquad \forall i,j\in\Omega \tag{15.9}$$

$$c_j-p_j-c_i\leqslant M\cdot z_{i,j} \qquad \forall i,j\in\Omega \tag{15.10}$$

$$z_{i,j}+z_{j,i}=1 \qquad \forall i,j\in\Psi \tag{15.11}$$

$$\sum_{u\in\Omega^0} x_{u,i,v}+\sum_{u\in\Omega^0} x_{u,j,w}\leqslant 1+z_{i,j}+z_{j,i} \qquad \forall (i,j,v,w)\in\Theta \tag{15.12}$$

$$c_i + \varDelta_{i,j}^{v,w} + p_j - c_j \leqslant M \cdot \left(3 - z_{i,j} - \sum_{u \in \varOmega^0} x_{u,i,v} - \sum_{u \in \varOmega^0} x_{u,j,w}\right) \quad \forall (i,j,v,w) \in \varTheta \tag{15.13}$$

$$c_j + \varDelta_{i,j}^{v,w} + p_i - c_i \leqslant M \cdot \left(3 - z_{j,i} - \sum_{u \in \varOmega^0} x_{u,i,v} - \sum_{u \in \varOmega^0} x_{u,j,w}\right) \quad \forall (i,j,v,w) \in \varTheta \tag{15.14}$$

$$\sum_{s \in S_j} y_{j,s} = 1 \quad \forall j \in \varOmega \tag{15.15}$$

$$\sum_{s \in S} y_{j,s} = 1 \quad \forall j \in \varOmega \tag{15.16}$$

$$\sum_{h \in H} d_{j,h} = 1 \quad \forall j \in \varOmega \tag{15.17}$$

$$\sum_{h \in H} h \cdot d_{j,h} = c_j \quad \forall j \in \varOmega \tag{15.18}$$

$$f_{j,s,h} \geqslant y_{j,s} + d_{j,h} - 1 \quad \forall j \in \varOmega, \forall s \in S, \forall h \in H \tag{15.19}$$

$$f_{j,s,h} \leqslant 0.5(y_{j,s} + d_{j,h}) \quad \forall j \in \varOmega, \forall s \in S, \forall h \in H \tag{15.20}$$

$$\sum_{s \in b} \sum_{j \in \varOmega} \sum_{t=h}^{h+p_j-1} f_{j,s,t} \leqslant A \quad \forall h \in H, \forall b \in B \tag{15.21}$$

$$x_{i,j,k} \in \{0,1\} \quad \forall i,j \in \bar{\varOmega}, \forall k \in Q \tag{15.22}$$

$$y_{j,s} \in \{0,1\} \quad \forall j \in \varOmega, \forall k \in Q \tag{15.23}$$

$$p_j \leqslant c_j \leqslant C_T \quad \forall j \in \bar{\varOmega} \tag{15.24}$$

$$d_{j,h} \in \{0,1\} \quad \forall j \in \varOmega, \forall h \in H \tag{15.25}$$

$$f_{j,s,h} \in \{0,1\} \quad \forall j \in \varOmega, \forall s \in S, \forall h \in H \tag{15.26}$$

约束［式（15.2）和式（15.3）］表示每个岸桥分别有一个开始和结束的任务。约束［式（15.4）］保证每个任务在某岸桥任务序列中，则前后都有任务，或者不在某岸桥任务序列中。约束［式（15.5）］确保每个任务由一个岸桥处理。约束［式(15.6)和式(15.7)］计算每个岸桥任务序列中任务的完成时间。约束［式(15.8)］反映两个任务之间的优先关系。约束［式（15.9）～式（15.11）］是为不能同时进行的任务对设计的。约束［式（15.12）～式（15.14）］是岸桥调度中的防止岸桥交叉和岸桥安全边界约束。约束［式（15.15）～式（15.20）］用于控制每个箱区的吞吐量。约束［式（15.15）和式（15.16）］确保任务 j 的集装箱被卸载到（或装载于）一个子箱区 S_j。约束［式（15.17）和式（15.18）］关联两个决策变量 c_j 和 $d_{j,h}$，这与任务的完成时间有关。约束［式（15.19）和式（15.20）］保证当且仅当 $y_{j,s} = d_{j,h} = 1$ 时，$f_{j,s,h}$ 等于 1。约束［式（15.21）］确保在每个时间段与相同

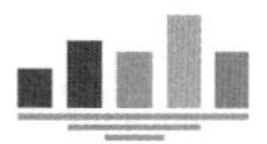

箱区同时进行的任务数不能超过阈值“A”。如果每个箱区中地面小车的处理效率发生变化（如将单层地面小车系统改为双层地面轨道系统），只需要修改约束条件下的约束［式（15.21）］中的参数“A”。约束［式（15.22）～式（15.26）］是决策变量的约束。

上述模型中没有考虑每个子箱区的空间容量限制，因为假设任务的总体积相对小于每个箱区中的可用空间。然而，可以通过添加简单的约束 $\sum_{j\in\Omega} y_{j,s} \leqslant E_s, \forall s\in S$ 来考虑每个子箱区的空间容量限制，其中，E_s 是子箱区的容量限制。

15.3.3　桥式起重机调度问题（BCSP$_{\mathrm{FBACT}}$）

桥式起重机（BC）的调度是基于岸桥调度的结果进行的。定义一个参数 $F_{b,h}$ 来表示在时间段 h 时，箱区 b 同时执行的任务的数量。可以根据岸桥调度的结果得出如下：

$$F_{b,h} = \sum_{s\in b}\sum_{j\in\Omega}\sum_{t=h}^{h+p_j-1} f_{j,s,t} \leqslant A, \forall h\in H, \forall b\in B \tag{15.27}$$

下标与集合：

R——桥式起重机行的集合，$R=\{1,K,|R|\}$，索引为 r。

P——每行桥式起重机的集合，$P=\{1,K,|P|\}$，索引为 p。

B——堆场箱区的集合，$B=\{1,\cdots,|B|\}$，索引为 b。

H——时间的集合，索引为 h。

已知参数：

$F_{b,h}$——时间段 h，同时在箱区 b 执行任务数。

决策变量：

$\beta_{b,h}^{r,p}$——第 r 行第 p 个桥式起重机在时间段 h，被安排在箱区 b，值为 1，否则为 0。

BCSP$_{\mathrm{FBACT}}$ 数学模型：

$$\text{Minimize} \quad \sum_{r\in R}\sum_{p\in P}\sum_{h=2}^{|H|}\left|\sum_{b\in B} b\cdot\beta_{b,h}^{r,p} - \sum_{b\in B} b\cdot\beta_{b,h-1}^{r,p}\right| \tag{15.28}$$

$$\sum_{b\in B} b\cdot\beta_{b,h}^{r,p} = 1 \qquad \forall r\in R, \forall p\in P, \forall h\in H \tag{15.29}$$

$$\sum_{p\in P} b\cdot\beta_{b,h}^{r,p} \leqslant 1 \qquad \forall r\in R, \forall b\in B, \forall h\in H \tag{15.30}$$

$$\beta_{b,h}^{r,p} \leqslant \sum_{n=b+1}^{|B|}\beta_{n,h}^{r,p+1} \qquad \forall r\in R, \forall h\in H, \forall b\in B/\{|B|\}, \forall p\in P/\{|P|\} \tag{15.31}$$

$$\sum_{r\in R}\sum_{p\in P}\beta_{b,h}^{r,p} \geqslant F_{b,h} \qquad \forall b\in B, \forall h\in H \tag{15.32}$$

$$\beta_{b,h}^{r,p} \in \{0,1\} \qquad \forall r\in R, \forall b\in B, \forall h\in H, \forall p\in P \tag{15.33}$$

目标函数［式（15.28）］是最小化计划范围内所有桥式起重机的总移动距离。与岸桥调度相比，桥式起重机调度对整个系统的最终性能的影响要小得多。安排桥式起重机的第一个目标是使它们的计划对岸桥调度可行。桥式起重机调度目标的距离最小化的设置可以在一定程度上降低桥式起重机的能量消耗，所以桥式起重机调度模型可以输出一个可行的节能计划。

约束［式（15.29 和式（15.30）］确保每个时间，每行中只有一个桥式起重机位于同一个箱区位置。约束［式（15.31）］为桥式起重机排序约束，其中较高编号或较低编号的桥式起重机必须分别位于右侧和左侧。约束［式（15.32）］保证在任何时间，桥式起重机都满足需求。由于目标包含绝对值的形式，因此将其线性化并重写模型，如下：

（$\text{BCSP}_{\text{FBACT}}$）Minimize

$$\sum_{r\in R}\sum_{p\in P}\sum_{h=2}^{|H|}(\theta_{r,p,h}^{+} + \theta_{r,p,h}^{-}) \tag{15.34}$$

约束［式（15.31）～式（15.33）］

$$\sum_{b\in B} b\cdot\beta_{b,h}^{r,p} - \sum_{b\in B} b\cdot\beta_{b,h-1}^{r,p} = \theta_{r,p,h}^{+} - \theta_{r,p,h}^{-} \qquad \forall r\in R, \forall p\in P, \forall h\in H \tag{15.35}$$

$$\theta_{r,p,h}^{+}, \theta_{r,p,h}^{-} \geqslant 0 \qquad \forall r\in R, \forall p\in P, \forall h\in H \tag{15.36}$$

本章中，没有提出桥式起重机调度模型的求解算法，因为利用 CPLEX 求解可以很快地解决给出的问题实例，而且这些实例的规模也符合现实的决策环境。所以，从建模的角度来看，桥式起重机调度模型不是很复杂，只有一组变量，而且解的空间也不是很大。本章的核心作用在于岸桥调度模型，其比桥式起重机调度模型复杂得多，因此，本章只提出了用于岸桥调度模型的算法。

最后应该指出的是，由于上述两种模型在目标函数上有不同的需求，因此将两个模型结合成一个综合模型，同时对两类决策进行求解并不合适。

15.4 面向新系统中岸桥起重机调度模型的求解算法设计

本章提出的模型，仅小规模实例可以通过 CPLEX 进行求解。因此，还需要考虑启发式解决方法来求解大规模的问题。粒子群优化算法（PSO）是由 Eberhart 和 Kennedy[243]首次提出的，用于优化连续非线性函数。近年来，PSO 用于解决一些港口运营问题，如泊位分配[244]、终端分配[256]、堆场管理[132]、岸桥调度[125]。本节介绍了一种用来解决 $\text{QCSP}_{\text{FBACT}}$ 模型的基于 PSO 的解决方案。

标准 PSO 算法中，PSO 通过候选解集（称为粒子）来优化问题，并根据粒子

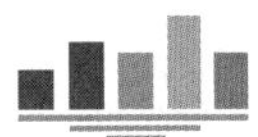

的位置和速度的迭代公式在搜索空间移动粒子。每个粒子的运动受粒子个体最优和粒子群总体最优位置的影响，根据迭代更新，粒子在搜索空间中找到更好的位置。标准的速度和位置的更新公式如下：

$$u_{in}^{t+1} = u_{in}^{t} + a_1 \text{rnd}_1 \left(l_{\text{pbest}_{in}}^{t} - l_{in}^{t} \right) + a_2 \text{rnd}_2 \left(l_{\text{gbest}_{in}}^{t} - l_{in}^{t} \right) \tag{15.37}$$

$$l_{in}^{t+1} = l_{in}^{t} + u_{in}^{t} \tag{15.38}$$

其中，l_{in}^{t+1} 和 l_{in}^{t} 分别为第 i 个粒子第 n 维的当前和上次迭代的位置；u_{in}^{t+1} 和 u_{in}^{t} 分别为第 i 个粒子第 n 维的当前和上次迭代的速度；a_1 和 a_2 为个体最优和全局最优位置的权重；rnd_1 和 rnd_2 为在[0, 1]内由均匀分布产生的随机数；$l_{\text{pbest}_{in}}^{t}$ 和 $l_{\text{gbest}_{in}}^{t}$ 为第 t 次迭代，第 i 个粒子第 n 维的个体最优位置和全局最优位置。

在标准 PSO 中，速度可能无限增长，这将影响最优解的收敛。因此，修改速度的公式以克服上述问题。更新公式如下：

$$u_{in}^{t+1} = w^t u_{in}^{t} + a_1 \text{rnd}_1 \left(l_{\text{pbest}_{in}}^{t} - l_{in}^{t} \right) + a_2 \text{rnd}_2 \left(l_{\text{gbest}_{in}}^{t} - l_{in}^{t} \right) \tag{15.39}$$

式中，$w^t = \left[\dfrac{\tau_{\max} - \tau_t}{\tau_{\max}} \right] \cdot (w_{\max} - w_{\min}) + w_{\min}$，为惯性权重系数。其中，$w_{\max}$ 和 $w_{\min}$ 为惯性权重系数的最大和最小值；$\tau_{\max}$ 为最大的迭代次数。

15.4.1　解的表示

因为 PSO 的连续性，不能直接应用于 $\text{QCSP}_{\text{FBACT}}$。因此将 PSO 应用于 $\text{QCSP}_{\text{FBACT}}$ 的关键是从中找到任务顺序与粒子个体（连续向量）之间合适的映射。

该问题需要做三个决策，岸桥分配、每个岸桥处理的任务顺序（集装箱组）和子箱区的分配。在问题中，使用 2N 维序列来表示一个解，其中，$N = |\Omega|$。前 N 维表示岸桥分配和其任务的顺序，每个维度的值为 0 到 $|\Omega|$ 的实数。维度 $i(l_i)$ 整数部分代表任务 i 被分配给第 $\lfloor l_i \rfloor + 1$ 个岸桥，如果两个值有相同的整数部分，则表示这两个任务由相同的岸桥处理，它们的操作顺序由其小数部分的升序决定。第二个 N 维表示子箱区的分配，其值是 0 到 T 之间的实数，其中，T 是可以分配任务的子箱区的数量。维度 $N+i$ (l_{N+I}) 的值代表任务 $i+1$ 能被安排的子箱区数。举一个小实例，在这个实例中包含五个任务和两个岸桥，任务 2 和任务 3 之间存在优先关系。阵列 $S[j]$ 表示任务 j 可以卸载至（或装载于）的子箱区。其中，$S[1]=\{1, 6, 7\}$，$S[2]=\{2\}$，$S[3]=\{3, 5, 7\}$，$S[4]=\{4, 9\}$，$S[5]=\{5\}$。

表 15-1 列举了对解的编码，其中，$l_1 = 0.6 < l_4 = 0.7$，且 $\lfloor l_1 \rfloor = \lfloor l_4 \rfloor = 0$，所以，任务 1 和任务 4 被同一个岸桥（岸桥 1）操作，任务 4 的小数部分较大，因此将在任务 1 之后操作。$\lfloor l_2 \rfloor = \lfloor l_3 \rfloor = \lfloor l_5 \rfloor > \lfloor l_1 \rfloor = \lfloor l_4 \rfloor = 0$，且 0.3<0.5<0.8，所以任务

2、任务 3 和任务 5 被岸桥 2 操作，操作的顺序为{任务 3，任务 5，任务 2}。对于任务 1，$l_{N+1}>1$，所以它被安排在可安排的第二个子箱区。对于任务 3，$l_{N+3}>2$，则它被安排在可安排的第三个子箱区，解码后的相应解列在表 15-2 中。

表 15-1　解的编码

任务编号	l_i	l_{N+i}
1	0.6	1.4
2	1.8	0.5
3	1.3	2.2
4	0.7	1.8
5	1.5	0.3

表 15-2　解的解码

任务编号	QC 编号	顺序	子箱区
1	0	1	6
2	1	3	2
3	1	1	7
4	0	2	9
5	1	2	5

15.4.2　修正初始粒子群

初始粒子群随机生成以确保粒子的多样性。对于岸桥调度问题，最初生成的解可能会违反任务之间的优先关系。因此，设计了一种方法来修改最初粒子的不可行值。

假设具有优先关系的两个任务 i 和 j（$\{i,j\}\in\Phi$），由相同的岸桥处理，并且必须先处理任务 i。如果为随机产生的值，$\lfloor l_i \rfloor=\lfloor l_j \rfloor$ 且 $l_i>l_j$，则交换其值来避免违反优先关系。表 15-3 列举了一个随机产生的粒子修改的示例。其中，优先级关系需要任务 2 在任务 3 之前操作，但是$\lfloor l_2 \rfloor=\lfloor l_3 \rfloor$ 且 $l_2>l_3$，所以需要交换两个数的值。

表 15-3　修改初始解的示例

任务编号	l_i	修改后的 l_i
1	0.6	0.6
2	1.8	1.3
3	1.3	1.8
4	0.7	0.7
5	1.5	1.5

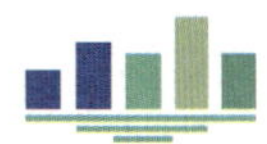

15.4.3 重新初始化粒子

虽然惯性权重系数可以平衡局部最优和计算时间之间的关系，但 PSO 算法可能会陷入局部最优。为了避免这种情况，在每次迭代中用随机生成的粒子代替一些粒子。将一个粒子替换为新的粒子的概率设为 $\alpha(0<\alpha<1)$。

15.4.4 加快求解过程的策略

在提出的模型中，设置一个正数 H 作为计划范围。当用 CPLEX 求解模型时，发现 H 值对生成的问题大小及其计算时间有很大的影响。在 PSO 算法中，当计算每个粒子的适应度值时，设置一个相对较小的计划范围 H。生成的作业完成时间超过计划范围时，会使获得的解不可行。因此，通过调整计划范围，来加速解决过程的流程，如图 15-3 所示。

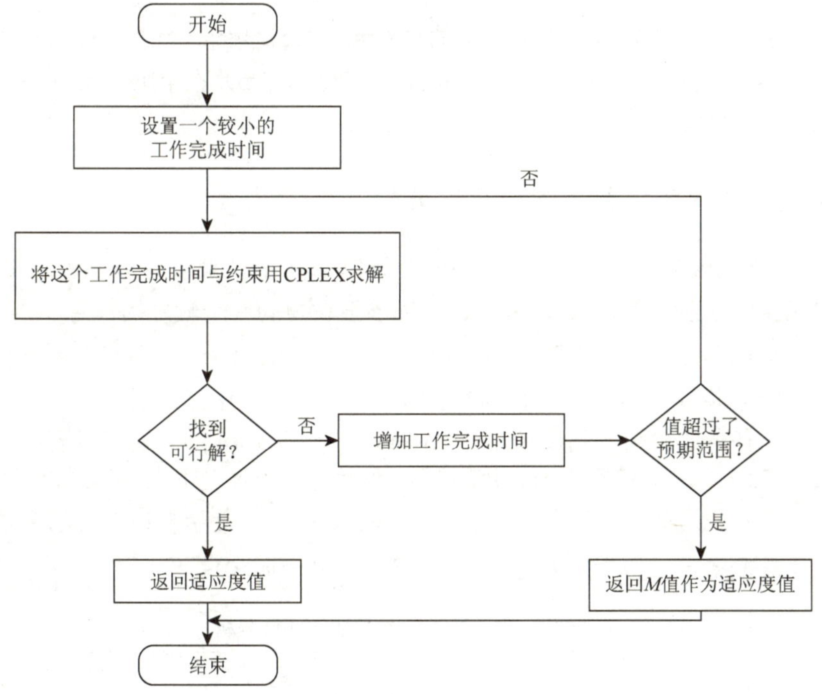

图 15-3 加快求解过程计算适应度的流程

15.4.5 PSO 算法流程

基于上述部分，解决 $QCSP_{FBACT}$ 模型的完整 PSO 流程如下。

步骤 1：初始化 L 个粒子作为群体，获得每个岸桥上分配的任务及任务顺序，设置迭代次数 $s=1$。

步骤 2：对于 i=1, 2, …, L，以概率 α 重新产生粒子及它的个体最优（*p*best）。

步骤 3：对于 i=1, 2, …, L，如果任务 i 应该比任务 j 先操作，但是 $\lfloor l_i \rfloor = \lfloor l_j \rfloor$ 且 $l_i > l_j$，则交换它们的值。

步骤 4：对 i=1, 2, …, L，计算适应度值，也就是目标函数值。

步骤 5：更新每个粒子的个体最优，*p*best。

步骤 6：更新粒子群全局最优，*g*best。

步骤 7：根据式（15.39）更新粒子的速度，根据式（15.38）更新粒子的位置。

步骤 8：如果 s 达到设定的最大迭代次数，则停止迭代；否则令 s=s+1，转步骤 2。

15.5 算法性能比较实验与参数灵敏度分析

本节进行了一些实验来验证提出的模型和求解算法的有效性。嵌入在求解算法中的数学模型由 CPLEX12.1（Visual Studio 2008，C#）在电脑（Intel Core i5，1.6GHz；内存 4G）上实现。

15.5.1 PSO 程序中参数的敏感性分析

在所提的 PSO 算法中使用一些参数（如 $\overline{w}$、a_1、a_2）来求解 $\text{QCSP}_{\text{FBACT}}$ 模型。进行对比实验之前，参数（$\overline{w}$、a_1、a_2）应该被调整到一个较好的设置。

对于上述参数，将其设置三个级别，即 0.7、1.0、1.3。三个参数各有三个级别，实验结果共有 27（=3^3）组，如表 15-4 所示。实验中考虑了三个不同的问题规模，其中任务的数量分别设为 10、15 和 20。从表 15-4 的结果可以看出，当三个参数（$\overline{w}$、a_1、a_2）等于 1 时，PSO 算法在所有问题维度下表现得最好。因此，在下列实验中将这些参数设置为“$\overline{w}=1, a_1=1, a_2=1$”。使用自适应方法来重新设置初始化的概率 α，开始时设定为 0.03，最终降低到 0.01。

表 15-4　PSO 算法中参数的敏感性分析

	参数			10 任务 4 箱区 2 岸桥			15 任务 6 箱区 3 岸桥			20 任务 8 箱区 3 岸桥		
	$\overline{w}$	a_1	a_2	OBJ	*T*/s	Gap	OBJ	*T*/s	Gap	OBJ	*T*/s	Gap
1	0.7	0.7	0.7	57	91	5.6%	60	568	3.4%	110	1 035	50.7%
2	0.7	0.7	1.0	63	54	16.7%	71	565	22.4%	99	1 075	35.6%
3	0.7	0.7	1.3	57	50	5.6%	59	556	1.7%	88	1 049	20.5%

续表

	参数			10 任务 4 箱区 2 岸桥			15 任务 6 箱区 3 岸桥			20 任务 8 箱区 3 岸桥		
	$\bar{w}$	a_1	a_2	OBJ	T/s	Gap	OBJ	T/s	Gap	OBJ	T/s	Gap
4	0.7	1.0	0.7	54	54	0	68	555	17.2%	97	1 080	32.9%
5	0.7	1.0	1.0	57	81	5.6%	67	540	15.5%	105	1 077	43.8%
6	0.7	1.0	1.3	54	55	0	72	575	24.1%	83	1 053	13.7%
7	0.7	1.3	0.7	54	54	0	61	550	5.2%	101	1 082	38.4%
8	0.7	1.3	1.0	54	50	0	62	560	6.9%	99	1 080	35.6%
9	0.7	1.3	1.3	57	43	5.6%	74	558	27.6%	85	1 067	16.4%
10	1.0	0.7	0.7	54	97	0	62	560	6.9%	85	1 058	16.4%
11	1.0	0.7	1.0	54	53	0	65	555	12.1%	83	1 050	13.7%
12	1.0	0.7	1.3	54	50	0	73	563	25.9%	86	1 029	17.8%
13	1.0	1.0	0.7	54	58	0	70	561	20.7%	83	1 049	13.7%
14	1.0	1.0	1.0	54	59	0	58	557	0	73	1 035	0
15	1.0	1.0	1.3	54	76	0	67	562	15.5%	87	1 066	19.2%
16	1.0	1.3	0.7	54	57	0	58	567	0	85	1 032	16.4%
17	1.0	1.3	1.0	54	83	0	61	561	5.2%	90	1 084	23.3%
18	1.0	1.3	1.3	54	51	0	71	521	22.4%	87	1 103	19.2%
19	1.3	0.7	0.7	54	49	0	83	577	43.1%	109	1 095	49.3%
20	1.3	0.7	1.0	54	46	0	77	561	32.8%	95	1 044	30.1%
21	1.3	0.7	1.3	54	52	0	75	555	29.3%	129	1 031	76.7%
22	1.3	1.0	0.7	54	52	0	77	557	32.8%	107	1 072	46.6%
23	1.3	1.0	1.0	54	46	0	76	563	31.0%	99	1 108	35.6%
24	1.3	1.0	1.3	54	63	0	77	555	32.8%	111	1 036	52.1%
25	1.3	1.3	0.7	54	51	0	75	564	29.3%	108	1 025	47.9%
26	1.3	1.3	1.0	54	49	0	74	558	27.6%	93	1 069	27.4%
27	1.3	1.3	1.3	54	46	0	77	551	32.8%	116	1 074	58.9%

注：①“OBJ”表示 PSO 获得的目标值。②“T/s”表示 PSO 程序的求解时间。③“Gap”表示 PSO 算法得到的目标值与最优值的相对偏差。

15.5.2　PSO 算法的性能评估

为了评估提出的 PSO 算法的性能，本节比较了 PSO 的求解结果和 CPLEX 的求解结果，如表 15-5 所示。

表 15-5 中的结果表明，PSO 算法在大多数实例中都能获得最优解。在 13 个任务的情况下，CPLEX 在合理的时间内无法求解 $QCSP_{FBACT}$ 模型，但 PSO 程序仍可以在短时间内求解。

表 15-5　PSO 与小规模实验之间的 CPLEX 的比较

	实例#	PSO		CPLEX		Gap
		OBJ_{PSO}	T/s	OBJ_{CPLEX}	T/s	$(OBJ_{PSO}-OBJ_{CPLEX})/OBJ_{CPLEX}$
7 个任务 2 个岸桥 4 个箱区	7-2-4-1	49	85.4	49	6.3	0
	7-2-4-2	33	88.5	33	5.5	0
	7-2-4-3	35	87.1	35	6.9	0
	7-2-4-4	34	99.1	34	5.6	0
	7-2-4-5	31	87.3	31	6.2	0
9 个任务 2 个岸桥 4 个箱区	9-2-4-1	41	122.9	41	28.1	0
	9-2-4-2	51	128.7	51	189.1	0
	9-2-4-3	37	129.4	37	215.8	0
	9-2-4-4	48	119.2	46	95.0	4.3%
	9-2-4-5	49	126.0	49	162.1	0
10 个任务 2 个岸桥 4 个箱区	10-2-4-1	54	162.9	54	338.3	0
	10-2-4-2	44	146.8	44	424.8	0
	10-2-4-3	51	154.4	51	365.2	0
	10-2-4-4	42	152.9	42	370.7	0
	10-2-4-5	49	167.1	48	787.0	2.1%
13 个任务 2 个岸桥 5 个箱区	13-2-5-1	77	224.9			N.A.
	13-2-5-2	70	250.7			N.A.
	13-2-5-3	62	255.2			N.A.
	13-2-5-4	79	227.1			N.A.
	13-2-5-5	69	215.6			N.A.

15.5.3　在大规模情况下 PSO 与其他三种算法之间的比较

为了进一步评估所提出的 PSO 程序在大规模情况下的性能，本节将 PSO 方法与其他广泛使用的元启发式算法进行比较。回顾岸桥调度的文献，发现除了 PSO 算法[125]，遗传算法（GA）[257]和禁忌搜索（TS）[49]被广泛用于解决岸桥调度中的一些问题。虽然上述研究与岸桥调度有关，但问题定义并不完全相同，很难得出三种方法中哪一种是最优的方法，哪种方法最适合 FB-ACT 的调度问题。因此，本节比较了 PSO、遗传算法、禁忌搜索和混合方法（PTS）的结果，PTS 混合方法是将 TS 嵌套到 PSO 中的一种组合算法。在三种方法中解决方案的编码和解码方式与提出的 PSO 算法相同。

对于 GA 算法，通过使用自适应交叉算子和变异算子来进行改善。交叉的最

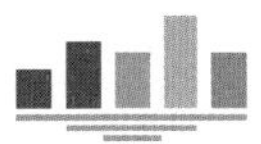

大和最小概率为 0.3 和 0.2。变异的最大和最小概率为 0.1 和 0.06。群体大小设置为 100，当 GA 达到相同的 PSO 最大迭代次数时，GA 算法停止。

TS 是一种用于寻找近似最优解的元启发式方法。它基于邻域搜索算法，并添加禁忌表，禁止重复以前做过的工作，并将随机初始化获得的最优解作为下次迭代中邻域搜索的初始解。PTS 在 PSO 算法中嵌套了 TS 算法，其中，参数 n（n 小于最大迭代次数）代表的是 PSO 开始结合 TS 的迭代次数。PTS 的流程如下。

步骤 1：初始化 L 个粒子作为群体，获得每个岸桥上分配的任务及任务顺序，设置迭代次数 $s=1$。

步骤 2：参照 15.4.5 节 PSO 算法流程中的步骤 2～7。

步骤 3：如果 $s>n$，转到步骤 4；否则令 $s=s+1$，转到步骤 2。

步骤 4：选择 PSO 中个体最优（*p*best）最好的前两个粒子，作为 TS 的初始解，分别对这两个解使用 TS 算法进行迭代。

步骤 5：更新被选择的粒子的 *p*best，更新粒子群的全局最优。

步骤 6：如果 s 达到设置的最大迭代次数，则停止；否则令 $s=s+1$，转到步骤 2。

所有结果列于表 15-6，结果表明，提出的 PSO 算法明显优于其他三种方法。与 TS、PTS 和 GA 相比，PSO 可以将岸桥调度决策的绩效分别提高 11.8%、10.4% 和 29.7%。此外，PSO 算法的求解时间仅为 TS、PTS 和 GA 计算时间的 49.2%、37.4%和 21.0%。对于一些非常大的实例，其他方法在 3 小时内无法解决模型，而 PSO 算法仍然可以在较短时间内解决这些实例。上述通过与一些其他元启发式算法进行比较的结果，验证了所提出的 PSO 算法的有效性。

表 15-6　大规模实验 PSO 和其他三种方法的比较

实例	实例数	PSO		TS		PTS		GA		偏差			T_{PSO}/T_{TS}	T_{PSO}/T_{PTS}	T_{PSO}/T_{GA}
		OBJ_{PSO}	T_{PSO}/s	OBJ_{TS}	T_{TS}/s	OBJ_{PTS}	T_{PTS}/s	OBJ_{GA}	T_{GA}/s	TS	PTS	GA			
13-3-5	5	51	399	55	700	58	930	73	1 419	7%	10%	30%	57%	43%	28%
15-3-6	5	57	540	68	930	64	1 927	84	2 736	16%	11%	32%	58%	28%	20%
20-3-8	5	98	1 020	102	2 384	104	3 750	134	6 791	4%	6%	27%	43%	27%	15%
25-4-10	4	104	2 413	129	6 009	121	5 826	N.A.	>10 000	19%	14%		40%	41%	
30-4-12	4	144	3 768	165	7 905	161	7 813	N.A.	>10 000	13%	11%		48%	48%	
40-6-16	4	148	6 209	N.A.	>10 000	N.A.	>10 000	N.A.	>10 000						
50-8-20	4	194	9 433	N.A.	>10 000	N.A.	>10 000	N.A.	>10 000						
Avg.										11.8%	10.4%	29.7%	49.2%	37.4%	21.0%

注：偏差=（$OBJ_{OTHER}-OBJ_{PSO}$）/OBJ_{OTHER}，其中，OTHER 代表 TS、PTS 和 GA。

对 PSO 与其他三个元启发式算法的优越性进行比较。如表 15-6 所示，GA 得到的目标值是最差的。PSO 比 GA 更有效，是因为 PSO 包含了基于集体行为的粒子间信息共享的机制，以将演化速度与最佳结果紧紧地贴合。虽然 GA 的性质太“随机”，但是使用交叉算子可能会破坏邻域结构，并导致较差的解出现。而且 GA 中的变异算子也是随机的，不像 PSO 使用“群体智能”。TS 方法的良好表现已经在大量研究中得到认可，禁忌表是 TS 的标志。然而，根据问题设计出一个好的禁忌表及邻域搜索策略是算法的关键。否则，其性能也将受到限制。回到解的表示：前 N 个元素表示 N 个任务对岸桥的分配及它们操作的顺序；每个元素都是一个小数，其整数部分表示任务分配的岸桥，其小数部分表示序列中任务的顺序。第二个 N 元素表示任务在堆场中箱区的分配。对于这种复杂的解决方案结构，GA 通常是在迭代过程中改变染色体，淘汰较差的解。在 PSO 中，解决方案演变比 GA 快得多，任务分配及序列不仅可以在相对稳定的邻域结构内演化，还能够沿着一些新的方向探索解空间，这是 PSO 的关键特征。虽然 TS 也适用于这个问题的“稳定”演变的特征，但 TS 的一些设置，如禁忌表及藐视准则对于问题的直接演变过程可能不是必需的，这些设置可能会降低其收敛速度。这可能是 PSO 优于包含 TS 这些设置的方法（即 TS 和 PTS）的原因。

15.5.4 桥式起重机调度模型 $BCSP_{FBACT}$ 的实验

除了岸桥调度外，还设计了桥式起重机调度决策模型（即 $BCSP_{FBACT}$）。该模型比岸桥调度模型简单，可以通过 CPLEX 直接求解。关于 $BCSP_{FBACT}$ 模型的实验结果列于表 15-7。

表 15-7 桥式起重机调度模型 $BCSP_{FBACT}$ 的数值实验

实例	实例数	BC 行数（$\|R\|$）	每行 BC 数（$\|P\|$）	OBJ	T/s
15-3-6	5	3	1	16	1
	5	2	2	7	17
20-3-8	5	3	1	24	18
	5	2	2	11	86
25-4-10	4	2	2	20	2 234
	4	1	4	20	95
	4	2	3	6	3 876
30-4-12	4	2	2	30	2 467
	4	1	4	30	130
	4	2	3	11	8 931

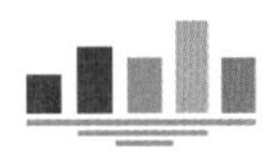

从表 15-7 可以看出，随着问题规模的增长，求解时间（即表 15-7 中的 *T*/s）明显增加。对于每组实例，设置不同的桥式起重机的参数|*R*|和|*P*|来解决问题，|*R*|和|*P*|分别表示桥式起重机的行数和每行中桥式起重机的数量。表 15-7 中的结果说明，即使是相同的实例，桥式起重机的设置对 $BCSP_{FBACT}$ 模型的目标值和求解时间影响显著。从表 15-7 中的计算时间“T/s”，可以观察到当|*P*|的值或|*R*|的值等于 1 时，其计算时间比相同问题规模下的其他实例短得多。这是因为当两个资源其中一个数量为 1 时，两个资源的调度问题就从二维转化成一维的，问题的复杂性及其解决时间将会减少。应当注意的是，在 15 个和 20 个任务的问题规模中，桥式起重机有两行、每行有两个起重机的设置明显优于三行、每行一个起重机的设置，但前一种设置的求解时间比后一种设置要长。

在规模为 25 个任务，行数和每行个数都为 2 时的目标值（即表 15-7 中的 OBJ）与行数为 1、每行个数为 4 的目标值相同。这表示目标值的性能主要取决于桥式起重机的总数，因为这两个设置都有 4 个桥式起重机。但后一种设置的求解时间远远小于前一种设置，并且后一种设置的投资成本比前一种设置小得多，因为后者的设置可以少建一排钢架桥。结果还表明，如果向两行中的每一行（即两行、每行 3 个起重机的设置）添加一台起重机，可以显著优化目标值的性能，但是求解时间也明显增加。

15.6　小　　结

本章介绍了一种使用低成本小车和多层钢架桥的新型设计自动化集装箱码头系统，现有的文献几乎没有研究这一新的设计理念。此外，还研究了如何安排两种类型的起重机，即岸桥和在不同层之间转运集装箱的桥式起重机，提出了两种调度问题的数学模型，并开发了“PSO”算法来求解它们，以及进行了数值实验以验证所提出模型的有效性和提出算法的效率。本章的主要贡献在于在新的自动化码头系统下考虑岸桥调度和存储分配。

第六篇　面向内河航线的枢纽港拖船调度问题研究

第 16 章

面向内河航线的枢纽港拖船调度问题

16.1 引　　言

内河运输正在成为将集装箱从海港运往内河港口的重要途径。与卡车和铁路相比，驳船运输具有诸多优势。本章在驳运货物从海港运到内河沿线港口的背景下，研究了海港拖船调度问题，建立了一个混合整数规划（MIP）模型，优化了驳船对可用拖船的分配及拖船的离港时间，还证明了模型的一些性质。对于此模型，设计了一种基于带有加速技术分支定价（braching & pricing，B&P）的精确求解算法，并用其对模型求解。数值实验验证了所提出模型的有效性，以及所提出求解算法的效率。

16.2 面向内河航线的驳船运输系统中拖船调度问题背景

在内河驳船运输系统中，驳船通常无自航能力，需要拖船拖带。图 16-1 显示了由在河中航行的 15 艘集装箱驳船构成的一艘船队。为了提高这种驳船运输的效率，储存在驳船上的集装箱（或货物）通常具有相同的目的地。

图 16-1　由拖船拖带的 15 艘集装箱驳船构成的船队示例

长江三角洲是最好的集装箱区域之一。上海是中国大陆具有领先地位的集装箱港口，2014 年全港年吞吐量为 3529 万 20 英尺集装箱（TEUs）。此外，上海在世界集装箱港口中连续 5 年居于首位。上海国际港务股份有限公司已将外高桥地区从普通货物码头改为专用集装箱码头。此外，2015 年在阳山群岛建立了具有 52 个泊位，容量达 2000 万标准箱的新港口，弥补了上海港缺乏深水泊位这一天然劣势。同时，修建了一座 32km 的桥，把新港口与大陆连接起来。长江附近的另一个著名港口为宁波港，它是世界第五大港口，2014 年总吞吐量达 1945 万标准箱。

长江是世界第三长的河流（6300km），在流入东海之前跨过 13 个中国省份。沿江城市的贡献占中国 GDP 的比重在 40%以上。在上海和与其相邻的宁波港发展集装箱运输已经成为内陆集装箱分配的一个重大课题。近年来，驳船运输已成为内河沿线港口与全球海运网络之间运输货物的主要选择。长江沿岸的驳船运输业务主要由中国长江航运集团公司（China Changjiang Nattional Shipping Company，CCNSC）经营，其中包括 14 家子公司，历史可追溯到 140 多年前。CCNSC 主要服务于沿江的钢铁厂、发电厂、大型国有制造企业等企业客户。它为铁矿石、煤炭、水泥、钢铁、食品、化肥、非金属矿及其他干货提供驳船运输服务。液体货物也可以由 CCNSC 通过专门的液货船而不是驳船运输。本章所涉及的驳船运输，主要由 CCNSC 的两家子公司（上海长江船务公司和重庆船务公司）经营。

上海位于长江口，它连接了内河沿线港口与世界海运运输网络。本章主要研究上海港拖船调度问题。如图 16-2 所示，集装箱从上海港的巨型海运船卸下后会沿着长江运到内河港。于是，集装箱根据目的地和所需的交货时间将其装在驳船上。一般情况下，存放在一艘驳船中的集装箱通常具有相同的目的地及交货时间。当驳船被拖船拖到目的港（A 港）时，驳船就与拖船断开。然后，拖船把剩余的驳船船队拖到下一个港口（港口 B），而不需要长时间停留在港口 A，因为拖船和剩余的驳船不需要等待在港口 A 断开驳船之后的集装箱卸载。当所有的驳船卸完集装箱后，空的驳船再由拖船拖回上海港。

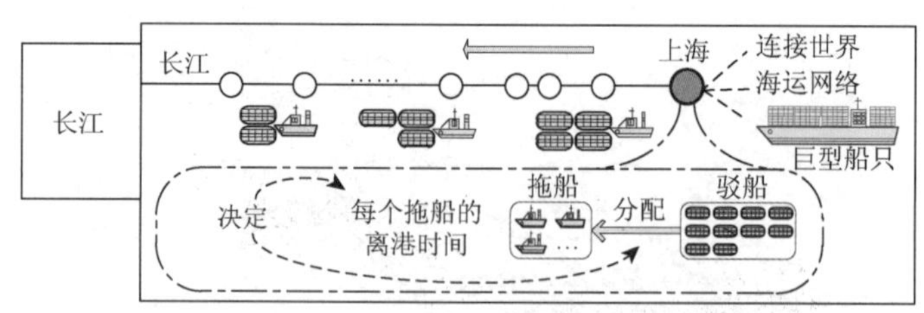

图 16-2　长江拖船调度问题

上述过程中，一个重要的决策是如何将具有不同目的地的驳船分配给上海港的可用拖船，然后决策每艘拖船的离港时间以满足驳船所需的交货时间。优化的决策目标是最小化拖船成本与惩罚成本之和。其中，拖船成本与拖船行驶距离（时间）有关，惩罚成本是由驳船延迟交货产生的。实际上，上述决策由上海长江船

务公司的规划人员按照规划者的经验或客户的优先排序规则进行手动操作。由于没有特殊的算法用于优化决策，所以本章提出了一种数学模型及优化这一决策的精确求解算法。所提出的数学模型可以每天做一次决策，以便根据第二天到达海港的集装箱的信息来确定次日的拖船时间表。值得注意的是，在返程期间，拖船还可以把驳船（空载或负载的）从内河港拖到海港。在这种情况下，必须做出比上述情况更为复杂的决策，以便考虑需要拖到海港的驳船数量及在每个内河港的离港时间。如果驳船在内河港的离港时间晚于拖船的计划到达时间，那么拖船就需要在内河港等待，从而拖船和被拖船拖带的驳船的到达时间也会延迟。在决策环境中，大量驳船从海港到内河港的及时分配要比从内河港到海港及时返回更为重要。海港通常是一个将内河运输系统与世界海运网络连接起来的繁忙枢纽。繁忙的海港为了避免拥堵和资源限制，一个高效率的运作过程是非常重要的。因此，驳船必须从海港及时分配并及时到达目的地。在拖船返程期间，拖船可以在内河港停靠，若有能力可以带走一些准备离开内河港的驳船。一般情况下，把一些驳船拖回海港的决定的优先权要低于将驳船从海港分配到驳船目的地的优先权。因此，本章研究的决策问题没有考虑其到海港的返程。

16.3　内河驳船运输系统中拖船调度决策优化模型构建

本节针对上述拖船调度问题，建立了 MIP 模型。该模型包含拖船的分配决策和拖船的离港时间。文中还讨论了该模型的一些性质。

16.3.1　基本假设

在建立模型之前，做如下假设。

（1）驳船的配置（即尺寸和容量）是均匀的。虽然为简化的假设，但该情况在实际中是存在的，如图 16-1 所示。所提出的模型可以扩展到考虑异质驳船的情况（见 16.3.3 节）。

（2）驳船上的集装箱具有相同的目的地和交货时间。大多数现实情况都符合这一假设，因为这种方法避免了将单个集装箱从驳船卸载到港口，所需操作是将港口上的所有集装箱与驳船断开连接，这样可以节省大量的拖船拖带驳船的时间，并且提高驳船系统的运作效率。此外，具有相同来源和目的地的驳船所需的交货时间是相同的。

（3）与驳船的行驶时间相比，在港口断开驳船所需的时间是可以忽略的，并且对目标值的影响很小。一般情况下，只需要大约 5 分钟即可完成断开驳船的整个过程。与通常以天数计算的港口间航程相比，断驳所需的时间是可以忽略的。

（4）拖船的速度是相同的，并不受其拖带的驳船数量的影响。事实上，拖船/驳船的速度远远低于海船的速度。拖船的速度通常在 8～10 节[258]。世界上最大拖船的速度为 14 节[259]，而长江里的拖船很少能够达到这一速度（即本章研究的问题背景）。由于拖船的速度很小，则可认为拖船的速度基本是一致的，并且独立于其拖带的驳船数量。

（5）海港有足够数量的拖船。该假设与腹地驳运和海运业产能过剩的实际情况相符。

16.3.2 符号

下标：

i——内河港口的下标，基本港（即上海）下标为 0。

N——所有内河港口的集合。

b——用于运输货物到达基本港的驳船的下标。

B——驳船的集合。

g——可用拖船的下标。

G——所有可用拖船的集合。

参数：

t_i——从基本港到港口 i 的行驶时间。

d_b——存放在驳船 b 中货物的目的港。

e_b——驳船 b 从基本港离开的最早时间，这取决于将运往港口 d_b 的货物何时到达基本港。

l_b——驳船 b 从基本港离开的最晚时间，如果实际离港时间较晚，驳船将迟于发货人所要求的交货时间到达目的地，这时会产生罚款。

u_g——拖船 g 可拖带的最大驳船数。

r_g——拖船 g 相对于其行驶时间的成本系数。

s_b——在驳船 b 运输的货物的惩罚成本系数，与货物到达目的地港口时间的延迟有关。

M——一个足够大的正整数。

决策变量：

$\beta_{b,g}$——若驳船 b 被拖船 g 拖带，则二进制变量为 1；否则为 0。

ζ_g——拖船 g 从基本港离开的时间。若拖船 g 没有被使用，则 ζ_g 为 0。

φ_g——从基本港到拖船 g 访问的最远港口的行驶时间。若拖船 g 没有被使用，则 φ_g 为 0。

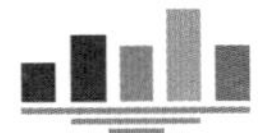

τ_b——驳船 b 从基本港离开的实际时间。

16.3.3　拖船调度数学模型

$$[\mathcal{M}0] \quad \text{Minimize} \quad \sum_{g\in G} r_g\varphi_g + \sum_{b\in B} s_b(\tau_b - l_b)^+ \tag{16.1}$$

$$\varphi_g \geqslant t_{d_b}\beta_{b,g} \qquad \forall b\in B;\forall g\in G \tag{16.2}$$

$$\sum_{g\in G}\beta_{b,g} = 1 \qquad \forall b\in B \tag{16.3}$$

$$\sum_{b\in B}\beta_{b,g} \leqslant u_g \qquad \forall g\in G \tag{16.4}$$

$$\zeta_g \geqslant \beta_{b,g}e_b \qquad \forall b\in B;\forall g\in G \tag{16.5}$$

$$\tau_b \geqslant \zeta_g - M(1-\beta_{b,g}) \qquad \forall b\in B;\forall g\in G \tag{16.6}$$

$$\varphi_g \geqslant 0 \qquad \forall g\in G \tag{16.7}$$

$$\zeta_g \geqslant 0 \qquad \forall g\in G \tag{16.8}$$

$$\tau_b \geqslant 0 \qquad \forall b\in B \tag{16.9}$$

$$\beta_{b,g} \in \{0,1\} \qquad \forall b\in B;\forall g\in G \tag{16.10}$$

目标函数［式（16.1）］是极小化拖船的总行驶时间（成本）和驳船到达目的地时延误的惩罚成本。约束［式（16.2）］确保了 φ_g 等于拖船 g 从基本港到拖船到达的最远港口的行驶时间。约束［式（16.3）］保证了每艘驳船都能够被拖船拖走。约束［式（16.4）］规定了每个拖船的能力限制。约束［式（16.5）］表示当所有分配好的驳船都准备就绪时，拖船 g 就从基本港离开。约束［式（16.6）］保证驳船 b 的实际离港时间是拖船拖带驳船的离港时间。约束［式（16.7）～式（16.10）］是定义的决策变量。

对于目标函数［式（16.1）］，这里有更多的解释。拖船的成本主要由两部分组成：第一部分是与行驶时间（或距离）相关的基本成本。无论拖船拖带多少驳船，只要拖船开始运作，这笔费用就会发生。r_g 可以看成基本成本系数，它等于拖船（不拖带任何驳船）运行单位时间（或单位距离）的成本。第二部分是拖带成本。沿着航线拖带驳船的能源成本与拖船的数量及航线长度成正比。因为所有驳船的起点和目的地都是已知的，所以拖带所有驳船的总的能源成本是一个固定常数。因此，目标函数［式（16.1）］中只考虑第一个成本。

通过定义一个参数（如 a_b）来表示驳船 b 的容量，重新定义 u_g 作为拖船 g 的能力限制，并将约束［式（16.4）］替换为 $\sum_{b \in B} a_b \beta_{b,g} \leqslant u_g$，可以将 16.3.1 节中的假设（1）去掉。为了简单起见，该模型假定驳船是同质的，这种情况在实际生活中是存在的，如图 16-1 所示。

此外，在松弛假设（1）的基础上，可去掉 16.3.1 节的假设（2）。虽然在实际生活中大多数情况下都遵守了假设（2），但驳船中的集装箱并不总是具有相同的内河港目的地。模型在一些小拓展下，仍然适用于上述的一般情况。例如，假设一艘驳船携带两组集装箱，而且每组集装箱都有相同的目的地。那么，在数学模型中，驳船可以被认为是两个虚拟的船。这种情况下，只需要松弛假设（1），即假设所有的驳船都是同质的。从而，可以去掉假设（2）。

因为目标函数［式（16.1）］包含非线性函数 $(\cdot)^+$，其他变量定义如下以便线性化目标函数。

新的变量：

ψ_b^+ 辅助变量。若 ψ_b^+ 的值为正，其值等于 $\tau_b - l_b$，否则为 0。

数学模型：

$$[\mathcal{M}1] \quad \text{Minimize} \quad \sum_{g \in G} r_g \varphi_g + \sum_{b \in B} s_b \psi_b^+ \tag{16.11}$$

约束［式（16.2）～式（16.10）］

$$\psi_b^+ \geqslant \tau_b - l_b \qquad \forall b \in B \tag{16.12}$$

$$\psi_b^+ \geqslant 0 \qquad \forall b \in B \tag{16.13}$$

16.3.4　拖船调度问题的一些性质

假设所有的驳船都准时抵达，则可根据模型 $\mathcal{M}0$ 来研究问题的性质。首先，考虑使 $\mathcal{M}0$ 可行的最小数量的拖船。

引理 1： 假设所有驳船都准时抵达且所有的拖船是同质的（即具有相同的能力 u_g），则可以在问题大小的多项式时间内获得满足所有驳船离港时所需拖船的最小数量。

证明： 为了保证驳船 b 的交货期，拖带驳船的拖船应在可行时间窗口 $[e_b, l_b]$ 内离开基本港。首先构造一个算法，然后证明该算法可获得最小数量的拖船。

该算法本质上是一个贪心算法，计算时间为 $O(|B| ln|B|)$，其详细说明如下。

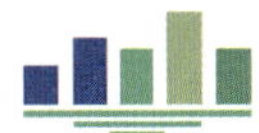

步骤 0:	驳船集用 B' 表示。已使用的拖船的数量用 g' 表示 初始化 $B' \leftarrow B, g' \leftarrow 0$ 。
步骤 1:	令 $g' \leftarrow g'+1$ 。 对 B' 中所有的驳船，找到最小的 l_b ： $b' := \text{argmin}_{b\in B'}\{l_b\}$。 然后，拖船 g' 将会在时刻 $l_{b'}$ 离开上海港。对 $e_b \leqslant l_{b'}$ 的驳船 $b \in B'$ ，可以被拖船 g' 拖带 定义 $B'' := \{b \in B'\{b'\} \mid e_b \leqslant l_{b'}\}$。 若 $\lvert B''\rvert \leqslant u-1$，那么，拖船 g' 将拖带驳船 b' 及 B'' 中的所有驳船，并令 $B' \leftarrow B'\backslash B''$ 。否则，拖带驳船 b' 和 B'' 中具有最小 l_b 的 $\tilde{u}1$ 艘驳船，即定义 $B''' := \{b'' \in B'' \mid l_{b''} \text{ is one of the } u-1 \text{ smallest } l_{b''}, b'' \in B''\}$。 拖船 g' 将拖带驳船 b' 和所有在 B''' 中的所有驳船，并令 $B' \leftarrow B' \backslash B'''$ 。
步骤 2:	若 $B' = \varnothing$ ，停止并输出 g' 。否则返回步骤 1。

对上述算法获得的解决方案中的拖船（g_1', g_2', g_3', $\cdots$）按照离港时间升序的规则进行排列，即拖船 g_1' 离港最早、拖船 g_2' 是第二个离港的等。现在证明了上述算法得到的解决方案使用了最少的拖船。为此，假设使用最少拖船的模型 $\mathcal{M}0$ 有一个可行的解决方案：$g_1^*, g_2^*, g_3^*, \cdots$（此顺序是按照离港时间升序排列的），并把这个可行的解决方案称为"最优解"，且假设最优解与由算法得到的解不同。

令 $\underline{b}$ 为 B 中具有最小 l_b 的驳船。在算法中，$\underline{b}$ 被拖船 g_1' 拖带。在最优解中，如果拖船不能尽可能晚地离港，那么就将其离港时间修改为由其拖带的所有驳船中最小的 l_b 。修改后的解决方案也是最优的（使用最少的拖船）。在修改后的解决方案中，$\underline{b}$ 被拖船 g_1^* 拖带。假设在算法中被 g_1' 拖带的驳船集与在修改后的解决方案中被 g_1^* 拖带的集合不同。否则，就可以从 B 中删除集合，删除 g_1' 和 g_1^*，并重复上述过程，直到发现算法中的第一个拖船与修改后的算法中相应的拖船不同。

在算法的第一次迭代的步骤 1 中，如果 $\lvert B''\rvert \leqslant u-1$，$g_1^*$ 拖带的所有驳船也被 g_1' 拖带。因此，可以通过将 g_1' 拖带的所有驳船分配给拖船 g_1^* 来进一步修订解决方案，这样仍然可获得最优解决方案（现在 g_1' 和 g_1^* 拖带相同的驳船集）。若 $\lvert B''\rvert > u-1$，则 g_1' 和 g_1^* 同时离港。若有一艘驳船 b^* 被拖船 g_1^* 拖带而没有被拖船 g_1'（因为此时 g_1' 已经拖带了最大数量的驳船），那么一定会有一驳船 b' 被拖船 g_1' 拖带而没有被 g_1^* 拖带。假设 b' 在修改后的解决方案中被 g_k^* 拖带。根据算法的定义，b' 的最晚离港时间早于 b^*，并且当 g_k^* 离港时，b^* 准备就绪，这意味着 b^* 可以被 g_k^* 拖带。因此，可以通过让 g_1^* 拖 b' 和 g_k^* 拖 b^* 来进一步修改修正后的解，然而，得到的解还是最优的。重复此过程，g_1^* 拖带的所有驳船都被 g_1' 拖带。如果 g_1' 比 g_1^* 拖带的驳船少，就可以通过将 g_1' 拖带的所有驳船分配给 g_1^* 来修改修订的解决方案。

总之，可以构造一个最优解，其第一个拖船 g_1^* 拖带与 g_1' 相同的驳船集。然后从 B 中删除 g_1' 拖带的驳船集，删除 g_1' 和 g_1^*，然后重复上述过程。以这种方式，可以构建一个与该算法获得的解一样的最优解。

性质 1：假设所有驳船都及时抵达。若拖船具有不同的能力 u_g，权重 w_g（使用托船的成本），那么，在所有驳船离港时间都满意的情况下，拖船的最小加权总和可以在问题大小的多项式时间内获得。

证明：在使拖船加权和最小的最优解中，令被使用的拖船为 $g_1^*, g_2^*, g_3^*, \cdots$，其是按离港时间的升序排列的。其中，不同的拖船可能具有不同的能力。类似于引理 1 证明中的论证，可以设计一个满足以下条件的新的最优解。①所有由 g_1^* 拖带的驳船有最晚的离港时间，所有由 g_2^* 拖带的驳船有最晚的离港时间，但由 g_1^* 等拖带的船只除外。②拖船在它所拖带的所有驳船中在最小 l_b 时离港。

确定最优解的结构后，可以用动态规划算法来找到拖船的最小加权和。动态规划的原理阐述如下：首先按照 l_b 的升序排列驳船，代表 l_b 阶段。在每个 l_b（即动态规划的每个阶段），都需要做出关于拖船部署的决定（即拖船在时刻 l_b 是否从该港口离开）。如果部署了能力为 u_g 的拖船，那么就会产生一个 w_g 的成本。此外，拖船应尽可能地拖带尽可能多的具有最小 l_b 的驳船。具体来说，只分配 b' 且满足 $e_{b'} \leqslant l_b$（注意：$l_{b'} \geqslant l_b$）。假设这样的驳船的数量是 n，那么，拖船拖带前 $\mathrm{Min}(n, u_g)$ 个具有最小 $l_{b'}$ 的驳船，到达对应于时间 $l_{b+\min\{n,u_g\}}$ 的阶段。若有 $|G|$ 种类型的拖船，则动态规划方法的计算复杂性为 $|B||G|$。

注意：上述引理和性质不仅有助于确保可行性，还有助于对拖船的规模进行战术层面的决策。

性质 2：假设所有驳船都及时抵达。即使在所有拖船具有相同能力这一特殊情况下，使用最小数量的拖船可能也不会使总的行驶时间最短。

证明：构造一个实例来显示这一情况。现有 5 个驳船，其参数如下：$[e_1, l_1] = [e_2, l_2] = [0, \tau]$，$[e_3, l_3] = [0, \tau+2]$，$[e_4, l_4] = [\tau+1, \tau+5]$，$[e_5, l_5] = [\tau+1, \tau+5]$（$\tau$ 为给定的出发时间），$t_{p_1} = t_{p_2} = t_{p_5} = \alpha$，$t_{p_3} = t_{p_4} = \beta$（$\alpha$ 和 β 为给定的行驶时间，并且 $\beta > 2\alpha$），对于所有拖船，$u_g = 3$。如果使用两艘拖船（拖船 1 拖 1 号、2 号和 3 号驳船，拖船 2 拖 4 号和 5 号驳船），则总行驶时间为 2β。如果使用三艘拖船（拖船 1 拖 1 号和 2 号驳船，拖船 2 拖 3 号和 4 号驳船，拖船 3 拖 5 号驳船），总行驶时间为 $\beta + 2\alpha$。因为 $2\beta > \beta + 2\alpha$，所以前一种情况比后一种情况需要更多的行驶时间。

上述性质研究了一些特殊情况下获得最小所需拖船数量的复杂性。发现拖船的最小数量计划这一直观的决策规则并不适用于该问题的简化情况，更不用说原

始问题。求解原始问题，需要构建一个数学模型及该模型的求解算法。下一节中将详细阐述。

16.4　基于分支定价的精确求解算法

16.4.1　加权集覆盖主模型

假设 $\mathcal{P}_g$ 是拖船 g，$g \in G$ 所有可能的拖带计划集。每个拖带计划意味着驳船的某一分配（分配给拖船）。其中，将 $\mathbb{P}=\bigcup_{g\in G}\mathcal{P}_g$ 定义为所有可能的拖带计划的集合。对于每个可行的拖带计划 $p_g \in \mathcal{P}_g, \forall g \in G$，定义一个二进制变量 x_{p_g}，当且仅当拖带计划 p_g 用于求解加权集覆盖主模型时，其值为 1。为了在每个拖带计划中显示驳船的分配，定义了二元常数 $\alpha_b^{p_g}$。在拖带计划 p_g 中，若拖船 g 拖带驳船 b，那么二进制常数 $\alpha_b^{p_g}$ 等于 1；否则为 0。为了简化加权集覆盖主模型的目标函数，还定义了每个拖带计划的成本常数 C_{p_g}。16.4.3 节阐述了包含行驶时间费用和惩罚成本在内的成本常数的计算。基于这些集合、变量和常数，由 $\mathcal{M}\mathbf{1}$ 表示的加权集覆盖主模型可由 $\mathcal{M}\mathbf{2}$ 表示，如下。

$$[\mathcal{M}\mathbf{2}]\text{Minimize} \quad \sum_{g\in G}\sum_{p_g\in\mathcal{P}_g} C_{p_g}x_{p_g} \tag{16.14}$$

s.t.

$$\sum_{g\in G}\sum_{p_g\in\mathcal{P}_g} \alpha_b^{p_g}x_{p_g} \geqslant 1 \qquad \forall b\in B \tag{16.15}$$

$$\sum_{p_g\in\mathcal{P}_g} x_{p_g} \leqslant 1 \qquad \forall g\in G \tag{16.16}$$

$$x_{p_g}\in\{0,1\} \qquad \forall g\in G;\forall p_g\in\mathcal{P}_g \tag{16.17}$$

目标函数［式（16.14）］使解决方案中使用的拖带计划的总成本最小。约束［式（16.15）］确保在所有可能的拖带计划中，每艘驳船由一艘拖船拖带。约束［式（16.16）］保证每个拖船只能采用一个拖带计划。约束［式（16.17）］定义了二进制决策变量。模型 $\mathcal{M}\mathbf{2}$ 的线性规划（LP）松弛如下。

$$[\mathcal{M}\mathbf{2\_LP}] \quad \text{Minimize} \quad \sum_{g\in G}\sum_{p_g\in\mathcal{P}_g} C_{p_g}x_{p_g} \tag{16.18}$$

s.t.

$$\sum_{g\in G}\sum_{p_g\in\mathcal{P}_g} \alpha_b^{p_g}x_{p_g} \geqslant 1 \qquad \forall b\in B \tag{16.19}$$

$$\sum_{p_g \in \mathcal{P}_g} x_{p_g} \leqslant 1 \qquad \forall g \in G \tag{16.20}$$

$$x_{p_g} \geqslant 0 \qquad \forall g \in G; \forall p_g \in \mathcal{P}_g \tag{16.21}$$

因为列出了所有可能的拖带计划，该线性规划包含大量的变量。此外，对于由拖船和驳船构成的大型船队，列出所有可能的拖带计划是相当耗时的。因此，使用列生成（column generatering，CG）来构建具有选择拖带计划的限制主问题（restrict main problem，RMP），作为解决 $\mathcal{M}\mathbf{2\_LP}$ 的有效方法。

16.4.2 限制主问题（RMP）

为了在 CG 过程中构建 RMP，则可在第一步中选择所有可行拖带方案的子集，由 $\mathcal{P}' = \bigcup_{g \in G} \mathcal{P}'_g \subseteq \mathcal{P}$ 表示。这种方法确保了 RMP 中存在初始可行求解方案。$\mathcal{P}'$（即可行解拖带计划的集合）由启发式算法得到，将在 16.4.5 节中进行详细阐述。RMP 的构建如下。

$$[\mathcal{M}3] \text{ Minimize} \quad \sum_{g \in G} \sum_{p_g \in \mathcal{P}'_g} C_{p_g} x_{p_g} \tag{16.22}$$

s.t.

$$\sum_{g \in G} \sum_{p_g \in \mathcal{P}'_g} \alpha_b^{p_g} x_{p_g} \geqslant 1 \qquad \forall b \in B \tag{16.23}$$

$$\sum_{p_g \in \mathcal{P}'_g} x_{p_g} \leqslant 1 \qquad \forall g \in G \tag{16.24}$$

$$x_{p_g} \geqslant 0 \qquad \forall g \in G; \forall p_g \in \mathcal{P}'_g \tag{16.25}$$

根据 Dantzig 规则，通过列生成的每次迭代，将新的可行拖带计划（即新列）添加到 RMP 中，直到不能添加为止。通过 CG 的每次迭代，可求解 RMP，通过求解如下对偶线性规划可得到 RMP 最优解的对偶变量。

$$[\mathcal{M}4] \text{ Maximize} \quad \sum_{b \in B} \dot{\pi}_b - \sum_{g \in G} \ddot{\pi}_g \tag{16.26}$$

s.t.

$$\sum_{b \in B} \alpha_b^{p_g} \dot{\pi}_b - \ddot{\pi}_g \leqslant C_{p_g} \qquad \forall g \in G; \forall p_g \in \mathcal{P}_g \tag{16.27}$$

$$\dot{\pi}_b \geqslant 0 \qquad \forall b \in B \tag{16.28}$$

$$\ddot{\pi}_g \geqslant 0 \qquad \forall g \in G \tag{16.29}$$

注意：RMP 中约束［式（16.23）和式（16.24）］的对偶变量分别对应于 $\mathcal{M}\mathbf{4}$ 中的 $\dot{\pi}_b$ 和 $\ddot{\pi}_g$。

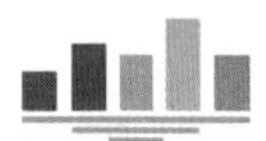

16.4.3　定价问题

定价问题的目标是找到要添加到 RMP 中使成本最低的列。CG 过程的每次迭代，都有 $|G|$ 个需要求解的定价问题。对于拖船（如拖船 g）的每个定价问题，都可生成一个最优拖带计划 p_g^*。通过求解定价问题产生的 $|G|$ 个拖带方案，只有具有负机会成本的最优拖带计划才能添加到 RMP 中。这意味着，在 CG 过程的每次迭代中，最多有 $|G|$ 个列需要添加到 RMP 中。其中，将 σ_g 定义为拖船 g 由采用拖带计划而减少的成本（即拖船 g 定价问题的目标值）。定价问题中的二进制决策变量可表示为 ε_b，当且仅当在新的拖带方案 p_g 中拖船 g 拖带驳船 b 时，其值为 1。同时，还将 c^t 和 c^p 定义为新的拖带方案中的行驶时间费用和惩罚成本。在定价问题中可确定 c^t 和 c^p。基于上述变量，拖船 g 的定价问题可以表述如下。

[$\mathcal{M}5$] Minimize $\sigma_g = C_{p_g} - \sum_{b\in B}\alpha_b^{p_g}\dot{\pi}_b + \ddot{\pi}_g$ （16.30）

s.t.

$$\sum_{b\in B}\varepsilon_b \leqslant u_g \tag{16.31}$$

$$\zeta_g \geqslant \varepsilon_b e_b \quad \forall b\in B \tag{16.32}$$

$$\tau_b \geqslant \zeta_g - M(1-\varepsilon_b) \quad \forall b\in B \tag{16.33}$$

$$\tau_b - l_b = \psi_b^+ - \psi_b^- \quad \forall b\in B \tag{16.34}$$

$$\varphi_g \geqslant t_{d_b}\varepsilon_b \quad \forall b\in B \tag{16.35}$$

$$c^t \geqslant r_g\varphi_g \tag{16.36}$$

$$c^p \geqslant \sum_{b\in B}s_b\psi_b^+ \tag{16.37}$$

$$C_{p_g} \geqslant c^p + c^t \tag{16.38}$$

$$\varepsilon_b \in \{0,1\} \quad \forall b\in B \tag{16.39}$$

$$\varphi_g \geqslant 0 \tag{16.40}$$

$$\zeta_g \geqslant 0 \tag{16.41}$$

$$\tau_b \geqslant 0 \quad \forall b\in B \tag{16.42}$$

$$\psi_b^+,\psi_b^- \geqslant 0 \quad \forall b\in B \tag{16.43}$$

$$C_{p_g}, c^p, c^t \geqslant 0 \tag{16.44}$$

其中，C_{p_g} 是定价问题的决策变量。一旦选择了一个拖带计划 p_g 作为 RMP 的新添加列，相应的成本 C_{p_g} 将转换为新添加的拖带计划 p_g 的固定成本，且被放在 RMP

的目标函数中，即目标函数［式（16.22）］。由于所有这些定价问题都是二维背包问题的变体，则可用 CPLEX 软件来求解这一问题或使用一些现有的精确求解算法，如分支定界算法、核心算法和动态规划[260]。分支定界算法的效率在很大程度上取决于上界、节点选择和分支策略的紧密性。该算法对一些小规模且简单的实例效果良好。核心算法可以求解一些复杂实例，但实例仅限于小规模的问题。相比之下，由于动态规划具有伪多项式时间的复杂度，所以它优于前两者，在其不遇到最坏的情况下，可以很容易地求解大规模并且复杂的实例。

本章首先针对定价问题给出一个常用的方法——标准动态规划算法。然后，提出一种新的有效的精确求解算法，这种方法在求解定价问题时要比动态规划快得多，甚至可以比一些启发式列生成算法实现更高的效率。这两种算法在以下章节中进行了阐述。

1. 定价问题的动态规划算法

为了利用动态规划求解拖船 g 的定价问题，定义$V_{\lambda,\delta}(\beta,\mu)$为最小的可能成本（被确定），若：①拖船 g 只能拖带前β艘驳船这一子集，且占用能力为μ；②在时刻λ时，拖船离开基本港；③拖船从基本港离开的行驶时间为δ，为了节约成本，只要分配好的驳船都已准备就绪，那么拖船就会立刻拖着驳船离港。拖船所有可能离港的时间集合为$\mathcal{T}=\{e_1,e_2,\cdots,e_b,\cdots,e_{B-1},e_B\}$。同时，若拖船已经到达驳船所分配的最远的港口，则其将不会继续行驶。于是，从基本港离开的所有行驶时间集为$\mathcal{D}=\{t_{d_1},t_{d_2},\cdots,t_{d_b},\cdots,t_{d_{B-1}},t_{d_B}\}$。其中，定义$\varepsilon_\beta$为二进制变量，当且仅当拖船 g 拖带前 β 个驳船时才等于 1。对于所有可能的$\lambda\in\mathcal{T}$，最初都有$V_{\lambda,\delta}(1,\mu)$，对于所有可能的$\delta\in\mathcal{D}$，$\mu$从零增加到$u_g$。

$$V_{\lambda,\delta}(1,\mu)=\begin{cases}\delta r_g, & \mu=0\\ \delta r_g+\min_{\varepsilon_1\in\{0,1\}}\left\{\varepsilon_1(s_1(\lambda-l_1)^+-\dot{\pi}_1)\right\}, & 1\leqslant\mu\leqslant u_g,\lambda\geqslant e_1,\delta\geqslant t_{d_1}\\ \delta r_g, & 1\leqslant\mu\leqslant u_g,\lambda<e_1 \text{ or } \delta<t_{d_1}\end{cases} \tag{16.45}$$

动态规划考虑了$|B|$个阶段（β从 1 增加到$|B|$），通过用贝尔曼递归，对μ从 0 增加到u_g，计算每阶段$V_{\lambda,\delta}(\beta,\mu)$的值，其中，$\lambda\in\mathcal{T}$，$\delta\in\mathcal{D}$。

$$V_{\lambda,\delta}(\beta,\mu)=\begin{cases}\delta r_g,\mu=0\\ \min_{\varepsilon_\beta\in\{0,1\}}\left\{V_{\lambda,\delta}(\beta-1,\mu-\varepsilon_\beta)+\varepsilon_\beta(s_\beta(\lambda-l_\beta)^+-\dot{\pi}_\beta)\right\},1\leqslant\mu\leqslant u_g,\lambda\geqslant e_\beta,\delta\geqslant t_{d_\beta}\\ V_{\lambda,\delta}(\beta-1,\mu),1\leqslant\mu\leqslant u_g,\lambda<e_\beta \text{ or } \delta<t_{d_\beta}\end{cases} \tag{16.46}$$

最后，对于所有可能的λ、δ、β和μ，在得到$V_{\lambda,\delta}(\beta,\mu)$的值时，拖船 g 的定

价问题的最小机会成本可以通过 $\text{Min}(V_{\lambda,\delta}(|B|,u_g):\forall\lambda\in\mathcal{T},\forall\delta\in\mathcal{D})+\ddot{\pi}_g$ 得到。$V_{\lambda^*,\delta^*}(|B|,u_g)$ 中的 $\varepsilon_\beta{}^*$ 的值是定价问题的最优解（即由定价问题产生的新的拖带方案）。应该指出的是，与背包问题不同的是这一问题是弱 NP-难问题，又因为每艘驳船都占有一个单位的拖船能力，所以定价问题能在多项式时间内得到可行解。

2. 定价问题的一个有效的精确算法

动态规划通常用于求解 B&P 方法中的定价问题，除此方法之外，还提出了一种基于一些特殊性质来求解定价问题的有效的精确求解算法。算法的主要思想如下：正如前一节中所做的那样，对于给定的拖船 g，列出了拖船的所有可能的离港时间（即 λ，$\lambda\in\mathcal{T}$）和所有可能的行驶时间（即 δ，$\delta\in\mathcal{D}$）。其中，将给定离港时间与行驶时间的组合作为一个方案（即 λ' 和 δ'）。在这种方案下，由于拖船的离港时间和行驶时间都是确定的，驳船分配给拖船 g 是独立的，以便在此方案下获得最小机会成本。特别是，由于方案下的行驶时间成本是确定的，即 $\delta' r_g$，在新的拖带方案中是否选择驳船 b，取决于这一驳船的惩罚成本减去对偶变量的值（即 $s_b(\lambda-l_b)^+-\dot{\pi}_b$）。为了获得最小机会成本，在新的拖带方案中选择了具有较大负值 $(s_b(\lambda-l_b)^+-\dot{\pi}_b)$ 的驳船。基于上述分析，在算法 1 中详细阐述了这种有效的精确算法的过程。

算法 1. 定价问题的一个有效算法

输入：一组驳船和一艘拖船 g

输出：最优拖带计划及其最小化机会成本

For 所有 λ，$\lambda\in\mathcal{T}$

　For 所有 δ，$\delta\in\mathcal{D}$

　　若拖船在 λ 时刻离开基本港且行驶时间为 δ 则令 $V_{\lambda,\delta}$ 为最小机会成本

　　初始化 $V_{\lambda,\delta}=\delta r_g$

　　定义变量 $\gamma_b=s_b(\lambda-l_b)^+-\dot{\pi}_b,\forall b\in B$

　　定义变量 $\varepsilon_b=0,\forall b\in B$

　　安排 $b,\forall b\in B$ 到订单列表 θ 中，使其按照 γ_b 非减序排列，如 $\gamma_{\theta_1}\leqslant\gamma_{\theta_2}\leqslant\cdots\leqslant\gamma_{\theta_{B-1}}\leqslant\gamma_{\theta_B}$

　　若 γ_b 为正值且满足 $e_b>\lambda$ 或 $t_b>\delta$，则将驳船 $b,\forall b\in B$ 从订单列表中**删除**

　　从订单列表 θ 中最多**选出** u_g 艘驳船，如果订单列表中剩余的驳船数小于 u_g，则选择订单列表 θ 中的所有驳船；否则在顺序列表中选出前 u_g 艘驳船 b

　　对所有被挑选的驳船 b，**令** $\varepsilon_b=1$

　　令 $V_{\lambda,\delta}=V_{\lambda,\delta}+\sum_{b=1}^{B}\varepsilon_b\gamma_b$

End For

计算 $\min(V_{\lambda,\delta}:\forall\lambda\in\mathcal{T},\forall\delta\in\mathcal{D})+\ddot{\pi}_g$，这是拖船定价问题的最小机会成本。从最优方案得到的 $\varepsilon_b,\forall b\in B$ 的值（即离港时刻 λ^* 和行驶时间 δ^* 的组合）中可获得拖船 g 的新的最优拖带方案

算法 1 是将可能的离港时间与可能的行驶时间进行组合作为一个方案。从集

合 T 中获得每个可能的离港时间，并从集合 D 中获得每个可能的行驶时间。给定一个离港时间与行驶时间的组合，算法基本上运行 $|B|$ 个驳船的排序过程，计算时间为 $O(|B|^2)$。因此，算法 1 的计算复杂性为 $O(|T||D||B|^2)$。

16.4.4 分支方案和节点选择策略

一旦 CG 过程完成，则可获得 LP 的最优解决方案，对于主问题的解通常是非整数解和不可行解。为了找到最优的整数解，需要应用分支规则来排除分支定界树节点中的非整数解。算法中使用的分支规则如下。首先，得到驳船的分配值（即变量 $\beta_{b,g}=\sum_{p_g\in \mathcal{P}_g}\alpha_b^{p_g}x_{p_g}^*, \forall b\in B,\forall g\in G$，其中，$x_{p_g}^*$ 为 RMP 的最优解）。其中，令驳船 b' 和拖船 g' 为一个分配，分数值 $\beta_{b',g'}=\sum_{p_{g'}\in \mathcal{P}_{g'}}\alpha_{b'}^{p_{g'}}x_{p_g}^*$ 为在所有的分配任务中值最接近 0.5 的一个。这表明在最优的 MIP 解决方案中，驳船 b' 几乎有相同的可能性被拖船 g' 或其他拖船拖带。然后，基于驳船 b' 和拖船 g'，将父节点分为两个子节点。对于生成的第一个分支（左子节点）：要求驳船 b' 必须通过拖船 g' 拖带。对于生成的第二个分支（右子节点）：要求驳船 b' 必须被其他拖船拖带。

性质 3： 当变量 $\beta_{b,g}=\sum_{p_g\in \mathcal{P}_g}\alpha_b^{p_g}x_{p_g}^*, \forall b\in B,\forall g\in G$ 的所有值都是整数（即没有分支约束可以增加）时，则 $\mathcal{M}$**2_LP** 的最优解是 RMP 的一个整数且可行解。

证明： 在获得 $\mathcal{M}$**2_LP** 的最优解之后，如果变量 $\beta_{b,g}=\sum_{p_g\in \mathcal{P}_g}\alpha_b^{p_g}x_{p_g}^*, \forall b\in B,$ $\forall g\in G$ 不存在非整数解，则对于给定的拖船 g'，$\beta_{b,g'}$，$\forall b\in B$ 的值有两种情况。第一种情况：没有驳船被分配给拖船 g'（即 $\beta_{b,g'}=0$，$\forall b\in B$），并且 g' 没有选择拖带方案（即 $x_{p_{g'}}^*=0, \forall p_{g'}\in \mathcal{P}_{g'}$），这是因为 $\mathcal{M}$**2_LP** 的目标是尽量减少拖带方案的总成本。第二种情况：至少有一艘驳船分配给拖船 g'（即所有的 $\beta_{b,g'}$ 都是整数，某些 $\beta_{b,g'}$ 是正整数）。第二种情况下在考虑选择拖带方案时，只有两种可能的选择存在：①一个拖带方案被精确地选择用于拖船 g'，从而表明 $x_{p_{g'}}^*$，$\forall p_{g'}\in \mathcal{P}_{g'}$ 是整数；②选择了多于一个的拖带方案用于拖船 g'。其中，选择两个拖带方案，并用 $p_{g_1'}$ 和 $p_{g_2'}$ 表示。常数 $\alpha_b^{p_{g_1'}}$ 和 $\alpha_b^{p_{g_2'}}$ 必须完全一样，$(x_{p_{g_1'}}^*+x_{p_{g_2'}}^*)$ 必须等于一个整数，以确保所有的 $\beta_{b,g'}$ 都是整数。实质上，这两个拖带方案是一样的拖带方案，具有整数值 $(x_{p_{g_1'}}^*+x_{p_{g_2'}}^*)$。因此，对于这种选择，一个拖带方案被精确地选择用于拖船 g'。

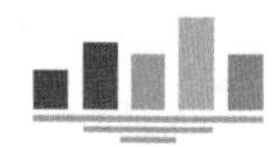

基于上述分析，如果变量 $\beta_{b,g}, \forall b \in B, \forall g \in G$ 没有分数值，则选择整数拖带方案（$x^*_{p_g}, \forall g \in G, \forall p_g \in \mathcal{P}_g$，均为整数），这意味着 **$\mathcal{M}$2_LP** 的最优解是整数。这一结果进一步表明该解是可行解。

为了保持 RMP 的结构不变，并确保分支约束和定价问题之间的兼容性，分支约束将以以下方式添加到 RMP 和定价问题中。对于要求通过拖船 g' 拖带驳船 b' 的第一个分支，删除 RMP 中将驳船 b' 分配给其他拖船的所有拖带方案（即列），并删除拖船 g' 没有拖带拖船 b' 的拖带方案。在拖船 g' 的定价问题上，要求新生成的拖带方案必须包含驳船 b'。在其他定价问题中，则可从可选驳船池中排除驳船 b'，以确保新生成的拖带方案不包括驳船 b'。对于要求驳船 b' 被其他拖船拖带的第二个分支，则从 RMP 中将拖船 g' 拖带驳船 b' 的拖带方案删掉。在拖船 g' 的定价问题中，从可选驳船池中排除驳船 b'。对于其他定价问题，不添加任何约束。

对于节点选择策略，则可采用深度优先搜索规则与最佳下界规则相结合的方法。使用这个策略，需注意以下几点：①如果当前的 B&P 节点未被修剪，则使用深度优先搜索规则，这意味着左子节点（即拖船 g' 必须拖带驳船 b' 的节点）从属于当前的父节点是下一个要探索的节点。②如果当前 B&P 节点被修剪，则应采用最佳下限规则，其意味着节点列表中具有最小下限的节点被选择作为要探索的下一个节点。

16.4.5　可行拖带方案初始集的启发式算法

为了应用 CG，需要生成 RMP 的可行拖带方案的初始集合，以便 RMP 可以产生至少一个可行的解决方案。在此，给出了一个两阶段启发式算法，以获得初始的可行拖带方案集。采用选择最小数量的拖船来拖带所有驳船并使所有选定拖船的利用率最大化的原则。在算法的第一阶段，先安排最早离港（即 e_b）的驳船、能力（即 u_g）较大拖船。驳船按照拖船能力递减的顺序依次进行分配。若没有更多的驳船可以分配给这个拖船，则选择具有下一个最大能力的拖船进行分配。当所有的驳船都分配完时，此步骤停止。

在算法的第二阶段，首先检查最后一个选定的拖船 g^l。若被指定给拖船 g^l 的驳船数量达到拖船的能力（即 u_{g^l}），则整个过程停止；否则，从分配的任务中将拖船 g^l 移除并将其变为未选择。然后，所有未选择的拖船按照能力（即 u_g）降序排列，并进一步单独检查，直到找到具有最低能力且能容纳先前分配给拖船 g^l 的所有驳船的拖船 g^c。最后，选择拖船 g^c，所有未分配的驳船都被重新分配到拖船 g^c。

16.4.6 分支定价算法的框架

本节中，介绍了 B&P 算法的框架。该框架结合了 CG 过程和分支定界树。

步骤 0：清除分支定界树的当前节点列表；将 RMP 的可行拖带计划原始集作为当前父节点；令上限（UB）为初始集合的目标值，令 x^* 为初始可行解。UB 用于记录当前的最优目标值，而 x^* 用于记录当前最优可行解。

步骤 1：通过 CG 过程获得 LP 松弛来求解当前父节点的 RMP。当前父节点的 LP 的解和目标值分别为 x 和 $Z_{\mathrm{LP}}(x)$。

步骤 1.1：若 $Z_{\mathrm{LP}}(x) < \mathrm{UB}$ 并且 x 对于 MIP 是不可行的，请转到步骤 2。

步骤 1.2：若 $Z_{\mathrm{LP}}(x) < \mathrm{UB}$ 并且 x 对于 MIP 是可行的，则更新 $\mathrm{UB}=Z_{\mathrm{LP}}(x)$, $x^* = x$，修剪该节点，并转到步骤 3。

步骤 1.3：若 $Z_{\mathrm{LP}}(x) \geqslant \mathrm{UB}$，修剪此节点，并转到步骤 3。

步骤 2：选择分支变量，并通过添加 16.4.4 节中提到的约束将当前父节点分支到两个子节点（即左子节点和右子节点；左子节点确保驳船 b' 必须被拖船 g' 拖带，而右子节点确保驳船 b' 必须被其他拖船拖带）；激活左子节点作为新的当前父节点；将右子节点添加到当前节点列表中，并将其下限（LB）的值设为 $Z_{\mathrm{LP}}(x)$；然后转到步骤 1。有关分支方案和节点选择策略的详细信息，请参见 16.4.4 节。

步骤 3：如果当前节点列表为空，则停止整个算法；否则，激活当前节点列表中具有最小 LB 的节点，并将该节点设置为当前父节点。然后，转到步骤 1。

16.4.7 用于上限更新的加速技术

在先前的 B&P 算法中，每当找到新的最佳整数解时，UB 被更新。然而，大多数情况下，该算法在得到 RMP 的整数解之前，会探究几十个节点。得到的整数解甚至可能比现有的最优解更差，此时，由于算法必须探索更多不必要的节点，计算时间变得更长。为了减少由 UB 缓慢更新所引起的浪费的计算时间，调用了一个新的启发式算法来提高获得整数解的概率。

通过每次迭代，当由 CG 处理当前父节点时，可获得 LP 解。若该 LP 解的目标值小于上限（即 $Z_{\mathrm{LP}}(x) < \mathrm{UB}$），并且对于 MIP 由 LP 得到的解是不可行的，则这个当前父节点通过添加分支约束而被分支成两个子节点。在此，调用了启发式算法，基于 LP 的解和添加到这两个子节点的分支约束，则可分别得到这两个子节点的整数解。

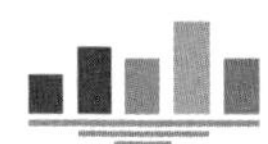

为了改善 UB，计算出这两个整数解的目标值，以便将其与现有的最优解进行比较。该过程加速了上界的更新。同时，还记录了由每个子节点得到的整数解并由其得到相应的拖带计划。当子节点被激活为当前父节点时，则将拖带计划添加到 RMP 中。该过程非常重要，它也解决了在以前的 B&P 算法中可能出现的潜在问题，如下所述。在先前的 B&P 中，由于添加了分支约束，某些列将会从 RMP 中删除，因此在删除一些关键列之后，RMP 无法存在可行解。然而，将记录的拖带计划添加到 RMP 中可以有效地求解这个问题，因为这样的添加确保了当前的父节点至少有一个可行的解决方案。

这个启发式算法的过程列在算法 2 中。需要注意的是，RMP 的 LP 解被转化为了 $\beta_{b,g}=\sum_{p_g\in \mathcal{P}_g}\alpha_b^{p_g}x_{p_g}^*,\forall b\in B,\forall g\in G$。

算法 2. 获得整数解的启发式算法

输入： 当前父节点的 LP 解

输出： 两个子节点的两个整数解

//对于左子节点，保证了驳船 b' 必须由拖船 g' 拖带

定义变量 $\beta L_{b,g},\forall b\in B,\forall g\in G$，来记录左子节点的整数解

初始化 $\beta L_{b,g}=0,\forall b\in B,\forall g\in G$

令 $\beta L_{b',g'}:=1$，将驳船 b' 分配给拖船 g'

//对右子节点和左子节点以下过程是相似的

For 所有 b，$b\in B\setminus\{b'\}$

　　得到 g^*，使得 β_{b,g^*} 为 $\beta_{b,g},\forall g\in G$ 中最大的分数值

　　令 $\beta L_{b,g^*}=1$，将驳船 b 分配给拖船 g^*

End For

For 所有 g，$g\in G$

　　定义一个变量 g_count，其值等于分配给拖船 g 的驳船数量

　　If $g\_count>u_g$，**Then**

　　　　取消对拖船 g 分配的 $(g\_count-u_g)$ 艘驳船。（注：此种情况是在它们有较小的分数值 $\beta_{b,g}$ 时发生的）

　　End If

End For

For 所有未被分配的 b

　　得到 g^*，使得拖船 g^* 仍具有拖带驳船 b 的能力，并且 β_{b,g^*} 是最大的分数值

　　令 $\beta L_{b,g^*}=1$，将驳船 b 分配给拖船 g^*

End For

分解 $\beta L_{b,g}$ 使其为该节点的拖带方案，当该节点被激活为当前父节点时，将方案记录并添加到 RMP 中//此过程结束

//对于要求驳船 b' 被其他拖船拖带的右子节点

定义变量 $\beta R_{b,g},\forall b\in B,\forall g\in G$，以记录右子节点得到的整数解

初始化 $\beta R_{b,g}=0,\forall b\in B,\forall g\in G$

得到 g'' 使得 $g''\neq g'$ 并且分数值 $\beta_{b,g''}$ 是最大的一个

令 $\beta R_{b',g''}:=1$，将驳船 b' 分配给拖船 g''

（右子节点的其余步骤与左子节点相同，只需要将 $\beta L_{b,g}$ 改为 $\beta R_{b,g}$ 即可）

16.5 面向上海港与长江航线的实验分析

本节在一台配备有 Pentium D 处理器（2.67GHz）的台式机上进行了大量的数值实验。在 C#（VS2008）环境下实现了 B&P 算法的整个过程。使用 CPLEX12.1 求解器解决 RMP。

16.5.1 输入数据说明

在这项研究的实例中，考虑了一个每日拖船调度问题，其中基本港的运营商就可利用的拖船和驳船做出这一天的分配决策。研究背景是长江腹地运输，对上海港（即基本港）和 23 个主要内河沿线港口进行了研究。内河港的顺序如下（以千米数计内河港与上海港之间的实际距离并将其列在括号中）：

1. 上海（0）→2. 南通（128）→3. 张家港（170）→4. 江阴（188）→5. 高港（247）→6. 镇江（305）→7. 南京（392）→8. 马鞍山（440）→9. 裕溪口（473）→ 10. 芜湖（488）→11. 铜陵（596）→12. 池州（632）→13. 安庆（692）→ 14. 九江（856）→15. 武穴（906）→16.黄石（982）→17. 武汉（1125）→18.洪湖（1304）→19. 沙市（1603）→20. 枝城（1695）→21. 宜昌（1751）→22. 巴东（1861）→23. 万县（2072）→24. 重庆（2399）。

根据 Sviter（2015）的拖船设计，在长江航行的速度为 12.5 节。可以根据实际距离和速度计算从基本港（即上海港）到内河港的拖船的行驶时间。根据“库萨—阿拉巴马河改善协会”（2015 年），一艘拖船平均可以拖 15 艘驳船。因此，在这项研究中，拖船 g 可拖带的最大驳船数量（即拖船 g 的能力）为 $u_g \in U[8;20], \forall g \in G$，其中，$U$ 表示服从均匀分布的整数伪随机数。在考虑拖船的折旧、拖船工作人员的工资、拖船燃料消耗的情况下[261]，拖船 g 相对于其每小时行驶时间（即 $\dot{c}_g$）的成本系数的范围为 120～240 美元。具有较大能力的拖船则具有较高的成本系数。

对于每艘驳船，其目的港以不同的概率从 23 个内河港中进行选择，像南京、武汉、重庆等一些大都市的港口被选择的概率较大一些。驳船 b 从基本港离开的最早时间为 $e_b \in U[0;24], \forall b \in B$，其中时间单位为 1 小时。此外，根据驳船 b 从基本港离开的最早时间设置其离港的最晚时间为 $l_b \in \{e_b + U[1;6]\}, \forall b \in B$。驳船 b 拖延一个单位时间的惩罚成本为 $\ddot{c}_b \in U[\$50;\$90], \forall b \in B$[262]。

16.5.2 三种列生成器的效率

通过大量的实验，并利用 16.4.3 节中阐述的定价问题来测试三种方法的效率。第

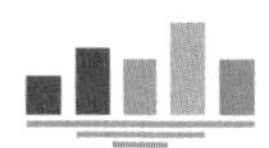

一种方法是使用 CPLEX 直接求解定价模型 $\mathcal{M}5$ 。第二种方法是动态规划算法，这是求解定价模型的常用算法。第三种方法是使用有效精确算法来求解定价模型。这三种方法均称为 CG 过程的列生成器。为了验证这三个列生成器的效率，对于分支定价树的根节点，分别用三个列生成器对其求解，由此得到 LP 松弛的最优解（即 LP-最优值）和计算时间（即 CPU 时间）。测试数据按照实例组呈现在表 16-1 中，每组包含 5 个实例，每个实例具有相同数量的拖船（即 G）和相同数量的驳船（即 B）。

表 16-1 三个列生成器求解根节点的效率

问题实例			CPLEX		动态规划算法		有效精确算法		CPU 时间比 1	CPU 时间比 2
G	B	编号	LP-最优值	CPU 时间	LP-最优值	CPU 时间	LP-最优值	CPU 时间		
2	20	1	40 725.67	12	40 725.67	3	40 725.67	2	6.00	1.50
		2	41 045.00	22	41 045.00	4	41 045.00	2	11.00	2.00
		3	39 749.19	26	39 749.19	7	39 749.19	4	6.50	1.75
		4	37 180.00	31	37 180.00	5	37 180.00	2	15.50	2.50
		5	40 239.38	40	40 239.38	7	40 239.38	4	10.00	1.75
4	40	6	53 807.25	292	53 807.25	33	53 807.25	16	18.25	2.06
		7	58 180.21	215	58 180.21	23	58 180.21	11	19.55	2.09
		8	55 583.37	102	55 583.37	10	55 583.37	4	25.50	2.50
		9	59 311.34	132	59 311.34	13	59 311.34	7	18.86	1.86
		10	53 781.62	217	53 781.62	25	53 781.62	15	14.47	1.67
6	60	11	70 476.27	1 052	70 476.27	93	70 476.27	36	29.22	2.58
		12	68 356.33	931	68 356.33	74	68 356.33	30	31.03	2.47
		13	75 010.58	1 296	75 010.58	88	75 010.58	43	30.14	2.05
		14	77 238.48	1 024	77 238.48	59	77 238.48	35	29.26	1.69
		15	70 456.69	886	70 456.69	47	70 456.69	23	38.52	2.04
8	80	16	80 692.63	3 432	80 692.63	165	80 692.63	91	37.71	1.81
		17	83 339.34	3 795	83 339.34	180	83 339.34	103	36.84	1.75
		18	85 887.95	4 024	85 887.95	153	85 887.95	97	41.48	1.58
		19	86 937.56	3 717	86 937.56	137	86 937.56	87	42.72	1.57
		20	79 652.80	2 738	79 652.80	96	79 652.80	55	49.78	1.75
平均值									**25.62**	**1.95**

注：①“G”表示拖船的总数。②“ B ”表示驳船的总数。③“LP-最优值”表示通过求解根节点获得的最优 LP 解的目标值（单位：美元）。④“CPU 时间”表示求解根节点所需的计算时间（单位：s）。⑤“CPU 时间比 1”等于 CPLEX 的计算时间除以有效精确算法的计算时间。⑥“CPU 时间比 2”等于动态规划的计算时间除以有效精确算法的计算时间。

从表 16-1 可以看出，所有列生成器在实例中都得到了与 LP 松弛最优目标值相同的目标值。然而，三个列发生器的效率彼此之间明显不同。在 CPLEX 与所提出的有效精确算法的比较中（以“CPU 时间比为 1”表示），CPLEX 所需的计算时间平均为精确算法的 25.62 倍。更重要的是，当实例的规模增加时，CPU 时间比率不断增加。在动态规划与所提出的有效精确算法的比较中（以“CPU 时间比 2”表示)，有效精确算法在求解根节点时，只需要约 50%的由动态规划计算的时间。这些结果表明，提出的有效精确算法在三个列发生器中效率最高。因此，它在以下所有实验中用作 B&P 算法中 CG 过程中的列生成器。

16.5.3 加速技术的有效性

本节旨在验证 16.4.7 节中提出的加速技术的有效性。加速技术旨在通过算法 2 加速 B&P 算法上限的更新，从而减少所探索的节点总数，进而减少计算时间。对于这样的建议，在采用和未采用加速技术的两种情况下，运用 B&P 算法，其结果如表 16-2 所示。

表 16-2　加速技术对上限更新的有效性

实例			未采用加速技术				采用加速技术				CPU 时间比
G	*B*	编号	MIP-最优值	CPU 时间	探索节点	总列数	MIP-最优值	CPU 时间	探索节点	总列数	
2	20	21	43 293	14	14	879	43 293	11	10	687	1.27
		22	39 145	9	13	575	39 145	7	12	543	1.29
		23	39 162	9	10	668	39 162	4	6	376	2.25
		24	41 053	8	5	571	41 053	7	4	472	1.14
		25	39 023	7	6	604	39 023	5	4	441	1.40
4	40	26	57 401	91	23	2 379	57 401	42	14	1 144	2.17
		27	46 955	107	62	3 163	46 955	60	22	1 810	1.78
		28	64 712	241	73	3 521	64 712	123	32	2 101	1.96
		29	51 426	128	58	3 314	51 426	75	23	1 925	1.71
		30	59 215	174	45	2 745	59 215	94	19	1 435	1.85
6	60	31	78 607	1 254	163	16 174	78 607	277	58	5 958	4.53
		32	71 420	1 448	206	15 793	71 420	436	77	4 725	3.32
		33	73 023	993	123	12 511	73 023	312	54	3 534	3.18
		34	72 989	1 146	152	18 120	72 989	227	42	3 343	5.05
		35	66 303	1 643	270	23 403	66 303	462	84	8 305	3.56
8	80	36	91 749	8 496	525	65 075	91 749	1 568	221	24 635	5.42
		37	—	—	—	—	82 969	1 729	312	30 137	—
		38	90 384	7 780	492	61 535	90 384	1 329	148	19 272	5.85
		39	89 253	6 390	463	56 642	89 253	1 267	129	17 642	5.04
		40	—	—	—	—	88 142	1 818	276	27 950	—
平均值											**2.93**

注：①“MIP-最优值”表示 MIP 最优解的目标值（单位：美元)。②“探索节点”表示 B&P 算法中探索的节点总数。③“总列数”表示添加到 RMP 中的总列数。④“CPU 时间比”等于未采用加速技术的 B&P 算法的计算时间除以采用加速技术的 B&P 算法的计算时间。⑤“—”表示实例的计算时间超过 10 000s。

表 16-2 列出了两种情况下 B&P 算法的一些输出参数。在这两种情况下，B&P 算法对于小规模实例（如实例 21～30）可以获得 MIP 的最优解决方案。然而，在大规模实例中（如实例 37 和 40），未采用加速技术的 B&P 算法不能在 10 000s 内解决这个问题。对于两种情况下求解的实例，采用加速技术的 B&P 算法优于未采用加速技术的算法，因为前者探索的节点较少。平均来说，未采用加速技术的 B&P 算法的计算时间比上采用加速技术的算法是 2.93。此外，当实例的规模增大时，该时间比率增加。结果表明加速技术非常有效，可以节省大量的计算时间。

16.5.4　B&P 算法与 CPLEX 之间的比较

本章的目的在于为拖船调度问题开发一种有效的精确求解方案。通过进行大量的实验比较 B&P 算法与直接用 CPLEX 求解 MIP 模型 $\mathcal{M}\mathbf{1}$，来测试所提出的精确求解方法（即 B&P 算法）的有效性和效率。在进行这些实验之前，先利用实验进行了一些灵敏度分析，结果表明 B&P 算法和 CPLEX 的性能明显受资源比率的影响。其中，通过 $R=|B|/\sum_{g\in G}u_g$，$R\in(0,1)$ 来计算资源比，其表示可用拖船能力的利用率，为了验证资源比率对性能的影响，现在定义了资源比率的 5 个尺度（R1=95%；R2=90%；R3=85%；R4=80%；R5=75%），并在不同实例组中测试这 5 个资源比例，实验结果如表 16-3 所示。

表 16-3　B&P 算法与 CPLEX 之间的比较

实例				CPLEX		B&P		CPU 时间比
G	B	R	编号	MIP-最优值	CPU 时间	MIP-最优值	CPU 时间	
2	20	R1	41	41 988	2	41 988	1	2.00
		R2	42	49 904	2	49 904	2	1.00
		R3	43	42 063	3	42 063	7	0.43
		R4	44	39 003	1	39 003	4	0.25
		R5	45	42 491	1	42 491	6	0.17
4	40	R1	46	54 099	504	54 099	168	3.00
		R2	47	53 931	327	53 931	134	2.44
		R3	48	60 829	33	60 829	23	1.43
		R4	49	51 269	25	51 269	59	0.42
		R5	50	57 274	17	57 274	26	0.65
6	60	R1	51	—	—	75 267	193	—
		R2	52	—	—	76 420	224	—
		R3	53	76 545	8 368	76 545	345	24.26

续表

实例				CPLEX		B&P		CPU 时间比
G	B	R	编号	MIP-最优值	CPU 时间	MIP-最优值	CPU 时间	
6	60	R4	54	68 677	4 351	68 677	737	5.90
		R5	55	72 361	2 747	72 361	1 236	2.22
8	80	R1	56	—	—	81 145	2 104	—
		R2	57	—	—	84 829	1 719	—
		R3	58	—	—	82 241	1 668	—
		R4	59	—	—	84 219	1 340	—
		R5	60	83 184	7 643	83 184	2 387	3.20
平均值								**3.38**

注：①“R”表示实例的资源比例。②“CPU 时间比”等于 CPLEX 的计算时间除以 B&P 算法的计算时间。

表 16-3 中的结果表明，在处理大规模问题时，CPLEX 的能力非常有限。实例 51 和实例 52 及实例 56 至实例 59 中，CPLEX 在 10 000s 内找不到最优解。相比之下，B&P 算法在合理的计算时间内解决了所有实例的问题。此外，在获得所有实例的最优解时，B&P 算法平均使用的计算时间为 CPLEX 所用时间的 1/3.38，这意味着 B&P 算法作为精确求解算法比 CPLEX 更有效。对于同一实例组中具有 5 个不同资源比例的实例，可知资源比率越高，CPLEX 与 B&P 算法相比越差。这个发现是通过高资源比率（如 R1 和 R2）的高 CPU 时间比来验证的。应该指出的是，较高的资源比率意味着更多的需求，拖船越来越繁忙。它进一步暗示，需要复杂的决策支持工具来处理这种繁忙的情况，从而验证了为此问题设计 B&P 算法的必要性。尽管在一些小规模且小资源比率的实例中，CPLEX 可以比 B&P 算法稍快地解决问题，如实例 44、实例 45、实例 49 和实例 50，但当问题规模变大时，B&P 算法具有压倒性的优势。

16.6 小　结

本章研究了从海港向内河港驳运货物的海港拖船调度问题，为此建立了 MIP 模型，并对该问题的一些基本属性进行了研究和证明。设计并实施了基于 B&P 的精确求解方法及一些加速技术来求解所提出的模型。数值实验表明，采用加速技术的 B&P 算法的 CPU 时间大约是未采用加速技术 B&P 算法的三分之一。此外，对于大规模实例，B&P 算法的性能优于 CPLEX。

该项研究的贡献主要包括三个方面。

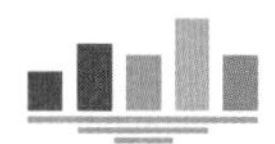

（1）在驳船运输系统中很少有文献研究拖船调度。所提出的 MIP 模型同时优化了将驳船分配给拖船决策及拖船离港的时间决策。

（2）研究了一些关于获得最少所需拖船数量的复杂性的性质。研究发现，直观决策规则即用最少数量的拖船解决方案并不适用于问题的简化情况，更不用说原来的问题了。

（3）另一个贡献是设计一个精确求解方法，来求解所提出的模型，而不是设计一些启发式方法。设计并实现了一些加速技术以促进求解过程，并通过基于一些实例的数值实验，验证了该方法的有效性。

该项研究也有一些不足。例如，拖船的速度受其总负载的影响，即松弛假设（4）。拖船也应能够调整其速度以满足交货时间。此外，在当前的模型中没有考虑不同拖船之间的驳船转载及空驳船的转移。另外，内河航线的拖船调度问题可以扩展到更一般的港口网络问题。这个问题还可以考虑从内河港到海港的返程情况。最后，拖船可能成为海港的瓶颈。因此，需要开发一个更复杂和更具挑战性的模型来松弛假设（5）。这方面，拖船可以在计划的时间区间内执行不同数量的往返行程，进一步使目前的问题复杂化。所有这些问题都将是未来的研究方向。

第七篇 总结与展望

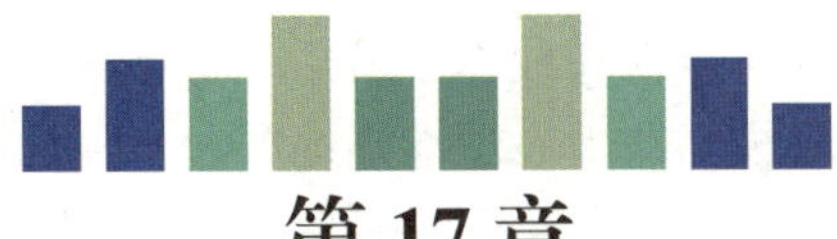

第17章

总结与展望

17.1 研究内容总结

随着全球贸易量的增加，世界经济一体化的不断发展，全球集装箱港口运输一直保持着较高的发展势头，尤其是近几年集装箱运输量增长率保持在10%左右。目前，世界排名前十的特大型集装箱港口年吞吐量基本都在1500万标准箱（TEU）以上。如此大的吞吐量，使得集装箱港口的设施建设、运作方式等各方面正经受严峻的考验。在当前日益激烈的国际港口竞争中，如何提高这些大型集装箱港口的运作效率，成为港口管理者迫切关心和亟须解决的核心问题。因此，集装箱港口物流的建模优化与仿真研究就成为管理科学、交通运输工程、物流与工业工程等领域的重要研究方向。

本书根据集装箱港口管理的运营模式、体系构成、操作流程及近些年来港口物流的相关文献的统计，研究了集装箱港口岸线侧、堆场侧和岸线-堆场集成等调度优化问题。同时，介绍了面向港口新技术及面向内河航线的研究，提出了包括数学模型和相应的启发式算法在内的综合解决方案。本书对集装箱港口问题的建模优化与调度决策的理论和方法进行了较为深入的系统研究，其主要内容和研究成果如下。

岸线侧运作管理优化问题研究，包括泊位分配和特大型港口码头的分配等。其中，泊位分配问题一直是广大学者和港口运营商的主要研究方向，此问题是影响集装箱港口效率的重要因素。本书从不确定环境下的泊位分配、考虑周期性的中期层面泊位分配、潮汐港泊位分配、鲁棒型泊位分配等多个角度研究分析了集装箱港口存在的实际决策优化问题。为解决上述问题，开发了一种不确定环境下泊位分配的两阶段决策模型，该模型被设计用来平衡初始计划成本和初始计划偏离成本。同时针对周期性的中期层面泊位分配问题，为处理船舶的靠港时间，提出了相应的随机优化和鲁棒优化模型。在潮汐港泊位分配问题中，考虑潮汐时间窗和航道容量等相关约束，提出了关于泊位分配与岸桥分配的集成优化模型。另外，针对停泊活动不确定的问题，研究了制定鲁棒型泊位分配基准计划的主动策略，适用于包含不可预见事件和不确定因素的现实环境，提出了一种双目标优化

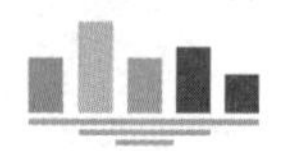

模型，以平衡停泊计划的鲁棒性和成本。最后，为不同的问题和模型设计了相应的求解算法，以便在大规模问题下高速准确地解决实际问题。另外，在研究特大型港口码头分配问题中，航运联盟不应忽视其在港口码头之间集装箱的转运费用，本书研究了考虑燃料消耗情况下转运港的码头分配问题。研究表明，具有多个码头的转运港的码头分配问题对降低航运联盟的运营成本（燃油消耗成本、持有成本及码头转运活动的运输成本）来说十分重要。将此问题和岸桥分配决策结合，在考虑每个码头中有限数量泊位的同时，对转运港码头分配和岸桥分配以综合方式进行优化。本书提出了相应的决策模型并将其线性化，并开发了基于局部分支的方法和基于粒子群的两种求解算法进行对比，以解决大规模实际问题。

堆场侧运作管理优化问题研究，包括堆存区域分配和堆存模板下卸货存放位置分配等。其中，堆存区域分配问题是集装箱堆场管理的重要环节，对缩短集装箱船在港停泊时间、提高集装箱码头作业效率有着重要作用。本书从不确定时空维度下堆存区域分配、不确定数量维度下堆存区域分配、周期型堆存区域分配和考虑拥塞的堆存区域分配等多个角度研究了集装箱港口堆场侧的调度问题。为解决上述问题，从船舶停泊时间（时间维度）和停泊位置（空间维度）两个方面考虑，提出了混合整数规划模型来解决堆存区域的分配问题。同时在不确定的海运市场需求下进行了堆存区域分配问题研究，其中，包含装载（或卸载）集装箱到（或从）到达的船舶的容量的波动，还考虑了堆场中的交通拥堵及多个调度周期时间下的船舶到达模式，以此建立了一个多因素的随机规划模型。另外，对集装箱港口多周期堆存区域分配问题进行了研究，由于船舶周期时间不均匀，船舶周期循环时间这一因素尤其重要。对该领域进行了探索性研究，提出了考虑船舶异构周期性的多期堆场模板规划问题模型，该模型包含最小化或避免堆场集卡拥堵现象的特殊约束。而在针对到港船舶的堆存区域分配问题中，本书讨论了堆场集卡干扰情况下堆场拥塞的概念，然后针对集卡干扰问题提出了一个基于概率和物理的组合模型，为估算连接的期望行驶时间奠定了基础。基于估算期望行驶时间的一些公式，提出了一个混合整数规划模型，以最小化堆场中搬运集装箱的总期望行驶时间。最后，本书也为每种堆存区域分配问题的模型设计了相应的求解算法，方便求解大规模下的实际问题。另外，针对港口堆场存储分配中出现的不可预测事件的决策支持，本书提出了实时决策支持系统框架，为下一个决策周期实时制定计划。该系统将更适合港口的现实情况，港口资源调度计划模板不需要改变，便可以根据实时要求预留或释放子箱区，它使堆场空间得到更有效和灵活地利用。

岸线与堆存侧资源分配集成优化问题研究，主要是针对港口两侧的交叉问题领域进行联合优化。本书为集装箱转运港建立了一个泊位分配模板和堆场分配模板联合优化模型，并且对其中涉及的非线性约束进行了线性化处理。同时，开发了一种启发式算法去求解大规模问题实例下该联合优化模型。然后，设计并实施

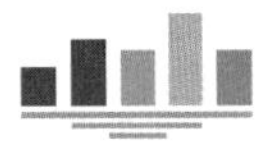

了一些实验去验证所提模型的有效性及所提算法的效率。基于一系列来源于实际港口运作环境的数据实验，所提出的模型和算法可以在合理的时间内得到满意的泊位分配模板和堆场分配模板。

面向港口新技术的运作优化问题研究，包括港口新技术运作效率比较分析和钢架桥自动化码头调度。其中，集装箱港口新技术介绍了一种新型的自动化码头系统，并进行了探索性研究，以确定其应用在转运港的机遇与挑战，并对这种新的系统与基于自动导引运输车系统之间的运输效率和堆叠能力进行了比较，提出了比较这两种 ACT 系统之间的几种定量分析模型和性能指标。而在钢架桥自动化码头调度问题中，介绍了一种使用低成本小车和多层钢架桥的新型设计自动化集装箱码头系统，现有的文章几乎没有研究这个新的设计理念。在新的自动化码头系统下考虑岸桥调度和存储分配，并研究如何安排两种类型的起重机，即岸桥和在不同层之间转运集装箱的桥式起重机，提出了两种调度问题的数学模型，还开发了一些元启发式算法来解决问题，并进行了数值实验以验证所提出模型的有效性和提出算法的效率。

面向内河航线的枢纽港拖船调度问题研究，主要是针对从海港向内河港驳运货物的海港拖船的调度。本书建立了混合整数规划模型。该模型同时优化了将驳船分配给拖船决策，以及拖船离港的时间决策。本书对这个问题的一些基本属性进行了研究和证明，然后设计并实施了基于分支定界算法精确求解方法及一些加速技术来求解所提出的模型，最后通过基于一些实例的数值实验，验证了该方法的有效性。

本书从集装箱港口的多个方面、不同角度，详细和系统地介绍了目前影响集装箱港口运作效率的若干重要决策问题，从理论基础到数学模型，再到求解算法设计，层层展开，深入浅出地为读者介绍了集装箱港口运作管理决策领域里的一些重要问题。

17.2　未来研究方向展望

随着海上贸易的不断扩大，集装箱港口的任务逐渐加重，而由于港口运输存在着众多的不确定性因素，以及新型集装箱港口和绿色港口的出现，对于集装箱港口运作的研究需要进一步的完善和加强，未来的研究方向可以归纳为以下几点。

不确定性因素。集装箱港口运作管理中各个环节包含了很多不确定性因素，这些不确定因素造成了提升运作效率的困难，如不确定性航运市场集装箱运输需求、港口各类资源操作层面各种工序不确定处理时间、不确定的航运自然环境、集装箱供应链中上下游不确定的供给信息、不确定的空箱需求和供给等未知因素，都会影响港口运营商的计划制定与优化。

集成联合优化。集装箱港口运作系统是一个很大的整体，在单独考虑岸线侧或堆场侧等单方面因素的同时，无法使得运作系统有效地统一。因为集装箱港口的每一部分调度工作都是紧密相连的，很多资源的调度计划之间存在着很多耦合因素。目前，虽然已经有一些港口资源调度的集成优化问题得到了研究，但是对于两类甚至更多类资源的集成优化，该领域还存在很多空白。因此，在未来研究中可以把更多方面因素或资源进行有效地集成优化，从而更加符合港口调度的实际情况。

港口新技术新政策。随着现代科技迅猛的发展，港口运行模式及设备都在不断地更新换代，大型新型化港口成为未来发展的必然趋势。而不同的港口运营模式和设备都会产生不同的港口运作的新问题。在新的港口运作系统背景下，传统的港口资源调度优化模型将需要全部重新定义和优化，这将给港口运作管理优化领域带来很多新的研究问题。另外，绿色港口建设也正在全世界港口领域全面开展，如何节能减排成为了港口运作管理领域又一个新的研究焦点。例如，碳排放（或燃料消耗）、港口岸线系统的建设与管理等新因素，也需要融入传统的港口资源调度优化模型之中，这些都可能成为未来的热门研究方向。

参 考 文 献

[1] 梅冠群. 世界港口发展模式、演进方向与经验借鉴[J]. 中国流通经济，2012，26（12）：69-75.

[2] 翁克勤. 集装箱港口及其发展[J]. 水运工程，2002，（11）：46-50.

[3] 王成金. 集装箱港口网络形成演化与发展机制[M]. 北京：科学出版社，2012.

[4] 张磊. 集装箱港口竞争力影响因素分析[J]. 港口经济，2015，（1）：16-18.

[5] 陈秋双，杜玉泉，徐亚. 不确定环境下集装箱码头的扰动管理[J]. 物流技术，2010，29（Z1）：1-5.

[6] 王帆，黄锦佳，刘作仪. 港口管理与运营：新兴研究热点及其进展[J]. 管理科学学报，2017，20（5）：111-126.

[7] Wallace D P，Downs L J，Downs L J. The Research Core of the Knowledge Management Literature[M]. Amsterdam：Elsevier Science Publishers B. V.，2011.

[8] 王小华，徐宁，谌志群. 基于共词分析的文本主题词聚类与主题发现[J]. 情报科学，2011，（11）：1621-1624.

[9] 吴燕. 泛在知识环境下的数字图书馆发展研究[D]. 北京：中国科学院研究生院（文献情报中心），2007.

[10] Imai A，Nishimura E，Papadimitriou S. The dynamic berth allocation problem for a container port[J]. Transportation Research Part B，2001，35（4）：401-417.

[11] Hansen P，Oğuz C. A note on formulations of static and dynamic berth allocation problems[J]. Les Cahiers du GERAD 30，2003：1-17.

[12] Imai A，Nagaiwa K I，Tat C W. Efficient planning of berth allocation for container terminals in Asia[J]. Journal of Advanced Transportation，1997，31（1）：75-94.

[13] Imai A，Nishimura E，Papadimitriou S. Berthing ships at a multi-user container terminal with a limited quay capacity[J]. Transportation Research Part E Logistics & Transportation Review，2008，44（1）：136-151.

[14] Monaco M F，Sammarra M. The berth allocation problem：a strong formulation solved by a lagrangean approach[J]. Transportation Science，2007，41（2）：265-280.

[15] Imai A，Nishimura E，Papadimitriou S. Berth allocation with service priority[J]. Transportation Research Part B，2003，37（5）：437-457.

[16] Theofanis S，Boile M，Golias M. An optimization based genetic algorithm heuristic for the

berth allocation problem[C]//IEEE Congress on Evolutionary Computation. IEEE，2007：4439-4445.

[17] Hansen P，Oğuzb C. Variable neighborhood search for minimum cost berth allocation[J]. European Journal of Operational Research，2008，191（3）：636-649.

[18] Nishimura E，Imai A，Papadimitriou S. Berth allocation planning in the public berth system by genetic algorithms[J]. European Journal of Operational Research，2001，131（2）：282-292.

[19] Golias M，Boile M，Theofanis S. The berth allocation problem：a formulation reflecting time window service deadlines[C]//Transportation Research Forum，48th Annual Forum，2007.

[20] Imai A，Zhang J T，Nishimura E，et al. The berth allocation problem with service time and delay time objectives[J]. Maritime Economics & Logistics，2007，9（4）：269-290.

[21] Golias M，Boile M，Theofanis S. The stochastic berth allocation problem[C]//Proceedings of the international conference on transport science and technology（TRANSTEC 2007）. 2007：52-66.

[22] Cordeau J F，Laporte G，Legato P，et al. Models and tabu search heuristics for the berth-allocation problem[J]. Transportation Science，2005，39（4）：526-538.

[23] Mauri G R，Oliveira A C M，Lorena L A N. A hybrid column generation approach for the berth allocation problem[C]//European Conference on Evolutionary Computation in Combinatorial Optimization. Berlin：Springer-Verlag，2008：110-122.

[24] Han M，Li P，Sun J. The algorithm for berth scheduling problem by the hybrid optimization strategy GASA[C]//International Conference on Control，Automation，Robotics and Vision. IEEE，2006：1-4.

[25] Zhou P，Kang H，Lin L. A dynamic berth allocation model based on stochastic consideration[C]//World Congress on Intelligent Control and Automation，2006. The Sixth World Congress on. IEEE Xplore，2006：7297-7301.

[26] Lee D H，Song L，Wang H. Bilevel programming model and solutions of berth allocation and quay crane scheduling[C]//Transportation Research Board 85th Annual Meeting，2006.

[27] Imai A，Chen H C，Nishimura E，et al. The simultaneous berth and quay crane allocation problem[J]. Transportation Research Part E Logistics & Transportation Review，2008，44（5）：900-920.

[28] Liang C，Huang Y，Yang Y. A quay crane dynamic scheduling problem by hybrid evolutionary algorithm for berth allocation planning[J]. Computers & Industrial Engineering，2009，56（3）：1021-1028.

[29] Giallombardo G，Moccia L，Salani M，et al. The tactical berth allocation problem with quay crane assignment and transshipment-related quadratic yard costs[C]//European Transport Conference. 2008，44（2）：232-245.

[30] Kim K H，Park Y M. A crane scheduling method for port container terminals[J]. European Journal of Operational Research，2004，156（3）：752-768.

[31] Li C L，Cai X Q，Lee C Y. Scheduling with multiple-job-on-one-processor pattern[J]. Iie Transactions，1998，30（5）：433-445.

[32] Guan Y，Xiao W Q，Cheung R K，et al. A multiprocessor task scheduling model for berth allocation：heuristic and worst-case analysis[J]. Operations Research Letters，2002，30（5）：

343-350.
[33] Guan Y，Cheung R K. The berth allocation problem：models and solution methods[J]. OR Spectrum，2004，26（1）：75-92.
[34] Wang F，Lim A. A stochastic beam search for the berth allocation problem[J]. Decision Support Systems，2007，42（4）：2186-2196.
[35] Moon K C. A mathematical model and a heuristic algorithm for berth planning[J]. Ph.D. Thesis，Pusan National University，Pusan，2000：21.
[36] Park K T，Kim K H. Berth scheduling for container terminals by using a sub-gradient optimization technique[J]. Journal of the Operational Research Society，2002，53（9）：1054-1062.
[37] Kim K H，Moon K C. Berth scheduling by simulated annealing[J]. Transportation Research Part B，2003，37（6）：541-560.
[38] Briano C，Briano E，Bruzzone A G，et al. Models for support maritime logistics：a case study for improving terminal planning[C]//Proceedings of the 19th European Conference on Modeling and Simulation（ECMS）. 2005：199-203.
[39] Lim A. The berth planning problem[J]. Operations Research Letters，1998，22（2-3）：105-110.
[40] Lim A. An effective ship berthing algorithm[C]//Sixteenth International Joint Conference on Artificial Intelligence，IJCAI 99，Stockholm，Sweden，July 31-August 6，1999，（2）：594-599.
[41] Tong C J，Lau H C，Lim A. Ant colony optimization for the ship berthing problem[C]// Advances in Computing Science-Asian'99，Asian Computing Science Conference，Phuket，Thailand，December 10-12，1999，Proceedings. DBLP，1999：359-370.
[42] Goh K S，Lim A. Combining various algorithms to solve the ship berthing problem[C]//IEEE International Conference on TOOLS with Artificial Intelligence. IEEE Computer Society，2000：370-375.
[43] Imai A，Sun X，Nishimura E，et al. Berth allocation in a container port：using a continuous location space approach[J]. Transportation Research Part B，2005，39（3）：199-221.
[44] Chang D，Yan W，Chen C H，et al. A berth allocation strategy using heuristics algorithm and simulation optimisation[J]. International Journal of Computer Applications in Technology，2008，32（4）：272-281.
[45] 范志强. 连续泊位分配问题研究：模型优化与计算分析[J]. 工业工程与管理，2016，（3）：81-87.
[46] Park Y M，Kim K H. A scheduling method for Berth and Quay cranes[J]. OR Spectrum，2003，25（1）：1-23.
[47] Rashidi H. Dynamic scheduling of automated guided vehicles[D]. University of Essex，2006.
[48] Machowiak M，Oğuz C，Błazewicz J，et al. Berth allocation as a moldable task scheduling problem[C]//The Workshop on MODELS & Algorithms for Planning & Scheduling Problems，2004.
[49] Meisel F，Bierwirth C. Heuristics for the integration of crane productivity in the berth allocation problem[J]. Transportation Research Part E，1998，45（1）：196-209.

[50] Meisel F，Bierwirth C. Integration of Berth Allocation and Crane Assignment to Improve the Resource Utilization at a Seaport Container Terminal[M]//Operations Research Proceedings 2005. Berlin：Springer Berlin Heidelberg，2005：105-110.

[51] Theofanis S，Golias M，Boile M. Berth and quay crane scheduling：a formulation reflecting service deadlines and productivity agreements[C]//Proceedings of the international conference on transport science and technology（TRANSTEC 2007），Prague. 2007：124-140.

[52] Golias M M，Saharidis G K，Boile M，et al. The berth allocation problem：optimizing vessel arrival time[J]. Maritime Economics & Logistics，2009，11（4）：358-377.

[53] Du Y，Chen Q，Quan X，et al. Berth allocation considering fuel consumption and vessel emissions[J]. Transportation Research Part E：Logistics & Transportation Review，2011，47（6）：1021-1037.

[54] Hu Q M，Hu Z H，Du Y. Berth and quay-crane allocation problem considering fuel consumption and emissions from vessels[J]. Computers & Industrial Engineering，2014，70（1）：1-10.

[55] Xu D，Li C L，Leung Y T. Berth allocation with time-dependent physical limitations on vessels[J]. European Journal of Operational Research，2012，216（1）：47-56.

[56] Ursavas E. A decision support system for quayside operations in a container terminal[J]. Decision Support Systems，2014，59（1）：312-324.

[57] Hendriks M P M，Armbruster D，Laumanns M，et al. Strategic allocation of cyclically calling vessels for multi-terminal container operators[J]. Flexible Services & Manufacturing Journal，2012，24（3）：248-273.

[58] Hendriks M，Laumanns M，Lefeber E，et al. Robust cyclic berth planning of container vessels[J]. OR Spectrum，2010，32（3）：501-517.

[59] Hendriks M P，Lefeber E，Udding J T. Simultaneous Berth Allocation and Yard Planning at Tactical Level[J]. OR Spectrum，2013，35（2）：441-456.

[60] Zhen L，Chew E P，Lee L H. An integrated model for berth template and yard template planning in transshipment hubs[J]. Transportation Science，2011，45（4）：483-504.

[61] Imai A，Yamakawa Y，Huang K. The strategic berth template problem[J]. Transportation Research Part E，2014，72：77-100.

[62] Emde S，Boysen N，Briskorn D. The berth allocation problem with mobile quay walls：problem definition，solution procedures，and extensions[J]. Journal of Scheduling，2014，17（3）：289-303.

[63] Bierwirth C，Meisel F. A Fast Heuristic for Quay Crane Scheduling withc Interference Constraints[M]. New York：Kluwer Academic Publishers，2009.

[64] Lim A，Rodrigues B，Xu Z. Approximation Schemes for the Crane Scheduling Problem[M]//Algorithm Theory-SWAT 2004. Berlin：Springer Berlin Heidelberg，2004，323-335.

[65] Lim A，Rodrigues B，Xu Z. Solving the crane scheduling problem using intelligent search schemes[C]//Wallace M. 10th International Conference on Principles and Practice of Constraint Programming. Berlin：Springer，2004：747-751.

[66] Lim A，Rodrigues B，Xu Z. A m-parallel crane scheduling problem with a non-crossing

constraint[J]. Naval Research Logistics，2007，54（2）：115-127.

[67] Liu J，Wan Y，Wang L. Quay crane scheduling at container terminals to minimize the maximum relative tardiness of vessel departures[J]. Naval Research Logistics，2006，53（1）：60-74.

[68] Zhu Y，Lim A. Crane scheduling with non-crossing constraint[J]. Journal of the Operational Research Society，2006，57（12）：1464-1471.

[69] Lee D H，Wang H Q，Miao L. An approximation algorithm for quay crane scheduling with non-interference constraints in port container terminals[J]. Tristan VI，Phuket，2007：10-15.

[70] Lee D H，Wang H Q，Miao L. Quay crane scheduling with non-interference constraints in port container terminals[J]. Transportation Research Part E：Logistics & Transportation Review，2008，44（1）：124-135.

[71] Lee D H，Wang H Q，Miao L. Quay crane scheduling with handling priority in port container terminals[J]. Engineering Optimization，2008，40（2）：179-189.

[72] Ak A，Erera A L. Simultaneous berth and quay crane scheduling for container ports[J]. Atlanta：Working paper，H. Milton Stewart School of Industrial and Systems Engineering，Georgia Institute of Technology，Atlanta，2006.

[73] Daganzo C F. The crane scheduling problem[J]. Transportation Research Part B Methodological，1989，23（3）：159-175.

[74] Peterkofsky R I，Daganzo C F. A branch and bound solution method for the crane scheduling problem[J]. Transportation Research Part B：Methodological，1990，24（3）：159-172.

[75] Moccia L，Cordeau J F，Gaudioso M，et al. A branch-and-cut algorithm for the quay crane scheduling problem in a container terminal[J]. Naval Research Logistics，2006，53（1）：45-59.

[76] Sammarra M，Laporte G，Monaco M F，et al. A tabu search heuristic for the quay crane scheduling problem[J]. Journal of Scheduling，2007，10（4-5）：327-336.

[77] Tavakkoli-Moghaddam R，Makui A，Salahi S，et al. An efficient algorithm for solving a new mathematical model for a quay crane scheduling problem in container ports[J]. Computers & Industrial Engineering，2009，56（1）：241-248.

[78] Ng W C，Mak K L. Quay crane scheduling in container terminals[J]. Engineering Optimization，2006，38（6）：723-737.

[79] Jung D H，Park Y M，Lee B K，et al. A quay crane scheduling method considering interference of yard cranes in container terminals[C]//Gelbukh A F，García C A R. Proceedings of the Fifth Mexican International Conference on Artificial Intelligence（MICAI 2006）. Berlin：Springer，2006：461-471.

[80] Meisel F. Seaside Operations Planning in Container Terminals[M]. Berlin：Physica-Verlag，2009.

[81] Winter T. Online and real-time dispatching problems[D]. Ph.D. Thesis，Technical University Braunschweig，1999.

[82] Steenken D，Winter T，Zimmermann U T. Stowage and Transport Optimization in Ship Planning[M]//Online optimization of large scale systems. Berlin：Springer，2001：731-745.

[83] Lim A，Rodrigues B，Xiao F，et al. Crane scheduling using tabu search[C]//Proceedings of the 14th IEEE International Conference on Tools with Artificial Intelligence（ICTAI'02）. IEEE

Computer Society，Washington DC，2002：146-153.

[84] Lim A, Rodrigues B, Xiao F, et al. Crane scheduling with spatial constraints[J]. Naval Research Logistics，2004，51（3）：386-406.

[85] Goodchild A V，Daganzo C F. Reducing ship turn-around time using double-cycling[R]. Research Report UCB-ITS-RR-2004-4，University of California，Berkeley，2004.

[86] Goodchild A V，Daganzo C F. Crane double cycling in container ports：affect on ship dwell time[R]. Research Report RR20055，University of California，Berkeley，2005.

[87] Goodchild A V, Daganzo C F. Performance Comparison of Crane Double-Cycling Strategies[R]. Berkely：Working Paper UCB-ITS-WP-2005-2，University of California，2005.

[88] Goodchild A V，Daganzo C F. Double-cycling strategies for container ships and their effect on ship loading and unloading operations[J]. Transportation Science，2006，40（4）：473-483.

[89] Goodchild A V，Daganzo C F. Crane double cycling in container ports：planning methods and evaluation[J]. Transportation Research Part B：Methodological，2007，41（8）：875-891.

[90] Goodchild A V. Port planning for double-cycling crane operations[C]//Proceedings of the 85th Annual Meeting of Transportation Research Board（CD-ROM）. Annual Meeting of Transportation Research Board. Washington DC，2006.

[91] Johnson S M. Optimal two-and three-stage production schedules with setup times included[J]. Naval Research Logistics（NRL），1954，1（1）：61-68.

[92] Zhang H，Kim K H. Maximizing the number of dual-cycle operations of quay cranes in container terminals[J]. Computers & Industrial Engineering，2009，56（3）：979-992.

[93] Meisel F，Wichmann M. Container sequencing for quay cranes with internal reshuffles[J]. OR Spectrum，2010，32（3）：569-591.

[94] Gambardella L M，Mastrolilli M，Rizzoli A E，et al. An optimization methodology for intermodal terminal management[J]. Journal of Intelligent Manufacturing，2001，12（5-6）：521-534.

[95] Bish E K. A multiple-crane-constrained scheduling problem in a container terminal[J]. European Journal of Operational Research，2003，144（1）：83-107.

[96] Lee Y H, Kang J, Ryu K R, et al. Optimization of container load sequencing by a hybrid of ant colony optimization and tabu search[C]//International Conference on Natural Computation. Springer，Berlin，Heidelberg，2005：1259-1268.

[97] Imai A，Sasaki K，Nishimura E，et al. Multi-objective simultaneous stowage and load planning for a container ship with container rehandle in yard stacks[J]. European Journal of Operational Research，2006，171（2）：373-389.

[98] Chen L, Bostel N, Dejax P, et al. A tabu search algorithm for the integrated scheduling problem of container handling systems in a maritime terminal[J]. European Journal of Operational Research，2007，181（1）：40-58.

[99] Canonaco P，Legato P，Mazza R M，et al. A queuing network model for the management of berth crane operations[J]. Computers & Operations Research，2008，35（8）：2432-2446.

[100] Boysen N，Emde S，Fliedner M. Determining crane areas for balancing workload among interfering and noninterfering cranes[J]. Naval Research Logistics，2012，59（8）：656-662.

[101] Chen J H，Lee D H，Cao J X. Heuristics for quay crane scheduling at indented berth[J]. Transportation Research Part E：Logistics and Transportation Review，2011，47（6）：1005-1020.

[102] Lee D H，Chen J H，Cao J X. Quay crane scheduling for an indented berth[J]. Engineering Optimization，2011，43（9）：985-998.

[103] Vis I F A，van Anholt R G. Performance analysis of berth configurations at container terminals[J]. OR Spectrum，2010，32（3）：453-476.

[104] Nam H，Lee T. A scheduling problem for a novel container transport system：a case of mobile harbor operation schedule[J]. Flexible Services and Manufacturing Journal，2013，25（4）：576-608.

[105] Shin K，Lee T. Container loading and unloading scheduling for a Mobile Harbor system：a global and local search method[J]. Flexible Services and Manufacturing Journal，2013，25（4）：557-575.

[106] 吴凌霄，马卫民. 集装箱码头岸桥调度的时间-成本均衡模型与算法[J]. 工业工程与管理，2016，21（6）：38-44.

[107] Agra A，Oliveira M. MIP approaches for the integrated berth allocation and quay crane assignment and scheduling problem[J]. European Journal of Operational Research，2018，264（1）：138-148.

[108] 梁承姬，卢殷云，沈佳杰. 基于滚动窗策略的岸桥集卡联合调度问题研究[EB/OL]. http：// www.arocmag.com/article/02-2018-02-017.html[2017-03-14].

[109] Lokuge P，Alahakoon D. Improving the adaptability in automated vessel scheduling in container ports using intelligent software agents[J]. European Journal of Operational Research，2007，177（3）：1985-2015.

[110] Meier L，Schumann R. Coordination of interdependent planning systems，a case study[C]// Koschke R，Otthein H，Rödiger K H，et al. 80 Lecture Notes in Informatics（LNI）P-109. Köllen Druck+Verlag GmbH，Bonn，2007：389-396.

[111] 郑红星，尹昊，曹红雷，等. 考虑潮汐影响的离散型泊位和岸桥集成调度[J]. 运筹与管理，2017，26（6）：167-175.

[112] Vacca I，Salani M，Bierlaire M. An exact algorithm for the integrated planning of berth allocation and quay crane assignment[J]. Transportation Science，2013，47（2）：148-161.

[113] Meisel F，Bierwirth C. A framework for integrated berth allocation and crane operations planning in seaport container terminals[J]. Transportation Science，2013，47（2）：131-147.

[114] Giallombardo G，Moccia L，Salani M，et al. Modeling and solving the tactical berth allocation problem[J]. Transportation Research Part B：Methodological，2010，44（2）：232-245.

[115] Lee D H，Jin J G. Feeder vessel management at container transshipment terminals[J]. Transportation Research Part E：Logistics and Transportation Review，2013，49（1）：201-216.

[116] Robenek T，Umang N，Bierlaire M，et al. A branch-and-price algorithm to solve the integrated berth allocation and yard assignment problem in bulk ports[J]. European Journal of Operational Research，2014，235（2）：399-411.

[117] Safaei N，Bazzazi M，Assadi P. An integrated storage space and berth allocation problem in a container terminal[J]. International Journal of Mathematics in Operational Research，2010，

2（6）：674-693.

[118] Zhen L，Lee L H，Chew E P. A decision model for berth allocation under uncertainty[J]. European Journal of Operational Research，2011，212（1）：54-68.

[119] Salido M A，Rodriguez-Molins M，Barber F. Integrated intelligent techniques for remarshaling and berthing in maritime terminals[J]. Advanced Engineering Informatics，2011，25（3）：435-451.

[120] Salido M A，Rodriguez-Molins M，Barber F. A decision support system for managing combinatorial problems in container terminals[J]. Knowledge-Based Systems，2012，29：63-74.

[121] Lee D H，Jin J G，Chen J H. Terminal and yard allocation problem for a container transshipment hub with multiple terminals[J]. Transportation Research Part E：Logistics and Transportation Review，2012，48（2）：516-528.

[122] Li C L，Pang K W. An integrated model for ship routing and berth allocation[J]. International Journal of Shipping and Transport Logistics，2011，3（3）：245-260.

[123] Wang Y，Kim K H. A quay crane scheduling algorithm considering the workload of yard cranes in a container yard[J]. Journal of Intelligent Manufacturing，2011，22（3）：459-470.

[124] Cao J，Shi Q，Lee D H. Integrated quay crane and yard truck schedule problem in container terminals[J]. Tsinghua Science & Technology，2010，15（4）：467-474.

[125] Tang L，Zhao J，Liu J. Modeling and solution of the joint quay crane and truck scheduling problem[J]. European Journal of Operational Research，2014，236（3）：978-990.

[126] de Castillo B，Daganzo C F. Handling strategies for import containers at marine terminals[J]. Transportation Research Part B：Methodological，1993，27（2）：151-166.

[127] Sauri S，Martin E. Space allocating strategies for improving import yard performance at marine terminals[J]. Transportation Research Part E：Logistics and Transportation Review，2011，47（6）：1038-1057.

[128] Dekker R，Voogd P，van Asperen E. Advanced methods for container stacking[J]. OR Spectrum，2006，28（4）：563-586.

[129] Taleb-Ibrahimi M，de Castilho B，Daganzo C F. Storage space vs handling work in container terminals[J]. Transportation Research Part B：Methodological，1993，27（1）：13-32.

[130] Han Y，Lee L H，Chew E P，et al. A yard storage strategy for minimizing traffic congestion in a marine container transshipment hub[J]. OR Spectrum，2008，30（4）：697-720.

[131] Zhen L. Yard template planning in transshipment hubs under uncertain berthing time and position[J]. Journal of the Operational Research Society，2013，64（9）：1418-1428.

[132] Zhen L，Xu Z，Wang K，et al. Multi-period yard template planning in container terminals[J]. Transportation Research Part B：Methodological，2016，93：700-719.

[133] Jiang X，Lee L H，Chew E P，et al. A container yard storage strategy for improving land utilization and operation efficiency in a transshipment hub port[J]. European Journal of Operational Research，2012，221（1）：64-73.

[134] Jiang X，Chew E P，Lee L H，et al. Flexible space-sharing strategy for storage yard management in a transshipment hub port[J]. OR Spectrum，2013，35（2）：417-439.

[135] Kim K H，Kim H B. Segregating space allocation models for container inventories in port

container terminals[J]. International Journal of Production Economics，1999，59（1）：415-423.

[136] Kim K H，Kim H B. The optimal sizing of the storage space and handling facilities for import containers[J]. Transportation Research Part B：Methodological，2002，36（9）：821-835.

[137] Lim A，Xu Z. A critical-shaking neighborhood search for the yard allocation problem[J]. European Journal of Operational Research，2006，174（2）：1247-1259.

[138] Lee L H，Chew E P，Tan K C，et al. An optimization model for storage yard management in transshipment hubs[J]. OR Spectrum，2006，28（4）：539-561.

[139] 范厚明，姚茜，马梦知. 多场桥分区域平衡策划下的集装箱堆场箱位分配问题[J]. 控制与决策，2016，（9）：1603-1608.

[140] Kim K H，Park K T. A note on a dynamic space-allocation method for outbound containers[J]. European Journal of Operational Research，2003，148（1）：92-101.

[141] Zhang C，Liu J，Wan Y，et al. Storage space allocation in container terminals[J]. Transportation Research Part B：Methodological，2003，37（10）：883-903.

[142] Bazzazi M，Safaei N，Javadian N. A genetic algorithm to solve the storage space allocation problem in a container terminal[J]. Computers & Industrial Engineering，2009，56（1）：44-52.

[143] Sculli D，Hui C F. Three dimensional stacking of containers[J]. Omega，1988，16（6）：585-594.

[144] Watanabe I. Characteristics and analysis method of efficiencies of container terminal：an approach to the optimal loading/unloading method[J]. Container Age，1991，3：36-47.

[145] Kim K H. Evaluation of the number of reshuffles in storage yards[J]. Computers & Industrial Engineering，1997，32（4）：701-711.

[146] Chen T. Yard operations in the container terminal-a study in the 'unproductive moves'[J]. Maritime Policy & Management，1999，26（1）：27-38.

[147] Kim K H，Park Y M，Ryu K R. Deriving decision rules to locate export containers in container yards[J]. European Journal of Operational Research，2000，124（1）：89-101.

[148] Kang J，Ryu K R，Kim K H. Deriving stacking strategies for export containers with uncertain weight information[J]. Journal of Intelligent Manufacturing，2006，17（4）：399-410.

[149] Park T，Choe R，Kim Y H，et al. Dynamic adjustment of container stacking policy in an automated container terminal[J]. International Journal of Production Economics，2011，133（1）：385-392.

[150] Chen L，Lu Z. The storage location assignment problem for outbound containers in a maritime terminal[J]. International Journal of Production Economics，2012，135（1）：73-80.

[151] Kim K H，Kim K Y. An optimal routing algorithm for a transfer crane in port container terminals[J]. Transportation Science，1999，33（1）：17-33.

[152] Narasimhan A，Palekar U S. Analysis and algorithms for the transtainer routing problem in container port operations[J]. Transportation Science，2002，36（1）：63-78.

[153] Kim K Y，Kim K H. Heuristic algorithms for routing yard-side equipment for minimizing loading times in container terminals[J]. Naval Research Logistics，2003，50（5）：498-514.

[154] Kim K H，Lee K M，Hwang H. Sequencing delivery and receiving operations for yard cranes in port container terminals[J]. International Journal of Production Economics，2003，84（3）：283-292.

[155] Kim K H，Kang J S，Ryu K R. A beam search algorithm for the load sequencing of outbound containers in port container terminals[J]. Container Terminals and Automated Transport Systems，2004：183-206.

[156] Ng W C，Mak K L. An effective heuristic for scheduling a yard crane to handle jobs with different ready times[J]. Engineering Optimization，2005，37（8）：867-877.

[157] Ng W C，Mak K L. Yard crane scheduling in port container terminals[J]. Applied Mathematical Modelling，2005，29（3）：263-276.

[158] 邵乾虔，徐婷婷，杨惠云，等. 集卡分批到达模式下的进口箱场桥作业调度优化[J]. 控制与决策，2016，31（9）：1654-1662.

[159] Zyngiridis I. Optimizing container movements using one and two automated stacking cranes[D]. Monterey California. Naval Postgraduate School，2005.

[160] Lee D H，Meng Q，Cao Z. Scheduling of multiple-yard crane system with container loading sequence consideration[C]//Transportation Research Board 85th Annual Meeting，2006（06-1387）.

[161] Lee D H，Meng Q，Cao Z. Scheduling two-transtainer systems for loading operation of containers using revised genetic algorithm[C]//Transportation Research Board 85th Annual Meeting，2006（06-1388）.

[162] Jung S H，Kim K H. Load scheduling for multiple quay cranes in port container terminals[J]. Journal of Intelligent Manufacturing，2006，17（4）：479-492.

[163] Lee D H，Cao Z，Meng Q. Scheduling of two-transtainer systems for loading outbound containers in port container terminals with simulated annealing algorithm[J]. International Journal of Production Economics，2007，107（1）：115-124.

[164] Chang D，Jiang Z，Yan W，et al. Developing a dynamic rolling-horizon decision strategy for yard crane scheduling[J]. Advanced Engineering Informatics，2011，25（3）：485-494.

[165] Saini S，Roy D，de Koster R. A stochastic model for the throughput analysis of passing dual yard cranes[J]. Computers & Operations Research，2017，87：40-51.

[166] 徐飞庆. 基于软时间窗的集装箱码头场桥调度研究[J]. 物流工程与管理，2016，38（3）：23-26.

[167] Bish E K，Leong T Y，Li C L，et al. Analysis of a new vehicle scheduling and location problem[J]. Naval Research Logistics，2001，48（5）：363-385.

[168] Bish E K，Chen F Y，Leong Y T，et al. Dispatching vehicles in a mega container terminal[J]. OR Spectrum，2005，27：491-506.

[169] Ng W C，Mak K L. Sequencing of container pickup trucks in container yard blocks[J]. International Journal of Industrial Engineering：Theory Applications and Practice，2004，11（1）：82-89.

[170] Ng W C，Mak K L，Zhang Y X. Scheduling trucks in container terminals using a genetic algorithm[J]. Engineering Optimization，2007，39（1）：33-47.

[171] Zhang L W，Ye R，Huang S Y，et al. Mixed integer programming models for dispatching vehicles at a container terminal[J]. Journal of Applied Mathematics and Computing，2005，17（1）：145-170.

[172] Nishimura E，Imai A，Papadimitriou S. Yard trailer routing at a maritime container terminal[J]. Transportation Research Part E：Logistics and Transportation Review，2005，41（1）：53-76.

[173] He J，Zhang W，Huang Y，et al. A simulation optimization method for internal trucks sharing assignment among multiple container terminals[J]. Advanced Engineering Informatics，2013，27（4）：598-614.

[174] Li C L，Vairaktarakis G L. Loading and unloading operations in container terminals[J]. IIE Transactions，2004，36（4）：287-297.

[175] Lee D H，Cao J X，Shi Q，et al. A heuristic algorithm for yard truck scheduling and storage allocation problems[J]. Transportation Research Part E：Logistics and Transportation Review，2009，45（5）：810-820.

[176] Wu Y，Luo J，Zhang D，et al. An integrated programming model for storage management and vehicle scheduling at container terminals[J]. Research in Transportation Economics，2013，42（1）：13-27.

[177] Chen L，Langevin A，Lu Z. Integrated scheduling of crane handling and truck transportation in a maritime container terminal[J]. European Journal of Operational Research，2013，225（1）：142-152.

[178] He J，Huang Y，Yan W，et al. Integrated internal truck，yard crane and quay crane scheduling in a container terminal considering energy consumption[J]. Expert Systems with Applications，2015，42（5）：2464-2487.

[179] Xue Z，Zhang C，Miao L，et al. An ant colony algorithm for yard truck scheduling and yard location assignment problems with precedence constraints[J]. Journal of Systems Science and Systems Engineering，2013，22（1）：21-37.

[180] Kim K H，Bae J W. A look-ahead dispatching method for automated guided vehicles in automated port container terminals[J]. Transportation Science，2004，38（2）：224-234.

[181] Grunow M，Gnther H O，Lehmann M. Dispatching multi-load AGVs in highly automated seaport container terminals[J]. OR Spectrum，2004，2（26）：211-235.

[182] Grunow M，Günther H O，Lehmann M. Strategies for dispatching AGVs at automated seaport container terminals[J]. OR Spectrum，2006，28（4）：587-610.

[183] Nguyen V D，Kim K H. A dispatching method for automated lifting vehicles in automated port container terminals[J]. Computers & Industrial Engineering，2009，56（3）：1002-1020.

[184] Bae H Y，Choe R，Park T，et al. Comparison of operations of AGVs and ALVs in an automated container terminal[J]. Journal of Intelligent Manufacturing，2011，22（3）：413-426.

[185] Gelareh S，Merzouki R，McGinley K，et al. Scheduling of intelligent and autonomous vehicles under pairing/unpairing collaboration strategy in container terminals[J]. Transportation Research Part C：Emerging Technologies，2013，33：1-21.

[186] Steenken D. Fahrwegoptimierung am containerterminal unter echtzeitbedingungen[J]. OR Spectrum，1992，14（3）：161-168.

[187] Kim K H，Kim K Y. Routing straddle carriers for the loading operation of containers using a beam search algorithm[J]. Computers & Industrial Engineering，1999，36（1）：109-136.

[188] Wiese J，Suhl L，Kliewer N. Mathematical programming and simulation based layout planning

of container terminals[J]. International Journal of Simulation and Process Modelling，2009，5（4）：313-323.

[189] Wiese J，Suhl L，Kliewer N. Mathematical models and solution methods for optimal container terminal yard layouts[J]. OR Spectrum，2010，32（3）：427-452.

[190] Kim K H，Park Y M，Jin M J. An optimal layout of container yards[J]. OR Spectrum，2008，30（4）：675-695.

[191] Chu C，Huang W. Determining container terminal capacity on the basis of an adopted yard handling system[J]. Transport Reviews，2005，25（2）：181-199.

[192] Lee B K，Kim K H. Optimizing the block size in container yards[J]. Transportation Research Part E：Logistics and Transportation Review，2010，46（1）：120-135.

[193] Lee B K，Kim K H. Comparison and evaluation of various cycle-time models for yard cranes in container terminals[J]. International Journal of Production Economics，2010，126（2）：350-360.

[194] Chen P，Fu Z，Lim A，et al. Port yard storage optimization[J]. IEEE Transactions on Automation Science and Engineering，2004，1（1）：26-37.

[195] Petering M E H. Effect of block width and storage yard layout on marine container terminal performance[J]. Transportation Research Part E：Logistics and Transportation Review，2009，45（4）：591-610.

[196] Petering M E H，Murty K G. Effect of block length and yard crane deployment systems on overall performance at a seaport container transshipment terminal[J]. Computers & Operations Research，2009，36（5）：1711-1725.

[197] Kemme N. Effects of storage block layout and automated yard crane systems on the performance of seaport container terminals[J]. OR Spectrum，2012，34（3）：563-591.

[198] Lau H Y K，Zhao Y. Integrated scheduling of handling equipment at automated container terminals[J]. International Journal of Production Economics，2008，112（2）：665-682.

[199] 乐美龙，包节，范志强. 龙门吊与集卡协同调度问题研究[J]. 计算机工程与应用，2012，48（14）：241-248.

[200] 李坤，唐立新，陈树发. 多集装箱堆场空间分配与车辆调度集成问题的建模与优化[J]. 系统工程理论与实践，2014，34（1）：115-121.

[201] 钱继锋，朱晓宁，刘占东. 集装箱码头装卸作业计划调度的协同与优化[J]. 综合运输，2013，（7）：33-37.

[202] 钱继锋，朱晓宁，谢霞. “岸桥—集卡—堆场”双向作业协同模型[J]. 交通运输系统工程与信息，2014，14（2）：138-143.

[203] Avriel M，Williams A C. The value of information and stochastic programming[J]. Operations Research，1970，18（5）：947-954.

[204] Moorthy R，Teo C P. Berth management in container terminal：the template design problem[J]. OR Spectrum，2006，28（4）：495-518.

[205] Bierwirth C，Meisel F. A survey of berth allocation and quay crane scheduling problems in container terminals[J]. European Journal of Operational Research，2010，202（3）：615-627.

[206] Imai A，Nishimura E，Papadimtriou S. The dynamic berth allocation problem for a container port[J]. Transportation Research Part B，2001，35（4）：401-417.

[207] Shapiro A, Homem-de-Mello T. A simulation-based approach to two-stage stochastic programming with recourse[J]. Mathematical Programming, 1998, 81（3）: 301-325.

[208] Zhen L, Wang K. A stochastic programming model for multi-product oriented multi-channel component replenishment[J]. Computers & Operations Research, 2015, 60: 79-90.

[209] Mak W K, Morton D P, Wood R K. Monte Carlo bounding techniques for determining solution quality in stochastic programs[J]. Operations Research Letters, 1999, 24（1-2）: 47-56.

[210] Norkin V I, Pflug G C, Ski A, et al. A branch and bound method for stochastic global optimization[J]. Mathematical Programming, 1998, 83（1-3）: 425-450.

[211] Meisel F, Bierwirth C. Heuristics for the integration of crane productivity in the berth allocation problem[J]. Transportation Research Part E, 1998, 45（1）: 196-209.

[212] Umang N, Bierlaire M, Vacca I. Exact and heuristic methods to solve the berth allocation problem in bulk ports[J]. Transportation Research Part E: Logistics & Transportation Review, 2013, 54（7）: 14-31.

[213] Bertsimas D, Sim M. The price of robustness[J]. Operations Research, 2004, 52（1）: 35-53.

[214] Sungur I, Ordóñez F, Dessouky M. A robust optimization approach for the capacitated vehicle routing problem with demand uncertainty[J]. IIE Transactions, 2008, 40（5）: 509-523.

[215] Legato P, Mazza R M, Gull D. Integrating tactical and operational berth allocation decisions via Simulation-Optimization [J]. Computers & Industrial Engineering, 2014, 78: 84-94.

[216] Liu M, Lee C Y, Zhang Z, et al. Bi-objective optimization for the container terminal integrated planning[J]. Transportation Research Part B, 2016, 93（B）: 720-749.

[217] Barnhart C, Boland N L, Clarke L W, et al. Flight string models for aircraft fleeting and routing[J]. Transportation Science, 1998, 32（3）: 208-220.

[218] Baldacci R, Mingozzi A, Roberti R, et al. An exact algorithm for the two-echelon capacitated vehicle routing problem[J]. Operations Research, 2013, 61（2）: 298-314.

[219] Liang Z, Chaovalitwongse W A, Elsayed E A. Sequence assignment model for the flight conflict resolution problem[J]. Transportation Science, 2013, 48（3）: 334-350.

[220] Meng Q, Wang S, Lee C Y. A tailored branch-and-price approach for a joint tramp ship routing and bunkering problem[J]. Transportation Research Part B, 2015, 72: 1-19.

[221] van den Akker J M, Hoogeveen J A, van de Velde S L. Solving parallel machine scheduling by column generation[J]. Operations Research, 1999, 47（6）: 862-872.

[222] Chen Z L, Powell W B. Solving parallel machine scheduling problems by column generation[J]. INFORMS Journal on Computing, 1999, 116（1）: 78-94.

[223] Chou C A, Liang Z, Chaovalitwongse W A, et al. Column generation framework of nonlinear similarity model for reconstructing sibling groups[J]. INFORMS Journal on Computing, 2014, 57（1）: 35-47.

[224] Du Y, Chen Q, Lam J S L, et al. Modeling the impacts of tides and the virtual arrival policy in berth allocation[J].Transportation Science, 2015, 49（4）: 939-956.

[225] Phillips T. Harmonic analysis and prediction of tides [EB/OL]. http: //www.math. sunysb. edu/～tony/tides/harmonic.html 2015 [2017-02-23].

[226] Taylor P. Fitting the tide [EB/OL]. http: //www.mast.queensu.ca/～peter/ grade12/MHF4U-

2/23.pdf2016[2017-02-23].

[227] Barnhart C，Cohn A M，Johnson E L，et al. Airline crew scheduling[J].Handbook of Transportation Science，2003，56：517-560.

[228] Türkoğulları Y B，Taşkın Z C，Aras N，et al. Optimal berth allocation and time-invariant quay crane assignment in container terminals[J]. European Journal of Operational Research，2014，235（1）：88-101.

[229] Türkoğulları Y B，Taşkın Z C，Aras N，et al. Optimal berth allocation，time-variant quay crane assignment and scheduling with crane setups in container terminals[J]. European Journal of Operational Research，2016，254（3）：985-1001.

[230] Iris Ç，Pacino D，Ropke S，et al. Integrated berth allocation and quay crane assignment problem：set partitioning models and computational results[J].Transportation Research Part E，2015，81：75-97.

[231] Al-Fawzan M A，Haouari M. A bi-objective model for robust resource-constrained project scheduling[J]. International Journal of Production Economics，2005，96（2）：175-187.

[232] Herroelen W，Leus R. Project scheduling under uncertainty：survey and research potentials[J]. European Journal of Operational Research，2005，165（2）：289-306.

[233] Lambrechts O，Demeulemeester E，Herroelen W. Proactive and reactive strategies for resource-constrained project scheduling with uncertain resource availabilities[J]. Journal of Scheduling，2008，11（2）：121-136.

[234] Clements D P，Joslin D E. Squeaky Wheel Optimization[J]. Journal of Artificial Intelligence Research，2011：353-373.

[235] Wan Y，Liu J，Tsai P C. The assignment of storage locations to containers for a container stack[J]. Naval Research Logistics，2009，56（8）：699-713.

[236] Brouer B D，Alvarez J F，Plum C E M，et al. A base integer programming model and benchmark suite for liner-shipping network design[J]. Transportation Science，2013，48（2）：281-312.

[237] Fischetti M，Lodi A. Local branching[J]. Mathematical Programming，2003，98（1-3）：23-47.

[238] Port of Djibouti. Port Tariff in USD[EB/OL]. http：//www.portdedjibouti.com/paid-prices.pdf[2015-08-15].

[239] Boardman B S，Malstrom E M，Trusty K. Intermodal transportation cost analysis tables[R]. University of Arkansas，Mack-Blackwell National Rural Transportation Study Center [EB/OL]. http：//ntl.bts.gov/lib/15000/15600/15669/PB2000100244.pdf1999[2015-08-15].

[240] Cordeau J F，Gaudioso M，Laportea G. The service allocation problem at the Gioia Tauro Maritime Terminal[J]. European Journal of Operational Research，2007，176（2）：1167-1184.

[241] Moccia L，Cordeau J F，Monaco M F，et al. A column generation heuristic for a dynamic generalized assignment problem[J]. Computers and Operations Research，2009，36（9）：2670-2681.

[242] Nishimura E，Imai A，Janssens G K，et al. Container storage and transshipment marine terminals[J]. Transportation Research Part E，2009，45（5）：771-786.

[243] Eberhart R C，Kennedy J. A new optimizer using particle swarm theory[C]//Proceedings of 6th international symposium on micromachine and human science Nagoya，1995：39-43.

[244] Ting C J，Wu K C，Chou H. Particle swarm optimization algorithm for the berth allocation problem[J]. Expert Systems with Applications，2014，41（4）：1543-1550.

[245] Zhen L.Tactical berth allocation under uncertainty[J].European Journal of Operational Research，2015，247（3）：928-944.

[246] Roy D，Gupta A，Koster R B M D. A non-linear traffic flow-based queuing model to estimate container terminal throughput with AGVs[J]. International Journal of Production Research，2016，54（2）：472-473.

[247] Zhang M，Batta R，Nagi R. Modeling of workflow congestion and optimization of flow routing in a manufacturing/warehouse facility[J]. Management Science，2009，55（2）：267-280.

[248] Jin J G，Derhorng L，Cao J X. Storage yard management in maritime container terminals[J]. Transportation Science，2016，50（4）：1300-1313.

[249] Chen C，Lee S，Shen Q. An analytical model for the container loading problem[J]. European Journal of Operational Research，1995，80（1）：68-76.

[250] Hoshino S，Ota J，Shinozaki A，et al. Hybrid design methodology and cost-effectiveness evaluation of AGV Transportation systems[J]. IEEE Transactions on Automation Science and Engineering，2007，4（3）：360-372.

[251] Liu C I，Jula H，Ioannou P A. Design，simulation，and evaluation of automated container terminals[J]. IEEE Transactions on Intelligent Transportation Systems，2002，（3）：12-26.

[252] Bozer Y A，Srinivasan M M. Tandem configurations for automated guided vehicle systems and the analysis of single vehicle loops[J]. IIE Transactions，1991，（23）：71-82.

[253] Johnson M E，Brandeau M L. An analytic model for design of a multivehicle automated guided vehicle system[J]. Management Science，1993，39（12）：1477-1489.

[254] Stahlbock R，Voß S. Operations research at container terminals：a literature update[J]. OR Spectrum，2008，30（1）：1-52.

[255] Jin J G，Lee D H，Cao J X. Storage yard management in maritime container terminals[J]. Transportation Science，2016，50（4）：1300-1313.

[256] Zhen L，Wang S，Wang K. Terminal allocation problem in a transshipment hub considering bunker consumption[J]. Naval Research Logistics，2016，63（7）：529-548.

[257] Han X L，Lu Z Q，Xi L F. A proactive approach for simultaneous berth and quay crane scheduling problem with stochastic arrival and handling time[J]. European Journal of Operational Research，2010，207（3）：1327-1340.

[258] ReCAAP. The Regional Cooperation Agreement on Combating Piracy and Armed Robbery against Ships in Asia [EB/OL]. http：//www.recaap.org/Portals/0/docs/Tug%20Boats%20and%20Barges%20（TaB）%20Guide%20(Final).pdf2016 [2017-02-23].

[259] Hoffman C. On Board the World's Most Powerful Tugboat [EB/OL]. Popular Mechanics. http：//www.popularmechanics.com/technology/infrastructure/a5358/4346840/2010[2017-02-23].

[260] Martello S，Pisinger D，Toth P. New trends in exact algorithms for the 0—1 knapsack problem[J]. European Journal of Operational Research，2000，123（2）：325-332.

[261] Jaikumar R，Solomon M M. The tug fleet size problem for barge line operations：a polynomial algorithm[J]. Transportation Science，1987，21（4）：264-272.

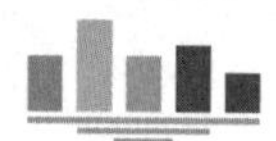

[262] Tsai M T，Saphores J D，Regan A. Valuation of freight transportation contracts under uncertainty[J]. Transportation Research Part E，2011，47（6）：920-932.

[263] Hoshino S，Ota J，Shinozaki A，et al. Comparison of an AGV transportation system by using the queuing network theory[J]. IEEE/RSJ Int. Conf on Inteligent Robots and Systems，2004：3785-3790.

[264] Munisamy S. Timber terminal capacity planning through queuing theory[J]. Maritime Economics & Logistics，2010，12（2）：147-161.

[265] 梅冠群. 世界港口发展模式、演进方向与经验借鉴[J]. 中国流通经济，2012，26（12）：69-75.

[266] 翁克勤. 集装箱港口及其发展[J]. 水运工程，2002（11）：46-50.

[267] 王成金. 集装箱港口网络形成演化与发展机制[M]. 北京：科学出版社，2012.

[268] 张磊. 集装箱港口竞争力影响因素分析[J]. 港口经济，2015，（1）：16-18.

[269] 吕志方. 我国虚拟无水港发展现状及趋势分析[J]. 中国海事，2011，（9）：19-21.

[270] 陈羽. 2015 年我国港口集装箱发展现状及趋势[J]. 中国港口，2016，（4）：5-10.

[271] 吴淑. 世界港口发展趋势及我国港口转型升级的应对措施[J].水运管理，2014，（8）：20-22.

后　记

本书内容涵盖了本人多年的研究成果，现终于得以成稿。在此谨向所有科研合作者及关心、支持我的人表示最诚挚的谢意！

2008 年本人从上海交通大学工业工程与管理系博士毕业后，赴新加坡国立大学工业与系统工程系做博士后，开始进入港口运作管理研究领域，参与了新加坡港务局资助的港口管理相关的多项科研项目。2011 年本人回国加入上海大学管理学院任教，先后在港口运作管理研究领域获得了国家自然科学基金优秀青年基金项目、面上项目，回国后也一直致力于该领域的研究。近十年以来，本人在集装箱港口运作管理领域发表了 20 余篇 SCI 或 SSCI 检索的知名国际期刊论文，涵盖 *Transportation Science*、*Transportation Research Part B*、*Naval Research Logistics*、*European Journal of Operational Research* 等。

首先要感谢博士后阶段的合作导师新加坡国立大学 Lee Loo Hay 教授、Chew Ek Peng 教授，以及博士阶段的导师上海交通大学蒋祖华教授。没有他们的指导和栽培，本人不会有机会、有能力在港口运作管理领域开展这些研究工作。在这些研究工作开展、论文撰写、审稿发表过程中，本人还得到了相关领域许多前辈（如新加坡国立大学孟强教授、香港科技大学杨海教授等著名学者）的悉心指导和鼓励，以及众多匿名副主编、匿名评阅人的认真评阅和他们给出的宝贵修改意见，在此向各位前辈、同行表示诚挚的感谢。另外，书稿撰写中本人也查阅了航运、管理学、运筹学等文献资料，在此向这些引用资料的作者表示诚挚的感谢。本书的思想和内容主要来源于过去的相关研究，在此要感谢曾经的科研合作者（如香港理工大学王帅安教授、徐宙教授、王凯博士生、诸葛丹博士生，同济大学梁哲教授，上海海事大学胡鸿韬教授、苌道方教授、丁一教授，大连海事大学孙卓教授，悉尼科技大学曲小波教授，加拿大皇家学会院士 Gilbert Laporte 教授等知名学者），他们的工作为本书打下了坚实的基础。同时，还要感谢在本人职业发展道路上给予悉心栽培和鼎力支持的许多学院领导、前辈（尤建新院长、李伟书记、许学国教授、陈以增教授等）。另外，本人在港口领域的研究还得到了业界的许多前辈、专家的大力支持和无私帮助，在此一并向他们（上海科技功臣，振华重工创始人管彤贤教授，振华重工黄庆丰总裁，云丰国际物流董彬总裁，中国物流学会副会长郝皓教授等）致以由衷的敬意和感谢！最后，还要向身后默默支持本人研究工作的爱人、父母、岳父、岳母、儿子表示深深的谢意。

全书共分 17 章，由本人和本人指导的博士生、硕士生团队编辑完成。在此，本人要特别感谢我的博士生王伯辰、黄陆斐、林述敏、余书成；硕士生陈玲珊、胡义、李淼、汪文成、黄琳、孙晓凡、魏晨、赵洁、刘玉莲；感谢他们在本书撰写过程中给予的帮助和支持。由于我们的时间比较仓促，书中难免存在疏漏之处，在此敬请读者批评指正，不吝赐教。希望本书的出版能够对读者研究港口运作管理有所帮助，进一步开拓大家关于港口运作管理的优化思维和创新理念。

镇　璐

2017 年 12 月